国家出版基金项目
NATIONAL PUBLICATION FOUNDATION
"十三五"国家重点
图书出版规划项目

晚清思想史
资料选编
1840—1911

第 八 卷

主编　郑大华　俞祖华

选编　刘　平　俞祖华　贾小叶

　　　任　青　刘　纯　周　游

　　　马守丽　朱映红　郑大华

岳麓书社·长沙

第八卷目录

2. 梁启超的"新民说"

引 言

所谓"新民"，也就是革新国民，用梁启超的话说，即"吾民之各自新而已"。实际上，早在维新变法时期，严复就提出过"鼓民力，开民智，新民德"的主张，认为这是国家富强的基础。梁启超也主张欲"兴民权"，先"开民智"。戊戌变法运动失败后，他痛定思痛，更进一步认识到，"欲维新吾国，当先维新吾民"。因为，中国所以积弱不振，根源就在于国民公德缺乏、智慧不开。所以他创办《新民丛报》，"专对此病而药治之，务采合中西道德以为德育之方针，广罗政学理论，以为智育之本原"。为表示他的这一决心，他从此将自己的笔名也改为"中国之新民"，并在《新民丛报》上以《新民说》为题，发表一系列文章，阐述自己的新民思想。这组文章共分20节，约11万字，前后连载4年。其中第1节至14节，刊于1902年的《新民丛报》；第15节至18节，刊于1903和1904年的《新民丛报》；第19节至20节，刊于1905年和1906年的《新民丛报》。《新民说》不仅是20世纪初梁启超最重要的代表作，也是这一时期中国启蒙思想最重要的代表作。实际上，梁启超所讲的"新民"，也就是摆脱了封建主义压制和束缚的，具有资产阶级世界观、人生观和价值取向的一代新人。《新民说》刊载不久，黄遵宪在给梁启超的信中表露了他阅读《新民说》时的心情："茫茫后路，耿耿寸衷，忍泪吞声，郁郁谁语，而何意公之新民说遂陈于吾前也。罄吾心之所欲言，吾口之所不能言，公尽取而发挥之，公试代仆设身处地，其惊喜为何如也。"(《梁启超年谱长编》)胡适在《四十自述》中回忆说："《新民说》诸篇给我开辟了一个新世界，使我彻底相信中国之外还有很高等的民族，很高等的文化。"30年代，何干之写《中国启蒙运动史》，将《新民说》称作是"第三等级的人权宣言书"，说它"代表那时第三等级的政治主张"，认为单从启蒙的意义来说，"《新民说》最有价值，影响也最大"。

新民说（节选）

叙论

自世界初有人类以迄今日，国于环球上者何啻千万，问其岿然今存，能在五大洲地图占一颜色者，几何乎？曰：百十而已矣。此百十国中，其能屹然强立，有左右世界之力，将来可以战胜于天演界者，几何乎？曰：四五而已矣。夫同是日月，同是山川，同是方趾，同是圆颅，而若者以兴，若者以亡，若者以弱，若者以强，则何以故？或曰：是在地利。然今之亚美利加，犹古阿美利加，而盎格里索逊（英国人种之名也）。民族何以享其荣？古之罗马，犹今之罗马，而拉丁民族何以坠其誉？或曰：是在英雄。然非无亚历山大，而何以马基顿今已成灰尘？非无成吉思汗，而何以蒙古几不保残喘？呜呼！噫嘻！吾知其由。国也者，积民而成。国之有民，犹身之有四肢、五脏、筋脉、血轮也。未有四肢已断，五脏已瘵，筋脉已伤，血轮已涸，而身犹能存者；则亦未有其民愚陋、怯弱、涣散、混浊，而国犹能立者。故欲其身之长生久视，则摄生之术不可不明；欲其国之安富尊荣，则新民之道不可不讲。（《新民丛报》第一号，1902 年 2 月 8 日，署名"中国之新民"）

◎论新民为今日中国第一急务

吾今欲极言新民为当务之急，其立论之根柢有二：一曰关于内治者，二曰关于外交者。

所谓关于内治者何也？天下之论政术者多矣，动曰某甲误国，某乙殃民；某之事件，政府之失机；某之制度，官吏之溺职。若是者，吾固不敢谓为非然也。虽然，政府何自成，官吏何自出，斯岂非来自民间者耶？某甲、某乙者，非国民之一体耶？久矣！夫聚群盲不能成一离娄，聚群聋不能成一师旷，聚群怯不能成一乌获，以若是之民，得若是之政府、官吏，正所谓种瓜得瓜，种豆得豆，其又奚尤？西哲常言：政府之与人民，犹寒暑表之与空气也。室中之气候，与针里之水银，其度必相均，而丝毫不容假借。国民之文明程度低者，虽得明主贤相以代治之，及其人亡则其政息焉，譬犹严冬之际，置表于沸水中，虽其度骤升，水一冷而坠如故矣。国民之文明程度高者，虽偶有暴君污吏，虔刘一时，而其民力自能补救之而整顿之，譬犹溽暑之时，置表于冰块上，虽其度忽落，不俄顷则冰消而涨如故矣。然则苟有新民，何患无新制度、无新政府、无新国家。非尔者，则虽今日变一法，明日易一人，东涂西抹，学步效颦，吾未见其能济也。夫吾国言新法数十年，而效不睹者何也？则于新民之道未有留意焉者也。

今草野忧国之士，往往独居深念，叹息相望曰：安得贤君相，庶拯我乎？吾未知其所谓贤君相者，必如何而始为及格。虽然，若以今日之民德、民智、民力，吾知虽有贤君相，而亦无以善其后也。夫拿破仑旷世之名将也，苟授以旗绿之惰兵，则不能敌黑蛮；哥伦布航海之大家也，苟乘以朽木之胶船，则不能渡溪沚。彼君相者非能独治也，势不得不任疆臣，疆臣不得不任监司，监司不得不任府县，府县不得不任吏胥。此诸级中人，但使其贤者半，不肖者半，犹不足以致治，而况乎其百不得一也！今为此论者，固知泰西政治之美，而欲吾国之效之矣。但推其意，得毋以若彼之政治，皆由其君若相独力所制造耶？试与一游英、美、德、法之都，观其人民之自治何如，其人民与政府之关系何如；观之一省，其治法俨然一国也；观之一市、一村落，其治法俨然一国也；观之一党会、一公司、一学校，其治法俨然一国也；乃至观之一人，其自治之法亦俨然治一国也。譬诸盐有咸性，积盐如陵，其咸愈酽，然剖分此如陵之盐为若干石，石为若干斗，斗为若干升，升为若干颗，颗为若干阿屯，无一不咸，然后大咸乃成。搏沙捄粉而欲以求咸，虽隆之高于泰岱，犹无当也。故英、美各国之民，常不待贤君相而足以致治。其元首，则尧、舜之垂裳可也，成王之委裘亦可也；其官吏，则曹参之醇酒可也，成珰之坐啸亦可也。何也？以其有民也。故君相常倚赖国民，国民不倚赖君相。小国且然，况吾中国幅员之广，尤非一二人之长鞭所能及者耶！

则试以一家譬一国。苟一家之中，子妇弟兄，各有本业，各有技能，忠信笃敬，勤劳进取，家未有不浡然兴者。不然者，各委弃其责任，而一望诸家长。家长而不贤，固阖室为饿莩。借令贤也，而能荫庇我者几何？即能荫庇矣，而为人子弟，累其父兄，使终岁勤动，日夕忧劳，微特于心不安，其毋乃终为家之累耶？今之动辄责政府、望贤君相者，抑何不恕？抑何不智？英人有常言曰：That's your mistake，I couldn't help you。译意言：君误矣，吾不能助君也。此虽利己主义之鄙言，而实鞭策人自治自助之警句也。故吾虽日望有贤君相，吾尤恐即有贤君相，亦爱我而莫能助也。何也？责望于贤君相者深，则自责望者必浅，而此责人不责己、望人不望己之恶习，即中国所以不能维新之大原。我责人，人亦责我，我望人，人亦望我，是四万万人遂互消于相责相望之中，而国将谁与立也？新民云者，非新者一人，而新之者又一人也，则在吾民之各自新而已。孟子曰：子力行之，亦以新子之国。自新之谓也，新民之谓也。

所谓关于外交者何也？自十六世纪以来（约四百年前），欧洲所以发达，世界所以进步，皆由民族主义（Nationalism）所磅礴冲激而成。民族主义者何？各地同种族、同言语、同宗教、同习俗之人，相视如同胞，务独立自治，组织完备之政府，以谋公益而御他族是也。此主义发达既极，驯至十九世纪之末（近二三十年），乃更进而为民族帝国主义（National Imperialism）。民族帝国主义者何？其国民之实力，充于内而不得不溢于外，于是汲汲焉求扩张权力于他地，以为我尾闾。其下手也，或以兵力，或以商务，或以工业，或以教会，而一用政策以指挥调护之是也。近者如俄国之经略西伯利亚、土耳其，德国之经略小亚细亚、阿非利加，英国之用兵于波亚，美国之县夏威、掠古巴、攘非律宾，皆此新主义之潮流迫之不得不然也。而今也于东方大陆，有最大之国，最腴之壤，最腐败之政府，最散弱之国民，彼族一旦窥破内情，于是移其所谓民族帝国主义者，如群蚁之附膻，如万矢之向的，离然而集注于此一隅。彼俄人之于满洲，德人之于山东，英人之于扬子江流域，法人之于两广，日人之于福建，亦皆此新主义之潮流迫之不得不然也。

夫所谓民族帝国主义者，与古代之帝国主义迥异。昔者有若亚历山大，有若查理曼，有若成吉思汗，有若拿破仑，皆尝抱雄图，务远略，欲蹂躏大地，吞并弱亡。虽然，彼则由于一人之雄心，此则由于民族之涨力；彼则为权威之所役，此则为时势之所趋。故彼之侵略，不过一时，所谓暴风疾雨，不崇朝而息矣；此之进取，则在久远，日扩而日大，日入而日深。吾中国不幸而适当此盘涡之中心点，其将何以待之？曰：彼为一二人之功名心而来者，吾可以恃一二之英雄以相敌；彼以民族不得已之势而来者，非合吾民族全体之能力，必无从抵制也；彼以一时之气焰骤进者，吾可以鼓一时之血勇以相防；彼以久远之政策渐进者，非立百年宏毅之远猷，必无从幸存也。不见乎瓶水乎，水仅半器，他水即从而入之，若内力能自充塞本器，而无一隙之可乘，他水未有能入者也。故今日欲抵当列强之民族帝国主义，以挽浩劫而拯生灵，惟有我行我民族主义之一策。而欲实行民族主义于中国，舍新民末由。

今天下莫不忧外患矣，虽然，使外而果能为患，则必非一忧之所能了也。夫以民族帝国主义之顽强突进如彼其剧，而吾犹商榷于外之果能为患与否，何其愚也！吾以为患之有无，不在外而在内。夫各国固同用此主义也，而俄何以不施诸英，英何以不施诸德，德何以不施诸美，欧美诸国何以不施诸日本？亦曰有隙与无隙之分而已。人之患瘵者，风寒、暑湿、燥火，无一不足以侵之，若血气强盛、肤革充盈者，冒风雪，犯暴暵，冲瘴疠，凌波涛，何有焉？不自摄生，而怨风雪、暴暵、波涛、瘴疠之无情，非直彼不任受，而我亦岂以善怨而获免耶？然则为中国今日计，必非恃一时之贤君相而可以弭乱，亦非望草野一二英雄崛起而可以图成，必其使吾四万万人之民德、民智、民力，皆可与彼相埒，则外自不能为患，吾何为而患之？此其功虽非旦夕可就乎，然孟子有言：七年之病，求三年之艾。苟为不蓄，终身不得。今日舍此一事，别无善图，宁复可蹉跎蹉跎，更阅数年，将有欲求如今日而不可复得者。呜呼！我国民可不悚耶！可不勖耶！(《新民丛报》第一号，1902年2月8日，署名"中国之新民")

◎**释新民之义**

新民云者，非欲吾民尽弃其旧以从人也。新之义有二：一曰，淬厉其所本有而新之；二曰，采补其所本无而新之。二者缺一，时乃无功。先哲之立教也，不外因材而笃与变化气质之两途，斯即吾淬厉所固有、采补所本无之说也。一人如是，众民亦然。

凡一国之能立于世界，必有其国民独具之特质，上自道德、法律，下至风俗、习惯、文学、美术，皆有一种独立之精神，祖父传之，子孙继之，然后群乃结，国乃成，斯实民族主义之根柢源泉也。我同胞能数千年立国于亚洲大陆，必其所具特质有宏大、高尚、完美，厘然异于群族者，吾人所当保存之而勿失坠也。虽然，保之云者，非任其自生自长，而漫曰我保之我保之云尔。譬诸木然，非岁岁有新芽之苗，则其枯可立待；譬诸井然，非息息有新泉之涌，则其涸不移时。夫新芽、新泉岂自外来者耶？旧也而不得不谓之新，惟其日新，正所以全其旧也。濯之拭之，发其光晶；锻之炼之，成其体段；培之浚之，厚其本原；继长增高，日征月迈。国民之精神，于是乎保存，于是乎发达。世或以"守旧"二字为一极可厌之名词，其然岂其然哉！吾所患不在守旧，而患无真能守旧者。真能守旧者何？即吾所谓淬厉其固有而已。

仅淬厉固有而遂足乎？曰：不然。今之世非昔之世，今之人非昔之人。昔者吾中国有部民而无国民，非不能为国民也，势使然也。吾国夙巍然屹立于大东，环列皆小蛮夷，与他方大国，未一交通，故我民常视其国为天下。耳目所接触，脑筋所濡染，圣哲所训示，祖宗所遗传，皆使之有可以为一个人之资格，有可以为一家人之资格，有可以为一乡一族人之资格，有可以为天下人之资格，而独无可以为一国国民之资格。夫国民之资格，虽未必有以远优于此数者，而以今日列国并立、弱肉强食、优胜劣败之时代，苟缺此资格，则决无以自立于天壤。故今日不欲强吾国则已，欲强吾国，则不可不博考各国民族所以自立之道，汇择其长者而取之，以补我之所未及。今论者于政治、学术、技艺，皆莫不知取人长以补我短矣，而不知民德、民智、民力，实为政治、学术、技艺之大原。不取于此而取于彼，弃其本而骛其末，是何异见他树之蓊郁，而欲移其枝以接我槁干；见他井之汩涌，而欲汲其流以实我智源也。故采补所本无以新我民之道，不可不深长思也。

世界上万事之现象，不外两大主义：一曰保守，二曰进取。人之运用此两主义者，或偏取甲，或偏取乙，或两者并起而相冲突，或两者并存而相调和。偏取其一，未有能立者也。有冲突则必有调和，冲突者，调和之先驱也。善调和者，斯为伟大国民，盎格鲁撒逊人种是也。譬之颐步，以一足立，以一足行；譬之拾物，以一手握，以一手取。故吾所谓新民者，必非如心醉西风者流，蔑弃吾数千年之道德、学术、风俗，以求伍于他人；亦非如墨守故纸者流，谓仅抱此数千年之道德、学术、风俗，遂足以立于大地也。（《新民丛报》第一号，1902年2月8日，署名"中国之新民"）

◎论公德

我国民所最缺者，公德其一端也。公德者何？人群之所以为群，国家之所以为国，赖此德焉以成立者也。人也者，善群之动物也（此西儒亚里士多德之言）。人而不群，禽兽奚择！而非徒空言高论曰群之群之，而遂能有功者也。必有一物焉贯注而联络之，然后群之实乃举，若此者谓之公德。

道德之本体一而已，但其发表于外，则公私之名立焉。人人独善其身者谓之私德，人人相善其群者谓之公德，二者皆人生所不可缺之具也。无私德则不能立，合无量数卑污、虚伪、残忍、愚懦之人，无以为国也；无公德则不能团，虽有无量数束身自好、廉谨良愿之人，仍无以为国也。吾中国道德之发达，不可谓不早，虽然，偏于私德，而公德殆阙如。试观《论语》《孟子》诸书，吾国民之木铎，而道德所从出者也。其中所教，私德居十之九，而公德不及其一焉。如《皋陶谟》之九德；《洪范》之三德；《论语》所谓温良恭俭让，所谓克己复礼，所谓忠信笃敬，所谓寡尤寡悔，所谓刚毅木讷，所谓知命知言；《大学》所谓知止慎独，戒欺求慊；《中庸》所谓好学力行知耻，所谓戒慎恐惧，所谓致曲；《孟子》所谓存心养性，所谓反身强恕。凡此之类，关于私德者，发挥几无余蕴，于养成私人（私人者，对于公人而言，谓一个人不与他人交涉之时也）之资格，庶乎备矣。虽然，仅有私人之资格，遂足为完全人格乎？是固不能。今试以中国旧伦理与泰西新伦理相比较。旧伦理之分类，曰君臣，曰父子，曰兄弟，曰夫妇，曰朋友；新伦理之分类，曰家族伦理，曰社会（即人群）伦理，曰国家伦理。旧伦理所重者，则一私人对于一私人之事也；（一私人之独善其身，固属于私德之范围，即一私人与他私人交涉之道义，仍属于私德之范围也。此可以法律上公法、私法之范围证明之）新伦理所重者，则一私人对于一团体之事也。（以新伦理之分类，归纳旧伦理，则关于家族伦理者三：父子也，兄弟也，夫妇也；关于社会伦理者一：朋友也；关于国家伦理者一：君臣也。然朋友一伦，决不足以尽社会伦理；君臣一伦，尤不足以尽国家伦理。何也？凡人对于社会之义务，决不徒在相知之朋友而已，即绝迹不与人交者，仍于社会上有不可不尽之责任。至国家者，尤非君臣所能专有，若仅言君臣之义，则使以礼、事以忠，全属两个私人感恩效力之事耳，于大体无关也。将所谓逸民不事王侯者，岂不在此伦范围之外乎？夫人必备此三伦理之义务，然后人格乃成。若中国之五伦，则惟于家族伦理稍为完整，至社会、国家伦理，不备滋多。此缺憾之必当补者也，皆由重私德轻公德所生之结果也。）夫一私人之所以自处，与一私人之对于他私人，其间必贵有道德者存，此奚待言！虽然，此道德之一部分，而非其全体也。全体者，合公私而兼善之者也。

私德、公德，本并行不悖者也。然提倡之者既有所偏，其末流或遂至相妨。若微生亩讥孔子以为佞，公孙丑疑孟子以好辨，此外道浅学之徒，其不知公德，不待言矣。而大圣达哲，亦往往不免。吾今固不欲掇拾古人片言只语有为而发者，摘之以相诟病。要之，吾中国数千年来，束身寡过主义，实为德育之中心点。范围既日缩日小，其间有言论行事出此范围外，欲为本群本国之公利公益有所尽力者，彼曲士贱儒，动辄援"不在其位，不谋其政"等偏义以非笑之，挤排之。谬种流传，习非胜是，而国民益不复知公德为何物！今夫人之生息于一群也，安享其本群之权利，即有当尽于其本群之义务。苟不尔者，则直为群之蠹而已。彼持束身寡过主义者，以为吾虽无益于群，亦无害于群，庸讵知无益之即为害乎！何则？群有以益我，而我无以益群，是我逋群之负而不偿也。夫一私人与他私人交涉，而逋其所应偿之负，于私德必为罪矣，谓其害之将及于他人也。而逋群负者，乃反得冒善人之名，何也？使一群之人，皆相率而逋焉，彼一群之血本，能有几何？而此无穷之债客，日夜蠹蚀之而瓜分之，有消耗，无增补，何可长也？然则其群必为逋负者所拽倒，与私人之受累者同一结果，此理势之所必然矣。今吾中国所以日即衰落者，岂有他哉，束身寡过之善士太多，享权利而不尽义务，人人视其所负于群者如无有焉，人虽多，曾不能为群之利，而反为群之累，夫安得不日蹙也？

父母之于子也，生之育之，保之教之，故为子者有报父母恩之义务。人人尽此义务，则子愈多者，父母愈顺，家族愈昌，反是则为家之索矣。故子而逋父母之负者，谓之不孝。此私德上第一大义，尽人能知者也。群之于人也，国家之于国民也，其恩与父母同。盖无群无国，则吾性命财产无所托，智慧能力无所附，而此身将不可以一日立于天地。故报群报国之义务，有血气者所同具也。苟放弃此责任者，无论其私德上为善人、为恶人，而皆为群与国之蟊贼。譬诸家有十子，或披剃出家，或博奕饮酒，虽一则求道，一则无赖，其善恶之性质迥殊。要之，不顾父母之养，为名教罪人则一也。明乎此义，则凡独善其身以自足者，实与不孝同科。案公德以审判之，虽谓其对于本群而犯大逆不道之罪，亦不为过。

某说部寓言，有官吏死而冥王案治其罪者，其魂曰：吾无罪，吾作官甚廉。冥王曰：立木偶于庭，并水不饮，不更胜君乎！于廉之外一无所闻，是即君之罪也。遂炮烙之。欲以束身寡过为独一无二之善德者，不自知其已陷于此律而不容赦也。近世官箴，最脍炙人口者三字，曰清、慎、勤。夫清、慎、勤，岂非私德之高尚者耶？虽然，彼官吏者，受一群之委托而治事者也，既有本身对于群之义务，复有对于委托者之义务，曾是清、慎、勤三字遂足以塞此两重责任乎？此皆由知有私德，不知有公德。故政治之不进，国华之日替，皆此之由。彼官吏之立于公人地位者且然，而民间一私人更无论也。我国民中无一人视国事如己事者，皆公德之大义未有发明故也。

且论者亦知道德所由起乎？道德之立，所以利群也。故因其群文野之差等，而其所适宜之道德，亦往往不同，而要之以能固其群、善其群、进其群者为归。夫英国宪法，以侵犯君主者为大逆不道（各君主国皆然）；法国宪法，以谋立君主者为大逆不道；美国宪法，乃至以妄立贵爵名号者为大逆不道（凡违宪者皆大逆不道也）。其道德之外形相反如此，至其精神则一也。一者何？曰：为一群之公益而已。乃至古代野蛮之人，或以妇女公有为道德，（一群中之妇女，为一群中之男子所公有物，无婚姻之制也。古代斯巴达尚不脱此风。）或以奴隶非人为道德，（视奴隶不以人类，古贤柏拉图、阿里士多德皆不以为非；南北美战争以前，欧美人尚不以此事为恶德也。）而今世哲学家，犹不能谓其非道德。盖以彼当时之情状，所以利群者，惟此为宜也。然则道德之精神，未有不自一群之利益而生者，苟反于此精神，虽至善者，时或变为至恶矣。（如自由之制，在今日为至美，然移之于野蛮未开之群，则为至恶；专制之治，在古代为至美，然移之于文明开化之群，则为至恶。是其例证也。）是故公德者，诸德之源也，有益于群者为善，无益于群者为恶。（无益而有害者为大恶，无害亦无益者为小恶。）此理放诸四海而准，俟诸百世而不惑者也。至其道德之外形，则随其群之进步以为比例差，群之文野不同，则其所以为利益者不同，而其所以为道德者亦自不同。德也者，非一成而不变者也，（吾此言颇骇俗，但所言者德之条理，非德之本原，其本原固亘万古而无变者也。读者幸勿误会。本原惟何？亦曰利群而已。）非数千年前之古人所能立一定格式以范围天下万世者也。（私德之条目变迁较少，公德之条目变迁尤多。）然则吾辈生于此群，生于此群之今日，宜纵观宇内之大势，静察吾族之所宜，而发明一种新道德，以求所以固吾群、善吾群、进吾群之道，未可以前王先哲所罕言者，遂以自画而不敢进也。知有公德，而新道德出焉矣！而新民出焉矣！（今世士夫谈维新者，诸事皆敢言新，惟不敢言新道德，此由学界之奴性未去，爱群、爱国、爱真理之心未诚也。盖以为道德者，日月经天，江河行地，自无始以来，不增不减，先圣昔贤，尽揭其奥，以诏后人，安有所谓新焉旧焉者。殊不知道德之为物，由于天然者半，由于人事者亦半，有发达，有进步，一循天演之大例。前哲不生于今日，安能制定悉合今日之道德？使孔、孟复起，其不能不有所损益也亦明矣。今日正当过渡时代，青黄不接，前哲深微之义，或湮没而未彰，而流俗相传简单之道德，势不足以范围今后之人心，且将有厌其陈腐，而一切吐弃之者。吐弃陈腐，犹可言也，若并道德而吐弃，则横流之祸，曷其有极？今此祸已见端矣。老师宿儒，或忧之，呴呴焉欲持宋、元之余论以遏其流，岂知优胜劣败，固无可逃，捧抔土以塞孟津，沃杯水以救薪火，虽竭吾才，岂有当焉？苟不及今急急斟酌古今中外，发明一种新道德者而提倡之，吾恐今后智育愈盛，则德育愈衰，泰西物质文明尽输入中国，而四万万人且相率而为禽兽也。呜呼！道德革命之论，吾知必为举国之所诟病，顾吾特恨吾才之不逮耳，若夫与一世之流俗人挑战决斗，吾所不惧，吾所不辞。世有以热诚之心爱群、爱国、爱真理者乎？吾愿为之执鞭，以研究此问题也。）

公德之大目的既在利群，而万千条理，即由是生焉。本论以后各子目，殆皆可以"利群"二字为纲以一贯之者也。故本节但论公德之急务，而实行此公德之方法，则别著于下方。（《新民丛报》第三号，1902 年 3 月 10 日，署名"中国之新民"）

◎**论国家思想**

人群之初级也，有部民而无国民。由部民而进为国民，此文野所由分也。部民与国民之异安在？曰：群族而居，自成风俗者，谓之部民；有国家思想，能自布政治者，谓之国民。天下未有无国民而可以成国者也。

国家思想者何？一曰对于一身而知有国家，二曰对于朝廷而知有国家，三曰对于外族而知有国家，四曰对于世界而知有国家。

所谓对于一身而知有国家者何也？ 人之所以贵于他物者，以其能群耳。使以一身孑然孤立于大地，则飞不如禽，走不如兽，人类之翦灭亦既久矣。故自其内界言之，则太平之时，通功易事，分业相助，必非能以一身而备百工也；自其外界言之，则急难之际，群策群力，捍城御侮，尤非能以一身而保七尺也。于是乎国家起焉。国家之立，由于不得已也。即人人自知仅恃一身之不可，而别求彼我相团结、相补助、相捍救、相利益之道也。而欲使其团结永不散，补助永不亏，捍救永不误，利益永不穷，则必人人焉知吾一身之上，更有大而要者存，每发一虑，出一言，治一事，必常注意于其所谓一身以上者。（此兼爱主义也。虽然，即谓之为我主义，亦无不可。盖非利群则不能利己，天下之公例也。）苟不尔，则团体终不可得成，而人道或几乎息矣。此为国家思想之第一义。

所谓对于朝廷而知有国家者何也？ 国家如一公司，朝廷则公司之事务所，而握朝廷之权者，则事务所之总办也。国家如一村市，朝廷则村市之会馆，而握朝廷之权者，则会馆之值理也。夫事务所为公司而立乎，抑公司为事务所而立乎？ 会馆为村市而设乎，抑村市为会馆而设乎？不待辨而知矣。两者性质不同，而其大小轻重，自不可以相越，故法王路易第十四"朕即国家也"一语，至今以为大逆不道，欧美五尺童子闻之莫不唾骂焉。以吾中国人之眼观之，或以为无足怪乎！ 虽然，譬之有一公司之总办，而曰"我即公司"；有一村市之值理，而曰"我即村市"。试思公司之股东，村市之居民，能受之否耶？ 夫国之不可以无朝廷，固也。故常推爱国之心以爱及朝廷，是亦爱人及屋、爱屋及乌之意云尔。若夫以乌为屋也，以屋为人也，以爱屋、爱乌为即爱人也，浸假爱乌而忘其屋，爱屋而忘其人也，欲不谓之病狂，不可得也。故有国家思想者，亦常爱朝廷，而爱朝廷者，未必皆有国家思想。朝廷由正式而成立者，则朝廷为国家之代表，爱朝廷即所以爱国家也。朝廷不以正式而成立者，则朝廷为国家之蟊贼，正朝廷乃所以爱国家也。此为国家思想之第二义。

所谓对于外族而知有国家者何也？ 国家者，对外之名词也。使世界而仅有一国，则国家之名不能成立。故身与身相并而有我身，家与家相接而有我家，国与国相峙而有我国。人类自千万年以前，分孳各地，各自发达，自言语、风俗以至思想、法制，形质异，精神异，而有不得不自国其国者焉。循物竞天择之公例，则人与人不能不冲突，国与国不能不冲突，国家之名，立之以应他群者也。故真爱国者，虽有外国之神圣大哲，而必不愿服从于其主权之下，宁使全国之人流血粉身靡有孑遗，而必不肯以丝毫之权利让于他族。盖非是，则其所以为国之具先亡也。譬之一家，虽复室如悬磬，亦未有愿他人入此室处者。知有我故，是故我存。此为国家思想第三义。

所谓对于世界而知有国家者何也？宗教家之论，动言天国，言大同，言一切众生，所谓博爱主义，世界主义，抑岂不至德而深仁也哉？虽然，此等主义，其脱离理想界而入于现实界也，果可期乎？此其事或待至万数千年后，吾不敢知，若今日将安取之？夫竞争者，文明之母也，竞争一日停，则文明之进步立止。由一人之争竞而为一家，由一家而为一乡族，由一乡族为一国。一国者，团体之最大圈，而竞争之最高潮也。若曰并国界而破之，无论其事之不可成，即成矣，而竞争绝，毋乃文明亦与之俱绝乎！况人之性非能终无竞争者也。然则大同以后，不转瞬而必复以他事起竞争于天国中，而彼时则已返为部民之竞争，而非复国民之竞争，是率天下人而复归于野蛮也。今世学者非不知此主义之为美也，然以其为心界之美，而非历史上之美，故定案以国家为最上之团体，而不以世界为最上之团体，盖有由也。然则言博爱者，杀其一身之私以爱一家可也，杀其一家之私以爱一乡族可也，杀其一身、一家、一乡族之私以爱一国可也。国也者，私爱之本位，而博爱之极点，不及焉者野蛮也，过焉者亦野蛮也。何也？其为部民而非国民一也。此为国家思想第四义。

耗矣哀哉！吾中国人之无国家思想也。其下焉者，惟一身、一家之荣瘁是问；其上焉者，则高谈哲理以乖实用也；其不肖者且以他族为虎，而自为其伥；其贤者亦仅以尧、跖为主，而自为其狗也。以言乎第一义，则今日四万万人中，其眼光能及于一身以上者几人？攘而往，熙而来，苟有可以谋目前锱铢之私利者，虽卖尽全国之同胞以图之，所弗辞也。其所谓第一等人者，则独善其身、乡党自好者流也，是即吾所谓逋群负而不偿者也（见第五节）。夫独善之与私恶，其所以自立者虽不同，要其足以召国家之衰亡一也。

以言乎第二义，则吾中国相传天经地义，曰忠，曰孝，尚矣。虽然，言忠国则其义完，言忠君则其义偏。何也？忠、孝二德，人格最要之件也，二者缺一，时曰非人。使忠而仅以施诸君也，则天下之为君主者，岂不绝其尽忠之路，生而抱不具人格之缺憾耶？则如今日美、法等国之民，无君可忠者，岂不永见屏于此德之外，而不复得列于人类耶？顾吾见夫为君主者，与为民主国之国民者，其应尽之忠德，更有甚焉者也。人非父母无自生，非国家无自存，孝于亲，忠于国，皆报恩之大义，而非为一姓之家奴走狗者所能冒也。而吾中国人以"忠"之一字为主仆交涉之专名，何其慎也！（君之当忠，更甚于民，何也？民之忠也，仅在报国之一义务耳。君之忠也，又兼有不负付托之义务，安在其忠德之可以已耶？夫孝者，子所对于父母之责任也，然为人父者，何尝可以缺孝德？父不可不孝，而君顾可以不忠乎？仅言忠君者，吾见其不能自完其说也。）

以言乎第三义，则吾国历史弥天之大辱，而非复吾所忍言矣。计自汉末以迄今日，凡一千七百余年间，我中国全土为他族所占领者三百五十八年，其黄河以北，乃至七百五十九年。今列其种族及时代为表于后（以下列表删除——编者）。

呜呼！以黄帝神明华胄所世袭之公产业，而为人紾而夺之者，屡见不一见，而所谓黄帝子孙者，迎壶浆若崩厥角，纡青紫臣姜骄人，其自啮同类以为之尽力者，又不知几何人也！陈白沙《崖山吊古诗》有云：镌功奇石张宏范，不是胡儿是汉儿。嗟夫！嗟夫！晋、宋以来之汉儿，其丰功伟烈与张宏范后先辉映者，何啻千百。白沙先生，无乃所见不广乎？国家思想之销亡，至是而极。

以言乎第四义，则中国儒者，动曰平天下，治天下，其尤高尚者，如江都《繁露》之篇，横渠《西铭》之作，视国家为眇小之一物，而不屑厝意。究其极也，所谓国家以上之一大团体，岂尝因此等微妙之空言而有所补益？而国家则滋益衰矣。若是乎，吾中国人之果无国家思想也。危乎痛哉！吾中国人之无国家思想，竟如是其甚也！

吾推其所以然之故，厥有二端：一曰知有天下而不知有国家，二曰知有一己而不知有国家。

其误认国家为天下也，复有二因：第一由于地理者。欧洲地形，山河绮错，华离破碎，其势自趋于分立。中国地形，平原磅礴，厄塞交通，其势自趋于统一。故自秦以后二千余年，中间惟三国、南北朝三百年间，稍为分裂，自余则皆四海一家，即偶有割据，亦不旋踵而合并也。环其外者，虽有无数蛮族，然其幅员，其户口，其文物，无一足及中国。若葱岭以外，虽有波斯、印度、希腊、罗马诸文明国，然彼此不相接不相知，故中国之视其国如天下，非妄自尊大也，地理使然也。夫国也者，以对待而成，中国人国家思想发达所以较难于欧洲者，势也。第二由于学说者。战国以前，地理之势未合，群雄角立，而国家主义亦最盛。顾其敝也，争地争城，杀人盈野，涂炭之祸，未知所极。有道之士，惄然忧之，矫枉过正，以救末流。孔子作《春秋》，务破国界，归于一王，以文致太平。孟子谓：天下恶乎定？定于一。其余先秦诸子，如墨翟、宋牼、老聃、关尹之流，虽其哲理各自不同，至言及政术，则莫不以统一诸国为第一要义。盖救当时之敝，不得不如是也。人心之厌分争已甚，遂有嬴政、刘邦诸枭雄接踵而起，前此书生之坐论，忽变为帝者之实行，中央集权之势遂以大定。帝者犹虑其未固也，乃更燔百家之言，锢方术之士，而务刺取前哲绪论之有利于己者，特表章之，以陶冶一世，于是国家主义遂绝。其绝也，未始不由孔、墨诸哲消息于其间也。虽然，是固不可以为先哲咎。彼其时固当然，而扶东倒西，又人类之弱点而不能避者也。佛以说法度众生，而法执者（谓执泥于法也），即由法生惑焉。后人狃一统而忘爱国，又岂先圣之志也！且人与人相处而不能无彼我之界者，天性然矣。国界既破，而乡族界、身家界反日益甚，是去十数之大国，而复生出百数千数无量数之小国，驯至四万万人为四万万国焉。此实吾中国二千年来之性状也。惟不知有国也，故其视朝廷，不以为国民之代表，而以为天帝之代表。彼朝廷之屡易而不动其心也，非怸也，苍天死而黄天立，白帝杀而赤帝来，于我下界凡民有何与也。禀受于地理者既若彼，薰习于学说者又若此，我国人之无国家思想也，又何怪焉！又何怪焉！

虽然，知有天下而不知有国家，此不过一时之谬见，其时变，则其谬亦可自去。彼谬之由地理而起者，今则全球交通，列强比邻，闭关一统之势破，而安知殷忧之不足以相启也。谬之由学说而起者，今则新学输入，古义调和，通变宜民之论昌，而安知王霸之不可以一途也。所最难变者，则知有一己而不知有国家之弊，深中于人心也。夫独善其身、乡党自好者，畏国事之为己累而逃之也；家奴走狗于一姓而自诩为忠者，为一己之爵禄也。势利所在，趋之若蚁，而更自造一种道德以饰其丑而美其名也。不然，则二千年来与中国交通者，虽无文明大国，而四面野蛮亦何尝非国耶？谓其尽不知有对待之国，又乌可也？然试观刘渊、石勒以来，各种人之入主中夏，曾有一焉无汉人以为之佐命元勋者乎？昔嵇绍生于魏，晋人篡其君而戮其父，绍靦颜事两重不共戴天之仇敌，且为之死而自以为忠，后世盲史家亦或以忠许之焉。吾甚惜乎至完美至高尚之忠德，将为此辈污蔑以尽也。无他，知有己而已。有能富我者，吾愿为之呻痛；有能贵我者，吾愿为之叩头。其来历如何，岂必问也。若此者，其所以受病，全非由地理、学说之影响。地理、学说虽万变，而奴隶根性终不可得变。呜呼！吾独奈之何哉？吾独奈之何哉？不见乎联军入北京，而顺民之旗，户户高悬，德政之伞，署衔千百。呜呼痛哉！吾语及此，无眦可裂，无发可竖，吾惟胆战，吾惟肉麻，忠云忠云，忠于势云尔，忠于利云尔。不知来，视诸往，他日全地球势利中心点之所在，是即四万万忠臣中心点之所在也，而特不知国于此焉者之谁与立也！

呜呼，吾不欲多言矣。吾非敢望我同胞将所怀饱之利己主义铲除净尽，吾惟望其扩充此主义，巩固此主义，求如何而后能真利己，如何而后能保己之利使永不失，则非养成国家思想不能为功也。同胞乎！同胞乎！勿谓广土之足恃，罗马帝国全盛时，其幅员不让我今日也。勿谓民众之足恃，印度之土人，固二百余兆也。勿谓文明之足恃，昔希腊之雅典，当其为独立国也，声明文物甲天下，及其服从他族，萎靡不振以至于澌亡。而吾国当胡元时代，士大夫皆习蒙古文，（《廿二史札记》言之甚详）而文学几于中绝也。惟兹国家，吾侪父母兮！无父何怙，无母何恃兮！茕茕凄凄，谁怜取兮！时运一去，吾其已兮！思之思之兮，及今其犹未沫兮！（《新民丛报》第四号，1902 年 3 月 24 日，署名"中国之新民"）。

◎论权利思想

人人对于人而有当尽之责任，人人对于我而有当尽之责任。对人而不尽责任者，谓之间接以害群；对我而不尽责任者，谓之直接以害群。何也？对人而不尽责任，譬之则杀人也；对我而不尽责任，譬之则自杀。一人自杀，则群中少一人；举一群之人而皆自杀，则不啻其群之自杀也。

　　我对我之责任奈何？天生物而赋之以自捍自保之良能，此有血气者之公例也，而人之所以贵于万物者，则以其不徒有"形而下"之生存，而更有"形而上"之生存。"形而上"之生存，其条件不一端，而权利其最要也。故禽兽以保生命为对我独一无二之责任，而号称人类者，则以保生命、保权利两者相倚，然后此责任乃完，苟不尔者，则忽丧其所以为人之资格，而与禽兽立于同等之地位。故罗马法视奴隶与禽兽等，于论理上诚得其当也。（以论理学三段法演之，其式如下：无权利者禽兽也，奴隶者无权利者也，故奴隶即禽兽也。）故形而下之自杀，所杀者不过一人；形而上之自杀，则举全社会而禽兽之，且禽兽其苗裔以至于无穷，吾故曰直接以害群也。呜呼！吾一不解吾中国人之甘于自杀者何其多也。

　　权利何自生？曰生于强。彼狮、虎之对于群兽也，酋长、国王之对百姓也，贵族之对平民也，男子之对女子也，大群之对于小群也，雄国之对于孱国也，皆常占优等绝对之权利。非狮、虎、酋长等之暴恶也，人人欲伸张己之权利而无所厌，天性然也。是故权利之为物，必有甲焉先放弃之，然后有乙焉能侵入之。人人务自强以自保吾权，此实固其群、善其群之不二法门也。古代希腊有供养正义之神者，其造像也，左手握衡，右手提剑。衡所以权权利之轻重，剑所以护权利之实行。有剑无衡，是豺狼也；有衡无剑，则权利者亦空言而卒归于无效。德儒伊耶陵（Jhering）所著《权利竞争论》（原名为 Der Kampfums Recht，英译为 Battle of Right。伊氏为私法学大儒，生于一八一八年，卒于一八九二年。此书乃其被聘于奥国维也纳大学为教授时所著也，在本国重版九回，他国文翻译者二十一种，其书之价值可知矣。去年《译书汇编》同人曾以我国文翻译之，仅成第一章，而其下阙如。余亟欲续成之，以此书药治中国人尤为对病也。本论要领，大率取材伊氏之作，故述其崖略如此。）云：权利之目的在平和，而达此目的之方法则不离战斗，有相侵者则必相拒，侵者无已时，故拒者亦无尽期。质而言之，则权利之生涯，竞争而已。又曰：权利者，不断之勤劳也，勤劳一弛，而权利即归于灭亡。若是乎，权利之为物，其所以得之与所以保之者，如此其不易也。

　　借欲得之，借欲保之，则权利思想实为之原。夫人之有四肢五脏也，是形而下生存之要件也，使内而或肝或肺，外而或指或趾，其有一不适者，孰不感苦痛而急思疗治之。夫肢脏之苦痛，是即其身内机关失和之征也，是即其机关有被侵焉之征也，而疗治者，即所以防御此侵害以自保也。形而上者之侵害亦有然，有权利思想者，一遇侵压，则其苦痛之感情直刺焉激焉，动机一拨而不能自制，欧欧焉谋抵抗之以复其本来。夫肢脏受侵害而不觉苦痛者，必其麻木不仁者也；权利受侵害而不觉苦痛，则又奚择焉。故无权利思想者，虽谓之麻木不仁可也。

权利思想之强弱，实为其人品格之所关，彼夫为臧获者，虽以穷卑极耻之事廷辱之，其受也泰然；若在高尚之武士，则虽掷头颅以抗雪其名誉，所不辞矣。为穿窬者，虽以至丑极垢之名过毁之，其居也恬然；若在纯洁之商人，则虽倾万金以表白其信用，所不辞矣。何也？当其受侵受压受诬也，其精神上无形之苦痛，直感觉而不能自已。彼误解权利之真相者，以为是不过于形骸上物质上之利益，断断计较焉。嘻，鄙哉！其为浅丈夫之言也。譬诸我有是物而横夺于人，被夺者奋然抗争于法廷，彼其所争之目的，非在此物也，在此物之主权也。故常有诉讼之先，声言他日讼直所得之利益，悉以充慈善事业之用者。苟其志而在利也，则此胡为者？故此等之诉讼，可谓之道德上问题，而不可谓算学上之问题。苟为算学上之问题，则必先持筹而计之曰：吾诉讼费之所损，可以偿讼直之所得乎？能偿则为之，不能则已之。此鄙夫之行也。夫此等计算者，对于无意识之损害可以用之。譬如坠物于渊，欲佣人而索之，因预算其物值与佣值之相偿，是理之当然也，其目的在得物之利益也。争权利则不然，其目的非在得物之利益也。故权利与利益，其性质正相反对，贪目前之苟安，计锱铢之小费者，其势必至视权利如弁髦，此正人格高下垢净所由分也。

昔蔺相如叱秦王曰：臣头与璧俱碎。以赵之大，何区区一璧是爱？使其爱璧，则碎之胡为者？乃知璧可毁，身可杀，敌可犯，国可危，而其不可屈者，别有在焉。嘻，此所谓权利者也。伊耶陵又言曰：英国人之游历欧洲大陆者，或偶遇旅馆舆夫，有无理之需索，辄毅然斥之，斥之不听，或争议不决者，往往宁延迟行期数日数旬，所耗旅费视所争之数增至十倍，亦所不恤焉。无识者莫不笑其大愚，而岂知此人所争之数喜林（英国货币名，一喜林约当墨银半圆），实所以使堂堂英吉利国屹然独立于世界之要具也。盖权利思想之丰富，权利感情之敏锐，即英人所以立国之大原也。今试举一奥大利人（伊氏著书教授于奥大利，故以此鞭策奥人），与此英人地位同、财力同者相比较，其遇此等事，则所以处置者何如？必曰：此区区者，岂值以之自苦而滋事也，直掷金拂衣而去耳。而乌知夫此英人所拒、奥人所掷数片喜林之中，有一绝大之关系隐伏焉，即两国数百年来政治上之发达，社会上之变迁，皆消息乎其间也。呜呼！伊氏之言，可谓博深而切明矣。吾国人试一自反，吾侪之权利思想，视英人、奥人，谁似也？

　　论者或疑此事为微末而不足道乎？请言其大者。譬有两国于此，甲国用无理之手段以夺乙国硗确不毛之地一方里，此被害国者将默而息乎，抑奋起而争，争之不得而继以战乎？战役一起，则国帑可以竭，民财可以尽，数十万之壮丁可以一朝暴骨于原野之中，帝王之琼楼玉宇、窭民之筚门圭窦可以同成一烬，驯至宗社可以屋，国祀可以灭。其所损与一方里地之比较，何啻什伯千万。就其得之，亦不过一方里石田耳。若以算学上两两相衡，彼战焉者可不谓大愚哉？而岂知一方里被夺而不敢问者，则十里亦夺，百里亦夺，千里亦夺，其势不至以全国委于他人而不止也，而此避竞争、贪安逸之主义，即使其国丧其所以立国之原也。故夫受数喜林之欺骗屈辱而默然忍容者，则亦可以对于本身死刑之宣告，自署名而不辞者也。被夺一方里之地而不发愤者，则亦可以举其父母之邦之全图献卖于他人，而不以动其心者也。此其左证岂在远。反观我国，而使我惭悚无地矣。

　　盎格鲁撒逊人不待言矣，条顿人不待言矣，欧洲之白种人不待言矣，试就近比照之于日本。日本当四十年前，美国一军舰始到，不过一测量其海岸耳，而举国无论为官为士为农为工为商为僧为俗，莫不瞋目切齿，攘臂扼腕，风起水涌，遂以奏尊攘之功，成维新之业。而我中国以其时燔圆明园，定《南京条约》，割香港，开五口，试问我国民之感情何如也？当八年前，俄、德、法三国逼日本还辽，不过以其所夺人者归原主耳，而举国无论为官为士为农为工为商为僧为俗，莫不瞋目切齿，攘臂扼腕，风起水涌，汲汲焉扩张军备，卧薪尝胆，至今不忘。而我中国以其时割胶州、旅顺等六七军港，定各国势力范围，浸假而联军入京，燕蓟涂炭，试问我国民之感情何如也？彼其智宁不知曰：此我之权利也。但其有权利而不识有之之为尊荣，失权利而不知失之之为苦痛，一言蔽之曰：无权利思想而已。

　　吾中国先哲之教，曰宽柔以教，不报无道，曰犯而不校，曰以德报怨，以直报怨。此自前人有为而发之言，在盛德君子偶一行之，虽有足令人起敬者，而末俗承流，遂借以文其怠惰愞怯之劣根性，而误尽天下。如所谓百忍成金，所谓唾面自干，岂非世俗传为佳话者耶？夫人而至于唾面自干，天下之顽钝无耻，孰过是焉！今乃欲举全国人而惟此之为务，是率全国人而为无骨无血无气之怪物，吾不知如何而可也。中国数千年来，误此见解，习非成是，并为一谈，使勇者日即于销磨，而怯者反有所借口，遇势力之强于己者，始而让之，继而畏之，终而媚之。弱者愈弱，强者愈强，奴隶之性，日深一日。对一人如是，对团体亦然；对本国如是，对外国亦然。以是而立于生存竞争最剧最烈之场，吾不知如何而可也。

大抵中国善言仁，而泰西善言义。仁者，人也，我利人，人亦利我，是所重者常在人也。义者，我也，我不害人，而亦不许人之害我，是所重者常在我也。此二德果孰为至乎？在千万年后大同太平之世界，吾不敢言，若在今日，则义也者。诚救时之至德要道哉！夫出吾仁以仁人者，虽非侵人自由，而待仁于人者，则是放弃自由也。仁焉者多，则待仁于人者亦必多，其弊可以使人格日趋于卑下。（欧西百年前，以施济贫民为政府之责任，而贫民日以多。后悟此理，厘而裁之，而民反殷富焉。君子爱人以德，不闻以姑息，故使人各能自立而不倚赖他人者，上也。若曰吾举天下人而仁之，毋乃降斯人使下己一等乎？）若是乎，仁政者，非政体之至焉者也。吾中国人惟日望仁政于其君上也，故遇仁焉者，则为之婴儿；遇不仁焉者，则为之鱼肉。古今仁君少而暴君多，故吾民自数千年来祖宗之遗传，即以受人鱼肉为天经地义，而"权利"二字之识想，断绝于吾人脑质中者固已久矣。

杨朱曰：人人不损一毫，人人不利天下，天下治矣。吾畴昔最深恶痛恨其言，由今思之，盖亦有所见焉矣。其所谓人人不利天下，固公德之蟊贼；其所谓人人不损一毫，抑亦权利之保障也。（《列子·杨朱》篇记杨徒孟孙阳与墨徒禽滑厘问答之言云：孟孙阳难禽子曰：有侵若肌肤获万金者，为之乎？曰：为之。孟孙阳曰：有断若一节得一国，子为之乎？禽子默然有间。孟孙阳曰：一毛微于肌肤，肌肤微于一节，省矣，然则积一毛以成肌肤，积肌肤以成一节，一毛固一体万分中之一物，奈何轻之乎？此语与前所引英人争数喜林之事，及为一方里地而构兵之事，正同一理。盖哲学开派一大师之言，其持论必有所根据，非徒放诞纵乐而已。不然，其言何以能盈天下而与儒、墨鼎足为三也。然则杨朱者实主张权利之哲学家，而亦中国救时一良方也，不过其论有杂驳焉者耳。）夫人虽至鄙吝，至不肖，亦何至爱及一毫，而顾断断焉争之者，非争此一毫，争夫人之损我一毫所有权也（所有权即主权）。是推权利思想充类至义之尽者也。一部分之权利，合之即为全体之权利；一私人之权利思想，积之即为一国家之权利思想。故欲养成此思想，必自个人始，人人皆不肯损一毫，则亦谁复敢撄他人之锋而损其一毫者，故曰天下治矣，非虚言也。（西哲名言曰：人人自由，而以他人之自由为界。实即人人不损一毫之义也，不过其语有完有不完者耳。）虽然，杨朱非能解权利之真相者也。彼知权利当保守而勿失，而不知权利以进取而始生。放佚也，偷乐也，任运也，厌世也，皆杀权利之刽子手也，而杨朱日昌言之，以是求权利，则何异饮鸩以祈永年也。此吾中国所以虽盛行杨学，而惟熏染其人人不利天下之流毒，而不能实行其人人不损一毫之理想也。权利思想薄弱使然也。

权利思想者，非徒我对于我应尽之义务而已，实亦一私人对于一公群应尽之义务也。譬之两阵交绥，同队之人皆赌生命以当公敌，而一人独贪安逸，避竞争，曳兵而走焉，此人之牺牲其名誉，不待言矣。而试思此人何以能幸保首领，且其祸仍未延及于全群者，毋亦恃同队之人有代己而抗敌者耳。使全军将卒皆与此怯夫同流，望风争逃，则此怯夫与其群，非悉为敌所屠而同归于尽不止也。彼一私人自抛弃其权利者，与此逃亡之弱卒何择也。不宁惟是，权利者常受外界之侵害而无已时者也，故亦必常出内力之抵抗而无已时，然后权利始成立，抵抗力之厚薄，即为权利之强弱比例差。试更以前喻明之。夫以千人之队，则其间一卒之去就，微末亦甚矣，然使百人乃至数百人脱队而逃，则其结果如何？其所余不逃之卒，必不可不加数倍之苦战代此逃者而荷其负担，虽复忠勇义烈，而其力亦有所不逮矣。是何异逃者亲搤不逃者之胸而剚以刃也。夫权利之竞争，亦若是则已耳，为国民者协力各尽其分内竞争之责任，则侵压自不得行。设有苟免幸脱而避其冲者，是不啻对于国民全体而为叛逆也。何也？是使公敌增其力，而跳梁暴肆之所由行也。彼浅见者，以为一私人之放弃权利，不过其本身之受亏被害，而影响不及于他人，何其傎也！

权利竞争之不已，而确立之保障之者厥恃法律，故有权利思想者，必以争立法权为第一要义。凡一群之有法律，无论为良为恶，而皆由操立法权之人制定之以自护其权利者也。强于权利思想之国民，其法律必屡屡变更而日进于善。盖其始由少数之人，出其强权以自利，其后由多数之人，复出其强权相抵制而亦以自利（余所著《饮冰室自由书·论强权》一条参观），权利思想愈发达，则人人务为强者。强与强相遇，权与权相衡，于是平和善美之新法律乃成。虽然，当新法律与旧法律相嬗之际，常为最剧最惨之竞争。盖一新法律出，则前此之凭借旧法律以享特别之权利者，必受异常之侵害，故倡议制新法律者，不啻对于旧有权力之人而下宣战书也。夫是以动力与反动力相搏，而大争起焉，此实生物天演之公例也。当此时也，新权利、新法律之能成就与否，全视乎抗战者之力之强弱以为断，而道理之优劣不与焉。而此过渡时代，则倚旧者与倡新者皆不可不受大损害。试一读欧美诸国法律发达史，如立宪政，废奴隶，释佣农，劳力自由，信教自由等诸大法律，何一不自血风肉雨中薰浴而来。使倡之者有所偷，有所惮，有所姑息，而稍稍迁就于其间乎，则此退一步，彼进一步，而所谓新权利者亦必终归于灭亡而已。吾中国人数千年来不识权利之为何状，亦未始不由迂儒煦煦之说阶之厉也。质而言之，则权利之诞生，与人类之诞生略同，分娩拆副之苦痛，势所不免，惟其得之也艰，故其护之也力，遂使国民与权利之间，其爱情一如母子之关系。母之生子也，实自以其性命孤注，故其爱有非他人他事所能易者也。权利之不经艰苦而得者，如飞鸿之遗雏，猛鹯、狡狐时或得而攫之，若慈母怀中之爱儿，虽千百狐、鹯，岂能褫也？故权利之薰浴于血风肉雨而来者，既得之后，而永不可复失焉。谓余不信，请观日本人民拥护宪法之能力与英、美人民之能力相比较，其强弱之率何如矣。若是乎，专言仁政者，果不足以语于立国之道，而人民之望仁政以得一支半节之权利者，实含有亡国民之根性明也。

夫专言仁政犹且不可，而虐政更何论焉！大抵人生之有权利思想也，天赋之良知良能也，而其或强、或弱、或隐伏、或渐亡至不齐者，何也？则常缘其国家之历史、政治之浸润以为差。孟子牛山之喻，先我言之矣，非无萌蘖，牛羊又从而牧之，是以若彼濯濯也。历览东西古今亡国之史乘，其始非无一二抵抗暴制以求自由者，一锄之，再锄之，三四锄之，渐萎靡，渐衰颓，渐销铄，久之而猛烈沉酣之权利思想，愈制而愈驯，愈冲而愈淡，乃至回复之望绝，而受羁受轭，以为固然；积之数十年数百年，每下愈况，而常至渐亡。此固由其人民能力之薄弱，而政府之罪又乌可逭也。夫此等政府，岂尝有一焉能嗣续其命脉以存于今日者；即有一二，亦不过风烛残年，旦夕待死而已。政府以此道杀人，毋乃适为自杀之利刃乎！政府之自杀，己作之而己受之，其又奚尤！顾所最痛者，其祸乃延及于国家全体而不能救也。国民者，一私人之所结集也；国权者，一私人之权利所团成也。故欲求国民之思想、之感觉、之行为，舍其分子之各私人之思想、感觉、行为而终不可得见。其民强者谓之强国，其民弱者谓之弱国；其民富者谓之富国，其民贫者谓之贫国；其民有权者谓之有权国，其民无耻者谓之无耻国。夫至以"无耻国"三字成一名词，而犹欲其国之立于天地，有是理耶！有是理耶！其能受阉宦、差役之婪索一钱而安之者，必其能受外国之割一省而亦安之者也。其能现奴颜婢膝昏暮乞怜于权贵之门者，必其能悬顺民之旗箪食壶浆以迎他族之师者也。譬之器然，其完固者，无论何物，不能渗也，苟有穴焉，有罅焉，我能渗之，他人亦能渗之。夫安知乎虐政所从入之门，乃即外寇所从入之门也。挑邻妇而利其从我，及为我妇，则欲其为我贞人，安可得也。平昔之待其民也，鞭之挞之，敲之削之，戮之辱之，积千数百年霸者之余威，以震荡摧锄天下之廉耻，既珍既狁既夷，一旦敌国之艨艟麇集于海疆，寇仇之貔貅迫临于城下，而后欲借人民之力以捍卫是而纲维是，是何异不胎而求子、蒸沙而求饭也？嗟夫！嗟夫！前车之覆者，不知几何矣，而独不解丁兹阳九者曾一自审焉否也。

重为言曰：国家譬犹树也，权利思想譬犹根也，其根既拨，虽复干植崔嵬，华叶蓊郁，而必归于槁亡。遇疾风横雨，则摧落更速焉，即不尔，而旱暵之所暴炙，其萎黄凋瘠，亦须时耳。国民无权利思想者，以之当外患，则槁木遇风雨之类也，即外患不来，亦遇旱暵之类。吾见夫全地球千五〔百〕兆生灵中，除印度、非洲、南洋之黑蛮外，其权利思想之薄弱，未有吾国人若者也。孟子有言：逸居而无教，则近于禽兽。若取罗马法之法理，而以论理解释之，则岂惟近焉而已。一国之大，而仅有四万万禽兽居焉，天下之可耻，孰过是也！我同胞其耻之乎？为政治家者，以勿摧压权利思想为第一义；为教育家者，以养成权利思想为第一义；为一私人者，无论士焉农焉工焉商焉男焉女焉，各以自坚持权利思想为第一义。国民不能得权利于政府也则争之，政府见国民之争权利也则让之，欲使吾国之国权与他国之国权平等，必先使吾国中人人固有之权皆平等，必先使吾国民在我国所享之权利与他国民在彼国所享之权利相平等，若是者国庶有瘳，若是者国庶有瘳！（《新民丛报》第六号，1902 年 4 月 22 日，署名"中国之新民"）

◎**论自由**

"不自由毋宁死！"斯语也，实十八九两世纪中，欧美诸国民所以立国之本原也。

自由之义，适用于今日之中国乎？曰：自由者，天下之公理，人生之要具，无往而不适用者也。虽然，有真自由，有伪自由；有全自由，有偏自由；有文明之自由，有野蛮之自由。今日自由云自由云之语，已渐成青年辈之口头禅矣。新民子曰：我国民如欲永享完全文明真自由之福也，不可不先知自由之为物果何如矣。请论自由。

自由者，奴隶之对待也，综观欧美自由发达史，其所争者不出四端：一曰政治上之自由，二曰宗教上之自由，三曰民族上之自由，四曰生计上之自由（即日本所谓经济上自由）。政治上之自由者，人民对于政府而保其自由也。宗教上之自由者，教徒对于教会而保其自由也。民族上之自由者，本国对于外国而保其自由也。生计上之自由者，资本家与劳力者相互而保其自由也。而政治上之自由复分为三：一曰平民对于贵族而保其自由，二曰国民全体对于政府而保其自由，三曰殖民地对于母国而保其自由是也。自由之征诸实行者，不外是矣。

以此精神，其所造出之结果，厥有六端：（一）四民平等问题。凡一国之中，无论何人不许有特权（特别之权利与齐民异者），是平民对于贵族所争得之自由也。（二）参政权问题。凡生息于一国中者，苟及岁而即有公民之资格，可以参与一国政事，是国民全体对于政府所争得之自由也。（三）属地自治问题。凡人民自殖于他土者，得任意自建政府，与其在本国时所享之权利相等，是殖民地对于母国所争得之自由也。（四）信仰问题。人民欲信何教，悉由自择，政府不得以国教束缚干涉之，是教徒对于教会所争得之自由也。（五）民族建国问题。一国之人，聚族而居，自立自治，不许他国若他族握其主权，并不许干涉其毫末之内治，侵夺其尺寸之土地，是本国人对于外国所争得之自由也。（六）工群问题（日本谓之劳动问题或社会问题）。凡劳力者，自食其力，地主与资本家不得以奴隶畜之，是贫民对于素封者所争得之自由也。试通览近世三四百年之史记，其智者敝口舌于庙堂，其勇者涂肝脑于原野，前者仆，后者兴，屡败而不悔，弗获而不措者，其所争岂不以此数端耶？其所得岂不在此数端耶？试一述其崖略。

　　昔在希腊、罗马之初政，凡百设施，谋及庶人。共和自治之制，发达盖古。然希腊纯然贵族政体，所谓公民者，不过国民中一小部分，而其余农、工、商及奴隶，非能一视也。罗马所谓公民，不过其都会中之拉丁民族，而其攻取所得之属地，非能一视也。故政治上之自由，虽远滥觞于希、罗，然贵族之对平民也，母国之对属地也，本国人之对外国也，地主之对劳力者也，其种种侵夺自由之弊，亦自古然矣。及耶稣教兴，罗马帝国立，而宗教专制、政治专制乃大起。中世之始，蛮族猖披，文化蹂躏，不待言矣。及其末也，则罗马皇帝与罗马教皇，分司全欧人民之躯壳、灵魂两界，生息于肘下而不能自拔。故中世史者，实泰西之黑暗时代也。及十四五世纪以来，马丁·路得兴，一抉旧教藩篱，思想自由之门开，而新天地始出现矣。尔后二三百年中，列国或内争，或外伐，原野胾肉，溪谷填血，天日惨淡，神鬼苍黄，皆为此一事而已。此为争宗教自由时代。及十七世纪，格林威尔起于英；十八世纪，华盛顿兴于美；未几而法国大革命起，狂风怒潮，震撼全欧，列国继之，云滃水涌，遂使地中海以西，亘于太平洋东岸，无一不为立宪之国，加拿大、澳洲诸殖民地，无一不为自治之政，直至今日，而其机未止。此为争政治自由时代。自十六世纪，荷兰人求脱西班牙之轭，奋战四十余年，其后诸国踵兴，至十九世纪，而民族主义磅礴于大地。伊大利、匈加利之于奥大利，爱尔兰之于英伦，波兰之于俄、普、奥三国，巴干半岛诸国之于土耳其，以至现今波亚之于英，菲律宾之于美，所以死亡相踵而不悔者，皆曰非我种族不得有我主权而已。虽其所向之目的，或达或不达，而其精神一也。此为争民族自由时代。（民族自由与否，大半原于政治，故此二者其界限常相混。）前世纪（十九）以来，美国布禁奴之令，俄国废农佣之制，生计界大受影响，而廿卅年来，同盟罢工之事，所在纷起，工厂条例，陆续发布，自今以往，此问题遂将为全地球第一大案。此为争生计自由时代。凡此诸端，皆泰西四百年来改革进步之大端，而其所欲以去者，亦十之八九矣。噫嘻！是遵何道哉？皆"不自由毋宁死"之一语，耸动之，鼓舞之，出诸壤而升诸霄，生其死而肉其骨也。於戏！璀璨哉自由之花！於戏！庄严哉自由之神！今将近世史中争自由之大事，列一年表如下：

一五三二年

旧教徒与新教徒结条约，许信教自由 ……………… 宗教上之自由

一五二四年

瑞士信新教诸市府始联合，行共和政 ……………… 同

一五三六年

丁抹国会始定新教为国教 …………………………… 同

一五七〇年

法国内讧暂熄，新教徒始自由 ……………………… 同

一五九八年

法国许新教徒以参政权 ……………………………… 同

一六四八年

荷兰国与西班牙积四十年苦战始得自立……… 民族上之自由，亦因宗教

一六一八至一六四八年

西班牙、佛兰西、瑞典、日耳曼、丁抹等国

连兵不止，卒定新、旧教同享平等权利……………… 宗教上之自由

一六四九年

英民弑其王查理士第一，行共和政 ………………… 政治上之自由

一七七六年

北美合众国布告独立 ………………………………… 同（殖民地之关系）

一七八九年

法国大革命起 ………………………………………… 同（贵族、平民之关系）

一八二二年

墨西哥独立 …………………………………………… 政治上之自由（殖民地之关系）

一八一九至一八三一年

南美洲诸国独立 ……………………………………… 同

一八三二年

英国改正选举法 …………………………………… 同

一八三三年

英国布禁奴令于殖民地 …………………………… 生计上之自由

一八四八年

法国第二次革命 …………………………………… 政治上之自由

同 年

奥国维也纳革命起 ………………………………… 同

同 年

匈加利始立新政府，次年奥、匈开战 …………… 民族上之自由

同 年

意大利革命起 ……………………………………… 同

同 年

日耳曼谋统一不成 ………………………………… 同

同 年

意大利、瑞士、丁抹、荷兰发布宪法 …………… 政治上之自由

一八六一年

俄国解放隶农 ……………………………………… 生计上之自由

一八六三年

希腊脱土耳其自立 ………………………………… 民族上之自由

同 年

波兰人拒俄乱起 …………………………………… 同

同 年

美国因禁奴事，南北相争 ………………………… 同

一八六七年

北德意志联邦成 ……………………………… 民族上与政治上之自由

一八七〇年

法国第三次革命 …………………………………… 政治上之自由

一八七一年

意大利统一功成 ……………………………… 民族上与政治上之自由

一八七五至一八七八年

土耳其所属门的内哥、塞尔维亚、

赫斯戈伟讷等国皆起倡独立 ·················· 民族上与宗教上之自由

一八八一年

俄皇亚历山大第二将布宪法，旋为虚无党所弑 ······ 政治上之自由

一八八二年

美国大同盟罢工起，此后各国有之，岁岁不绝 ······ 生计上之自由

一八八九年

巴西独立，行共和政 ···················· 政治上之自由（殖民地之关系）

一八九三年

英国布爱尔兰自治案 ···················· 民族上之自由

一八九九年

菲立宾与美国战 ······················· 同

同　年

波亚与英国战 ························· 同

一九〇一年

澳洲自治联邦成 ······················· 政治上之自由

由此观之，数百年来世界之大事，何一非以"自由"二字为之原动力者耶？彼民之求此自由也，其时不同，其国不同，其所需之种类不同，故其所求者亦往往不同，要其用诸实事而非虚谈，施诸公敌而非私利一也。试以前所列之六大问题，覆按诸中国，其第一条四民平等问题，中国无有也，以吾自战国以来，即废世卿之制，而阶级陋习早已消灭也。其第三条属地自治问题，中国无有也，以其无殖民地于境外也。其第四条信仰问题，中国更无有也，以吾国非宗教国，数千年无教争也。其第六条工群问题，他日或有之，而今则尚无有也，以其生计界尚沉滞，而竞争不剧烈也。然则今日吾中国所最急者，惟第二之参政问题与第五之民族建国问题而已。此二者事本同源，苟得其乙，则甲不求而自来；苟得其甲，则乙虽弗获犹无害也。若是夫，吾侪之所谓自由，与其所以求自由之道，可以见矣。

自由之界说曰：人人自由，而以不侵人之自由为界。夫既不许侵人自

由，则其不自由亦甚矣。而顾谓此为自由之极则者何也？自由云者，团体之自由，非个人之自由也。野蛮时代，个人之自由胜，而团体之自由亡；文明时代，团体之自由强，而个人之自由减。斯二者盖有一定之比例，而分毫不容忒者焉。使其以个人之自由为自由也，则天下享自由之福者，宜莫今日之中国人若也。绅士武断于乡曲，受鱼肉者莫能抗也；驵商逋债而不偿，受欺骗者莫能责也。夫人人皆可以为绅士，人人皆可以为驵商，则人人之自由亦甚矣。不宁惟是，首善之区，而男妇以官道为圊牏，何其自由也！市邑之间，而老稚以鸦片为菽粟，何其自由也！若在文明国，轻则罚锾，重则输城旦矣。诸类此者，若悉数之，则更十仆而不能尽。由是言之，中国人自由乎？他国人自由乎？顾识者楬橥自由之国，不于此而于彼者何也？野蛮自由，正文明自由之蟊贼也。文明自由者，自由于法律之下，其一举一动，如机器之节腠；其一进一退，如军队之步武。自野蛮人视之，则以为天下之不自由，莫此甚也。夫其所以必若是者何也？天下未有内不自整而能与外为竞者。外界之竞争无已时，则内界之所以团其竞争之具者亦无已时。使滥用其自由，而侵他人之自由焉，而侵团体之自由焉，则其群固已不克自立，而将为他群之奴隶，夫复何自由之能几也？故真自由者必能服从，服从者何？服法律也。法律者，我所制定之，以保护我自由，而亦以钳束我自由者也。彼英人是已。天下民族中，最富于服从性质者莫如英人，其最享自由幸福者亦莫如英人。夫安知乎服从之即为自由母也。嗟夫！今世少年，莫不嚣嚣言自由矣，其言之者，固自谓有文明思想矣。曾不审夫泰西之所谓自由者，在前此之诸大问题，无一役非为团体公益计，而决非一私人之放恣桀骜者所可托以藏身也。今不用之向上以求宪法，不用之排外以伸国权，而徒耳食一二学说之半面，取便私图，破坏公德，自返于野蛮之野蛮，有规语之者，犹敢觍然抗说曰：吾自由，吾自由。吾甚惧乎"自由"二字，不徒为专制党之口实，而实为中国前途之公敌也。

"爱"主义者，天下之良主义也。有人于此，汲汲务爱己，而曰我实行爱主义可乎？"利"主义者，天下之良主义也。有人于此，孳孳务利己，而曰我实行利主义可乎？"乐"主义者，亦天下之良主义也，有人于此，媞媞务乐己，而曰我实行乐主义可乎？故凡古贤今哲之标一宗旨以易天下者，皆非为一私人计也。身与群校，群大身小，诎身伸群，人治之大经也，当其二者不兼之际，往往不爱己，不利己，不乐己，以达其爱群、利群、乐群之实者有焉矣。佛言：我不入地狱，谁入地狱。佛之说法，岂非欲使众生脱离地狱者耶？而其下手必自亲入地狱始。若是乎有志之士，其必悴其形焉，困衡其心焉，终身自栖息于不自由之天地，然后能举其所爱之群与国而自由之也，明矣。今世之言自由者，不务所以进其群、其国于自由之道，而惟于薄物细故、日用饮食，断断然主张一己之自由，是何异箪豆见色，而曰我通功利派之哲学；饮博无赖，而曰我循快乐派之伦理也。《战国策》言：有学儒三年，归而名其母者。吾见夫误解自由之义者，有类于是焉矣。

然则自由之义，竟不可行于个人乎？曰：恶，是何言！团体自由者，个人自由之积也。人不能离团体而自生存，团体不保其自由，则将有他团焉自外而侵之、压之、夺之，则个人之自由更何有也！譬之一身，任口之自由也，不择物而食焉，大病浸起，而口所固有之自由亦失矣；任手之自由也，持梃而杀人焉，大罚浸至，而手所固有之自由亦失矣。故夫一饮一食、一举一动，而皆若节制之师者，正百体所以各永保其自由之道也，此犹其与他人他体相交涉者。吾请更言一身自由之事。

一身自由云者，我之自由也。虽然，人莫不有两我焉。其一，与众生对待之我，昂昂七尺立于人间者是也；其二，则与七尺对待之我，莹莹一点存于灵台者是也。（孟子曰：物交物，则引之而已矣。物者，我之对待也，上物指众生，下物指七尺，即耳目之官，要之，皆物而非我也。我者何？心之官是已。先立乎其大者，则其小者不能夺也。惟我为大，而两界之物皆小也。小不夺大，则自由之极轨焉矣。）是故人之奴隶我，不足畏也，而莫痛于自奴隶于人；自奴隶于人，犹不足畏也，而莫惨于我奴隶于我。庄子曰：哀莫大于心死，而身死次之。吾亦曰：辱莫大于心奴，而身奴斯为末矣。夫人强迫我以为奴隶者，吾不乐焉，可以一旦起而脱其绊也，十九世纪各国之民变是也。以身奴隶于人者，他人或触于慈祥焉，或迫于正义焉，犹可以出我水火而苏之也，美国之放黑奴是也。独至心中之奴隶，其成立也，非由他力之所得加；其解脱也，亦非由他力之所得助。如蚕在茧，着着自缚；如膏在釜，日日自煎。若有欲求真自由者乎，其必自除心中之奴隶始。

　　吾请言心奴隶之种类，而次论所以除之之道。

　　一曰勿为古人之奴隶也。古圣贤也，古豪杰也，皆尝有大功德于一群，我辈爱而敬之宜也。虽然，古人自古人，我自我。彼古人之所以能为圣贤、为豪杰者，岂不以其能自有我乎哉？使不尔者，则有先圣无后圣，有一杰无再杰矣。譬诸孔子诵法尧、舜，我辈诵法孔子，曾亦思孔子所以能为孔子，彼盖有立于尧、舜之外者也。使孔子而为尧、舜之奴隶，则百世后必无复有孔子者存也。闻者骇吾言乎？盖思乎世运者进而愈上，人智者浚而愈莹，虽有大哲，亦不过说法以匡一时之弊，规当世之利，而决不足以范围千百万年以后之人也。泰西之有景教也，其在中古，曷尝不为一世文明之中心点，逮夫末流，束缚驰骤，不胜其敝矣。非有路得、倍根、笛卡儿、康德、达尔文、弥勒、赫胥黎诸贤，起而附益之，匡救之，夫彼中安得有今日也！中国不然，于古人之言论行事，非惟辨难之辞不敢出于口，抑且怀疑之念不敢萌于心。夫心固我有也，听一言，受一义，而曰我思之，我思之，若者我信之，若者我疑之，夫岂有刑戮之在其后也。然而举世之人，莫敢出此。吾无以譬之，譬之义和团。义和团法师之被发、仗剑、踽步、念念有词也，听者苟一用其思索焉，则其中自必有可疑者存，而信之者竟遍数省，是必其有所慑焉，而不敢涉他想者矣；否则有所假焉，自欺欺人以逞其狐威者矣。要之，为奴隶于义和团一也。吾为此譬，非敢以古人比义和团也，要之，四书六经之义理，其非一一可以适于今日之用，则虽临我以刀锯鼎镬，吾犹敢断言而不惮也。而世之委身以嫁古人，为之荐枕席而奉箕帚者，吾不知其与彼义和团之信徒果何择也。我有耳目，我物我格，我有心思，我理我穷，高高山顶立，深深海底行，其于古人也，吾时而师之，时而友之，时而敌之，无容心焉，以公理为衡而已。自由何如也！

　　二曰勿为世俗之奴隶也。甚矣，人性之弱也！城中好高髻，四方高一尺；城中好广袖，四方全幅帛。古人夫既谣之矣，然曰乡愚无知，犹可言也，至所谓士君子者，殆又甚焉。当晚明时，举国言心学，全学界皆野狐矣；当乾嘉间，举国言考证，全学界皆蠹鱼矣。然曰岁月渐迁，犹可言也，至如近数年来，丁、戊之间，举国慕西学若膻，己、庚之间，举国避西学若厉，今则厉又为膻矣。夫同一人也，同一学也，而数年间可以变异若此，无他，俯仰随人，不自由耳。吾见有为猴戏者，跳焉则群猴跳，掷焉则群猴掷，舞焉则群猴舞，笑焉则群猴笑，哄焉则群猴阅，怒焉则群猴骂。谚曰：一犬吠影，百犬吠声。悲哉！人秉天地清淑之气以生，所以异于群动者安在乎？胡自污蔑以与猴犬为伦也！夫能铸造新时代者，上也，即不能而不为旧时代所吞噬所汨沉，抑其次也，狂澜滔滔，一柱屹立，醉乡梦梦，灵台昭然，丈夫之事也。自由何如也！

三曰勿为境遇之奴隶也。人以一身立于物竞界，凡境遇之围绕吾旁者，皆日夜与吾相为斗而未尝息者也。故战境遇而胜之者则立，不战而为境遇所压者则亡。若是者，亦名曰天行之奴隶。天行之虐，逞于一群者有然，逞于一人者亦有然。谋国者而安于境遇也，则美利坚可无独立之战，匈加利可无自治之师，日耳曼、意大利可以长此华离破碎为虎狼奥之附庸也。使谋身者而安于境遇也，则贱族之的士礼立，（英前宰相，与格兰斯顿齐名者，本犹太人。犹太人在英，视为最贱之族。）何敢望挫俄之伟勋；蛋儿之林肯，（前美国大统领，渔人子也，少极贫。）何敢企放奴之大业，而西乡隆盛当以患难易节，玛志尼当以窜谪灰心也。吾见今日所谓识时之彦者，开口辄曰：阳九之厄，劫灰之运，天亡中国，无可如何。其所以自处者，非贫贱而移，则富贵而淫，其最上者遇威武而亦屈也。一事之挫跌，一时之潦倒，而前此权奇磊落不可一世之概，销磨尽矣。咄！此区区者果何物，而顾使之操纵我心如转蓬哉？善夫！《墨子·非命》之言也，曰：执有命者，是覆天下之义，而说百姓之诼也。天下善言命者，莫中国人若，而一国之人，奄奄待死矣。有力不庸，而惟命是从，然则人也者，亦天行之刍狗而已，自动之机器而已，曾无一毫自主之权，可以达己之所志，则人之生也，奚为哉？奚乐哉？英儒赫胥黎曰：今者欲治道之有功，非与天争胜焉不可也，固将沉毅用壮，见大丈夫之锋颖，强立不反，可争可取而不可降。所遇善，固将宝而维之；所遇不善，亦无憷焉。陆象山曰：利害毁誉，称讥苦乐，名曰八风。八风不动，入三摩地。邵尧夫之诗曰：卷舒一代兴亡手，出入千重云水身。眇兹境遇，曾不足以损豪杰之一脚指，而岂将入其笠也。自由何如也！

四曰勿为情欲之奴隶也。人之丧其心也，岂由他人哉？孟子曰：向为身死而不受，今为宫室之美，妻妾之奉，所识穷乏者得我而为之，是亦不可以已乎？夫诚可以已，而能已之者百无一焉，甚矣情欲之毒人深也。古人有言：心为形役。形而为役，犹可愈也；心而为役，将奈之何？ 心役于他，犹可拔也；心役于形，将奈之何？形无一日而不与心为缘，则将终其生趑趄瑟缩于六根六尘之下，而自由权之萌蘖俱断矣。吾常见有少年岳岳荦荦之士，志愿才气，皆可以开拓千古，推倒一时，乃阅数年而馁焉，更阅数年而益馁焉。无他，凡有过人之才者，必有过人之欲；有过人之才，有过人之欲，而无过人之道德心以自主之，则其才正为其欲之奴隶。曾几何时，而销磨尽矣。故夫泰西近数百年，其演出惊天动地之大事业者，往往在有宗教思想之人。夫迷信于宗教而为之奴隶，固非足贵，然其借此以克制情欲，使吾心不为顽躯浊壳之所困，然后有以独往独来，其得力固不可诬也。日本维新之役，其倡之成之者，非有得于王学，即有得于禅宗。其在中国近世，勋名赫赫在人耳目者，莫如曾文正，试一读其全集，观其困知勉行、厉志克己之功何如？天于固未有无所养而能定大艰、成大业者。不然，日日恣言曰吾自由吾自由，而实为五贼（佛典亦以五贼名五官）所驱遣，劳苦奔走以借之兵而赍其粮耳，吾不知所谓自由者何在也。孔子曰：克己复礼为仁。己者，对于众生称为己，亦即对于本心而称为物者也。所克者己，而克之者又一己，以己克己，谓之自胜，自胜之谓强。自胜焉，强焉，其自由何如也！

　　吁！自由之义，泰西古今哲人，著书数十万言剖析之，犹不能尽也。浅学如余，而欲以区区片言单语发明之，乌知其可？虽然，精义大理，当世学者既略有述焉，吾故就团体自由、个人自由两义，刺取其浅近直捷者，演之以献于我学界。世有爱自由者乎，其慎勿毒自由以毒天下也！（《新民丛报》第七、八号，1902 年 5 月 8、22 日，署名"中国之新民"）

◎论进步（一名《论中国群治不进之原因》）

　　泰西某说部，载有西人初航中国者，闻罗盘针之术之传自中国也，又闻中国二千年前即有之也，默忖此物入泰西，不过数纪，而改良如彼其屡，效用如彼其广，则夫母国数千年之所增长，更当何若！ 登岸后不遑他事，先入市购一具，乃问其所谓最新式者，则与历史读本中所载十二世纪时亚剌伯人传来之罗盘图，无累黍之异，其人乃废然而返云。此虽讽刺之寓言，实则描写中国群治濡滞之状，谈言微中矣。

　　吾昔读黄公度《日本国志》，好之，以为据此可以尽知东瀛新国之国情状矣。入都见日使矢野龙谿，偶论及之，龙谿曰：是无异据《明史》以言今日中国之时局也。余怫然，叩其说，龙谿曰：黄书成于明治十四年。我国自维新以来，每十年间之进步，虽前此百年不如也。然则二十年前之书，非《明史》之类如何？吾当时犹疑其言，东游以来，证以所见，良信。斯密亚丹《原富》，称元代时有意大利人玛可波罗游支那，归而著书，述其国情，以较今人游记，殆无少异。吾以为岂惟玛氏之作，即《史记》《汉书》二千年旧籍，其所记载，与今日相去能几何哉？夫同在东亚之地，同为黄族之民，而何以一进一不进霄壤若此？

中国人动言郅治之世在古昔，而近世则为浇末、为叔季。此其义与泰西哲学家进化之论最相反。虽然，非谰言也，中国之现状实然也。试观战国时代，学术蜂起，或明哲理，或阐技术，而后此则无有也。两汉时代，治具粲然，宰相有责任，地方有乡官，而后此则无有也。自余百端，类此者不可枚举。夫进化者，天地之公例也，譬之流水，性必就下；譬之抛物，势必向心。苟非有他人焉从而搏之，有他物焉从而吸之，则未有易其故常者。然则吾中国之反于彼进化之大例，而演出此凝滞之现象者，殆必有故。求得其故而讨论焉发明焉，则知病而药于是乎在矣。

论者必曰：由于保守性质之太强也。是固然也。虽然，吾中国人保守性质何以独强？是亦一未解决之问题也。且英国人以喜保守闻于天下，而万国进步之速，殆莫英若，又安见夫保守之必为群害也。吾思之，吾重思之，其原因之由于天然者有二，由于人事者有三。

一曰大一统而竞争绝也。竞争为进化之母，此义殆既成铁案矣。泰西当希腊列国之时，政学皆称极盛，洎罗马分裂，散为诸国，复成近世之治，以迄于今，皆竞争之明效也。夫列国并立，不竞争则无以自存。其所竞者，非徒在国家也，而兼在个人；非徒在强力也，而尤在德智。分途并趋，人自为战，而进化遂沛然莫之能御。故夫一国有新式枪炮出，则他国弃其旧者恐后焉，非是不足以操胜于疆场也；一厂有新式机器出，则他厂亦弃其旧者恐后焉，非是不足以求赢于阛阓也。惟其然也，故不徒耻下人，而常求上人。昨日乙优于甲，今日丙驾于乙，明日甲还胜丙，互相傲，互相妒，互相师，如赛马然，如斗走然，如竞漕然。有横于前，则后焉者自不敢不勉；有蹑于后，则前焉者亦不敢即安。此实进步之原动力所由生也。中国惟春秋战国数百年间，分立之运最久，而群治之进，实以彼时为极点。自秦以后，一统局成，而为退化之状者，千余年于今矣。岂有他哉？竞争力销乏使然也。

二曰环蛮族而交通难也。凡一社会与他社会相接触，则必产出新现象，而文明遂进一步。上古之希腊殖民，近世之十字军东征，皆其成例也。然则统一非必为进步之障也，使统一之于内，而交通之于外，则其飞跃或有更速者也。中国环列皆小蛮夷，其文明程度，无一不下我数等，一与相遇，如汤沃雪，纵横四顾，常觉有上天下地唯我独尊之概，始而自信，继而自大，终而自画。至于自画，而进步之途绝矣。不宁惟是，所谓诸蛮族者，常以其牛羊之力、水草之性来破坏我文明，于是所以抵抗之者，莫急于保守我所固有。中原文献，汉官威仪，实我黄族数千年来战胜群裔之精神也。夫外之既无可师法以为损益之资，内之复不可不兢兢保持以为自守之具，则其长此终古也亦宜。

以上由于天然者。

三曰言文分而人智局也。文字为发明道器第一要件，其繁简难易，常与民族文明程度之高下为比例差。列国文字，皆起于衍形，及其进也，则变而衍声。夫人类之语言，递明差异，经千数百年后，而必大远于其朔者，势使然也。故衍声之国，言文常可以相合；衍形之国，言文必日以相离。社会之变迁日繁，其新现象、新名词必日出，或从积累而得，或从交换而来，故数千年前一乡、一国之文字，必不能举数千年后万流汇沓、群族纷拿时代之名物、意境而尽载之，尽描之，此无可如何者也。言文合，则言增而文与之俱增，一新名物、新意境出，而即有一新文字以应之，新新相引，而日进焉。言文分，则言日增而文不增，或受其新者而不能解，或解矣而不能达，故虽有方新之机，亦不得不窒。其为害一也。言文合，则但能通今文者，已可得普通之智识，其古文之学（如泰西之希腊、罗马文字），待诸专门名家者之讨求而已。故能操语者即能读书，而人生必需之常识，可以普及。言文分，则非多读古书，通古义，不足以语于学问。故近数百年来，学者往往瘁毕生精力于《说文》《尔雅》之学，无余裕以从事于实用，夫亦有不得不然者也。其为害二也。且言文合而主衍声者，识其二三十之字母，通其连缀之法，则望文而可得其音，闻音而可解其义。言文分而主衍形者，则《苍颉篇》三千字，斯为字母者三千；《说文》九千字，斯为字母者九千；《康熙字典》四万字，斯为字母者四万。夫学二三十之字母，与学三千、九千、四万之字母，其难易相去何如？故泰西、日本，妇孺可以操笔札，车夫可以读新闻，而吾中国，或有就学十年，而冬烘之头脑如故也。其为害三也。夫群治之进，非一人所能为也，相摩而迁善，相引而弥长，得一二之特识者，不如得百千万亿之常识者，其力逾大而效逾彰也。我国民既不得不疲精力以学难学文字，学成者固不及什一，即成矣，而犹于当世应用之新事物、新学理，多所隔阂，此性灵之浚发所以不锐，而思想之传播所以独迟也。

四曰专制久而民性漓也。天生人而赋之以权利，且赋之以扩充此权利之智识，保护此权利之能力，故听民之自由焉，自治焉，则群治必蒸蒸日上。有桎梏之戕贼之者，始焉窒其生机，继焉失其本性，而人道乃几乎息矣。故当野蛮时代，团体未固，人智未完，有一二豪杰起而代其责，任其劳，群之利也。过是以往，久假不归，则利岂足以偿其弊哉！譬之一家一廛之中，家长之待其子弟，廛主之待其伴佣，皆各还其权利而不相侵，自能各勉其义务而不相伏，如是而不淳焉以兴，吾未之闻也。不然者，役之如奴隶，防之如盗贼，则彼亦以奴隶、盗贼自居，有可以自逸、可以自利者，虽牺牲其家其廛之公益以为之，所不辞也，如是而不萎焉以衰，吾未之闻也。故夫中国群治不进，由人民不顾公益使然也；人民不顾公益，由自居于奴隶、盗贼使然也；其自居于奴隶、盗贼，由霸者私天下为一姓之产而奴隶、盗贼吾民使然也。善夫！立宪国之政党政治也，彼其党人，固非必皆秉公心、禀公德也，固未尝不自为私名私利计也。虽然，专制国之求势利者，则媚于一人；立宪国之求势利者，则媚于庶人。媚一也，而民益之进不进，于此判焉。政党之治，凡国必有两党以上，其一在朝，其他在野。在野党欲倾在朝党而代之也。于是自布其政策，以掊击在朝党之政策，曰：使吾党得政，则吾所施设者如是如是，某事为民除公害，某事为民增公益。民悦之也，而得占多数于议院，而果与前比之在朝党易位，则不得不实行其所布之政策，以副民望而保大权，而群治进一级焉矣。前此之在朝党，既幡而在野，欲恢复其已失之权力也，又不得不勤察民隐，悉心布画，求更新更美之政策，而布之曰：彼党之所谓除公害、增公益者，犹未尽也，使吾党而再为之，则将如是如是，然后国家之前途愈益向上。民悦之也，而复占多数于议院，复与代兴之在朝党易位，而亦不得不实行其所布之政策，以副民望而保大权，而群治又进一级焉矣。如是相竞相轧，相增相长，以至无穷，其竞愈烈者，则其进愈速。欧美各国政治迁移之大势，大率由此也。是故无论其为公也，即为私焉，而其有造于国民固已大矣。若夫专制之国，虽有一二圣君贤相，徇公废私，为国民全体谋利益，而一国之大，鞭长难及，其泽之真能遍逮者，固已希矣。就令能之，而所谓圣君贤相者，旷百世不一遇，而桓、灵、京、桧，项背相望于历史，故中国常语称一治一乱，又曰治日少而乱日多，岂无萌蘖，其奈此连番之狂风横雨何哉？进也以寸，而退也以尺；进也以一，而退也以十，所以历千百年而每下愈况也。

五曰学说隘而思想窒也。凡一国之进步，必以学术思想为之母，而风俗、政治皆其子孙也。中国惟战国时代，九流杂兴，道术最广。自有史以来，黄族之名誉，未有盛于彼时者也。秦、汉而还，孔教统一。夫孔教之良，固也。虽然，必强一国人之思想使出于一途，其害于进化也莫大。自汉武表章六艺，罢黜百家，凡非在六艺之科者绝勿进，尔后束缚驰骤，日甚一日，虎皮羊质，霸者假之以为护符；社鼠城狐，贱儒缘之以谋口腹。变本加厉，而全国之思想界销沉极矣！叙欧洲史者，莫不以中世史为黑暗时代。夫中世史则罗马教权最盛之时也，举全欧人民，其躯壳界则糜烂于专制君主之暴威，其灵魂界则匍伏于专制教主之缚轭，故非惟不进，而以较希腊、罗马之盛时，已一落千丈强矣。今试读吾中国秦、汉以后之历史，其视欧洲中世史何如？吾不敢怨孔教，而不得不深恶痛绝夫缘饰孔教、利用孔教、诬罔孔教者之自贼而贼国民也。

以上由于人事者。

夫天然之障，非人力所能为也，而世界风潮之所簸荡、所冲激，已能使吾国一变其数千年来之旧状。进步乎，进步乎，当在今日矣。虽然，所变者外界也，非内界也。内界不变，虽日烘动之、鞭策之于外，其进无由。天下事无无果之因，亦无无因之果，我辈积数千年之恶因，以受恶果于今日。有志世道者，其勿遽责后此之果，而先改良今日之因而已。

新民子曰：吾不欲复作门面语，吾请以古今万国求进步者独一无二、不可逃避之公例，正告我国民。其例维可？曰破坏而已。

不祥哉，破坏之事也；不仁哉，破坏之言也。古今万国之仁人志士，苟非有所万不得已，岂其好为俶诡凉薄，愤世嫉俗，快一时之意气，以事此事而言此言哉？盖当夫破坏之运之相迫也，破坏亦破坏，不破坏亦破坏。破坏既终不可免，早一日则受一日之福，迟一日则重一日之害。早破坏者，其所破坏可以较少，而所保全者自多；迟破坏者，其所破坏不得不益甚，而所保全者弥寡。用人力以破坏者，为有意识之破坏，则随破坏随建设，一度破坏而可以永绝第二次破坏之根，故将来之乐利，可以偿目前之苦痛而有余。听自然而破坏者，为无意识之破坏，则有破坏无建设，一度破坏之不已而至于再，再度不已而至于三，如是者可以历数百年、千年，而国与民交受其病，至于鱼烂而自亡。呜呼，痛矣哉破坏！呜呼，难矣哉不破坏！

闻者疑吾言乎？吾请与读中外之历史。中古以前之世界，一脓血世界也。英国号称近世文明先进国，自一千六百六十年以后，至今二百余年无破坏，其所以然者，实自长期国会之一度大破坏来也。使其惮破坏，则安知乎后此之英国，不为十八世纪末之法兰西也？美国自一千八百六十五年以后，至今五十余年无破坏，其所以然者，实自抗英独立、放奴战争之两度大破坏来也。使其惮破坏，则安知乎后此之美国，不为今日之秘鲁、智利、委内瑞辣、亚尔然丁也？欧洲大陆列国，自一千八百七十年以后，至今三十余年无破坏，其所以然者，实自法国大革命以来绵亘七八十年空前绝后之大破坏来也。使其惮破坏，则安知乎今日之日耳曼、意大利不为波兰？今日之匈加利及巴干半岛诸国不为印度？今日之奥大利不为埃及？今日之法兰西不为畴昔之罗马也？日本自明治元年以后，至今三十余年无破坏，其所以然者，实自勤王讨幕、废藩置县之一度大破坏来也。使其惮破坏，则安知乎今日之日本不为朝鲜也？夫吾所谓二百年来、五十年来、三十年来无破坏云者，不过断自今日言之耳，其实则此诸国者，自今以往，虽数百年、千年无破坏，吾所敢断言也。何也？凡破坏必有破坏之根原。孟德斯鸠曰：专制之国，其君相动曰辑和万民，实则国中常隐然含有扰乱之种子，是苟安也，非辑和也。故扰乱之种子不除，则蝉联往复之破坏，终不可得免。而此诸国者，实以人力之一度大破坏，取此种子芟夷蕴崇之，绝其本根而勿使能殖也。故夫诸国者，自今以往，苟其有金革流血之事，则亦惟以国权之故，构兵于域外，容或有之耳。若夫国内相阋糜烂鼎沸之惨剧，吾敢决其永绝而与天地长久也。今我国所号称识时俊杰，莫不艳羡乎彼诸国者，其群治之光华美满也如彼，其人民之和亲康乐也如彼，其政府之安富尊崇也如彼，而乌知乎皆由前此之仁人志士，挥破坏之泪，绞破坏之脑，敝破坏之舌，秃破坏之笔，沥破坏之血，填破坏之尸，以易之者也。呜呼，快矣哉破坏！呜呼，仁矣哉破坏！

此犹仅就政治一端言之耳。实则人群中一切事事物物，大而宗教、学术、思想、人心、风俗，小而文艺、技术、名物，何一不经过破坏之阶级以上于进步之途也！ 故路得破坏旧宗教而新宗教乃兴，倍根、笛卡儿破坏旧哲学而新哲学乃兴，斯密破坏旧生计学而新生计学乃兴，卢梭破坏旧政治学而新政治学乃兴，孟德斯鸠破坏旧法律学而新法律学乃兴，歌白尼破坏旧历学而新历学乃兴，推诸凡百诸学，莫不皆然。而路得、倍根、笛卡儿、斯密、卢梭、孟德斯鸠、歌白尼之后，复有破坏路得、倍根、笛卡儿、斯密、卢梭、孟德斯鸠、歌白尼者。其破坏者，复有踵起而破坏之者。随破坏，随建设，甲乙相引，而进化之运乃递衍于无穷。（凡以铁以血而行破坏者，破坏一次，则伤元气一次，故真能破坏者，则一度之后，不复再见矣。以脑以舌而行破坏者，虽屡摧弃旧观，只受其利而不蒙其害，故破坏之事无穷，进步之事亦无穷。）又如机器兴而手民之利益不得不破坏，轮舶兴而帆樯之利益不得不破坏，铁路、电车兴而车马之利益不得不破坏，公司兴而小资本家之利益不得不破坏，"托辣士特"（Trust）兴而寻常小公司之利益不得不破坏。当其过渡迭代之顷，非不酿妇叹童号之惨，极梦乱杌陧之观也。及建设之新局既定，食其利者乃在国家，乃在天下，乃在百年，而前此蒙破坏之损害者，亦往往于直接间接上得意外之新益。善夫西人之恒言曰：求文明者，非徒须偿其价值而已，而又须忍其苦痛。夫全国石民之生计，为根本上不可轻摇动者，而当夫破坏之运之相代乎前也，犹且不能恤小害以掷大利，而况于害有百而利无一者耶！故夫欧洲各国自宗教改革后，而教会教士之利益被破坏也；自民立议会后，而暴君豪族之利益被破坏也；英国改正选举法（千八百三十二年），而旧选举区之特别利益被破坏也；美国布禁奴会（千八百六十五年），而南部素封家之利益被破坏也。

此与吾中国之废八股而八股家之利益破坏，革胥吏而胥吏之利益破坏，改官制而宦场之利益破坏，其事正相等。彼其所谓利者，乃偏毗于最少数人之私利，而实则陷溺大多数人之公敌也。谚有之：一家哭何如一路哭。于此而犹曰不破坏不破坏，吾谓其无人心矣。夫中国今日之事，何一非蠹大多数人而陷溺之者耶？而八股、胥吏、官制其小焉者也！

欲行远者不可不弃其故步，欲登高者不可不离其初级，若终日沾滞呆立于一地，而徒望远而歆，仰高而羡，吾知其终无济也。若此者，其在毫无阻力之时，毫无阻力之地，而进步之公例，固既当如是矣。若夫有阻之者，则凿榛莽以辟之，烈山泽而焚之，固非得已，苟不尔，则虽欲进而无其路也。谚曰：螫蛇在手，壮士断腕。此语至矣！不观乎善医者乎？肠胃症结，非投以剧烈吐泻之剂，而决不能治也；疮痈肿毒，非施以割剖洗涤之功，而决不能疗也。若是者，所谓破坏也。苟其惮之，而日日进参、苓以谋滋补，涂珠、珀以求消毒，病未有不日增而月剧者也。夫其所以不敢下吐泻者，虑其耗亏耳，所以不敢施割剖者，畏其苦痛耳，而岂知不吐泻而后此耗亏将益多，不割剖而后此之苦痛将益剧，循是以往，非至死亡不止，夫孰与忍片刻而保百年，苦一部而养全体也！且等是耗亏也，等是苦痛也，早治一日，则其创夷必较轻；缓治一日，则其创夷必较重，此又理之至浅而易见者也。而谋国者乃昧焉，此吾之所不解也。大抵今日谈维新有两种：其下焉者，则拾牙慧，蒙虎皮，借此以为阶进之路，西学一八股也，洋务一苞苴也，游历一暮夜也，若是者固不足道矣。其上焉者，则固尝悴其容焉，焦其心焉，规规然思所以长国家而兴乐利者，至叩其术，最初则外交也，练兵也，购械也，制械也；稍进焉则商务也，开矿也，铁路也；进而至于最近，则练将也，警察也，教育也。此荦荦诸大端者，是非当今文明国所最要不可缺之事耶？虽然，枝枝节节而行焉，步步趋趋而摹仿焉，其遂可以进于文明乎？其遂可以置国家于不败之地乎？吾知其必不能也。何也？披绮罗于嫫母，只增其丑；施金鞍于驽骀，只重其负；刻山龙于朽木，只驱其腐；筑高楼于松壤，只速其倾。未有能济者也。今勿一一具论，请专言教育。夫一国之有公共教育也，所以养成将来之国民也。而今之言教育者何如？各省纷纷设学堂矣，而学堂之总办、提调，大率皆最工于钻营奔竞、能仰承长吏鼻息之候补人员也。学堂之教员，大率皆八股名家弋窃甲第武断乡曲之巨绅也。其学生之往就学也，亦不过曰此时世妆耳，此终南径耳，与其从事于闭房退院之诗云子曰，何如从事于当时得令之 ABCD。考选入校，则张红然爆以示宠荣（吾粤近考取大学堂学生者皆如是）；资派游学，则苞苴请托以求中选。若此者，皆今日教育事业开宗明义第一章，而将来为一国教育之源泉者也。试问循此以往，其所养成之人物，可以成一国国民之资格乎？可以任为将来一国之主人翁乎？可以立于今日民族主义竞争之潮涡乎？吾有以知其必不能也。不能则有教育如无教育，而于中国前途何救也？　请更征诸商务，生计界之竞争，是今日地球上一最大问题也。各国所以亡我者在此，我国之所以争自存者亦当在此。商务之当整顿，夫人而知矣。虽然，振兴商务，不可不保护本国工商业之权利；欲保护权利，不可不颁定商法；仅一商法不足以独立也，则不可不颁定各种法律以相辅；有法而不行与无法等，则不可不定司法之权限；立法而不善，弊更甚于无法，则不可不定立法权之所属；坏法者而无所惩，法旋立而旋废，则不可不定行法官之责任。推其极也，非制宪法，开议会，立责任政府（责任政府之义见本报第六号“传记”第五叶），而商务终不可得兴。今之言商务者，漫然曰吾兴之吾兴之而已，吾不知其所以兴之者持何术也。夫就一二端言之，既已如是矣，推诸凡百，莫不皆然。吾故有以知今日所谓新法者之必无效也。何也？不破坏之建设，未有能建设者也。夫今之朝野上下，所以汲汲然崇拜新法者，岂不以非如是则国将危亡乎哉？而新法之无救于危亡也若此，有国家之责任者当何择矣？

　　然则救危亡求进步之道将奈何？曰：必取数千年横暴混浊之政体，破碎而齑粉之，使数千万如虎、如狼、如蝗、如蝻、如蛾、如蛆之官吏，失其社鼠城狐之凭借，然后能涤荡肠胃以上于进步之途也；必取数千年腐败柔媚之学说，廓清而辞辟之，使数百万如蠹鱼、如鹦鹉、如水母、如畜犬之学子，毋得摇笔弄舌、舞文嚼字为民贼之后援，然后能一新耳目以行进步之实也。而其所以达此目的之方法有二：一曰无血之破坏，二曰有血之破坏。无血之破坏者，如日本之类是也；有血之破坏者，如法国之类是也。中国如能为无血之破坏乎，吾馨香而祝之；中国如不得不为有血之破坏乎，吾衰绖而哀之。虽然，哀则哀矣，然欲使吾于此二者之外，而别求一可以救国之途，吾苦无以为对也。呜呼！吾中国而果能行第一义也，则今日其行之矣，而竟不能，则吾所谓第二义者遂终不可免。呜呼，吾又安忍言哉！呜呼，吾又安忍不言哉！

吾读宗教改革之历史，见夫二百年干戈云扰，全欧无宁宇，吾未尝不戚。吾读一千七百八十九年之历史，见夫杀人如麻，一日死者以十数万计，吾未尝不股栗。虽然，吾思之，吾重思之，国中如无破坏之种子，则亦已耳，苟其有之，夫安可得避？中国数千年以来历史，以天然之破坏相终始者也。远者勿具论，请言百年以来之事。乾隆中叶，山东有所谓教匪者王伦之徒起，三十九年平。同时有甘肃马明心之乱，踞河州、兰州，四十六年平。五十一年，台湾林爽文起，诸将出征，皆不有功，历二年（五十二年）而福康安、海兰察督师乃平。而安南之役又起，五十三年乃平。廓尔喀又内犯，五十九年乃平。而五十八年，诏天下大索白莲教首领不获，官吏以搜捕教匪为名，恣行暴虐，乱机满天下。五十九年，贵州苗族之乱遂作。嘉庆元年，白莲教遂大起于湖北，蔓延河南、四川、陕西、甘肃，而四川之徐天德、王三槐等，又各拥众数万起事，至七年乃平。八年，浙江海盗蔡牵又起，九年，与粤之朱濆合，十三年乃平。十四年，粤之郑乙又起，十五年乃平。同年，天理教徒李文成又起，十八年乃平。不数年，而回部之乱又起，凡历十余年，至道光十一年乃平。同时，湖南之赵金龙又起，十二年平。天下凋敝之既极，始稍苏息，而鸦片战役又起矣。道光十九年，英舰始入广东；二十年，旋逼乍浦，犯宁波；廿一年，取舟山、厦门、定海、宁波、乍浦，遂攻吴淞，下镇江；廿二年，结《南京条约》乃平。而两广之伏莽，已遍地出没无宁岁。至咸丰元年，洪、杨遂乘之而起，蹂躏天下之半。而咸丰七年，复有英人入广东掳总督之事。九年，复有英、法联军犯北京之事。而洪氏踞金陵凡十二年，至同治二年始平。而捻党犹逼京畿，危在一发，七年始平。而回部、苗疆之乱犹未已，复血刃者数载，及其全平，已光绪三年矣。自同治九年天津教案起，尔后民教之哄，连绵不绝。光绪八年，遂有法国安南之役，十一年始平。二十年，日本战役起，廿一年始平。廿四年，广西李立亭、四川余蛮子起，廿五年始平。同年，山东义和团起，蔓延直隶，几至亡国，为十一国所挟，廿七年始平。今者二十八年之过去者，不过一百五十日耳，而广宗、巨鹿之难，以袁军全力，历两月乃始平之；广西之难，至今犹蔓延三省，未知所届，而四川又见告矣。由此言之，此百余年间，我十八行省之公地，何处非以血为染；我四百余兆之同胞，何日非以肉为糜。前此既有然，而况乎继此以往，其剧烈将仟佰而未有艾也。昔人云：一惭之不忍，而终身惭乎？吾亦欲曰：一破坏之不忍，而终古以破坏乎？我国民试矫首一望，见夫欧美、日本之以破坏治破坏而永绝内乱之萌蘖也，不识亦曾有动于其心，而为临渊之羡焉否也？

且夫惧破坏者，抑岂不以爱惜民命哉？姑无论天然无意识之破坏，如前所历举内乱诸祸，必非煦煦孑孑之所能弭也。即使弭矣，而以今日之国体，今日之政治，今日之官吏，其以直接间接杀人者，每岁之数，又岂让法国大革命时代哉？十年前山西一旱，而死者百余万矣。郑州一决，而死者十余万矣。冬、春之交，北地之民，死于冻馁者，每岁以十万计。近十年来，广东人死于疫疠者，每岁以数十万计。而死于盗贼与迫于饥寒自为盗贼而死者，举国之大，每岁亦何啻十万。夫此等虽大半关于天灾乎，然人之乐有群也，乐有政府也，岂不欲以人治胜天行哉？有政府而不能为民捍灾患，然则何取此政府为也？（天灾之事关系政府责任，余别有论。）呜呼，中国人之为戮民久矣！天戮之，人戮之，暴君戮之，污吏戮之，异族戮之。其所以戮之之具，则饥戮之，寒戮之，夭戮之，疠戮之，刑狱戮之，盗贼戮之，干戈戮之。文明国中有一人横死者，无论为冤惨为当罪，而死者之名，必出现于新闻纸中三数次乃至百数十次。所谓贵人道重民命者，不当如是耶？若中国则何有焉？草薙耳，禽狝耳，虽日死千人焉万人焉，其谁知之！其谁殚之！亦幸而此传种学最精之国民，野火烧不尽，春风吹又生，其林林总总者如故也。使稍矜贵者，吾恐周余子遗之诗，早实见于今日矣。然此犹在无外竞之时代为然耳。自今以往，十数国之饥鹰饿虎，张牙舞爪，呐喊蹴踏，以入我闼而择我肉，数年数十年后，能使我如埃及然，将口中未下咽之饭，挖而献之，犹不足以偿债主；能使我如印度然，日日行三跪九叩首礼于他族之膝下，乃仅得半腹之饱。不知爱惜民命者，何以待之？何以救之？我国民一念及此，当能信吾所谓"破坏亦破坏，不破坏亦破坏"者之非过言矣。而二者吉凶去从之间，我国民其何择焉，其何择焉？昔日本维新主动力之第一人曰吉田松阴者，尝语其徒曰：今之号称正义人，观望持重者，比比皆是，是为最大下策。何如轻快拙速，打破局面，然后徐图占地布石之为愈乎！日本之所以有今日，皆恃此精神也，皆遵此方略也。（吉田松阴，日本长门藩士，以抗幕府被逮死。维新元勋山县、伊藤、井上等，皆其门下士也。）今日中国之敝，视四十年前之日本又数倍焉，而国中号称有志之士，舍松阴所谓最大下策者，无敢思之，无敢道之，无敢行之，吾又乌知其前途之所终极也。

虽然，破坏亦岂易言哉？玛志尼曰：破坏也者，为建设而破坏，非为破坏而破坏。使为破坏而破坏者，则何取乎破坏，且亦将并破坏之业而不能就也。吾请更下一解曰：非有不忍破坏之仁贤者，不可以言破坏之言；非有能回破坏之手段者，不可以事破坏之事。而不然者，率其牢骚不平之气，小有才而未闻道，取天下之事事物物，不论精粗美恶，欲一举而碎之灭之，以供其快心一笑之具，寻至自起楼而自烧弃，自莳花而自斩刈，嚣嚣然号于众曰：吾能割舍也，吾能决断也。若是者，直人妖耳。故夫破坏者，仁人君子不得已之所为也。孔明挥泪于街亭，子胥泣血于关塞，彼岂忍死其友而遗其父哉！（《新民丛报》第十、十一号，1902 年 6 月 20 日、7 月 5 日，署名"中国之新民"）

◎论自尊

日本大教育家福泽谕吉之训学者也，标提"独立自尊"一语，以为德育最大纲领。夫自尊何以谓之德？自也者，国民之一分子也，自尊所以尊国民故；自也者，人道之一阿屯也，自尊所以尊人道故。

西哲有言：人各立于自所欲立之地。吉田松阴曰：士生今日，欲为蒲柳，斯蒲柳矣；欲为松柏，斯松柏矣。吾以为欲为松柏者果能为松柏与否，吾不敢言，若夫欲为蒲柳者而能进于松柏，吾未之闻也。孟子曰：有是四端，而自谓不能者，自贼者也。又曰：自暴者不可与有言也，自弃者不可以有为也。夫自贼自暴自弃之反面，则自尊是也，是以君子贵自尊。

悲哉！吾中国人无自尊性质也。簪缨何物，以一钩金塞其帽顶，则脚靴、手版，磕头请安，戢戢然矣；阿堵何物，以一贯铜晃其腰缠，则色肆指动，围绕奔走，喁喁然矣。夫沐冠而喜者，戏猴之态也；投骨而啮者，畜犬之情也。人之所以为人者，其资格安在耶？顾乃自侪于猴、犬而恬不为怪也。故夫自尊与不自尊，实天民、奴隶之绝大关头也。

且吾见夫今世所谓识时俊杰者矣，天下之危急，彼非无所闻也；国民之义务，彼非无所知也。顾口中有万言之沸腾，肩上无半铢之负荷。叩其故，则曰天下大矣，贤智多矣，某自顾何人，其敢语于此。推彼辈之意，以为一国四百兆人，其三百九十九兆九亿九万九千九百九十九人中，其德慧术知无一不优于我，其聪明才力无一不强于我，我之一人，岂足轻重云耳。率斯道也以往，其必四百兆人，人人皆除出自己，而以国事望诸其余之三百九十九兆九亿九万九千九百九十九人，统计而互消之，则是四百兆人卒至实无一人也。夫一二人之自贼自暴自弃而不自尊，宜若于天下大局无与焉矣，然穷其弊乃至若此。

　　不宁惟是。为国民者而不自尊其一人之资格，则断未有能自尊其一国之资格焉者也；一国不自尊，而国未有能立焉者也。吾闻英国人自尊之言曰：太阳曾无不照我英国国旗之时。（英人属地遍于五大洲，此地日方没，彼地日已出，故曰太阳常照英国旗也。）曰：无论何地，凡我英人有一人足迹踏于其土者，则其土必为吾英之势力范围也。吾闻俄国人自尊之言曰：俄罗斯者，东罗马之相续人也。（相续者，继袭之义。）曰：我俄人必成先帝彼得之志，为东方之主人翁也。吾闻法国人自尊之言曰：法兰西者，欧洲文明之中心点也，全世界进步之原动力也。吾闻德国人自尊之言曰：自由主义者，日耳曼森林中之产物也。日耳曼人者，条顿民族之宗子，欧洲中原之主帅也。吾闻美国人自尊之言曰：旧世界者，腐败陈积之世界也。其有清新和淑之气者，惟我新世界。（旧世界指东半球，新世界指西半球。）今日之天下，由政治界之争竞而移于生计界之争竞，他日战胜于生计界者，舍我美人莫属也。吾闻日本人自尊之言曰：日本者，东方之英国也，万世一系，天下无双也，亚洲之先进国也，东西两文明之总汇流也。自余各国，苟其能保一国之名誉于世界上者，则皆莫不各有其所以自尊之具，苟不尔者，则其国必萎缩而无以自存也。其远焉者吾不能遍举，请征诸其近者。吾尝见印度人，辄曰：英国之政治高美完满，盛德巍巍，胜于吾印往昔远甚。乃至英人之一颦一笑，一饮一啄，皆视为加己数十等也。吾尝见朝鲜人，辄曰：吾韩今日更无可望，惟望日本及世界文明各大国扶而掖之也。浅见者徒见夫英、俄、德、法、美、日之强盛也如彼，而以为其所以敢于自尊者有由；徒见夫印度、朝鲜之积弱也如此，而以为其所以自贬者出于不得已。此误果为因、误因为果之言也，而乌知夫自尊者即彼六国致强之原，而自贬者乃此二国取灭之道也。呜呼，吾观于此而不能不重为中国恫矣！畴昔尚有一二侈然自大之客气，乃挫败不数度，至今日而消磨尽矣。闻外人之议瓜分我也，则嗷然以啼；闻外人之议保全我也，则輞然以笑。君相官吏，伺外国人之颜色，先意承志，如孝子之事父母；士农工商，仰外国人之鼻息，趋承奔走，如游妓之媚情人。政府之意曰：中国不足恃矣，吾但求结纳一大邦之奥援，为附庸下邑之陪臣，以保富贵终余年焉。民间之意曰：中国无可为矣，吾但求托庇一强国之宇下，为食毛践土之蚁民，以逃丧乱长子孙焉。即号称有志之士者亦曰：今日之中国，非可以自力自救，庶几有仁义和亲之国，恤我怜我扶助我乎。嗟乎恫哉！我国家今日之资格，其如斯而已乎？我国家将来之前途，竟如斯而已乎？嗟乎恫哉！畴昔侈然自大之客气，自居上国而貌人为夷狄者，先觉之士窃窃然忧之，以为排外之谬想，不徒伤外交，而更阻文明输入之途云耳。夫孰知夫数十年来得延一线之残喘者，尚赖有此若明若昧、无规则无意识之排外自尊思想以维持之。并此而斫丧焉，而立国之具乃真绝矣。夫孰知夫以真守旧误国，而国尚有可为；以伪维新误国，而国乃无可救也。孟子曰：未闻以千里畏人者也。谁谓为之，而至于此。

夫国家本非有体也，借人民以成体，故欲求国之自尊，必先自国民人人自尊始。伊尹曰：余天民之先觉者也，予将以斯道觉斯民也，非予觉之而谁也！颜渊曰：舜何人也，予何人也，有为者亦若是。孟子曰：夫天未欲平治天下也。如欲平治天下，当今之世，舍我其谁也！若此者，就寻常庸子视之，不以为狂，必以为泰矣，而圣贤之所以为圣贤者，乃在于此。英将乌尔夫之将征加拿大也，于前一夜拔剑击案，阔步室内，自夸其大业之必成。宰相鳌特见之，语人曰：余深庆此行为国家得人。奥相加富匿掌奥国政权者五十年，尝喟然长叹曰：天为国家生非常之才，虽然，其孕育之也百年，其休息之也又百年，吾每念及我百岁之后，不禁为奥帝国之前途危栗也。鳌特当一千七百五十七年，语侯爵某曰：君侯君侯，予确信惟予能救此国，而舍予之外无一人能当其任也。加里波的曰：余誓复我意大利，还我古罗马。加富尔失意躬耕之时，其友贻书吊之，乃戏答曰：事未可知，天若假公以年，伫看他日加富尔为全意大利宰相之时矣。彼数子者，其所以高自位置，与夫世俗之多大言少成事者，皮相焉殆无以异，而不知其后此之建丰动，扬伟业，能留最高之名誉于历史上，皆此不肯自贼自暴自弃之一念驱遣而成就之也。嗟夫！国于天地，必有与立，历览古今中外之历史，其所以能维系国家于不败之地者，何一非由人民之自尊而来，何一非由人民中之尤秀拔者以自尊之大义倡率一世而来哉！

吾欲明自尊之义，请先言自尊之道。

凡自尊者必自爱。"在山泉水清，出山泉水浊。侍婢卖珠回，牵萝补茅屋。摘花不插鬓，采柏动盈掬。天寒翠袖薄，日暮倚修竹。"此杜老绝代佳人之诗也。不如此而谬托于绝代佳人，未有能称者也。孔明之表后主也，一则曰：臣本布衣，躬耕南阳，苟全性命于乱世，不求闻达于诸侯；再则曰：臣于成都负郭，有桑八百株，没后子孙，无忧饥寒。夫孔明非必如硁硁自守之匹夫，故为狷介以鸣高也。彼其所以自处者，固别有所以特拔于流俗，而以淡泊为明志之媒介，以宁静为致远之表记也。故夫浮华轻薄之士，谬托旷达，而以不矜细行为通才；牺牲名誉，而以枉尺直寻为手段者，其去豪杰远矣。何也？先自菲薄，而所谓自尊者更持何道也。故真能自尊者，有皑皑冰雪之志节，然后能显其落落云鹤之精神；有谡谡松风之德操，然后能载其岳岳千仞之气概。自尊者，实使人进其品格之法门也。

自尊者必自治。人何以尊于禽兽？人有法律，而禽兽无之也。文明人何以尊于野蛮？文明人能与法律相浃，而野蛮不能也。十人能自治，则此十人者在其乡市为一最固结之团体，而可以尊于一乡市；百人能自治，则此百人者在其省郡为一最固结之团体，而可以尊于一省郡；千人万人能自治，则此千人万人者在其国中为一最固结之团体，而可以尊于一国；数十百千万人能自治，则此数十百千万人者在世界中为一最固结之团体，而可以尊于全世界。其在古代，斯巴达以不满万人之国而独尊于希腊；其在现世，英国人口不过中国十五分之一而尊于五洲。何也？皆由其自治之力强，法律之观念重耳。盖人也者，必非能以一人而自尊者也，故必其群尊，然后群内之人与之俱尊，而彼此自治力不足，则群且不成，尊于何有！我中国人格所以日趋于卑贱，其病源皆坐于是。

凡自尊者必自立。庄子曰：有人者累，见有于人者忧。故夫大同太平之极，必无一人焉能有人，亦无一人焉见有于人。泰西之治，今犹未至也，而中国则更甚焉。其人非有人者，则见有于人者。故君有民，民见有于君；

父有子，子见有于父；夫有妇，妇见有于夫。一室之中，主有仆，仆见有于主；一铺店之中，股东有伴佣，伴佣见有于股东；一党派之中，党魁有徒众，徒众见有于党魁。通四百兆人而计之，大率有人者百之一，见有于人者百之九十九，而此所谓有人者，时又更有他人焉从而有之。（如妇见有于夫，其夫或见有于其夫之父，其夫之父或又见有于其所属之铺店之主人、衙署之长官，而彼等又见有于一二民贼之类。若是者，其级数无量，不可思议，虽恒河沙世界中一一莲花，一一花中一一佛，一一佛身一一口，一一口中一一舌，说之犹不能尽。）若是乎，吾国中虽有四百兆人，而其见有于人者实三百九十九兆强也，凡见有于人者，则丧其人格。（泰西惯例，妇人大率无选举权，以其见有于男子也，余仿此。）若是乎，则此四百兆人中，能保存人格者复几何哉？是安得不瞿然惊也！夫吾之为此言，非谓欲使人尽去其所尊所亲者而倔强跋扈以为高也，乃正所以为合群计也。凡一群之中，必其人皆有可以自立之道，然后以爱情自贯联之，以法律自部勒之，斯其群乃强有力。不然，则群虽众而所倚赖者不过一二人，则仍只能谓之一二人，不能谓之群也。有两家于此，甲家则父母、妻子、兄弟皆能有所业以食力，余粟余布，各尽其材；乙家则仰事俯畜，皆责望于一人。则其家之孰荣孰悴，岂待问也？有两军于此，甲军则卒伍皆知兵，不待指挥，而各人之意见既与主帅相针射，号令一下，则人人如其心中所欲发；乙军则惟恃一二勇悍之首领，而他如木鸡然，则其军之孰赢孰负，岂待问也？夫家庭与军伍，其制裁之当严整，殆视他种社会为尤要矣，而其自立力之万不可缺也犹如此，故凡有自尊思想，不欲玷辱彼苍所以予我之人格者，必以先求自立为第一要义。自立之具不一端，其最显要者，则生计上之自劳自活与学问上之自修自进也。力能养人者上也，即不能而不可不求足以自养；学能济人者上也，即不能而不可不求足以自济。苟不尔者，欲不倚赖人，乌可得也？专倚赖人而欲不见有于人，乌可得也？夫倚赖人非必志士之所讳也，然我有所倚赖于他，他亦有所倚赖于我，互相倚而群之形乃固焉，若一则专为倚赖者，一则专为被倚赖者，其群未有能立，即立未有能久者也。英人常自夸曰：他国之学校，可以教成许多博士、学士，我英之学校，则只能教成"人"而已。人者何？人格之谓也。而求英人教育之特色，所以能养成此人格者，则惟授之实业而使之可以自活，授之常识而使之可以自谋。而盎格鲁撒逊人种所以高掌远跖于全世界，能有人而不见有于人者，皆恃此焉矣。

凡自尊者必自牧。《易》曰：谦谦君子，卑以自牧。自牧与自尊，宁非反对之两极端耶？虽然，有说焉。自尊云者，非尊其区区七尺也，尊其为国民之一分子，人类之一阿屯也。故凡为国民一分子、人类一阿屯者，皆必如其所尊以尊之，故惟自尊者为能尊人。临深以为高，加少以为多，其为高与多也亦仅矣；杀人以自生，亡人以自存，其为生与存也亦殆矣。故夫沾沾一得、趾高气扬者，其必器小易盈之细人也；甚或人之有技媚嫉以恶者，其必浊卑下流之鄙夫也。细人、鄙夫，其去自尊之道不亦远乎！吾观夫西人之所谓 Gentleman（此字中国语无确译，俾斯麦尝谓此英语中最有意味之字也，若强译之，则"君子"二字庶乎近焉）者，其接人也，皆有特别一种温良恭俭让之德。虽对婢仆，其礼逾恭，有所命令，必曰 Pleas（含恳请之意）；有所取求，必曰 Thank you（谢也）。盖重人者人恒重之，侮人者人恒侮之，势必然矣。况夫人也者，参天两地，列为三才，吾之能保存其高尚之资格也，不过适完其分际上应尽之义务，而何足以自炫耀也。是故欲立立人，先圣所以垂训；贡高我慢，世尊所以设戒。

凡自尊者必自任。一群之人芸芸也，而于其中有独为群内之所崇拜者，此必非可以力争而术取也，必其所负于本群之责独重，而其任之也独劳，则众人之所以酬之者，自不期然而然，莫之致而至。其自任也，非欲人之尊我而以此为钓也，彼实自认其天职之不可以不尽。苟不尔者，则为自贬，为自污，为自弃，为道义上之自鬻，为精神上之自戕。是故逾自尊者逾自任，逾自任者逾自尊。自尊之极，乃有如伊尹所谓天民先觉，如孟子所谓舍我其谁，如佛所谓普度众生为一大事出世，岂抹煞众人以为莫己若哉！盖见夫己之责任则已如是，而他人之能如是与否，且勿暇计也。抑吾尝见夫老朽名士与轻薄少年之自尊矣，摭拾区区口耳四寸之学问，吐出泚泚气焰万丈之言词，目无余子，而我躬亦不知何存；口有千秋，而双肩则不能容物。吾昔曾为《呵旁观者文》，内一条写其形状曰：

四曰笑骂派。（中略）既骂维新，亦骂守旧；既骂小人，亦骂君子。对老辈则骂其暮气已深，对青年则骂其躁进喜事。事之成也，则曰竖子成名；

事之败也，则曰吾早料及。彼辈常自立于无可指摘之地，何也？不办事故无可指摘，旁观故无可指摘。己不办事，而立于办事者之后，引绳批根以嘲讽掊击，此最巧黠之术，而使勇者所以短气，怯者所以灰心也。（中略）譬之孤舟遇风于大洋，彼辈骂风，骂波，骂大洋，骂孤舟，乃至遍骂同舟之人。若问此船当以何术可达彼岸乎，彼等瞠然无对也。何也？彼辈借旁观以行笑骂，失旁观之地位，则无笑骂也。

嗟夫！自尊者本人道最不可缺之德，而在今日之中国，此二字几成诟病之名词者，皆此等伪自尊者之为累也。谚曰：济人利物非吾事，自有周公、孔圣人。夫周公何人也？孔圣人何人也？颅同此员，趾同此方，官同此五，支同此四，而必曰此也者，彼之责任，非我之责任也。天下之不自爱，孰有过是也！而若之何彼伪自尊者竟奉此语为不二法门也。

朱子曰：教学者如扶醉人，扶得东来西又倒。吾今者为我国民陈自尊之义，吾安保无误读之以长其暴慢鄙倍之气，增其骄盈矜智之心，以为公德累为合群蠹者。虽然，吾既略陈其界说，为"自尊"二字下一定义，吾敢申言之曰：凡不自爱、不自治、不自立、不自牧、不自任者，决非能自尊之人也。五者缺一，而犹施施然自尊者，则自尊主义之罪人也。嗟乎！因噎固不可以废食，惩羹固不可以吹齑，吾深忧夫人人自尊之有流弊，吾尤忧乎人人不自尊，而此四百兆人者且自以奴隶、牛马为受生于天之分内事。而此种自屈辱以倚赖他人之劣根性，今日施诸甲，明日即可以施诸乙；今日施诸室内，明日即可以施诸路人，施诸仇敌。呜呼！吾每接见夫客之自燕来者，问以吾国民近日对外之情状，未尝不泪涔涔下也。呜呼，吾又安能已于言哉！（《新民丛报》第十二、十四号，1902年7月19日、8月18日，署名"中国之新民"）

◎**论合群**

自地球初有生物以迄今日，其间孳乳蕃殖，蠕者、泳者、飞者、走者、有觉者、无觉者、有情者、无情者、有魂者、无魂者，其种类、其数量何啻京垓亿兆，问今存者几何矣？自地球初有人类以迄今日，其间孳乳蕃殖，黄者、白者、黑者、棕者、有族者、无族者、有部者、无部者、有国者、无国者，其种类、其数量何啻京垓亿兆，问今存者几何矣？等是躯壳也，等是血气也，等是品汇结集也，而存焉者不过万亿中之一，余则皆萎然落、澌然灭矣。岂有他哉？自然淘汰之结果，劣者不得不败，而让优者以独胜云尔。优劣之道不一端，而能群与不能群，实为其总原。

合群之义，今举国中稍有知识者，皆能言之矣。问有能举合群之实者乎？无有也。非惟国民全体之大群不能，即一部分之小群亦不能也；非惟顽固愚陋者不能，即号称贤达有志者亦不能也。呜呼！苟此不群之恶性而终不可以变也，则此蠕蠕芸芸之四百兆人，遂不能逃劣败之数，遂必与前此之萎然落、澌然灭者同一命运。夫安得不痛！夫安得不惧！吾推原不群之故，有四因焉。

一曰公共观念之缺乏。凡人之所以不得不群者，以一身之所需求所欲望，非独力所能给也；以一身之所苦痛所急难，非独力所能捍也。于是乎必相引相倚，然后可以自存。若此者谓之公共观念。公共观念者，不学而知，不虑而能者也，而天演界之优劣，即视此观念之强弱以为差。夫既曰不学而知，不虑而能矣，然其间又有强弱者何也？则以公观念与私观念常不能无矛盾，而私益之小者近者，往往为公益之大者远者之蟊贼也。故真有公共观念者，常不惜牺牲其私益之一部分，以拥护公益，其甚者或乃牺牲其现在私益之全部分以拥护未来公益。非拂性也，盖深知夫处此物竞天择界，欲以人治胜天行，舍此术末由也。昧者不察，反其道以行之，知私利之可歆，而不知公害之可惧，此杨朱哲学所以横流于天壤，而边沁之名理所以为时诟病也。此为不能合群之第一病。

二曰对外之界说不分明。凡群之成，必以对待。苟对于外而无竞争，则群之精神与形式皆无所著，此人类之常情，无所容讳者也。故群也者，实以为我兼爱之两异性相和合而结构之，有我见而自私焉，非必群之害也。虽然，一人与一人交涉，则内吾身而外他人，是之谓一身之我；此群与彼群交涉，则内吾群而外他群，是之谓一群之我。同是我也，而有大我、小我之别焉，有我则必有我之友与我之敌。既曰群矣，则群中皆吾友也。故善为群者，既认有一群外之公敌，则必不认有一群内之私敌。昔希腊列邦，干戈相寻，一遇波斯之来袭，则忽释甲而相与歃血焉，对外之我见使然也。昔英国保守、自由两党倾轧冲突，曾无宁岁，及格里迷亚战争起，虽反对党亦以全力助政府焉，对外之我见使然也。昔日本自由、进步两党，政纲各异，角立对峙，遇藩阀内阁之解散议会，则忽相提携结为一宪政党以抗之，对外之我见使然也。故凡结集一群者，必当先明其对外之界说，即与吾群竞争之公敌何在是也。今志士汲汲言合群者，非以爱国乎？非以利民乎？既以爱国也，则其环伺我而凭陵我者，国仇也，吾公敌也，舍是则无所为敌也。既以利民也，则其钳压我而朘削我者，民贼也，吾公敌也，舍是则无所为敌。苟其内相敌焉，则其群未有不为外敌所摧陷而夷灭者也，而志士顾昧此焉，往往舍公敌大敌于不问，而惟断断焉争小意见于本团。无他，知小我而不知大我，用对外之手段以对内，所以鹬蚌相持，而使渔人窃笑其后也。此为不能合群第二病。

三曰无规则。凡一群之立也，少至二三人，多至千百兆，莫不赖有法律以维持之。其法律或起于命令，或生于契约。以学理言，则由契约出者谓之正，谓之善；由命令出者谓之不正，谓之不善。以事势言，则能有正且善之法律尚也，若其不能，则不正、不善之法律犹胜于无法律，此群学家、政学家所同认也。今志士之倡合群者，岂不以不正、不善之法律之病民弱国，而思所以易之耶？乃夷考其实，或反自陷于无法律之域，几何不为彼辈所借口以相锄也。不宁惟是，而使本群中亦无所可恃以相团结，已集者望望然去，未来者裹足不前，旁观者引为大戒，则群力安得扩张，而目的何日能达也！吾观文明国人之善为群者，小而一地一事之法团，大而一国之议会，莫不行少数服从多数之律，而百事资以取决。乃今之为群者，或以一二人之意见武断焉梗议焉，其无规则者一也。善为群者，必委立一首长，使之代表全群执行事务，授以全权，听其指挥，乃今之为群者，只知有自由，不知有制裁，其无规则者二也。叩其故，则曰以少数服从于多数，是为多数之奴隶也；以党员服从于代表人，是为代表人之奴隶也。嘻，是岂奴隶之云乎！人不可以奴隶于人，顾不可以不奴隶于群。不奴隶于本群，势必至奴隶于他群。服从多数，服从职权（即代表人），正所以保护其群而勿使坠也。而不然者，人人对抗，不肯相下，人人孤立，无所统一，其势必相率为野蛮之自由，与未为群之前相等，虽无公敌，犹不足以自立，而况夫日有反对者之乘其后也。此为不能合群之第三病。

四曰忌嫉。吾昔读曾文正《戒子书》中《怯求诗》，而悚然焉。其言曰：善莫大于恕，德莫凶于妒。妒者妾妇行，琐琐奚足数。已拙忌人能，已塞忌人遇。己若无事功，忌人得成务。己若无党援，忌人得多助。势位苟相敌，畏逼又相恶。己无好闻望，忌人文名著。己无贤子孙，忌人后嗣裕。争名日夜奔，争利东西骛。但期一身荣，不惜他人污。闻灾或欣幸，闻祸或悦豫。问渠何以然，不自知其故。呜呼！此虽曰老生常谈乎，然以今日之误解边沁学说者，实当头一棒之言也。吾辈试夙夜一自省焉，其能悉免于如文正所诃乎？吾国人此等恶质，积之数千年，受诸种性之遗传，染诸社会之习惯，几深入于人人之脑中而不能自拔，以是而欲求合群，是何异磨砖以作镜，蒸沙以求饭也。夫宗旨苟不同，则昌言以攻之可也；地位苟不同，则分功以赴之可也。乃若宗旨同，地位同，则戮力同心以共大业，善莫大焉。夫所谓戮力同心者，非必强甲之事业而使合于乙也，同归而殊途，一致而百虑，目的既共指于一处。其成也，则后此终必有握手一堂之日；即不然，或甲败而乙成，或乙败而甲成，而吾之所志，固已达矣。事苟有济，成之何必在我！仁人君子之用心，不当如是耶？又就令见不及此，而求竞胜于一时，专美于一己，则亦光明磊落，自出其聪明才力以立于天演界中。苟其优也，虽千万人与我竞，亦何患不胜？苟其劣也，虽无一人与我竞，亦何恃不败？天下之事业多矣，岂必排倒他人而始容卿一席耶！呜呼！思之思之，外有国难，内有民钳，同胞半在酣梦之中，前途已入泥犁之境，吾力而能及也，则自拯之；独力不能也，则协力拯之；吾力而无济也，则望他人拯之。其尚忍摧萌拉蘖，为一国之仇雠效死力耶！愚不肖者，吾无望焉，无责焉，顾安得不为号称贤智者正告也。此为不能合群之第四病。

此其大略也，若详语之，则如傲慢，如执拗，如放荡，如迂愚，如嗜利，如寡情，皆足为合群之大蠹，有一于此，群终不成。吾闻孟德斯鸠之论政也，曰：专制之国，其元气在威力；立宪之国，其元气在名誉；共和之国，其元气在道德。夫道德者，无所往而可以弁髦者也。然在前此之中国，一人为刚，万夫为柔。其所以为群者，在强制而不在公意，则虽稍腐败，稍涣散，而犹足以存其鞈以迄今日。若今之君子，既明知此等现象不足以战胜于天择，而别思所以易之，则非有完全之道德，其奚可哉！其奚可哉！吾闻彼顽固者流，既聒有辞矣，曰：今日之中国，必不可以言共和，必不可以言议院，必不可以言自治。以是界之，徒使混杂纷扰，倾轧残杀，以犹太我中华，不如因仍数千年专制之治，长此束缚焉，驰骤焉，犹可以免滔天之祸。吾恶其言，虽然，吾且悲其言，吾且惭其言。呜呼！吾党其犹不自省不自戒乎，彼辈不幸言中犹小焉者也，而坐是之故，以致自由、平等、权利、独立、进取等最美善高尚之主义，将永为天下万世所诟病。天下万世相以谈虎色变曰：当二十世纪之初，中国所谓有新思想、新知识、新学术之人，如是如是，亡中国之罪，皆在彼辈焉。呜呼！呜呼！则吾侪虽万死其何能赎也。（《新民丛报》第十六号，1902 年 9 月 16 日，署名"中国之新民"）

◎**论义务思想**

义务与权利对待者也，人人生而有应得之权利，即人人生而有应尽之义务，二者其量适相均。其在野蛮之世，彼有权利无义务，有义务无权利之人，盖有焉矣，然此其不正者也。不正者固不可以久，苟世界渐趋于文明，则断无无权利之义务，亦断无无义务之权利。惟无无权利之义务也，故尽瘁焉者不必有所惧；惟无无义务之权利也，故自逸焉者不必有所歉。

夫不正之权利、义务而不可以久者何也？物竞天择之公理，不许尔尔也。权利何自起？起于胜而被择。胜何自起？起于竞而获优。优者何？亦其所尽义务之分量，有以轶于常人耳。难者曰：天演力之行，匪独今也，彼前此所谓有权利无义务，有义务无权利者，亦不可谓非优劣之结果也。彼其未尝为人群尽丝毫义务，而觍然拥其优胜之资格以睥睨一切者，方充塞于历史，而子乃以义务为优胜之因，不亦迂乎？应之曰：不然。凡天下无论正不正之权利，当其初得之之始，必其曾尽特别之义务，而乃以相偿者也。即如世袭之君权。至不正者也，然其始乌乎得之？民初为群，散漫柔弱，于是时也，有能富于膂力，为众人捍禽兽之患，挫外敌之暴者，乃从而君之。又或纪纲混乱，无所统一，于是时也，有能运其心思才力，为众人制法立度，调和其争者，乃从而君之。又或前朝不纲，海宇鼎沸，于是时也，有能以只手削平大难，使民安其业者，乃从而君之。若是夫彼所尽于一群之义务，固有以异于常人也。故推原其朔，不得谓之不正，不正者在后此之袭而受之者云尔。（篡弑得国者虽易姓，而其威权实凭借于前代，故可视之与世袭者同例。至外族夺国之事，下文论之。）彼凭借此既得之权利而滥用之，因以反抗天演大例，使竞争力不能遵常轨，然后一切权利、义务，乃不相应。故专制政体之国，必束缚其民之心思才力于无可争之地，若中国之以科举取士，以资格任官，皆是也，非此则其不正之权利无由保也。虽然，天演固非可久抗者。譬诸水然，为堤以障之，固未尝不可使之改其常度，移时则或溢而出焉，或决而溃焉，而水之性终必复旧。故夫权利、义务，两端平等而相应者，其本性也。故近今欧美诸国所谓不正之权利、义务，殆既绝迹，而此后之中国，亦岂能久抗焉，岂能久障焉！新民子曰：自今以往，苟尽义务者其勿患无权利焉尔，苟不尽义务者其勿妄希冀权利焉尔。

（附记）或难吾权利初起皆得自义务之说，谓即以君权论，若彼外族之夺我国土，而久享此无义务之权利者，其谓之何？应之曰：此有两说。其一，仍由于承袭者。盖承数千年不正之君权积威约之渐，苟篡得此位，即承袭其余荫也。其二，则国民义务思想太浅薄，故人得乘虚而入也。夫朝纲紊乱，从而正之者，国民之义务也；国中有乱，从而戡之者，国民之义务也。而皆不能焉，是举国中皆放弃其义务矣。既放弃其义务，自不能复有其权利，正天演之公例也。而彼外族者反入而代我还定安集之，彼虽非为我尽义务，然与我比较，其所尽抑犹优于我矣。彼外族入主中夏而能卜世稍久者，皆此之由也。彼虽不正，然我只当自怨，宁能怨人？

恫哉！吾国民义务思想之薄弱也。吾昔著论权利思想之切要，吾知闻者必将喜焉，则嚣嚣然起曰：我其争权利，我其争权利。虽然，吾所谓权利思想者，盖深恨吾国数千年来有人焉长拥此无义务之权利，而谋所以抗之也。而误听吾言者，乃或欲自求彼无义务之权利，且率一国人而胥求无义务之权利，是何异磨砖以求镜，炊沙以求饭也。吾请申言权利与义务相待之义。父母之于子也，蚤年有养子之义务，故晚年有受养于子之权利。夫之于妻也，有保护之之义务，故有使妻从我之权利。佣之于主也，有尽瘁执事之义务，故有要求薪俸之权利。此其最浅者也。为子者必能自尽其为人之义务，而无借父母之代劳，然后得要求父母许以自由之权利，亦其义也。然此不过就一私人与一私人之交涉言耳，若夫相聚而成一群，所以乐有群者，为群既立，而我可借群之力以得种种之权利也。然群非漫然而能立者也，必循生计学上分劳任功之大例。一群之人咸各矗矗焉，群之匮乏，我既补之；群之急难，我既赴之。则群之安富尊荣，我固得自享之，是谓无无权利之义务。使群中之人有一焉游手而无业者，则其群之实力少一分；使群中之人而皆尔焉，则是群之自杀也。故群中之有业者，虽取彼无业者饮食之权利而并夺之，亦不得谓之非理。何也？是债主对于负债者所得行之手段也。践群之毛，食群之土，乃逋群负而不偿，则群中之权利，岂复彼所得过问也，是谓无无义务之权利。

吾言中国人无义务思想，吾请举其例。政治学者言国民义务有两要件：曰纳租税也，曰服兵役也。夫国也，非能自有恒产也，民不纳租税，则政费何所出？ 划而命之曰一国，是必有他国与之对待也，民不服兵役，则国防何由立？而吾国民最畏此二事，若以得免之为大幸者。此最志行薄弱之征也。昔之颂君德者，皆以免征减赋为第一仁政，若宋之改征兵为佣兵，本朝康熙间下永不加赋之谕，皆民间所最讴歌而最感戴者也。而岂知兵由于佣者，则爱国心必不可得发现；而永不加赋者，苟欲为民事新有所兴作，费无所出，而善举亦不得不废也。泰西诸国则异是，凡成年者皆须服二三年之兵役，而民莫或避；租税名目如鲫，其岁纳之额，四五倍于我国，而民莫或怨。彼宁不自宝其血肉，自惜其脂膏也，顾若此者，彼自认此义务，而知有与义务相对待之权利以为之偿也。匈加利之被压制于奥政府也，卒以奥、法交战，奥人不得不借匈兵力，而遂以恢复自治宪法（千八百六十年事）。西人有一恒言曰：不出代议士不纳租税。英之《大宪章》《权利法典》，皆挟租税以为要求者也，法之大革命亦以反此公例而酿成者也。故欧西人民对国家之义务，不辞其重，而必要索相当之权利以为之偿。中国人民对国家之权利，不患其轻，而惟欲逃应尽之义务以求自逸（参观本号《近世欧人之三大思想》篇）。是何异顽劣之童不服庭训，乃曰：吾不求父母之养我，而但求父母之勿劳我也。夫无父母之养，则不能自存，而既养则不能勿劳，此不可避之数也。惟养且劳，然后吾与父母之关系日益切密，而相爱之心乃起。故权利、义务两思想，实爱国心所由生也。人虽至愚，未有不愿受父母之养者，顽童之所以宁弃此权利者，不过其畏劳之一念使然耳。今之论者，每以中国人无权利思想为病，顾吾以为无权利思想者乃其恶果，而无义务思想者实其恶因也。我国民与国家之关系日浅薄，驯至国之兴废存亡，若与己漠不相属者，皆此之由。

今若不急养义务思想，则虽日言权利思想，亦为不完全之权利思想而已，是犹顽童欲勿劳而又贪父母之养也，是犹惰佣不力作而欲受给于主人也。吾见今之言权利者，颇有类于是焉矣。日歆羡他人之自由民权，而不考其所以得此之由。他人求之而获之，而我则望其自来；他人以血以泪购之，而我欲以口以舌为易；他人一国中无大无小、无贵无贱、无富无贫而皆各自认其相当之义务，返之吾国，若者为官吏之义务，若者为士君子之义务，若者为农工商之义务，若者为军人之义务，若者为保守党之义务，若者为维新党之义务，若者为温和派之义务，若者为急激派之义务，若者为青年之义务，若者为少年之义务，若者为妇女之义务，问有一人焉，审诸自己之地位，按诸自己之才力，而敢自信为已尽之而无所欠缺者乎？无有也。虽有七子之母，而无一人顾其养焉，虽谓之无子焉可也；虽有四万万人之国，而无一人以国家之义务为义务，虽谓之无民焉可也。无民之国，何以能国？

抑吾中国先哲之教，西人所指为义务教育者也，孝也，弟也，忠也，节也，岂有一焉非以义务相责备者。然则以比较的言之，中国人义务思想之发达，宜若视权利思想为远优焉。虽然，此又不完全之义务思想也，无权利之义务，犹无报偿之劳作也，其不完全一也；有私人对私人之义务，无个人对团体之义务，其不完全二也。吾今将论公义务。（《新民丛报》第二十六号，1903 年 2 月 26 日，署名"中国之新民"）

◎论尚武

世人之恒言曰：野蛮人尚力，文明人尚智。呜呼！ 此知二五而不知一十之言，迁偏而不切于事势者也。罗马文化，灿烁大地，车辙马迹，蹂躏全欧，乃一遇日耳曼森林中之蛮族，遂踣蹶而不能自立，而帝国于以解纲。夫当日罗马之智识程度，岂不高出于蛮族万万哉！然柔弱之文明，卒不能抵野蛮之武力。然则尚武者，国民之元气，国家所恃以成立，而文明所赖以维持者也。卑斯麦之言曰：天下所可恃者非公法，黑铁而已，赤血而已。宁独公法之无足恃，立国者苟无尚武之国民，铁血之主义，则虽有文明，虽有智识，虽有众民，虽有广土，必无以自立于竞争剧烈之舞台。

而独不见斯巴达乎？斯巴达之教育，一干涉严酷之军人教育也。婴儿之生，必由官验其体格，不及格者，扑灭之。生及七岁，即使入幼年军队，教以体育，跣足裸体，恶衣菲食，以养成其任受劳苦、凌犯寒暑、忍耐饥渴之习惯。饮食教诲，皆国家专司其事。成年结婚而后，亦不许私处家中，日则会食于公堂，夜则共寝于营幕。乃至妇人女子，亦与男子同受严峻之训练，虽老妇、少女，亦皆有慓悍勇侠之风。其母之送子从军也，命之曰：祝汝负楯而归，否则以楯负汝而归。举国之男女老少，莫不轻死好胜，习以成性。故其从征赴敌，如习体操，如赴宴会，冒死喋血，曾不知有畏怯退缩之一事。彼斯巴达一弹丸之国耳，举国民族寥寥不及万人，顾乃能内制数十万之异族，外挫十余万之波军，雄霸希腊，与雅典狎主齐盟也。曰：惟尚武故。

而独不见德意志乎？十九世纪之中叶，日耳曼民族分国散立，萎靡不振，受拿破仑之蹂躏。既不胜其屈辱，乃改革兵制，首创举国皆兵之法，国民岁及二十，悉隶兵籍，是以举国之人无不受军人之教育，具军人之资格。卑斯麦复以铁血之政略达民族之主义，日讨国人而训之，划涤其涣漫萎靡之旧习，养成其英锐不屈之精神。今皇继起，以雄武之英姿，力扩其民族帝国之主义。其视学之敕语曰：务当训练一国之少年，使其资格可以辅朕雄飞于世界。故其国民勇健奋发，而德意志遂为世界唯一之武国。彼德新造之邦，至今乃仅三十年，顾乃能摧奥仆法，伟然雄视于欧洲也。曰：惟尚武故。

而独不见俄罗斯乎？俄国国于绝北苦寒之地，拥旷漠硗确之平原，以农为国，习于劳苦，故其民犷悍坚毅，富于野蛮之力，触冒风暑，忍耐艰苦，坚朴雄鸷，习为风气，而又全体一致，服从命令，其性质最宜于军队。且其先皇彼德遗训，以侵略为宗旨，其主义深入于国民心脑，人人皆有蹴踏全球、蹂躏欧亚之雄心。彼其顽犷之蛮力，鸷忍之天性，虽有万众当前，必不足遏其锋而慑其气。夫俄罗斯半开之国耳，文化程度不及欧美之半，顾乃西驰东突，能寒欧人之胆，论者且谓斯拉夫民族势力日盛，将夺条顿人之统绪，代为世界之主人翁。若是者何也？曰：惟尚武故。

且非独欧洲诸国为然也，我东邻之日本，其人数仅当我十分之一耳，然其人剽疾轻死，日取其所谓武士道、大和魂者，发挥而光大之。故当其征兵之始，尚有哭泣逃亡、曲求避免者，今则入队之旗，祈其战死；从军之什，祝勿生还；好武雄风，举国一致。且庚子之役，其军队之勇锐，战斗之强力，且冠绝联军，使白人頫首倾倒。近且汲汲于体育之事，务使国民皆具军人之本领，皆蓄军人之精神。彼日本区区三岛，兴立仅三十年耳，顾乃能一战胜我，取威定霸，屹然雄立于东洋之上也。曰：惟尚武故。

乃至脱兰士哇尔，独立不成而可谓失败者矣。然方其隐谋独立之初，已阴厚蓄其武力，儿童就学，授以猎枪，使弋途过森林之飞鸟，至学则殿最其多少以为赏罚，预养挽强命中之才，使皆可以执干戈而卫社稷，是以战事一起，精锐莫当，乃至少女妇人，亦且改易装服，荷戟从戎。彼脱兰士哇尔弹丸黑子，不能当英之一县，胜兵者数万人耳，顾乃能抗天下莫强之英。英人糜千百万之巨费，调三十万之精兵，血战数年，仅乃克服。若是者何也？亦曰：惟尚武故。

此数国者，其文化之浅深不一辙，其民族之多寡不一途，其国土之广狭不一致，要其能驰骋中原，屹立地球者，无不恃此尚武之精神。抟抟大地，莽莽万国，盛衰之数，胥视此矣。

恫夫！中国民族之不武也。神明华胄，开化最先，然二千年来，出而与他族相遇，无不挫折败北，受其窘屈，此实中国历史之一大污点，而我国民百世弥天之大辱也。自周以来，即被戎祸，一见迫于獫狁，再见辱于犬戎。秦、汉而还，匈奴凶悍，以始皇之雄鸷，仅乃拒之于长城之外；以汉高之豪武，卒至围窘于白登之间。汉武雄才大略，大张兵力于国外，卫、霍之伦，络绎出塞，然收定南粤，威震西域，卒不能犁庭扫穴，组系单于，匈奴之患，遂与汉代相终始。降及魏、晋，五胡煽乱，犬羊奔突于上国，豕蛇横噬于中原，江山无界，宇宙腥膻，匈奴、鲜卑、羌、氐、胡、羯，迭兴递盛，从横于黄河以北者二百五十有余年。李唐定乱，兵气方新，李靖败突厥于阴山，遂俘颉利，此实为汉族破败外族之创举。然屡征高丽，师卒无功，且突厥、契丹、吐蕃、回纥，迭为西北之边患，以终唐世。五季之间，石晋割燕云十六州以赂契丹，衣冠之沦于异类者数十年，且至称臣称男，称侄称孙，汉族之死命，遂为异族所轭制。宋之兴也，始受辽患，徽、钦之世，女真跳梁。当是时也，谋臣如云，猛将如雨，然极韩、岳、张、吴诸武臣之力，卒不能制幺麽小丑兀尤之横行。金势既衰，蒙古继起，遂屋宋社而墟之，泱泱之神州，穰穰之贵种，頫首受轭于游牧异族威权之下，垂及百年。明兴而后，势更弱矣，一遇也先而帝见虏，再遇满洲而国遂亡。呜呼！由秦迄今，二千余岁耳，然黄帝之子孙屈伏于他族者三百余年，北方之同胞，屈伏于他族者且七百余年。至于边塞之患，烽燧之警，乃更无一宁岁，而卒不能赫怒震击以摧其凶焰，发愤挞伐以戢其淫威。呜呼！我神明之华胄，聪秀之人种，开明之文化，何一为蛮族所敢望，顾乃践蹴于铁骑之下，不能一仰首伸眉以与之抗者，岂不以武力脆弱，民气懦怯，一动而辄为力屈也。貌兹小丑，且不能抗，况今日迫我之白人，挟文明之利器，受完备之训练，以帝国之主义，为民族之运动，其雄武坚劲，绝非匈奴、突厥、女真、蒙古之比，曷怪其一败再败而卒无以自立也。中国以文弱闻于天下，柔懦之病，深入膏肓，乃至强悍性成驰突无前之蛮族，及其同化于我，亦且传染此病，筋弛力脆，尽失其强悍之本性。呜呼！强者非一日而强也，弱者非一日而弱也，履霜坚冰，由来渐矣。吾尝察其受病之源，约有四事。

一由于国势之一统。人者多欲而好胜之动物也，衣服、饮食、货物、土地，皆生人所借以自养，而为人人所欲望之事。人人同此欲望，即人人皆思多取。故人与人相处，必求伸张其权利，侵他人之界而无所餍；国与国角立，亦必求伸张其权利，侵他人之界而无所餍。然彼之欲望权利之心，固无以异于此也，则必竭力抗争，奋腕力以自卫，稍一恇怯，稍一退让，即失败而无以自存，是故列国并立，首重国防。人骛于勇力，士竞于武功，苟求保此权利，虽流漂杵之血，枯万人之骨而不之悔。而其时人士亦复习于武风，眦睚失欢，挺身而斗；杯酒失意，白刃相仇；借躯报仇，恬不为怪；尚气任侠，靡国不然。远观之战国，近验之欧洲，往事亦可观矣。若夫一统之世，则养欲给求而无所与竞，闭关高枕而无所与争，向者之勇力武功无所复用，其心渐弛，其气渐柔，其骨渐脆，其力渐弱。战国尊武，一统右文，固事势所必至，有不自知其然者矣。我中国自秦以来，久大一统，虽间有南北分割，不过二三百年，则旋归于统合，土地辽广，物产丰饶，虽有异种他族环于其外，然谓得其地不足郡县，得其人不足臣民，遂鄙为蛮夷而不屑与争，但使其羁縻勿绝、拒杜勿来而已，必不肯萃全力而与之竞胜。太平歌舞，四海晏然，则习为礼乐揖让，而相尚以文雅，好为文词、诗赋、训诂、考据，以奇耗其材力。即有才武桀勇者，亦闲置而无所用武，且以粗鲁莽悍，见屏于上流社会之外。重文轻武之习既成，于是武事废堕，民气柔靡，二千年之腐气败习，深入于国民之脑，遂使群国之人奄奄如病夫，冉冉如弱女，温温如菩萨，戢戢如驯羊。乌乎，人孰不恶争乱而乐和平？而乌知和平之弱我毒我乃如是之酷也！

二由于儒教之流失。宗教家之言论，类皆偏于世界主义者也。彼本之仁之热心，发高尚之哲理，故所持论，皆谋人类全体之幸福。故西方之教，曰太平天国，曰视敌如己；天竺之教，曰冤亲平等，曰一切众生。无不破蛮触之争战，以黄金世界为归墟。儒教者，固切近于人事者也，然孔子之作《春秋》，则务使诸夏夷狄远近若一，以文致太平；《礼运》之述圣言，则力言不独亲亲，不独子子，以靳至大同。亦莫不破除国界，以至仁博爱为宗旨。斯固皆悬至善以为的，可为理论而未能见之实行者也。然奉耶教之民，皆有坚悍好战之风；奉佛教之民，亦有轻视生死之性；独儒教之国，奄然怯弱者。何也？《中庸》之言曰：宽柔以教，不报无道。《孝经》之言曰：身体发肤，不敢毁伤。故儒教当战国之时，已有儒懦儒缓之诮。然孔子固非专以懦缓为教者也，见义不为谓之无勇，战阵无勇斥为非孝，曷尝不以刚强剽劲耸发民气哉！后世贱儒，便于藏身，撷拾其悲悯涂炭、矫枉过正之言以为口实，不法其刚而法其柔，不法其阳而法其阴，阴取老氏雌柔无动之旨，夺孔学之正统而篡之，以莠乱苗。习非成是，以强勇为喜事，以冒险为轻躁，以任侠为大戒，以柔弱为善人，惟以"忍"为无上法门。虽他人之凌逼欺胁，异族之蹂践斩刈，攫其权利，侮其国家，乃至掠其财产，辱其妻女，亦能俯首顺受，忍奴隶所不能忍之耻辱，忍牛马所不能忍之痛苦，曾不敢怒目攘臂而一与之争。呜呼！犯而不校，诚昔贤盛德之事，然以此道处生存竞争、弱肉强食之世，以此道对鸷悍剽疾、虎视鹰击之人，是犹强盗入室，加刃其颈，而犹与之高谈道德，岂惟不适于生存，不亦更增其耻辱邪？法昔贤盛德之事，乃养成此柔脆无骨、颓惫无气、刀刺不伤、火蓺不痛之民族，是岂昔贤所及料也。

三由霸者之摧荡。霸者之有天下也，定鼎之初，即莫不以偃武修文为第一要义。夫振兴文学，宁非有国之急务？乃必先取其所谓武者而偃之，彼岂果谓马上得之者，必不能马上治之哉！又岂必欲销兵甲，兴礼乐，文致太平以为美观也哉！霸者之取天下，类皆崛起草泽，间关汗马，奋强悍之腕力，屈服群雄而攫夺之。彼知天下之可以力征经营，我可以武力夺之他人者，他人亦将可以武力夺之我也，则日讲縢缄扃镭之策，务使有力者不能负之而趋。故辇毂之下，有骁雄之士，强武有力之人，以睥睨其卧榻之侧，则霸者有所不利；草泽之下，有游侠任气之风，萃材桀不驯之徒，相与上指天下画地，嚣然以材武相竞，则霸者尤有不利。既所不利，则不能不去之以自安。去之之术有二：其先曰"锄"。一人刚而万夫皆柔，一人强而天下皆弱，此霸有天下者之恒情也。其敢不柔弱者杀无赦，虽昔日所视为功狗、倚为长城者，不惜翦薙芟夷，以绝子孙之患；其敢有喑呜叱咤、慷慨悲歌于田间陇畔者，则尤触犯忌讳，必当严刑重诛，无俾易种。秦皇之销铸锋镝，汉景之弥艾游侠，汉高、明太之菹醢功臣，殆皆用锄之一术矣。然前者僵仆，后者愤踊，锄之力亦将有所穷也，乃变计而用"柔"之一术。柔之以律令、制策，柔之以诗赋、词章，柔之以帖括、楷法，柔之以簿书、期会，柔其材力，柔其筋骨，柔其言论，乃至柔其思想，柔其精神。尽天下之人士，虽间有桀骜枭雄者，皆使之敝精疲神、缠绵歌泣于讽诵揣摩、患得患失之中，无复精神、材力以相竞于材武，不必僇以斧钺，威以刀锯，而天下英雄尽入彀中，无复向者喑呜叱咤、慷慨悲歌之豪气。一霸者起，用此术以摧荡之；他霸者起，亦用此术以摧荡之。经二十四朝之摧陷廓清，士气索矣，人心死矣，霸者之术售矣。呜呼！又岂料承吾敝者别有此狞猛枭鸷之异族也。

四由习俗之濡染。天下移人之力，未有大于习惯者也。西秦首功，而女子亦知敌忾；斯巴达重武，而妇人亦能轻死。夫秦与斯巴达之人，岂必生而人人有此美性哉，风气之所薰，见闻之所染，日积月累，久之遂形为第二之天性。我中国轻武之习，自古然矣。鄙谚有之曰：好铁不打钉，好人不当兵。故其所谓军人者，直不啻恶少无赖之代名词；其号称武士者，直视为不足齿之伧父。夫东西诸国之待军人也，尊之重之，敬之礼之，馨香尸祝之，一入军籍，则父母以为荣，邻里以为幸，宗族交游以为光宠，皆视此为人生第一名誉之事。唯东西人之重视之也如此，故举国人之精神，莫不萃于此点，一切文学、诗歌、剧戏、小说、音乐，无不激扬蹈厉，务激发国民之勇气，以养为国魂。惟我中国之轻视之也如彼，故举国皆不屑措意，学人之议论，词客所讴吟，且皆以好武喜功为讽刺，拓边开衅为大戒。其所谓名篇佳什，类皆描荷戟从军之苦况，咏战争流血之惨态，读之令人垂首丧志，气夺神沮，至其小说、戏剧，则惟描写才子佳人旖旎冶猲之柔情，其管弦音乐，则惟谱演柔荡靡曼亡国哀思之郑声。一群之中，凡所接触于耳目者，无一不颓损人之雄心，销磨人之豪气。恶风潮之所漂荡，无人不中此恶毒，如疫症之传染，如肺病之遗种，虽有雄姿英发之青年，日摩而月刓之，不数年间，遂颓然如老翁，靡然如弱女。呜呼！群俗者冶铸国民之炉火，安见颓废腐败之群俗，而能铸成雄鸷沉毅之国民也。

凡此数者之恶因，皆种之千年以前，至今日结此一大恶果者也。且夫人之所以为生，国之所以能立，莫不视其自主之权。然其自主权之所以保全，则莫不恃自卫权为之后楯。人以恶声加我，我能以恶声返之；人以强力凌我，我能以强力抗之。此所以能排御外侮，屹然自立于群虎耽耽、万鬼眈眈之场也。然返人恶声，抗人强力，必非援据公法、樽俎折冲之所能为功，必内有坚强之武力，然后能行用自卫之实权。我以病夫闻于世界，手足瘫痪，已尽失防护之机能，东西诸国莫不磨刀霍霍，内向而鱼肉我矣。我不速拔文弱之恶根，一雪不武之积耻，二十世纪竞争之场，宁复有支那人种立足之地哉！然吾闻吾国之讲求武事数十年矣，购舰练兵，置厂制械，整军经武，至勤且久，然卒一熸而尽者。何也？曰：彼所谓武，形式也；吾所谓武，精神也。无精神而徒有形式，是蒙羊质以虎皮，驱而与猛兽相搏击，适足供其攫啖而已。诚欲养尚武之精神，则不可不备具三力。

一曰心力。西儒有言曰：女子弱也，而为母则强。夫弱女何以忽为强母？盖其精神爱恋咸萃于子之一身，子而有急，则挺身赴之，虽极人生艰险畏怖之境，壮夫健男之所却顾者，彼独挥手直前，尽变其娇怯袅娜、弱不胜衣之故态。彼其目中心中止见有子而已，不见有身，更安见所谓艰险，更安见所谓畏怖。盖心力散涣，勇者亦怯；心力专凝，弱者亦强。是故报大仇，雪大耻，革大难，定大计，任大事，智士所不能谋，鬼神所不能通者，莫不成于至人之心力。张子房以文弱书生而椎秦，申包胥以漂泊逋臣而存楚，心力之驱迫而成之也。越之沼吴，楚之亡秦，希腊破波斯王之大军，荷兰却西班牙之舰队，亦莫非心力之驱迫而成之也。呜呼！境不迫者心不奋，情不急者力不挚。曾文正之论兵也，曰：官军击贼，条条皆是生路，惟向前一条是死路；贼御官军，条条皆是死路，惟向前一条是生路。

官军之不能敌贼者以此。今外人逼我，其圈日狭，其势日促，直不啻以百万铁骑蹙我孤军于重围之中矣，舍突围向前之一策，更无所谓生路。虎逐于后，则懦夫可蓦绝涧。火发于室，则弱女可越重檐。吾望我同胞激其热诚，鼓其勇气，无奄奄敛手以待毙也。

一曰胆力。天下无往非难境，惟有胆力者无难境；天下无往非畏途，惟有胆力者无畏途。天岂不除此难境畏途以独私之哉！人间世一切之境界，无非人心所自造，我自以为难以为畏，则其心先馁，其气先慑，斯外境得承其虚怯而窘之；若悍然不顾，其气足以相胜，则置之死地而能生，置之亡地而能存。项羽沉舟破釜以击秦，韩侯背水结阵以败楚，彼其众寡悬殊，岂无兵力不敌之危境哉？然奋其胆力，卒以成功。讷尔逊曰：吾不识畏为何物。彼其平生阅历，岂无危疑震撼之险象哉？然奋其胆力，卒以成功。自古英雄豪杰，立不世之奇功，成建国之伟业，何一非冒大险，夷大难，有此胆力而来者哉！然胆力者，由自信力而发生者也。孟子曰：自反而不缩，虽褐宽博，吾不惴焉；自反而缩，虽千万人，吾往矣。国之兴亡亦然，不信之人而信之己，国民自信其兴则国兴，国民自信其亡则国亡。昔英将威士勒之言曰：中国人有可以蹂躏全球之资格。我负此资格而不能自信，不能奋其勇力，完此资格，以与列强相见于竞争之战场，惟是日惧外人之分割，日畏外人之干涉，不思自奋，徒为恇怯，彼狞猛枭鸷之异族，宁以我之恇怯而辍其分割干涉邪？呜呼！怯者召侮之媒，畏战者必受战祸；惧死者卒蹈死机，恇怯岂有幸也！孟子曰：未闻以千里畏人。吾望我同胞奋其雄心，鼓其勇气，无畏首畏尾以自馁也。

一曰体力。体魄者，与精神有切密之关系者也。有健康强固之体魄，然后有坚忍不屈之精神，是以古之伟人，其能负荷艰巨开拓世界者，类皆负绝人之异质，耐非常之艰苦。陶侃之习劳，运甓不间朝夕。史可法之督师，七日目不交睫。拿破仑之治军，日睡仅四小时。格兰斯顿之垂老，步行能逾百里。俾斯麦之体格，重至二百八十余磅，其筋骸坚固，故能凌风雨，冒寒暑，撄患难劳苦，而贯澈初终。彼鞑靼之种人，斯拉夫之民族，亦皆恃此野蛮体力，而遂能钳制他族者也。德皇威廉第二之视学于柏林小学校，其敕训曰：凡我德国臣民皆当留意体育，苟体育不讲，则男子不能担负兵役，女子不能孕产魁梧雄伟之婴儿，人种不强，国将何赖？故欧洲诸国靡不汲汲从事于体育，体操而外，凡击剑、驰马、踘蹴、角骶、习射、击枪、游泳、竞渡诸戏，无不加意奖励，务使举国之人皆具军国民之资格。昔仅一斯巴达者，今且举欧洲而为斯巴达矣。中人不讲卫生，婚期太早，以是传种，种已孱弱。及其就傅之后，终日伏案，闭置一室，绝无运动，耗目力而昏眊，未黄耇而骀背。且复习为娇惰，绝无自营自活之风，衣食举动，一切需人，以文弱为美称，以羸怯为娇贵。翩翩年少，弱不禁风，名曰丈夫，弱于少女。弱冠而后，则又缠绵床笫以耗其精力，吸食鸦片以戕其身体。鬼躁鬼幽，趓步攲跌，血不华色，面有死容，病体奄奄，气息才属，合四万万人，而不能得一完备之体格。呜呼，其人皆为病夫，其国安得不为病国也！以此而出与狞猛枭鸷之异族遇，是犹驱侏儒以斗巨无霸，彼虽不持一械，一挥手而我已倾跌矣。呜呼！生存竞争，优胜劣败。吾望我同胞，练其筋骨，习于勇力，无奄然颓惫以坐废也。

　　呜呼！今日之世界，固所谓"武装和平"之世界也。列强会议，日言弭兵，然左订媾和修好之条约，右修扩张军备之议案。盖强权之世，惟能战者乃能和。故美国独立他洲，素不与闻外事者也，然近年以来，日增军备，且近易其门罗主义，一变而为帝国主义。盖欧洲霸气横决四溢，苟渡大西洋而西注，则美国难保其和平，故不能不先事预防，厚内力以御之境外。夫欧洲诸国势均力敌，欧洲以内既无用武之地矣，然内力膨胀，郁勃磅礴而必求一泄，挟其民族帝国主义，日求灌而泄之他洲。我以膏腴沃壤，适当其冲，于是万马齐足，万流汇力，一泄其尾闾于亚东大陆。今日群盗入室，白刃环门，我不一易其文弱之旧习，奋其勇力以固其国防，则立羸羊于群虎之间，更何术以免其吞噬也！呜呼！甲午以来，一败再败，形见势绌，外人咸以无战斗力轻我矣。然语不云乎：一人致死，万夫莫当。彼十九世纪之初期，法兰西何尝不以一国而受全欧之敌，然拿破仑率其剽悍之国民，东征西击，卒能取威定霸，奋扬国威。彼四十余万之法人，乃能蹴踏全欧，我以十倍法人之民族，顾不能攘外而立国，何衰惫若斯之甚也？《诗》曰：天之方蹶，无为夸毗。柔脆无骨之人，岂能一日立于天演之界！我国民纵阙于文明之智识，奈何并野蛮之武力而亦同此消乏也！呜呼噫嘻！（《新民丛报》第二十八、二十九号，1903 年 3 月 27 日、4 月 11 日，署名"中国之新民"）

3. 康有为的"大同"思想

引 言

领导维新变法运动和撰写《大同书》，是康有为最重要的两大贡献。康有为"大同"思想的形成有一个较长的过程。据康的《自编年谱》，1885年他从事算学，即开始"以几何著人类公理"，"乃手定大同之制"，大约至1887年写成了一个初稿。到19世纪80年代末90年代初，他把《公羊》的"三世"学说与《礼记·礼运》篇的"大同""小康"糅合一起，提出了他的大同之道。在万木草堂讲学期间，他在第一稿的基础上，经过进一步的修改充实，写成了《大同书》的第二部草稿。在修改过程中，他曾与自己的两位高足陈千秋、梁启超反复讨论。梁启超在《三十自述》中写道："先生时方著《公理通》《大同学》等书，每与通甫（陈千秋）商榷，辨析入微，余辄侍末席。"《大同学》就是《大同书》。当时陈千秋和梁启超读到这部鼓舞人心的杰作，"读则大乐，锐意欲宣传其一部分"。康有为的次女康同璧小时也见过此书。之后康有为因戊戌政变逃到日本后，也曾向日人犬养毅"出示《大同书》稿本廿余篇"。可见戊戌变法前康有为确写有《大同书》的草稿。但这第二部草稿已经散失。梁启超1901年写《康南海传》，称该书"其理想甚密，其条段甚繁，以此区区小篇，势不能尽其义蕴，今惟提其大纲"。而这个大纲有一万多字，包括了今本《大同书》的主要内容。这说明戊戌变法前康有为的大同思想已基本形成。1898年9月戊戌政变发生后，康有为逃往海外，先后到日本、加拿大、英国、新加坡、印度等国游历。耳闻目睹，使他对资本主义国家的物质文明及其社会问题有了较具体的感性认识，于是他决定重修《大同书》。1902年他隐居于印度北部山城大吉岭，潜心著述，经过四个多月的辛勤笔耕，写成第三稿，增加许多游历的见闻，对西方资本主义制度的高度发展做了具体肯定，对其弊端进行了尖锐的批评，对理想的大同社会的高度物质文明和精神文明做了丰富的想象和具体的描述。书成之日，康氏曾赋诗述怀，其中有"廿年抱宏愿，卅卷告成书"之句。《大同书》的手稿，今藏于上海文管会和天津图书馆。1913

年，康有为将《大同书》一书的甲、乙两部刊于《不忍》杂志，1919 年由长兴书局刊印单行本，冠以"大同书"之名。他的弟子们一再请他将全部书稿付梓，但均被拒绝，直到他逝世 8 年后，即 1935 年，全书才由其弟子钱定安略加校订，由中华书局出版。与 1902 年成书的第三稿相比，1935 年本内容没有什么变化，但结构有所调整。《大同书》全书共 30 卷，约 20 万字，分为 10 部：甲部《入世界观众苦》，乙部《去国界合大地》，丙部《去级界平民族》，丁部《去种界同人类》，戊部《去形界保独立》，己部《去家界为天民》，庚部《去产界公业生》，辛部《去乱界治太平》，壬部《去类界爱众生》，癸部《去苦界至极乐》。

大同书（存目）

（是书甲、乙两部初由《不忍》杂志于 1913 年刊载，1919 年上海长兴书局将此二部单印面世，后经弟子整理，于 1935 年由上海中华书局出版）

4. 严译"名著"

引　言

严复一生翻译过许多西方著作，其中有名的有八种，史称严译"八大名著"，除《天演论》出版于 1898 年和《名学浅说》出版于 1909 年外，其余六部都翻译和出版于 1901—1905 年之间。其中《原富》出版于 1901—1902 年之间；《群学肄言》出版于 1903 年；《群己权界论》出版于 1903 年；《社会通诠》出版于 1904 年；《法意》（原著 31 卷，仅译其中 29 卷）自 1904 年开始分册出版，至 1909 年出齐；《穆勒名学》（实际上只翻译原著的一半）出版于 1905 年。这样短的时间内，翻译、出版六部西方名著，这是非常不容易、也是很了不起的事情。严复在致张元济的信中曾谈到过翻译这些西方名著的艰难："步步如上水船，用尽气力，不离旧处；遇理解奥衍之处，非三易稿，殆不可读。"他之所以要知难而上，是为了对国人进行思想启蒙。在致张元济的信中他写道："复今者勤苦译书，羌无所为，不过闵同国之人于新理过于蒙昧，发愿立誓，勉而为之。……极知力微道远，生事夺其时日；然使前数书得转汉文，仆死不朽矣。"在这些名著中，严复给我们译介了西方自由经济思想、民主与法制思想，传播了逻辑知识，宣传了科学思维，产生了巨大的社会影响。《新民丛报》称他为中国"中西学之第一人"（《绍介新著〈原富〉》，见《新民丛报》1902 年合订本，第 1 期）。梁启超在《清代学术概论》中对严复的翻译有一总的评价，他说："独有侯官严复，先后译赫胥黎《天演论》，斯密亚丹《原富》，穆勒约翰《名学》《群己权界论》，孟德斯鸠《法意》，斯宾塞《群学肄言》等数种，皆名著也。虽半属旧籍，去时势颇远，然西洋留学生与本国思想界发生关系者，复其首也。"尤需指出的是，严复每翻译一部西学名著，都有其鲜明的政治、学术目的和时代特色，用传统的话说就是，经世致用思想非常强烈。所以他翻译西学名著，都进行过精心选择，经过了一番苦心研究。如他翻译《天演论》，是为了惊醒麻木的中国人，为保种和救亡图存服务；翻译《原富》，是为了发展资本主义，谋求中国的富强道路；翻译《法意》，是为了抨击君主专制统治，提倡三权分立，实行君主立宪制度；翻译《穆勒名学》，是为了给中国人补课，输入西方的科学方法，以改变中国人的思维方式；如此等等。为了达到其政治、学术目的，严复在翻译西学名著的过程中，还往往依据自己的理解和需要，在译文中加上不少按语，以阐发自己的思想和主张。因此和其他人翻译西书不同，严复翻译西学名著，不是一个简单的文化移植过程，而是一个文化再创造的过程，具有思想启蒙的积极意义。

《原富》译事例言

计学，西名叶科诺密，本希腊语。叶科，此言家。诺密，为聂摩之转，此言治。言计，则其义始于治家。引而申之，为凡料量经纪撙节出纳之事，扩而充之，为邦国天下生食为用之经。盖其训之所苞至众，故日本译之以经济，中国译之以理财。顾必求吻合，则经济既嫌太廓，而理财又为过狭，自我作故，乃以计学当之。虽计之为义，不止于地官之所掌，平准之所书，然考往籍，会计、计相、计偕诸语，与常俗国计、家计之称，似与希腊之聂摩较为有合。故《原富》者，计学之书也。

然则何不径称计学，而名《原富》？曰：从斯密氏之所自名也。且其书体例，亦与后人所撰计学，稍有不同：达用多于明体，一也；匡谬急于讲学，二也。其中所论，如部丙之篇二篇三，部戊之篇五，皆旁罗之言，于计学所涉者寡，尤不得以科学家言例之。云原富者，所以察究财利之性情，贫富之因果，著国财所由出云尔。故《原富》者，计学之书，而非讲计学者之正法也。

谓计学创于斯密，此阿好者之言也。夫财赋不为专学，其散见于各家之著述者无论已。中国自三古以还，若《大学》，若《周官》，若《管子》《孟子》，若《史记》之《平准书》《货殖列传》，《汉书》之《食货志》，桓宽之《盐铁论》，降至唐之杜佑，宋之王安石，虽未立本干，循条发叶，不得谓于理财之义无所发明。至于泰西，则希腊、罗马，代有专家。而斯密氏所亲承之师友，若庚智仑，若特嘉尔，若图华尼，若休蒙大辟，若哈哲孙，若洛克，若孟德斯鸠，若麦庚斯，若柏柢，其言论謦咳，皆散见于本书。而所标重农之旨，大抵法国自然学会之所演者，凡此皆大彰著者也。

独其择焉而精，语焉而详，事必有征，理无臆设，而文章之妙，喻均智顽。则自有此书，而后世知食货为专科之学。此所以见推宗匠，而为新学之开山也。

计学于科学为内籀之属。内籀者，观化察变，见其会通，立为公例者也。如斯密、理嘉图、穆勒父子之所论著，皆属此类。然至近世如耶方斯、马夏律诸书，则渐入外籀，为微积曲线之可推，而其理乃益密。此二百年来，计学之大进步也。故计学欲窥全豹，于斯密《原富》而外，若穆勒、倭克尔、马夏律三家之作，皆宜移译，乃有以尽此学之源流，而无后时之叹。此则不佞所有志未逮者，后生可畏，知必有赓续而成之者矣。

计学以近代为精密，乃不佞独有取于是书，而以为先事者，盖温故知新之义，一也。其中所指斥当轴之迷谬，多吾国言财政者之所同然，所谓从其后而鞭之，二也。其书于欧亚二洲始通之情势，英法诸国旧日所用之典章，多所纂引，足资考镜，三也。标一公理，则必有事实为之证喻，不若他书勃窣理窟，洁净精微，不便浅学，四也。

理在目前，而未及其时，虽贤哲有所不见。今如以金为财，二百年以往，泰西几无人不然。自斯密出，始知其物为百货之一，如博进之筹，取前民用，无可独珍。此自今日观之，若无甚高之论，难明之理者；然使吾辈生于往日，未必不随俗作见，并为一谈也。试观中国道、咸间，计臣之所论议施行，与今日朝士之言通商，可以悟矣。是故一理既明之后，若揭日月而行。而当长夜漫漫，习非胜是之日，则必知几之神，旷世之识而后与之，此不独理财之一事然也。

由于以金为财，故论通商，则必争进出差之正负。既断断于进出差之正负，则商约随地皆荆棘矣，极力以求抵制之术，甚者或以兴戎，而不悟国之贫富，不关在此。此亦亚东言富强者所人人皆坠之云雾，而斯密能独醒于二百年以往，此其所以为难能也。

争进出差之正负，斯保商之政。优内抑外之术，如云而起。夫保商之力，昔有过于英国者乎？有外输之奖，有挈还之税，有海运之条例，凡此皆为抵制设也。而卒之英不以是而加富，且延缘而失美洲。自斯密论出，乃商贾亦知此类之政，名曰保之，实则困之。虽有一时一家之获，而一国长久之利，所失滋多。于是翕然反之，而主客交利。今夫理之诚妄，不可以口舌争也，其证存乎事实。歌白尼、奈端之言天运，其说所不可复摇者，以可坐致数千万年过去未来之躔度，而无杪忽之差也。斯密《计学》之例，所以无可致疑者，亦以与之冥同则利，与之舛驰则害故耳。

保商专利诸政，既非大公至正之规，而又足沮遏国中商业之发达，是以言计者群然非之。非之诚是也，然既行之后，欲与更张，则其事又不可以不谨。盖人心浮动，而身被之者，常有不可追之灾故也。已置母本，不可复收，一也；事已成习，不可猝改，二也。故变法之际，无论旧法之何等非计，新政之如何利民，皆其令朝颁，民夕狼顾，其目前之耗失。有万万无可解免者，此变法之所以难，而维新之所以多流血也。悲夫！

言之缘物而发者，非其至也，是以知言者慎之。斯密此书，论及商贾，辄有疾首蹙额之思。后人释私平意观之，每觉所言之过，然亦知斯密时之商贾，为何等商贾乎？税关屯栈者，公司之利也。彼以谋而沮其成，阴嗾七年之战。战费既重，而印度公司所待以搘柱其业者又不訾，事转相因，于是乎有北美之战，此其害于外者也。选议员则购推举、议权税，则赂当轴，大坏英国之法度，此其害于内者也。此曹顾利否耳，何尝恤国家乎？又何怪斯密言之之痛也！虽然，此缘物之论也。缘物之论，所持之理，恒非大公，世异情迁，则其言常过，学者守而不化，害亦从之。故缘物之论，为一时之奏札可，为一时之报章可，而以为科学所明之理必不可。科学所明者公例，公例必无时而不诚。

斯密于同时国事，所最为剽击而不遗余力者，无过印度之英公司。此自今日观之，若无所过人者。顾当其时，则英公司之焞〔烜〕赫极矣，其事为开辟以来所未曾有。以数十百处污逐利之商旅，际蒙兀之积弱，印民之内讧。克来福一竖子耳，不数年间，取数百万里之版图，大与中国并者，据而有之。此亚烈山大所不能为，罗马安敦所不能致，而成吉思汗所图之而无以善后者也。其惊骇震耀各国之观听者为何如乎？顾自斯密视之，其驴非驴，马非马。上焉既不能临民以为政，下之又不足懋迁而化居。以言其政令，则鱼肉身毒之民，以言其垄断，则侵欺本国之众，徒为大盗，何裨人伦。惟其道存，故无所屈。贤哲之言论，夫岂笭于一时功利之见而为依阿也哉！呜呼，贤已！

然而犹有以斯密氏此书为纯于功利之说者，以谓如计学家言，则人道计赢虑亏，将无往而不出于喻利。驯致其效，天理将亡，此其为言厉矣。独不知科学之事，主于所明之诚妄而已。其合于仁义与否，非所容心也。且其所言者计也，固将非计不言，抑非曰人道止于为计，乃已足也。从而尤之，此何异读兵谋之书，而訾其伐国，睹针砭之伦，而怪其伤人乎！且吾闻斯密氏少日之言矣，曰："今夫群之所以成群，未必皆善者机也。饮食男女，凡斯人之大欲，即群道之四维，缺一不行，群道乃废，礼乐之所以兴，生养之所以遂，始于耕凿，终于懋迁。出于为人者寡，出于自为者多，积私以为公，世之所以盛也。"此其言借令襃衣大祒者闻之，不尤掩耳而疾走乎？则无怪斯密他日之悔其前论，戒学者以其意之已迁，而欲毁其讲义也。

《原富》本文，排本已多，此译所用，乃鄂斯福国学颁行新本，罗哲斯所斠阅者。罗亦计学家，著《英伦麦价考》，号翔赡，多发前人所未发者。其于是书，多所注释匡订，今录其善者附译之，以为后案。不佞间亦杂取他家之说，参合己见，以相发明，温故知新，取与好学深思者，备扬榷讨论之资云尔。

是译与《天演论》不同，下笔之顷，虽于全节文理，不能不融会贯通为之，然于辞义之间，无所倒附益。独于首部篇十一释租之后，原书旁论四百年以来银市腾跌，文多繁赘，而无关宏旨，则概括要义译之。其他如部丁篇三，首段之末，专言荷京版克，以与今制不同，而所言多当时琐节，则删置之。又部甲后有斯密及罗哲斯所附一千二百二年至一千八百二十九年之伦敦麦价表，亦从删削。又此译所附中西编年，及地名、人名，物义诸表，则张菊生比部、郑稚辛孝廉于编订之余，列为数种，以便学者考订者也。

夫计学者，切而言之，则关于中国之贫富；远而论之，则系乎黄种之盛衰。故不佞每见斯密之言于时事有关合者，或于己意有所怅触，辄为案论，丁宁反覆，不自觉其言之长而辞之激也。嗟夫！物竞天择之用，未尝一息亡于人间。大地之轮廓，百昌之登成，止于有数。智佼者既多取之而丰，愚懦者自少分焉而啬。丰啬之际，盛衰系之矣。且人莫病于言非也而相以为是，行祸也而相以为福，祸福是非之际，微乎其微，明者犹或荧之，而况其下者乎！殆其及之而后知，履之而后艰，其所以失亡者，已无艺矣，此予智者罟擭陷阱之所以多也。欲违其灾，舍穷理尽性之学，其道无由；而学矣，非循西人格物科学之律令，亦无益也。自秦愚黔首，二千岁于兹矣。以天之道，舟车大通，通则虽欲自安于愚，无进于明，其势不可。数十百年以往，吾知黄人之子孙，将必有太息痛恨于其高曾祖父之所为者。呜呼，可不惧哉！

光绪二十七年，岁次辛丑八月既望

严复书于辅自然斋（严复译《原富》）

译《群学肄言》自序

群学何？用科学之律令，察民群之变端，以明既往测方来也。肄言何？发专科之旨趣，究功用之所施，而示之以所以治之方也。故肄言科而有之。今夫士之为学，岂徒以弋利禄、钓声誉而已，固将于正德、利用、厚生三者之业有一合焉。群学者，将以明治乱盛衰之由，而于三者之事操其本耳。斯宾塞尔者，英之耆宿也。殚年力于天演之奥突，而大阐其理于民群，盖所著之《会通哲学》成，其年已七八十矣。以其书之深广，而学者之难得其津涯也，乃先为之肄言，以导厥先路。二十年以往，不佞尝得其书而读之，见其中所以饬戒学者以诚意正心之不易，既已深切著明矣。而于操枋者一建白措注之间，辄为之穷事变，极末流，使功名之徒，失步变色，俯焉知格物致知之不容已。乃窃念近者吾国，以世变之殷，凡吾民前者所造因，皆将于此食其报。而浅谛剽疾之士，不悟其所从来如是之大且久也，辄攘臂疾走，谓以旦暮之更张，将可以起衰而以与胜我抗也。不能得，又搪撞号呼，欲率一世之人，与盲进以为破坏之事。顾破坏宜矣，而所建设者，又未必其果有合也，则何如其稍审重，而先咨于学之为愈乎！诚不自知其力之不副，则积期月之勤，为移译之如左。其叙曰：

含灵秉气，群义大哉！强弱明暗，理有由来。哀此流俗，不知本始。在筌忘鱼，操刃伤指。译《砭愚》第一。

执果穷因，是惟科学。人事纷纶，莫之揣摩。虽无密合，宁鲜大同。籀此公例，彪彼童蒙。译《倡学》第二。

真宰神功，曰惟天演，物竞天择，所存者善。散曰么匿，聚曰拓都。知微之显，万法所郛。译《喻术》第三。

道巽两间，物奚翅万。人心虑道，各自为楦。永言时位，载占吉凶，所以东圣，低徊中庸。译《知难》第四。

难首在物，是惟心所。传闻异辞，相为旅距。见者支叶，孰察本根。以槿议椿，如虰处袴。译《物蔽》第五。

主观二义，曰理与情。执己量物，哀此心盲。简不逮繁，小不容大。滞碍僻坚，举为群害。译《智絯》第六。

忧喜恶欲，皆使衡差。以兹目眚，结彼空花。所严帝天，所畏魔蝎。以是言群，几何能达。译《情瞀》第七。

心习少成，由来学最。杨取为我，墨尚兼爱。偏至之德，所伤实多。曷建皇极，以救厥颇。译《学诐》第八。

民生有群，而傅以国。竺我忘人，爱或成贼。反是为卑，矫亦失中。惟诚无妄，其例乃公。译《国拘》第九。

演深治久，群有众流。以各争存，乃交相鬶。或怒诪张，或怨施夺。民德未隆，安往不剌。译《流梏》第十。

国于天地，基命黔首。云何胥匡，独责元后。朝有政党，乐相诋诪。元黄水火，鉴蔀衡移。译《政惑》第十一。

天人之际，宗教攸资。听神蔑民，群治以衰。举人代天，教又不可。释景犹回，皆有负荷。译《教辟》第十二。

夫惟知难，学乃殆庶。厉于三科，曰玄间著。玄以观法，间乃穷因。习著知化，乃凝于神。译《缮性》第十三。

一神两化，大德曰生。咨此生理，群义以明。群实大生，而生之织。欲观拓都，视此么匿。译《宪生》第十四。

我闻佛说，境胥心造。化万不同，肇于厥脑。主道齐者，民情是因。不洞幽漠，孰知陶甄。译《述神》第十五。

惟群有学，以因果故。去私戒偏，来导先路。盍勿孟晋，犹怀蘧庐。译此悬论，敢告象胥。译《成章》第十六。（严复译《群学肄言》）

《群学肄言》译余赘语

《群学肄言》，非群学也，言所以治群学之涂术而已。此书枢纽，在《知难》一篇。其前三篇，第一《砭愚》，言治群之不可以无学；第二《倡学》，明此学之必可以成科（凡学必有其因果公例，可以数往知来者，乃称科学）；第三《喻术》，则隲栝本科大义。凡此皆正面文字也。顾治斯学有甚难者，一曰在物之难，次曰在心之难，三曰心物对待之难。故第五《物蔽》，所以著在物之难也。而在心之难，又分两义：有见于理者，故第六称《智絃》，有见于情者，故第七曰《情瞀》。是二者之惑不袪，未见其人之可与论治化也。若夫心物对待之难，则意逐境移，一视其人之所薶苴〔邂逅〕。略而举之，则所承之学，所生之国，所业之流，所被之政，所受之教，斯其尤大荦荦者矣。盖作者之意，以谓道之不明，起于心物之交蔽，故为学之方，始于解惑。假其笃时〔实〕拘虚，虽学未必不为害，又必知其难之所在，而后省察克治之功有所施。此前八篇意也。虽然，知其难矣，使徒知之，于修己治人考道讲德之功，犹未济也，则亦不足以与于斯学。故《缮性》尚焉。今夫学有三科，而各有娆心之用，必于学之事无阙，而后于心之德无亏。乃至群学，则有其尤切者，自民质言之，则生理也；自民彝言之，则心灵也。故言《宪生》矣。而继之以《述神》，君子由此，庶几为成章之达，而与言民生治道，可以弗畔矣夫。

　　荀卿曰："民生有群。"群也者，人道所不能外也。群有数等，社会者，有法之群也。社会，商工政学莫不有之，而最重之义，极于成国。尝考六书文义，而知古人之说与西学合。何以言之？西学社会之界说曰：民聚而有所部勒（东学称组织）祈向者，曰社会。而字书曰：邑，人聚会之称也。从口，有区域也，从卩，有法度也。西学国之界说曰：有土地之区域，而其民任战守者曰国。而字书曰：国，古文或，从一，地也，从口，以戈守之。观此可知中西字义之冥合矣。

　　东学以一民而对于社会者称个人，社会有社会之天职，个人有个人之天职。或谓个人名义不经见，可知中国言治之偏于国家，而不恤人人之私利。此其言似矣。然仆观太史公言《小雅》讥小己之得失，其流及上。所谓小己，即个人也。大抵万物莫不有总有分，总曰"拓都"，译言"全体"；分曰"么匿"，译言"单位"。笔，拓都也；毫，么匿也。饭，拓都也；粒，么匿也。国，拓都也；民，么匿也。社会之变相无穷，而一一基于小己之品质。是故群学谨于其分，所谓名之必可言也。

斯宾塞氏自言，此书为旁及之作，意取喻俗，故其精微洁净，远不逮《会通哲学》诸书。不佞读此在光绪七八之交，辄叹得未曾有，生平好为独往偏至之论，及此始悟其非。窃以为其书实兼《大学》《中庸》精义，而出之以翔实，以格致诚正为治平根本矣。每持一义，又必使之无过不及之差，于近世新旧两家学者，尤为对病之药。虽引喻发挥，繁富吊诡，顾按脉寻流，其意未尝晦也。其《缮性》以下三篇，真西学正法眼藏，智育之业，舍此莫由。斯宾塞氏此书，正不仅为群学导先路也。

又是书出版当一千八百七十三年，去今盖一世矣。其中所有讥弹之时事，今日什九皆非其故。东方学者，闻见囿于一隅，于彼所言，将嫌渺不相涉。虽然，寓言十九，皆筌蹄也。寓言交臂成故，所寓历古犹新，使学者有所住而生其心，则所论者虽取本国目前事实，犹无益耳。

不佞往者每译脱稿，即以示桐城吴先生。老眼无花，一读即窥深处。盖不徒斧落徽引，受裨益于文字间也。故书成必求其读，读已必求其序。此译于戊戌之岁，为《国闻报》社成其前二篇，事会错迕，遂以中缀。辛丑乱后，赓续前译。尝以语先生，先生为立名"群学奇胲"，未达其义，不敢用也。壬寅中，此书凡三易稿，岁暮成书，以示廉惠卿农部。农部，先生侄女婿也。方欲寄呈先生，乞加弁言，则闻于正月十二日，弃浊世归道山矣。呜呼！惠施去而庄周亡质，伯牙死而钟期绝弦，自今以往，世复有能序吾书者乎！（严复译《群学肄言》）

译《群己权界论》自序

严子曰：呜呼！扬子云其知之矣。故《法言》曰："周之人多行，秦之人多病。"十稔之间，吾国考西政者日益众，于是自繇之说，常闻于士大夫。顾竺旧者既惊怖其言，目为洪水猛兽之邪说。喜新者又恣肆泛滥，荡然不得其义之所归。以二者之皆讹，则取旧译英人穆勒氏书，颜曰《群己权界论》，界手民印板以行于世。夫自繇之说多矣，非穆勒是篇所能尽也。虽然，学者必明乎己与群之权界，而后自繇之说乃可用耳。是为序。（严复译《群己权界论》）

《群己权界论》译凡例

或谓："旧翻'自繇'之西文 Liberty 里勃而特，当翻公道，犹云事事公道而已。"此其说误也。谨案：里勃而特，原古文作 Libertas 里勃而达，乃自繇之神号，其字与常用之 Freedom 伏利当同义。伏利当者，无挂碍也，又与 Slavery 奴隶、Subjection 臣服、Bondage 约束、Necessity 必须等字为对义。人被囚拘，英语曰 To lose his liberty 失去自繇，不云失其公道也。释系狗，曰 Set the dog at liberty 使狗自繇，不得言使狗公道也。公道西文自有专字，曰 Justice 扎思直斯。二者义虽相涉，然必不可混而一之也。西名东译，失者固多，独此天成，殆无以易。

中文自繇，常含放诞、恣睢、无忌惮诸劣义，然此自是后起附属之诂，与初义无涉。初义但云不为外物拘牵而已，无胜义亦无劣义也。夫人而自繇，固不必须以为恶，即欲为善，亦须自繇。其字义训，本为最宽。自繇者凡所欲为，理无不可，此如有人独居世外，其自繇界域，岂有限制？为善为恶，一切皆自本身起义，谁复禁之？但自入群而后，我自繇者人亦自繇，使无限制约束，便入强权世界，而相冲突。故曰人得自繇，而必以他人之自繇为界，此则《大学》絜矩之道，君子所恃以平天下者矣。穆勒此书，即为人分别何者必宜自繇，何者不可自繇也。

斯宾塞《伦理学说公》（*Justice in Principle of Ethics*）一篇，言人道所以必得自繇者，盖不自繇则善恶功罪，皆非己出，而仅有幸不幸可言，而民德亦无由演进。故惟与以自繇，而天择为用，斯郅治有必成之一日。佛言"一切众生，皆转于物；若能转物，即同如来"。能转物者，真自繇也。是以西哲又谓："真实完全自繇。"形气中本无此物，惟上帝真神，乃能享之。禽兽下生，驱于形气，一切不由自主，则无自繇，而皆束缚。独人道介于天物之间，有自繇亦有束缚。治化天演，程度愈高，其所得以自繇自主之事愈众。由此可知自繇之乐，惟自治力大者为能享之。而气禀嗜欲之中，所以缠缚驱迫者，方至众也。卢梭《民约》，其开宗明义，谓"斯民生而自繇"，此语大为后贤所呵，亦谓初生小儿，法同禽兽，生死饥饱，权非己操，断断乎不得以自繇论也。

名义一经俗用，久辄失真。如老氏之自然，盖谓世间一切事物，皆有待而然，惟最初众父，无待而然，以其无待，故称自然。此在西文为 Self-existence。惟造化真宰，无极太极，为能当之。乃今俗义，凡顺成者皆自然矣。又如释氏之自在，乃言世间一切六如，变幻起灭，独有一物，不增不减，不生不灭，以其长存，故称自在。此在西文谓之 Persistence，或曰 Eternity，或 Conservation，惟力质本体，恒住真因，乃有此德。乃今断取涅槃极乐引申之义，而凡安闲逸乐者，皆自在矣。则何怪自繇之义，始不过谓自主而无挂碍者，乃今为放肆、为淫佚、为不法、为无礼，一及其名，恶义坌集，而为主其说者之诟病乎！穆勒此篇，所释名义，只如其初而止。柳子厚诗云："破额山前碧玉流，骚人遥驻木兰舟。东风无限潇湘意，欲采蘋花不自繇。"所谓自繇，正此义也。

由、繇二字，古相通假。今此译遇自繇字，皆作自繇，不作自由者，非以为古也。视其字依西文规例，本一玄名，非虚乃实，写为自繇，欲略示区别而已。

原书文理颇深，意繁句重，若依文作译，必至难索解人，故不得不略为颠倒，此以中文译西书定法也。西人文法，本与中国迥殊，如此书穆勒原序一篇可见。海内读吾译者，往往以不可猝解，訾其艰深，不知原书之难，且实过之。理本奥衍，与不佞文字固无涉也。

贵族之治，则民对贵族而争自繇；专制之治，则民对君上而争自繇；乃至立宪民主，其所对而争自繇者，非贵族非君上。贵族君上，于此之时，同束于法制之中，固无从以肆虐。故所与争者乃在社会，乃在国群，乃在流俗。穆勒此篇，本为英民说法，故所重者，在小己国群之分界。然其所论，理通他制，使其事宜任小己之自繇，则无间君上贵族社会，皆不得干涉者也。

西国言论，最难自繇者，莫若宗教。故穆勒持论，多取宗教为喻。中国事与相方者，乃在纲常名教。事关纲常名教，其言论不容自繇，殆过西国之宗教。观明季李贽、桑悦、葛寅亮诸人，至今称名教罪人，可以见矣。虽然，吾观韩退之《伯夷颂》，美其特立独行，虽天下非之不顾。王介甫亦谓圣贤必不徇流俗，此亦可谓自繇之至者矣。至朱晦翁谓虽孔子之言，亦须明白讨个是非，则尤为卓荦俊伟之言。谁谓吾学界中，无言论自繇乎？

须知言论自繇，只是平实地说实话求真理，一不为古人所欺，二不为权势所屈而已，使理真事实，虽出之仇敌，不可废也；使理谬事诬，虽以君父，不可从也，此之谓自繇。亚理斯多德尝言："吾爱吾师柏拉图，胜于余物，然吾爱真理，胜于吾师。"即此义耳。盖世间一切法，惟至诚大公，可以建天地不悖，俟百世不惑。未有不重此而得为圣贤，亦未有倍此而终不败者也。使中国民智民德而有进今之一时，则必自宝爱真理始。仁勇智术，忠孝节廉，亦皆根此而生，然后为有物也。

是故刺讥谩骂，扬讦诪张，仍为言行愆尤，与所谓言论自繇、行己自繇无涉。总之自繇云者，乃自繇于为善，非自繇于为恶。特争自繇界域之时，必谓为恶亦可自繇，其自繇分量，乃为圆足。必善恶由我主张，而后为善有其可赏，为恶有其可诛。又以一己独知之地，善恶之辨，至为难明。往往人所谓恶，乃实吾善；人所谓善，反为吾恶。此干涉所以必不可行，非任其自繇不可也。

此译成于庚子前，既脱稿而未删润，嗣而乱作，与群籍俱散失矣。适为西人所得，至癸卯春，邮以见还，乃略加改削，以之出版行世。呜呼！此稿既失复完，将四百兆同胞待命于此者深，而天不忍塞其一隙之明欤？姑识之以观其后云尔。

光绪二十九年岁次癸卯六月吉日严复识
（严复译《群己权界论》）

译《社会通诠》自序

异哉吾中国之社会也！夫天下之群众矣，夷考进化之阶级，莫不始于图腾，继以宗法，而成于国家。方其为图腾也，其民渔猎，至于宗法，其民耕稼，而二者之间，其相嬗而转变者以游牧。最后由宗法以进于国家，而二者之间，其相受而蜕化者以封建。方其封建，民业大抵犹耕稼也。独至国家，而后兵、农、工、商四者之民备具，而其群相生相养之事，乃极盛而大和，强立蕃衍而不可以克灭。此其为序之信，若天之四时，若人身之童少壮老，期有迟速，而不可或少紊者也。

吾尝考欧洲之世变，希腊、罗马之时尚矣，至其他民族，所于今号极盛者，其趾封建，略当中国唐宋间；及其去之也，若法、若英，皆仅仅前今一二百年而已。何进之锐耶！乃还观吾中国之历史，本诸可信之载籍，由唐虞以讫于周，中间二千余年，皆封建之时代，而所谓宗法，亦于此时最备。其圣人，宗法社会之圣人也。其制度典籍，宗法社会之制度典籍也。物穷则必变，商君、始皇帝、李斯起，而郡县封域，阡陌土田，燔诗书，坑儒士。其为法欲国主而外，无咫尺之势。此虽霸朝之事，侵夺民权，而迹其所为，非将转宗法之故，以为军国社会者欤！乃由秦以至于今，又二千余岁矣，君此土者不一家，其中之一治一乱常自若，独至于今，籀其政法，审其风俗，与其秀桀之民所言议思惟者，则犹然一宗法之民而已矣。然则此一期之天演，其延缘不去，存于此土者，盖四千数百载而有余也。

嗟乎！欧亚之地虽异名，其实一洲而已。殊类异化，并生其中，苟溯之邃古之初，又同种也，乃世变之迁流，在彼则始迟而终骤，在此则始骤而终迟。固知天演之事，以万期为须臾，然而二者相差之致，又不能为无因之果，而又不能不为吾群今日之利害，亦已明矣。此不佞移译是编，所为数番掷管太息，绕室疾走者也。

　　　　　光绪癸卯十一月侯官严复序（严复译《社会通诠》）

读新译甄克思《社会通诠》

是书原名《政治短史》。盖西国晚近学术分科，科各有史，而政治为学术之一科，其史所载，必专及治理之事，他若马书班志所论，皆摈弗列。民生有群，群必有治，是书所言，著治理之天演，自其粗简，以至精繁，使因果相生，厘然可指，故曰史也。

欧洲论治最古之书，有柏拉图之《民主主客论》，与亚理斯多德之《经国论》，为泰西言治之星宿海昆仑墟。至〔自〕百数十年来，英奇辈出，皆有论著，若郝伯思、若洛克，若孟德斯鸠，若卢梭，若恭德，若边沁，若穆勒，若托克斐，若浑伯乐，皆蔚成一家之言，为言治者所取法。最后则有麦音，斯宾塞尔，伯伦知理诸家，为近世之泰斗。而斯宾氏于本年十月化去，成功者退，然学界哲人萎矣。

欲观政理程度之高下，视其中分功之繁简。今泰西文明之国，其治柄概分三权：曰刑法，曰议制，曰行政。譬如一法之立，其始则国会议而著之；

其行政之权，自国君以至于百执事，皆行政而责其法之必行者也。虽然，民有犯法，非议制、行政二者之所断论也，审是非，谳情伪，其权操于法官。法官无大小，方治职时，其权非议制、行政者所得过问也。谳成奏当，而后行政者施罚，责其法之必行。此文明通法，而益格鲁之民尤著。故其国无冤民，而民之自任亦重。泰东诸国，不独国主君上之权为无限也，乃至寻常一守宰，于其所治，实皆兼三权而领之。故官之与民，常无所论其曲直。见晚近租界中，如苏报馆案，寰泰碰船案，皆以政府与商民或公司，辩质曲直于法权之下，而昧者乃诧以为大奇。不知此事之在西国，几日日行，彼非轻吾政府长官而以是相窘谑也。昔拿破仑第一极盛时，英报聚攻之，而或不实，拿破仑尝大憾，以为言于英使。使者曰："足下何勿讼之？为民谤讪诋諆，虽英政府不能免。吾辈所以自救者，亦赖有法庭耳。"拿破仑语塞。是知法权无上，不独下民之有所芘也，即为民上者，亦得此而后成其尊。而习于东方之治者，不能知也。

是故中西二治，其相异在本源。治体之顺逆良楛，其因；而国势之强弱，民生之贫富，其果。浅者耸于富强之表，则徒从其末而求之。稍进乃有所建设，有所补苴，有所变改，独至本源之地，则变色相戒，以为不道之言。则何怪徒糜财纷更，而于国事无毫末补益乎？

凡专制治体，未有不沿宗法之旧者。故张横渠曰："大君者，吾父母宗子。"中国而外，如俄罗斯，其扎尔于其种族例为族长，于其宗教例为朴伯（译言法王）。突厥之沙尔丹亦然，皆其证也，盖天王一人之身，实兼天、地、君、亲、师五者。方社会幼稚，势若必此而后安。特其制既成之后，又常至坚难变，观于巴尔干半岛之事可以见矣。

宗法社会之民，未有不乐排外者，此不待教而能者也。中国自与外人交通以来，实以此为无二惟一之宗旨。顾欲排外有功，其事必资于知彼，而吾之操政柄者又不能也，故所为辄败。至庚子之役，使通国三十年以往之财力，捆载输之外洋，而国愈不救矣。至今物极者反，乃有媚外之象。然其外媚之愈深，其内排之益至，非真能取前事而忘之也。而自谓识时者，又争倡民族之主义。夫民族主义非他，宗法社会之真面目也。虽然，处今之日，持是义以与五洲之人相见，亦视其民品为何如耳。使其民而优，虽置此义，岂至于灭？使其民而劣，则力持其义者，将如昔商宗之计学，以利国不足，而为梗有余。不佞闻救时明民之道，在视其所后者而鞭之。民族主义，果为吾民所后者耶？此诚吾党之所不及者矣。

为今日吾中国之大患者，其惟贫乎！何以知其然耶？曰：以其息贵而庸贱，价廉而赋轻。至于轻而犹不胜，廉而莫之雇，斯吾民之可哀极矣。百万之产，此在欧美，至寻常耳，乃吾国数府之间，往往而绝。夫内地之民之为生，日数十钱，即可苟活，而有时且不可得，则藏富之说，徒虚语耳。是故吾国一切之弊，皆可自贫以求其因。其智之不瀹，以贫故；其力之不奋，以贫故。问何污秽而不蠲，贫也；问何作伪而售欺，贫也。疠疫之所以流行，盗贼之所以充斥，官吏之所以贪婪，兵卒之所以怯弱，乃至民视其国之存亡若胡越之相视其肥瘠，外人入境甘为前驱，甚或挽其长留以为吾一日之慈母，无他，举贫之为患而已矣。此虽巧言饰说，苟用自夸，指一二挥霍侈靡之家，以为中国不贫之据，特晋惠肉糜之说而已，非事实也。故居今而言救国，在首祛此贫。惟能疗贫，而后有强之可议也，而后于民力、民智、民德可徐及也。

然而救贫之方，何由出乎？将以农乎？将以工乎？将以商乎？曰三者皆宜修也。然而其事皆甚缓。必待是三者进，而后有以救贫，则索我于枯鱼之肆矣。且是三者，非能徒修也，其体在于学，而其用在道路之大通。微是二者，虽力讲百年而仍不进可耳。故今日救贫之大经，仍即地而求之，而其要在路矿。吾之为路矿，将以富用路矿之吾民也，非徒以富治路矿者也。世之人惟不知此，故其说无往而不左。

今天下所并为一谈而以为至当不可易者，非曰路矿之事，必吾自为之，而无令利源外溢者耶？此犹往者欧洲保商之说也。虽然，使果克自为之，固甚善，而无如不能。盖使中国路矿，必自为而后可，虽期之以五十年，吾决其犹不进也。而此五十年中，或强权用事，而是可为路矿之地，已不知其谁属？彼南非之特兰斯哇尔，南洋之斐律宾，与今日之辽沈，非殷鉴耶？且吾所以知中国之不能自为者，固亦有说，其一曰无母财。夫一路之设，一矿之成，动需千万，使吾国而办此，则其民岂可谓贫？且吾国母财之家，其举事也，规十一之厚利，商政幼稚，其股票不可以通，三年不分利，则众志堕矣。故纵竭力尽气为之，成一二所至矣，其于国民救贫之说，仍无当也。试观通商以来，凡中国之公司矿路，其有一二处成者，何一不资于洋债，可以见矣。尚待论耶？

而议者曰：中国固有财。则吾且与之作有财观，而又如不习其事何耶！夫中国路矿无民办者也，必官督商办而后可，而督者于事云何，又天下所共见也。然令雇用外人，亦必有其能用之者。夫民出至重之母财，以供不习其事者之挥霍，一旦汲深绠短，辄委之商业利钝之常，则招股之时，彼掉头而去者，亦其所耳。

而议者又曰：是亦无患，但使财具，彼习其事者将自至也，则亦姑以为如是，而其终尚有至难者，则无如其无权何也。幸而有冒险之家，积丘山之母本，以侥幸于一试，而居中国之境土，其法度治制，非官者固无权，小之守令，大之督抚，乃至政府朝廷，皆可以一旦之觊觎，一纸之文书，而夺其所有。此又近事，而无假不佞赘言者矣。夫民之置财也，固必措之至安之地而后为之，而吾国之法如此，谁复有取其辛苦仅得之财，而措之至不安之地者，则趑趄缩蒠，犹人情耳。

是故以前三者之为梗，而中国自为路矿之说，终空言而莫能行。路矿既莫能行，则中国之救贫为无术。救贫无术，则一切进化求治求富强之事皆废。

嗟乎！使中国不以路矿救贫，则亦已耳；使中国而以路矿救贫，揆今日之时势，非借助于外力，固不可。吾闻计学家之言曰："国之殖财，常资三物：地也，人也，母本也。三者亡一则不行。而亦各有应得之分利：主地者收其租赋，人工禀其庸钱，而出母本者则享其赢利。"是三者，中国于前二则得其全，于后一则分其半。使既不能自为者不乐与人共利，是谓靳其一而亡其三，则以为理财长算可乎？且此犹言其直接之利而已。以言间接之利，实较直接者为愈宏。往来之便，百货之通，地产之增值，前之弃于地而莫求者，乃今皆可以相易。民之耳目日新，斯旧习之专，思想之陋，将不期而自化，此虽县县为之学堂，其收效无此神也。故曰：路矿之宏开，乃用路矿者之大利也，而治路矿者之富又其次已。知此，尚何有利源外溢之事乎？

虽然，必谓资外国之财而通吾路矿者为有利而无害，此在不佞亦不敢以云也。何以害？则正坐中国之为宗法社会故耳。以其为宗法，故种界严；亦以其为宗法，故外人常握治外法权，与之俱至。种界严而治外法权与之俱至，故交涉之荆棘，常起于不可知，而为吾患。假其不然，而中国之法，如拿破仑之法典，曰：生于华土者为土人，既居华之国中，斯为华法权之所治，则向者之患，又何有乎？彼受廛占籍而为吾氓可也，于利源外溢乎何有？故曰：中国之不兴，宗法之旧为之梗也。

总之，五十年以往，吾中国社会之前途，虽有圣者，殆不敢豫；而所可知者，使中国必出以与天下争衡，将必脱其宗法之故而后可。而当前之厄，实莫亟于救贫。救贫无无弊之术，择祸取轻，徐图补苴之术可耳。彼徒执民族主义，而昌言排外者，断断乎不足以救亡也。（《大公报》1904 年 4 月 20—23 日）

《名学浅说》序

不佞于庚子、辛丑、壬寅间，曾译穆勒《名学》半部，经金粟斋刻于金陵。思欲赓续其后半，乃人事卒卒，又老来精神荼短，惮用脑力，而穆勒书精深博大，非澄心渺虑，无以将事，所以尚未逮也。戊申孟秋，浪迹津沽，有女学生旌德吕氏，谆求授以此学，因取耶方斯《浅说》，排日译示讲解，经两月成书。中间义恉，则承用原书，而所引喻设譬，则多用己意更易。盖吾之为书，取足喻人而已，谨合原文与否，所不论也。朋友或訾不佞不自为书，而独拾人牙后慧为译，非卓然能自树者所为，不佞笑颔之而已。（严复译《名学浅说》）

《原富》按语（节选）

按：中国古者皮币，诸侯以聘享。金有三等：黄金为上，白金为中，赤金为下。是三品并用，与今英法诸国同也。至秦并天下，币二等：黄金以溢为名，上币；铜钱文曰半两，重如其文，下币。而珠玉龟贝银锡之属，为器饰宝藏不为币。是金铜并用也。汉兴，以秦钱重难用，乃更铸荚钱，降而为五铢。后代所用，大抵损益五铢汉钱，号为圜法，而齐布秦刀诸品微矣。黄白二金，亦无范以为圜法者。

按：斯密氏以产物之功力，为物之真值；值之高下，视功力之难易多少为差。其言虽近理，然智者千虑之一失也。盖物无定值，而纯视供求二者相剂之间。供少求多，难得则贵；供多求少，易有则贱。方其难得，不必功力多；方其易有，不必功力少也。一亩之地，处僻邑边鄙，价数金而莫售，及在都会之中，虽万金而争买。此岂有功力之异耶？一树之果，向阳者以甘大而得善价，背日者以小醡而人弃之，此岂又有功力之异耶？故值者，直也。两相当之名，而对待之数也。以功力言，则物物所独具，而无随时高下之殊矣。此所以后之计学家，皆不由斯密氏物有真值之说也。

按：《汉书·食货志》，国师公刘歆言，周有泉府之官，收不雠与欲得。所谓不雠，即供过求者；所谓欲得，即供不及求者。赞曰：《易》称"裒多益寡，称物平施"，《书》云"懋迁有无"，周有泉府之官，而孟子亦非"狗彘食人之食不知敛，野有饿莩而弗知发"。故管氏之轻重，李悝之平籴，宏羊均输，寿昌常平，亦有从徕云云，皆供求相剂之事。古人所为，皆欲使二竞相平而已。顾其事出于自然。设官斡之，强物情，就己意，执不平以为平，则大乱之道也。用此知理财正辞，为礼家一大事。观古所设，则知其学所素讲者。汉氏以后，俗儒以其言利，动色相戒，不复知其为何学矣！

按：供求相剂之理，非必古人所不知。其发之精凿如此，则斯密氏所独到。此所谓旷古之虑也。盖当时格物之学，如夜方旦，斯密氏以所得于水学者通之理财，知物价趋经，犹水趋平，道在任其自己而已。顾任物为竞，则如纵众流以归大墟，非得其平不止。而辜榷之事，如水方在山，立之隄鄣，暂而得止，即以为平。去真远矣！考字书：辜者，鄣也；榷者，独木之梁。故壅利独享者，谓之辜榷。而孟子则譬之垄断。大抵皆沮抑不通义也。又斯密氏谓辜榷之事，能使求货者出最贵不可复加之价。而自由相竞，则物价最廉。以常法论之，其大例自不可易。然懋迁理赜，其效亦有不尽然者。今如荷兰之香业，则以辜榷而价逾经，中国之官盐，亦以辜榷而贵数倍。然如邮政一事，则欧洲诸国，转赖辜榷而邮费大廉。国家岁赋，此为巨款。假使用民间信局，有必不能者矣。即自由为竞，物价转不能廉者，亦有之。如其业需母甚巨，则所贵逾多。英人最憎辜榷，故国中铁轨，亦听分行。然行者之傭，未闻因此而约。伦敦都市，候雇之马车，几百万辆，然以车众而雇分，雇分而傭重，此又尽人之所知也。故近世计学家察图翼，设为市场内外竞之分。外竞者，争得市场也；内竞者，同场而竞也。谓外竞可，内竞不可。姑举之以备异闻，非定论也。

按：斯密氏所谓无待之工，乃自行具本者，自指铁木诸作而言，必非佃作之农佣也。而原文之语稍混，遂来威克非诸家之驳。盖田事以地主、农家、田工三家分营者，惟英与荷兰为然。至于余国及南北美，则地广者耕以田奴，地狭则占者自耕，而雇佃以耕者绝少。法国自耕其田者，四农得三。北美前以新辟，地广人稀，工庸极贵，非用黑奴，势无从雇。故亦多自占自耕者。盖田地母财力役，皆一家之所出。租庸赢三物，匪所分矣。即所指制造之工，今之英德制造公司，多用东伙通力之法。其法，岁终计利，庸息二物，先按市中常率分付。有余，则斥母与出力二家之所得。皆比例而增；不及，则比例而减。主佣休戚，益复相关，不待督察而勤。事办而两家之利皆进。其事与斯密氏之日，亦有不同也。

按：斯密氏之后数十年，英国计学家有马罗达者，考户口蕃息之理，著论谓衣食无亏，至缓之率，二十五年自倍。而地产养人者，其进率不能如是。大抵民物之进率，用递乘级数（如二、四、八、十六是），地产之进率，用递加级数（如一、二、三、四、五是）。且地产之进有限，而民物之蕃无穷，故地之养人，其势必屈。而不有新地可以移民，则兵饥疾疫之祸，殆无可逃。其论初出，大为欧洲所惊叹，以为得未曾有。虽不喜其说者，亦无以穷之。至达尔文、斯宾塞尔诸家兴，其说始稍变，然而未尽废也。今观斯密氏此所云云，则已为马罗达导其先路矣。

按：自斯密氏此言出，而英国议院著律，名厂令，佣者操作，每礼拜不得过五十二小时，而佣主交利。自是以来，各国大抵著厂令矣。英民业时最少，而光绪二十三年，业机器者尚求减功作时刻。不得，则罢工争之。

其民之惜力如此。小民耐劳之量，国有等差。炎方诸国最下，而温带诸民，欧不及亚。中国操工小民，夜以继日，几无休时。西国七日一辍业，中国并此无有，其勤可谓至极。使待西民而然，不终日哗矣。然英民常自谓其功，能以少时胜人多时。其英法诸国之差，经计学家为之参较，见谓所称不诬。至欧洲、支那功力之差，未经较验，未知何如，是在后之留心国计民莫者。

又按：民之所以为仁若登，为不仁若崩，而治化之所难进者，分义利为二者害之也。孟子曰："亦有仁义而已矣，何必曰利？"董生曰："正谊不谋利，明道不计功。"泰东西之旧教，莫不分义利为二涂。此其用意至美，然而于化于道皆浅，几率天下祸仁义矣。自天演学兴，而后非谊不利，非道无功之理，洞若观火。而计学之论，为之先声焉。斯密之言，其一事耳。尝谓天下有浅夫，有昏子，而无真小人。何则？小人之见，不出乎利。然使其规长久真实之利，则不与君子同术焉，固不可矣。人品之下，至于穿窬极矣。朝攫金而夕败露，取后此凡所可得应享之利而易之，此而为利，则何者为害耶？故天演之道，不以浅夫昏子之利为利矣，亦不以谿刻自敦滥施妄与者之义为义，以其无所利也。庶几义利合，民乐从善，而治化之进不远欤！呜呼！此计学家最伟之功也。

按：大生财能事者，计学最要之旨。故功力之廉费，必不可于庸率贵贱中求之。有时庸率虽大，其工实廉；有时虽少实费，亦其生财能事异耳。能事大者，庸率虽大，何伤乎？由来一货之成，其中必有最费之功。制作之家，所欲代以机器者，亦于此为为最急。此机成，则物价之减者常无算。化国之民，其所以能操天下利权，而非旦暮所可夺者，亦在此耳！

按：前论合三成价。出地者之所得为租，出力者之所得为庸，出财者之所得为息。然不曰租、庸、息，而常曰租、庸、赢者。盖息者无所兼，而赢有所兼也。所兼者何？本财应得之息利，一也；出财经营，事资督率，督率之庸，二也；懋迁之事，得失相半，取得偿失，成保险费，三也。合是三者，通名曰赢。以一家之所获，故计学专论之而不分也。

又按：斯密氏谓赢率之少，以巨商驵贾，睹一业之利，则争出财为之。竞者既多，其利自减。此说未尽。赢率之日少，正坐国财日富，而斥以为母者多也，盖亦供求相剂之一事。故使国财富矣，而可兴之业犹多，则庸赢二者，同时可以并大（说见本篇下）。如有时赋税虽重，赢利仍多，理亦同此。至息率高下，则尤以供贷之财多寡为差。息者赢中之一分耳。其余则为商庸，为保险。既为商庸，其盈朒自与前篇所持之理合。因竞而减，斯为确耳。

又按：以令制息，斯密氏不以为非。然既云息者所以市用财之权，则息者乃价。凡价，皆供求相剂之例之所为；操枋者又乌能强定之耶？使国家设为司市，取百货之市价而悉平之，如新莽之所为，此其为谬，虽愚夫知之。制息之令，何以异此？且制为息令者，禁并兼者之朒利也，而不知必制之令，而后朒乃益深。盖未令之先，重利不为犯法。既令乃然，而利之所以重，坐贷者急也。贷者既急，不恤利之轻重，以得财为愉快。贷者息轻，则不肯为；息重则犯刑宪。既犯之矣，则子钱之外，须益之以冒禁之保险而后为之。故其息愈重，而朒民益深也。主计者不知此皆出于自然，故使理财，靡靡大乱也。斯密之后，英国有宾德门尝深论之，恉意同此。故咸同之间，制息之令皆废。

按：今之英美诸国，皆庸优赢劣，而中国反此。彼之通我，最为得利。此所以海禁既开，自西徂东，日盛月炽，虽铁牡汤池，不能距也。而我出力求庸之众，亦航海适彼，如新旧金山者，势亦日多。美人恐吾佣夺其小民之生，乃造天下至不公之律，以拒华佣。故至今在美者，不过十余万众。使不为此，一任事势之自然，则益充斥无疑也。凡此，皆计学公例之行而不可遏者也。

按：自斯密氏成书以来，计学家后起者，有二大例焉。其关于民生治乱之源甚巨，今译以附此篇之末。一曰马罗达之户口蕃息例；二曰理嘉图之田租升降例。二家皆英人。自其论出，而计学之理益精密矣。马罗达曰：

户口常法，二十年自倍。然而有不然者，食限之也。食限若何？可耕之田易尽也。夫曰可耕尽者，非田尽也。民日益庶，则必耕下则之田，其劳力费财同，而所收日寡。即田之肥硗无尽，亦必多费财力，而所收不能比例而增。且以益庶之故，壤之可耕者，靡不耕；母之可益者，靡不益。至于得不偿劳而止，此所谓食之限也。而生齿之浸多，往往欲过此限。过，则贫且乱焉；不及，则安且治焉。蕃息之例如此。理嘉图曰：当蕃息之日趋于其限也，庸赢二率，亦以日薄。独地之租率，则以日增。租之所以增者，以腴地耕尽，渐及瘠土故也。国中之民数加多，而母财日益，虽赢率稍薄，富者亦愿斥而为之。前也，费千金而收百石；今也，费二千金而收百五十石。则后之千金，所取偿者不外五十石已耳。且此既以千金五十石而可为，则受田者以千金五十石为率。过此之获，贡以为租，以与前人为竞。如是则往者费千金而收百石，今乃倍费而收百五十石。而其中五十石，乃租税也。使彼不为，则他人为之。是通以千金收五十石也，而租率以之大进焉。凡国生齿愈繁，辟田愈下殖。量既差，名租遂异。故腴田之租日增也（田之殖量，视其壤之沃瘠一也；视其处所之转输便否二也；合之为田之殖量）。田租升降之例如此。生事之难易，民物之盛衰，大抵此二例之行而已。顾此之专以田为说者，盖食者生事之大，举大则例其余。斯密氏生财三物：曰地，曰力，曰母财。地，或曰业场。斯密氏此篇，斟酌于庸赢消长之间，其言民生所以因之为舒戚者，可谓备矣。顾不兼业场而言，则犹未尽也。盖不兼业场之广狭而言之，则物产之所分，役财与出力二者，若常有相轧之势。庸厚，则赢薄；赢巨，则庸微。不能两利而俱存也。而有用力同用财同，在此则庸赢并劣，在彼则庸赢俱优者，无他，业场之广狭异也。今若取母财、力役、业场三者优绌之间较而论之，则民生不同，可分为四境焉：一、使其国母财富于力役，而业场甚广，母财尚不足以尽之。如是者，其庸赢并优。此美利坚之事然也。二、使其国母财富于力役，而业场狭，则其庸率大而赢率微。此凡国兵燹饥凶之余，每如此者。然以蕃息之例之行，此境不能久也。三、使其国母财不足养其力役，而亦不副其业场，则庸率至微，而赢率至大。中国今日之事正如此。其在往日，印度已然。故英人得之，国以巨富。四、使其国母财不足养其力役，而业场又狭，不足尽其母财。如此者，则庸赢并微。五十年以前，荷兰、义大里皆如此矣。此地、力、母三物不同，相互为变之略也。

又斯密氏之论世变也，分三际焉：曰进、曰退、曰中立。进者，庸赢皆大，民生日蕃。中立，则业场已尽，而庸赢皆微，其民踬困。至于退，则不独赢庸皆薄，且其民之受赢者，将降而受庸，而受庸者之数，亦日以寡，其民流亡。此为最下者矣。然三者之外，尚有一境焉。业场固广也，而户口母财之进，适与之齐，则庸赢不进。盖业场虽日广，而母财亦日增。国固日富也，而赢率不加大。次则业场母财并多，而户口岁增，与之相称。如是者，国亦日富也，而庸率亦进。盖庸赢之变，必三者有过不及而后形，且民情悦豫，必遇进境而然。中立则忧，退益颠沛。故使其三者俱大俱小，而无过不及之差，则所居之国，虽诚日富，而其民殖财者可以幽忧，劳力者可以困殆。此又论世变者所不可不知者也。抑更有进者，以一国之计而论之，则过庶患也，而过富亦忧。人但知过庶之为患，不识过富之为忧者，此不知计学者也。计学家以谓母财之与力役二物之判，在于过去即今之间。民前施筋力而积其收成之实，斯为积畜〔蓄〕。斥此以养后来之力役，则号母财。母财者，前积之力役也。故不仅现在之力役，可以至于盈溢。即前积之力役，亦可过于饶衍也。现在之盈溢为过庶，前积之饶衍为过富。过庶者，母财不足以养工，而庸率日减。过富者，业场不足以周财，而赢率日微。庸率日减，则小民雕弊，户口萧条。赢率日微，则中产耗亏，闾阎愁叹。前之效病国民，后之效损国力，而其为穷蹙之象则均也。如今日西国之患，恒坐过富。母财岁进，而业场不增，故其谋国者之推广业场为第一要义。德意志并力于山左，法兰西注意于南陲，而吴楚之间，则为英人之禁脔，凡皆为此一事而已。此其所以为争之情，与战国诸雄，与前代苦中国之戎虏，大有异处。今之日，谋人国家者，所以不可不知计学也。

按：此所谓联，西名歌颇鲁勒宪。犹中国之云会，云行，云帮，云党。欧俗凡集多人，同为一业一事一学者，多相为联。然与中国所谓会、行、帮、党，有大不同者。盖众而成联，则必经议院国王所册立，有应得之权、应收之利、应有之责、应行之事，四者缺一，不成为联。故英律注曰：联有五例。一曰，惟联无死。权利事责与国永存。二曰，联一成体，有功过可论。其于律也，可为原告，可为被告。三曰，联得以敛费立业，其为议院所准者，得抽外捐及强买业。顾其事必议院准之而后可。外此虽国王所许，不得为也。四曰，联有名号钤印。其行事以此为凭，不以头目长老。五曰，联得自定其章程约束，以治驭赏罚其群。具此五德，斯称为联。故西国有学联，各国国学皆由此起。有教联，教门之事自律自治，于国家无与也。有乡联，凡乡、凡邑、凡屯、凡属地，皆有之。相时地之宜，而自为律令，与国家大法有异同。而其地之土功水利井里巡兵，多为所独断者，今中国各步租界所谓工局者，犹此制也。有商联，如印度大东公司，及今之汇丰钞商，皆属此。有工联，则如此篇所指是已。其事与中土之社会差同。而规制之公私，基业之坚脆，乃大有异。故其能事，亦以不同。此所以不能译之曰会，而强以联字济译事之穷焉。

按：凡约联垄断之事，皆于本业有大利，而于通国有大损。若总其全效，则货弃于地者亦已多矣。且其事必绝外交而后可。使其国已弱，力不足以禁绝外交，而他人叩关求通，与为互市之事，则货之本可贱者，吾既以法使之成贵矣。而他人无此，则二国之货，同辇入市，正如官私二盐，并行民间，其势非本国之业扫地无余不止。是故垄断之业，可行于自封之时，必不存于互通之事，灼灼然也。前此欧洲各国患其然也，于是立为护商法。入口者，皆重赋税以困沮之。乃此法行，而各国皆病。洎斯密氏书出，英人首驰海禁，号曰无遮通商（亦名自由商法），而国中诸辜榷垄断之为，不期自废。荡然维新，平均为竞。此虽其智有足称，然亦以英货之通于他国者多，故乐用也。自此以还，民物各任自然，地产大出，百倍于前，国用日侈富矣。百姓乐成，乃益叹斯密氏所持之论为至当而不可易云。

按：农桑树畜之事，中国谓之本业，而斯密氏谓为野业；百工商贾之事，中国谓之末业，而斯密氏谓为邑业。谓之本末者，意有所轻重；谓之野邑者，意未必有所轻重也。或谓区二者为本末，乃中土之私论，非天下之公言。故不如用野邑之中理。虽然，农工商贾，固皆相养所必资，而于国为并重。然二者之事，理实有本末之分。古人之言，未尝误也。特后人于本末有轩轾之思，必贵本而贱末者，斯失之耳。物有本末，而后成体。而于生均不可废。夫啖蔗者取根，煮笋者择梢。本固有时而粗，末亦有时而美，安见本之皆贵乎？必本之贵者，不达于理者之言也。故此译于农工二业，野邑本末杂出并用，取于人意习而易达，不斤斤也。

又按：业联之所以病国，在宰权把持，使良楛无异也。使其立之约束，为一地之公利，不许贾伪售欺，则亦未尝无益也。今如闽之茶叶，人得为贾，而小民怵于一昔之赢，往往羼杂秽恶，欺外商以邀厚利，贻害通业所不顾也。二十余年来，印度茶叶大兴，而闽之茶市，遂极萧索。向使其地业茶大贾，会合为联，立规约、造商标，令茶之入市，杂伪者有罚，使贾茶之家，久而相任，则闽之茶品，固天下上上，足与印茶为竞有余，未必不收已失之利也。

按：资人成学，适以使其业之不见贵。斯密氏于此，若有微词也者。然此以论事势之迁流，自应尔耳，非以资人成学者为过举也。且即使流极果如斯密氏所云云，而合通国计之，其事固有利而无害也。其成学者，于前既无所出资矣，则虽食报太微，亦未云损。此所以西国今俗，其中蠲产助学之事尚为至多。且其为人之周，其款目之巨，诚皆中国古今所未尝闻者，而达变洞微之士，终不谓其事为有损，而不纪其功也。盖蠲产助学，有二大利焉：一则使劬学者无衣食朝暮之忧，得以聚精会神，深穷其学。及其既成，遂为一群之公利，举世之耳目。此亦通功易事之公理，犹劳心者之宜见食于人也。二则使开敏而贫之人，借此而有所成就，而国无弃材之忧。斯密氏固身受蠲产助学之利者也。巴列窝学校有助学之饩，与试获食之，如是者七稔，其学乃大成也。呜呼！使中土他日新学，得与泰西方驾齐驱，而由此有富强之效者，其诸蠲产助学者为之一篑也欤！

按：罗哲斯曰，斯密氏此篇所论田租源流，其说颇为后贤所聚讼。计学家如安得生、威斯特、马格乐、理嘉图，皆言田租者，所以畴壤地沃瘠之差，故租之始起，以民生孳乳浸多，沃土上田，所出不足以瞻〔赡〕民食。于是等而下之，迤耕瘠土下田。生齿弥繁，所耕弥下，最下者无租，最上者租最重。故租者，所以第田品之上下，而其事生于差数者也。其论如此，名理嘉图租例。其为书多准此例为推，亦多为计学家所采取。顾自今观之，此例大恉，固已为斯密氏所前知，而法国计学家，如拓尔古等，已为斯密作解人矣。其言曰，后人尝谓斯密虽计学开山，顾多漏义，浅者乃肆意排之。不知斯密精旨，往往为读者所忽。故匡订虽多，出蓝之美盖寡。夫租之为事，生于二因：户口蕃耗，一也；农事工拙，二也。当夫户口寥落，谷价甚廉，耕者之获，仅及所费，则即居沃土，不能有租。此主于户口蕃耗者也。又使农业不精，田作卤莽，西成所得，仅酬其劳，则虽土沃谷贵，不能有租。此主于农事工拙者也。田土腴瘠，农事精粗，二者相为对待，而户口蕃息，缘此而生。惟田腴事精，而后户口始进。故理嘉图所谓户口日滋，耕及瘠田者，倒果为因，其说未必信也。英人即一所之田，考古今征租之异，而信斯密本篇之说为不虚。譬如都会近郊，一亩之田，古租率六便士，今日之租，则百二十倍矣！至所产谷价，古今之殊，不过九倍。此之为异，夫岂户口蕃耗为之耶？又岂必迤垦下田致尔耶？揆所由然，则农业日精故耳。故理氏之例，既非独辟，亦未精审。其非独辟，以先发于拓尔古；其未精审，以其倒果为因。后代计学家见闻考据，常较斯密氏为博赡。至于紬绎会通，立例赅尽，则往往逊之。

　　按：此事岂独于一国为然？六合之大，尽如此矣！彼斯密之世，汽舟铁路，犹未兴也。至于今，则何如？非洲之奥区，乌拉之荒服，致其所产，若在户庭。此则大宇之内，远近若一，庶几太平之见端矣。曩关内外铁轨未兴时，士庶知与不知，皆言铁轨行则小民业舟车者绝食，理至明显。云不然者，非觊奸利，即清狂不惠者也。然自道通以来，舟车数增倍蓰，事效反于所期如此。而至今谈国计者，尚谓矿路诸政，无益国计，有害民生。理之艰明，岂口舌所能争者哉！窃尝谓，圣人之所以开物成务，一言蔽之，事在均其不齐而已。是故衣裳垂则均寒燠，宫室立则均雨旸，制文字则有以均古今，设庠序则有以均愚智。仓廪者，所以均丰歉也；城廓者，所以均安危也。甚至孝悌之教，刑赏之施，莫不有均之效焉。至于今世，则所以为均之具尤备，其力尤闳，其效尤为远且大也。火器用，而执兵者之羸壮均矣；汽电行，而地之远近均矣。钞号，均用财者之缓急也；保险，均人事之夷险寿夭也。光学，所以均目也；音学，所以均耳也。顾均者虽多，而其所欲均而未能者尚夥。民德之厚薄，民智之明暗，民力之贫富，与夫民品之贵贱，而皆所未逮者矣。大抵至治之世，其民势均而才殊。势均所以泯其不平，才殊而后有分功之用。夫而后分各足而事相资，而民乃大和。继今以往，治道质而言之，如是而已。后之君子，其诸于余言有取焉！

按：斯密氏谓草昧之时，林木于民无利，且与田业相妨。此语殆无以易。惟其如此，故理嘉图创为租例。谓农业初兴时，其民所耕，皆择最腴上壤。逮生齿日繁，上壤所登，不足以周民食，乃降而耕其次。生日愈繁，所迤垦者，亦日愈下。及其名租也，是最下者无租。其余诸田名租，即其田所收，与此最下者之较数。此为凡租大例云云。方此例初出，计学家论租理者，翕然宗之，以为不可摇撼，号理氏租例。独美国格理著论驳之云：理嘉图谓初农所耕，必其上壤，此物理之所必无者也。盖其壤既肥，则当莱污未辟之秋，必早为灌木丛林之野。初民之群，散而不合，乌能辟其地而播种之乎？故初农所耕，大抵皆下中之壤，治进群合，而后浃耕上田，此与理嘉图所言正相反耳。顾理氏之例，终有其不可废者。此学者所当反复研寻者也。说载篇末。

按：国虽多金，不必为富。此理至明。常人囿于所习，自不察耳。盖易中为物，犹博进之筹，筹少者代多，筹多者代少，在乎所名，而非筹之实贵实贱也。国家食货不增，而徒务金银珠玉之为积，此何异博者见今日一筹所值者多，他日更博，则多具此筹以为富。不悟筹之既多，其所当者必以少矣。夫博者之贫富，非筹之所能为，犹国之贫富，非金银之所能为也。不达此理，故言通商则徒争进出之相抵，得银则为有余，得货则若不足。与言矿事，闻有黄白之矿，则生歆羡；言及煤铁之矿，则鄙夷之。此惑不解而云理财，无异不知经首之会，而从旁论割痛。其不杀人者，寡矣！

按：中国以银为易中本位，十余载以还，金铜皆日贵，谷价亦日腾。甲午至今，其腾弥甚，无虑所增三分而一。说者谓往者西国悉弃银准用金，独印度、中国、日本三者用银。今印度、日本亦用金准，用银之国，独有支那。故中国银多进口，金多出口，此银贱所由然也。顾吾闻商贾言，各口都市，见银仍不见多。则又何说？不知自甲午以来，中国如铁路诸事，率作者多，故需银亦广。以需之广，故散而不见多。而银之贵贱，则五洲之市，合而为之，他所既贱，则支那不能独贵也。至于米价之贵，其故一由户口之蕃息，一由外国之采买。大抵国进，其谷价莫不由贱趋贵，未尝由贵趋贱也。吾闻长者言，咸同时以银买物，已不敌雍乾时三分之一。至于今日，又不及咸同之半矣。总之，各国既用金准，而中国不变，其受病之大，终有所底。而一时欲弃而从金，力又不逮，此事所关极巨，上自朝廷之制禄，下至商贾之交通，皆蒙其害。有心宏济者，不可不广览而熟筹之也。

按：斯密氏之论金银也，可谓独标先觉者矣。先是欧人觇国贫富，必以金银之多寡为衡。自斯密论出，群迷始寤，名理之言，有裨于民生日用如此。虽然，自今观之，亦少过矣。彼当物论晦盲，意不如是，则无以收廓清摧陷之功。故宁为其过，而不暇审其平，言所为各有攸当也。顾金银为用，其于生财，又曷可忽乎？使懋迁既广，而易中之用，不得其宜，则在在将形其抵滞。故其物一时之甚少过多，均足为民生之大患。今主计者，求其国金银本值之恒，则固不可得已。然而事制曲防，期于其变之渐而舒，则国家之大政也。比者中国银值之微，较之三十年之前，几于三而失一矣。凡吾民所前奋三倍之力而为之积累者，乃今仅有二焉。银之所积，损之所在矣。合吾国二十余行省而筹之，则坐银跌而国财受削者，岂其微哉！岂其微哉！

又按：生财之术，益巧益疾。如讲田法、用机器，善分功之为，固通国之公利。使生齿之繁不过，则力作小民，获益最广。所患者，民愈愚，则昏嫁愈以无节。故民智未开之日，生业之进，终不敌其生齿之蕃。虽有善政良规，于国计不过暂舒而终蹙。此则虽有圣者，所无如何者矣！

按：斯密谓役财者之利害，常与国群之利害相反。言稍过当矣。其谓叔季末流，子钱日巨，夫岂不然！然此特保险费多，非真赢也。至于敝极之时，则强梗诈伪，侵欺蜂起，彼役财者庸有利乎！故乱国之厚息，不若治国之薄赢，政谓此耳。总之，生财之术多门，而民富必基于政美。使刑罚不中，法令冒黩，则仓庾筐箧中物，廪廪乎且不可恃，况乎所仰望而未收者耶！必谓贫国退治，而后子钱日大者，亦非挚言。进境之国，地广物蕃，可兴之利未艾。当此之时，民求母财之用最殷，以其遗利之多，故子钱之酬亦厚。此政赢息最大时也。斯密前者《释赢》之篇，所举北美垦地，事政如此，岂忘之耶？吾意斯密之为此言，意中必有所指。惩议院之过听，遂不觉其词之失中。计学所明之理，宜为千世立程，不得以一时之用心，使其理失实而有漏也。中国此时贳贷子钱亦重，此半坐民不相任，半坐立事方多。使继今以往，铁路宏开，遗利岁出，子钱之率，势必大增。使不大增，必由二故：中国自立银号，章程详善，民出滞财，无所疑虑，一也；殷实之民，储财外国银号，经其择保出借，亦可无忧，二也。由前则中国之利，由后则中国之损，主国计者其审焉！

又按：《释租》为全书最繁重之篇。其中虽不乏精湛之言，而于田租源委性情，顾均未尽。其论金银二货之消长，物产三类之蕃滋，与租涉者盖寡。此在后之作者，方将特起篇目，未必羼之《释租》之中也。故后贤扬榷此书，金谓此篇最为斯密氏绠短汲深之处，其言未尽过也。格物穷理之事，必道通为一，而后有以包括群言。故虽支叶扶疏，派流纠缭，而循条讨本，则未有不归于一极者。斯密氏之言租也，不特不见其所谓道通为一者，且多随事立例，数段之后，或前后违反而不复知。如篇首谓地有主人，租名乃起矣。是其多寡厚薄之数，纯出于田主之所为。乃入后又言租以地产丰啬、农力高下为差。如是，则多寡厚薄之数，又若非田主所能为矣。于一业则云，租者物价之一分，租长则价加，租因而价果也。于他业又谓，租之能进，由价之昂，租果而价因也。即其区物产之有租无租，其说亦非至碻。无他，理未见极，则无以郅众说以归于一宗。即有奥旨名言，间见错出，而单词碎义，固未足以融会贯通也。后此言计之家，思所以补阙拾遗，为之标二义焉，而求其极。其一曰：知物。所以究租之为物，所与他利不同者为何？其一曰：求故。所以讨租之厚薄升降，起于何因？其说于此，多所发明。而英之计学家，则理嘉图与其弟子穆勒父子为职志。虽德美诸家，于理嘉图租例，尚多掊击，而当世硕师如倭克尔、马夏律诸公，为之论定折衷，而后知其例之必不可废。今以其例之所关宏巨，乃取穆勒雅各释租之说，译附是篇，以俟学者之揽择。并以觇学问之事，讲而益密，彼前贤常畏后生也。

按：人群分功之事，莫先于分治人与治于人者。故积贮既兴，则或禀之以勤事，或用之以督功。不如是，则事不举。然则，谓有积贮而后有分功可，谓有积贮而分功自生不可。尝见西人经营海外新垦地，往往人工未集，所挟资财，坐食立尽，则莫相督之故也。故国无论古今，但使未实之地过多，田价甚贱，则其势不能用雇工。欲地利之出而兴分功之制者，非用奴工不可。五洲诸国，其始莫不有奴。而南北美洲掠卖黑奴之禁，至十九秪中叶而始效。中国僮奴之制，降及元明，不禁渐寡。至于国朝，不少概见。盖生齿日蕃，其法无所利，则其俗不待禁而自去也。

又按：今天下无真易中。理嘉图谓钞为易中极则。然钞必准金以行，而金之本值无定。至于银为本位，愈难言矣。中国今日易中之患最烈。且无及其余，但以田赋官禄言之，则可见矣。夫忠信重禄，所以劝士。国未有禄不足以恤其私，而可责人以廉洁奉职者；至其人以他道自辅，吏治尚可问耶？彼西人言我内政，咸谓中国官吏无廉耻，啼笑唾骂无不至。呜呼！岂真中国有贪泉耶！国家沿元明制禄，时殊世异，已五百年，而用其易中不改。故以诏糈言，使今日仕者而廉，必非人而后可耳。然则，居今而言治理，不自更定田赋官禄始者，虽圣者为之，犹无裨也。英计学家斯古略言：易中求无变者必不可得。然时时知其升降舒蹙之度，而谨剂之，则道国者所不可不图者也。其术取国中百产，每岁平价，列之为表，十年以往，前后相方，易中之情，可以粗得。为之既久，至于曲线可推，而后据之以定田赋官禄，与易中进退相衡。田赋官禄既定，则其他度支皆可比例升降。呜呼！此真今世当务之急也。

按：由此观之，则国家责赋于民，必有道矣。国中富民少而食力者多，必其一岁之入，有以资口体供事畜而有余，而后有以应国课。使劳力者之所得，果然仅足以赡生，则虽桑、孔之心计，秦、隋之刑威，适足启乱而已矣。故曰：民不畏赋，在使之出重而轻。

按：道家以俭为宝，岂不然哉！乃今日时务之士，反恶其说而讥排之，吾不知其所据之何理也。斯密言，俭者，群之父母。虽然，但俭不足以当之也。所贵乎俭者，俭将以有所养，俭将以有所生也。使不养不生，则财之蟊贼而已。乌能有富国足民之效乎！或又云，奢实自损，而有裨民业。此目论也。奢者之所裨，裨于受惠之数家而已。至于合一群而论之，则财耗而不复，必竭之道也。虽然，一家之用财，欲立之程，谓必如是而后于群为无损，则至难定也。于此国为小费者，于彼可为穷奢。法之巴斯獭，英之耶方斯，皆论之矣。大抵国于天地，耗民财以养不生利之功者，盖亦有所不得已。奇技淫巧、峻宇雕墙、恒舞酣歌、服妖妇饰，此可已者也。而兵刑之设，官师之隶，则不可无者也。使其无之，将长乱而所丧滋多。吾闻天演家之言曰，民德犹下，郅治云遥，其不生之功必众，而民生从以不舒。今夫各国岁縻万万，张海军而治陆师者，大抵欲自为其无道，而禁人之无道耳。司李之官，岁禄最厚；督工之俸，优于执功。凡此皆民德之不可恃，而侵欺者繁致之也。使其不然，则省之以厚民生者，岂不巨乎？虽然，兵刑官师之必不可废，固也。而必立为之制，于国之四民，贱其三而贵其一，使一国之聪明才力，不争出于生利养民之农工商，而皆出于耗财治民之士大夫，而又杂冗而不精，滥多而无用。使前言而信，其国之日趋于贫弱且乱，非其所欤？且夫兵广不精，其害尤烈。此学操兵而业杀人者，固皆操末粐而业食人者也。一云募兵，则使生者益寡，食者益众，已甚病矣，然犹曰此所以卫生民而保积聚者也。而今日之兵，其卫生民保积聚，又何如乎？时平则縻粮饷，临事则乏军兴，事后又有兵费之赔偿。哀哀下民，遭此天罚！窃以为国之额兵，宜居小数。盖今日军旅之事，难在训将，不在练兵。诚使军制齐均，将由学问，则临事之时，固可化一以为十也。使其不然，多乃益棼。一挫之余，不可收拾，徒竭国力，复何益乎？

按：罗哲斯曰，斯密所指，盖先英之日用律，今则废不用矣。当斯密时，尚为民害，故其言如此，考古今所至不同者，今谓国家民之公隶，古谓君上民之父母。既曰父母，则匡拂劳来之政，樊然兴矣。卒之元后聪明，不必首出于庶物。其为颛愚计者，名曰辅之，适以锢之；名曰抚之，适以苦之。生于其政，害于其事。此五洲国史，可遍征以知其然者也。是故后之政家，佥谓民之生计，只宜听民自谋，上惟无扰，为裨已多。而一切上之所应享，下之所宜贡者，则定之以公约。如此，则上下相安而以富。史迁、申、老之言曰：善者因之，其次利导之，其次教诲之，其次整齐之，最下与之争。又曰：此岂有政教发征期会哉！各劝其业，乐其事，若水之趋下，日夜无休时，不召而自来，不求而民出之。岂非道之所符，而自然之验耶？其丁宁反复之意，可谓至明切矣！

　　按：此篇分功之生利不生利，正与本部第一篇之分岁殖为支费母财相表里。斯密意主进富，故其用意措词，于第一篇则重为母之财多，于此篇则求生利之功众。然此皆致富之由，而非享富之实也。今使一国之民，举孜孜于求富。既富矣，又不愿为享用之隆，则亦敝民而已。况无享用则物产丰盈之后，民将缦然止足。而所以励其求益之情者，不其废乎？是故理富之术，在一国之母财支费，相酌剂为盈虚。支费非不可多也，实且以多为贵，而后其国之文物声名，可以日盛，民生乐而教化行也。夫求财所以足用，生民之品量，与夫相生相养之事，有必财而后能尽其美善者。故曰：仓廪实而知礼节，衣食足而知荣辱。礼生于有，而废于无。由此观之，国之务富者，所以辅民善治也；家之务富者，所以厚生进种也。皆必财之既用而后得之。借曰不用，则务富之本旨荒矣。此支费之所以以多为贵也。顾事必求其可长，而养必期其无竭。且国之户口，既以日滋，则财之为物，亦必日进以与之相副。此忧深虑远务盖藏积聚之民，所以又为一群之母也。约而论之，财如粟然。其专尚支费而不知母财之用者，获而尽食者也；其独重母财而甚啬支费者，罄所收以为子种者也。二者皆讥。独酌剂于母财支费二者之间，使财不失其用，而其用且降而愈舒者，则庶乎其近之矣！

　　按：世界降而愈通，则生业息利之事，其不齐者日寡。民所择者，在各适其才地而已，外是无所择也。然而业终以有地为贵者，其故有二：一曰地日降贵。此或由智巧之进，所收日多，抑生齿之繁，旷者日寡。二曰有地之荣。同居一国之中，有地籍者，其声气权力，常大于无地籍者。然以地业变转之迟而难，故逐利者或不喜。而究之前之二便，以敌后之一不便有余，则地利常优于他业，为子孙计，莫此长矣。

按：当斯密时，英国内景如是。此其与今日之英，真霄壤异矣。所云农工商三业之困，求之中国，几于无地无之。地之不辟，不必西北，虽吴楚财富之区，往往而是。二十余口所出，大抵生货，则工业几于无有，不但衰也。彼有来舟，我无去筏。即至丝茶大利，亦听他国之夺其市，未尝一考其由然。官不为民谋，民不为己谋，国日以庶，而养民理财之计，若一任天运之自然者，其贫且弱，非不幸也。窃谓补救之施，在农工难而在商易。国家于东西各国，既遣使臣各居其国矣，及其闲暇，访求其国所可销售之华货。数年之后，自置轮舟，运销各国。母财诚少，不妨先为其微者，俟其利可恃，而后徐扩充之。祛他族之垄断，开无穷之利源，不能不有望于后之人也。

按：威克非曰，分功之局，与易事之局，本相对待。故农、工、商三业，皆有相因之机，不得谓此顺而彼逆也。即在北美新地，亦有邑集俱创，而后近野以辟者。要之，二者之事，皆出自然，不见所谓矫致者，此其言甚辨。窃谓中土今日变局，将以铁轨通达，为之大因。铁轨所经既定之后，农、工、商三业，循轨绕驿而兴。不及十稔，而天下之都会形势重轻，遍地异矣。至于道通而民之动者日众，耳目所躏，日以殊前，其智虑云为，不得不从之而亦变，此不待甚智之士而后能决也。及今闲暇，不早为之所，至其时，犹欲循旧为治，强方凿而函员柄，其不大乱而败者，不其寡欤！铁轨既不能不开，则变法之事，不期自至。智者先事以为防，则无往而不福；暗者时至而不及为，将终蒙其大殃。天不为不裘者不寒，地不为不舟者不水，惠吉逆凶，如是而已。法之变不变，岂吾人之所能为哉？

按：斯密所言田政佣奴，皆英国当北宋时如此。降至义都活第一时，今制大体已立。三权操政，曰国王，曰封君，曰齐民。而造律成赋，下议院齐民之权特重，其制如此。故其君权虽世重世轻，而不至于甚暴，而民生虽时舒时蹙，终不至于流亡。而法则否，君民悬隔，而贵贱之等懔然。此英法二邦政体之大异者，故其变趋今制也。英易而法难，英顺而法逆。易以顺，则潜移而相安；难以逆，故决裂而大乱。此乾隆末年，法国所以有革政之民讹，而其祸之烈，为史传所未有也。

按：自古无无弊之法。方民德未进，民智未宏，则法之为弊尤众。故一法之行，皆有其便不便者。缓急轻重，则有之矣，曰无不便而后可行，此何异庸医立方，必求无毒之品，其杀人乃愈多也！知时审势之士，为国家立一法制，其异己者，必举其不便攻之。不知择祸务轻，行法者固择其轻者为之，非得已也。中国自秦以来，其立政大体，多与罗马季年相若。知防奸塞弊矣，而不知有远且大者之邦本利源，与所塞所防者将俱去也。即如患宰相之专权矣，而不知国有缓急之无重臣。郡县之官不用土著矣，而不知吏将视任职如传舍。六部位同官等，至于六人，而不知官事之推诿而丛脞。三代后法，大抵以禁非有余，而以进治不足，卒之祸常发于所虑之外，弊即伏于周防之中。而财力匮单，人才消乏，有欲图挽救而不能者矣。可胜叹哉！

按：观此知欧洲议院之制，其来至为久远。民习而用之，国久而安之。此其所以能便国而无弊也。今日中国言变法者，徒见其能而不知其所由能，动欲国家之立议院，此无论吾民之智不足以与之也。就令能之，而议院由国家立者，未见其为真议院也。徒多盈廷之莠言，于国事究何裨乎？然则，彼日本何以能之？曰：彼日本之君，固新自无权而为有权者也。权孰与之？曰：民与之。其民之得议，不亦宜乎！虽然，彼日本之议院，至今犹未为便国之制也。继今以往，渐为善制，则未可知耳！

按：所谓民治小业，各自有其田，则农事以精地力以进者。斯密之后，持此议而能征其事者，实繁有徒。而其效于法国为尤著。法之国力，大抵恃此俗耳。顾亭林《郡县论》五，谓使县令得私其百里之地，则县之人民皆其子姓，土地皆其田畴，城郭皆其藩垣，仓廪皆其囷窌。为子姓，则必爱之而勿伤；为田畴，则必治之而勿废；为藩垣囷窌，则必缮之而勿损。自令言之私也，自天子言之，所求夫治天下者，如是足矣。此其言与小町自耕地力以尽之理，乃不期而暗合。计学家杨亚德，谓其效如幻术，可转泥沙为黄金。或又谓国行此制者，野无惰民，国多美俗，亦可谓倾倒之极矣。然自汽机盛行以还，则缦田汽耕之说出，而与小町自耕之议，相持不下。谓民日蕃众，非汽耕不足于养，而汽耕又断不可用于小町散畦之中，盖世局又一变矣。事固不可执一以论时宜也。

按：斯密氏计学界说如此，而后人病其浑侻，著论说者希复用之。今计学界说曰：计学者，所以穷生财、分财、用财之理也。其于义进矣。而名学家病其所用生、分、用三名之多歧义，则又曰：计学者，所以讲鼓功、被物而兴易值之力理者也。进而弥精，非明格致者未易猝解矣。盖斯密氏所标，聊用明旨，本非界说正门。其所以为浑侻者，以嫌其与经济全学相混（日本已谓计学为经济学矣）。英儒宾德门经济界说，谓其术所以求最大之福，福最众之人。如用斯密氏之义，则足民一语，必合德行、风俗、智力、制度、宗教数者而言，其说始备。顾计学所有事者，实不外财富消长而已，故曰浑也。又足民富国者，本学之祈响，而所探讨论证者，财之理与相生相养之致也。而斯密氏独标所求，不言所学，故曰侻也。至译此为计学，而不曰理财者，亦自有说。盖学与术异。学者考自然之理，立必然之例；术者据既知之理，求可成之功。学主知，术主行。计学，学也；理财，术也。术之名，必不可以译学，一也；财之生分理积，皆计学所讨论，非理之一言所能尽，二也；且理财，已成陈言，人云理财，多主国用，意偏于国，不关在民，三也。吾闻古之司农，称为计相。守令报最，亦曰上计。然则一群之财，消息盈虚，皆为计事。此计学之名所由立也。

按：观于斯密氏此言，则英伦平税之难行，海禁之难弛，于其时若渺然绝无可望者。然自嘉道之际，英相万锡达当国之后，言商政者，大抵以自由大通为旨。至道光二十六年，而平税之政行矣。其去斯密氏成书之日，为时仅四十有五年而已。夫何必其国之为乌托邦而后能哉！论者谓考英国计政之所以变，而国势之所以日臻富强者，虽曰群策，斯密氏此书之功为多。观英相弼德自云，必读斯密氏《原富》全书，而后可受相位。一言为知，岂诬也哉！窃尝谓凡此皆运会之事。运会既丁，虽斯密氏未为《原富》，而著书言计者终有其人。欧洲十八十九两稘之中，其世事之变动，而日进于光明者，不知凡几。盖自物理格致之微，以至治化文明之大，高而远之，至于天运律历，切而近之，至于德行性灵之学，无事不日标新理，而古说渐衰。且舟车棣通，坤舆翕辟，殊方诡俗，日相观摩，若共井里。聪明之用，日月俱新。夫如是之民，谓微斯密氏之书，犹昧于食货之理者，吾不信也。故吾中国之处今日，其常忧于无救，而卒为棕黑二种之续者，病在自黜聪明，不察理实已耳。至于专利顾私之害，犹其轻焉者也。

按：此第三条所言，在欧洲则为仅见，在中国则为至常。假使有人由沪兑款入津，但执所载铢两为索，而不向规元公砝行关诸平之异，则其人去病狂不远矣。中国度量衡三者之纷，自宋代而已然。故苏明允言东家之尺，而较之西家则若十指然。此其烦耗心力，费时滋弊。分则见少，积则至多。所以沮遏生财之机，已为大害矣。而售欺长伪，丛弊启奸，所以为民德风俗之祸者尤巨。吾不意中国号为文明者四千余年，而于民生最急之端，坏乱至于此极。此而不图，于他理财之政，尚何问焉！

案：东西二洲古今政策聚讼者，亦多矣。往往此一是非矣，而彼亦一是非。独所谓保商权，塞漏卮之说，无所是而全非。盖使如商宗计学家言，则通功易事之局，方为斯人之大厉。何则？其事如兵战然，必此负而后彼胜故也。泰西人怀此见者数千年。自斯密氏说行，而长夜始旦。民智之难开，可以见矣。中国自海通以来，通商之政，大道为公极矣。顾鄙所不敢自诩者，则其事多受制于外，不得不然，而非秉成者之高识远量，果足以及之也。漏卮之说，自道咸以来，至今未艾。其所谓漏卮者，无他，即进出差负而金银出国之说也。此自林文忠、魏默深至于近世诸贤，皆所力持而笃信之者。欧洲自斯密氏之先，培庚号理家先觉，其主英之财政，亦深以漏卮为忧。而斯密氏同时贤豪，亦自不乏，皆未尝稍异其说。则于东方之君子何怪焉！此书所立之说，其有裨西人，不知凡几。顾其说在西人则为旧说之赝闻，在吾党或为新知之创获。此不佞译事，所以独有取于是书也。

按：斯密氏此言，最窥财政深处，非高识远量之士，未易与此也。英五十年来，于赋税之事，几于悉贷与民，而仅留其荦荦数大者，而后来之入，倍蓰于前。盖财者民力之所出。欲其力所出之至多，必使廓然自由，悉绝束缚拘滞而后可。国家每一宽贷，民力即一恢张，而其致力之宜，则自与其所遭之外境相剂。如是之民，其出赋之力最裕，有非常识所可测度者。若主计者用其私智，于一业欲有所丰佐，于一业欲有所沮挠，其效常终于纠棼，不仅无益而已。盖法术未有不侵民力之自由者。民力之自由既侵，其收成自狭。收成狭，少取且以为虐，况多取乎！惜乎！吾不能起荆公辈于九原，一与之深论斯事也。千古相臣，知财计为国之大命，而有意于理财养民者，荆公一人而已。其法虽病，然事难助寡使然。而其用意固为千古之大虑，不容后人轻易排击也。

按：斯密氏之于谷政也，前既深訾奖出之不可，此又明指禁其外运之非。合前后而观之，知其旨谓谷之出入，宜一任民之自由而已。盖谷之外输，其理犹江河之有湖薮。承其有余，而即以济其不足。得此则国之谷价自平，无俟常平社仓等之设也。且有外输，则农常不病而田业日兴，至于歉耗之年，农断无舍国中近市，而反外运远销之理。则亦不虑外输而无以待歉也。大抵任其自然，则自相济；加之以奖，则诸弊丛生，非其言之或矛盾也。挽近数十年，英之谷政，悉本此书。谷之出入无税，以本产之劣于民食，亦从无外输之事。运入者无税，故国中谷价得常平也。周官大司徒荒政，五曰舍禁、六曰去讥〔饥〕，而后之人每逢凶年，则有禁谷出乡之事。彼于异国犹可以相通，而吾于一家且不能相恤。此不徒暗于计政之可忧矣。

按：斯密氏此书，于商宗计学之说，可谓辞而辟之廓如者矣。自今日而观之，不知当日欧洲主计者，直何所蔽其见之颇谬至如彼也。诚使必金银之多而后为富，则西班牙、波陀噶尔宜为强国于后，而墨西哥、秘鲁宜为大国于前。何皆穷丐无俚？而卒称富强，反在英法诸邦之无一金银矿者？虽至愚人，宜以悟矣。乃当时明此者至少而几于绝无，则甚矣，习之囿人，而能违之者寡也！且岂仅当日之欧洲而已。即今中国时务之士，其不持漏卮之说，与夫轻出重入之旨以言税者，亦几罕觏，则于古人又何责焉！自乾嘉以还，西国专家之士，治计学日精。童子入塾，则取其大经大法教之。

以视斯密氏此书，其深浅疏密，殆不可同年而语矣。顾不佞之为译，乃独有取于是书者，则以其论之中于吾病者方多。不徒登高行远必先卑迩已也。此亦梭伦造律先其利行之义也夫！

按：后此金银之出，以前事验之，金当终难于银。他日者，设以过多而失其易中之用，则银必先金。今各国皆用金准，而中国用银。银之至中国者，若水之趋壑。恐数十年以往，银之降贱，又不若今。而易中本位，历久则其变愈难，此中国最可虑之一事也。不幸吾国知计者鲜，莫能为之预图。则亦听其自至而已。夫金银相受之率，视出世者二物之多寡。以今日黄白之数，欲银之差贵而不相悬，难矣！所幸者，近世金之出矿者，亦以岁多。则其势或不至于甚贵，未可知也。（己亥十月十三日，天津报纸云：美国查戊戌各国产金总值二百九十兆镑，于前年为多五十三兆。而各国中产数最巨者，若南非洲之特兰斯哇七十九兆，新金山六十八兆，北美六十五兆，俄罗斯二十五兆，刚那达十四兆，墨西哥十兆，印度八兆，支那六兆。而本年之数，当又多于戊戌。果如是，则金不至甚少明矣。）

按：地产有限而民生无穷，国怀过庶之忧，至于今为已极矣。盖自物性尽而舟车通，亦治化进而夭民者寡。户口之进，倍蓰古初，不为之地，将何以善其后乎！自科仑波肇通新地，洎〔泊〕今差四百余年。南北美洲，其民几满，凡海外可居之小岛，若檀香山、纽西兰等，皆不数十年由蛮獠狂榛而转为文物饶富。古阿非利加，世以鬼国视之，今则群雄争先，惟忧所据者之不广，亦以地广人稀，于殖民最便故也。甲午东事以还，彼族常以剖分支那为必至之事，顾无如其人满何！此所以但挹其利源，而后其土地，至其力征经营，亦不以此易彼也。独长城以外，生齿较稀，辽沈之间，土地尤美，动植以近海而滋，矿产以近极而积，则俄罗斯视为禁脔，而在所必争者矣。且以远近形势言之，俄于支那，其情亦与各国异也。故中国之大患终在俄。顷者，特兰斯哇以蕞尔民主，抗英以求自立。英前相格来斯敦尝听之矣。至于今日，则必不相容者，英欲通非洲南北，而特兰当其孔道，虽甚劳费，不得不锄故也。且英既有印度，南非次道，自所必争。争之不得，则英之全局将散。故其地虽小，而所关甚巨。特兰之役罢，则亚东之争起矣。

按：国既为民主矣，则人类平等，有雇役而无奴虏，而后其义始纯，无抵牾之弊。设有奴婢，则民以贵贱为差而转相隶，必统于一尊，为君主而后可也。故尝谓古无民主，若希腊、若罗马之旧制，乃以权力之均，不相统属，不得已聚族而为之。此谓合众可，谓之民主不可。何则？以其有奴婢故也。又以知民主之制，乃民智最深民德最优时事。且既为民主，亦无转为君主之势。由君主转为民主可，由民主而转为君主不可。其转为君主者，皆合众，非真民主也。（又：最与民主背驰者，莫若兵制。故当战伐纷纭，国有额兵动数十万者，亦无真民主之治。）

按：斯密氏此说，在当时已然，而至今尚尔。海军陆师，侵耗民力之尤大者，顾英德诸国，急不敢暇者，亦坐属境多耳。英得印度之初，战守之费，以京垓沟涧计。即其他如南极之澳洲，如南非之好望角，如北美之刚那达，以财赋兵役言，于本国均为有损。光绪初年，俄土之战，英得地中海之东极旧岛名塞布剌斯者，至今以为累。斯宾塞尔言，国家常以辟拓疆土为事。然得一无益之地，虚本国之财力以守之，则于国常有损，失之又大堕威名，则何异引磨之驴以石自缠其项耶！然而至今英、德、俄、法诸国，犹断断于非、亚、澳三洲之殖民地，不惜为出兵力以守且争之者，非曰国家财赋兵役有所利也，实以得之则人民有所殖，物产有所销。此其所以不惜大张海陆之兵以力持之之故也。中国地大物博，税薄而民勤。欧洲与之互市，有其全利，无其少费。此所为操万全之算者。近者，英人贝勒斯福游华，归而著说，主大开门户之谋，而黜瓜分之议。彼固计利而动，夫岂有爱于我也哉！

按：斯密氏著论之顷，即北美自立，国事纷纭之时，故情重言长如此。至云专利之政，不可不革，而革之不能无大损，则其言诚有过虑者。自事后观之，斯密氏之言，固无验也。英国财政，凡变革商宗学者之所为，皆大利而无少害，此亦前人始计所不及者也。盖工商民业之中。国家去一禁制，市廛增一鼓舞之神。虽有不便，特见于一偏一隅，而民气之所发舒，新业之所导启，为利至众。偿之不止于有余，且转移至速，前之不便，瞬息无所。叔季之国，敝政多有，民坐守其利，谓改革则夺所安享者，故常出死力与更张者为难。迨其既行，人人皆利，则亦自失。故曰：可与乐成，难与虑始。又曰：非常之原，黎民所惧，由来旧矣。

按：英之民非能使其君之皆仁，其吏之皆廉洁也。能为之制，使虽有暴君，无所奋其暴；虽有贪吏，无由行其贪。此其国所以一强而不可弱也。他若西班牙、俄罗斯民之智德力皆下，故得贤王察相则大强，得庸主懦将则大弱。如是之国，虽暂强不足畏矣。何则？国主之贤不肖，可以旦暮悬，而民群之愚智，国俗之竞否，诚未易以百年变也。

按：西人尝谓商市欧洲最盛，而欧洲又英国最盛者，虽曰人事，亦地形为之耳。设分地球为二半，其一为陆半球，其一为水半球，则英岛实处陆半球之中央。欧洲海岸，出入海线最长，而英为岛国，无地不可与水通，当墨西哥湾温溜之冲，气候温燠。总是三者，此所以能独握海权，牢笼商务，驾万国而上之，非偶然也。顾谓十九稘前，英以地势，其商业宜甲天下，是则然矣。第必曰其事将恒如此，则自诩之论，殆未可信。往者世治初进，埃及、印度、安息，实为奥区。浸假而希腊，而罗马，而英伦，则过是以往，势将又迁。汽车大行，而海线之长，不足孤擅。故二十稘以往，将地大气厚者，为文明富庶之所钟焉。然则雄宇内者，非震旦，即美利坚也。

按：后之计学大家穆勒，尝深考国财愈丰赢息愈薄之理，而著为例。今观斯密氏前后之说，盖已为穆勒导先路矣。盖积畜岁广，而母财日多。母财多，而商业如故者，其赢率必日趋薄。富国之民，往往病此。欲救其弊，则用母之道，必岁有新开，发业日宏，赢率不降。故如垦新田，如农用新法，如益精制造，皆为此也。即不能，则不若贷之异国以兴其业。夫母财溢而出以假人，无异民丁溢而谋庸于外也。前所以救赢息之过微，后所以救庸钱之过薄。今者，中国过庶而不富，而国中可兴之新业最多。此所以浮海华工，日以益众，而各国争欲主中国矿路者，亦正为此耳。

按：此段乃《论语》"百姓足，君孰与不足"之真注解。宋以来，此题经义，无如此之精辟详确者。罗哲斯曰：斯密氏之言，不徒见诸事实而已，以理推之，固千世如一日也。盖国之财赋，必供诸民，而供诸民者，必其岁入之利，仰事俯畜之有所余，而将弃之以为盖藏也者。是故君上之利，在使民岁进数均，而备物致用之权力日大。求其如是者，莫若使贸易自由。自由贸易非他，尽其国地利民力二者出货之能，恣贾商之公平为竞，以使物产极于至廉而已。凡日用资生怡情浚智之物，民之得之，其易皆若水火。夫如是，而其君不富，其治不隆者，殆无有也。故凡贸易相养之中，意有所偏私，立之禁制，如辜较沮抑之为，使民举手触禁，移足犯科者，皆使物产腾贵而反乎前效者也。

按：欧洲各国之于进出口货也，务出熟而进生，所以求民自食其力之易也。独中国之通商不然，其于货也，常出生而进熟，故其商务尤为各国之所喜。中国士夫高谈治平之略，数千百年来，本未尝研究商务，一旦兵败国辱，外人定条约，钳纸尾督其署诺，则谨诺之而已，不但不能驳，即驳之，亦不知所以驳也。所以税则者，有国有土之专权也。而我则进出之税，欲有增减，必请诸有约之国而后行。国之官事，晋用楚材，古今有之，而未闻监权之政，付之他国之吏者也。且古今各国之用于外人也，必有人弃本籍而从仕国，功赏过罚，可以加诸其人之身，方其策名而授之以政也。有盟诅之礼，有易服之制，故虽为异产，而其人则可用也。而今则执我至重之税政利权，而其人则犹敌国之臣子也。所操者吾之政柄，而受封爵于其本国。立严约密章，禁吾国之人之为其属而入其藩篱者，而其所监之税，又其本国者居什八九焉。呜呼！此真斯密氏所称自有史传以来，人伦仅见之事者矣。《易》曰"作事谋始"，吾之所以为始者，既若此矣。又何怪金镑之价，货物之情，大异于昔！而吾欲取其旧者，稍一更定而不能也（此书成于光绪二十六年，故如是云云）。夫中国虽于今为夙国，而终为外人所严惮，而恐为其子孙忧者，有二事焉；一曰土地广大，物产浩博也；一曰民庶而勤，作苦治生也。以是二者为之资，设他日有能者导其先路，以言通商，则转物材以为熟货，其本轻价廉，以夺彼欧人之市有余。以言兵战，则坚忍耐战，人怀怒心，决非连鸡为栖者所可及。而是二者之中，其前一尤为欧人之忌。故吾今者之故步自封，虽笑讥鄙夷，而实则彼之所祷祀以求者也。设一旦吾之民智日进，天诱其衷，幡然改之，吾知彼方奋其沮力，以与我争一旦之命，其必不坐视以听我之精进，又灼然可知者矣。嗟乎！二三十年以往，假炎黄种族，犹足以自存，则吾之所以与彼力争者方炽，立后来之基址不难，去当前之阻力难。去当前之阻力难矣，而救前人之失计，乃尤难也。顾此数十年之间，将瓜分鱼烂而破碎乎？抑苟延旦夕而瓦全乎？存亡之机，间不容发，视乎天心之所向，亦深系乎四万万人心民智之何如也。后此之变，将不徒为中国洪荒以来所未有。其大且异，实合五洲全地而为之，夫岂不佞区区之智所能逆睹而预策之者哉！虽然，有可知者，曰顺天者存，逆天者亡。天者何？自然之机，必至之势也。阅今而考古，格物而致知，必求真实而后已者，凡为此耳，夫非妖祥咎征之谓也。吾党有志图存之士，其求深识此所谓天者。

按：自咸同以还，中国各省大吏，有讲求制造船械枪炮者，有兴矿务农工者，有为机器纺织者。不独其器来自外国也，一局既立，则教习工匠，少者数人，多者百十，皆厚禄重糈者也。于是议者曰：西人固无巧，西器固未必利也。诚使巧且利乎，则人情不甚相睽，彼方闷之以长守其利权之不暇，奈之何出以教我与我乎？且彼族于我固无爱也。无爱而乐与之以巧利，不情；不然则出其粗且下者，以要吾利，而尚有其精且上者，固非我之所能得也。予方垂髫时，时时闻此。即至今日，其言犹未绝于耳也。不知是言也，以谓百数十年前之西人可，以测今日之西人不可。何者？自斯密氏此书既行，民智日开，深计远算，知其于己之无有利也。谓其必爱我而后教我与我者，犹自仁之事言之也。而彼则以无所利而不为，其事固自智生也。故不佞常谓世之不仁人少，而不智人多。而西儒亦谓愚者必不肖，无不肖之非愚。然则，民智之开，固不亟乎。噫！

按：罗马之衰，斯密氏所云云，特其兵事一端而已，此为近因。其实则所以然之故亦夥矣！风俗敝浊，耻尚失所，法制具空形而无实用，上下抗巧而不知变通，此其所以失也。其最著者，莫甚于赋税刻深，国多无益之费；

兵制隳弛，民鲜死公之心。有一于此，邦匪不危，况兼之耶！虽然，欧洲罗马一统散为列邦者，殆天意已。使罗马至今犹存，则三百年以还，世治变更，断无如是之速者。而欧亚二洲之间，虽至今不通如汉唐时，可耳！

按：斯宾塞尔有言，一制之利弊，往往视治化之深浅以为殊。即此斯密氏所云之额兵，彼得得之以启俄国。此说是也。然亦前俄之化浅而后然耳。日久化进，是制也，徒有弊而无利者有之矣。盖其君得此以成内重之势，朝廷尊而法制有以立，当民庞国野之秋，不如是固不可耳。至其民气既合，其国势既强，更数百年而无变，则未有不由利而趋弊者。盖力征刑齐之治，以为立有余，而以为进常不足。居上之权大重，民气必郁而不舒，污吏暴君，有所恃而不可制。且治急之群，其民不奋，则上下之智力，必由此而日窳；邑野之财力，必由此而日微；即其始所恃之兵威，亦必将徒形具而已。当是时也，内有桀民，外有强虏，其国之倾，又无日矣。今世欧洲患此者，以俄罗斯为最，德意志、奥地利次之，而英法则受其弊而已过者也。德奥之民权，犹稍与君权相抵制。至于俄则专制之治，遏之无由，故其国不足望长治也。且国有专制之权，名属其君，而其君常不可得，乃旁落于权臣幕府之家。今之俄皇，固未尝有全权也，执政与边镇幕府之权最重。观于弭兵一会，俄皇兴之，而俄诸臣所行，与之相反，朘剥之利，入于私家，政以贿通，官由宠用，可以见矣！其为国如此，则其外虽强，要不能望其长治。俄用彼得之制以兴，亦将由彼得之制以废。此诚天道，无如何也！

按：此节原文虽若甚辨，而自后人观之，以其说为无憾者，鲜矣。斯密氏或据当时之情事而为此。所谓持之有故，言之成理者欤？存之以备一说可耳。罗哲斯曰，斯密氏与休蒙最亲狎。此节所言，殆用休旨。其谓民欲得自由之乐者，必国家行法之权大伸，而辅之以兵力。此当时之事，是二人之所亲见，殆有以使其云然。盖其时所见民主，实非民主，国中强有力数人，聚而号令一国，此谓之以少治众可耳，非真民主之公治也。然试降观北美之政制，则知民果齐心一志，以求治安，将自由之休，不期而自获。其事有明验矣。夫使民志齐同，而人人守法，以此而得自由者，较之以佳兵之权，畀之国主抑所谓主治之官者，其利害安危，相去远矣！

　　按：欧洲武备之费，以斯密氏之世持较今日，殆蔑如也，而所言已如此。使居今世，吾不知其舌挢不下，又何如也。自乾嘉以来，欧洲民权忽伸，庶业猛进，说者谓百年所得，不啻古之千年，非妄诞也。国既日富，则其为守愈严，而武备之修，遂亦远迈古者。火枪之制，及远贯坚，命中灵速，兼备四德，殆疑于神。而大炮之威，几于无坚不摧，火药炮钢，为制特异。岂仅非古人所及已哉！此其所以为攻也。至于为守，一铁舰之费，价十余兆。一要隘守台，费万万金。今日战事，不独费重已也，且其事日难，有莫敢先发者矣。至于各国守围之费，有尤足骇闻而叹世变之烈者。普法之战，统计一千九百一十三兆镑。光绪六年，各国防费，合共一百六十一兆。又自同治乙丑至光绪己卯，欧洲国债所增，一千六百九十七兆八亿五万镑。此以岁息百四计之，则各国所以与民者，岁六十七兆九亿一万四千镑也。至于甲午以还，各国之所以绸缪牖户、开拓疆宇者，愈不遗余力，其费必大进于前。会计之书俱在，可详案也。西国之尽力于兵者如此。大抵继今以往，国之强弱，必以庶富为量。而欲国之富，非民智之开，理财之善，必无由也。古人以言利为污，而生又不能无以养，则何若取其物而深言之，使各得其分而无不平乎？况至今日国势之治安，民风之肆好，及吾一身一家所以为事畜教养者，将惟其财。此计学之所以兴，而士之所以乐反复于此也。

　　按：泰东西之政制，有甚异而必不可同者，则刑理一事是已。盖其制多滥觞于罗马希腊之旧，而降而益修，夫非一朝一夕之故矣。必言其所以善，则律令为专学，一也。律师为专业，二也。其所以有顾诉之制，而听民之以劳叶尔，阿埵尼自代者，不独虑狱之或出入也，亦所以使此业之得所养也。行陪审听谳之员，三也。其除授斥撤必由法寺，四也。诏糈之供，径出于民，五也。分狱为孤理密涅与司域尔，六也。当谳之际，理官独尊，七也。理官之糈，皆其至优，八也。此其大经矣。惟其治如是，故能治狱一事，赃私无闻，讯鞫求情，不用敲扑，惩奸罚恶，得一切比例而用轻典。其究也，民气发舒，乐自由而怀刑宪，食其勤动之实，无虞侵欺。如此而不谓之幸民，殆不可矣！然而尚有未至者，则遇司域尔之狱，每以文法之繁，廷费甚广，民以讼产复财，而坐以产倾财罄者，时而有之。至孤理密涅之狱，则吾无间焉耳。中国自与彼族交通以来，讼狱一宗，实为大梗，此其卑国体伤民心有不殚语者。凡国皆地律相尽，地律相尽何？地之所在，法之所行也。故法民入英，必守英法，英民入法，亦然。独彼之至吾土也，则悍然不服吾法。不服吾法，则其人有罪，非吾吏所能制，于是乎有领事之设（各国亦有领事，所治者商务而已，不理刑讼也）。有领事之设，则其人不能与国民杂居，于是乎有租界之立。租界不止一国也，于是乎有各国之领事，各国之租界，樊然并兴，日以益众。夫国有五方异俗之民，至难治也。所恃者，国有大法以整齐之而已。乃今吾一国之内，有数十国之律令涌行其中，如此而不终至于乱者，未之有也。往者东方日本，尝与我同其弊矣。癸巳、甲午之交，力争于各国而革之，非以其兵力胜也。刑政更张，有以平其心而关其口而已。而中国之事独何如？窃尝谓使吾国终于苟且之治，则已。假不如是，则虽不能为日本，亦尚有其次者之可图也。驰国书于诸邦曰：各国民集吾土者，既以吾律为严而不就吾范矣，王者制为刑典，世重世轻，各有所宜，而皆以救世，而数十法闳然行于一国之中者，固不可也。吾今将集各国治律之学者，杂议公允，造为一律，以专治来寓中土之外国人，勒为成宪。每若干岁，吾授遗一员，号总理各国讼狱大臣，而各国寓华之民，亦公举一员与杂治。继自今，凡中外交涉与夫各国交涉之词讼，皆治以此官，断以此律，不得为异。其前之领事官理刑之权，悉去之。如此，则各国未必有词以拒我也，而吾民将从此受其赐。舍此不为，则岂徒法乱为可惧战？通商之租界益多，领事之设益众，行将有权重者来而统治之，则所谓瓜分之势成矣。

按：世变日异，而国家赋税之所待，亦以不同。故今日之中国，患不知理财而已，贫作所患。往者国之经费，专仰于地丁，降之而有关税、海榷之设。曾几何时，年有所加，至于今乃为国用之桢干矣。迩者乃设邮政，此亦久而弥大，不可臆度者也。铁路既通，陆权必巨。故曰：患不知理财而已，贫必非中国之患也。国家常以至重之利权，付之非我族类者。初若不甚重惜而弃之，不及三十年，将在在皆荆棘矣。故今日之谋国者，过在不知事理，不在不识洋务时务也。

又按：国功为一群之公利，凡可以听民自为者，其道莫善于无扰。此不独中土先圣所雅言，而亦近世计家所切诫。顾国家开物成务，所以前民用者，又有时而不可诿。诿之，则其职溺矣！约而言之，其事有三：一，其事以民为之而费，以官为之则廉，此如邮政电报是已；二，所利于群者大，而民以顾私而莫为，此如学校之廪田、制造之奖励是已；三，民不知合群而群力犹弱，非在上者为之先导，则相顾趑趄。此则各国互异，而亦随时不同，为政者必斟酌察度，而后为之得以利耳。譬如英国，若垦田，若通道，至漕渠铁轨，大抵皆公司之所为；而至各国，则官办，若官为先导矣。然此必至不得已而后为之。攘臂奋肱，常以官督商办为要图者，于此国财未有不病者也。

　　按：泰西学校，向分三等：其高等曰优尼维实地，次曰哥理支，又次曰斯古勒。高等所治，大抵精深专门之业，次者亦然。其立也，多私家捐集巨资，请于国王抑议院册立之。其中岁时考试及格，予以学凭，号其人为学士，为艺师，为文学。大致若中国之科目矣。特其事不由于君王，而主于学校。至其额之众寡，则视其岁出之经费。盖中式者，岁有廪饩若二百镑三百镑故也。且此仅为学业之事，不必为仕宦之所由。仕宦者，多出于乡举，或出于明律，或出于军功劳勋。仕有专涂，不相杂厕，非若中国之必以是为出身也。至于斯古勒，则里儒出资自设，若开肆然，以待束脩之童子。三等之不齐如此。窃谓中国之制，学校仕进，合而为一；泰西之制，学校仕进，分而为二。故二制必不可以强同。而因之中国学校、仕进二者之变法益难，假使治泰西学校之所治，而以之为仕进之梯，将使精于化学之士，听民讼狱；学为制造之家，司国掌故。虽八股无用之学，由之而弃，而如此所学非所用何哉？吾未见一国之遂治也。嗟乎！中国科举之难变久矣，而今之世又属于不可不变之时，不知经世者果何以待之也。

　　按：希腊、拉体诺二文，欲精通西学者，必以是为始基，而后为有本之学。盖各国文字，多从二者而生，源流正变，厘然可考，若未尝从事而言西学，无异言中学者之不知小学六书，其不可一也。欧洲文物术艺，大抵祖希腊，而祢罗马。词章之事，推其原本，有开必先。且希腊于名理尤深，罗马则法制备具，不通二者，于二学必无本源。而况鄂谟之诗章，德摩知尼、恺格禄之言语，皆为千古绝作。徒从事于译文，犹不识梵夹而言内典，纵极精深，终隔一尘，其不可二也，科学中所立名义，大抵出于二文。若动植之学、化学、生学、人身体用与医学等，所用尤夥。非知二文，则不知命名本义，动致枘凿，其不可三也。十余年来，中土人士始谈西学，大抵求为舌人，抑便谈对而已。至于西学，亦求用而不求体，则于二古文无怪治者之少矣。

按：甚矣，教宗之说之害学术也。观其次第，惟以名学入门为有当，而莫谬于先神理之学，命以物理之学为终，异乎吾国大学之先格物致知，而终于平天下者矣。近世斯宾塞尔学次第，亦以名数二学为始基，而格物如力质诸科次之，再进而为天文地质，所以明宇宙之广大悠久也。再进而治生学，言动植之性情，体干之部置，于以知化工之蕃变，由此而后进以心灵之学，言因习之不同，刚柔之异用。最后乃治群学，而以德行之学终焉。生今之日，为学而自揣其躬若此，庶几可谓纯备者矣。若斯密氏之所称，则学为神甫牧师者之课业。欧洲三百年以往，非神甫牧师，固未尝有学也。然而乌足以为二十稘之文明学程乎！

按：斯密氏为乾嘉间英人，而其所言如此，此何异为中国学校之政发耶？今夫学之无用，至于吾制科之所求，可谓极矣，而犹以为必不可变。今年五六月间，北土攘夷之举，虽有仪秦之舌，无以自解于天下后世，而推其祸之所由来，舍八股诗赋，吾不知其所属。何则？民之聪明，梏亡于功令，虽至浅之理，至明之事，其智亦不足以与之也。嗟夫！持十年以前之中国，以与今日者较，将见往者虽不足云强，而但安静为治，犹可以自存，无论改弦更张者矣！至于今，未然之事不可知，就令幡然改之，欲为斯宾塞尔之所谓体合者，岂有及耶？学术之非，至于灭种，此吾所以不能不太息痛恨于宋人也。

按：是篇所言，颇似为我而发。斯密氏原民心智之狭陋，谓其弊起于分功之日详，所操之日约。此孔子所为恶饱食终日无所用心也。虽然，斯密氏知其一耳。使在上者不以民愚为得计，分功虽详，而民智之开，犹自若也。欧洲今日，其分功可谓至详，一时表之制，分其事者，至于数十百家。然未闻民之知识，由此而日污，民之心德，由此而日陋也。英之诸部，若蓝克沙、约克沙，至于西北诸部，皆民业最简之地，而其中学校如林，藏书侈富，于所谓扩充见闻课导童幼之事，其民之自致，皆不遗余力焉，可以见矣。其在斯密氏之世，考英民之所以蚩蚩者，实由若耳治深恶民权之说，而禁工贾之民议朝政与推举，此其为害于民德，过于分功之详远矣。中国自秦政以降，大抵以议法为奸民。然宋元以前，朝政得失，士犹得张口而议也。至于明立卧碑，而士之性灵始锢。虽然，犹有讲学，而士尚可以自通。至于今世，始钳口结舌，以议论朝政为妖妄不详之人，而民之才德识知，遂尽如斯密氏之所指。夫甚敝之政，其害必有所终。故自与外国交通以来，无往而不居其负，至于事极而反，则横议蜂起，溃然如堤堰之决，而于此之时，居上者欲捧土而郇之，而世风民气，遂愈不可问矣。呜呼！天道屈伸相推，吾正不知舟流所届也。

　　按：近世国家，于教训小民之政，最为留意者，莫若德国。而其效遂大可见。时平，则见于工商耕作之业；世乱，则见于战守攻伐之间。其以谋生而远适异国者，如在美洲与中国海诸岛，其守法勤苦，往往驾英法之民而上之，此德所以能于五十年之中，转弱为强，由贫而富也。然其效亦一二人在上者之所为耳，如佛勒德立，如威廉第一其尤著者。斯密氏所论，固不诬也。第必谓贤者隐于凡庶之中，则无以自见，而国民无由被其泽者，其言有坠义矣。如德之路得、汗德，若法之特嘉尔、鲁梭，英之洛克、达尔文等，皆非有位者也。而以化民之功效广远言之，虽华盛顿、弼德何以加焉？且其事何烦远引？即自斯密氏之一身言之，当其居噶克洛谛也，形貌不逾中人，藐然苦无能为者，而自其《原富》书出，西国养民经国之术，斐然大变。至于今，虽计家之学，益深益宏，而斯密氏之述作，其星宿海也。虽显者如前数公，方之蔑矣。故斯宾塞尔谓世若以讲学著书为无用，则请观斯密氏之《原富》，吾人今日一饭一衣，皆其赐也，而斯密氏特不自知耳。

　　按：中国乡塾所课，其无益而费时，今人大抵知之，而尚因循不变，是可痛也。窃谓中国处今，而欲自存于列强之中，当以教民知学为第一义。成童入学之顷，不宜取高远之书授之，而以识字、知书、能算三者为目的。十二以上，则课以地理诸书，先中国而后外邦；再进则课以粗浅最急之养生、格物、几何、化学之类。如是而至十六，即辍而就工商之业，亦有毕生受用之乐，其功效过于媲青配红者，殆相万也。

按：中国自光绪甲午以前，民气衰薾，可谓极矣。然西国将帅若戈登，若乌尔斯利，皆极称华人之可用。常谓支那有任战之兵，而无知兵之将。庚子北方之乱，虽所以战者非，而其临陈向敌之气，发扬蹈厉之风，较之甲午乙未之际，诚有进焉。然而未足以邀利，何也？当此之时，自国人深憾西人之意而言之，凡可以杀敌致果者固莫不为，非有所虑于公法，尤非有所爱于西人也。然戕杀不执兵之教士教民，既为不武矣，乃以直隶数万之官军，不能胜数千人死守之租界，以京城数万之练营禁旅，不能破数百人保护之使邸，而北仓潞河之交绥遂溃者，又不足论已。夫战之甚力如此，器之甚利且众如此，敌之始本单弱又如此，而卒至败衄于连鸡之军者，则于战之术有未尽可知已。是故整军经武之道，徒众徒勇，不足恃也。必且知方焉。然则设学教民之道尚焉矣。闻之罗哲斯曰，有学之民，其易于训练，较之目不知书之民，相去甚远。德国赋兵法行，治其事者，皆言识字知书之民，其需时速于不识字知书者倍。故知方之民，不独其义勇有足尚也，成军速而需赋约，则国之大利也。英国今日凡练一任战之兵，需费百镑。若民皆识字，岁所省者，当不下金钱二百五十万镑，此犹是前三十年之言也。至于今日（一千九百年）则愈不訾矣。有搜兵训旅之责者，尚其勉思鄙言，而勿谓武人之不必有学也。

按：中国君师之权出于一，而西国君师之权出于二；中国教与学之事合而为一，而西国教与学之事判而为二。且彼所谓教者，非止于孟子所云修其孝弟忠信，抑训诲诱掖，使不知者知，不能者能而已也。今西国所谓教者，其文曰：鲁黎礼整。考其故训，盖犹释氏皈依之义矣。故凡世间所立而称教者，则必有鬼神之事，祷祠之文，又必有所持受约束，而联之以为宗门徒党之众。异夫此者，则非今西人之所谓教也。故斯密氏此篇，首云教其所以自度，所以善其死出世之事。又其所谓师者，非止于授业解惑与夫以善教人已也。必求其似，则犹古者之巫祝，与夫汉世西域之桑门，唐史波斯火教、安息景教、大食回教所有之诸袄，其所业皆介于天人之际，通夫幽明之邮。《记》曰："礼之近人情者，非其至也。"故教之精义，起于有所不可知。然而人处两间，日与化接，虽不得其朕，而知其必有宰制之者，于是教宗之事兴焉。教宗者，所以合天人之交，通幽明之故，以达于死生之变者也。顾终以其有所不可知也，则种自为制、国自为宗，各以其意求之，而以为得其理。且诸宗之起，多在古初。民智方新，传闻斯信，则一切感生神异之说，布于人间。宗自谓神授种，必言天眷，于是诸教始樊然并立。同己所以事天，异者沦于永劫。所关者重，故不止于党同伐异，入主出奴已也。欧洲诸教，皆起安息大食之间，一曰犹太，二曰基督，三曰摩哈穆。而基督、摩哈穆流布最广。基督者，耶稣也，本犹太人，故因犹太旧教，起为新宗，垂二千年。其支流最众，曰希腊，曰罗马。罗马又号公教，指斥公教者，则修教也。修教有路得，有葛罗云，而行于诸国者，又各少异。此非专攻讨论，则无由知其正变沿革者矣。顾基督之流虽多，要皆以耶稣为帝子，皆信其降生杀身，以赎人类本生之罪孽者也。犹太、基督、摩哈穆，三教虽异，要皆以崇信一神为本旨，此其大较也。非、美二洲之土番，与夫欧亚之北部南滨，或奉树石，或祀龟蛇，至一切动植之属，是曰多神之教。言教理者，以此为最下。雪山恒河之间，是为印度。印度有圣人曰佛，其立教以无神为本旨。故其竖义，能空诸有，而立最高之说，行于日本支那者，盖二千载矣。西儒之教言也，以谓鬼神之德至盛，郊祀之义至精，非其专治，必滋谬误。故君师之权必分，而后民义克立，此亦本书分功之理也。若夫人心神智之用，有可以知通者，有不可以知通者。可以知通者为学，不可以知通者为教，不知区此，将不徒其学为谬悠无实也！而其教亦将以人例天，敢为妄诞之说，以自欺欺世。

按：邮政无论何国，行之皆有大利。他政往往经久而弛，独邮政则日久愈信愈捷，而愈有利。此其枢机在国家之利与齐民合，上下同心，必求其政之至善而后已，故能然也。国家之利，在于邮传之日盛，羡余之日优；而济民之利，在书札之棣通，音问之灵捷，是其合者也。然亦行微异焉。

国家常恐邮资轻减，谓减则妨于财赋；而民则谓邮政之设，当以便民为要义。且书札交通，事关民智，故邮资可减则当减；且资减邮多，国家亦未尝失也。是其异者也。为之折中其说，则民议优矣。

又按：中国自南宋来，每遇国用乏绝，皆思行钞，然往往败。至道咸则有铁钱，如当十当百诸重宝。此与不转之空钞，特五十步百步异耳！故圜法大乱，而于国家终无益也。近五六年来，中国大衅数起。军兴赔款诸费，势将不堪，吾恐搜括不足，必有浅夫不学之徒，更动国家，蹈此覆辙者，则民生焦然不终日矣。后有君子，为国言财利者，尚深思斯、罗二子之言可耳！

按：斯密氏之言税也，总论而外，分四支言之：一曰税于租者；二曰税于赢者；三曰税于庸者；四曰杂税。而总论之中，则先举赋税四例。盖自有论税以来，无如是之精要，而当于人心公者矣。夫赋税贡助，所以为国民之公职者，其义盖本于分功。民生而有群，徒群不足以相保，于是乎有国家君吏之设。国家君吏者，所以治此群也。治人者势不能以自养，于是乎养于治于人之人。而凡一群所资之公利，若守圉，若讼狱，若道涂，若学校，身家之所以保，人道之所以尊，胥匄以生，皆必待财力而后举。故曰：赋税贡助者，国民之公职也。向使民散而不处于群，而人人力足以自卫，智足以守其所应有，则势且无俟于国家，而一切督奸御侮之吏，明刑司直之官，皆可以不设。推其极也，家自为政，人自为保，虽无国家君吏之设，可也。虽生而不群，可也。顾其势不能，于是以分功之公理以保群。治群之职，委之国家，而公出其所费。于是劳心劳力之功以分，而君子小人之职以异。何则？功分而费省，职异而事精，必如是而后生遂群和也。故惟国家君吏，有治众驭兵之权，亦惟国家君吏，有责税发役之政。外此则残贼也。而世人狃于其事，忽于其理，至乃谓天子为玉食万方，而黎民为食毛践土，则见其然而不知其所以然。异乎，孟子之言！而暴君污吏无艺之赋所由滋也。

又按：中国近世士大夫，亦闻国之财赋原本于农之说矣。言变政者，有唯有否，独至兴农治地之业，则举国若一人无异议者。彼见各省荒地之多，游手之众，则未尝不大声疾呼，以移民实地为救贫上策。此其议固然。顾吾独恨其明于此而暗于彼，有见于果而无见于因也，夫地之荒也，必有其所以荒之故；民之贫也，必有其所以贫之由。不然，则求利之事，彼岂待劝而后知为之耶？惟其为而无利，故智尽能索，委而去耳。议者知务农矣，而又为闭关锁国之说，又于一切电报、铁轨、通商之事，皆深恶而痛绝之，不知使货出于地，而莫与为通。虽国家今筹甚巨之款，以备车牛、借子种、置屋庐于民，民今为之，不二三稔，其委之而去，又自若也。嗟乎！理财之道，通之一言，足以蔽之矣。今之忧贫者，日求国富，而恶为其通。此何异医者日进填补之剂，而塞病人之二溲，如是而不杀人，未之有也。乌在其能肥乎？

按：英国盐赋，至一千八百二十五年始废。法国自民主时废。德国用就场起课及出口加榷法，合邦后得赋岁二百余万镑。若义大里、奥地利、匈噶利、美利坚皆有之。独印度盐赋为岁入大宗，次于田赋。闻一千八百九十六年，所得至八十兆七十六万罗卜，是为英金五百三十八万四千镑也。其行赋之法，与德国大同小异。夫盐课裕国如此，顾英法不用者，则以盐为食肴之将，贫民所必需，民愈贫，其任税益苦。且制造用盐者多，如玻璃、如肥皂、如强水，皆用之至多。盐有税，则其业不进，故宁废之也。中国盐税，重甲诸国，而公家所入为微。且奸利之厚，民趋如鹜，法峻则嫌于罔民，宽之则枭民日众，为地方隐忧，不止耗损国课已也。

按：中国货物之税，几无一而非牙课矣。夫牙课者何？上收一定之额征，凡其有余，则承者之利是已。夫是之谓中饱，是之谓牙侩。而中国税不中饱，官不牙侩者谁乎？夫盐课之大，固无论已。他若各口之钞关，各省之厘卡，主之者虽名为官，其实皆牙侩耳。此中国赋税，其大弊所以归于不核。多为沮梗，于国无利，于民大损，一不核也；制为中饱，民出者多，国得者寡，二不核也。此上下之所以交丧，而廉耻之所以益衰，举坐此耳。

　　按：余读是篇原文，不觉为之潸然出涕也。曰：呜呼！何其言之沉痛也。今夫国者非他，合亿兆之民以为之也。国何以富？合亿兆之财以为之也。国何以强？合亿兆之力以为之也。夫一统之世无论已。一统者，岂必幅员数万里，四封而外皆藩服，而后能然哉？方其未通也，汪洋之孤岛如非支，山中之岩邑如刚戈，立一尊之君，而臣妾其同种并壤之民，如是者皆一统也。惟一统而后有无权之民，以戴有权之君，上下相安，国以无事。当是时也，有倡为民权自由之说于其间，虽谓其有百害而无一益可也。乃今之世既大通矣，处大通并立之世，吾未见其民之不自由者，其国可以自由也；其民之无权者，其国之可以有权也。且世之黜民权者，亦既主变法矣，吾不知以无权而不自由之民，何以能孤行其道以变其夫有所受之法也？亦既勖以知惧矣，惧为印度，惧为越南、缅甸、朝鲜，惧为埃及，惧为波兰，乃不知是数国者，其民皆未尝有权也。且深恶民权之说者，不自今之支那愚儒大官始也，往者欧洲之勋贵公君，皆恶之矣，英之察理，法之路易是已。其最不恶民权而思振兴之者，亦有之矣，德之佛勒德立，美之华盛顿是已。顾二者孰非孰是，孰荣孰辱，孰存孰亡，不待辨矣。故民权者，不可毁者也。必欲毁之，其权将横用而为祸愈烈者也。毁民权者，天下之至愚也，不知量而最足闷叹者也。

　　按：君子读斯密氏此篇之言，而反观吾中国之为何如国，为此乎？为彼乎？盖不待不佞之斥言，夫已各知其攸属矣。数载以还，国亦多故矣，工商之业僝然，而国债弥重。且其债非贷之于民也。官贷之于外国，而外国转而贷诸吾民者有之矣。岂尽民之无良哉？民无所恃于官，而外国无所畏于中国故也。往者亦尝贷之于民，则昭信之股票是已。然其事之何若，又不待不佞之斥言也。庚子之岁，行将尽矣，和议十二欵出，国之逋负益深，后之财政，将必有越樽俎以代吾庖者。使继此而民以病，其事故可悲；使继此而民不病，其事尤可悲。曩有谓法终当变，不变于中国，将变于外人。昔闻其语，今见其事矣。

　　按：国债一事，为中国从来所未有。国家当全盛之日，边事如准噶尔，如西藏，皆以司农之财供之而有余。至道咸之间，忧贫乃始，然未尝加半文之赋于民也。粤匪之乱，诸公筹饷，始创厘金，谓为权宜之制，而兵食大舒。又是时海禁方开，始于上海，继而有十三口、二十余口海关之榷。考中国今日之岁入，以比嘉道以前，盖数倍不啻矣。而忧贫之象，日加乎前。狃于旧说者，辄以通商为绝大漏卮，甚且拟之鬼魅凭人，摄吸膏血。如其言，与往者印度那博之语正同，究之此皆无所知者之滕口。读斯密氏《原富》之书，而其胸中如是之见，犹洗除不尽者，则无庸发其墨守而箴膏肓矣。同治以前，边衅常起，然所谓赔给兵费者，至数十百万为最多，中国之力犹足以及，无举洋债而表分偿也。以政事之暗于外情，而疆吏绸缪之不固，于是乎有甲午中东之役。朝鲜台湾皆割，而赔款至二百兆有余，而关权为指偿之赋税。幸而边氛不起，海内和乐，三十年间，可以子母皆复，而百姓不必加赋也。本年庚子五月，瞥然有拳会灭洋之事。其人谋之不臧，殆前志所未有。七月乘舆西狩，至十一月而十二款之和议画诺。后此所赔之兵费几何？颇闻分年以复所举之债，须岁三千万者五六十年（此书成于光绪二十六年十二月，故云）。如此而益以前负，则中国财力，不其殚欤！自西人观之，彼固夷然以为未甚也。盖彼见英伦者天下之富国也，而庚寅、辛卯之间，其国债为六百八十四兆镑，以三十七兆八十万之民数计之，每民所负，盖一十八镑有奇。至法兰西，则尤骇耳目矣。庚寅、辛卯间，以三十八兆之民，而积一千二百六十五兆镑之国债，以每民计，盖各负三十三镑有奇。其岁出永息，亦三十七兆八十一万镑。然未闻英法二国，遂因此而贫，抑由是而不振也。中国后此之债，要不外一千兆两银而已耳，此不过二百六十余兆镑，而其民号三百余兆，是不及人一镑之债也，复何忧乎？虽然有辨，是二国之债者，大抵举之以治军，则有拓国攘利之饶，以之兴功，则又有便民通商之益。故国债虽重，国财日休，此犹斥母以来赢息耳。至于中国，则十年之中，丧师者再。其举贷者皆国外之款，其所偿者皆敌国之费，故债重矣。其息利既不在民，于国财又无所增益，而一切通商惠工之政，若铁路，若矿政，方务剿其发生之机。是中西之负债同，其所以负债者大异。而后此之所以偿逋散息者又殊。西国之债以利，中国之债以害，是又乌可同而论之乎！继自今，设不取财政一切而更张，抑更张矣，而其权皆操于外人，吾诚不知国之何以堪命也。

按：斯密氏之论国债也，可谓流涕长太息矣。其爱国深，故其用意切；其见理明，故其立言决也。顾英债虽重，而国终以富强者，非斯密氏之言失也。凡物皆有其所以然之故。苟不兼综而衡论之，此何异见鸢飞戾天，而遂谓奈端地吸力之理为不足信乎？英国自斯密氏之世以来，其所以富强之政策众矣。格致之学明于理，汽电之机达于用，君相明智，而所行日新。然自其最有关系者言之，则采是书之言，而弃其疾以从其利也。于是除护商之大梗，而用自由无沮之通商。既有其利，辟上四洲，移虚实而通有无。故斯密氏之言之所以不验者，盖由闻其言而即以其道自救耳。而我今日之中国，固何如乎？甲午、庚子两战以来，国债之加者不知凡几，而其财又皆貣之于外国。他日和议既成，以外人而操吾计柄，区赋税以为贷者之岁收，年增数千万无名之赋，此非取左手而畀之右手也。大抵夺吾民衣食之资，以为谋国不臧者之罚而已。哀哀下民，逢此百罹，吾真不知所以维其后矣！

按：嗟夫！不仁者之为国主计也，其行诈亦多术矣。若鼓铸新币，而以轻名重，或印造宝钞，而命无作有，终之漏脯救饥，无救于贫。而泯泯大乱，观之前史，与斯同事者，皆在叔季之世，靡敝之朝，可以鉴矣。尚忆髫稚之日，闽中大吏，铸铁钱，开官局，以为一切苟且之计。旬日之间，贫富易位。田宅典质者，纷纷取赎，尝有旧拥巨资，而穷困至不自存者。此余所亲见者也。当此之时，几至大乱，幸其令寻罢，而受其害者则长已矣。呜呼！焉有仁人在上，制民恒产，而使无罪者蒙籍没之祸也哉！（严复译《原富》）

《社会通诠》按语（节选）

严复曰：图腾者，蛮夷之徽帜，用以自别其众于余众者也。北美之赤狄，澳洲之土人，常画刻鸟兽虫鱼，或草木之形，揭之为桓表；而台湾生番，亦有牡丹槟榔诸社名，皆图腾也。由此推之。古书称闽为蛇种，盘瓠犬种，诸此类说，皆以宗法之意，推言图腾，而蛮夷之俗，实亦有笃信图腾为其先者，十口相传，不自知其怪诞也。

　　严复曰：蛮獠相聚，如群羊耳，此以云部落，尚未叶也。盖部落虽不必为种人，亦不必不为种人，而常有其部勒者，则又非初民地位也。然苦辞穷，无可改译，则姑以部落当之，而著其未安于此，读者审焉。中国内地之苗獞有峒，台湾之生番有社，谓为峒社，未知于义何如？博雅君子，庶几教之。

　　严复曰：作者举似社会，常置支那，盖未悉也。夫支那固宗法之社会，而渐入于军国者。综而核之，宗法居其七，而军国居其三。姑存此说如此，而俟后之君子扬榷焉。

　　严复曰：右之所言，吾未敢尽信之以为事实也。盖种有强弱之分，使积威约渐，则强种之所为，苟未至于即夺其所为生，将皆为弱者之所容忍。何则？彼知争之无益，而所丧将滋深也。而强者不自知，则指之以为特别之民性，而孰知其叩心饮泣，衔恨次骨髓，方之常民，且有过也。泰西之民，商于吾土，莫不盛称华民之商德。尝谓在西国所契约而不可恃者，于吾民以一诺而有余，期至负清，未尝稍后。某国巨商，将归，对其众言，旅华二十年，年之交易，以巨万计，然未尝有角尖之违。华人之信如此，无识浅人，且传诵其说，以自矜诧。而不佞闻之，则惟酸鼻而已。凡此皆观物之变，而不知己之人差者也。粤国自损之言，固不必深扬榷尔。呜呼！

　　严复曰：中国社会，宗法而兼军国者也。故其言法也，亦以种不以国，观满人得国几三百年，而满汉种界，厘然犹在。东西人之居吾土者，则听其有治外之法权，而寄籍外国之华人，则自为风气，而不与他种相入，可以见矣。故周孔者，宗法社会之圣人也。其经法义言，所渐渍于民者最久，其入于人心者亦最深。是以今日党派，虽有新旧之殊，至于民族主义，则不谋而皆合。今日言合群，明日言排外，甚或言排满；至于言军国主义，期人人自立者，则几无人焉。盖民族主义，乃吾人种智之所固有者，而无待于外铄，特遇事而显耳。虽然，民族主义将遂足以强吾种乎？愚有以决其必不能者矣。

严复曰：作者推原议院始制，谓其事有诺责之必承，无权利之应享，故不可指为民权见端。此征实之谈，无可复议。虽然，自不佞观之，则于此等处，正见欧洲阿利安种人，民权根本之盛大，而断非吾种之所几及者也。盖彼虽当中叶黑暗时代，其拓土开国之人，暴戾横恣，著自古昔，然莫不知赋税财物者，本民之所有。至吾欲取而用之，虽有设官所以治民，养兵所以卫民，可以借口，然而皆不足，必待民之既诺，而后乃可取也。故虽召集通国之民，其事至为烦费，且有时或动民岩，顾其劳不可以已。不如此者，赋不可加，财不可得也。乃令试执此义，而求之于神洲震旦间，而为考之于古以来圣经贤传之繁富，其有曰君欲赋民，必待民诺者乎？至于韩愈之《原道》篇，则曰民不出租赋则诛而已。呜呼！

严复曰：此亦与吾今之报效者，何以异乎？然报效者，志不逾于得官，而朝廷则以官畀之，此上下交相失之道也。盖出财者，不必官宜，则国失矣。或守虚荣，终其一身而止，则民失也。惟彼族不然。其所求者，大抵皆一地一业之利便，而可以世守者。故民权之成，亦以渐耳。上有所诺于民而不可食，有所约于民而不可负，食且负，民得据所守而责之，此民权之所以成也。

严复曰：宜乎，古之无从众也。盖从众之制行，必社会之平等，各守其畛畔，一民各具一民之资格价值而后可。古宗法之社会，不平等之社会也。不平等，故其决异议也，在朝则尚爵，在乡则尚齿，或亲亲，或长长，皆其所以折中取决之具也。使是数者而无一存，固将反于最初之道。最初之道何？强权而已，故决斗也。且何必往古，即今中国，亦无用从众之法以决事者。何则？社会贵者寡而贱者众。既曰众，则贱者俦也，乌足以决事？以是之故，西文福脱之字，于此土无正译，今姑以占字当之，取三占从二之义也。

严复曰：读此，则知东西立国之相异，而国民资格，亦由是而大不同也。盖西国之王者，其事专于作君而已；而中国帝王，作君而外，兼以作师。且其社会，固宗法之社会也，故又曰元后作民父母。夫彼专为君，故所重在兵刑。而礼乐、宗教、营造、树畜、工商，乃至教育文字之事，皆可放任其民，使自为之。中国帝王，下至守宰，皆以其身兼天地君亲师之众责。兵刑二者，不足以尽之也。于是乎有教民之政，而司徒之五品设矣；有鬼神郊禘之事，而秩宗之五祀修矣；有司空之营作，则道理梁杠，皆其事也；有虞衡之掌山泽，则草木禽兽，皆所咸若者也。卒之君上之责任无穷，而民之能事，无由以发达。使后而仁，其视民也犹儿子耳；使后而暴，其过民也犹奴虏矣。为儿子奴虏异，而其于国也，无尺寸之治柄，无丝毫应有必不可夺之权利，则同。由此观之，是中西政教之各立，盖自炎黄尧舜以来，其为道莫有同者。舟车大通，种族相见，优胜劣败之公例，无所逃于天地之间，乃目论肤袭之士，动不揣其本原，而徒欲仿行其末节，曰是西国之所以富强也，庸有当乎？

严复曰：国之有疠疫，非懔来忽至者也；亦非民之稔恶无良，而冥冥之中，行其罚也；又非劫运之说，时至必然，不可免也。盖必有其致疫之由。虽曰天行，皆人事耳。夫国之有大疫者，其社会必贫而不洁，此历验无一爽者也。盖贫则食菲，食菲不足以养精；贫则衣劣，衣劣不足以御寒。积之既久，而其人之在社会也，犹木之有黄叶焉，西风一号，皆堕地矣。且卫生之事，莫重于清洁。甚贫之社会，未有能清洁者也。容膝之室，夫妻子女，聚居其中，所嘘噏者皆败血之残气。处城阛湫隘之地，为微生疫种之蕴生，而其人又至愚，与言卫生，彼不知何语。其国之旧教，又有以使之信鬼神傩禳之谬说，甘穷约溷浊，而不耻恶食与恶衣。夫如是之民，其初之所以不至于大疫者，徒以地广人稀已耳。使一旦庸增谷贱，将勤嫁娶，而生忽蕃。人烟既稠，而不洁愈至，则大疫不起者，未之有也。此在欧洲，其事见于明季，而今日炎炎，将见于黄人社会者也！

严复曰：于右所言，又以见中西言治根本之大不同也。西人之言政也，以其柄为本属诸民，而政府所得而操之者，民予之也，且必因缘事会，而后成之。察其言外之意，若惟恐其权之太盛，将终不利于民也者，此西说也。中国之言政也，寸权尺柄，皆属官家。其行政也，乃行其所固有者。

假令取下民之日用一切而整齐之，虽至纤息，终无有人以国家为不当问也，实且以为能任其天职。其论现行政柄也，方且于之而见少，又曷尝于之而见多，论者若曰：凡使吾之至于此极者，皆国家之勿事事致之耳。此中说也。以二者之悬殊，故学者据中说之成见，以观西书，辄莫明其意之所在。又每见中朝大官，与西人辨执，往往自谓中理不刊之说，乃为闻者所捧腹轩渠，斥其愚谬。不佞向谓中西义理大殊，深诫学者不可援一贯之陈义以自欺者，职是之故。夫彼是〔此〕固各一是作，然必陈钟鼓以享爰居，则固臧孙之不圣耳。

严复曰：地方自治之制，为中国从古之所无。三代封建，拂特之制耳，非自治也。秦汉以还，郡县之制日密，虽微末如薄尉，澹泊如学官，皆总之于吏部。其用人也，以年格而非以才。其行政也，守成例而非应变。此吾国之治，所以久辄腐败，乃至新朝更始，亦未见其内治之盛也。总之，中西政想，有绝不同者。夫谓治人之人，即治于人者之所推举，此即求之于古圣之胸中，前贤之脑海，吾敢决其无此议也。往者罗马之盛，官吏出民推择者大半。至于叔季、君士丹丁之后，必命于朝。其时之说，谓得官必富贵有势力者之所赐，而后为荣宠，若非小民之所推择，此为庸丐领袖可耳，何足邠乎？使今以此语之吾国之人，吾知其必有合也。考为上而为其下所推立者，于中国历史，惟唐代之藩镇。顾彼所推立者，为武人，非文吏也，故其事为乱制。往顾亭林尝有以郡县封建之议，其说甚健，然以较欧洲地方自治之制，则去之犹甚远也。

严复曰：吾译前语，于吾心怦怦然。何则？窃料黄人前途，将必不至于不幸也。即使其民今日困于旧法，拘于积习之中，卒莫由以自拔，近果之成，无可解免，而变动光明，生于忧患，行且有以大见于世史，无疑也。今夫合众之局何为者，以民族之寡少，必并合而后利自存也。且合矣，乃虽共和之善制而犹不坚。何故？以其民之本非一种，而习于分立故也。天下惟吾之黄族，其众既足以自立矣，而其风俗地势，皆使之易为合而难为分。夫今日谋国者之所患，在寡，在其民之难一，而法之难行。而吾民于此，实病其过耳，焉有以为患者乎？且吾民之智德力，经四千年之治化，虽至今日，其短日彰，不可为讳。顾使深而求之，其中实有可为强族大国之储能，虽摧斫而不可灭者。夫其众如此，其地势如此，其民材又如此，使一旦幡然悟旧法陈义之不足殉，而知成见积习之实为吾害，尽去腐秽，惟强之求，真五洲无此国也，何贫弱奴隶之足忧哉？世有深思之士，其将有感于吾言！

且世所谓虎狼国，行其先王之遗策，有长驾远驭，并吞六合之心者，非俄罗斯乎？虽然，论者将特震于其外云耳。以言其实，则俄不足畏也。种杂，而所收者多半化之民，其弱点一也。其政之不修，弊之所丛，随地而有，其弱点二也。赋财空虚，而犹勤远略，其勤远略也，正以泯其内乱，所谓至不得已者也，其弱点三也。以半化之国，与文明邻，民心浮动，日益思乱，其弱点四也。其肤立者，以军制耳，一役败衄，则革命立至，其弱点五也。所收诸属，为合不深，根本一摇，全体解散，其弱点六也。俄于战事最有功者，前败拿破仑之师而已，此虽天幸，然足以鼓舞其民。自兹以后，舍苦来米亚而外，未闻俄有大役。故其兵力之坚脆，不可知之事也，此其弱点七也。其为弱点之多若此，吾意俄今之所以胜中国者，其在上之国主官吏，为文明人耳，舍此而外，实无所优于中国也。癸卯十月并识。

严复曰：泰东诸国，议贵之法，固亦有之，然所施至狭，不若欧西大陆之为制也。然则泰东诸国，用平等法乎？曰固也。虽然，吾闻孟特斯鸠尝论之矣。曰，盎格鲁之民，与泰东之民，法典之二极也。盎格鲁之民，最自由者也；泰东之民，无自由者也。故于用法也，盎格鲁以最自由而平等。泰东以无自由而亦平等。譬之数然，至于为无，皆等分也。君王而外，其余皆奴婢仆妾而已，奴婢仆妾又何必为之等差哉？此孟氏之说也。（严复译《社会通诠》）

《法意》按语（节选）

复按：孟氏意谓，一切法皆成于自然，独人道有自为之法。然法之立也，必以理为之原。先有是非，而后有法，非法立而后以离合见是非也。

既名为辐，其度必等，非得周而后等。得周而后等，则其物之非辐可知。其所言如此。盖在中文，物有是非谓之理，国有禁令谓之法，而西文则通谓之法。故人意遂若理法同物，而人事本无所谓是非，专以法之所许所禁为是非者，此理想之累于文字者也。中国理想之累于文字者最多，独此则较西文有一节之长。西文法字，于中文有理、礼、法、制四者之异译，学者审之。

复按：孟氏于人类所以为群之德，可谓见之真，而能言其所以然之故者矣。其谓争之与群，乃同时并见之二物，此人道之最足闵叹者也。郝伯思有见于此，故以专制为太平之治，卢梭亦有见于此，故谓初民有平等之极观。而其实则法典之事，即起于争。使其无争，又安事法？国之与国，人之与人，皆待法而后有一日之安者也。

复按：西人所谓法制，殆尽于是三。国际公法，其源盖古，然自虎哥觉罗狭，始有专论之书，自边沁始为之专名，曰《列国交通律》也。至其余二法之分，由来亦旧，而大备于罗马。盖泰西希腊为哲学文章最盛之世，而罗马则法学极修之时代也。此书所谓国法，即《社会通诠》所言之公律，所谓民法，则私律也（见《论刑法权分》）。西人法律，公私为分如此。吾国刑宪，向无此分，公私二律，混为一谈。西人所谓法者，实兼中国之礼典。中国有礼刑之分，以谓礼防未然，刑惩已失。而西人则谓凡著在方策，而以令一国之必从者，通谓法典。至于不率典之刑罚，乃其法典之一部分，谓之平涅尔可德，而非法典之全体，故如吾国《周礼》《通典》及《大清会典》《皇朝通典》诸书，正西人所谓劳士。若但取《秋官》所有律例当之，不相侔矣。皇帝诏书，自秦称制，故中国上谕，与西国议院所议定颁行令申正同。所谓中央政府所立法也。

复按：五洲治制，不出二端：君主、民主是已。君主之国权，由一而散于万；民主之国权，由万而汇于一。民主有二别：用其平等，则为庶建，真民主也，用其贵贵贤贤，则曰贤政。要之是二者，于亚洲皆不少概见者也。东译姑以为共和。然共和见于周，乃帝未出震之时，大臣居摄之号，此与泰西公治之制，其实无一似者也。尝谓古民主之治，特利用于小国之间。若夫广土众民，非政由一君必不可。若今世美洲之合众国，欧洲之法兰西，皆造于十八世纪之末，文明大进之秋，前此所必不能者也。故希腊以民主而并兼于马基顿，而罗马之转为帝国也，则不待日耳曼峨特之犄角，其国权已统于沃古斯达，其非磐石之势明矣。夫五洲治制，皆宗法社会之所变化者也。顾东亚则以宗子而成继天立极之至尊，西欧则于游牧之时，已著民族之平等。此其所以然之故，又不能不求于地势，与所行宗教间也。呜呼！可异也已。

又按：此节所论，恨不令申不害、李斯见之。上蔡欲专秦之权，为之维齐，乃有督责书之上，不意后之为维齐者，又乃赵高而非己也。或曰：如孟氏之说，则专制云者，无法之君主也。顾申、韩、商、李皆法家，其言督责也，亦劝其君以任法。然则秦固有法，而自今观之，若为专制之尤者，岂孟氏之说非欤？抑秦之治固不可云专制欤？则应之曰：此以法字之有歧义，致以累论者之思想也。孟氏之所谓法，治国之经制也。其立也，虽不必参用民权。顾既立之余，则上下所为，皆有所束。若夫督责书所谓法者，直刑而已。所以驱迫束缚其臣民，而国君则超乎法之上，可以意用法易法，而不为法所拘。夫如是，虽有法，亦适成专制而已矣。且学者须知孟氏为十七稘此学开山，故其说多漏义。即所立三制界说，亦不可皆完全。读其书，掇其菁英焉可耳，勿遂视为定论也。

复按：孟氏之所以言专制之治者，可谓痛心疾首者矣。若以是而加诸中国之治制，不必尽如其言也，亦不必尽如其言。夫法度之朝无论已，上有宵衣旰食之君，下有俯思待旦之臣，所日孳孳者，皆先朝之成宪。其异于孟氏此篇所言者超乎远矣！虽然，及其叔季，若东京之桓灵，若陈隋之宝广，乃至有明之世，其君或十余载不窥朝堂，阉人口衔天宪，宰辅以封事自通，则亦何以异于孟此篇之所言者？故使如孟氏之界说，得有恒旧立之法度，而即为立宪。则中国立宪，固已四千余年，然而必不可与今日欧洲诸立宪国同日而语者。今日所谓立宪，不止有恒久之法度已也，将必有其民权与君权，分立并用焉。有民权之用，故法之既立，虽天子不可以不循也。使法立矣，而其循在或然或不然之数，是则专制之尤者耳。有累作之圣君，无一朝之法宪，如吾中国者，不以为专制，而以为立宪，殆未可欤！

又孟氏所分治制，公治、独治、专制三者。其所称之独治，于中本无民权，亦非有限君权，但云有法之君主而已。

复按：酷矣，孟德斯鸠之论君主也！使非生于狭隘酷烈之朝，而又值公理将伸之世，彼又乌能为此言哉？夫君主，以言其精神则如此，以言其形质又如彼，而吾中国自黄炎以至于今，且以此为继天立极、惟一无二之制治，君臣之义，无所逃于天地之间。詈桀纣，颂尧舜，夫三代以前尚矣，不可考已，则古称先者，得凭臆以为之说。自秦以降，事迹分明，何治世之少而乱世之多也！且《春秋》所载二百余年，而《国策》所纪七国之事，稽其时代，皆去先王之泽未远也。顾其时之人心风俗，其为民生幸福又何如？夫已进之化之难与为狂榛，犹未辟之种之难与跂文明也。以春秋战国人心风俗之程度而推之，向所谓三代，向所谓唐虞，只儒者百家其意界中之制造物而已，又乌足以为事实乎？思囿乎其所已习，而心常冀乎其所不可期。此不谓之吾国宗教之迷信，殆不可已。

复按：三制精神，若其论出于吾人，则必云：太上之民主以德，其次有道之君主以礼，其次无道之专制以刑。所谓荣宠，即礼也；所谓恐怖，即刑也。至此节能自为其身价云云，则荣宠之为礼，尤可见也。盖有道之君主，为人臣者尚得进退以礼故也。

复按：孟氏此书于治制，所谓提絜〔挈〕之论是已。提絜〔挈〕之论，故其所指者，皆物之原行，而不及其杂质。虽然，世间之物，原行少而杂质多，历史五洲之治制，大抵皆其杂者。而所杂三制之多寡，则天时人事为之，不可执一以为论也。必指某之治为民主，某之治为专制，则未有不谬且误者，且制亦在所宜而已。若此书所言之专制，可谓治之至为狭隘酷烈者矣！顾使民风甚敝之时，而得亶聪明首出庶物者为之主，将见大为斯人之幸福，而为民主所必不可及者可也。是故其制之所以危者，亦以遇合之难，非其物之必不可用也。是二者，皆学者之所宜明者也。

　　复按：所谓宁犯国律，毋伤荣宠，至今西俗尚有然者。试为举譬，假如甲乙两贵人为博，甲胜而乙负，乙虽弗偿，甲不得讼而索之也。博进，非国律之所问也，故曰荣宠之债。然乙之偿此，亟于可讼之债矣。又假甲乙违言，而约斗相死，立傧介，置期会，使及期而其一不来，法不之责也，岂惟不之责，实且禁其相死，而与于其事者为有刑。虽然，及期必至，无逃免者。何则？宁犯国法，不伤荣宠故也。

　　又按：美矣！孟德斯鸠之论君主教育也，使学者于此而有悟，则于西俗之本原，无难知其故矣。盖尝论之，君主之为治，西之与东，同焉者也。顾其异者，东之君主以儒，西之君主以侠。以儒，故秩序之等明；以侠，故廉耻之风竞。而其终也，国俗之刚柔判矣。孟原文造意至深，往往猝读不知何语，必反覆玩味而后得之。即不佞斯译，亦不敢谓尽知其意也，乃观近人所译，如《万法精理》等编，大抵不知而作，羼以己意，误己误人，于斯为极。原文具在，来者难诬，即令译者他日反观，而不面赤汗下者，未之有也。

　　复按：吾译是书，至于此章，未尝不流涕也。呜呼！孟氏之言，岂不痛哉！夫一国之制，其公且善，不可以为一人之功，故其恶且虐也，亦不可以为一人之罪。虽有桀纣，彼亦承其制之末流，以行其暴。顾与其国上下，同游天演之中，所不克以自拔者，则一而已矣。贤者睹其危亡思有以变之，则彼为上者之难，与在下者之难，又不能以寸也，必有至圣之德，辅之以高世之才，因缘际会，幸乃有成。不然，且无所为而可矣。吾观孟氏此书，不独可以警专制之君也，亦有以戒霸朝之民。呜呼！法固不可以不变，而变法岂易言哉！岂易言哉！

　　复按：此仁义杯棬之说也。率天下而祸道德者，必孟德斯鸠之言欤？故往者达冷白尝驳其说矣，其言曰：孟氏所谓民主之道德者，质而言之，爱国而已。爱国固有事于克己，然而是克己者，非必于己有所失也。方其一国之气，蒸为太和，起视所居，有泰山之安，其民有熙皞之乐。有以自奋则神怡，无所屈伏则气王，学术日富，则乐方愈多；商旅棨通，则珍奇日至。身为自繇最贵之民，故其身与子孙，常若有无穷之希望焉。他若宗教之清真，美术之微眇，其乐尤非不自繇之民所能梦见者矣！是惟人人爱国而后有此，此曷尝劳苦而困难也哉？虽然，言各有攸当耳，彼孟氏之言，亦自有其不可废者。

夫民主道德非他，守法而已，爱国而已。守法而爱国者，不以己之私利，先其国之公益也。不以私害公，道德之真，正如此耳。

复按：来格毂士，生周秦间，殆与吾国之申、商、韩、李同一期人也。为斯巴达王弟，让国于遗腹兄子，南奔革雷特，见其礼俗法制，意大善之，未即归。已而游安息之爱阿尼，察其治俗，道埃及，得其兵制。以来格毂士之贤也，王与国民争迎归之，使为国相。至则大变旧法，生聚教训，一主于强兵。略言所为，则立二十八人之沁涅特，以主国议也；平分一国土田，使一夫所受，不得过七十石也，以财为启争之媒，则收三品之币，而用铁钱也；以奇技淫巧为耗民之力，则禁之而罢通商也；制公铺之礼，使一国男子，必相呼会食。而尤重者，则在教育。其一国之子弟，使必任执兵以捍国土；欲为之必得其效，故谨之于有生之初，而男女嫁娶之礼，乃著令矣。岁以时为令节，令及笄未嫁者，相聚广场，裸而舞歌。其所歌，大抵称扬男子临陈之勇烈者，而揶揄其败怯者。王与国之长年，临相其礼，令男子纵观之。至于择对，则必取其壮伟；生子，则必验其强弱。强者举之，弱者不举也。男子八岁以上，率之以差长之少年，群趋演场，以兵为戏，教以服从之义，金鼓之容，又欲其习智计也，故使必窃而后得食，乃至樵苏，莫不如此。穷而不善，被发觉者，虽大创之无怨也。其女子亦习劳苦，以致壮强，女虽有夫，见健男则求与卧，曰为国乞种。男遇顾妇，则请诸其夫，曰为种择田。两无忤也。盖来格毂士常曰：人于犬马，尚知求善种而畜之，独至于身不然，是不谓之贵畜贱人得乎？一国之民皆兵也，其次则有农工，惟商贾求财，斯为污处，名曰贱业。其平居，习质确劳苦，独至于战，法得美衣丰食，厌饫优游。故其民以战为铺，相与乐之。虽然，其法诚屡侵人国，曰：恐所侵者将从此而习战事也。又禁其民出游外国，交通外人，曰：恐忘国习，而归乱法也。来格毂士之法既行，知其国之不可败也，则告其王与民曰：吾将祷于德尔毗之明神亚波乐，必若为吾誓，方吾未归，勿乱吾法而后可。王与其众交为誓。来格縠士既祷于德尔毗，乃不食死，遗命焚其尸㠜之于海也。

论曰：此越句践之故智，而蠡、种二大夫之所已行者欤！夫以蕞尔国介于异种群雄之间，其势莫亟于求存。故其所为，往往而合。秦用商君，卒并天下，六合之内，莫与争存。其所亟者，世守私权而已！故务弱其民，男秉义程，女守洁清，而寄猰逃嫁，皆大罪矣。呜呼！立法者方相时之宜为操纵，而或以是为地维天柱之不可以摇，何见之囿也！欧亚百年之间，法家并出，随其所遇，为术不同。天之生才，若相应者，斯已奇尔！

复按：由此观之，则中国古之井田，故民主之政矣。而其时有诸侯君主者，盖缘宗法社会而兼民主之制也。季氏之伐颛臾，并兼之事也。故孔子曰："有国有家者，不患寡而患不均，不患贫而患不安。盖均无贫，和无寡，安无倾。"凡此皆民主平等之法言，而孔子举而诵之耳。

复按：中国满汉之民，其始与古之斯巴达、雅典，殆无以异。祖宗立法，所以勖其同种者，不仕则兵，固欲存尚武之精神，而倚之驾驭胜种者也。不幸数传之余，其意渐失。且使居齐民之上，无异使狼牧羊，狼则肥矣！然而因肥而得弱。弱种流传，狮熊济至。往者之狼，亦羊而已。向使守来格縠士之成宪，虽至令雄长东洲无难矣！

复按：古希腊政家之论治制也，大体分为二宗。曰独治，曰公治而已。独治之善者，立法度，顺民情，而不凭一己之喜怒，至于其敝，而专制之治出焉。公治之善者，为平等，崇俭朴，而政柄则操于其国之贤豪；至于其敝，而愚贱者乱法度。是故自亚理斯多德言之，贤政为公治之善，犹之立宪为独治之善者也；而民主庶建，为公治之末流，犹之专制霸朝，为独治之极变也。虽然，古则如是矣，而政论世异。至于今，自英之洛克，法之孟、卢诸家说出，世乃以庶建民主，为治国正轨，而贤政不曰贤政。谓之贵族之治，恶其不平，非所尚矣。即今之所谓立宪者，亦与古殊。今之立宪，用独治之名，而杂之以贤政庶建之实者也。

古之立宪，以一人独治，而率由宪章者也。若立宪，但如孟氏本书所称者言之，则中国之为立宪久矣，安用更求所谓立宪者乎？故孟氏所称四制，古今之义大殊。即由孟氏以至于今，其为用亦稍异。此学者所不可不谨为微辨者也。

复按：吾译是编至此，不觉废书而叹也！何孟氏之先获我心耶！赵宋之将亡也，汴京既去，欲都建康而不果，乃卒居临安。夫亦至穷蹙已！而当时之人君，朝觐会同自若也，歌舞临观自若也，一若使虏不来，吾虽长此终古无不可也者。是非天下之至无志者欤！吾往者尝论之，乃不谓此书先明其所以然如此。嗟乎！中国数千年间，贤圣之君无论矣。若其叔季，则多与此书所以论专制者合。然则中国之治，舍专制又安与归？

又按：顾宁人曰：有亡国，有亡天下。虽然，中国自秦以来，无所谓天下也，无所谓国也，皆家而已。一姓之兴，则亿兆为之臣妾。其兴也，此一家之兴也，其亡也，此一家之亡也。天子之一身，兼宪法、国家、王者三大物，其家亡，则一切与之俱亡，而民人特奴婢之易主者耳，乌有所谓长存者乎！柳子厚之论封建也，夫非辨者之言欤！顾其所利害者，亦利害于一家而已，未尝为天下计也。孟子曰："孔子作《春秋》而乱臣贼子惧。"虽然，《春秋》虽成，乱臣贼子未尝惧也，莽操懿温尚已，李唐一代之前后，六朝五代之间，篡弑放逐，何其纷纷也！必逮赵宋，而道学兴，自兹以还，乱臣贼子，乃真惧尔。然而由是中国之亡也，多亡于外国。何则？非其乱臣贼子故也。王夫之之为通鉴论也，吾之所谓然，二三策而已。顾其中有独造之言焉。其论东晋蔡谟驳止庾亮经略中原之议也，谓谟绰羲之诸子，无异南宋之汪黄秦汤诸奸，以其屈庾亮，伸王导，恶桓温功成，而行其篡夺。不知天下有大防，夷夏有大辨，五帝三王有大统。即令温功成而篡，犹贤于戴异族以为中国主。此所以驳亮者，宜与汪黄秦汤辈，同受名教之诛也。此其言烈矣！然不知异族之得为中国主者，其事即兴于名教。嗟乎！虑其患而防之，而患或起于所防之外，甚者乃即出于所防之中。此专制之制，所以百无一可者也。

复按：孟氏之区四制也，意若曰：凡治之以恐惧为精神，以意旨为宪法者，专制而已。虽然，吾尝思之，天下古今，果有如是之治制，而久立于天地者乎？殆无有也。虽有亚西之国，桀纣之君，彼之号于天下也，必不曰：吾之为治，凭所欲为宪法，以恐惧为精神也；必将曰：吾奉天而法祖，吾勤政而爱民，吾即有所欲，而因物付物，未尝逾矩也。民即或恐惧，法不可以不行，治不可以不肃也。且有时则威克厥爱矣，有时则猛以济宽矣，甚且曰：治乱国不得不从重典矣。彼虽万其所为，将皆有其可据者，又安肯坦然以专制之治自居也哉！然则孟氏此书，所谓专制，苟自其名以求之，固无此国。而自其实，则一切之君主，微民权之既伸，皆此物也。幸而戴仁君，则有道之立宪也（此立宪但作有法度例，故言不可与今世英德诸制混）。不幸而遇中主，皆可为无道之专制。其专制也，君主之制，本可专也。其立宪也，君主之仁，乐有宪也。此不必其为两世也。虽一人之身，始于立宪，终于专制可耳。汉成唐元〔玄〕，非其例欤？其法典非无常也，国之人皆有常，而在彼独可以无常也。夫立宪专制，既唯其所欲矣，又何必斤斤然，为谨其分于有法无法也哉！此吾译孟氏此编，所至今未解者也。若夫今世欧洲之立宪，宪非其君之所立也，其民既立之，或君与民共立之，而君与民共守之者也。夫以民而与于宪，则宪之未立，其权必先立也。是故孟氏所区，一国之中，君有权而民无之者，谓之君主。君主之有道者，曰立宪；其无道者，曰专制也。民有权而自为君者，谓之民主。权集于少数者，曰贤政；权散于通国者，曰庶建也。至于今世欧洲之立宪，则其君民皆有权，所谓君民并主；而其中或君之权重于民，或民之权重于君，如今之英、德、奥、意诸邦，则其国政界之天演使然，千诡万变，不可究诘。总之，与孟氏是书所谓有法之君主者，必不可等而论之也。孟之所谓立宪，特有道之专制耳。故其为论也，于是制无优辞。

复按：甚矣，法之不可以一端论也；孟氏之言狱也，意谓狱之纡迟，起于吏之重法。若夫专制无法，虽当机立决可也。顾于曲直，又何如乎？虽然，是之纡迟，必有法之国家，而后有保民之效耳。假其无法，抑法敝之余，则迟之害民，祸烈于速，虽仟佰可也。一夫讼系，中产为倾，而甚者或坐以瘐死。如是之纡迟，尚得以审慎保民，为口实乎？则转不若凭其喜怒，判其一使受笞，已而纵之使各归本业之为愈矣。甚矣！法之不可以一端论也。

复按：从中国之道而言之，则鞫狱判决者，主上固有之权也。其置刑曹法司，特寄焉而已。故刑部奏当，必待制可，而秋审之犯，亦天子亲句决之，凡此皆与欧洲绝异而必不可同者也。今盎格鲁国民，其法廷咸称无上，示无所屈，其所判决，虽必依国律，而既定之后，王者一字不能易也。王者之特权，存诸肆赦而已，然亦不常用也。

复按：此其义殆吾国法家所不识也。往者科场，国朝沿前朝之法，其中如关节、怀挟、抢替、顶冒诸弊，皆设至重之刑待之。然其法虚设不行，间或一发，则资怨仇之报复而已。又以国号孝治之故，于戕殴所生，典亦至重，一狱之决，自大吏下至儒官无一免者，于是用避重就轻之术，而不孝者皆患风矣。此其法之用心，姑勿深论。但国家设为科律，使其下之吏民遇此，则文告奉报，一切必出于欺，而不自引耻，此于化民成俗，弼教明刑之道，果有当乎？噫！今者五洲之宗教国俗，皆以诳语为人伦大诟，被其称者，终身耻之。独吾国之人，则以诳为能，以信为拙，苟求其因，岂不在法？呜呼！此风不衰，学堂固不必开，即兵亦毋庸练也。

又按：中国古言刑罚之宜当罪，殆无有过于西京之张廷尉者，切理餍心，过于孟氏此章之说远矣。三代以还，汉律最具。吾国之有汉律，犹欧洲之有罗马律也。萧相国明其体，而张廷尉达其用。朱博曰：太守不知经术，知有汉家三尺法而已。至哉，斯言！此汉明法吏之所以众也。王荆公变法，欲士大夫读律，此与理财，皆为知治之要者，蜀党群起攻之，皆似是实非之谈。至今千年，独蒙其害。呜呼，酷矣！

复按：吾国治狱之用刑讯，其惨酷无人理，传于五洲，而为此土之大诟久矣。然而卒不废者，吏为之乎？法为之乎？曰法实为之，吏特加厉之而已。故不变其法，虽上有流涕之诏，下有大声之呼，彼为吏者，终自顾其考成，无益也。且吾闻西士之论矣，听讼治狱，刑讯与不刑讯，所争者在烦简、纡直、难易、迟速之间而已。夫不欲烦其心虑，劳其精力，为吏者与常人同也。得一囚而炮烙之，攒刺之，曢其目，拔其齿，而使之自吐实者，其法以比之钩距征验旁搜遐访，而后得其与事相发明者，其劳佚之殊不可以道理计矣！又况处之以不学之人，束之以四参之法，使无刑讯，而遇诪张反复之囚，则其狱惟有久悬而已，乌由决乎？呜呼！彼上之狱，所以能无刑讯而法行者，而根源所由，至盛大也。所由于教化，所由于法制，所由于生计，实缺其一，皆不必能。不揣其本，而齐其末，此无异见彼之富以商，而立商部；见彼之强以兵，而言练兵。吾见富强之效之日远也。可哀也已。

复按：如前数章所言，自吾人观之，其用意皆若难喻。虽然，此不足讶也。盖东西二洲，其古今所以为国俗者，既相诡矣，而民主之俗，尤非专制者所习知。况中国以政制言，则居于君主专制之间；以宗教言，则杂于人鬼天神之际。而老聃、孔子之哲学，中经释氏之更张，复得有宋诸儒为之组织，盖中国之是非，不可与欧美同日而语，明矣！学者必扩其心于至大之域，而后有以读一世之书，此庄生所以先为逍遥之游，而后能齐其物论也。

复按：保庇云者，犹未及丁年之人，常受制于人，而不得自专云耳。中国女子，有三从之义，故终其身无自主之一日。云最亲之男子，则其初之从父，其后之从子，又可知矣。盖其法大较与中国同也。顾吾所不解者，此法所以宜于民主，而君主所以不宜之故。夫民主既以道德为精神矣，则平等自由之幸福，何独于女子而靳之？若夫三纲之义，正行于君主之时。天泽之分既明，则坤道无成，正与其礼俗相得。男子且不得自由矣，岂女子而独无所屈，此其说吾真百思而不得解者也。

复按：异哉！孟氏之为此说也。彼谓女子之所以宜君者，徒以质气柔弱之故。夫治亦察其所当之何时耳，使专于柔，则古今欧亚二洲之间，以慈爱优柔而乱亡其国者，岂少也哉？夫主治固不必严男女之分，然须察社会之已出宗法与否。使未离于宗法，则统之相传，以男为系。夫同姓者既不可昏，而当璧者又为女子，是一传之后，继大统者，皆他人子矣，何可行耶？

复按：民主者，治制之极盛也。使五洲而有郅治之一日，其民主乎？

虽然，其制有至难用者。何则？斯民之智德力，常不逮此制也。夫民主之所以为民主者，以平等。故班丹（亦译边沁）之言曰，人人得一，亦不过一。此平等之的义也。顾平等必有所以为平者，非可强而平之也。必其力平，必其智平，必其德平。使是三者平，则郅治之民主至矣。不然，使未至而强平之，是不肖者不服乎贤，愚者不令于智，而弱者不役于强也。夫有道之君主，其富者非徒富也，以勤业而富，以知趋时而富，以节欲而富；其贵者，亦非徒贵也，以有德而贵，以有功劳而贵，以多才能而贵。乃强为平者曰，是皆不道，吾必划之以与吾平。夫如是，则无富贵矣，而并亡其所以为富贵者矣。夫国无富贵者可也，无所以为富贵者不可也。无所以为富贵者之民，而立于五洲异种之中，则安能不为其至贫，又安得不为其至贱者乎？

复按：何孟氏此言之似吾六经也！尝谓西士东来，其耆硕好学，莫如明季与国初之耶稣会人。而欧人于东籍最稔者，莫若前两稘之法国，如孟德斯鸠，如福禄特尔，及当时之狄地鲁诸公，其著作俱在，可覆案也。《易》曰："其亡其亡，系于苞桑。"《传》曰："外宁必有内忧。"《孟子》曰："出无敌国外患者，国恒亡。"此固历史之公例也。岂徒见之于古而已，即今欧美诸国之所以强，而文明支那之所以弱而愚暗者，舍虑亡自满之心，有他故哉？日本与中国，同时被创于西人者也，顾三十年之顷，日本勃然以兴，而中国瘰然若不可救。彼尝以国小而知危，吾以地大而自满故耳。即今中国若情见势屈矣，然常恐终至于沦胥者，亦以知危者尚居其少数，而懵然弗省。或省矣，而期及身之无事者，犹居其多数也。

复按：嗟呼！古今亡国灭民，所常至于不可救者，非以此哉？盖风俗民德之衰，非一朝一夕之故。及其既敝，亦非一手足之烈，所能挽而复之于其初也。所恃以救国者民。而民之智、德、力皆窳，即有一二，而少数之不足以胜多数，又昭昭也。敌国强邻，鹰撄虎视，己之国势，火屋漏舟，而由弱转强，由愚转智，由瓦解土崩而为专心壹志者，又实无速成之术。呜呼！古今亡国灭民，所常至于不可救者，非以此哉？

　　复按：一治制之立，与夫一王者之兴也，其法度隆污不同，要皆如桥石然，相倚相生，更其一则全局皆变。使所更者，同其精神而为之，犹可言也；使所更者，异其精神而为之，则不可言矣。虽曰：穷变通久，使民不倦。而旧制之因以不久，则灼然不待著蔡而可决也。即如清朝自入关定鼎以来，重兵皆聚于八旗，直省绿营，名存而已。自咸同间，东南流寇之乱，于是乎有团练之师，趋变适时，杂采戚南塘练兵诸书，自为营制，一切凌杂米盐，务为简易，人乐为用，因以有功。然而祖宗累代经武之规，所箫勺张皇，以为一朝堂堂王者之师者，不复见矣。自是以来，每或言兵，舍召募练营，若无余计。而其兵亦以平伏莽有余，以御外仇不足。何则？其为器本轻，其为制本多缺点故也。夫兵之一事既如此矣，乃至吏治则杂之以保举捐输。财赋则益之以厘金海税。凡此更张，皆极关系，何况庚子以还，所谓新政者耶？夫治制有形质，有精神，二者相为表里者也。使形质既迁，则精神亦变。非曰不可变也。特变矣，须有人焉。居重执枢，而为全局之规画，庶不至支节抵牾，因以生害。乃今不然，国体支离，漫然如巨人之无脑。故或政所并立者也，而于甲则重，于乙则轻（如外、商两部，薪俸独丰，而他部无有）。或事所代兴者也，而曜灵未沦，望舒已睇（以大学堂既立，而国子监犹存）。于人心之趋向则不一，于国帑之经费则虚糜，利矛陷盾，华履加冠。驯是以往，吾不知何以善其后也。

　　复按：孟氏此言，取以例古之国家可耳，乃至今日，则其例几无一信者矣。南洋岛国，仅如黑子之着面，皆专制也。而美利坚幅员埒中国，法兰西则半之，皆真民主矣。若云美本联邦，以其讦合，以成其大，则又何说以处法兰西？故曰：其说可言古而不可以言今也。盖自舟车用汽，邮驿用电以来，其事若取五洲而缩之州里之内，故古之所不可者，而今皆无难。此固生于十七稘者，所未尝见也。又安知他日之事，不大异于今所云乎？

　　复按：此不足以为吾辱也。夫礼所以待君子，而刑所以威小人，如孟氏言，则必君主之治，不用鞭笞棰扑而后可。而今日即最尚荣宠如英、法、德诸邦，其为法然耶否耶？虽然，必訾中国以无礼，则有无可逃者矣，其证安在？则如明代之廷杖，所至清朝而革焉者也，如试场之搜检，所至清朝而因焉者也。是二者一见于士大夫进身仕国之初，一见于荣名委质之后，皆大丧廉耻，而于治无几微益者。使孟氏举此，而曰吾无荣宠之足云，则吾有呿口缡舌而已矣。

复按：与人并立天地间而为国，有一公例焉，曰避敌以为固，未有能固者也。大彼得之治俄也，置莫斯科而立彼得堡，曰：使吾国而兴，必向西对诸国而开户牖。此其言近之矣。中国自秦起长城，而河山两戒，戎夏划然。更三千年，化不相入。不然，龙庭区落，未必不为过江之吴楚，逾岭之粤闽也。谁生厉阶，至今为梗，论者以此为秦之功，吾则以此为秦之罪矣。

复按：三百年来，欧之所以日兴，而亚之所以日微者，世有能一言而通其故者乎？往者湘阴郭先生尝言之矣。曰：吾观英吉利之除黑奴，知其国享强之未艾也。夫欧亚之盛衰异者，以一其民平等，而一其民不平等也。印度有喀斯德，高丽有三户，中国分满汉矣，而分之中又有分焉。分则不平，而通力合作，手足相救之情，不可见矣！夫优满，所以爱之者也，乃终适以害之。至于今，虽有欲为其平等者，而以民质阘茸之故，近葘之烈，若不克胜，故其制卒不可改。呜呼！支那之满民，犹法兰西之贵族也，非天下之至仁，其孰能先事而救之。

复按：如右之所云云，自今之学者观之，亦常谈耳；顾思此言，见诸乾嘉之日，则真惊心动魄一字千金者矣。夫孟德斯鸠之学之成也，犹吾国古之李耳、司马迁，非纯由诸思想也。积数千年历史之阅历，通其常然，立之公例。故例虽至玄，而事变能违之者寡。呜呼！人之所以为万物之灵，而世之所以有进化之实者，以能不忘前事，而自得后事之师也。不然，必至之而后知，必履之而后艰，将如环然，常循其覆辙而已，乌由进乎？自朱明以帖括取士，而士少读书，故虽常理有不见，而人人各备私智，以苟目前，此中国之敝。自力所以一无能为，则相与居于漏舟火屋中，束手待灭而已。呜呼！岂不悲哉！

复按：若加达支之所为，使泰东而有之，必权奸内处，或阴结于敌，自坏长城，或忌害功臣，诛锄异己，不然，则安有自斫爪牙，而为采藜藿者殴猛虎乎？虽然，彼哈奴非权奸也，而沁涅特亦非自斫爪牙也，其欲献韩尼伯于罗马，而不为济师者，无他，知韩尼伯之声威日加，成功之余，必一人专制，而毁民主之局而已。是以行至不道之事，而若有可言。甚矣！民主君主二制之为道异也。然而读史而讼韩尼伯者则有人矣。夫罗马之于加达支，不两立者也，而罗马又非弱国也。加达支不忍灭藩之耻，使廷之辱，哗然公决，出于一战。彼韩尼伯者，为国提一旅之师，亲冒矢石，跨大海，逾白山，万里长驱，采入其阻，此虽为一己之功名，而于国之威灵，所增亦不细矣。乃哈奴以宗旨之异，廷议以未然之疑，遽夺后继，委肉于饿虎之隙，若必死其身而后快，其所以为民主计者则得矣。而豪杰出万死不顾一生之计，上为国家削积耻而驱除难者，论其所遇，无乃太酷矣乎！苟必以哈奴、沁涅特之议为然，则必天下后世，为民主之国者，虽有寇仇邻敌之侵陵，必皆容忍无用兵而后可；或用矣，则必靳其败绩；即不然，可小胜而必不可以大胜。凡此皆说之至不可通者也。是故加达支政府之所为，其虑即有合于当时，而于公理则大谬。何以言其虑之有合耶？盖韩尼伯之为人，求之吾史，淮阴、魏武、桓温、刘裕似之。而求之欧洲近世，则法之拿破仑尤似之。拿破仑提民主数万之师，驰驱大洲，所当皆破，归则夺其政府之权，自为大都护。未几，且效夏芒律而自为西帝。法之政府，当时无哈奴耳，拿破仑为法民所倾向，其沁涅特欲为加达支之事而不能耳。夫以平等自由之义号天下，终乃为其专制之尤。使韩尼伯而大得志，罗马且不支，加达之〔支〕岂有幸哉？吾故曰：其虑则有合也。嗟呼！民主者，天下至精之制也。然欲其制之有立而长久，必其时上下之民德，足以副之。夫倡义声于天下，身率平等之众，诚意足以感孚，力任其难，功成治定之余，拂衣归田，身仍一民而已。其心存于救世，故何尝欲取同类而陵驾噢咻之哉！此吾所以低徊流连于美之华盛顿也。人称其迈百王，诚哉！其迈百王也。呜呼！此宗教之力也。

复按：天下之事，有行之数千年，人心所视为当然恒然，而实非其至者，如吾国一统之规是已，夫九州十八行省，必治以一家，是宁不可以无然，而有善今之制者乎？吾尝思之，盖自《公羊》说兴，而以谓春秋大一统。《中庸》同轨同文之盛，议礼考文之尊，于是乎有正统偏安割据之等差。

而一王代兴，非四讫同前，则以为大憾。向使封建长存，并兼不起，各君其国，各子其民，如欧洲然，则国以小而治易周，民以分而事相胜，而其中公法自立，不必争战无已时也。且就令争战无已，弭兵不成，谛以言之，其得果犹胜于一君之腐败。呜呼！知欧洲分治之所以兴，则知中国一统之所以弱矣。

复按：夫图君主之国者，其道无他，察其君若相之如何而已。夫俄非不可图也，而不幸其君之为大彼得。夫彼得龙潜之日，自知其学之不足用，乃鱼服以游诸国，尽得其所欲学者。及归即位，誓以其国更始。夫如是之主，无问所居之何国，皆不可图。矧乎席之以俄之大国者耶！乃察理傲然图之，宜乎其终于败绩也。吾中国之天时地利民物，皆优于俄，而自道咸以来，其受教督蒙夏楚于列强亦屡矣。而至今吾国兵事之优于其前者，仅仅所持多金以购诸洋商之毛瑟美里哈而已。其将帅则或劣于其故，其设学堂所教之弁兵，亦仅仅摹其至粗之迹。每战有所学乎？每败将为胜乎？牖户之绸缪，能益固乎？虽天下之诞者，殆未敢为大言也。

又按：兵家之言曰，知彼知己，百战百胜。虽然，吾人知其然矣。而一若其事可安坐而得者，或凭一二人之坐照逆料而有余者，故虽有其说而不能用也。观于五十年来之战事，普鲁士知必与法人战矣，则以十余年之功，萃国中君臣上下之力，以究法事。（法之故老言，法德既宣战，一夕，巴黎之德人为路工为小贩者，皆散去，市几为空，乃知其皆德谍也。）日本之谋我也，亦深考中国沿海之形势军实，与朝廷军机督抚之能事性情，而后有甲午之役。当李鸿章之阅海军，日谍不离左右，英人尽知其谋，愦愦者独此老耳。乃至目前俄日之役，则乙未至今，日本之所为何如，夫人所能言者矣，呜呼！中国言练兵矣，练兵固当，而吾国之知彼者谁乎？知己者又谁乎？

复按：甚矣，哲学之有益于主术也。夫亚烈山达者，英主也，非德人也。其为善者，深知天下之利莫此大也。盖受教于雅里斯多德深矣。厥后罗马之安敦（见《后汉书》）及奥力烈等，皆深于斯多噶之哲学。而挽近最显，无若普鲁士之伏烈大力，法兰西之拿破仑，二君皆深于哲学者。顾吾国士夫，或谓空虚，辄加訾嗷，可谓一言不智者矣。

复按：男女同姓，其生不蕃，乃生理公例，必不可诬。姓从女从生，所谓同姓，非赵李钱孙之谓，盖血统之相近者是已。虽在蛮夷，犹知此禁（见《社会通诠》）。国朝之制，满汉不婚，故至今二百余年，犹存种族之梗，可叹惜也！汉人众于满人，汉人族较繁异，而满人血气心知，大抵相若，故此法行，满人最病也。虽然，婚姻固以异种为宜矣，然其相暌，不宜过远。过远者，亦不蕃也。近者日本，或倡杂种改良之说，英国哲家斯宾塞尔于此事最深，尝寓书其国会，罗列确证，深诫和人，不宜与欧人为合，以求进种。谓二者血气过于相暌，于事验恐适得其反云。

复按：前说之详，见《社会通诠》分第十一。嗟呼！刑狱者，中西至不可同之一事也。犹忆不佞初游欧时，尝入法廷，观其听狱，归邸数日，如有所失。尝语湘阴郭先生，谓英国与诸欧之所以富强，公理日伸，其端在此一事。先生深以为然，见谓卓识。夫中国刑狱之平，至于虞廷之皋陶极矣。然皆以贵治贱。以贵治贱，故仁可以为民父母，而暴亦可为豺狼。若夫公听平观，其被刑也，如其法而正，民终不可以是为天直，以责其上，使虽欲不如是而不能也。是故天下虽极治，其刑罚终不能以必中，而侥幸之人，或可与法相遁。此上下之所以交失，而民德之所以终古不蒸也。夫民德不蒸，虽有尧舜为之君，其治亦苟且而已。何则？一治之余，犹可以乱也。

复按：使右之所言而是，则吾国除官之制，又理之不可通，而事之莫有利者矣。夫中国是制之行也，有所以然之故存焉。一恐为吏者之得众，而其势将与政府抗也；二恐以亲故之私，而为政者有偏袒也。盖惟专制之国家，其立法也，塞奸之事九，而善国利民之事一。此可即吾国一切之法度，而征此言之不诬。顾用如是之法度，其国必不进也。不进而与进者邻，殆矣！居今而言变法，其首宜变者，在乎此旨。所行之事，诚宜使便国者居其七，而塞奸者居其三。夫世无无弊之法也，乃议其后者，先务从其流弊而言之，又不幸其言辄中。此吾国所以日言变法，而终之无一事之可以利行也。

复按：且其弊不止此。今夫议立法度，调御外交，非尽人能为之事。文明进而分功繁，则治人经国，犹之一业，推天与之材，亲与之学，师与之教，必不逮矣。故国民之举代议，非有锦而使人学制也，乃有玉而使人雕琢之。责其必取方略进止于所代表者，此所谓姑舍汝所学而从我也。夫爱国之民之用心，所求在利国家而已，非必欲身揽其权而后快也。故劳于得人而逸于谋国。彼筑室道谋，不必君主之制而后有此弊也。

复按：所谓准驳自由者，法家谓之威朵，犹禁止之义也。立宪之君，此为专有之权职。顾其用之也，必慎必虑难，不可以甚拂民情与国论也。法路易十六，于宪法既颁之后，凡国会所议行者，什八九皆威朵之，民情缘以大愤，而乱遂燎原不可遏也。

复按：此惊心动魄之言也！何则？由此可知虽有至仁之国，必不能为所胜亡国之民立仁制也。夫制之所以仁者，必其民自为之。使其民而不自为，徒坐待他人之仁我，不心薪之而不可得也。就令得之，顾其君则诚仁矣，而制则犹未仁也。使暴者得而用之，向之所以为吾慈母者，乃今为之豺狼可也。鸣呼！国之所以常处于安，民之所以常免于暴者，亦恃制而已，非恃其人之仁也。恃其欲为不仁而不可得也，权在我者也。使彼而能吾仁，即亦可以吾不仁，权在彼者也。在我者，自由之民也；在彼者，所胜之民也。必在我，无在彼，此之谓民权。彼所胜者，尚安得有权也哉！

复按：国法之所加，必在其人所实行者。此法家至精扼要之言也。为思想，为言论，皆非刑章所当治之域。思想言论，修己者之所严也，而非治人者之所当问也。问则其治沦于专制，而国民之自由无所矣。尚忆戊戌之岁，清朝方锐意变法，而廷臣之向背不同。某侍御主于变法者也，疏论礼部尚书许应骙腹诽新政。上令自陈，以为无罪，而某侍御遂为舆论所不直。夫其人躬言变法，而不知其所谓变者，将由法度之君主，而为无法之专制乎？抑从君主之末流，而蕲得自由之幸福耶？呜呼！可谓偾已。近世浮慕西法之徒，观其所持论用心，与其所实见诸施行者，常每况而愈下。特奔竞风气之中，以变乱旧章为乐，取异人而已。卤莽灭裂，岂独某侍御言失也哉！

复按：臣民得自达于其君，此左右观赏所大不便者也。故是法行，则必有廉远堂高之曲说，与夫垂旒塞黈之谬谈，谓其非治体者。不知人主之所忌者，察察为明耳，而非明目达聪之谓也。察察为明者，人匿不告，而我欲知之也。明目达聪者，人争来告，而我从而知之也。一静而一动，一逸而一劳，其于治之效大异，不可同而论之也。是故帝者，谛也。不许臣民之自达，是帝而不谛，溺天职矣。尚忆戊戌之夏，诏许臣民上书，上将亲览。当是时，封事日数百通，又不谙忌讳程式。于是议者以为烦，而无益于治，八月罢之。不知其所以为烦者，坐令始行耳。数月期年，其数自减。就令不减，如德皇英帝，日皆受数百通书，言之事在人，而听之权在我，未见其遂害治也。呜呼！有明之世，阉寺诸奸，且不容其君读书远眺矣，于议者何尤！

复按：往者，中西人士，皆怪吾国号腐败矣。顾以赋税论，则若独轻于西国者何耶？览孟氏之所论，殆可憬然于其故矣。夫欧民之出赋重，非以奉其君之台榭游豫也。欲商旅之棣通，则道路不可不修；欲牗户之绸缪，则陆军不可不练；欲长驾远揽、得地殖民，则海军不可不广。甚至河渠修，则免于水旱矣；树木茂，则远于疫疬矣。他若博物之院，藏书庋画之楼，盖无一焉而非为民设也。事不可以虚举，无财不可以为悦，则其需甚重之赋也，固宜。而自所收之后效言之，出一钱且有百十之报，此惟至愚之民而后不肯为耳。矧乎其民力之甚厚而易此也耶！专制者，奴使其众，虏用其民，下有常供，而上无几微之报者也。则何怪其民之盻盻乎！文王之囿，百里犹小之。而西国之囿，则其民之囿也。使事便而力足副之，虽千里何辞焉！呜呼！知言者慎勿以欧美之赋，例吾国之赋也。何则？二者实至异而必不同耳。貊桀之论，抑未中也。

复按：今日中国之时势，所最难为者，其惟国用乎！对于外侮，武备诚不可以不修，而兵之为物，固耗国之尤者也！然则其加赋乎？夫赋固已加矣。发捻之乱，则有厘金；甲午败，而东偿于倭；庚子乱，而西偿于欧，为数十余万万，为时三四十年。罄亿兆之膏脂，所以仰事父母长养子孙者，致之海外。问所由然，则专制政府之债事也。敲骨吸髓，所余几何？乃今而犹言加赋，忍乎？虽然，赋犹非不可加也，特制之何如耳。使其参用民权，民知公产之危，虽毁私家，不可以不救。其立法也，为之以代表之议院；其行法也，责之以自治之地方。是其出财也，民自诺而自征之，则所出虽重，犹可以无乱，然而政府所不为也，不收民权为助。曰是区区者，吾将自取之，吾见其无往而不蹶矣！

复按：吾读旁行书，其中于东方之政教，大抵多贬词。其有低徊称叹，谓此善于彼者，固已少矣。即如右之所云云，为支那之民，不当以之自憙者耶？于此而犹以为非，则于粤君自损之罪，又何辞焉？虽然，雅里斯多德言，爱真理过于其师，使吾援此例而为言，读者亦察其果为真理否耳？使真理而有明，则不佞虽用此而得罪，其敢不为天下白。夫西方之君民，真君民也，君与民皆有权者也。东方之居民，世隆则为父子，世污则为主奴，君有权而民无权者也。皆有权，故其势相拟而可争，方为诏令，其君方自恤之不暇，何能为其抗己者计乎？至于东方，则其君处至尊无对不净之地，民之苦乐杀生由之，使不之恤，其势不能自恤也，故有蠲除之诏令焉。此东西治制之至异也。闻之西哲曰，西之言伦理也，先义而后仁，各有其所应得也。东之言伦理也，先仁而后义，一予之而后一得也。彼孟德斯鸠前言自由与征赋之比例，既知赋重之生于自由矣，宁不知蠲诏之非幸福耶？盖将以讥诮其为君者，姑假焉以为之辞云尔。夫必非其意之所慕明矣！吾国读之，慎勿以是而自憙也。

复按：此例则验于吾国者也。北方之民，有混星者，其受刑也，义不呼詈。穷极求财不可得，或断腕刲肉，以惊人得之。凡此皆南省至不常有之事也。往者，英将戈登统长胜军，佐李文忠公削平发捻，生平最喜吾国士卒，以谓其兵材远胜欧美，且扶创虽剧，在欧卒为无望者，吾卒多不死。此其故有二：不畏楚痛，一也；习于蔬谷，其血肉方之肉食者为疏冷易复，二也。大抵文明之民，其熬楚痛，常不逮于质野。吾见北方小民，遇邻境有战，弹丸如注，辄伏天然遮蔽中，狙伺少间，出争撷拾之以易为利，此其心何尝知有险易者乎！

复按：夫国兵之强弱，其故多矣。持一例而概之，未有不失者也。因于风气，因于宗教，因于种姓，因于体力，因于教育，而最重者，又莫若其国之治制。吾尝见夫乡民械斗者矣，约期之日，妻劝其夫，母诚其子，黎明而起，为之庀械具饔，若非胜则无以相见者。何则？其所与战者公敌，而亦私仇也。且其死鸿毛耳，而勇往如是。国家之使民战，生则有赏，死则有名，其乐趋敌，宜相万也。乃卒多委之而去，若无与者。此其所以然之故，宁不可思而得之欤！

复按：辩矣，孟氏之言也！今夫法国之革命，而骈杀其王后贵人也，实在华盛顿以美民自立之后。向使法国不邻于英，不亲见美民之自立，虽至今其治如俄国如波斯可耳！是故为国者之难也。民智未开，则不免于外侮。民智既开，则旧治有不可行，行则内乱将作，此不易之道也。今者中国守四五千年之旧治，使海禁不开，则民养生送死，虽长此终古可也。不幸门户大开，舟车遝往，使其民日闻所未闻，取彼之所由富强，以较我之所由贫弱，则既忿忿于操柄秉制者之无术矣；又况彼之法令，所以保民身家者也，我之刑律，所以毁人身家者也，不平之鸣既兴，则其怨毒必有所中，而议者或欲以威力压制行之，庸有济乎？

复按：或曰中国之民，犹奴隶耳；或曰中国之民，非奴隶也。虽然，自孟氏之说而观之，于奴隶为近。且斯巴达之奴隶，而非雅典之奴隶也。何以言之？使中国之民而非奴隶乎，则其受侵欺于外人，当必有其责言者。今中国之民，内之则在上海、牛庄各租界之近，外之则在美、斐诸洲之殖民地，其见侵欺杀害者，亦屡告矣，而未闻吾国家有责言之事。是非五洲公共之奴，乌得有此乎？

复按：中国多妇之制，其说原于《周易》，一阳二阴，由来旧矣。顾其制之果为家门之福与否，男子五十以后，皆能言之。大抵如是之十家，其以为苦境者殆九。而子姓以异母之故，貌合情离，甚或同室操戈，沿为数世之患；而吾国他日大忧，将在过庶，姑勿论也。虽然，欲革此制，必中国社会出于宗法之后，而后能之。否则无后不孝之说，鲠于其间，一娶不育，未有不再求侧室者也。其次，则必早婚俗变，男子三十，而后得妻。否则，乾运未衰，而坤载先废。三则昏嫁之事，宜用自由，使自择对。设犹用父母之命，媒约之言，往往配非所乐，乌能禁别择乎！四则女子教育，必为改良。盖匹合之后，寡女必多，非能自食其力，谁为养之？窃谓多妇之制，其累于男子者为深，而病于女子者较浅。使中国旧俗未改，宗法犹存，未见一夫众妻之制之能遂革也。

复按：中国女祸烈矣！而欧洲尤然。大抵一战之兴，一朝之覆，无不有女子焉，为之执枢主重于其间。近古之事，如法路易十五之彭碧多、都巴丽，路易十六之马利安他涅，皆会成革命之局者也。而俄罗斯前之加达林，与今之达格玛，其致祸之烈，尤所共见者矣。

复按：欧亚虽强分二洲，以地势论，实同一洲，非若非、美诸洲之断然不得合一者也。顾东西风气民德之异，后世学者，每推原于地利。谓其一破碎以生交通，其一完全以生统摄。交通则智慧易开，统摄则保守斯固。自舟车利用，竞争之局宏开，于是二工之优劣短长见矣。而孟氏之论，则一切求其故于天时。至谓二洲之自由多寡，强弱攸殊，以一无温带，一皆温带之故，取其言以较今人，未见其说之已密也。总之，论二种之强弱，天时、地利、人为，三者皆有一因之用，不宜置而漏之也。顾孟氏之说，其不圆易见。即近世学者地利之说，亦未为坚。何则？果如所言，则亚之南洋群岛，美之中枢诸小国，其宜开化，而为世界先进久矣。何四千余年，寂寂无颂声作耶？是知人为有关系矣。夫宗教、哲学、文章、术艺，皆于人心有至灵之效。使欧民无希腊以导其先，罗马以继其后，又不得耶、回诸教纬于其间，吾未见其能有今日也。是故亚洲今日诸种，如支那，如印度，尚不至遂为异种所克灭者，亦以数千年教化，有影响果效之可言。特修古而更新之，须时日耳。

又按：西士计其民幸福，莫不以自由为惟一无二之宗旨。试读欧洲历史，观数百年百余年暴君之压制，贵族之侵陵，诚非力争自由不可。特观吾国今处之形，则小己自由，尚非所急，而所以祛异族之侵横，求有立于天地之间，斯真刻不容缓之事。故所急者，乃国群自由，非小己自由也。求国群之自由，非合通国之群策群力不可。欲合群策群力，又非人人爱国，人人于国家皆有一部分之义务不能。欲人人皆有一部分之义务，因以生其爱国之心，非诱之使与闻国事，教之使洞达外情又不可得也。然则，地方自治之制，乃刻不容缓者矣。窃计中国即今变法，虽不必遽开议院，然一乡一邑之间，设为乡局，使及格之民，推举代表，以与国之守宰，相助为理，则地方自治之基础矣。使为之得其术，民气不必缘此而遂嚣，而于国家纲举目张之治，岂曰小补？上无曰民愚不足任此事也。今之为此，正以愈愚。但使人人留意于种之强弱，国之存亡，将不久其智力自进，而有以维其国于泰山之安。且各知尊主隆民，为人人之义务，则加赋保邦之事，必皆乐于自将。设其不然，将一赋之增，民皆以为厉己。人心既去，事宁有可为者哉？观于本书十九卷之言，愈有以征鄙言之无以易已。

复按：此例特信于火器未兴之前，科学未明之世。亚丹斯密于《原富》论之详矣。当彼之时，文明之种，恒见伏于质野之民族，此东西二洲之所同也。至于今日，其势大异，国非富不强，兵非巧不利，欲率游牧之民，以席卷工商之国，如青吉斯、帖木斯之所为者，断断乎无此事矣！

复按：孟氏之言如此。向使游于吾都，亲见刑部之所以虐其囚者，与夫州县法官之刑讯，一切牢狱之黑暗无人理，将其说何如！更使孟氏来游，及于明代，睹当时之廷杖，与家属发配象奴诸无道，将其说更何如？呜呼！中国黄人，其亭法用刑之无人理，而得罪于天久矣！虽从此而蒙甚酷之罚，亦其所也。况夫犹沿用之，而未革耶？噫！使天道而犹有可信者存，此种固不宜兴，吾请为同胞垂涕泣而道之。

复按：欧之中原，所以合而为今之德意志者，溯其最初，不过百年业耳。往者小侯数十百，分土分民，逮拿破仑起而蚕食殆尽，普鲁士名存而已。斯达英、向豪、涅白尔诸公，起而大变其法，寄军令于内政。会有天幸，法军蹶于莫斯科洼。故数年之间，国势复立，外免于并兼，内泯于革命，然而散者尚未合也。直至普法之战，而后合邦，故毕相谓德之去分为合，乃以铁血范成，而后能济。嗟乎！处四冲难守之地，国之难立，为五洲最。君臣上下，百数十年一意抟心，不忘目的，昔之至弱，乃今至强，夫非国有人才而变法不后时之效欤！

复按：右之所言，亦于古代治浅之世有然，至于今日大异。夫世界最为富厚文明之国，居今数之，非英欤？非法欤？非美欤？而自由之盛，政理之平，殆与其富为比例。德意志者，百年新造之邦也。奥大利者，共主之故国也。其于前三者民为质矣。顾其民生，为政府所干涉者多，而任其民之自治者少，至于俄国，俗杂亚欧，氓庶蚩蚩，可谓质野。乃虽经十九稘之大启文明，而其制尚无议院。虽电邮汽车、财政美术，一切形下之物，靡不与前数国者齐，乃其民之不自由特甚，官吏之豪贪，刑政之不平，方之亚洲，殆过焉而无不及。由是言之，真无往而不与孟氏之言相反矣。虽然有说，盖今日欧洲之列强，出宗法而入军国之社会也。其出而不纯者，特俄国耳。群雄地丑德齐，皆以保守封疆，维持利益，为莫亟之当务。非商不富，非兵不强。顾兵者，纯于节制者也。而节制者，与自由常反对者也。又况养兵费烦，其征赋不能不重者乎？故美之自由过他国者，以独雄新洲，战守之事，非所亟也。英之自由，为天下首者，以为岛国，既治海军，可安枕也。（十八稘大陆骚然，而英独安堵。拿破仑谋英十余年，卒无成功，皆以此故。）若夫法之自由，则别有原因，而不生于地势。独德之立国最难，而其筹战守也亦最亟。是以伏烈大力第一之世，即行征兵之令，凡农皆兵，而贵族皆将，免于斗者，仅工商市府之民，然而未足也。法人革命军起，拿破仑鞭棰群欧，普鲁士几于不国。于是向豪等阴变军政，通国男子，皆有执兵之义务。逮毛禄胜法之后，合群小为大邦，拥普王为共主。然则，德者固以兵立国，以兵立国斯所以为节制干涉者，不得不烦。而所以予民自由者，不得不少。疆圉既固，而后讲教育、劝商工、开航路、略远地焉。故英美法者，既富而后强从者也。而德意志图强而后为富者也。而各国干涉放任之差，亦缘此而为异。若夫俄，真专制之治耳，其民固无自由。禁昌言，饰宗教，其政策纯以涂民耳目，笃守旧俗为宗。虽无今日东方之败衄，以文明风潮之日劲，虽不变法固不能。况近者情见势屈，而本年岁首，又以戕杀无罪，致其民之公愤。其皇室倾绝，特须时耳，此固不可与前四国者等而论也。（当日俄未战之初，不佞于《社会通诠》复案，已言俄之易败。年余以来，不幸言中，然而战争尚未了也。）夫中国者，相其地势，实与北美同形，惟牖户绸缪之不蚤，致启各国之戎心。虽然，其地势之利，固自若也，脱有贤者，起而图之，转弱为强，旦夕事耳。故前者妄言，谓小己自由，非今日之所急，而以合力图强，杜远敌之觊觎侵暴，为自存之至计也。

复按：吾游欧美之间，无论一沟一塍一廛一市，莫不极治缮茸完。一言蔽之，无往非精神之所贯注而已。反观吾国，虽通衢大邑，广殿高衙，莫不呈丛脞抛荒之实象。此真黄白二种，优劣显然可见者也。虽然，是二种者，非生而有此异也。盖吾国公家之事，在在任之以官。官之手足耳目，有限者也。考绩之所不及，财力之所不供，彼于所官之土，固无爱也；而著籍之民，又限于法，虽欲完治其地而不能。若百千年之后，遂成心习，人各顾私，而街巷城市，以其莫顾恤也，遂无一治者，夫人于所生之地，祖父子孙之所钓游，田宅坟基之所托寄，治善则身受其福，乱恶则世被其殃，以常情言，是宜有无穷之爱者矣。顾谋国者，以钤制其民之私便，必使之无所得为于其间，乃转授全权于莫知谁何视此如传舍之人，使主其地，而又以文法之繁，任期之短，簿书而外，一无可施。呜呼！如是之制，虽与之以五洲之名都，天下之雄邑，穷极治洁，如今日荷兰、瑞士之所有者，比及十年，未有不鞫为茂草者也。法之不臧，虽日督改良，仍虚语耳！且此所关系者，非仅耳目形象之际也。商旅以之不通，材产以之不盛，盗贼以之潜滋，教育以之荒陋，守圉则不坚，疾疫则时起。而最病者，则通国之民不知公德为底物，爱国为何语，遂使泰西诸邦，群呼支那为苦力之国。何则？终身勤动，其所恤者，舍一私而外无余物也。夫率苦力以与爱国者战，断断无胜理也。故不佞窃谓居今而为中国谋自强，议院代表之制，虽不即行，而设地方自治之规，使与中央政府所命之官，和同为治，于以合亿兆之私以为公，安朝廷而奠磐石，则固不容一日缓者也。失今不图，行且无及！

复按：十八世纪著政论言民权者，多与孟氏此章之言，同其失实。自舟车大通，蛮夷幽夐之阻，皆为耳目之所周。然后知初民生事至劣，以强役弱，小己之自由既微，国群之自由更少。观《社会通诠》所言蛮夷社会，可以证矣。往者卢梭《民约论》，其开卷第一语，即云斯民生而自由，此义大为后贤所抨击。赫胥黎氏谓初生之孩，非母不活。无思想，无气力，口不能言，足不能行，其生理之微，不殊虫豸，苦乐死生，悉由外力，万物之至不自由者也。其驳之当矣！且夫自由，心德之事也。故虽狭隘之国，贤豪处之而或行。宽大之群，愚昧居之而或病。吾未见民智既开，民德既丞之国，其治犹可为专制者也。由是言之，彼蛮狄之众，尚安得有自由之幸福，而又享其最大者乎？

复按：欧美之民，其今日贫富之局，盖生民以来所未有也。富者一人所操之金钱，以兆计者，有时至于万亿，而贫者旦暮之饔飧，有不能以自主。往昔民生差贫，或且谓机器与铁轨行，人人将皆有生事之可操，生业将皆有倍称之获，衣食足而民欢虞，比户可封之俗，刑措不用之风，非难致也。乃不谓文明之程度愈进，贫富之差数愈遥，而民之为奸，有万世所未尝梦见者。此宗教之士，所以有言，而社会主义所以日盛也。此等流极，吾土惟老庄知之最明，故其言为浅人所不识。不知彼于四千余年之前，夫已烛照无遗矣！

复按：言其大概，欧人之为种三：曰条顿也，曰拉体诺也，曰士拉甫也。英德美之民皆条顿。而法国所谓拂箖者，亦出于日耳曼之森林，入后乃参以拉体诺种。若士拉甫，则蕃于俄西波兰之间。审今日之势，条顿种人最强，坚忍沉鸷，盖中国古幽燕并陇之民也，观挞实图所述如此，知其民质之所由来远矣。

又按：民俗淫佚，其蔽必偷。而男女身材，必日趋于短小。此察于英法二民之异，而略可见者。中国吴越今日之妇女，几无一长身者，而日本之民尤甚，凡此皆有以致之者矣。故吾谓东方婚嫁太早之俗，必不可以不更。男子三十，女子二十，实至当之礼法，诚当以令复之，不独有以救前弊也，亦稍已过庶之祸。英法德之民，方当兵时，或犹在学校中，皆不娶。即学成之后，已治生矣，亦必积赀有余，可以雍容俯畜而教育二三子女俾成立者，而后求偶。此所以其业常有成，而门户之声不坠，其国民之自束有远虑如此。若夫吾民，则酿资嫁娶有之矣。不独小民积畜二三十千钱，即谋娶妇也。即阀阅之家，大抵嫁娶在十六七间。男不知所以为父，女未识所以为母，虽有儿女，犹禽犊耳。吾每行都会街巷中，见数十百小儿，蹒跚蹀躞于车轮马足间，辄为芒背，非虑其倾跌也。念三十年后，国民为如何众耳！呜呼！支那真不易为之国也。贫而无食固病，得食而易尤病。呜呼！支那真不易为之国也。

复按：呜呼！拘于墟，囿于习，束于教，人类之足以闵叹，岂独法制礼俗之间然哉？吾国圣贤，其最达此理者，殆无有过于庄生。即取其言，以较今日西国之哲家，亦未有能远过之者也。故其著说也，必先为逍遥之游，以致人心于至广之域，而后言物论之本富，非是之生于彼此。大抵七篇之中，皆近古天演家至精之说也。虽然，人生于群，是非固亦有定。盖其义必主于养生，而其求是非之所在，则为术不出于因明。因明者何？譬如与人言一事理，欲辨其理之是非，不得如前者之则古称先，但云某圣人云然，某经曰尔，以较其离合也；亦不得以公言私言为断，必将即其理而推其究竟，使其终有益而无害于人群，斯其理必是。是者何？是于此世界之人道也。否则其说为非。非者何？亦非于此世界之人道也。居是世界，以人言人，不得不以此为程准也。呜呼！不自用其思想，而徒则古称先。而以同于古人者为是非。抑异于古人者为是非，则不幸往往而妄。即有时偶合而不妄，亦不足贵也。

复按：吾国有最乏而宜讲求，然犹未暇讲求者，则美术是也。夫美术者何？凡可以娱官神耳目，而所接在感情，不必关于理者是已。其在文也，为词赋；其在听也，为乐，为歌诗；其在目也，为图画，为刻塑，为宫室，为城郭园亭之结构，为用器杂饰之百工，为五彩彰施玄黄浅深之相配，为道涂之平广，为坊表之崇闳。凡此皆中国盛时之所重，而西国今日所尤争胜而不让人者也。而其事于吾国则何如？盖几几乎无一可称者矣。自其最易见者而言之，则在在悉呈其苟简。宫室之卑狭，道路之莱污，用器百工之窳拙，设色之浓烈，音乐之噍楚，图画则无影，刻塑则倍真，以美术之法律绳之，盖无一不形其失理，更无论其为移情动魄者矣！《记》有之：安上治民以礼，而移风易俗以乐。美术者，统乎乐之属者也。使吾国而欲其民有高尚之精神，跌荡之心意，而于饮食、衣服、居处、刷饰、词气、容仪，知静洁治好，为人道之所宜。否则，沦其生于犬豕，不独为异族之所鄙贱而唤讯也，则后此之教育，尚于美术一科，大加之意焉可耳。东西古哲之言曰：人道之所贵者，一曰诚，二曰善，三曰美。或曰：支那人于诚伪善恶之辨，吾不具知。至于美丑，吾有以决其无能辨也。愿吾党三思此言，而图所以雪之者。

复按：此章末节，亦采诸神甫竺赫德等所纪载者，诚不识其何所见而云然。至于近世，甲午未战以前，所闻欧商之阅历，乃正与此言相反。彼谓吾国贪黩之风，至于官吏而极，上自政府爵贵，下至丞尉隶胥，几于无一免者。至于商贾，则信义卓著，皭然不欺。往往他国契约券符所为之而不足者，在吾国则片言相诺而有余。且或其人已死，在彼成不可收之逋矣，而其人子孙，一一代其还纳，此尤他国之所罕觏者也。有英商名克慎士者，罢业归国，临行自言，在中国经商十余年，未尝有十尖之逋，其致富由此。此非滥誉之言也。至于日本，民德反是。其国当官之人，自上至下，大抵人人清白，而商贾之信，则有难言，故西人业其地者，行店之中，所用伙伴，多雇华民，而就地取材绝少。其异于孟氏所言者如此，可以征世变矣！

复按：古之各国，大抵不相往来者也。岂惟国与国然，乃至一国之郡邑部落，亦大抵不相往来者也。是故礼俗既成，宗教既立之后，虽守之至于数千年可也。至于近世三百余年，舟车日通，且通之弥宏，其民弥富；通之弥早，其国弥强。非彼之能为通也，实彼之不能为不通也。通则向者之礼俗宗教，凡起于一方，而非天下之公理，非人性所大同者，皆岌岌乎有不终日之势矣。当此之时，使其种有圣人起，席可为之势，先其期而迎之，则国蒙其福。不幸无此？其为上者，怙犹盛之权。后其时而距之，则民被其灾。灾福不同，而非天下之公理，非人性所大同，其终去而不留者，则一而已矣。俄罗斯者，杂亚欧之民而成国者也。其受诸欧者，则近世所谓文明，而见诸形下者，莫不具也。其守诸亚者，则所以为专制之治者，莫不为也。籍通国之民以为兵，深宗教之迷信，禁报章之昌言，其塞一是之开通，保其礼俗，于以成其专制之治者，可谓不遗余力矣。然而时之既至，举国喁喁，用其压力，终以自败。所发满洲之卒，其战也，直无异前涂之倒戈，举国之民，闻败则喜，闻胜转忧。至于今日，波罗海军燔矣，其犹战也，有百败而无一胜。然而尚不肯言和者，非不欲和也，知和之难为，有甚于战也。何则？革命之局已成，外和而内将作耳！

　　复按：必谓吾国礼俗，为亘古不迁，此亦非极挚之论也。取宋以后之民风，较唐以前之习俗，盖有绝不相类者矣。顾他国之变也，降而益通。而吾国之变也，进而愈锢。其尤可见者，莫若国民尚武好事之风。如古之人好猎，今则舍山僻之区，以是为业者，不可见矣！他若击毬挟弹，拨河剑舞诸戏，凡古人所深嗜，而以为乐方者，今皆不少概见。大抵古人之于戏乐也，皆躬自为之。故于血气精神，有鼓荡发扬之效。而今人之于戏乐也，辄使人为之，而己则高坐纵观而已。是故其为技益贱，而其为气益偷。

　　复按：吾译此章，不觉低首下心，而服孟德斯鸠之伟识也。其于吾治也，可谓能见其大者矣。往者湘乡曾相国有言，古之学者，无所谓经世之术也，学礼焉而已！《周礼》一经，自体国经野，以至酒浆巫卜，虫鱼夭鸟，各有专官，察其纤悉。杜氏《春秋释例》叹邱明之发凡，仲尼之权衡万变，大率秉周旧典，故曰：周礼尽在鲁矣！唐杜佑《通典》言礼居其大半，得先王经世遗意。宋张子朱子，益崇阐之。清代巨儒辈出，顾氏以扶植礼教为己任，江慎修篹〔纂〕《礼书纲目》，洪纤毕举；而秦氏修《五礼通考》，自天文、地理、军政、官制，都萃其中，旁综九流，细破无内，惜其食货稍缺。尝欲集盐漕赋税，别为一编，附于秦书之后，非广己于不可畔岸之域，先圣制礼之体，其无所不赅，固如是也。其为言如此。然则吾国之礼，所混同者，不仅宗教法典仪丈习俗而已，实且举今所谓科学、历史者而兼综之矣。礼之为事，顾不大耶？然吾独怪孟德斯鸠生康乾之间，其时海道未大通也，其所见中国载籍，要不外航海传教诸人所译考者。顾其言吾治，所见之明，所论之通，乃与近世儒宗，沂合如是，然则西哲之考论事实，觇国观化，不亦大可惊叹也耶！

复按：中国赵宋以前之儒者，其所讲者，固不外耳目践履之近者也。其形上者，往往求之老佛之书。自宋之诸儒，始通二者之邮，大明乎下学上达之情，而以谓性与天道，即见于可得闻之文章，则又痛辟乎二氏之无当。自陆王二子，主张良知，而永嘉经制之学，乃逐物破道。愈为儒教偏宗，非其所尚者矣。顾自今以西学眼藏观之，则惟宗教，而后有如是之纷争。至于学界，断断不宜有此。然则，中国政家不独于礼法二者不知辨也。且举宗教学术而混之矣。吾闻凡物之天演深者，其分殊繁，则别异晳。而浅者反是。此吾国之事，又可取为例之证者矣！

复按：此节所论，最为吾党所欲闻者。惜其文词，颇难索解。今就原文转译，或有能通其怡者欤，未可知也。虽然，其理不佞于畴昔他文曾论之矣。夫支那所见胜于他国者，皆北方之族。支那，文胜之国也，而胜支那之北族，质胜者也。以质之力，其胜文也易；以质之法，其变文也难。观于日耳曼峨特罗马之前事，则所见于西土者，不异东方矣。虽然，此既往之迹耳。自火器兴，科学进，而舟车大通，若前之事，不复可见。此亚丹斯密曾论之矣。使支那后此而见胜，其法典将变于胜家者，殆可坐而决之也。

复按：孟德斯鸠生于法民革命之前，故言宗教之重如此。假使当一千七百八九十年之间，亲见其俗，弁髦国教，吾不知其言又何若也？然至今西土，尚有云东洲教化，必不可以企及西人者，坐不信景教，则不能守死善道，不知何者为真公理，此其言固极可笑！又近者吾于巴黎晤一犹太人，则又问中国有行用景教之说，果有此不？假令如是，足取欧洲所被千余年之荼毒，至今所极力求去而苦不尽者，踬而行之，其所丧失，宁可计量？二者所言，不同如此，顾斯宾塞尝论之矣。教者随群演之浅深为高下，而常有以扶民性之偏。今假景教大行于此土，其能取吾人之缺点而补苴之，殆无疑义。且吾国小民之众，往往自有生以来，未受一言之德育。一旦有人焉，临以帝天之神，时为耳提而面命，使知人理之要，存于相爱而不欺。

此于教化，岂曰小补？今夫不愧屋漏，诚其意而毋自欺者，中国大人之学
也。而彼中笃信宗教之妇人孺子，往往能之。则其说之无邪，可以见矣！
至于宗门之盛，往往侵政家之权，为治功之梗，是亦在政府所以容纳临御
之者为何如？苟得其术，虽有其利而无其害可也。

　　复按：吾不知读此章者，其感情为何若也？将以谓所言过欤？抑以谓十
八九得吾实耶？然有绝无可置喙者，则支那民所有事，在各恤其己私。此
其所讥呵，真可谓中吾要害者矣。顾孟氏推求此果之原因，则若谓本于稼
穑艰难，而天时地利有以使然之故，非笃论也！夫中国处温带之中，地利
天时，可谓适中而至美，无可议者也。而民所惟私之恤者，法制教化使然，
于天地无可归狱也。夫泰西之俗，凡事之不逾于小己者，可以自由，非他
人所可过问。而一涉社会，则人人皆得而问之。乃中国不然，社会之事，
国家之事也。国家之事，惟君若吏得以问之，使民而图社会之事，斯为不
安本分之小人，吏虽中之以危法可也。然则吾侪小人，舍己私之外，又安
所恤？且其人既恤己私，而以自营为惟一之义务矣。则心习既成，至于为
诳好欺，皆类至之物耳！又何讶焉？

　　复按：近者中国尝饬有司，更定刑律，乃去凌迟枭示诸极刑，而饬司法
之官无刑讯。此诚圣主如天之仁，身为斯民，所当感激歌颂于无已者。顾
言事者，则以刑讯为不可除，除且无以治狱，而寇贼奸宄滋炽。彼为此议，
夫岂不仁？盖亦有见其不可行，而后言此。夫泰西之所以能无刑讯而情得
者，非徒司法折狱之有术，而无情者不得尽其辞也。有辩护之律师，有公
听之助理，抵瑕蹈隙，曲证旁搜，盖数听之余，其狱之情，靡不得者。而
吾国治狱，无此具也。又况譸张之民，誓言无用，鹘突之宰，惟勘不明，
则舍刑讯，几无术矣。今夫狱未定而加人以刑，天下至不仁之政也。欲去
至不仁之政，而事之难如此。此吾民之所以可哀，而吾化之所以不足道也。
且又知善政必全而用之，取其一而遗其余，即其一不可得也。论者其勿言
复刑讯，而言其所以行此无刑讯者，仁者用心，政如是尔。

　　复按：吾国之士大夫，于西人之治，既不识其所以然，又不悟其形制性

情，与吾国所有者之大异。故见其赋法之重，未有不诧以为奇者。其不知者曰，此夷狄之厉政耳！其知者曰，惟其民之甚富，故任重赋而轻之若此。实则二说皆非，向使其治为专制，抑稍进之而为君主，但使国非公产，而民于其国无所可爱，虽比户素封，其为赋不能半今日也。彼惟人人视其国为所私，不独爱其国也，而尤重乎其所载之自由。故其保持之也，虽性命有不恤，矧乎其身以外之财产耶？是以今世之国，以非立宪，以与立宪者角，即以大莅小，以众莅寡，将万万无胜理。何则？不独爱国之心深浅殊，而临敌之众勇怯异也。即军费之无涯，非立宪之民，又乌从而得之？

复按：夫谓立宪之国，不劳民以事攻取之远略。此其说诚有然者。顾言攻人则然，至于自守之殷，实过专制。又以此言英，非事实。英之拓国也，于东则有印度、澳洲，于西则有北美。是三者之幅员，皆与中国埒。故十九世纪之三岛，其富天下莫与京，非此效欤！时至今日，虽以美国之民主，德国之重自守，皆一变故策，而力行帝国主义矣。自由之国，固不乐于夺人，而天与者又何为而不取？况均势平权之说，乃今日所最重者耶！故由前之说，使中国知及时而自强，其势犹可以无恐。由后之说，使终古不化，则其事有难言者矣！

复按：呜呼！此英国三百年来，所能大辟土宇，而日以强盛之秘术也，之真因也！夫其理亦至明耳。国得一属土，非徒得也，欲持而无失，将必有守御之事焉。守御又非徒然也，必有财赋而后集事。使此财而出于本国，是虚根本以实枝叶，非计之得也。此汉之珠崖，所以议弃也。脱无所縻费，而任其自然，是其地终古不兴。此清朝昔日之台湾，与尔时之新疆、西藏、蒙古、东三省也。惟得地以阗懋迁者不然。懋迁者，日盛之事也，日盛故其财赋必盈，盈故能自为其守御。且治化日开，供求日众，形势易固，其本国且以资无穷之利焉。是故古之广土地者受其累，而今之阗懋迁者蒙其利。此吾国筹边之人，所未尝梦见者也。

复按：吾每于租界，察外人之所制立者，而叹其种民之能事为不可及也。即如天津上海间，其所租有之地，往往不敌一乡镇，而居留之众，至多亦不过数百千人。顾其中制度厘然，自议制、行政、司法，至于巡警之备，教育之资，纲举目张，靡所不具，则隐然一敌国矣。且其形常有以坐大，多多益办，归斯受之。此其所为可畏者也。回观吾国之众，其旅于南洋美洲者亦不少也。顾所立者，除一二庙宇，所以为祀神饮福之地，无可言者矣。是何二民之相异耶？盖彼国常有地方自治之规，故虽商贩小民，皆知所以合群而立治。而吾国自三代至今，所以与其民者，不过乡射傩赛之事而已，至于政法，非所得立者也。孔子谓观于乡，而知王道之易行。使此老而生于今，所言当稍异耳！

复按：道之不明，则耻尚失所。今夫中国之翰林，所谓玉堂之署者，自唐有之。天子取一切猥杂，凡所以供奉其私者，而纳诸一曹，毗于贱者也。逮宋之后，稍稍崇优。顾所谓文学侍从，所谓报国文章，极其所为，不外如孟德斯鸠所言，以文学贡谄导谀，为人主弄臣而已。其犹非高尚之物，断断如也。然而世争贵之，父兄以此期其子弟，一若既跻其林，于人道即为造极也者，何其谬欤！若夫武人军官，能执干戈，以卫社稷，同仇敌忾，视死如归，此非所谓杀身成仁，舍生取义，男子最贵之业也耶？然而举国耻之。以其耻之，故吾国惟无赖恶少而后当兵，而当兵之业，遂若真可耻者。犹向者以其尚之，故吾国俊秀，必期词林，而词林之曹，遂若真可尚者。是不谓之耻尚失所得乎？以耻尚之失所，其国乃沦于至弱。又况农工商贾，贤者不居，美术九流，才士所鄙。则其国不特不强也，且以不富。不特不强不富也，且百为简陋，野邑湫秽，其气象乃日趋于野蛮，其学术技能，无足道者，噫！

复按：商君之治秦也，民有言令不便，与言令便者，皆以为乱化，而迁之于边城。俄国亚历山大第三之侵突厥也，民或议其战之利否，蹶然抵几曰：此何与若等事，若惟有执兵战耳！是二君者，皆真知专制之本者矣。

复按：此有征之言也。印度之开也，斯巴尼亚最先至，后乃英法相与逐鹿。然而法卒败而英卒成者，其故无他，如孟氏之言而已。欧美商业公司，其制度之美备，殆无异一民主。此自以生于立宪民主国，取则不远之故。专制君主之民，本无平等观念，故公司之制，中国亘古无之。迩者，吾国耸于外洋之富厚，推究所由，以谓在多商业，则亦相与为其形似，设商部，立商会，鼓舞其民，使知变计。一若向有大利在前，吾民皆梦然无所见，而必待为上之人为之发纵指示者也。顾彼西人，则以我为天赋货殖之民。夫以天赋货殖之民，而成就不过如是，则其所以然之故，必不在商之能事明矣。呜呼！吾安得识如孟氏者，与之深论此事也耶！

复按：取右之所言，而加诸吾国之官吏，虽不易一字可也。今夫处叔季之末流，固不得高言不求利，而为中人以下立说，亦不能无恤其私。然求利恤私矣，独怪吾人往往弃其大且久者，而从事其小且暂者，智者所为，固如是乎？曩尝与友朋私论，以为中国民智，虽无足言，然其所以自营，当不至于拙劣。乃今观之，若其中惟二政策焉！二政策何？曰无后政策，曰短命政策。无后政策者，谋仅及身，而不为子孙留余地也；短命政策者，快意当前，并不为己身计再往也。岂利令智昏，果如此乎？乃相与嗟叹者久之。友人钱塘夏穗卿曰，是非其智之不足任也，以法之敝，有以逼之，使勿如是而不能也。今夫设然诺，立威信者，就功利言功利，犹东作然，所以俟西成之丰稔也。乃今使甲而治春畴，使乙而课秋垅，甲乙各自为其利害，则乌得不取其当前之可收者而尽之！有为后人计者，后人不汝感也，有为后日计者，后日之事非其事也。由是其政策，皆若无后短命者然。是故求中国之治，非上有圣主不能。盖自制封建为郡县以来，二三千年，尽如此矣！若夫欧美诸邦，虽治制不同，实皆有一国之民，为不祧之内主。故其为政也，智慧虽浅，要必以一国为量，而作计动及百年。虽伯理由于公推，议院有其聚散，而精神之贯彻始终则一而已。中国之所恃者天子耳！生于帷墙，长于阿保，其教育之法至不善。故尊为明圣，而其实则天下之最不更事人也。惟缔造之君，发迹闾阎，如汉宣、光武、唐太宗者流，夫而后乃有赖。否则，必得宰相重臣，如明之张太岳者，犹可以粗举。顾无知人之明，而有得人之效，此至不常之事也。则安得不治世少而乱世多乎！

复按：使其国以平等为精神，将执业虽异，而于社会，皆为分功而不可阙，初无所谓贵贱者也。操术固有巧拙难易，而贵贱不甚相悬，而后诸业皆奋，而其群无废事。中国重士，以其法之效果，遂令通国之聪明才力，皆趋于为官。百工九流之业，贤者不居。即居之，亦未尝有乐以终身之意。是故其群无医疗、无制造、无建筑、无美术，甚至农桑之重，军旅之不可无，皆为人情所弗歆，而百工日绌。一旦其国入于天演之竞争，乃俛然不可以终日。愚谓如孟氏之说，国家宜于民业，一视而齐观。其有冠伦魁能，则加旌异，旌异以爵不以官。爵如秦汉之封爵，西国之宝星，贵其地望，而不与之以吏职。吏职又一术业，非人人之所能也。如是将朝廷有厉世摩钝之资，而社会诸业，无偏重之势，法之最便者也。然此法亦必于立宪之后，乃有可言。使无变今之俗，虽日取国人而教训之，犹无益也。观于今日出洋学生，人人所自占，多法律、政治、理财诸科，而医业、制造、动植诸学，终寥寥焉！而国家所以广厉学官，动曰培才为朝廷所任使，是上下交相失也，可以见矣！

复按：吾每睹古代之巨功，未尝不震耸流连，叹古人之志量，为今人所万万不克及者也。彼西人无论矣，乃若吾国之神禹秦皇，若汉唐之都会城邑，若隋之官道，若元之运河，虽用意不同，要皆为豪杰之能事。人类称中三才，而其功有以补天设之不足者，非以其能开通夷平，有以利民生于无已也耶！夫利成事者以机。古人用机，必不逮今之人甚远，而其事之艰巨，又常倍蓰于今时，然而犹勤为之。乃今吾国，虽数百里之铁道，无高山大川为限者，犹相视而莫肯举，是何度量相越之远耶？治西学者，每不欲学工程，以学之往往成屠龙之技故，此亦弊之必见于十年以后者也。可慨也夫。

复按：以岛民而擅海权者，未有不为天下之强国也。盖其国以四海为天设之险，不独不易受侵也，且不受邻国交攻之影响。且既为岛国，而所居在寒带以外者，其土地未有不腴。此所以泰西英伦，其国不被外患者，至于今几及千载。而日本虽以元代之强，不能克也。盎格鲁之民族，西殖于米利坚，东蕃于澳大利亚。是二土者，虽皆大陆，顾其中本种原人，皆榛狉至弱不足自存之众。此其族之所以日益盛大，而其民所享自由，常较他种优厚者，亦此故也。

复按：往读美人马翰所著《海权论》诸书，其言海权，所关于国之盛衰强弱者至重。古今未有能奋海权而其国不强大者，古希腊罗马，皆海国也。希腊用蕞尔国，而能与强大波斯抗者以此。韩尼泊引加达支之师，道斯巴尼亚，绕长白山左转而入罗马，势如破竹矣，卒不能制罗马死命者，坐罗马有海军，而韩尼泊无之耳。至于后世，拿破仑竭十余年之力以图英，顾事不成，终为所困，亦以舟师先为英人所覆故也。中间若荷兰，若波陀牙，若斯巴尼亚，方其递为强国，狎主齐盟，皆当海权极盛之时代。最后甲辰日俄之战，其始也，以海军鸣，盖旅顺三铁甲毁于鱼雷，而日本已操必胜之算。乙巳五月，波罗的海旅告熸，而俄国乞和之使出矣。此实证诸历史可谓不遁之符者已！吾国开辟以来，国家拥一统无外之规，常置海权于度外，至于今其敝见矣！自与各国相见以来，失败原因，莫不坐此。顾议者梦梦，尚持弃海从陆之谈。嗟呼！使弃海而从陆，则中国终古为雌。将以建国威，销敌萌，与外人争一旦之命者，可决然断其无此事也！

复按：此泰东教化，最为弱点者也。西之教，曰爱仇，曰宥人之罪，祈天宥我。东之教，曰以直报怨，曰复九世之仇。春秋韪之，以所习之如是。故每闻兼爱之说，则以为非人情。虽以孟子之贤，且訾其无父。夫所谓无父者，非真无父也，特不设差等于其间，待其父犹众人焉，曰无父耳。然不知仁心之用，发于至性之自然，非审顾衡量，而后为施。果然，则乍见孺子之入井者，必訊其父之为何如人，而后可以施匍匐之救，则所谓恻隐之端，所存不其寡欤？夫人类遍于大地之五洲，而人人有其所同得于天者，为相感召，由此而爱力生焉！此老子所谓常也。故其言曰：知常容，容乃公，公乃王，王乃天，天乃道。呜呼！使人道必以仁为善长，则兼爱之说，必不可攻。兼爱者不二本。孟轲氏之说，乃真二本耳！

又按：说之违真理者，则常至于抵牾。夫横渠西铭之道，兼爱也，墨道也。而程朱党，与孟子之说背驰，则必以为非墨。夫孟子固圣贤人，而以云其学说，则未安者众矣。程朱又安能尽护之？吾国之论人也，善则无不善，恶则无不恶。而不知形气之中，故无此物，莫不二者相参，而率有多寡，孟子亦人耳！虽贤圣，又安得无过言哉？必并其过者而守之，此吾学之所以无进步，而其敝常见于末流也。

复按：景教最禁乘人危而为己利。遇险忘己相援，尤相矜为高行，不问同种与异族也。英国宝星多品，其最贵者，曰维多利亚十字，已故君王后之所制也。临敌冲锋陷阵，著奇功瑰节，而后得之。然不多觏。独平日冒险救人，本于仁心，事迹众著，则往往得之。忆道光间，姚公石甫观察台湾，有波陀牙船遭风入淡水港。当是时，尊攘之风甚盛，居民掠焚其舟，拘其众，姚不加察，以获丑入告。朝廷以异数酬庸。及广州议和约，西人以此事并案，有烦言。使者琦善疏其事，与前奏绝异，奉旨逮问。张亨甫方家居，闻之，徒步七千里，入都谋营救，道死杨椒山祠。天下气节之士，咸是石甫、亨甫而訾琦善。

复按：国民权利，载在盟府，此列邦立宪之大义始基也。而吾国亦有之乎？曰有之。《春秋》昭十八年，晋为伯主，韩起聘郑请环，而子产告之曰：先君桓公，与商人皆出自周，庸次比耦，以艾杀此地，斩之蓬蒿藜藿，而共处之。世有盟誓，以相信也，曰：尔无我叛，我无强贾，毋或丐夺，尔有利市宝贿，我勿与知。恃此盟誓，故能相保，以至于今。今吾子以好来辱，而谓敝邑强夺商人，是教敝邑背盟誓也，毋乃不可乎？云云。兹非其证欤？再不佞尝谓，春秋圣哲固多，而思想最似十九世纪人者，莫如国大夫。如不毁乡校，拒请环，不从禆灶之言而用宝，拒晋人问驷乞之立，不为国人禜龙斗、铸刑书，皆彰彰尤著明者。至其词令之美，虽在今日之外交家，犹当雄视一世。呜呼！使吾国今有一国大夫，胜于得管仲矣。

复按：原文于此，颇不清晰。所谓根本国家，可译殖民者之祖国，亦可译地主之国家。夫谓异族至人边境，原原而来，生聚成国，且其独立之权，统其地土，如此而云于地主之国家无害者，岂理也耶？意作者之意，必指祖国之国家也。嗟呼！大地既通，物竞弥烈，不幸主动之力，属之欧人。欧之厚，亚之薄也。虽然，天演之事，其因果非旦夕可尽，安知从此无所谓反动力者乎？以愚观之，特早暮耳！

复按：吾国自庚子以还，时论实以排外为有一无二之宗旨。其所异于前者，向则傲然懵然，以外人为夷狄而排之；今也耸然惕然，知外人之智力为优胜而排之。向也，欲不度德不量力而排之；今也，度德量力，欲自免于危亡而排之。故其说曰，向之排外是也，特所以排之者非耳！向之所以排外者，野蛮之术也，故虽排而外人之入愈深，而中国之受损者益重。乃今吾将为文明之排外焉，吾国其庶几有豸乎！于是又得日本之留学生，其所见所闻，皆日本三十年前之政法。众议所发，先见于拒绝外人资本之内流，而自开矿山，自造铁路，以及一切抵制利权之议，如云起矣。虽然，理财为国之道，各有时宜，而议尤不可以一端尽也。方今吾国，固当以开通为先，而大害无逾于窒塞。自开自造，抵制利权之说，日牢而不可破如此。（已闻留学生有言，宁使中国之路不成，矿不开，不令外国赀财于吾国而得利。此言与昔徐东海相国云，能攻夷狄，虽坐此亡国，亦为至荣。何以异乎？）他日恶果，必有所见。不佞且以此获知言之称也，悲夫！

复按：国之大患，莫甚于无与为全局之画，与无与为长久之计也。君主之国，其用人也，各有官司，而任有期限，又束之以文法之繁，考绩之密。是故虽有贤能，不敢为出位之思。甚且畛域显然，取适己事。求所谓公忠体国，为国家计虑深远者，有几人哉？幸而国有贤君，以四境为一家之私产，创业垂统，期子孙世守于无穷，则所谓全局之画，长久之计，彼实为之。其自宰相以下，至于吏胥，皆奉令承教，备使令而已。假令不幸，胤嗣中衰，孺子践阼，即有强辅，逼于嫌疑，则其所为，将一切皆苟且，国脉焉有不伤者乎？然此而见于古昔一统之朝，神州而外，与为邻者，皆小蛮夷，犹之可也。又不幸而见于争存极烈之时代，如今日者，则吾不知何以善其后矣！每见吾国封疆大吏之所为，其视隔省，不殊异国，痛痒漠不相关。甚且挤人于危，处己于安，以为得计。乃至一郡一邑，其为相视莫不然也！若夫用人理财，则尤不为其后者计。浅而譬之，假如有树，迟之数年，可以长成扶疎，材任梁栋，近而砍之，拱把而已，梧槚不如。顾彼操斧斤而自为计，无宁砍之。何则？虽有他日美材，于眼前人毫无所利故也。然此施于他端，犹难见耳。至于财政，将在在以信义为之基，保护谨持，庶几有立。顾当事者，但要目前之利，余且一切无以动其心，则国安得不日窘？前事若昭信之股票，近事若各省之铜圆，凡与同物，皆不为后计者之所为也。夫惟立宪之国不然。盖立宪之国，虽有朝进夕退之官吏，而亦有国存与存之主人。主人非他，民权是已。民权非他，即以为此全局之画，长久之计者耳。呜呼！知此则竞争之优劣，不待再计而可知矣。

　　复按：义务者，与权利相对待而有之词也。故民有可据之权利，而后应尽之义务生焉。无权利，而责民以义务者，非义务也，直奴分耳。是故若右之术，惟立宪民主之国，而后可行。立宪之民，有囊橐主权，而可以监督国家之财政者也，吾国挽近言政法者，往往见外国一二政利，遂嚣然欲仿而行之，而不知其立法本原之大异。自庚辛以还，国之所议行者亦众矣，然决知其于国终无补者，职此故耳！

　　复按：神州之地，自今以往，将大开门户，而为数十百国往来争竞之场，此虽百世可知者也。夫民虽爱国，而以常情论，终不敌于救其私。私者，切近之灾，而存亡之问题也。是故法律之施行，稍或不审，则渊鱼丛雀之驱见焉，此古今法学至信之例也。议者之于立法行政也，见外人之不可以力取，而所治者之在己势力范围也，则曰非羁何忌。常欲优外族，而自抑其民，徒使吾民爱国情损，而予外人利资。且此不独见于通商之事也，名分章服，礼仪交际之间，使畸重轻，倚力所趋，将卒致此。近而譬之，法堂之上，吾民匍匐，而彼坐立焉。朝觐之际，彼族鞠躬，而吾泥首焉。问当此之时，有不以贵贱荣辱之殊，而窃窃然怨恨国家自视其民如草芥耶！使人人皆怀此情，虽不明言，将于国大不利。夫单献公弃亲用羁，不旋踵而难作。重外人而自践其民，欲民心豫附而爱国者，特欺人语耳！敬客简主之说，万万不足以自圆也。彼为政者，尚凛之哉！

　　复按：自以人鬼为宗教，而不血食为莫大之罚，于是吾人以婚嫁为天职。而中国过庶之患兴焉。虽然，庶矣，而富教不施，则其庶也，正其所以为苦也。欧洲之民，其视子姓固不若吾人之重，而忧世之士，计学之家，方殷然以嫁娶无节为戒。故今日如法、意、英、德诸邦，其户口之数已不甚进。盖教养愈谨，必量力以为生故也。中国之蕃衍也，劳动社会，无恒产之小民，进率独优。夫众不教劣种之民于竞争之世，其不能为优胜明矣！故不佞以此为吾国最难解免之问题也。

复按：生无贵贱，此平等之极说也。虽然，种固有贵贱之殊，而智愚贤不肖，生质从以大异。今取士族之子百人，与徒隶之妻百人，分而教之，则前说之证见矣。是故言其大较，种固有贵贱之可言也。

复按：孟氏言舜娶妻，不待瞽瞍之命。然则为之主者盖尧。夫尧固本其爱国之义，而后有二女之厘降者，非今世主自由结婚者，所得以借口也。西人言自由结婚固矣，而男女之缔合者，年必甚长。常法男逾三十，女逾二十，各已长成，知自为计。其未及二十有一者，则在父权之下。即令失怙，亦有保父，代任其职，无所谓自由者也。其谨且重于婚嫁如此。然而尚有占脱辐之爻，而夫妇道苦者。今中国沿早婚之敝俗，当其为合，不特男不识所以为夫与父，女不知所以为妇与母也。甚且舍祖父余荫，食税衣租而外，毫无能事足以自存。如此而曰自由结婚，不待父母之命，庸有当乎？庸有当乎？

复按：计学家户口之论，十九稘间以马尔达所论为最辟。继而天演家物竞说行，于是欧洲各国，人人自危，而殖民政策，世界主义，大用于时。约而言之，皆为过庶之民谋耕地耳，为溢富之财谋业场耳。若夫生聚之计，西之罗马，东之日本，中国之古越，皆尝一用之。方其为此，其立法牖民，有极可笑者，而女无贞行，子无常亲，其于当日之生聚，为益至微，而为后世风俗之患至巨。盖苟合无别之民，其于生理，常逊于贞静有常者。且纵欲之种，又多劣弱故也。是故生聚之术，后世莫有行者，而所行常在其反。欧洲有教之民，方其为学不娶，方其执兵不娶，学成业立矣，非岁入愈二百镑者不娶，既娶之后，使家非至饶，则所生不愿逾二子女，后且以术止之。盖恐所生或多，则其力不足办教育也。惟中国之事不然，使其家饶资，婚嫁常不出十七八，人人以多子孙为莫大之幸福，而无子为天罚。

虽然，子生之后，未尝为之办教育计深远也，慈者不过多与财耳！而以不教之子，受易得之财，往往挥霍纷纭，为当身之大患。窃尝怪西国有数百千年之贵族，而中国自宋元以降，则几于无世家，身为将相守宰，数世之后，降在皂隶者，盖比比也。是可以思而得其故矣！

复按：君士丹丁生汉魏间，东罗马之第一帝也。欧洲以景教为通行国教，自君士丹丁始。史言君士丹丁出兵时，空中忽见十字，祥云绕之，且有文曰，以此胜敌。帝乃归依，受洗礼。凯旋，乃建都于君士丹丁讷波尔，即今土耳其都也。孟氏谓景教裁抑父权，使年少者受新思想，此诚笃论。不独宗教有然，即至政俗哲理，莫不如是。而二者又有相因之致。不独父权轻而后新理进，亦新理进而父权不得不轻。此其现象，固今所在在可察者矣！

复按：使宗教而不任天，则一切之宗教可以废，彼之为此言宜耳。顾自学术之能事日蒸，今乃知民智国力之高下，即在此任天任人之多寡，法令之所能为众矣，岂仅户口多寡间哉？是故弥纶造化，主宰诚不可谓无，而谓人功无取者，此亡国之民也。三百年来，宗教权力，日衰于西，正由此故。而吾国之民，上者乐天任数，下者诏鬼祷祈。此其性质，实与宗教最合。而若格格不入者，种界之见太明，而多神之旧，难为一主之新故耳！不佞尝谓吾国西教，二三十年以往，尚有极盛之时，然而势不可以甚久。凡此现象，皆即今渐著端倪者也。

复按：人道而深于财，则虽骨肉之间，其用爱常不及禽兽。夫禽兽无自杀所生者也；有之则其种早晚灭。顾以人而或为之者，无他，计深于财故耳！吾乡三十年前，溺女之风最盛，则以乡里之俗，凡嫁女必为厚奁。否则，行路笑之，以为至辱，妇人计及财贿，则不如方乳而除之矣。即其爱男子子也，亦常不本于天性之自然，而杂出于传受产业，食报暮年，种种鄙吝之思想。呜呼！骨肉之爱，人道最高尚者也，及杂以私，则用情之诚，不若禽兽，是不可以憬然耶？

复按：制惟其宜而已，无所谓仁也。用之不得其理，虽至仁者可以成至不仁。久行之余，蒸为风俗，其害历世，不可以祛。夫罗马之制，自意大利一统以来，废之久矣。顾至今行其国中，呼乞者犹满道，特较前此差耳。何则？耳目习常，不以为讶愧故也。吾国畿辅之民，岁岁有振，寒风司令，粥厂宏开。故北方之民，最无盖藏，不以仰哺于人为耻，而田畴之废，亦较他省尤。夫政府衣税食租，徒取甲民之资，以畀于乙。见谓仁政惠泽，思之亦可愧汗者矣！况课其终效，且为有害民德之尤者耶！嗟呼！习非胜是，浸成风俗。吾国官场学界之间，所累世洗涤不可祛除者，固何止一二事乎？

复按：论惠振之无益而有害，近世巨子，莫著于赫胥黎、斯宾塞尔诸公，其言殆无以易。不谓百数十年以往，于计学未大明之世，先有孟德斯鸠，见之真切，有如此也。因悟鲁论：孔子谓博施济众，尧舜犹病。其旨非高，其行为不可及也，亦谓尧舜所不肯为耳。故其下曰："己欲立而立人，己欲达而达人。"昭然若揭矣！尝谓济人之道，莫贵于使之自立，舍此固必穷之术，于受者又无益也。夫人道之所最贵者，非其精神志气欤？顾世之讲施济者，往往养其躯体矣，而毁其志气，是以禽兽之道待其人也。夫至仁莫如天。天灾之行，若旱干水溢者，天之所以教其民，使之知趋避，而后此能为先事之防，善自救也。是故由天之道，一害之后，其不害者可以无穷，而人类之能力益进。顾讲施济者不然，必取其事而盾之，使受害者有所恃而不为后计。此何异慈父折梃，而旁观者不知其用爱之笃，从而沮之；顾他日放荡逾检，是旁人者又不能从其后而时苀之也，岂非反祸之乎？嗟呼！人无智愚，特眼光短长，有分别耳！

又按：至于今日振务，号善士者，大抵皆为盗而不操矛弧者耳。一闻有灾，匍匐从事，既收仁声，己亦加富。大吏从以重其人，政府或亦奖其事，大利所在，固无怪今日善士之多也！

复按：凡宗教之所托始，如王者之始祖焉，莫不载灵异，言感生，表圣迹，然而皆无据，贤哲难言之。自十七世纪以来，摧陷廓清，稍稍尽矣。而持世之士，方以此为大忧。盖谓使灵魂有死，天堂地狱之说，破而无余，将人心横恣，滋莫防检也。然而哲家如前之滂庞讷子，后之汗德等，皆以为不然。彼谓善者，人性也。其好善恶恶之本然，固无所待于报应之居何等。籍令其人歆天堂之极乐而后为善，畏地狱之苦趣而后不为恶，此其人固已为喻利之小人，而所行不足贵矣。于是倡为道德独立之教。道德独立者，宗教虽灭，人道亦有以自存也。总之，世法莫不相倚而立者，使民质污，道德固无由独立。方独立之说不足维世，其时宗教之义，自不可破。迨民质进，而宗教义衰，则独立道德，将自有以持世而有余。

复按：吾译此章，不觉心怦怦然，汗浃背下沾衣也。夫孟子非至仁者欤？而毁墨，墨何可毁耶？且以其兼爱为无父，又以施由亲始为二本，皆吾所至今而不通其说者也。夫天下当腐败否塞，穷极无可复之之时，非得多数人焉？如吾墨，如彼斯多噶者之用心，则熙熙攘攘者，夫孰从而救之？今之人，嚣嚣然自谓被文明教育，以转移中国为己任者，亦至众矣。顾吾从旁徐察其所为，则一命之得失，一财之有无，虽其实至琐屑不足道，皆不惜重趼协息以争之。不能得，则挟其众势，号曰团体。阴险叵测，名曰运动。但己之有获乎，虽置人于至危所不顾。呜呼！亡国之民，莫不如此。彼方以是为争存，而不知其与庄生之豕虱同道。可哀也已！

复按：宗教为物，其关于陶铸风俗者，常至深远。观东西二土之民，其于怨仇，可以见矣。西之宗教，重改过宥罪，曰此教徒之天职也。虽有至深之衅，使犯者声言歉衷，以自谢于受者，则旧怨可以立捐。乃至张脉偾兴，往往拔刃相向，或有为之解纷，则杯酒片辞，化寇仇而为石交者，事恒有之。其受谢者，不为弱懦，而度量恢廓，为人所称。脱既解矣，而犹以旧怨相绳，则其人必为国人所不数，此西国之俗也。至于吾俗，乃大不然。衅之既生，衔者次于骨髓，迁怒及其亲戚，寻仇延乎子孙。即有居间排难之家，以势相临，若不得已。虽曰解仇，察其隐微，固未尝释也。其居心如是，其揣人亦然。缊火常伏，其发也，特待时而已！故其民之相遇也，刻鸷感愤之情多，而豁达恺悌之风少也。呜呼！此固宗教使之然耳。夫《春秋》号经世，而齐桓灭纪，所不忘者，哀侯九世之仇，然而经大之矣。惟二俗之行，其于社会，利害相远，此不具论，吾所持者，特指东西国俗之殊，与其致此之各有由而已。

复按：窘哉！孟氏之言宗教也。由此观之，孟氏特法家之雄耳，其于哲学，未闻道耳。能言政俗，而不能言心性，即此章之论，举其大者，有数失焉：谓利害不关真伪，其失一也；以孔教不言灵魂，其失二也；以佛为主灵魂不死之说，其失三也；谓景教主灵魂不死，而独违其弊，其失四也。今请得一二而明之，夫宇宙有大例焉，曰必诚而后利，未有伪妄而不害者也。世有哲人，所以汲汲为学者，求理道之真耳。理道之真，所以为言行之是也。是非之判，所以为利害之分也。彼古今宗教所常有利者，以其中之莫不有真也。而亦未尝不害者，惟其中之尚有伪也。是故学日进，则教日休。何则？伪者渐去，而真者独存也。彼谓宗教之利行，不关真伪，独视其与政俗相得与否，其所见既甚肤，而信道尤不笃。自以谓功利主义之言，而不知其实误也。且孔教亦何尝以身后为无物乎？孔子之赞《易》也，曰精气为物，游魂为变。《礼》有皋复，《诗》曰陟降，季札之葬子也，曰：体魂则归于地，魂气则无不之，未闻仲尼以其言为妄诞也。且使无灵魂矣，则庙享尸祭，所焄蒿悽怆，与一切之礼乐，胡为者乎？故必精而言之，则老子之说吾不知，而真不主灵魂者独佛耳！其所谓喀尔摩，与其所以入涅槃而灭度者，皆与诸教之所谓灵魂者大殊。至孟谓景教主灵魂不死之说，而独违其弊，则尤不知所言之何所谓也。试观十五六稘之欧史，其时宗教之争最烈，而教会之所以敢于杀人，斯巴尼亚、罗马二国之所行，所长为历史之大诟者，正坐毁躯干以救灵魂之邪说耳。嗟呼！一说之兴，至使杀人焚人者，转若心安而理得，其所杀几百千万亿之人，如是而犹以为无弊。则愚不知天下何说乃有弊也。噫！

复按：时至今日，五洲之民，苟作最劣之种，莫不知教育为生民之最急者矣。然亦知教育以何者为最大之目的乎？教育最大之目的，曰去宗教之流毒而已。夫宗教本旨，以明民也。以民智之稺，日用之不可知，往往真伪杂行，不可致诘，开其为此，禁其为彼，假托鬼神，震慑愚智。虽其始也，皆有一节之用，一时之功，洎乎群演益高，则常为进步之沮力。此不必求之四裔也，近之宫闱之中，远之圭窦之内，大者秩宗之所典，小者村姬之所谈，中国今日所既知其非，而犹踵其事者，岂少也哉！教育者，所以牖本有之明，扩充之，使知去其谬悠，存之真实者耳。西谚有曰：魔之第一能事，以其说谎。又曰妄则终凶。吾党日求为文明人，舍宝贵真实，别无安身立命处也。

复按：欧洲之所谓教，中国之所谓礼。礼之立也由人，亦曰必如是而后上下安，人物生遂，得最大幸福焉耳。夫非无所为，而为是以相苦亦明矣。圣人制礼者也，贤者乐礼者也，二者皆知其所以然而弗畔。虽然，弗畔矣，然亦可以为其达节。此君子之所以时中，而礼法不累于进化。孔子绝四，东晋通人亦曰，礼法不为吾辈设，皆此义矣。至于愚不肖不然，或束于礼，而失其所以为和；或畔于礼，而丧其所以为安。由前将无进化之可言，由后将秩序丧亡而适以得乱。化不进者，久之则腐；乱者拂戾抵突，势且不足以求存。凡此皆不足自宜于天演，而将为天择之所弃者矣。今夫中国之大坊，莫重于男女矣。顾揣古人所以制为此礼之意，亦岂徒拂其慕悦之情，而以刻苦自厉为得理欤？则亦曰，夫妇者，生民之原也。夫使无别，将字乳之劳莫谁任也。且其效于女子最不利，惟其保之，欲其无陷于不利也，故其为礼，于女子尤严，此诚非无所为而设者矣。乃至后世其用此礼也。则杂之以男子之私。己则不义，而责事己者以贞。己之妾媵，列屋闲居。而女子其夫既亡，虽恩不足恋，贫不足存，甚或子女亲戚皆不存，而其身犹不可以再嫁。夫曰事夫不可以贰，固也。而幽居不答，终风且暴者，又岂理之平者哉？且吾国女子之于其夫，非其自择者也。夫事君之不可不忠者，以委贽策名，发于己也。事亲之不可不孝者，以属毛离里，本乎天也。朋友之不可不信者，以然诺久要，交相愿也。独夫妇之际，以他人之制，为终身之偿，稍一违之，罪大恶极。呜呼！是亦可谓束于礼而失其和者矣！吾闻礼法之事，凡理之不可通者，虽防之至周，其终必裂。裂则旁溃四出，其过且滥，必加甚焉。中国夫妇之伦，其一事尔。他若嫡庶姑妇，前子后母之间，则以类相从，为人道之至苦，过三十年而不大变者，虽抉吾眼拔吾舌可也。

复按：景教之入中国，至今日而大行，是其原因众矣。大抵起于教外者多，而生于教中者少也。且其教有二宗：曰天主，曰耶稣。天主，公教也。耶稣，修教也。民之入公教也常多，其附于修教也恒少。何以故？威仪盛而作用多也。夫修教固清净矣，而如吾民心德有所不及何耶？嗟呼！景教之力，其在欧美已世衰矣。顾失于西者将生于东。特虽至盛，犹不久耳！他日乱吾国者，其公教乎？此不待智者而可知者也。

复按：孟说固然。顾入国而察其剧之所彰瘅，可以得其民之所谓德行者，为何若也。吾民之言善也，常喜奇瑰而薄中庸，故其于剧亦然。每演忠孝节烈之事，常欲以过情出之，常惨刻之意多，而乐易之风寡。又其意以轻生为大难，而以此为人道之极轨，而不知其所欢忻赞叹者，皆野蛮之道德，而非文明之道德也。是故斯民之好善固同。而不学未化之好善，与学问开化者大有异。此又讲新民之业者，所不可不知也。（卷廿五页三一四）

复按：民之于教也恒三候：曰物彪，曰人鬼，曰天神。吾国之旧，兼而用之，而于人鬼独重。自释氏西来，乃有象设。五代之际，穆护浸淫。至于今三百年，则景教盛焉。顾民之入于景也，其原因至多，大抵以国权之微，官吏士绅之蹂躏，小民附之，求以自卫，非深悦其法，而后皈依也。必谓民无奠居，其宗教易易，此亦一偏之论，不足概全体也。

复按：教会之有权，国家之螟〔蟊〕贼也。是故政法之家，恒惴惴然恶之，而顾早为之所。然考教会之所以有权，非道胜也，又非人众也。必以其主产得财之多。往在法国常苦此矣。逮革命兴，教会之产，犹世爵然，莫不破碎。察理、斐立诸君嗣世，又稍稍复，而遂为后人之累。至今竭数十年国民之力，乃克破之。比者，吾国耶稣军之众日张，而据产亦至富。顾国民犹在睡梦之中，暂得相安无事。盖虽欲去其角距，亦不知操何术以周旋也。窃计三十年之后，能者渐兴，将为国家立不倾之之基，必计及此，而民教产业之问题，始殷然多事矣。

复按：孟谓立宪之柄利于分，专制之柄利于合，此诚破的之论。今者，吾国议立宪矣，又云预备立宪矣，假其诚然，则所谓预备者，将正在此分合之间。虽不能分，要常以他日可分为祈响焉可耳。

复按：孟氏之论健矣，虽然，观诸历史，教之变也，恒非一二人之所为，要其归皆时世耳。夫时未至而变之，固危；时已至而不知变，又未始不危也。吾观泰西之革命，无论宗教治体，方其变革，其上皆主于墨守，其下乃主于更张。风潮相激，而祸乃作。尚未闻前民变教，而致革命者矣。

复按：西教之来吾土，其前后之情态，孟说实尽之。道咸以降，又先之以兵力，此其道所以滋难行也。今夫教之为物，与学绝殊。学以理明，而教由信起，方其为信，又不必与理皆合也。五百年以往，教力之大盛于欧也，彼皆隁然以旧新二约为古初之天语，上帝运无穷悲智，于以默示下民。凡说之与此异者，皆殊民之妖魅也。乃三百年以还，其中无实虚诬之言，在在为科学之所发覆。逮至法人革命，急进者乃悍然取全体而弃之，则当时势力之衰，入于人心之浅，可想见已。往者，吾国伪古文尚书之谳成，葆真之士，亦欲悉取其伪者而删之矣。顾有人焉，以谓所指为伪诸篇之中，有名言焉，关于世道人心甚巨，则以为宁过而存之。彼西人之于基督教也，事大类此。夫由是而言之，则五洲宗教，一涉于神灵默示之说，固无所谓其独真，而其道犹绵延不坠者，正在与人为善一言而已。加里屈特之说固不诬也。乃迷信之徒，犹以谓必此而后其灵魂可保，不入泥犁，吾诚不知其说之所以足存。呜呼！宇宙广漠，事理难周，存而不论可耳。

复按：治国之法，为民而立者也，故其行也，求便于民；乱国之法，为上而立者也，故其行也，求利于上。夫求利于上，而不求便其民，斯法因人立，其不悖于天理人性者寡矣！虽然，既不便民矣，将法虽立，而其国必不安。未有国不安而其上或利者也。呜呼！今之哲学言为善，所由与古之言为善殊者。古之言为善也，以为利人，而己无与也；今之言为善也，以不如是，且于己大不利也。知为善之所以利己，而去恶且不止于利人，庶几民乐从教，而不祸仁义也。亦庶几国法之成，无往而不与天理人情合也。

复按：此章之论，盖欲明男女之通婚，当以何者为天设之制限而不可逾耳。顾其词颇费，而推究原理，亦不尽莹。后有国民，欲为文明之通制，固宜取五洲种民，所最大同者而循之。夫男女同姓，其生不蕃，效果见于图腾之代，此经验之公例也。然所谓同姓，又非如吾中国之谓。中国专重男统，故同姓氏，虽历千载之分，而不可合。而中表之血脉至近，其通又习为固然。不知同姓不婚者，恶其血气之偏而无以剂也。如吾国之所为，义固无取。而其次则坊民之义，取易合者而禁其合，亦不可废之天则也。

复按：卢梭之为民约也，其主张公益，可谓至矣。顾其言有曰，国家之完全非他，积众庶小己之安全以为之耳。独奈何有重视国家之安全，而轻小己之安全者乎？夫谓爱国之民，宁毁家以纾难，不惜身膏草野，以求其国之安全。此其说是也。然是说也，出于爱国者之发心，以之自任，则为许国之忠，而为吾后人所敬爱顶礼，至于无穷。独至主治当国之人，谓以谋一国之安全，乃可以牺牲一无罪个人之身家性命以求之，则为违天蔑理之言。此言一兴，将假民贼以利资，而元元无所措其手足。是真千里毫厘，不可不辨者耳。夫卢梭此言，与孟氏右所云云正合。吾故表而出之，使阅者得参观焉。

复按：读此而反观吾国，可悟井田古制之所由成，与其制之所由破。夫井田之制，至于春秋定、哀之间，有存盖寡，至孟子时，扫地尽矣。故其所陈说于齐梁诸君者，常存复古之意。江河趋下，其势必不可挽，商君李悝因而毁之，以收一时之利。汉世诸公，睹并兼之害，欲以限田之法救之，然无及也。唐宋诸儒，想望太平，皆太息于先王经制之破坏，而归狱商君。虽然，商君不任咎也。试思当日即无商君，井田之制，尚克存乎？至于今世，贫富相差，其在墨守之国，犹之小耳，若夫欧美二洲，愈益无艺。其不均者，非特田畴已也，而在工商牢笼之间。方瓦德初明汽理，奈端大启力学，大地之上，几人力所有事者，无所往而不可用机。于是劳力之众，籍手成业，百倍曩时。向之旬获十金者，今可以百，则大喜过望，以谓天下自此，将无穷民尔，乃瞬息之间，贫者益众，相悬之度，尤为古所未闻。役财收利，潮长川增，若不可极，而劳力求食者，物竞日烈，恒患无以自存。于是有心人闵之，而持社会主义者，乃日众矣。今之持社会主义，即古之求均国田者也。

复按：此章之后二段，真孟氏旷观千古，横览五洲，惊心动魄，吃紧为人之言也。其言似为宗教中人而发。夫欧洲景教之祸，中古最烈，固迷信也。而以为上通帝谓，下救生民，深信极守，不可或摇，甚至言论自由，目为莫大之孽。积薪举火，以焚生人，犹曰毁其躯壳，乃救灵魂，极天下之至不仁，而信为深慈大悲之事，负具权力，不可以口舌争；而其人又修洁端直，承天畏神，至今读其历史，尚不能径指之为恶人也，而为祸常如此！中国固无教祸，而东西心德，恒不相远。若东汉之党锢，赵宋之道学，朱明之气节，皆有善志，而无善功。嗟呼！委随既不可行，守正乃或尤害。然则，何以救之？曰凛天下事理之无穷，知成心之必不可用，孔曰毋固，佛曰无所住而生其心，惟日孜孜以从事于下学，以自脱于拘虚、囿时、笃教三者之弊而已。此不佞《群学肄言》之所以译也。

复按：同一法也，施之于彼时而利生，出之于此时而害著，其见于历史者众矣。一曰形势之不同，二曰用人之各异，三曰用意之有殊。郦食其、范增，同于立六国后，而张良极知其不可，乃固陵之策，教汉王以天下之半与韩、彭、鲸布者，又子房也。王荆公青苗雇役诸法，用之于浙东而民受赐，用之于天下而民流离。朱子社仓，其法与荆公青苗，实不相远，而行之又以无害。凡此皆学士大夫所习闻者也。方今吾国以旧法之疲弛，处交通之时期，道在变革，谁曰不宜？顾东西二化，绝然悬殊，而人心习俗，不可卒变。窃愿当国者，知利害之无常，拘嘘之说，固不可行，而纷更之为，亦不可以轻掉也。

复按：此又近世言改良刑律者，所不可不知者也。夫吾国听讼，诚有失中之刑。顾其至此者，必有其所以然之故。谋变法者，不于其本而求之，而一切为其纵舍，将从此得二弊焉：刑不足以禁奸，而民玩法，一也；否则改良之事，徒为空文，而地方之吏，仍行其所习惯，二也。二弊起则一败从之，朝廷之刑柄不张，而猾者得以持州县之长短。呜呼！可不惧哉？

　　复按：孟氏此章言，真立法家所宜常目存者。今者事事方为更始，而法典居其最要。孔子曰：刑罚不中，则民无所措手足。吾安得议法诸君子，悉取而孰读之耶？且不佞于此忆一事焉，请为读者著之可乎？今夫军旅之法，有最重者焉，曰毋违令。上有所令，其是非然否，利钝短长，皆非其下所得以拟议者也。赴汤蹈火，笃奉信行，无稍出入而已。不如是者，虽有至练之兵，极勇之将，不可用也。故司令之权至重，而其责亦至殷。往者甲午海军，由大东沟而旅顺，由旅顺而威海，威海恃口岸炮台为声援。已而敌人自落风港潜趋，拊威海之背，口岸之炮台全失。海军屯威海者，遂成釜中之鱼。提督丁汝昌竭四十余昼夜之力，而内地之援不至，乃自杀，而以军与日人。方其为此，非各舰将弁所得与闻也。就令与闻，法不得抗。故副将杨用霖死之，而议不可反。且是时虽欲强战，而舰勇死伤仅余，亦不用命也。和议成，津海关道李兴锐以文吏议前案。大恨海军之所为，曰元帅命令，固不可以不遵。虽然，有治命，有乱命。丁汝昌垂死之令，乃乱命也。诸舰将弁奈何遵之？贷死幸耳！乃各议降革有差。后者日俄事起，吾国中立。水提萨镇冰驻芝罘，以俄船入港，日舰越境追捕，相持不下，势欲宣战。令下，某舰长曰，战固然，以提督令故。但今日事不旋踵，而衅端法重。设他日文吏，又如李兴锐故智，以服从乱命相绳检者，我曹将奈何？萨水提语塞。幸是日亦无战事。不然，军中乃自乱也。复曰：平生尝叹吾国人，上下行事，不离两途：一曰短命，一曰绝嗣。短命者，利一日之私，不为己后日地也；绝嗣者，苟一时之安，不为后人计也。方李之议威海案也，亦迎合京外痛恶李文忠之意向耳。而孰知从此中国军中将令有不复行之忧。呜呼！法之不可自相矛盾如此。（严复译《法意》）

十四、 19世纪末20世纪初的学术启蒙

导　论

19世纪末20世纪初，梁启超等人在广泛介绍西方思想文化的同时，认识到西方思想文化的广泛传入，必将刺激中国思想文化的发展，因为"生理学之公例，凡两异性相合者，其所得结果必加良。此例殆推诸各种事物而皆同者也"。当时世界上只有两大文明，"一泰西文明，欧美是也；二泰东文明，中华是矣。二十世纪，则两文明结婚之时代也。……彼西方美人，必能为我家育宁馨儿以亢我宗也"（梁启超《论中国学术思想变迁之大势》）。基于上述认识，他们和属于革命派思想家的章太炎、刘师培等人一起，一方面发扬国学传统，一方面吸收西方文明，在中西文化的交融中整理和探讨中国固有的旧学术，并提出"史界革命""文学革命""小说界革命"和"诗界革命"等口号，推陈出新，倡导戏曲改良、文字改革和白话文运动，在史学、文学、教育、语言文字等多个领域取得丰厚成果，为中国资产阶级新思想和新文化的发展奠定了基础。本章包括三个方面的内容：第一，"史界革命"及其成就；第二，文学"三大革命"的发生与发展；第三，文字改革与白话文运动。

1."史界革命"及其成就

引　言

　　"史界革命"的口号是梁启超在 1902 年发表的《新史学》一文中首先提出来的。稍后，作为资产阶级革命派一翼的国粹派代表人物章太炎、刘师培、邓实等也明确提出了"史界革命"的要求，认为"中国史界革命之风潮不起，则中国永无史矣，无史则无国矣"（邓实《史学通论》）。尽管维新派与国粹派的政治取向不同，前者主张保皇立宪，后者主张反清革命，但在改造封建旧史学、建立资产阶级新史学方面，他们是并肩作战的战友，是名符其实的同盟军，并且都做出了自己的贡献。无论是梁启超，还是章太炎、刘师培，都非常重视史学，认为在世界所有的学问当中，史学是"学问之最博大而最切要者也，国民之明镜也，爱国心之源泉也"（梁启超：《新史学·中国之旧史》）。欧美之所以振兴，史学发达是其原因之一；中国要增强国民爱国心和民族凝聚力，必须大力发展和普及史学。中国的旧史学虽然源远流长，但陈陈相因，缺少生机，必须进行根本性的变革。概而言之，以梁启超为代表的维新派和以章太炎、刘师培为代表的革命派提出的"史界革命"主张，主要包括以下一些内容：第一，提倡"民史"，反对"君史"；第二，以进化论为指导，探讨历史发展的因果关系；第三，创新史学体例，扩大研究领域。20 世纪初的"史界革命"取得了丰硕成果，梁启超、章太炎、刘师培、邓实、夏曾佑等一大批"史界革命"的倡导者和实践者，应用"新史学"理论写出了一大批史学著作，为中国资产阶级新史学的建立奠定了坚实基础。

梁启超

《日本国志》后序

中国人寡知日本者也。黄子公度撰《日本国志》，梁启超读之，欣怿咏叹黄子，乃今知日本，乃今知日本之所以强，赖黄子也。又潸愤责黄子曰：乃今知中国，知中国之所以弱，在黄子成书十年久谦让不流通，令中国人寡知日本，不鉴不备，不患不悚，以至今日也。乃诵言曰：使千万里之外，若千万岁之后，读吾书者，若布眉目而列白黑，入家人而数米盐，登庙庑而诵昭穆也。则良史之才矣。使千万里之外，若千万岁之后，读吾书者，乃至知吾世，审吾志，其用吾言也。治焉者荣其国，言焉者辅其文，其不能用，则千万里之外，若千万岁之后，轾材讽说之徒，咨嗟之，太息之，夫是之谓经世，先王之志斯义也。吾以求诸古史氏，则惟司马子长有取焉。虽然，道己家事者，非愚呆蒙崽之子，莫不靡靡能言之。深周隐曲，若夫远方殊类，邈绝偶侏之域，则虽大智长老，闻言未解，游梦不及，况欲别闺阃话子姓数米盐哉，此为尤难绝无之事矣。司马子长美矣，然其为《史记》也，则家人子之道其家事而已。日本立国二千年无正史，私家纪述秽杂不可理，彼中学子能究澈本末，言之成物者已鲜，况以此土之人，谈彼岸之书，异域绝俗，殊文别语，正朔服色、器物名号、度律量衡靡有同者，其孰从而通之？且夫日本古之弹丸，而今之雄国也。三十年间，以祸为福，以弱为强，一举而夺琉球，再举而割台湾，此士学子鼾睡未起，睹此异状，挢口咋舌，莫知其由。故吾政府宿昔靡得而戒焉。以吾所读《日本国志》，其于日本之政事人民土地及维新变政之由，若入其闺阃而数米盐，别白黑而诵昭穆也。其言十年以前之言也，其于今日之事，若烛照而数计也。又岂惟今日之事而已，后之视今，犹今之视昔，顾犬补牢，未为迟矣。孟子不云乎，有王者起，必来取法。斯书乎，岂可仅以史乎？史乎目之乎？虽然，古之史乎皆有情义，其志深，其恉远。启超于黄子之学，自谓有深知其为学也，不肯苟焉附古人以自见，上自道术，中及国政，下逮文辞，冥冥乎入于渊微，敢告读是书者，论其遇，审其志，知所戒备，因以为治，无使后世咨嗟而累欷也。（《时务报》第二十一册，1897 年 3 月 23 日，署名

"新会梁启超撰"）

中国史叙论

第一节　史之界说

史也者，记述人间过去之事实者也。虽然，自世界学术日进，故近世史家之本分，与前者史家有异。前者史家，不过记载事实；近世史家，必说明其事实之关系，与其原因结果。前者史家，不过记述人间一二有权力者兴亡隆替之事，虽名为史，实不过一人一家之谱牒；近世史家，必探察人间全体之运动进步，即国民全部之经历，及其相互之关系。以此论之，虽谓中国前者未尝有史，殆非为过。

法国名士波留氏尝著《俄国通志》，其言曰：俄罗斯无历史，非无历史也。盖其历史非国民自作之历史，乃受之自他者也；非自动者而他动者也。其主动力所发，或自外，或自上，或自异国，或自本国。要之，皆由外部之支配，而非由内部之涨生。宛如镜光云影，空过于人民之头上。故只有王公年代记，不有国民发达史。是俄国与西欧诸国所以异也云云。今吾中国之前史，正坐此患。吾当讲此史时，不胜惭愤者在于是，吾当著此史时，无限困难者在于是。

德国哲学家埃猛埒济氏曰：人间之发达凡有五种相：一曰智力（理学及智识之进步，皆归此门），二曰产业，三曰美术（凡高等技术之进步，皆归此门），四曰宗教，五曰政治。凡作史、读史者，于此五端忽一不可焉。今中国前史以一书而备具此五德者，固渺不可见。即专详一端者，亦几无之。所陈陈相因者，惟第五项之政治耳。然所谓政治史，又实为纪一姓之势力圈，不足以为政治之真相。故今者欲著中国史，非惟无成书之可沿袭，即搜求材料于古籍之中，亦复片鳞残甲，大不易易。

第二节　中国史之范围

（甲）中国史与世界史　今世之著世界史者，必以泰西各国为中心点，虽日本、俄罗斯之史家（凡著世界史者，日本、俄罗斯皆摈不录）亦无异议焉。盖以过去、现在之间，能推衍文明之力以左右世界者，实惟泰西民族，而他族莫能与争也。虽然，西人论世界文明最初发生之地有五：一曰小亚

细亚之文明，二曰埃及之文明，三曰中国之文明，四曰印度之文明，五曰
中亚美利加之文明。而每两文明地之相遇，则其文明力愈发现。今者左右
世界之泰西文明，即融洽小亚细亚与埃及之文明而成者也。而自今以往，
实为泰西文明与泰东文明（即中国之文明）相会合之时代。而今日乃其初
交点也。故中国文明力未必不可以左右世界，即中国史在世界史中当占一
强有力之位置也。虽然，此乃将来所必至，而非过去所已经。故今日中国
史之范围，不得不在世界史以外。

（乙）中国史与泰东史　泰东史者，日本人所称东洋史也。泰东之主动
力全在中国，故泰东史中中国民族之地位，一如世界史中阿利扬民族之地
位。日本近来著东洋史者，日增月盛，实则中国史之异名耳。今吾所述，
不以泰东史名之者，避广阔之题目，所以免汗漫挂漏，而供简要切实之研
究也。至于二千年来亚洲各民族与中国交涉之事最繁赜，自归于中国史之
范围，固不待言。

第三节　中国史之命名

吾人所最惭愧者，莫如我国无国名之一事。寻常通称，或曰诸夏，或曰
汉人，或曰唐人，皆朝名也。外人所称，或曰震旦，或曰支那，皆非我所
自命之名也。以夏、汉、唐等名吾史，则戾尊重国民之宗旨。以震旦、支
那等名吾史，则失名从主人之公理，曰中国、曰中华，又未免自尊自大，
贻讥旁观。虽然，以一姓之朝代而污我国民，不可也；以外人之假定而诬
我国民，犹之不可也。于三者俱失之中，万无得已，仍用吾人口头所习惯
者，称之曰中国史。虽稍骄泰，然民族之各自尊其国，今世界之通义耳。
我同胞苟深察名实，亦未始非唤起精神之一法门也。

第四节　地势

中国史所辖之地域，可分为五大部：一中国本部，二新疆，三青海、西
藏，四蒙古，五满洲。东半球之脊，实为帕米尔高原，亦称葱岭，盖诸大
山脉之本干也。葱岭向东，衍为三派，其中部一派，为昆仑山脉，实界新
疆与西藏焉。昆仑山脉复分为二，其一向东，其一向东南。向东南者名巴
颜喀喇山，界青海与西藏，入中国内地，沿四川省之西鄙，蔓延于云南、
两广之北境，所谓南岭者也。其向东者名祁连山，亘青海之北境。其脉复
分为二，一向正东，经渭水之上流，蔓延于陕西、河南，所谓北岭者也。

一向东北，沿黄河亘长城内外者为贺兰山。更北为阴山，更北为兴安岭，纵断蒙古之东部，而入于西伯利亚。盖中国全部山岭之脉络，为一国之主干者，实昆仑山也。

使我中国在亚洲之中划然自成一大国者，其大界线有二，而皆发自帕米尔高原。其在南者为喜马拉耶山，东行而界西藏与印度之间。其在北者为阿尔泰山，实为中、俄两国天然之界限焉。在昆仑山与阿尔泰山之中，与昆仑为平行线者为天山，横断新疆全土，分为天山南北路，而终于蒙古之西端。

中国之大川，其发源之总地有二：其一在中国本部者，曰黄河、曰扬子江、曰西江、曰金沙江，皆发源于新疆、西藏之间。其二在中国东北部者，曰黑龙江之上流斡难河、克尔伦河，其支流之嫩江，曰色楞格河、曰鄂尔坤河等，皆发源于蒙古之北部。大抵诸大川河中与历史最有关系者为扬子江，其次为黄河，其次为西江、黑龙江。

蒙古及新疆虽为诸大河之发源地，但其内部沙漠相连，戈壁瀚海、准噶尔之诸沙漠，殆占全土之大半。故河水多吸收于沙漠中，或注泻于盐湖。

地理与历史，最有紧切之关系，是读史者所最当留意也。高原适于牧业，平原适于农业，海滨、河渠适于商业。寒带之民擅长战争，温带之民能生文明。凡此皆地理、历史之公例也。我中国之版图，包有温、寒、热之三带，有绝高之山，有绝长之河，有绝广之平原，有绝多之海岸，有绝大之沙漠。宜于耕，宜于牧，宜于虞，宜于渔，宜于工，宜于商，凡地理上之要件与特质，我中国无不有之。故按察中国地理，而观其历史上之变化，实最有兴味之事也。中国何以能占世界文明五祖之一？则以黄河、扬子江之二大川横于温带、灌于平原故也。中国文明何以不能与小亚细亚之文明、印度之文明相合集而成一繁质之文明？则以西北之阿尔泰山、西南之喜马拉耶山为之大障也。何以数千年常有南北分峙之姿势？则长江为之天堑，而黄河沿岸与扬子江沿岸之民族，各各发生也。自明以前，何以起于北方者其势常日伸，起于南方者其势常日蹙？以寒带之人常悍烈，温带之人常文弱也。东北诸胡种，何以二千余年迭篡中夏？以其长于猎牧之地，常与天气及野兽战，仅得生存。故其性好战狠斗，又惯游牧，逐水草而居，故不喜土著而好侵略。而中国民族之性质适与相反也。彼族一入中国，何以即失其本性，同化于汉人？亦地质使之然也。各省地方自治制度，何以发达甚早？则以幅员太大，中央政府之力常不能及，故各各结为团体，以自整理也。何以数千年蜷伏于君主专制政治之下，而民间曾不能自布国宪？亦以地太大，团体太散，交通不便，联结甚难，故一二枭雄之民贼，常得而操纵之也。何以不能伸权力于国外？则以平原膏腴，足以自给。非如古代之希腊、腓尼西亚，及近代之英吉利，必恃国外之交通以为生活。故冒险远行之性质不起也。近年情形何以与昔者常相反？则往时主动力者常在盘据平原之民族，近时主动力者常在沿居海岸之民族。世界之大势，驱迫使然也。凡此诸端，无不一一与地理有极要之关系。故地理与人民二者常相待，然后文明以起，历史以成。若二者相离，则无文明，无历史。其相关之要，恰如肉体与灵魂相待以成人也。

第五节　人种

种界者，今日万国所断断然以争之者也。西人分世界人种或为五种，或为三种，或为七种。而通称我黄色种人谓为蒙古种。此西人暗于东方情实，谬误之谈也。今考中国史范围中之各人种，不下数十，而最著明有关系者，盖六种焉：

其一苗种。是中国之土族也。犹今日阿美利加之红人、澳大利亚之黑人也。其人在历史以前，曾占重要之地位。自汉族日渐发达，苗种即日就窘迫。由北而南，今犹保残喘于湖南、贵州、云南、广西之间。其在安南、缅甸等地亦间有焉。

其二汉种。即我辈现时遍布于国中，所谓文明之胄，黄帝之子孙是也。黄帝起于昆仑之墟，即自帕米尔高原东行而入于中国。栖于黄河沿岸，次第蕃殖于四方。数千年来，赫赫有声于世界，所谓亚细亚之文明者，皆我种人自播之而自获之者也。

其三图伯特种。现居西藏及缅甸之地。即殷周时代之氐羌，秦汉之际之月氏，唐时之吐蕃，宋时之西夏，皆属此族。

其四蒙古种。初起于贝加尔湖之东隅一带，次第南下，今日蔓延于内、外蒙古及天山北路一带之地。元朝即自此族起，混一中国，威震全地。印度之谟嘉尔帝国，亦此族所建设也。

其五匈奴种。初蕃殖于内外蒙古之地，次第西移。今自天山南路以至中亚细亚一带之地，多此族所占据。周以前之獯狁，汉代之匈奴，南北朝之柔然，隋之突厥，唐之回纥，皆属此族。现今欧洲土耳其国，亦此族所建立也。

其六通古斯族。自朝鲜之北部，经满洲而蔓延于黑龙江附近之地者，此种族也。秦汉时代之东胡，汉以后之鲜卑，隋及初唐之靺鞨，晚唐、五代之契丹，宋之女真，皆属此族。今清朝亦自此兴者也。

西教徒所主张，以谓全世界之人类，皆由最初之一男一女而生。但今日世界大通，人种学大明，此论之无稽，殆不足辩。然则各种、各族，各自发生，其数之多，殆不可思议。且也错居既久，婚姻互通，血统相杂，今欲确指某族某种之分界线，其事盖不易易。况游牧民族迁徙无常，立于数千年之后，而指前者发现于历史上之民族，一一求今之民族以实之，非愚则诬。故今日以六种族包括中国史内之人民，诚不免武断罣漏之讥。但民族为历史之主脑，势不可以其难于分析而置之不论。故举其在史上最有关系者约而论之云尔。

今且勿论他族，即吾汉族，果同出于一祖乎？抑各自发生乎？亦一未能断定之问题也。据寻常百家姓谱，无一不祖黄帝。虽然，江南民族自周初以至战国，常见有特别之发达。其性质、习俗颇与河北民族异其程度。自是黄河沿岸与扬子江沿岸，其文明各自发达，不相承袭。而瓯、闽、两粤之间，当秦汉时，亦既已繁盛，有独立之姿。若其皆自河北移来，则其移住之岁月及其陈迹，既不可考见矣。虽然，种界者本难定者也。于难定之中而强定之，则对于白、棕、红、黑诸种，吾辈划然黄种也。对于苗、图伯特、蒙古、匈奴、满洲诸种，吾辈庞然汉种也。号称四万万同胞，谁曰不宜？

第六节　纪年

纪年者，历史之符号，而于记录考证所最不可缺之具也。以地理定空间之位置，以纪年定时间之位置，二者皆为历史上最重要之事物。凡符号之优劣，有一公例，即其符号能划一，以省人之脑力者为优；反是则为劣是也。故凡野蛮时代之符号，必繁而杂。凡文明时代之符号，必简而整。百端皆然，而纪年其一端也。古代之巴比伦人，以拿玻呐莎王为纪元（在今西历纪元前七百四十七年）。希腊人初时，以执政官或大祭司在位之时按年纪之，其后改以和灵比亚之大祭为纪元（当纪元前七百六十七年）。罗马人以罗马府初建之年为纪元（当纪元前七百五十三年）。回教国民以教祖摩哈默德避难之年为纪元（当纪元前六百二十二年）。犹太人以《创世纪》所言世界开辟为纪元（当纪元前三千七百六十一年）。自耶稣立教以后，教会以耶稣流血之年为纪元。至第六世纪，罗马一教士乃改用耶稣降生为纪元，至今世界各国用之者过半。此泰西纪年之符号，逐渐改良，由繁杂而至简便之大略也。

吾中国向以帝王称号为纪，一帝王死，辄易其符号。此为最野蛮之法（秦、汉以前各国各以其君主分纪之，尤为野蛮之野蛮），于考史者最不便。今试于数千年君主之年号，任举其一以质诸学者，虽最淹博者亦不能具对也。故此法必当废弃，似不待辨。惟废弃之后，当采用何者以代之，是今日著中国史一紧要之问题也。甲说曰：当采世界通行之符号，仍以耶稣降生纪元。此最廓然大公，且从于多数，而与泰西交通利便之法也。虽然，耶稣纪元虽占地球面积之多数，然通行之之民族亦尚不及全世界人数三分之一。吾贸然用之，未免近于徇众趋势，其不便一。耶稣虽为教主，吾人所当崇敬，而谓其教旨遂能涵盖全世界，恐不能得天下后世人之画诺。贸然用之，于公义亦无所取，其不便二。泰东史与耶稣教关系甚浅，用之种种不合。且以中国民族固守国粹之性质，欲强使改用耶稣纪年，终属空言耳，其不便三。有此三者，此论似可抛置。乙说曰：当用我国民之初祖黄帝为纪元，此唤起国民同胞之思想，增长团结力之一良法也。虽然，自黄帝以后，中经夏、殷，以迄春秋之初年，其史记实在若茫若昧之中，无真确之年代可据。终不能据一书之私言，以武断立定之。是亦美犹有憾者也。其他近来学者，亦有倡以尧纪元，以夏禹纪元，以秦一统纪元者。然皆无大理公益之可援引，不必多辩。于无一完备之中，惟以孔子纪年之一法，为最合于中国。孔子为泰东教主、中国第一之人物，此全国所公认也，而中国史之繁密而可纪者，皆在于孔子以后，故援耶教回教之例，以孔子为纪，似可为至当不易之公典。司马迁作《史记》，既频用之，但皆云孔子卒后若干年。是亦与耶稣教会初以耶稣死年为纪，不谋而合。今法其生不法其死，定以孔子生年为纪，此吾党之微意也。

但取对勘之便，故本书纪年以孔子为正文，而以历代帝王年号及现在通行西历分注于其下。

第七节　有史以前之时代

史者，记人间世过去之事者也。虽然，人类之起原远在书契以前，其详靡得而稽焉。《春秋纬》称自开辟至于获麟，凡三百二十七万六千岁，分为十纪。其荒诞固不足道。而要之必有悠远之时代，无可疑也。洪水时代，实为全世界公共纪念物。故截称洪水以前为无史时代，洪水以后为有史时代，亦不为过。虽然，洪水之起原及其经过之年代，虽以今世地质学家考据极周密，然犹纷纷莫衷一是。故以洪水平息后，始可为真正之有史时代。中国自古称诸夏，称华夏，夏者以夏禹之朝代而得名者也。中国民族之整然成一社会，成一国家，实自大禹以后。若其以前，则诚有如《列子》所谓三皇之事，若存若亡；五帝之事，若觉若梦者。其确实与否，万难信也。故中国史若起笔于夏禹，最为征信。虽然，中国为全世界文明五种源之一，其所积固自深远。而黄帝为我四万万同胞之初祖，唐、虞、夏、商、周、秦之君统，皆其裔派，颇有信据。计自黄帝至夏禹，其间亦不过数百年，然则黄帝时去洪水之年亦已不远。司马迁作《史记》，托始黄帝，可谓特识。故今窃取之，定黄帝以后为有史时代。

一千八百四十七年以来，欧洲考古学会专派人发掘地中遗物，于是有史以前之古物学，遂成为一学派。近所订定而公认者，有所谓史前三期：其一石刀期，其二铜刀期，其三铁刀期。而石刀期中，又分为新、旧二期。此进化之一定阶级也。虽其各期之长短久暂，诸地不同，然其次第则一定也。据此种学者之推度，则地球生物之起原在一万万年以前，而人类之遗迹，亦在一万年乃至十万年以前云。中国虽学术未盛，在下之层石未经发见，然物质上之公例，无论何地皆不可逃者也。故以此学说为比例，以考中国有史前之史，决不为过。据此种学者所称新、旧两石刀期，其所经年代最为绵远。其时无家畜，无陶器，无农产业。中国当黄帝以前，神农已作耒耜，蚩尤已为弓矢，其已经过石器时代，交入铜器时代之证据甚多。然则人类之起，邈哉邈乎！远在洪水时代以前，有断然也。

又以人群学之公例言之，凡各人群，必须经过三种之一定时期，然后能成一庞大固结之团体。第一为各人独立，有事则举酋长之时期。第二为豪族执政，上则选置君主，下则指挥人民之时期。第三为中央集权渐渐巩固，君主一人专裁庶政之时期。斯宾塞《群学》云："譬有一未成规律之群族于此，一旦或因国迁，或因国危，涌出一公共之问题，则其商量处置之情形如何？必集其民众于一大会场，而会场之中自然分为二派。其甲派，则老成者，有膂力者，阅历深而有智谋者，为一领袖团体。以任调查事实讨议问题之事。其乙派，则少年者，老赢者，智勇平凡者，为一随属团体，占全种族之大部分。其权利义务，不过傍听甲派之议论，为随声附和之可否而已。又于领袖团体之中，必有一二人有超群拔萃之威德，如老成之狩猎家，或狡狯之妖术家。专在会场决策而任行之，即被举为临事之首领云云。"然则一群之中，自划然分为三种之人物，即：其一最多数之随属团体，即将来变成人民之胚胎也。其二则少数之领袖团体，即将来变成豪族之胚胎也。其三则最少数之执行事务委员，即将来变成君主之胚胎也。凡此三种人物，当其在太古野蛮时代，常相集合，距离不甚远。又至今日文明时代，亦相结合，距离不甚远。惟中间所经过之趋势，则三者常日渐分离。其政权由多数而浸归于少数，由少数而浸归于最少数。盖其初时，人人在本群，为自由之竞争，非遇有外敌，则领袖团体殆为无用。其后因外敌数见，于是临时首领渐变而为常任首领，而领袖团体之权力日以大焉。又其后此领袖团体中之有力者，各划分权力范围，成封建割据之形，而兼并力征之势日盛，久乃变成中央集权之君主政体。此历代万国之公例也。我中国当黄帝、尧、舜之时，纯然为豪族执政之时期，而且中央集权君主专裁之制，亦已萌芽发达。亦可见我中国有史以前，既经绝远之年代，而文明发达之早，诚足以自豪于世界也。

第八节　时代之区分

叙述数千年之陈迹，汗漫邈散，而无一纲领以贯之，此著者、读者之所苦也。故时代之区分起焉。中国二十四史，以一朝为一史，即如《通鉴》，号称通史，然其区分时代，以周纪、秦纪、汉纪等名。是由中国前辈之脑识，只见有君主，不见有国民也。西人之著世界史，常分为上世史、中世史、近世史等名。虽然，时代与时代，相续者也，历史者无间断者也。人间社会之事变，必有终始、因果之关系，故于其间若欲划然分一界线，如两国之定界约焉，此实理势之所不许也。故史家惟以权宜之法，就其事变之著大而有影响于社会者，各以己意约举而分之，以便读者。虽曰武断，亦不得已也。

第一上世史。自黄帝以迄秦之一统，是为中国之中国，即中国民族自发达、自争竞、自团结之时代也。其最主要者，在战胜土著之蛮族，而有力者及其功臣子弟分据各要地，由酋长而变为封建。复次第兼并，力征无已时。卒乃由夏禹涂山之万国，变为周初孟津之八百诸侯，又变而为春秋初年之五十余国，又变而为战国时代之七雄，卒至于一统。此实汉族自经营其内部之事。当时所交涉者，惟苗种诸族类而已。

第二中世史。自秦一统后至清代乾隆之末年，是为亚洲之中国，即中国民族与亚洲各民族交涉繁赜，竞争最烈之时代也。又中央集权之制度日就完整，君主专制政体全盛之时代也。其内部之主要者，由豪族之帝政变为崛起之帝政。其外部之主要者，则匈奴种、西藏种、蒙古种、通古斯种次第错杂，与汉种竞争。而自形质上观之，汉种常失败。自精神上观之，汉种常制胜。及此时代之末年，亚洲各种族渐向于合一之势，为全体一致之运动，以对于外部大别之种族。

或问曰：此中世史之时代，凡亘二千年，不太长乎？曰：中国以地太大、民族太大之故，故其运动进步常甚迟缓。二千年来，未尝受亚洲以外大别种族之刺激，故历久而无大异动也。惟因此时代太长之故，令读者不便，故于其中复分为三小时代焉。俟本篇乃详析之，今不先及。

第三近世史。自乾隆末年以至于今日，是为世界之中国，即中国民族合同全亚洲民族，与西人交涉竞争之时代也。又君主专制政体渐就湮灭，而数千年未经发达之国民立宪政体，将嬗代兴起之时代也。此时代今初萌芽，虽阅时甚短，而其内外之变动，实皆为二千年所未有，故不得不自别为一时代。实则近世史者，不过将来史之楔子而已。（《清议报》第九十、九十一册，1901 年 9 月 3、13 日，署名"任公"）

新史学（节选）

中国之旧史

于今日泰西通行诸学科中，为中国所固有者，惟史学。史学者，学问之最博大而最切要者也，国民之明镜也，爱国心之源泉也。今日欧洲民族主义所以发达，列国所以日进文明，史学之功居其半焉。然则但患其国之无兹学耳，苟其有之，则国民安有不团结，群治安有不进化者？虽然，我国兹学之盛如彼，而其现象如此，则又何也？

今请举中国史学之派别，表示之而略论之。

史学

第一 正史
- （甲）官书 所谓二十四史是也。
- （乙）别史 如华峤《后汉书》、习凿齿《蜀汉春秋》《十六国春秋》《华阳国志》《元秘史》等，其实皆正史体也。

第二 编年 《资治通鉴》等是也。

第三 纪事本末
- （甲）通体 如《通鉴纪事本末》《绎史》等是也。
- （乙）别体 如平定某某方略、《三案始末》等是也。

第四 政书
- （甲）通体 如《通典》《文献通考》等是也。
- （乙）别体 如《唐开元礼》《大清会典》《大清通礼》等是也。
- （丙）小纪 如《汉官仪》等是也。

第五 杂史
- （甲）综记 如《国语》《战国策》等是也。
- （乙）琐记 如《世说新语》《唐代丛书》《明季稗史》等是也。
- （丙）诏令奏议 四库另列一门，其实杂史耳。

第六 传记
- （甲）通体 如《满汉名臣传》《国朝先正事略》等是也。
- （乙）别体 如某帝实录、某人年谱等是也。

第七 地志
- （甲）通体 如各省通志、《天下郡国利病书》等是也。
- （乙）别体 如纪行等书是也。

第八 学史 如《明儒学案》《国朝汉学师承记》等是也。

第九 史论
- （甲）理论 如《史通》《文史通义》等是也。
- （乙）事论 如《历代史论》《读通鉴论》等是也。
- （丙）杂论 如《廿二史札记》《十七史商榷》等是也。

第十 附庸
- （甲）外史 如《西域图考》《职方外纪》等是也。
- （乙）考据 如《禹贡图考》等是也。
- （丙）注释 如裴松之《三国志注》等是也。

都为十种，二十二类。

试一翻《四库》之书，其汗牛充栋、浩如烟海者，非史学书居十六七乎！上自太史公、班孟坚，下至毕秋帆、赵瓯北，以史家名者不下数百，兹学之发达，二千年于兹矣。然而陈陈相因，一邱之貉，未闻有能为史界辟一新天地，而令兹学之功德普及于国民者，何也？吾推其病源，有四端焉：

一曰知有朝廷而不知有国家。吾党常言，二十四史非史也，二十四姓之家谱而已。其言似稍过当，然按之作史者之精神，其实际固不诬也。吾国史家以为，天下者，君主一人之天下，故其为史也，不过叙某朝以何而得之，以何而治之，以何而失之而已，舍此则非所闻也。昔人谓《左传》为"相斫书"，岂惟《左传》，若二十四史，真可谓地球上空前绝后之一大相斫书也。虽以司马温公之贤，其作《通鉴》，亦不过以备君王之浏览。（其论语，无一非忠告君主者。）盖从来作史者，皆为朝廷上之君若臣而作，曾无有一书为国民而作者也。其大蔽在不知朝廷与国家之分别，以为舍朝廷外无国家。于是乎有所谓正统、闰统之争论，有所谓鼎革前后之笔法。如欧阳之《新五代史》、朱子之《通鉴纲目》等，今日盗贼，明日圣神，甲也天命，乙也借逆。正如群蛆啄矢，争其甘苦，狙公饲狙，辨其四三，自欺欺人，莫此为甚！吾中国国家思想，至今不能兴起者，数千年之史家，岂能辞其咎耶？

二曰知有个人而不知有群体。历史者，英雄之舞台也，舍英雄几无历史。虽泰西良史，亦岂能不置重于人物哉！虽然，善为史者，以人物为历史之材料，不闻以历史为人物之画像；以人物为时代之代表，不闻以时代为人物之附属。中国之史，则本纪、列传，一篇一篇，如海岸之石，乱堆错落。质而言之，则合无数之墓志铭而成者耳。夫所贵乎史者，贵其能叙一群人相交涉、相竞争、相团结之道，能述一群人所以休养生息、同体进化之状，使后之读者爱其群、善其群之心油然生焉！今史家多于鲫鱼，而未闻有一人之眼光能见及此者。此我国民之群力、群智、群德所以永不发生，而群体终不成立也。

三曰知有陈迹而不知有今务。凡著书，贵宗旨。作史者，将为若干之陈死人作纪念碑耶？为若干之过去事作歌舞剧耶？殆非也。将使今世之人，鉴之裁之，以为经世之用也。故泰西之史，愈近世则记载愈详。中国不然，非鼎革之后，则一朝之史不能出现。又不惟正史而已，即各体莫不皆然。故温公《通鉴》亦起战国而终五代。果如是也，使其朝自今以往，永不易姓，则史不其中绝乎？使如日本之数千年一系，岂不并史之为物而无之乎？太史公作《史记》，直至今上本纪，且其记述，不少隐讳焉，史家之天职然也。后世专制政体日以进步，民气学风日以腐败，其末流遂极于今日，推病根所从起，实由认历史为朝廷所专有物，舍朝廷外无可记载故也。不然，则虽有忌讳于朝廷，而民间之事，其可纪者不亦多多乎，何并此而无也？今日我辈欲研究二百六十八年以来之事实，竟无一书可凭借，非官牍铺张循例之言，则口碑影响疑似之说耳。时或借外国人之著述，窥其片鳞残甲。然甲国人论乙国之事，例固百不得一，况吾国之向闭关不与人通者耶？于是乎吾辈乃穷。语曰：知古而不知今，谓之陆沉。夫陆沉我国民之罪，史家实尸之矣！

四曰知有事实而不知有理想。人身者，合四十余种原质而成者也，合眼耳、鼻舌、手足、脏腑、皮毛、筋络、骨节、血轮、精管而成者也。然使采集四十余种原质，作为眼耳、鼻舌、手足、脏腑、皮毛、筋络、骨节、血轮、精管无一不备，若是者，可谓之人乎？必不可。何则？无其精神也。史之精神维何？曰理想是已。大群之中有小群，大时代之中有小时代，而群与群之相际，时代与时代之相续，其间有消息焉，有原理焉，作史者苟能勘破之，知其以若彼之因，故生若此之果，鉴既往之大例，示将来之风潮，然后其书乃有益于世界。今中国之史，但呆然曰：某日有甲事，某日有乙事。至其事之何以生，其远因何在，近因何在，莫能言也。其事之影响于他事或他日者若何，当得善果，当得恶果，莫能言也。故汗牛充栋之史书，皆如蜡人院之偶像，毫无生气，读之徒费脑力。是中国之史，非益民智之具，而耗民智之具也。

以上四者，实数千年史家学识之程度也。缘此四蔽，复生二病。

其一，能铺叙而不能别裁。英儒斯宾塞曰："或有告者曰，邻家之猫，昨日产一子。以云事实，诚事实也，然谁不知为无用之事实乎。何也？以其与他事毫无关涉，于吾人生活上之行为毫无影响也。然历史上之事迹，其类是者正多，能推此例以读书观万物，则思过半矣。"此斯氏教人以作史、读史之方也。泰西旧史家，固不免之，而中国殆更甚焉。某日日食也，某日地震也，某日册封皇子也，某日某大臣死也，某日有某诏书也，满纸填塞，皆此等"邻猫生子"之事实，往往有读尽一卷而无一语有入脑之价值者。就中如《通鉴》一书，属稿十九年，别择最称精善。然今日以读西史之眼读之，觉其有用者，亦不过十之二三耳（《通鉴》载奏议最多，盖此书专为格君而作也，吾辈今日读之实嫌其冗），其他更何论焉！至如《新五代史》之类，以别裁自命，实则将大事皆删去，而惟存"邻猫生子"等语，其可厌不更甚耶！故今日欲治中国史学，真有无从下手之慨。二十四史也，九通也，《通鉴》《续通鉴》也，《大清会典》《大清通礼》也，十朝实录、十朝圣训也，此等书皆万不可不读。不读其一，则罣漏正多，然尽此数书而读之，日读十卷，已非三四十年不为功矣。况仅读此数书，而决不能足用，势不可不于前所列十种二十二类者一一涉猎之。（杂史、传志、札记等所载，常有有用过于正史者何？则彼等常载民间风俗，不似正史专为帝王作家谱也。）人寿几何，何以堪此！故吾中国史学智识之不能普及，皆由无一善别裁之良史故也。

其二，能因袭而不能创作。中国万事，皆取"述而不作"主义，而史学其一端也。细数二千年来史家，其稍有创作之才者，惟六人：一曰太史公，诚史界之造物主也。其书亦常有国民思想，如项羽而列诸本纪，孔子、陈涉而列诸世家，儒林、游侠、刺客、货殖而为之列传，皆有深意存焉。其为立传者，大率皆于时代极有关系之人也。而后世之效颦者，则胡为也！二曰杜君卿。《通典》之作，不纪事而纪制度，制度于国民全体之关系，有重于事焉者也。前此所无而杜创之，虽其完备不及《通考》，然创作之功，马何敢望杜耶？三曰郑渔仲。夹漈之史识，卓绝千古，而史才不足以称之。其《通志》二十略，以论断为主，以记述为辅，实为中国史界放一光明也。惜其为太史公范围所困，以纪传十之七八，填塞全书，支床叠屋，为大体玷。四曰司马温公。《通鉴》亦天地一大文也，其结构之宏伟，其取材之丰赡，使后世有欲著通史者，势不能不据为蓝本，而至今卒未有能逾之者焉。温公亦伟人哉！五曰袁枢。今日西史，大率皆纪事本末之体也，而此体在中国，实惟袁枢创之，其功在史界者亦不少。但其著《通鉴纪事本末》也，非有见于事与事之相联属，而欲求其原因结果也，不过为读《通鉴》之方便法门，著此以代抄录云尔。虽为创作，实则无意识之创作，故其书不过为《通鉴》之一附庸，不能使学者读之有特别之益也。六曰黄梨洲。黄梨洲著《明儒学案》，史家未曾有之盛业也。中国数千年惟有政治史，而其他一无所闻。梨洲乃创为学史之格，使后人能师其意，则中国文学史可作也，中国种族史可作也，中国财富史可作也，中国宗教史可作也，诸类此者，其数何限！梨洲既成《明儒学案》，复为《宋元学案》，未成而卒。使假以十年，或且有《汉唐学案》《周秦学案》之宏著，未可料也。梨洲诚我国思想界之雄也！若夫此六君子以外（袁枢实不能在此列），则皆所谓"公等碌碌，因人成事"。《史记》以后，而二十一部皆刻画《史记》；《通典》以后，而八部皆摹仿《通典》，何其奴隶性至于此甚耶！若琴瑟之专壹，谁能听之？以故每一读辄惟恐卧，而思想所以不进也。

合此六弊，其所贻读者之恶果，厥有三端。一曰难读。浩如烟海，穷年莫殚，前既言之矣。二曰难别择。即使有暇日，有耐性，遍读应读之书，而苟非有极敏之眼光、极高之学识，不能别择其某条有用、某条无用，徒枉费时日、脑力。三曰无感触。虽尽读全史，而曾无有足以激厉其爱国之心，团结其合群之力，以应今日之时势而立于万国者。然则吾中国史学，外貌虽极发达，而不能如欧美各国民之实受其益也，职此之由。

今日欲提倡民族主义，使我四万万同胞强立于此优胜劣败之世界乎？则本国史学一科，实为无老无幼、无男无女、无智无愚、无贤无不肖所皆当从事，视之如渴饮饥食，一刻不容缓者也！然遍览乙库中数十万卷之著录，其资格可以养吾所欲、给吾所求者，殆无一焉。呜呼！史界革命不起，则吾国遂不可救。悠悠万事，惟此为大！《新史学》之著，吾岂好异哉？吾不得已也。

史学之界说

欲创新史学，不可不先明史学之界说；欲知史学之界说，不可不先明历史之范围。今请析其条理而论述之。第一，历史者，叙述进化之现象也。现象者何？事物之变化也。宇宙间之现象有二种：一曰为循环之状者，二曰为进化之状者。何谓循环？其进化有一定之时期，及期则周而复始，如四时之变迁、天体之运行是也。何谓进化？其变化有一定之次序，生长焉，发达焉，如生物界及人间世之现象是也。循环者，去而复来者也，止而不进者也。凡学问之属于此类者，谓之天然学。进化者，往而不返者也，进而无极者也。凡学问之属于此类者，谓之历史学。天下万事万物，皆在空间，又在时间，（空间、时间，佛典译语，日本人沿用之。若依中国古义，则空间宇也，时间宙也。其语不尽通行，故用译语。）而天然界与历史界，实分占两者之范围。天然学者，研究空间之现象者也；历史学者，研究时间之现象者也。就天然界以观察宇宙，则见其一成不变，万古不易，故其体为完全，其象如一圆圈；就历史界以观察宇宙，则见其生长而不已，进步而不知所终，故其体为不完全，且其进步又非为一直线，或尺进而寸退，或大涨而小落，其象如一螺线。明此理者，可以知历史之真相矣。

由此观之，凡属于历史界之学（凡政治学、群学、平准学、宗教学等，皆近政治界之范围），其研究常较难；凡属于天然界之学（凡天文学、地理学、物质学、化学等，皆天然界之范围），其研究常较易。何以故？天然界已完全者也，来复频繁，可以推算，状态一定，可以试验。历史界，未完全者也，今犹日在生长发达之中，非逮宇宙之末劫，则历史不能终极。吾生有涯，而此学无涯。此所以天然诸科学起源甚古，今已斐然大成；而关于历史之各学，其出现甚后，而其完备难期也。

此界说既定，则知凡百事物，有生长、有发达、有进步者，则属于历史之范围；反是者，则不能属于历史之范围。又如于一定期中，虽有生长发达，而及其期之极点，则又反其始，斯仍不得不以循环目之。如动植物，如人类，虽依一定之次第，以生以成，然或一年，或十年，或百年，而盈其限焉，而反其初焉。一生一死，实循环之现象也。故物理学、身理学等，皆天然科学之范围，非历史学之范围也。

孟子曰：天下之生久矣，一治一乱。此误会历史真相之言也。苟治乱相嬗无已时，则历史之象当为循环，与天然等，而历史学将不能成立。孟子此言盖为螺线之状所迷，而误以为圆状，未尝综观自有人类以来万数千年之大势，而察其真方向之所在，徒观一小时代之或进或退、或涨或落，遂以为历史之实状如是云尔。譬之江河东流以朝宗于海者，其大势也，乃或所见局于一部，偶见其有倒流处，有曲流处，因以为江河之行一东一西、一北一南，是岂能知江河之性矣乎！《春秋》家言，有三统，有三世。三统者，循环之象也，所谓三王之道若循环，周而复始是也。三世者，进化之象也，所谓据乱、升平、太平，与世渐进是也。三世则历史之情状也，三统则非历史之情状也。三世之义，既治者则不能复乱，借曰有小乱，而必非与前此之乱等也。苟其一治而复一乱，则所谓治者，必非真治也。故言史学者，当从孔子之义，不当从孟子之义。）吾中国所以数千年无良史者，以其于进化之现象，见之未明也。

第二，历史者，叙述人群进化之现象也。进化之义既定矣，虽然，进化之大理，不独人类为然，即动植物乃至无机世界，亦常有进化者存。而通行历史所纪述，常限于人类者，则何以故？此不徒吾人之自私其类而已。人也者，进化之极则也，其变化千形万状而不穷者也。故言历史之广义，则非包万有而并载之，不能完成；至语其狭义，则惟以人类为之界。虽然，历史之范围可限于人类，而人类之事实不能尽纳诸历史。夫人类亦不过一种之动物耳，其一生一死，固不免于循环，即其日用饮食、言论行事，亦不过大略相等，而无进化之可言。故欲求进化之迹，必于人群。使人人析而独立，则进化终不可期，而历史终不可起。盖人类进化云者，一群之进也，非一人之进也。如以一人也，则今人必无以远过于古人。语其体魄，则四肢五官，古犹今也；质点血轮，古犹今也。语其性灵，则古代周、孔、柏（柏拉图）、阿（阿里士多德）之智识能力，必不让于今人，举世所同认矣。然往往有周、孔、柏、阿所不能知之理，不能行之事，而今日乳臭小儿知之能之者，何也？无他，食群之福，享群之利，借群力之相接相较、相争相师、相摩相荡、相维相系、相传相嬗，而智慧进焉，而才力进焉，而道德进焉。进也者，人格之群（人格义见第一册），非寻常之个人也。（人类天性之能力，能随文明进化之运而渐次增长与否，此问题颇难决定。试以文明国之一小儿，不许受教育，不许蒙社会之感化，沐文明之恩泽，则其长成，能有以异于野蛮国之小儿乎？恐不能也。盖由动物进而为人，已为生理上进化之极点。由小儿进为成人，已为身理上进化之极点。然则，一个人殆无进化也。进化者，别超出于个人之上之一人格而已，即人群是也。）然则历史所最当致意者，惟人群之事。苟其事不关系人群者，虽奇言异行，而必不足以入历史之范围也。

畴昔史家，往往视历史如人物传者然，夫人物之关系于历史固也。然所以关系者，亦谓其于一群有影响云尔。所重者在一群，非在一人也。而中国作史者，全反于此目的，动辄以立佳传为其人之光宠。驯至连篇累牍，胪列无关世运之人之言论行事，使读者欲卧欲呕，虽尽数千卷，犹不能于本群之大势有所知焉。由不知史之界说限于群故也。

第三，历史者，叙述人群进化之现象，而求得其公理公例者也。凡学问必有客观、主观二界。客观者，谓所研究之事物也；主观者，谓能研究此事物之心灵也。（亦名"所界"、"能界"。"能"、"所"二字，佛典译语，常用为名词。）和合二观，然后学问出焉。史学之客体，则过去现在之事实是也；其主体，则作史、读史者心识中所怀之哲理是也。有客观而无主观，则其史有魄而无魂，谓之非史焉可也。（偏于主观而略于客观者，则虽有佳书，亦不过为一家言，不得谓之为史。）是故善为史者，必研究人群进化之现象，而求其公理公例之所在，于是有所谓历史哲学者出焉。历史与历史哲学虽殊科，要之，苟无哲学之理想者，必不能为良史，有断然也。虽然，求史学之公理公例，固非易易。如彼天然科学者，其材料完全，其范围有涯，故其理例亦易得焉。如天文学，如物质学，如化学，所已求得之公理公例不可磨灭者，既已多端；而政治学、群学、宗教学等，则瞠乎其后，皆由现象之繁赜而未到终点也。但其事虽难，而治此学者不可不勉。大抵前者史家不能有得于是者，其蔽二端：一曰知有一局部之史，而不知自有人类以来全体之史也。或局于一地，或局于一时代。如中国之史，其地位则仅叙述本国耳，于吾国外之现象，非所知也（前者他国之史亦如是）。其时代，则上至书契以来，下至胜朝之末止矣。前乎此，后乎此，非所闻也。夫欲求人群进化之真相，必当合人类全体而比较之，通古今文野之界而观察之，内自乡邑之法团，（凡民间之结集而成一人格之团体者，谓之法团，亦谓之法人。法人者，法律上视之与一个人无异也。一州之州会，一市之市会，乃至一学校、一会馆、一公司，皆统名为法团。）外至五洲之全局；上自穷古之石史（地质学家从地底僵石中考求人物进化之迹，号曰石史），下至昨今之新闻。何一而非客观所当取材者。综是焉以求其公理公例，虽未克完备，而所得必已多矣。问畴昔之史家，有能焉者否也？二曰徒知有史学，而不知史学与他学之关系也。夫地理学也，地质学也，人种学也，人类学也，言语学也，群学也，政治学也，宗教学也，法律学也，平准学也（即日本人所谓经济学），皆与史学有直接之关系。其他如哲学范围所属之伦理学、心理学、论理学、文章学，及天然科学范围所属之天文学、物质学、化学、生理学，其理论亦常与史学有间接之关系，何一而非主观所当凭借者。取诸学之公理公例而参伍钩距之，虽未尽适用，而所得又必多矣。问畴昔之史家，有能焉者否也？

夫所以必求其公理公例者，非欲以为理论之美观而已，将以施诸实用焉，将以贻诸来者焉。历史者，以过去之进化导未来之进化者也。吾辈食今日文明之福，是为对于古人已得之权利；而继续此文明，增长此文明，挛殖此文明，又对于后人而不可不尽之义务也。而史家所以尽此义务之道，即求得前此进化之公理公例，而使后人循其理、率其例以增幸福于无疆也。史乎史乎！其责任至重，而其成就至难。中国前此之无真史家也，又何怪焉！而无真史家，亦即吾国进化迟缓之一原因也。吾愿与同胞国民筚路蓝缕以辟此途也。

历史与人种之关系

历史者何？叙人种之发达与其竞争而已。舍人种则无历史。何以故？历史生于人群，而人之所以能群，必其于内焉有所结，于外焉有所排，是即种界之所由起也。故始焉自结其家族以排他家族，继焉自结其乡族以排他乡族，继焉自结其部族以排他部族，终焉自结其国族以排他国族。此实数千年世界历史经过之阶级，而今日则国族相结相排之时代也。夫群与群之互有所排也，非大同太平之象也。而无如排于外者不剧，则结于内者不牢；结于内者不牢，则其群终不可得合，而不能占一名誉之位置于历史上。以故世界日益进步，而种族之论亦日益昌明。呜呼！后乎此者，其有种界尽破、万国大同之郅治乎？吾不敢知。若在今日，则虽谓人种问题为全世界独一无二之问题，非过言也。

有"历史的"人种，有"非历史的"人种。等是人种也，而历史的、非历史的何以分焉？曰：能自结者为历史的，不能自结者为非历史的。何以故？能自结者则排人，不能自结者则排于人。排人者则能扩张本种以侵蚀他种，骎骎焉垄断世界历史之舞台；排于人者则本种日以陵夷衰微，非惟不能扩张于外，而且澌灭于内，寻至失其历史上本有之地位，而舞台为他人所占。故夫叙述数千年来各种族盛衰兴亡之迹者，是历史之性质也；叙述数千年来各种族所以盛衰兴亡之故者，是历史之精神也。近世言人种学者，其论不一，或主张一元说，而以为世界只有一人种；或主张多元说，而区分为四种（康德），为五种（布曼伯），为六种（巴科安），为七种（韩特），为八种（亚加智），其多者乃至十一种、十五种、十六种、二十二种、六十种，其最多者分为六十三种（巴喀），甚者以言语之分而区为一千乃至二千余人种。然今所通行，则五种之说，所谓黄色种、白色种、棕色种、黑色种、红色种是也。或以南洋群岛、太平洋群岛、纽西仑诸土人及中亚美利加之土人合于黄种，以澳洲、南印度之土人合于黑种，而成为三大种，今勿具论。要之，缘附于此抟抟员舆上之千五百兆生灵，其可以称为历史的人种者，不过黄、白两族而已。今条其派别如下（表略——编者）。

同为历史的人种也，而有"世界史的"与"非世界史的"之分。何谓"世界史的"？其文化武力之所及，不仅在本国之境域，不仅传本国之子孙，而扩之充之以及于外，使全世界之人类受其影响，以助其发达进步，是名为世界史的人种。吾熟读世界史，察其彼此相互之关系，而求其足以当此名者，其后乎此者吾不敢知，其前乎此者，则吾不得不以让诸白种，不得不以让诸白种中之阿利安种。而于其中复分为两大时期：前期为阿利安种与哈密忒、沁密忒两种合力运动时代，后期为阿利安种独立运动时代。于前期之中，复分为三小时期：一哈密忒全盛时代，二沁密忒全盛时代，三阿利安与哈、沁融合时代。于后期之中，亦分为三小时期：一希腊、罗马人时代，二条顿人时代，三斯拉夫人时代。（所谓各时代者，非此时代终而彼时代乃始也，其界限常不能甚分明，往往后时代中仍抱前时代之余波，前时代中已含后时代之种子，不过就其大势略区别之，取便称呼耳。观下文自明。）试略论之。

以狭义言之，则欧罗巴文明实为今日全世界一切文明之母，此有识者所同认也。欧罗巴文明何自起？其发明光大之者，为阿利安民族；其组织而导引之者，为哈密忒与沁密忒之两民族。若世界文明史而有正统也，则其统不得不托始于哈密忒人。代表哈密忒者曰埃及。埃及文明之花，实现于距今四五千年以前，于金字塔观其工艺之伟大，（金字塔者，埃及古王之坟陵也。其最大者容积七千四百万立方英尺，底阔七百六十四英尺，侧袤四百八十英尺，世界最大之石碑也。其能运如许重大之石材，上举于数百丈之高处，则其时工械力之大可想。）于木乃伊想其化学之发明，（木乃伊者，埃及古王之尸体，以药物浸裹之，使其不朽，至今犹有存者。则当时之人已明化学，可以概见。）尼罗河畔，实历史上最荣誉之纪念场哉！自摩西为埃及王女所收养，遍学其教术，吸取其智识，既乃率同族以开犹太，（详见《旧约全书·出埃及记》）是沁密忒文明出于埃及之明证也。（其余巴比伦、叙利亚文明，亦得力于埃及不少，史家能言其详。）希腊古哲，如德黎（Thales），如毕达哥拉（Pylthagoras），如梭伦（Solon），如德谟吉来图（Democritus），如柏拉图（Platon），皆尝受教于埃及僧侣。而德谟吉来图、柏拉图二氏，且躬自游历埃土，而遏狄加人（希腊四大族之一）之宗教及其群治制度，多承埃及之遗迹，是阿利安文明出于埃及之明证也。故今日欧洲文明，以希腊为父，以沁密忒为祖，以哈密忒为祖之所自出。虽然，哈密忒人能创造之以待人取法者也，沁密忒人能创造之且能传播之者也，阿利安人能创造之、能传播之且最能取法于人者也。故三族之优劣胜败，于此判焉矣。

哈密忒于世界文明，仅有间接之关系，至沁密忒而始有直接之关系。当希腊人文未发达之始，其政治、学术、宗教，卓然有牢笼一世之概者，厥惟亚西里亚（或译叙利亚）、巴比伦、腓尼西亚诸国。沁密忒人实世界宗教之源泉也。犹太教起于是，基督教起于是，回回教起于是，希腊古代之神话，其神名及其祭礼，无一不自亚西里亚、腓尼西亚而来，新旧巴比伦之文学、美术影响于后代，其尤著者也。腓尼西亚之政体，纯然共和政治，为希腊所取法，其商业及航海术亦然。且以贸易之力，传播其文明，直普及于意大利，作罗马民族之先驱。故腓尼西亚国虽小，而关系于世界史者最大。若希伯来人之有摩西、耶稣两教主，其势力浸润全欧人民之脑中者，更不待论矣。故世界史正统之第二段，在沁密忒人，而亚里西、巴比伦、希伯来为其主脑，腓尼西亚为其枢机。

其在第三段，为世界史之主人翁者，则希腊也。希腊代表阿利安种之一部，其民族则土著之"毕拉士治"（Pelasgi）人与西迁之阿利安人（阿利安分亚洲之部、欧洲之部两者，已详前表。希腊之阿利安，则自伊兰高原西来者也）混合而成者也。阿利安族之所长，在贵自由，重考验，务进步。惟贵自由故，其于政治也，不甘压制而倡言平等；惟重考验故，其于学问也，不徇现象而探求原理；惟务进步故，其于社会一切事物也，不泥旧例而日事革新。阿利安族所以亘数千年至今，常执全世界之牛耳者，皆此之由，而希腊人其最初之登场者也。希腊之代表，惟雅典与斯巴达。雅典右文，斯巴达尚武，两者虽不调和，而皆足以发挥阿利安族之特性。故史家或以今世欧罗巴为古代希腊之放影，以古代希腊为今世欧罗巴之缩图，非过言也。然其民族之团结力，只能建设市府政治，不能成就国家政治，故虽握霸权于历史上者七百年，卒服属于他国以致灭亡。

其在第四段，为世界之主人翁者，则罗马也。罗马位于古代史与近世史之过渡时代而为其津梁。其武力既能挥斥八极，建设波斯以来梦想不及之绝大帝国；而其立法的智识，权利的思想，实为古代文明国所莫能及。集无量异种之民族，置之中央集权制度之下，为一定之法律以部勒之。故自罗马建国以后，而前此之旧民族皆同化于罗马，如果嬴之与螟蛉。自罗马解纽以后，而后此之新民族，皆赋形于罗马，如大河之播九派。今日欧洲大陆诸国，其言语、文学、宗教、风俗各不相远，皆由其曾合并于罗马一统之下，浸润于同种之泽使然也。故希腊能吸集哈密忒、沁密忒两族之文明，纳绪阿利安族中，以成一特色；而罗马则承希腊正统，举其所吸集者，所结构者，以兵力而播之于世界。虽谓罗马为希腊之一亢宗子可也。虽然，罗马文明其传袭希腊者固多，其独自结构者亦不少，如法律之制定，宗教之传播，其尤著也。

自希腊、罗马以后，世界史之主位，既全为阿利安人所占，及于罗马末路，而阿利安族中之新支派，纷纷出现。除拉丁民族（即罗马族）外，则峨特民族、条顿民族、斯拉夫民族，其最著者也。峨特民族在阿利安中，以战胜攻取闻，其人为印度阿利安之一派，自西历纪元前四世纪即已侵入欧洲，发轫于小亚细亚，越今之瑞典、德意志、法兰西、意大利、西班牙诸地，直至爱尔兰之西岸、苏格兰之高原，皆有其足迹焉；后乃自中部欧罗巴蹂躏希腊、马基顿，蔓延全陆，所至竞争斗恣杀掠，使人战栗。故峨特人在世界史上，其影响所及亦不甚鲜。虽然，其人能冒险而不能忍耐，故战胜之结果，无一可表见，而其血气之勇，终不足以敌罗马节制之师，卒被征服，及罗马亡后，遂服属于条顿人之轭下。今之苏格兰人、爱尔兰人及法兰西人之一部，实峨特民族性质之代表也。

条顿民族之移住欧洲也，在拉丁、峨特两族之后，而其权力之影响于历史则过之。自中世以后，欧罗巴历史之中心点，实条顿人也。其民族移动之原因及其年代，虽不可确考，要之，自西历纪元三四世纪，始出现于欧罗东部，而其中有势力于历史上者，复分四派：其在东欧者曰高特族（Goth），其在西欧者曰福伦喀族（Frank），其在北欧者曰撒逊族（Saxon），亦称日耳曼族，其在南欧者曰阿里曼族（Alemaun）。兹将千余年前条顿民族之位置列表如下：

条顿民族之位置沿革表

	西历纪元三世纪	四世纪	五世纪	六世纪以后
高特族之位置		本世纪中叶，西高特族始见于多恼河之下流。其末叶，东高特族自多恼河下流入布加里亚。	西高特族建设王国。东高特族转入意大利建国焉。	本世纪末叶为东罗马帝国所灭，其支派占有北日耳曼之地。
福伦喀族之位置	居来因河之下流。	本世纪中叶入于加利亚，建设多数之小王国。	本世纪末叶大败罗马军，使法兰西(指今地)境内不留罗马只骑。复胜高特、阿里曼诸族。	建设查里曼大帝国，成今日欧洲群雄树立之势。
撒逊族之位置	自埃士河越埃尔比河，宅居于今荷斯顿及丁抹诸地。		本世纪中叶，撒逊人分为两派，一派越海与盎格鲁人共征服英国之大部，别成所谓盎格鲁撒逊民族者，其一派蹂躏大陆诸邦。	六世纪以来，屡与福伦喀族争斗，至九世纪福伦喀王国建立，撒逊人亦全占有北日耳曼之全部。十一世纪盎格鲁撒逊人全征服英国。
阿里曼族之位置	居多恼、麻因两河间，即日耳曼中部也。势力颇强，屡挫罗马军。		本世纪之末，为福伦喀族所阻遏其进路。	

由是观之，世界文明史之第五段，实惟阿利安族中罗马人与条顿人争长时代。而罗马人达于全盛，为日中将昃之形；条顿人气象方新，有火然泉达之观。峨特人虽奋血气之勇，偶耸动一世耳目，而其内力不足以敌此两族，昙花一现，遂为天演所淘汰，归于劣败之数。自六世纪以后，而全欧文明之霸权，渐全归条顿人矣。

蹑条顿人之迹而有大势力于历史上者，斯拉夫人也。以冒险之精神、道义之观念论之，条顿人迥非斯拉夫人所能及。若夫坚实耐久，立于千苦万难之中，毅然终始不失其特性者，则斯拉夫人殆冠宇内而无两也。彼等好战之心，不如条顿人之盛，若一旦不得已而跃马执剑，则无论如何之大敌，决不足以慑其前，彼等个人自由之观念，视条顿人虽大有所缺乏，至其注意公益，服从于一定主权之下，听其指麾，全部一致以为国民的运动，又远非条顿人所能几也。故识者谓世界史之正统，其代条顿人以兴者，将在斯拉夫人，非虚言也。

条顿民族既兴以后，而罗马民族之力尚未衰，中世史之末叶，意大利自由市府勃兴，实为今世国家之嚆矢。而西班牙、葡萄牙、法兰西人，当十四五世纪，国势且蒸蒸日上，西辟美洲，东略印度，南开南洋。阿利安人之势力范围，始磅礴于欧洲以外，其主动者皆罗马人也。虽然，以物竞天择之公例，罗马人之老大，终不敌条顿人之少年；未几而荷兰人起，与之竞争；未几而英吉利人起，一举而代之；近则德意志人，复骎骎然凌厉中原矣。故觇罗马、条顿两族之盛衰，但于其殖民历史之沿革焉足矣。北阿美利加也（初为法人、班人所开，今全属盎格鲁撒逊族矣）、南阿美利加也（本为班人、葡人所开，今全为德意志势力范围）、印度也（初为法人所经营，后卒全归英辖）、南洋群岛也（初亦班、葡人航海所觅，今全为英、荷属），皆告我辈以两民族消长之明效也。今日全地球之土地、主权，其百分中之九十属于白种人。而所谓白种人者，则阿利安人而已；所谓阿利安人者，则条顿人而已。条顿人实今世史上独一无二之主人翁也。（《新民丛报》第一、三、十一号，1902 年 2 月 8 日、3 月 10 日、8 月 18 日，署名"中国之新民"）

马君武

《法兰西今世史》译序

泰西人论中国事之书，迩年以来，汗牛充栋，然盈简连牍，有惯见之二字焉，曰：Old China, Dead China。译言：老中国，死中国也。英国哲学家斯宾塞曰：社会者，有机之生物类也。吾中国乃老乎？死乎？然审思之，吾中国之老死，已不始于今日。中国盖初生而殇之婴儿也。唐虞以前之事，不可考矣。尧舜禅让，民政萌芽，夏禹传子而遽斩矣。自时厥后，民贼代兴，故吾中国尘尘四千年乃有朝廷而无国家，有君谱而无历史，有虐政而无义务，至于今日。奄奄黄民，脑筋尽断，血液尽冷，生气尽绝，势力尽消。尚何言哉，尚何言哉！法兰西，欧洲文明开化最先之域也。自脱罗马缚束而后，虽其中分而为封建，变而为帝政，列国之所侵凌，皇王之所虐辱，然三大战之名，光耀古今（三大战者，百年战、宗教战、覆帝国战）。亡而后存，暗而后明，至于今日。共和之政，固立于上，自由平等博爱之风，大昌于下。法人自夸之辞曰：法国者，最有势力而不可破坏之国也。又曰：法人者，有如雷如电之脑气筋者也。呜呼，雄矣。予于日本书肆检得此书，喜其言法兰西近事最详，为中国从前著译书之所未有，急译之以饷同胞。嗟乎！法兰西当一千七百九十三年路易第十六未伏诛以前，其困于暴君之专制，法国人民之困苦，正与吾中国今日之地位无异也。

　　壬寅二月晦　桂林马君武序于日本东京。（《马君武集》）

章太炎

致吴君遂书

　　君遂仁者左右：登轮舶后，次日抵舍，无候门之稚子，而忻乐自若，尚赖数册残书耳。人不学道，不能无所系着。庄生云："不刻意而高，无江海而闲，不道引而寿。"和、汉文籍，吾侪之江海也。不能去江海以求乐，则去纯素同帝之道远矣。呜呼！不习止观，终为形役，将欲绝累去悲，宁可得耶！史事将举，姑先寻理旧籍，仰梁以思，所得渐多。太史知社会之文明，而于庙堂则疏；孟坚、冲远知庙堂之制度，而于社会则隔；全不具者为承祚，徒知记事；悉具者为渔仲，又多武断。此五家者，史之弁髦也，犹有此失。吾侪高掌远跖，宁知无所隙越，然意所储积，则自以为高过五家矣。

　　修通史者，渔仲以前，梁有吴均，观其诬造《西京杂记》，则通史之芜秽可知也。言古史者，近有马骕，其考证不及乾、嘉诸公，而识断亦伧陋，惟愈于苏辙耳。前史既难当意，读刘子骏语，乃知今世求史，固当于道家求之。管、庄、韩三子，皆深识进化之理，是乃所谓良史者也。因为求之，则达于廓氏、斯氏、葛氏之说，庶几不远矣。太炎遗老者，二百五十年之彭铿也，其用在抽象不在具体，以是为过于彭矣。

允中想已赴明京，不知理卿已返未？君近读《楞严》，宁有理解耶？性柴常谈否？曰生所属作叙，当待其书刻成，《社会学》亦欲其寄两部云。溽暑珍卫。弟支猎胡顿首。廿五日。（1902 年 7 月 29 日）。（《章太炎政论选集》）

致梁启超书

……酷暑无事，日读各种社会学书，平日有修《中国通史》之志，至此新旧材料，融合无间，兴会勃发。教育会令作《教育杂志》，作新译书局令润色译稿，一切谢绝，惟欲成就此志。窃以今日作史，若专为一代，非独难发新理，而事实亦无由详细调查。惟通史上下千古，不必以褒贬人物、胪叙事状为贵，所重专在典志，则心理、社会、宗教诸学，一切可以熔铸入之。典志有新理新说，自与《通考》《会要》等书，徒为八面镶策论者异趣，亦不至如渔仲《通志》蹈专己武断之弊。然所贵乎通史者，固有二方面：一方以发明社会政治进化衰微之原理为主，则于典志见之；一方以鼓舞民气、启导方来为主，则亦必于纪传见之。四千年中帝王数百，师相数千，即取其彰彰在人耳目者，已不可更仆数。通史自有体裁，岂容为人人开明履历。故于君相文儒之属，悉为作表，其纪传则但取利害关系有影响于今日社会者为撰数篇。犹有历代社会各项要件，苦难贯串，则取械仲纪事本末例为之作记。全书拟为百卷，志居其半，志记纪传亦居其半。盖欲分析事类，各详原理，则不能仅分时代，函胡综叙，而志为必要矣；欲开浚民智，激扬士气，则亦不能如渔仲之略于事状，而纪传亦为必要矣。

顷者东人为支那作史，简略无义，惟文明史尚有种界异闻，其余悉无关闳旨。要之彼国为此，略备教科，固不容以著述言也。其余史学原论，及亚细亚、印度等史，或反于修史有益，已属蔡君鹤顾购求数种。百卷之书，字数不过六七十万，或尚不及，尽力为之，一年必可告竣。顷阅《新民丛报》，多论史学得失，十一期报中又详举东人所修中史，定其优劣，知公于历史一科，固振振欲发抒者。鄙人虽驽下，取举世不为之事，而以一身任之，或亦大雅所不弃乎？

史目如左：

五表：帝王表（以朴略时代、人文时代、发达时代、衰微时代概括之）、方舆表、职官表、师相表、文儒表

十二志：（志名，或病其旧，拟取《逸周书》篇题名号，改命曰解，俟商）种族志、民宅志（此与方舆志不同者，彼略记沿革，此因山川防塞，以明社会风俗之殊异，故不得不分为二）、食货志、工艺志、文言志、宗教志、学术志、礼俗志（除祭礼入宗教）、章服志、法令志、沟洫志、兵志

此十二志，每志约须分四、五卷。

十记：革命记、周服记、秦帝记、南胄记、唐藩记、党锢记、陆交记、海交记、胡寇记、光复记

八考纪：秦始皇考纪、汉武帝考纪、王莽考纪、宋武帝考纪、唐太宗考纪、元太祖考纪、明太祖考纪、清三帝考纪

二十七别录：管商萧诸葛别录、李斯别录、董（仲舒）公孙（弘）张（汤）别录、刘（歆）别录、崔（浩）苏（绰）王（安石）别录、孔老墨韩别录、朱（熹）王（守仁）别录（其余学者，皆详学术志，此数人事迹较多，故列此两传）、许（衡）魏（象枢）汤（斌）李（光地）别录、顾黄王颜别录、盖（宽饶）傅（干）曾（静）别录、辛（弃疾）张（世杰）金（声桓）别录、郑（成功）张（煌言）别录、多尔衮别录、张（廷玉）鄂（尔泰）别录、曾李别录、杨（雄）廀〔庾〕（信）钱（谦益）别录、孔（融）李（绂）别录、洪秀全别录（此或入纪，俟商）、康有为别录、游侠别录、货殖别录、刺客别录、会党别录、逸民别录、方技别录、畴人别录、序录。（《新民丛报》第十三号，1902 年 8 月 4 日）

尊史（存目）

（《检论》卷二）

哀清史

呜呼！自黄帝以逮明氏，为史二十有二矣（除去重复《旧唐书》《旧五代史》二种）。自是以后，史其将斩乎！何者？唐氏以上，史官得职，若吴兢、徐坚之属，奋笔而无桡辞。宋、明虽衰，朝野私载，犹不胜编牒，故后史得因之以见得失。作者虽有优绌，其实录十犹四五也。

自清室滑夏，君臣以监谤为务。当康熙时，戴名世以记载前事诛夷矣。雍正兴诗狱，乾隆毁故籍。姗谤之禁，外宽其名，而内实文深。士益呰窳，莫敢记述时事以触罗网。后虽有良史，将无所征信。悲夫！天子之将崩，便房、题凑、璠璵、玉匣之属，宿成于考工，无所咨讳，虽讳亦不得不豫。今清室之覆亡，知不远矣！史于亡国，亦大行之具，不于存时宿储跱之，人死而有随之赍送以赠襚者，国死而赍送亦绝，可不哀邪？大凡纪传，财成于史馆，直载其事，顾不详其所因缘。私传碑状，虽具道委曲，大氏谀诬也。且贞信以婴戮，则国史不列；便辟以遇主，则草野不讥；朱紫玉石，贸然淆矣。

清室始滑夏，崇拜浮屠以奖其奸，烝报尊亲以盈其欲。故世祖大行，暗昧之事，吴伟业诗彰之。而张煌言为《满洲宫词》，著文皇后之婚睿王（张苍水《奇零草》有《满洲宫词》云："春官昨进新仪注，大礼恭逢太后婚。"此当时事证）。然皆家人事，米盐琐细，不著于惇史无损。史之枉桡，曰"圣祖至仁也"。滇都沦丧，天保既定，而明之宗室诛夷残破，不记于史官。仁和宋氏者，自言明裔，康熙世惧搜戮，改氏曰宋。凤皇朱氏者，自言明裔，清初逃之镇筸山中，戒子姓不出山。亦足以见其戕虐三恪，惨毒无道，视蒙古之遇宋裔，绝矣！且延恩之封，不建于六十一年，而待世宗，明明裔雕零破覆尽也。高宗者，威谋若神，善御将帅，每用兵，诸将必禀承庙算，违者辄败。以成事诊之，福康安、柴大纪之狱，功罪易知，犹乱于名实，若万里之外何？薛莹《汉纪》有言："古者师不内御。而光武命将，皆授以方略，使奉图而进。其违失无不折伤。意岂文史之过乎？不然，虽圣人其犹病诸？"（《御览》九十引。莹，吴人，与韦昭同时。）

田文镜之峭核，天下称其酷吏。赵申乔者，以清方被主知，善为句稽。布政有绩，及其发《南山集》以诛名世，余孽被于方苞诸良，钳语丑正，伤志士之心。清世以文字成狱者，自此始。豺虎所不食，有北所不受，其恶超跃于文镜矣！比迹彭鹏，声为惠吏，国史无讥，而草野亦莫之讥也。乃者宋之徐爰，谙识朝章，大礼仪注，非爰不定。其学业精博，终身亦未有大过也。徒以豫参顾问，能得人主微旨，既善傅会，又饰以典文，遂与阮佃夫等同列于《恩幸传》。今之徐乾学、高士奇，非爰之亚佐邪？国史无讥，而草野亦莫之讥也。钱谦益与冯铨，其贰心一也。一思明，一忘明，则恶名归于思明者。肃顺与奕䜣，其辅主一也。一骨鲠，一夸毗，则美名归于夸毗者。且李绂、孙嘉淦，若遽受大辟，则百岁不雪矣。讷亲、张广泗，诚得减死，贳贷前事而复用之，其褒颂载涂又可知也。

夫国史诎于人主，首施俯仰，无奈之何！而私著者复逐游尘以为褒贬，如之何其明枉直也？又辽左旧臣，起自草昧，而传者辄加文饰，推其学术，多仿佛雒闽。斯与魏收、牛弘之记索虏何异？（《史通·浮词篇》云："如《魏书》称登国以鸟名官，则云'好尚淳朴，远师少皞'；述道武结婚藩落，则曰'招携荒服，追慕汉高'。奢言无限，何其厚颜？"又《杂说篇》云："周齐二国，俱出阴山。必言类互乡，则宇文尤甚。而弘载周言，文雅若此，动遵经典，多依《史》《汉》。此何异庄子述鲋鱼之对而辩类苏、张，贾生叙鹏鸟之辞而文同屈、宋？施于寓言则可，求诸实录则否矣。"案：世儒载满洲事迹，多有类此，不独学似雒闽而已。）至于淫秽之迹，墨贼之状，故老相传，十口不殊，而不著于竹素者，尚将千万。易世以后，其事湮沦矣。欲求信传，盖其难载！

书志者，受成于官书者也。前世上下非甚鬲越，所施法令，惟礼乐等秩，县其文具，而民不率行；其他每下一令，虽有邑滞，大氐见诸施行矣。故苟有练习制度者，上观法式，下览计簿，无必清问下民，而优于作志。蔡邕之《十意》是也。其后有空文不行者，私录具在，犹可句校。

自清室布政，不综名实，筐箧猥积，而细民弗知；期会迫亟，而吏有余裕。奏记文牍，是非贞伪，成于赇略。兵制、刑法，不胜其毙。

至食货，益永永无可稽：法令之所需，官司之所内，农商之所输，数各乖异。曩者独有盐、漕、河三政，诇谍綦甚，俊民党言以陈其弊，大吏下问，始播扬之，更制新法。今又四五十年矣，惟河北流少事。盐、漕之政，隐疵伏瘕，又参半于昔者，下无良书，则不得彰闻也。又官书称民数四万万，比伍而阅，必无四万万矣；称厘金岁二千万，贾人所赋，必再倍二千万矣。昔康熙中祀，名为家给人足。谀者直者，雷同无异辞。独唐甄生其时，则曰："清兴五十余年，四海之内，日益困穷。中产之家，尝旬月不睹一金，不见缗钱，无以通之，故农民冻馁，丰年如凶。良贾行于都市，列肆焜耀，冠服华膴，入其家室，朝则囷无烟，寒则猬体不申。吴中之民，多鬻男女于远方，遍满海内。"（《潜书·存言篇》）由此言之，宽假之令，免赋之诏，皆未施行也。众谀之言，仰戴仁帝以为圣明，虽直者犹倾之。惟甄发其覆蒙，然尚不能详其时粟布、泉币、械用盈绌之大齐。后史无所依据，以为实录。食货之条，又有万此者，当何所取酌，以为国典邪？

若乃清之礼乐，胡汉杂用。其发端多鄙倍，深自讳匿。至于今，堂子之神怪，达赖之尊礼，名实缘起，不可得而详也。兼是数者，虽欲为志，而风俗蕃变之故，政事棼理之迹，文之与实，一切相缪，宁得不谢短乎？

《传》曰："防民之口，甚于防川。"当清氏御世也，岂不欲褒扬其祖考，滂沛令闻，菜香无穷？故示之意旨，使杜塞其姗谤者。终然清议寝息，而浮虚之颂，轫于宇甸。及其弄臣酷吏，配享在下，相引以为华，语繁听厌，虽有实美，诚伪不辨，一切无以自别。孰与纵民之哗嚣，恣其载笔，令美恶偕著，异时纪传书志得所因袭？其恶，诚蒙谯让于后；其美者，人亦乐谈而不厌。以校今兹，孰修孰短也？夫癥夷者恶燧镜，伛曲者恶缳绳，将奄其咎，必憎其表，事之理矣。卒使一家之史，抶焉以斩，遗美往恶，黯默而同尽，亦无算也哉！

或曰：西方哲人之史，种别为书。若汉之十志，与《儒林》《货殖》诸传，述其委悉，皆可令各为一通，与往者二十二家异其义法。今作史者，方欲变更，虽斩焉无忧也。抑吾未闻事迹不具，而徒变更义法者。夫近事闻其省，不闻其敕，故骋而上襄，以造《中国通史》。（《訄书重订本》）

中国通史略例

中国秦汉以降，史籍繁矣。纪传表志肇于史迁，编年建于荀悦，纪事本末作于袁枢，皆具体之记述，非抽象之原论。杜、马缀列典章，囷置方类，是近分析法矣。君卿评议简短，贵与持论鄙倍，二子优绌，诚巧历所不能计，然于演绎法，皆未尽也。衡阳之圣，读《通鉴》《宋史》，而造论最为雅驯，其法亦近演绎；乃其文辩反覆，而辞无组织，譬诸织女，终日七襄，不成报章也。若至社会政法盛衰蕃变之所原，斯人暗焉不昭矣。王、钱诸彦，昧其本干，攻其条末，岂无识大，犹愧贤者。今修《中国通史》，约之百卷，镕冶哲理，以祛逐末之陋；钩汲智沉，以振墨守之惑；庶几异夫策锋、计簿、相斫书之为者矣！

西方作史，多分时代；中国则惟书志为贵，分析事类，不以时代封画；二者亦互为经纬也。彪蒙之用，斯在扬搉大端，令知古今进化之轨而已。故分时者适于学校教科；至乃研精条列，各为科目，使一事之文野，一物之进退，皆可以比较得之，此分类者为成学讨论作也。亦犹志方舆者，或主郡国，则山水因以附见，其所起讫，无必致详；或主山川，记一山必尽其脉带，述一水必穷其出入，是宁能以郡国封限矣！昔渔仲粗粗，用意犹在诸《略》；今亦循其义法，改命曰《典》，盖华峤之故名也。

诸典所述，多近制度。及夫人事纷纭，非制度所能限，然其系于社会兴废，国力强弱，非眇末也。会稽章氏谓后人作史，当兼采《尚书》体例，《金縢》《顾命》就一事以详始卒。机仲之《纪事本末》，可谓冥合自然，亦大势所趋，不得不尔也。故复略举人事，论撰十篇，命之曰《记》。

西方言社会学者，有静社会学、动社会学二种。静以藏往，动以知来。通史亦然，有典则人文略备，推迹古近，足以藏往矣；若其振厉士气，令人观感，不能无待纪传。今为《考纪》《别录》数篇。非有关于政法、学术、种族、风教四端者，虽明若文、景，贤若房、魏，暴若胡亥，奸若林甫，一切不得入录，独列《帝王》《师相》二表而已。昔承祚作《益部耆旧传》，胪举蜀才，不遗小大；及为《蜀志》，则列传亡几。盖史职所重，不在褒讥，苟以知来为职志，则如是足也。（案：太史公引《禹本纪》、杨子云作《蜀王本纪》，皆帝者之上仪也。然汉《艺文志》儒家有《高祖传》十三篇，《孝文传》十一篇，而刘绦《圣贤本纪》亦列子产，见于《文选·王文宪集序》注所引，是知纪传本无定称。今亦聊法旧名，取孟坚《考纪》、子政《别录》。以为识别云尔。）

列表五篇：首以《帝王》，以省《考纪》；复表《师相》，以省《别录》。儒林文苑，悉数难尽，其撰述大端，已见于《文言》《学术》二典，斯亦无待作传，故复列《文儒》表，略为第次，从其统系而已。方舆古今沿革，必为作典，则繁文难理；职官亦尔，孟坚《百官公卿》止于列表，一代尚然，况古今变革，可胜书邪？故于《帝王》表后，即次《方舆》《职官》二表，合后《师相》《文儒》，为《表》凡五云。

史职范围，今昔各异，以是史体变迁，亦各殊状。上世瞀史巫祝，事守相近；保章、灵台，亦官联也，故作史必详神话。降及迁、固，斯道无改。魏、晋以来，神话绝少，律历、五行，特沿袭旧名，不欲变革，其义则既与迁、固绝异。然上比前哲，精采黯默，其高下相距则远。是由一为文儒，一为专职尔。所谓史学进化者，非谓其廓清尘翳而已，已既能破，亦将能立。后世经说，古义既失其真，凡百典常，莫知所始，徒欲屏绝神话，而无新理以敕彻之。宜矣！其肤末茸陋也。要其素知经术者，则作史为犹愈。允南《古史》，昔传过于子长，今不可见。颜、孔《隋书》，亦迁、固以后之惇史。君卿《通典》，事核辞练，绝异于贵与之伦陋者。故以数子皆知经训也（近世如赵翼辈之治史，戋戋鄙言，弗能钩深致远，由其所得素浅尔）。惜夫身通六艺之士，滞于礼卑而乏智崇之用，方之古人，亦犹倚相、射父而已。必以古经说为客体，新思想为主观，庶几无愧于作者。

今日治史，不专赖域中典籍。凡皇古异闻，种界实迹，见于洪积石层，足以补旧史所不逮者，外人言支那事，时一二称道之，虽谓之古史，无过也。亦有草昧初启，东西同状，文化既进，黄白殊形，必将比较同异，然后优劣自明，原委始见，是虽希腊、罗马、印度、西膜诸史，不得谓无与域中矣。若夫心理、社会、宗教各论，发明天则，烝人所同，于作史尤为要领。道家者流，出于史官，庄周、韩非，其非古之良史邪！

设局修史，始自唐代。由宋逮明，监修分纂，汗漫无纪。《明史》虽秉成季野，较《宋》《元》为少愈，亦集合数传以成一史云尔。发言盈廷，所见各异，虽有殊识，无由独著。孟德斯鸠所谓"古事谈话"者，实近史之良箴矣。今修《通史》，旨在独裁，则详略自异。欲知其所未详，旧史具在，未妨参考。昔《春秋》作而百国宝书崩，《尚书》删而《三坟》《穆传》轶，固缘古无雕版，传书不易，亦由儒者党同就简，致其流亡。然子骏《七略》，《尚书》家犹录《周书》；《周官》而外，《周法》《周政》，亦且傍见儒家；固非谓素王删定以后，自余古籍，悉比于吐果弃药也。《通史》之作，所以审端径隧，决导神思。其他人事浩穰，乐胥好博之士，所欲知者何既，旧史具体，自不厌其浏览。苟谓新录既成，旧文可废，斯则拘虚笃时之见也已。（《訄书重订本》）

刘师培

新史篇

书契以降，君权史权互为消长。周室初兴，诗篇陈于太史。然吾即三百篇之词观之，外陈刑政之苛，内陈宫闱之隐，事涉君亲，词无回匿，殆所谓言者无罪闻者足戒者耶？及迹熄诗亡，《春秋》继作，而南史、董狐，仗义直书，不避强御，遗芳余烈，彪炳古今。

秦汉以降，史职多亏。然马迁著史，力述武帝之非；班固修书，不讳元后之恶。吾意当此之时，史官之权，犹足与君权相埒，视后世献媚工谀者，固有间矣。（观干宝《晋书》力陈晋失，使此书成于近代，必将诛其人而毁其书矣。）

魏晋以还，五胡宅夏，又虑史臣之议其后也，于是假君权之焰以摧抑史权。观史或修史于前赵，而刘聪焚其书；赵渊秉笔于前秦，而苻坚去其籍。降及胡魏，文网益严；而崔浩诸公，至以史臣受戮，而魏收秽史遂以流传。史臣曲笔，自此始矣。呜呼！魏晋以上，史臣操监督政府之权；魏晋以下，政府操监督史臣之权。然史权消灭之原因，悉由于胡羌之肇乱，则甚矣，夷祸之可惕也。

隋唐以降，监修史书之权，操于勋臣外戚，而史臣无识，曲笔阿时。其所为佚闻琐记者，乃转出于私家之撰述。观于白传讽诗（如《长恨歌》之类）、玉溪咏事（如"薛王沉醉寿王醒"诸语），宫廷秽迹，据事直陈，上之可补实录之遗，下之犹备宫词之采。是则官史虽诬，而私史未泯。故易姓而后，文献未沦。

宋明以下，史禁日严。及建虏入关，乃日以监谤为务。事之前于入关者，则明季遗臣之书刊禁目者以千数（彼族初起之事，惟据《皇明经世文编》所载奏疏，若侯先春《安辽议》、冯元成《纪边事》以及薛三才、王象乾、魏时亮、熊廷弼之文，皆可得其大略）。事之后于入关者，则庄氏之史，吴、潘之书，中藻之诗，南山之集，莫不诛连宗亲，戮其枯骨，而所谓一代之事实，遂湮没不传。即其一二流传者，亦大抵出于佞臣之手，以委曲失真。嗟呼！中国之所谓历史者，大约记一家一姓之事耳。若彼族所存之史，则并其所谓一家一姓之事者，亦且文过饰非，隐恶扬善，而逢君之恶。如纪昀复摭《史通》鳞爪之文，以为隐饰君亲，亦臣子之大义（见《史通·曲笔》篇评语）。此论一兴，直道不存，清议浸息，颠倒是非，紊乱白黑。邪臣之罪，岂可宥乎！虽然，当彼修史之时，亦自谓掩耳盗铃，可以助愚民之用。然遐方记载（如日本人所著《明清战记》诸书是，又西书亦有记其事者）、故老传闻，事有不同，言多征实，非所谓来者难诬，欲盖弥彰者耶？

今见有妫遗裔所著一书，仿古人别史之体，虽掇拾遗文，间多未备，然彼族秘事，赖以彰闻，则世之奉虏酋为神圣者，观此亦可自反矣。顾吾犹有感者，龚仁和有言：灭人之国，坠人之枋，绝人之材，湮人之教，败人之纲纪，夷人之祖宗，必先去其史（见《古史钩沉论》）。今中国之史，厄于建祸，几三百年，傥能仿所南修《北史》之例（见《心史·古今正统论》），而参以野史之现闻，则信史之成，必有计日可待者。是在著者勉之耳。（《警钟日报》1904 年 8 月 2 日，署名"无畏"）

《中国历史教科书》凡例

读中国史书有二难：上古之史多荒渺，而记事互相歧；后世之史咸浩繁，而记事多相袭。中国廿四史，既不合于教科，《通鉴》《通典》《通考》亦卷帙繁多。而近日所出各教科书，复简略而不适于用。欲治中史，非编一繁简适当之中国历史莫由。

西国史书多区分时代，而所作文明史复多分析事类。盖区分时代近于中史编年体；而分析事类则近于中国"三通"体也。今所编各课，咸以时代区先后，即偶涉制度文物于分类之中，亦隐寓分时之意，庶观者易于了然。

中国史书之叙事，详于君臣而略于人民，详于事迹而略于典制，详于后代而略于古代。今所编各课，其用意则与旧史稍殊。其注意之处约有数端，试述之如左：

一、历代政体之异同。

二、种族分合之始末。

三、制度改革之大纲。

四、社会进化之阶级。

五、学术进退之大势。

今日治史，不专赖中国典籍。西人作中国史者，详述太古事迹，颇足补中史之遗。今所编各课，于征引中国典籍外，复参考西籍兼及宗教社会之书，庶人群进化之理可以稍明。

所编各课，于所采各书，必详注所出（所采取书计数百种）。于古代地理，亦注以今名。一二私见，附以自注，以供学者之参考。

各课之后，偶附年表及帝王世系表、历代大事表，而职官、地理各表及封建、井田、学校等图亦偶列焉。（《中国历史教科书》）

邓　实

史学通论

（一）

邓子受三千年史氏之书而读之，渊渊焉而思，睊睊然而忧，曰：史岂若是邪？中国果有史邪？虽然尝闻之旧史氏矣。古者天子诸侯必有国史，皆世其官，官存而史存，史存而国存；官亡而史亡，史亡而国亡。左史记言，史之外无有言焉。右史记事，史之外无有事焉。是故六经者，史之大宗，经亦史也。诸子者，史之小宗，子亦史也。周之世官，其大者皆史官也。其异姓之闻人，皆史材也。史岂不若是邪？中国果无史邪？虽然又闻之新史氏矣，史者叙述一群一族进化之现象者也，非为陈人塑偶像也，非为一姓作家谱也。盖史必有史之精神焉。异哉，中国三千年而无一精神史也！其所有则朝史耳，而非国史君史耳，而非民史贵族史耳，而非社会史，统而言之，则一历朝之专制政治史耳。若所谓学术史、种族史、教育史、风俗史、技艺史、财业史、外交史，则遍寻乙库数十万卷充栋之著作而无一焉也。史岂若是邪？中国果有史邪？呜呼，中国无史矣！非无史，无史家也！非无史家，无史识也！司马氏父子而后，中国之史盖中绝矣。虽然，其先固未尝无史，自周史佚辛甲籀史睰史伯而后无闻人，而史始亡。自鲁史克史邱明而后无闻人，而史复亡。自司马而后永无闻人，而史真亡。于是正统闰统有争，儒林道学有争，南则谓北为索虏，北则谓南为岛夷，甲书曰某祖某皇，乙书曰某叛某逆，今日曰盗贼仇雠，明日曰圣神仁智，尊班抑马，龙猪莫辨，魏收作色，禁如乱丝，悲夫！中国史界革命之风潮不起，则中国永无史矣。无史则无国矣。周之亡也，史官失守。孔子曰：天子失官，学在四夷，我毋惧也欤哉！

（二）

邓子曰：深于《春秋》之言，曰：世有三等。余谓史亦有三等：上世一等，为神权时代，史曰神史；中世一等，为君权时代，史曰君史；近世一等，为民权时代，史曰民史。请言神史。人群进化之初期也，必渡过神权政体之一阶级。中国前古之民，敬天尊祖拜神其天性也，故其史亦好言天道鬼神灾异卜筮梦之事，明其吉凶祸福，以寓劝戒焉，是古史之职也。《周礼》大史、小史、内史、外史、御史，皆属春官，而春官一职，大祝甸祝司巫宗人，所司皆事神之事，五史与之同官，则上世之史，所掌皆神事耳，所笔皆神语耳，神之外不见所谓史职也，神之外不见所谓史文也，神尊则史尊矣，史尊则史之官尊，史之言亦尊矣。故吾国古史上有特别重要之二职焉，则史与祝是也。祝司天志，史掌祖法，祝敬天，史敬祖，其见于简册者，曰祝史，曰史巫，曰宗祝巫史，曰宗祝卜史，皆史祝并称，明乎祝与史，皆有事于鬼神者也。《左氏春秋》有神降于莘，惠王问诸内史过，过请以其物享焉。陨石于宋五六鹢退飞过宋都，襄公问吉凶于周内史叔兴。有云如众赤鸟夹日以飞三日，楚子问诸周大史。夫左氏，史家之造物祖也，其言天道鬼神灾祥卜筮梦之事，盖六七焉。《汉志》又言，道家出于史官，而阴阳，而谶纬，皆史氏之支流余裔。若是乎，中国古代之史，神史耳！神史亦谓之史乎？曰谓之史。夫古代据乱之世，人群幼稚，一国之权不能不托于君主，然无以监之，又恐君权之无限也，于是以神权监君权。《春秋》

以元统天，以天统君，实圣人忧患之微意也。故君之践阼，则荐天而受，君之崩殂，则称天而谥。某年日蚀彗见，则史氏书之曰是天神之怨恫也，人君宜恐惧。某地水旱蝗螟，史氏又书之曰是地祇之震动也，人君宜修省。夫其数数书之，非必人君之日日恐惧，日日修省也，但闻吾告而偶一恐惧焉，见吾简偶一修省焉，则暴君之淫威可稍戢，生民之祸可稍弭矣。呜使呼，世之无深识者，方谓其以宗教迷信惑当世，支离怪诞不可道夫。以今日之历史哲学观，神史是诚支离，是诚怪诞，而不知其借天代表神，借人代表天（《书》曰：天聪明自我民聪明，天明畏自我民明畏。又曰：天视自我民视，天听自我民听）。以君对天而课其善淫，实不啻以君对民而课其善淫，其于无形无声间接以造幸福于我国民者何限也，此神史之功也。六经皆言鬼神灾异，而尤著于《春秋》，以圣人之为，亦有乐乎此欤！

（三）

邓子请言君史。一代之君，即一代之史也。王者有天下，更正朔，改服色，颁制度，御殿受贺以临万民，于是其一言一语，则有曰诏令制诰宝训焉；其一举一动，则有曰起居注实录焉；其祭天也，则有曰郊祀志明堂大礼焉；其巡游也，则有曰封禅文刻石焉；其征讨也，则有曰中兴记平定方略焉；其龙飞，则有曰建元始元某年某月纪元之年表焉；其升遐，则有曰仁圣神武某祖某皇徽号之谥书焉。若是者掌其事，则谓之太史，太史纪其事而载之文字，则谓之史，史氏诵本朝之法，读本朝之书，登其朝，习其揖让，籀其府，聆其鼓钟，则可谓良史材矣。藏之石室，缄之金縢，以传子孙，以示万禩，则可谓信史矣。呜呼！此其史，其脑坯中所有仅一帝王耳，舍帝王以外无日月，舍帝王以外无风云。其所传威名彪炳之将帅，则攀附帝王者也；其所纪功烈懿铄之元勋，则奔走帝王者也；其所谓循吏传、儒林传、文苑传，则帝王下走之舆台也，帝王弭笔之文士也，若夫人群之英雄，社会之豪杰，政治之大家，哲学之巨子，西国所膜拜赞叹香花祝而铜石范之人物，曾不足留其顾盼纪念焉。嗟乎，兰台之英，金闺之彦，其史笔之声价不当如是邪！虽然此其咎作史者不尸之，而霸者尸之。龚子曰：昔者霸天下之氏称祖之朝，其力强，其志武，其聪明上，其财多，未尝不仇天下之士，去人之廉，以快号令，去人之耻，以嵩高其身，一夫为刚，万夫为柔，以大便其有力强武。是故霸者，私天下于一家者也，而并私其史于一家，私其史于一家之朝廷，则朝廷尊，朝廷尊，则草野之文贱矣。草野之文贱，号为正史则传，号为野史则废，三尺小生占哗伊唔，读古香四库之著录则信，读江湖闾巷之语言则嗔。呜呼，吾于我国中世二千余年十数氏之史家何责焉？何讥焉？

（四）

邓子请更言民史。民史之为物，中国未尝有也。虽然，其意义可得而言焉。夫世界之日进文明也，非一二人之进而一群之进也，非一小群之进而一大群之进也，当其既进，有已往之现象，当其未进，有未来之影响。历史者，即其一大群之现象影响也。既往之文明现象，惟历史能留之。未来之文明影响，惟历史能胎之。夫民者，何群物也？以群生，以群强，以群治，以群昌，群之中必有其内群之经营焉，其经营之成迹，则历史之材料也。群之外必有其外群之竞争焉，其竞争之活剧，则历史之舞台也。是故舍人群不能成历史，舍历史亦不能造人群。政治家欤，哲学家欤，美术家欤，教育家欤，生计家欤，探险家欤，人群之英雄，而历史之人物也。学术上欤，宗教上欤，种族上欤，风俗上欤，经济上欤，社会上欤，人群之事功，而历史之光荣也。呜呼，夫是之谓史！夫是之谓民史！若夫立祠赐祭之功臣，建碑勒石之名宦，牌坊巍峨之状元学士，君史所歌舞崇拜之为人物，人物者，而民史无有焉。开国之规模，中兴之模烈，开疆拓土之奇谋胜算，君史所大书特书之为事功，事功者，而民史无有焉。（《政艺通报》第一卷第十二号，1902 年）

民史总叙

中国无史乎？曰：自汉迄有明，栖栖三千年，中国之史，号二十有三矣（去《史记》），何谓无史？虽然，执是以言史，则其所有史，乃官史，非私史，乃朝史，非野史，质言之，则皆君史，非民史。民史氏曰：伤哉，吾民矣！夫史者，公物也，尽人所同有，而中国之民，乃独无史也。悲夫！小子不文，敢发愤著书，呜咽流涕，扼腕奋笔，以造中国民史。乃复为之叙曰：大哉史乎，与生民而俱来矣！自有天地，乃生人类。既生人类，即有起居饮食、思想事理、人伦品目，而史由是生焉。是故言语文字者，史也。而起居饮食、思想事理、人伦品目，亦莫不曰史。太古濛〔蒙〕昧，人天为友，洞洞冥冥，空无一物，而史即起于其间。太古之史不可得见矣。以余所闻，中土当三代以前，多在天人相与之际，最崇祀典，而司天有史，司祝有史，司历有史，占验有史，卜筮有史，祭祀有史，而掌天事者史，掌神事者史，掌人事者亦史。凡天下之言语，皆统之于史焉。凡天下之文字，皆统之于史焉。凡天下之思想事理、人伦品目，亦皆统之于史焉（仁和龚氏谓周史之外无言语文字，无人伦品目）。是故六经史也，而诸子亦史。太史小史、内史外史史也，而裨〔稗〕官野说、辀轩志乘亦史。是三代之史，固合天人神祖君民而公有者也。东周之末，史犹未定于一尊，私于一家之朝廷，故史散在列国，孔子得以采百二十国宝书而成《春秋》。孔子不得位，以匹夫修史，蒿目斯民，往往于称天以治王者，称国人以治君、诸侯之义，三致意焉。太史公曰：《春秋》文成数万，其指数千，万物之聚散，皆在《春秋》，是《春秋》亦非一王制作之书也（孙明复作《春秋》，尊王发微，大失孔旨）。孔子曰：天子失官，学在四夷，犹信。又曰：礼失而求之野。夫曰在四夷，曰求野，以圣人忧患之心，其亦有乐于此欤。孔子没，而司马氏兴，意有所郁结，发愤而作《史记》，世家起泰伯，列传首伯夷，项羽侪本纪，孔子列世家，皆具史家之特识，而成独例。至其于货殖日者龟策，而皆为传，可谓有民史之标识矣。余读其《平准》《河渠》《货殖》诸篇，纵横上下，独抒胸臆，无非流连于生民之故，食货之原，其南游江淮，上会稽，探禹穴，窥九疑，浮于湘沅，北涉汶泗，乡射邹峄，厄困阳薛彭城，过梁楚以归，披发抱书，独行万里，足迹遍天下，其于民物之休戚，户口风俗之盛衰，触目惊心，铭肺镂腑，此其所以下笔千言，慷慨淋漓泣下也，虽其所载笔，比之欧美统计之表，调查之册，如与彼民相往来于里巷闾井之中，家识而户稔之者，详略有间。此则郑樵氏所谓当迁之时，挟书之律初除，得书之路未广，亘三千年之史籍，而局蹐于七八种书，所可为迁恨者，博不足也。是则非迁之过也。呜呼，中国之史自司马氏而后中斩矣！盖自嬴秦以降，民义久衰，朝廷视其民，如犬马草芥腐鼠之贱，既不甚爱惜，而吏缘为奸，官养于弊，户口无实报，保甲诚虚设，哀哀吾民遂听其自生自灭于茫茫大陆之上，大盗柄国，专制如虎，网罗重重，神号鬼哭，由是而中国之史遂专为君主一人一家私有之物，虽史官如鲫，史册如山，缄之兰台，抽之金匮，充栋汗牛，浩如烟海，无非承天广运之诏书，神圣文武之徽号，起居有记注，言动有实录，而问其于吾民之性质、习惯、年龄、生产、婚嫁、疾病、职业，有纤微之记载否乎？自班固《汉书》而下，神州震旦之内，虽朝朝有史，其已与吾民离而为二，史自史，而民自民矣。虽然，此亦非汉以后十数氏史家之过也。去三代以上，史在草野，人人有作史之权，故朝野纪述，君民互见。三代而下，史在朝廷。史局由朝廷诏设，史臣由朝廷特简，监修有官，分纂有官，而一二猜雄之主，复行其专制之术，其专制天下也，非并举天下之史而专制之，监谤务严，网密文深，以为史者吾一家之物，所以褒扬祖考，滂沛令闻，荣香无穷，民家间阎苦乐米盐琐细，可屏勿录，其有私家著史，稍纪民事，则以为触犯忌讳，而一切焚毁，起大狱相株连以数百辈，务划绝其萌芽而后已，故使后之居史职者，惟贡其谀佞，舍铺张虚美盛德大业外无文字，而山林之士，亦习于媕软，毋敢有放言直笔以触文网者。此中国之天下，所以无史者几三千年也。太史公曰：秦既得意，绝诸侯史纪尤甚，为其有所刺讥也。呜呼，岂惟暴秦，二十四姓之天子，无一非烧书者矣！予观于崔浩、公师彧诸人之史狱，挟天子之威，行杀人之权，日月无光，天地变色，岂不悲哉！无怪董狐南史之笔，不见于后世，而魏收作色谄伪无行者之接踵也。大雅不作，魑魅横行，风雨如晦，名山阒寂，今无人欤，古无徒欤？哀哉，中国之史其遂永厄于专制一人之君主矣！今使驰域外之观，排尘埃之想，缥笔礼天，以祈中国民史之出世，则若莫发白种哲学之为史学者矣。吾见西国之治史也，种则为书，其纪民事也，至纤至悉，农者农史，工者工史，商者商史，学者学史，而有一人即有一史，有一事即有一史。盖白人之政体也，以民为主体，故民之生子也，寿夭也，结婚也，罹病也，废疾也，执业也，犯罪也，自杀也，每岁皆有精密之调查统计，著之竹素，编为册籍，以报告于国家。故国家得以知人民社会之进退，政体之良否，而修史者有所证据以为书，以成一代之巨作。黄人之政体也，以君为主体，故其人民虽有水火风雨、盗贼疫疠之灾，破散流亡之惨，颠连无告，辗转沟壑，而官吏不上闻，朝廷不过问，史官方张皇粉饰，号称太平矣。此民史之作所以旷千载而不见于神洲之世也，悲夫！实甫岁读书，尝有志乎民史之著述，顾家少藏书，又丁忧患，尽瘁人事，搜讨未遑。壮岁出门，好从田夫野老、过客遗民，咨掌故，访遗事，由是而磊落耳目、填塞胸臆者若干事；走荒墟，披蔓草，读残碑，拾断简，而磊落耳目、填塞胸臆者若干事；披故籍，访秘书，听稗官，籀野乘，而磊落耳目、填塞胸臆者又若干事，则大发官书正史而尽读之，触其中藏，往往耳目谓是，而胸臆弗谓是；胸臆谓是，而耳目弗谓是，且有耳目胸臆而皆弗谓是者。中怀蕴积，奋激欲宣，窃忘其固陋，思欲上追《春秋》《史记》之作，下述百家诸子之书，凡稗史之所记录，诗人之所咏叹，妇人女子之所讴歌，闾巷所传闻，田间所称道，虽细必书，宁滥弗阙，要以民事为统纪，命曰民史，凡为史十有二，曰种族史，曰言语文字史，曰风俗史，曰宗教史，曰学术史，曰教育史，曰地理史，曰户口史，曰实业史，曰人物史，曰民政史，曰交通史，庶几成一家之私言，为吾黄民张目，以毋背孟氏民贵君轻之旨，以期复孔氏布衣修史之权。西哲尔那德曰：历史者，社会之传记也。呜呼，吾观中国之史，则历朝之家谱耳，墓志耳，相斫书耳。夫史为公物也，尽人所同有，而中国之民乃独无史也，悲夫！书生未学，吮笔穷庐，梦觉独居，怅然四顾，我倡之而谁和欤？我呼之而谁应欤？我亦何敢轻言作史矣。士生乱世，而欲著书以自见，难矣哉！难矣哉！虽然，吾思吾二千五百年前之孔子，吾思吾二千年前之史迁，而思吾孔子之所学者何学，史迁之所心者何心。实于史非敢作，而学孔子之学，心史迁之心，则噫有志焉，噫有志焉！

◎民史分叙

·种族史叙·

　　民史氏曰：史之始，始于种族乎？原人之初生，各保其群，清其滓，绝其畛，远其害，无不知自爱其类，是种族之肇分，固原于生人之天性者也。元黄开阖，金铣木干，土敦火煊，风挠水裹，以生人种，既生人种，而建维立极，开国承家，揆文奋武，龙争虎斗，以有历史。历史者何？所以叙述一种族之兴亡盛衰、进退荣枯而已，所以纪载各种族之竞争排击、吞并割据而已。耗矣哉，吾黄民之种族史也！自轩辕肇纪，战胜苗民，垂文定鼎，歌云门，节黄钟，中区凝固，峚与懿与，黄中之缊缊也。迨迄衰周，犬戎肆虐，镐京沦，王纲坠，小雅废，四夷侵，孤秦无道，愤败旋踵，五胡云扰，神洲陆沉，极于赵宋，纲维尽裂，中国之种族史无色矣。呜呼！西人之恒言曰：无种族则无历史。嗟吾黄民，既号亡种之民矣。亡种之民，安得以有史？虽然，无史矣，然无史而不得不使之有史者，孔子作《春秋》之微意也。作种族史第一，历叙吾种族之起原，及其衰亡之原因，而历代兵事外交之关于种族利害者皆隶焉，自黄帝始。

·言语文字史叙·

民史氏曰：言语文字者，国民精神之原也，民族种性之魂也。余闻欧人之治人类学者矣，曰：凡同一言语、同一文字者，则曰同种之民。言语不同，文字不同者，则曰异种之民。是故地球万国，群分角立，莫不自宝贵其国语国文焉。语文不灭者，则其国亦不灭。俄之裂波兰也，禁用波语，而波兰遂分矣。英之墟印度也，散播英文，而印度遂亡矣。日本之治台湾也，以和文和语施之小学，而台湾遂臣服矣。是以灭人之国，必先去其言语文字。殄人之类，埋人之种，夷人之宗祀，必先去其言语文字。昔夏之亡也，孔子曰：文献杞不足征也。殷之亡也，孔子曰：文献宋不足征也。悲夫！悲夫！使中国而无言语文字，中国之亡久矣。呜呼，空山歌哭，不忘小雅之音。泽畔行吟，犹传香草之什。草奉天之诏，流涕何多。闻正气之歌，国魂不死。读《小戎》则知赴敌，歌秦风则思同仇。《兔罝》以野人而能文，《黍离》以大夫而善感。太史公曰：《诗》三百篇，大抵圣贤发愤之所为作也。作言语文字史第二，凡吾国妇人女子、劳人荩士、词人墨客之歌谣词曲、议论文章，有关于民族之盛衰者皆载焉，以复修三代太史采风之职。

·风俗史叙·

民史氏曰：深乎？渊乎？其风俗之原乎！危乎？微乎？其风俗之机乎！神洲自立国以来，其风俗为最旧矣！夏尚忠，其敝也，殷人变之以质。殷尚质，其敝也，周人变之不文。周俗之制，盖用文家，其敝也，文而弱，诈而好礼。至于七国，贪饕侵夺，权谋势利，诈伪并起，兵革不休，暴秦弃诗书而信小术，捐玉镜而用噬虎，以吏为师，以刑法为治天下之德教，不绝如线。东汉之初，光武明章，讲求经术，尊崇节义，独行君子，雨晦鸡鸣，而风俗始一变。魏晋弃六经而清谭，国亡于上，教沦于下。宋兴，崇尚气节，奖厉忠义，其亡也，志士勤王，士夫死节，而风俗一变。金元祸宋，中夏涂炭，亡仇事夷，廉耻扫地。明末东林诸君子，倡谠论，持清议，以名节相高，士气之盛，山河壮色，而风俗一变。呜呼！读中国风俗史，自三代至今，盖三变矣。其变也，有名世之君子，承其敝而善矫之，则所变也贤于其故，否则不及其故。盖自成周之后至东京，自东京之后至赵宋，至赵宋之后至有明，率数百年而遇一变，变而善，其风俗始稍复乎古。盖移风易俗若斯之难也，此乃韩愈所谓风俗与化移易者乎？岂非天哉！非渊识睿智之士，其安能与于斯乎？作风俗史第三，纪历代风俗之盛衰进退。

·宗教史叙·

民史氏曰：中国无宗教之国也，何有史？虽然，中国无宗教之实，而有宗教之形；无宗教之旨，而有宗教之名。中国宗教之起原，始于鬼神，其种别有四：曰天神，曰地祇，曰人鬼，曰物魅。鬼神之后，复有数术，以明鬼神之祸福，其种别亦有六：一天文，二历谱，三五行，四蓍龟，五杂占，六形法（《汉书·艺文志》）。此《春秋》以前中国之宗教也。《春秋》以后，人事日进，鬼神数术之学，不足以统一天下之思想，于是乎有老、孔、墨三家。老子首破旧说，倡天地不仁，万物刍狗之论，尽洗古代神话迷信之惑。孔子学于老子，以其教宗理太深，不合于群俗，乃去鬼神而留数术，曰未知生，焉知死？未能事人，焉能事鬼？是孔子之去鬼神也。六经多言灾异，而感生符瑞之说，亦时时见于六经。是孔子之留数术也。墨子尚贤明神，节葬兼爱，非命贵义，其说尽与孔子相反，则又去数术而留鬼神。然老子矫枉过正，陈义甚高，而远于事实，故其教不大。墨子近人事矣，然于现世界外，无灵魂世界，于身受之苦乐外，无身后之苦乐，是从墨学者，徒苦身焦思而无报，为生人所不欲，故其教遂亡。孔子亲亲差等，繁礼重丧，尊宗法而重君权，其说颇与时王合，而又当中国未出宗法社会之时期，故孔教遂得历代帝王之推崇，尊为国教，此《春秋》以后中国之宗教也。民史氏曰：然则由斯而论，则谓自炎黄至春秋，中国纯为鬼神术数之教；自春秋至今日，中国纯为孔子之教，可也。曰：是不然。盖孔子者，教育家而实非宗教家，借名之曰宗教，其教亦只便于上流社会，而不便于下流社会，故在上等人，其君主则隆礼之，其士夫则皈依之，而下等人则瞢然不知，而别有其一种之宗教，以为迷信。于是有主肉欲者，有主养生者，有主密宗者，有主占验者，有主服食者，而天堂地狱一派焉，而轮回一派焉，而丹汞修炼一派焉，而神仙一派焉，而符箓一派焉，而厌世一派焉，而苦行识性一派焉，而祷祈一派焉，而灵魂一派焉，而佛教，而道教，而张道陵教，而袁了凡教，而回教，而黄教，而耶教，泯泯棼棼，洞洞冥冥，家巫史而户尸祝，神洲之宗教亦多矣。夫是以成中国今日之社会也，悲夫！作宗教史第四，或曰今者中国革教之时代也，然吾不具论，论其旧有各教之异同起灭。

·学术史叙·

民史氏曰：孔子有言，天子失官，学在四夷。呜呼，岂不然哉！古者诗书礼乐掌于大司乐，易象春秋掌于太史，皆世其官。周之东迁，王道衰微，官失其守，而列国又不备官，故六艺之学，并于儒者。孔子没，七十子不见用，诸子蜂出并作，汉氏校录，别为九流，九流之学，皆出于周之王官，亦六艺之支流余裔也。秦人灭学，焚诗书，坑儒士，六艺从此缺焉。汉兴，秦火之残，诸经复出，诸儒各抱一经，互相传授，至于孝武，尽黜百家，而学术遂归统一。魏晋弃经典，尚清言，南北乖分，学术离异。唐一天下，定五经正义，南北复合。宋明讲学，归功性道，儒林道学，宋史分为二传，经训家法浸以衰微矣。清儒崛兴，尊崇汉学，流风所被，百有余年。呜呼，此中国学术变迁之大势也！夫汉以前中国之学术主分，汉以后中国之学术主合，分则争，争则进，故盛；合则守，守则退，故衰。此自汉氏以来，诸儒区区修补，百孔千疮，随乱随失（韩愈语），于二帝三王群圣人之道，反去之愈远，而文章礼乐、制度文物，皆有每况愈下之势也。是可感已。作学术史第五，叙录周秦汉宋诸儒之学派，及其流衍得失之故。

·教育史叙·

民史氏曰：教育之于民大矣！古之人自家至于天子之国，皆有学，自幼至于长，未尝去于学之中（曾子固语）。学记，古之教者，家有塾，党有庠，州有序，国有学；王制乐正，崇四术，立四教，顺先王，诗书礼乐以造士，周官大司徒以乡三物教万民，是先王之所以教，先民之所以学，其常制也。三代之世，有国即有教，有民斯有学。孔子曰：入其国，其教可知也。其为人也，温柔敦厚，诗教也；疏通知远，书教也；广博易良，乐教也；洁净精微，易教也；恭俭庄敬，礼教也；属辞比事，春秋教也。夫惟古人以经术造教育，以教育成风俗，以风俗养人材，故国无不学之人，人无无用之学，三代人材之盛，中国之强，其以此欤！至于春秋，六艺之教，犹存列国，故司空季子明于占，羊舌肸习于春秋，孔门弟子，身通六艺者，七十有二人，皆异能之士，周室虽微，而人材则盛。自秦人灭学，六艺之圃，鞠为茂草，利禄之徒，绣其鞶帨，中国之天下，无教育者二千有余岁矣。夫无教育则安得有风俗？无风俗则安得有人材？夫是以三五汉唐之区宇，听其蹂躏渐丧于他人之手，而中原之大，定倾御侮，卒无一人也。呜呼！余闻西国十里之邑，无不有学校数十所，余能毋恐惧也欤哉！作教育史第六，以纪我国教育，明其盛衰，见强弱焉。

·地理史叙·

民史氏曰：大哉，王子有言，中区之间，轩辕所治，大禹之所经维，辽乎！伟欤！中国之地理矣，自葱岭而东，东至于海，中贯大江黄河，悠悠滔滔，沃野千里，吾炎黄之子孙，以农立国，勤稼穑，善积聚，峻藩固墉，以耕以战，地力物力，足以固其族、给其卫而无忧。此三五之代，所以天维立，地脉厚，民风美，清刚宰治，太和翔洽，而中区之气，凝合以正，数千年无有涣散乖折之形也。自五胡乱而南北以分，燕云割而中夏涂炭，感江河之既异，念风景之不殊，莽莽神州，荆棘满地，二三竖子，怅惘无知，举金城汤池天府之国，一旦听其土崩瓦解，尽沦于异域，至使后之修史者，考其山川，按其图记，升高以望平阳蒲坂帝王之区，欲求古代遗民之风教习俗，而旧制无一存者（旧史中能以地理言风俗者，惟《史记·货殖》一传，下此无闻），盖故都之禾黍久矣。嗟乎！山川如昨，陵谷娄经，昔也，日辟国百里；今也，日蹙国百里。余读西历东渐史，览支那分割图，益不能无竞竞焉。作地理史第七，纪历代疆域形势都邑，而郡国利病，系于民事者尤焉详。

·户口史叙·

民史氏曰：君子读《诗》至《小雅》"胆乌爰止，于谁之屋"，废《诗》而叹曰：中国之弃其民矣。自战国迄元明，无十年无一小乱，无百年无一大乱，乱之起也，十数霸者，龙战虎斗，腾掷原中，杀人之多，动逾数十百万，草薙禽狝，而无所于痛，每改姓易命一次，则民之罹锋镝、膏原野者不可胜数。前史所载曰：某将某战，斩首万级。曰：某地某役，斩首十万级、百万级。后之人吊其战场，经其故墟，白骨黯黯，荒冢累累，有数百里无人烟者，数十村尽荆棘者。呜呼，中国之户口益微矣！盖自汉平帝元殆二年，中国已有口五千九百五十九万，至明神宗万历六年，亦仅有口六千六十九万，中更一千六百余岁，而民数无大增，此岂少典之胄，生齿之不繁乎？毋亦经历朝革命之后，其锋刃之所屠戮，戎马之所蹴践，芟夷孑遗而仅存者，故只有此数也。民史氏又曰：夫中国以此区区疮痍仅存之民，萧条零落之六千万余口，流至今日，而中夏之大，乃忧人满，弱者道殣，强者为盗，肉食者不思辟地利，为吾民谋生计，反欲殴民于外，作尾闾之泄焉，此《春秋》所以书梁亡也。作户口史第八，仿泰西调查之法，以钩稽历代户口，备征考焉。

·实业史叙·

民史氏曰：人生于天，而食于地，故天下之富，必先任土。神州水土，自经大禹平治，周官司空水利，草人土化，神皋沃壤，上腴之区，至今五洲万国厥土，惟中国上上。读《禹贡》一书，漆丝盐绨、翟桐金三品、瑶琨、篠簜、齿革、羽毛、橘柚、杶干、栝柏、菁茅、璆铁、熊罴、狐狸、球琳琅玕之属，九州所贡，物惟其有。故老子曰：至治之民，民各甘其食，美其服，安其俗，乐其业，此太古之民，所以家给人足，取威定霸，以中国之财，供中国之用，而无不赡也。至于春秋，一百二十余国，诸侯皆自食其土。齐太公通鱼盐之利，而冠带衣履天下。管仲设轻重九府，而桓公以霸。卫文通商惠工，而骒牝三千。自秦失其鹿，天下共逐，海内稍敝。汉兴，而关中多富商大贾，天水陇西北地上郡饶牧畜，三河便积聚，巴蜀铜铁，齐鲁鱼盐，民多饶沃，犹有先王藏富于民之遗风（见《史记·货殖传》）。盖自三代至汉，中国之天下未甚贫也。嗟乎，中国之贫，其汉以后乎！自士大夫讳言利，而财之出于天地者，往往听其遗弃而不理，财不理则财日少，财日少而人主取之，百官取之，豪胥猾吏取之，肆魁贾枭取之，乡里豪强取之，取之不足则争，争则乱，乱则干戈兴而生民噍类矣。此唐宋之中叶，中国所以兵燹之多，而革命之不绝也。呜呼，而况近世复有非吾族以睨其旁而思攘臂者乎！作实业史第九，以兴实业，救中国之亡。

·人物史叙·

何谓人物？民史氏曰：君史有君史之人物，民史有民史之人物，君史之人物为一人也，民史之人物为一群也。请言君史之人物。人类之生，由野番而成部落，渐进而有图画，渐进而有文字。其图画之第一种，则必绘其酋长争斗征伐之状。其文字之第一种，则其纪其酋长战胜立国之功。故古代蛮民之视其酋长也，如视神圣，其图书所载其酋长之形貌战功，皆有半人半鬼之异，如史所纪，包牺、女娲、祝融、神农是也。是为中国上古君史之人物。秦汉之间，匹夫起草泽而为天子，其初不过亡命无赖菁〔篝〕火狐鸣而已，及其侥幸成功，翘居九五，而从龙之彦，帷幄之俦，亦得以因缘际会，封侯画像，沉沉甲第，赫赫剑履，某曰开国元勋，某曰中兴将帅矣。是为中国古君史之人物。光岳既分，风气日漓，怀奸挟诈之夫，寡兼〔廉〕鲜耻之士，至晚近尤甚，有以掊克聚敛为能臣者，有以苛刻残忍为能吏者，有以风流轶宕为儒将者，有以残杀同种、为虎作伥为功臣者，若名宦祠，若将帅祠，若大学士之牌坊，若状元之牌坊，若翰林进士举人之匾额，是为中国近世君史之人物。呜呼，读中国之君史，有所谓猛将则如云、谋臣则如雨者，其所谓人物何其多也！吾请更言民史之人物。民史之人物者何？则大仁人也，大君子也，烈士也，任侠也，大儒也，教主也，忧世之诗人也，爱国之文豪也，临难不屈之遗民逸老也，殉节死难之贩夫愚妇也，下至党锢独行也，江湖方技也，虽一行之细，一技之长，而民史必大书特书，曰人物人物。呜呼，吾作中国民史，而求其所谓人物，抑何如凤毛麟角、隋球和璧之不概见也！人物乎，人物乎，吾欲范铜而铸之，吾欲香花以祝之，吾欲设百年祭以纪念之。作人物史第十，以传吾国英雄豪杰、奇人志士之奇节伟行可熹可观者。

·民政史叙·

民史氏曰：民政者，别乎君政而言之也。中国有民政乎？曰：自周至汉有之，自汉以后无有也。《周礼·地官》：自州长以下，有党正、族师、闾师、比长诸职，自县正以下，有鄙师、酂长、里宰诸官。汉制：十里一亭，亭有长；十亭一乡，乡有三老，有秩啬夫游徼，是古代之官，胥以民为之，故其所行之政，皆以民为主。其曰乡师掌军旅（《周礼·乡师职》），是治军之政操于民也。曰闾师征赋税（《周礼·闾师职》），是租税之政操于民也。曰遂人稽民数（《周礼·遂人职》），是户口之政操于民也。曰三老掌教化（《汉书·百官表》），是教育之政操于民也。曰啬夫听讼狱（《汉书·百官表》），是刑罚之政操于民也。曰游徼禁贼盗（《汉书·百官表》），是警察之政操于民也。夫惟其凡百之政，皆由民自治，故入其国，而亭障有必修，庐舍有必缉（汉制：官寺乡亭漏败墙垣迤坏不治者，不胜任，先自劾），道路有必整（《周礼》：条狼氏涤除道上之狼扈而使之清洁），树木有必茂（《周礼》：野庐氏掌国郊及野之道路宿息井树），而桥梁沟洫、舟车邮驿之细，有必完备，此三代两汉之民之所以久安而长治也。民政之不见于中国，其自隋之尽罢乡官乎。自是以降，君则日尊，民则日卑，天子尽收其权于上，而小民乃无尺寸之柄，以兴一利，除一弊，一旦有变，至于国亡君虏，中区鱼烂，而万民相与束手熟视而无如何。呜呼，此君子观于宋明晚年之事，岂可不为之寒哉！作民政史第十一，以纪古代中国之民政。

·交通史叙·

民史氏曰：星球绳绳，万族蒸蒸，有人群则必有交通者，势也。势之来，其人群之初乎？夷考人群之进化，始于图腾，继以宗法，而成于君国（《社会通铨〔诠〕》）。是故图腾社会之时代，则其民渔猎游牧，蓐山谷，逐水草，因天时寒暑，以求衣食，栉风沐雨，往来无定，而人群一小通焉。宗法社会之时代，则其民耕稼，相阴阳，观流泉，画井田，明疆里，行封建之制，于是而有盟会征伐、遣使修贡之事，而人群复一小通焉。军国社会之时代，则其民工商，调有余补不足，懋迁化居，安涉重溟有若阶闼，以殖民辟地于万里，而人群一大通焉。试籀中国之史。则自神州立国以来，可分为二大期：自草昧以至神农，为渔猎游牧之期；自神农至有明，为耕稼之期。而工商之期，则自海通而后，白人麕至，受外力之动，始震感，而入此期。其出耕稼而即工商也，不过数十年耳。盖以中国者农国，其俗合于农，其地便于农，其天时利于农，故其回旅于此耕稼一期以内者，历五六千年而不去也。是故中国历代之与外群交通者，惟此耕稼之一期以内，而其所与交通者，则或尚在渔猎游牧之间，故其战也，只有兵战，而无商战；其争也，只有同洲种族之争，而无异洲种族之争，此其所以智力相等，时胜时败，或进或退，而盛衰之无定也。在昔轩辕肇纪，涿鹿一战，驱逐苗黎，奄有区夏，建屏万邦，迄于刘汉，中区强盛，南通交趾，北绝大漠，西至帕米尔高原。海岛百王，无不敛袂奉职贡，袁然执亚洲之牛耳，其威力之壮，可谓盛哉！及晋氏失计，召胡乱华，石苻拓拔，狂噬交捽，文物衣冠，荡然扫地，至于君虏臣辱，青衣行酒，何其衰也。唐室一统，广立藩镇，慎固边圉，将威士饬，文武用命，胡马北首，不敢南牧，岂不盛哉！五季之乱，中夏邱墟，沙陀契丹，横行无忌。至于南宋，城下受盟，金缯岁益，终使奇渥吞舟，乾坤霾晦，而博衣大带之伦，几绝其类，抑又何衰也。岂其盛衰强弱之故，皆由天定欤？抑人事之得失有以致之欤？《易》曰：自我致戎，又谁咎也？余为感慨辍笔，而民史终焉。作交通史第十二，纪吾族之与外族交通者，著其盛衰，为后之君子观监焉。

民史之作著者之有志乎此者，已八九年，削笔从事者，四五年，仿宋司马光编《资治通鉴》之例，先为长编，有得即录，甲辰冬月，检点旧箧，其草稿所积，已盈尺矣！乃先为总论一篇，分叙十二篇，刊之于报，以正海内之君子。若夫全书之成，则顾亭林所谓著书如铸钱，古人则采铜于山，今人则买旧钱以充铸，民史之为，盖亦欲庶几采山之铜，而未敢操切以问世也。昔《通鉴》之成书也，以十九年；《明史》之成书也，以六十年，修史之难，古今有同慨矣。著者附识。（《政艺通报》第三卷第十七、十八号，1904年）

马叙伦

史学总论

史学，群学也，名学也，政学也，战术学也。种种社会之学，皆于史乎门键而户钥之者也。史之为用亦大矣哉。故一国者之有史，为一国文明之所寄，一人者之有史，为一人术业之所存，历史一门，固世界中第一完全不可缺之学矣。虽然，我中国二千年来久以不史名于天下，昔耶律德光尝曰：中国之事，我悉知之，我国之事，尔不知也，夫以膻幕韦鞴之徒，未尝知文明国之一二，且将笑我之愚，岸然欲举而上之，中国人之耻为何如矣。中人而有志兴国也，诚宜于历史之学，人人辟新而讲求之，盖历史固文明之嚆矢也。

夫古史二体，《尚书》《春秋》而已，后之作者多仿《春秋》，而于《尚书》之体阙如。司马子长万得史家之宗，纪传而外，作八书十表，以存治乱兴亡之大迹，典章制度之沿革。盖史也而通于经矣。六经皆三代之史也，且刑法礼乐、风土山川，求诸故籍，实出礼经，周礼外史掌四方之志。注曰：若《晋乘》、鲁《春秋》、楚《梼杌》之类，是一国之专史也。而行人献六书、太师陈风诗，则为后世书志之滥觞，是一国之通史也。《史记》十表，取法周谱，夫图谱之学，古有专门，是又世界之通史也。司马氏取旁行斜上之遗，列而为表，而不取象魏悬法之掌，列而为图，或亦载笔之遗恨，斯文之阙典矣。又况陈、范以下，史不列表，何怪史学之日衰矣！夫表者，历史中一比较术也，而亦世界中一统计法也。郑樵生周后千余年之下，独有志于三代余制，而于表志殆精，破亘古之屯蒙，存百代之掌故，总秦汉以来史家之大学术，而条其纲目，名之曰《略》。史迁后无此作矣。其述江淹之言曰：修史之难，无出于志。又曰：其次莫如表。樵盖深于实学者矣。使樵而生刘歆、班固之时，当更有得于古人之传者。我谓司马氏、郑氏真我中国大史学家也。夫《史记》八书，律历异门，而曰六律，为万事根本，于兵械尤所重。盖律书即兵书也，大刑用干戈，故兵又统于刑。《史记》不列兵刑者，岂疏也哉？班史合律历为一志，而复列刑法一门，已大失迁史之宗旨。郑樵于乐略外，别作七音略，与史迁律书，后先相望，盖彬彬乎，质有其文焉。抑郑樵于表学尤精，由表而上求之，图谱列略，骎骎乎直轶史记而上之。于乎史学之失传久矣。士人束发受书，抵掌谈天下事，述存亡之要，明兴败之故，剖析义理，庶几一代著作之林矣。然且瞢然于礼教之原，天人之故，民物象数之大，运会推迁之微，执古人陈编断简，补缀故事，拾灰烬于万一之余，矜笔削之精，论圣贤短长，辄曰：此史才也，史才也，于乎史者经之遗也，三代以下无经矣。而朝廷之上，名山之守，所奉为大经大法而不敢逾越者，必于史乎系之。氏族之变更，官制之沿废，山川之改易，人情之变迁，风会之究竟，又于史乎致之。噫，史岂易言哉！史之有表志，非老于典故，熟于研究者不能为也。若夫以年系事之为纪，以事系人之为传，学者类能效之，班史以下，沿故习常，体例盖亦精矣。虽然，即以纪传言之，我又不能于后世之史无憾焉。本纪者纪年之史也，年无所系则纪之，故太史公于秦灭而汉未兴之际，系以项羽本纪，亦本纪之体例则然耳。然而后儒之议迁者，自此始矣。传者，因经而得名，传所以传经也。故公羊、榖梁、左氏大小传之类，皆以传名，自后人专以人立传，而太史公货殖龟筴日者诸传，且蒙谤于一孔之儒矣。於乎，史岂易言哉！

是故三代以上无史之名，而有史之实。三代以下有史之名，而亡史之实。六经皆古人之史，《春秋》《易》《诗》《书》《礼》《乐》各有专门，各抱绝艺，参三王之精心，为百代之掌故政体也，教育也，学术也，皆于世界有绝大之关系。泰〔秦〕汉以来，法家大张禁纲日酷，唯司马一书独拔荆棘，然公言久不伸于天下，孔隙小儒，至诋其书为诽谤，士生三古下，史学诚难言矣。班范而下，史体全非，表也、志也，名为经世大学，而实剽袭一代之文牍也；本纪也、列传也，名为全部通史，而实一家一氏之谱牒也。史学之不亡也几何！然其原亦由作史者无公权，以全部大学术大政体大教育所系之史，私之于朝廷，集众人而成书，宗旨既非，焉有信史？间有名山著述，稗野史乘，然亦犯当世之大不韪，往往磨灭于荒江世屋，而不见不闻于后世，而所存所行者，皆庸庸无识之著作，欲求一特别之史，何可老哉！

无公权，不足为史矣。抑我谓史氏无特别之精神，亦必不能具千古特别之史体。何谓史氏特别之精神？曰公心也，理心也，质心也，曲心也，四者亡一，则非良史。非公心无以明政权之本，非理心无以推世界之进化，达事理之本原，非质心无以见治乱兴亡之实，而施诸作用，非曲心无以显历史之功夫，而行诸当世。史才不数得，昔章氏实斋尝慭焉忧之，著《史德》篇以明作史之本，曰："才学识三者得一不易，而兼三尤难，千古多文人而少良史，此其故也。"又曰："非识无以断其义，非才无以善其文，非学无以练其事。"我谓章氏之言固当，惜其说犹未尽，我且为之进一说曰：公心、理心、质心、曲心者，史氏之命根也，独具四德而为百世所宗仰者，其惟《春秋》，继之者，抑惟司马子长之《史记》，郑氏夹漈之《通志》乎？

何谓公心？以史体之精神，吸救政体是也。夫史者一国之文明野蛮系焉，政教之废兴，种族之盛衰，莫不著之于史，史之激动人心，其进步不可以阶级限。故无国家则公理犹存，无史则人类灭绝矣。泰西各国人有作史之权，其文家哲士，著书立言，莫不以保国伸民为宗旨，简册所垂，动关全族，故其史为全国之史，非一姓一家所得据为私有，此文化之所以日进也。自嬴刘私国，史非民有，暴君酷吏，接迹后世，而史氏之称颂，洋溢行间，不问其贤与否也。史无公心，此污秽灭亡之史，不足观也。

何谓理心？以救民之苦衷，发为思想是也。夫世界学术有二：曰宗教，曰历史。然历史之为用也，较宗教为广。盖有数千年之沿革，即可以推世界之进化，事理之因果。作史者固不独循列纪事，为足尽史氏之义务，当贯通数千百年之全史，撮微申义，以成一家哲理之书。《春秋》史氏之鼻祖也，兴仁恕，诛灭亡，世界递嬗递进，而至于太平，孔子之理心存焉。不然班、范以下之史，体例何尝不备？文字何尝不详？何补于政？何补于史？史无理心，此庸常纪载之史，不足昧也。

何谓质心？推世界之动静进退，制为教育是也。夫文化之优长，莫不赖教育组织而成，然教育之次第深浅，与历史并行，故教育系之于史，作史者，非握教育全世界之主宰，犹不足以成专门之书，故孔子作《春秋》存三世之精心教育于以系焉。孔子所以称特别之史者，其精神全在于此。史有理心，而无质心，此未有作用之史，不足兴也。

何谓曲心？隐其面貌，以达其目的是也。夫时有未至，势有未可，强持其学说以与抗，非特其术不可行，一蹶不振，文化必因而大阻。故《春秋》一书，微言传之口说，天王候〔侯〕公，严名称于一字，据文论事，何尝犯忌讳于当时哉？不然，使孔子振笔直书，虽谓《春秋》早亡可也。二千年来唯司马《通鉴》尚微有得于此旨，宗旨所存，专为人主省览而作，不知攻君既深，其伸民也必力，反掌间其理自明。史无曲心，虽至精至美之史，不足存也。

夫执此以言史，史固难言之矣。然吾非敢谓中国无史也，自文网大密，绝学大儒，遗灭而不传者多矣。明哲之士，何时蔑有，近世人士，动谓中国无史无史，不知近世酷人士以时文怙恬〔帖括〕，史学之不讲也久矣。不明普通之史学，安有特别之著作，此非作史者之咎，乃亡史者之咎也。嗟嗟禹域，果何日而见新史哉？

作史者之才，既寥寥不可多得，而汗牛充栋之书，徒眩人耳目，不足以益人心智，读史者往往反覆思索而不得一解，此历史之学，所以益泯灭于后世也。今择其事要有关于政治学术之思想者，设为问答，以畅明厥旨焉。

问：皇帝王后之称，援名定义，何隆何杀，自伏羲以迄于周始，天子均以名传，所谓皇与帝与王者，或亦功德逮假人，思慕不忘，以美称，传诸奕祀，故称帝者亦可称王，称王者亦可称帝。《史记》所载，如夏殷之主，均加帝号，惟汤则称武王，一代之中，不宜异制，帝升王降之说，适成臆断而已。姬篆受终，万端更始，较功量德，疆域大分，此盖风气所趋，名分迥异，贬帝为王，赫然难犯，滥觞江湖，乃有赢〔嬴〕秦博采上古，去泰著皇之义，鸿沟画界，自周实开其先。然则夏后氏自愧德薄，降尊称王，其说又可据欤？

答：天下古今有两大变，一在秦，一在周。文明之盛，始于周，古道之衰，亦始于周。昭威仪，辨等级，天子之下有公候〔侯〕，公候〔侯〕之下有卿尹，卿尹之下有僚属，僚属之下有府史胥徒，臣妾仆隶，官爵不贵而自贵，齐民不贱而已贱，滥觞江河，伊谁之咎？此亦武王周公所不及料也。夫五帝之前，未闻帝号，命名无义，死亦无谥，芝菌挺秀，拔出侪辈，众姓趋附，折类称王。所谓王也、帝也、后也，示区别耳，非美称也。王皇后辟，诂训为君，君者得名于民，又非尊称也。故称帝称王，各从其便，夏殷加帝，汤独称王，非一代异制，盖名分未严，曰帝曰王，犹之伯长，史公著作，足征上古之遗，周道号曰尚文，实则名家之天下，千等百等，使人眩惑。周公制作，又何必如是之纷纷也。夫名实既繁，因而淆溷，薄书填委，按藉〔籍〕难稽，文法日深，何独后世，又况文久则敝，有圣人不能无逆乱，有君子而后见盗跖。狂且在野，妄儗攀龙，而所谓乱臣贼子者乃接踵而起，夫此乱臣贼子，非彼可荣可爱之名与夫可慕可攘之实，以酿成之者耶？祸既成矣，又执贤不肖之名以绳其后，赏之罚之进之黜之。於乎，周公何如此之纷纷也！横流至秦，乘势一决，曰王曰帝，辨析毫茫，取古来无义之名，自居为至美至尊之号，一升一降，通人齿冷，先何后海，遂成千古关防，亦犹士夫之印，不得名玺尔，我之呼，不能称朕，沿故蹈常，灵魂顿异，后世史家慑于难犯之威，至谓夏后自惭从王变号，附会不经，史公书无此语也。我于此悲世运之日衰矣。

问：黄帝为诸候〔侯〕所归，修德振兵，熊罴驱虎，驯伏从戎，或亦仁者之师，不忍民力驰驱异族，匪以示威，阪泉涿鹿，以此为争天下之始，可乎？

答：夫自古道灰烬，而后画土分疆，不得不出于争战，兵连祸结，头颅一掷，等身命于鸿毛，一夫纪功，一家号哭，两敌不立，死伤相当，是杀人而又自杀也。中主不为，况在古昔黄帝之世，民未知有兵戈之惨，浩然方务于生息长养，蚩尤作俑，独犯亘古以来未有之大难，意在杀人。夫杀人者虎豹也，黄帝岂忍驱其不知不识之同胞，以与虎豹争一日之命。抑蚩尤之兵，何为而起乎？亦以野蛮土族，远居王化之外，示威弓矢，以食人为心。黄帝之世，衣冠宫室，制度彬彬，蚩尤僻陋在夷，未通文教，睹轩辕之民族，安见不望而生心，盗贼窥人，狡焉思逞，率其磨牙吮血之徒，挥戈相向，此亦黄种人民之大不幸也。黄帝知虎豹之不可与抗，亦以虎豹杀之。於乎！以虎豹杀虎豹者，黄常〔帝〕也。以虎豹杀人者，后世之君也。夫自汤武以来，兵戈益烈，元元子姓，仅供争城夺地之用，民有死亡之实，而君得吊伐之名，一城甫下，僵卧狼藉，事成计功封之官爵，民得一日之虚名，君又收百年之实利，故长逝者魂魄私恨无穷。尝谓自开辟以来，民有四等，虞夏之民如骨肉，商周之民如路人，秦汉之民如土芥，魏晋以下之民如羊豕。土芥则践踏保护，两出无心，羊豕则食肉而外，更无他用。使脂膏不出于民，则天下之民何难尽去，且战争之祸一开，动伤百万，明君贤相，莫不慨然曰：吾为民耳，於乎！谁欺谁欺？父兄糜烂，此孟子所以痛恨梁王也。我于此又悲世变之日非矣。

问：尧受挚禅，与舜禹同，揖让之盛，岂昉于汭汜欤？后儒乃以挚实不德，尧因取而代之。盖亦附会《史记》不善崩之言，曲为此断。夫所谓不善者，或亦《尚书》有疾弗豫，左氏弱足不良之类。而遽以谓荒淫无道，然欤？夏后明德，千载追思，大康禹孙，几陨其族，夫殷祀六百，多士屡烦文诰，宣平以后，正朔系于衰周，援后证前，何夏世民心之易变欤？抑别有说以处此欤？子氏世为诸候〔侯〕，然自契至汤，八迁其都，汤有天下，至盘庚亦五迁。夫夏商之际，万国错居，迁徙无常，能无劳扰，周为天子八百年，唯东迁一事耳，然亦自昔所营九鼎故宅，何殷周之异局欤？

答：三代而上，无不德之君，帝挚不善，附会成文，讥其凉德，夫降至唐虞，一君定位，犹出乎民之归往。尧舜之子，不能强有天下，况神尧以上，君王不德，民岂相安？帝挚承帝喾之后，父子相传，使挚实不德，则当时之民不能容丹朱而独能容挚乎？舜父顽嚚，后人共见，尧为挚弟，何不闻其恶声远播？且舜能卒变瞽瞍，尧独不能感化其兄，而取天下于同胞之手，尧而出此，尧之不弟也甚矣。读书之士，以帝挚在位，无可表见，又不解《史记》不善之文，因疑致谤，厚诬古人，夫帝挚在位，虽事迹无征，然古代帝王循名责实，胼胝手足，民莫能名，岂如后世之君，为一言一行，沾沾焉自诩于民，史册书之，以为光宠哉？抑我谓桀纣不幸遭万世诟厉，然考其行事，未尝杀人百万，争城掠地，如秦皇汉武之甚也。然而商周誓命，指为极恶，亦以数十百代以来，无失德之君，桀纣承乃祖父深仁厚泽之余，相形见绌，史家罗织其文，引为监戒，下流之人，众毁所归，春秋时犹存公论焉。夫士生千载之下，不能考见古代之盛，而徒执一言一行，鹰击毛鸷，寻垢索瘢，文法所加，密于罗网。於乎！我于此又痛人心之日薄矣。

民族选举之风，载籍常阙，虽不可征诸夏商以前，然公道在人，千古不能易也。太康尸位，五子兴歌，风谣遍国，几坠厥命，夫君之任亦劳矣。商周以往，从未有逸豫荒淫，堕命亡氏者，一人肆虐，垂戒于典诰，非其时民心之独不安，而责君之独备也。盖自五帝相承，其民习见父母之君，日处于覆帱之中，而不知天地之大，嗣君偶怠，民得执大义以绳之。夫巢许之伦，非高远也。诚见夫生民之劳，莫劳于君，责任之重，莫重于君，一夫未安，时予之辜，万方有罪，在予一人，非谦辞也。抑我谓揖让之说，为古今大谬之讹言。夫天下之天下，尧舜恶得而让之，尧舜甫没，世子未尝不正位立朝，而无如天下之民去之矣。使当时人民不之舜禹，而之丹朱、商均，舜禹何能执其父揖让之说而与之争天下乎？启之已事，其明征也。去古日远，习见争夺攘杀之风，以为舜禹之天下，得于其君之揖让。夫以天下之公产，尧舜乃视为一物，长揖而让之于人，尧舜出此，且为万世罪魁矣！太康之世，夏后遗德在人。太康以尸位微嫌，几颠其族，或疑当日之民心不古，自后观之，人君之求逞于民者多矣。区区尸位，仅属微嫌，然太康之民不知也，以为君不治事，与无君同，民不归君，与齐民同，尸位妨贤，不德大矣。使当时有鳏在野，吾知讴歌讼狱，必相率而去之。若夫祖功宗德，衍及孙曾，相与委蛇，顾瞻不发，此后世世故之滥觞也。太康之民何知乎？我于此又痛世运之日衰矣！

上古君民杂处，何尊何卑，君位为最劳之境，高行名流，避之不暇，何有篡弑僭窃之事？茅茨不翦，亦明其无异于平民，不必为先王之盛德也。故夏商都亳，迁徙无常，亦犹民族移居，初无关系，何有于劳扰？周之西都，实以文王起于歧雍，桑梓所安，因调定鼎，必非择天下要害而都关中也。及威仪大备，君位始尊，一举一错，动关天下安危，东迁以来，后人谓其失地，陵夷割裂，卒致危亡。秦汉猎取天下，又恐攘夺故智，相寻不已，多方防备，而断断然于迁都之议，虽然，因迁都而亡天下有之矣。乘舆一动，万骑奔驰，宫室所营，土木雕弊，从者四出，悉索敝赋，供张不给，民不聊生，又况征而之无常，运输之难易，故宫禾黍，今昔殊观，而天下疲于奔命，吾恐夏商之迁动，不如此纷纷也。抑周以前之民，系安危于国祚，秦汉以来之民，卜性命于京都，不必灭种亡国，京都一破，天下瓦解，此又今古之异时也已。

问：上古以专家之学，为世守之官，故羲和失职，命讨兴师，不窋失农，窜于戎狄。然不窋再传，公刘振德，后稷之业，废而复修，所谓务耕农，行地宜者，或亦辟地穷荒，自君其土，则非受夏后氏之封可知。抑夏后氏闻其能修祖德，使复其官，自漆渡渭，从夷而入于夏与，太伯虞仲，王季之兄，然《史记》独载太姜生季历，与太伯虞仲有嫡庶之分，然则文身窜吴，亦何足为让天下之据欤？

答：二代之制，家有世业，国有世官，废业失职，罚及命氏，此上古之通例也。沿及周末，滥觞江河，贵族大张，后世革世卿之失，而不复世业之制，公刘伏在戎狄，复修祖业，草莱独辟，决非得夏后氏之封，不然何以传至古公？因循戎俗，自漆徂渭，或亦迁徙之常，未必复其官守也。季历以适子继统，伯仲断发奔夷，律以庶孽之义，伯仲未为独行，或亦仁让之美，出于季历，伯仲重视天下，出奔以避贤路，此亦伯仲之至德也欤！

问：武既灭纣，二女何罪？二百县头，戮及其尸，夫武成流血，孟氏不信，史公所载，暴酷倍之，然则周有天下，故无异于后世之人君欤！

答：后人每以武王征伐，有累盛治。夫独夫暴虐，公义难容，周武顺天革命，此亦善用刑之世主也。使尧舜生于后世，且不能厚非汤武，乌得以征伐而少之？然二女县头，实为僇及妻子之滥觞焉。抑我谓羑里拘囚，有莘献女，商祚不振，实于女色。然牧野誓师，罗为罪状，后海先河，孰阶之厉，又能为闵夭之徒讳欤？

问：秦本夷俗，跻于本纪，庄襄而降，居然帝制，刘子元以为史公之失，然则折衷其说，于始皇以上别作秦世家，亦义例之较纯欤？秦本纪徐偃王作乱，造父为缪王御以救之。按造父与徐并出嬴〔嬴〕氏，均同秦族，徐以仁亡，秦以暴兴，揆之天道，渺茫难知，抑伯益之后，必有兴者，而偃王好仁，乃在周室强盛之时，秦人固暴，适承姬衰，然则《秦誓》附于《尚书》，我师故知周之必亡于秦欤？

答：姬周一脉，不绝于徐偃，而斩于始皇，盖亦势位所趋，劳逸顿异，六国攻秦，卒为所并，陈吴白梃，乃裂秦土，其故事也。秦文廊時，借端见矣。附《秦誓》于《尚书》，我师固知秦之必大，然必谓周亡于秦，子烛先几，此何啻西狩获麟，春秋绝笔，公羊家以为刘氏之征兆，又大类于五行无稽之谈矣。但以秦据上游形势，抚有丰歧遗民，僭端流露，已非一日。太史公曰：秦以诸侯候〔侯〕而胪于郊祀，君子惧焉。于此又可见史公之识，直接我孔子之用心矣。（《新世界学报》第一期，1902 年）

史界大同说

聿昔唐世刘子元氏为《史通》，所以短长古史，垂一家言，其论便便焉，其意卓卓焉，其词粲粲焉，郁郁哉，庶几一代著作之林矣！然我病其隘也。夫史者何谓也？所以经纬宇宙，推测渝化，其义弥博，其意弥广，其范围大而邃，其包罗夥而遝。故入一国，历一都，游一乡，夫岂必待乎遍瞻其迹，周询其人，然后详其治？剑客曰：是故君子入一国，历一都，游一乡，欲观其政第、求其籍籍者，何也？史而已矣。诚以史之名只一称史之实罗万端，诵其史则无借于数觌其政，而一国，而一都，而一乡，其进欤，其退欤，其进而未进欤，其退而未退欤，其且进且退欤，其渐退渐进欤，靡不历历于吾脑，整整于吾心。剑客曰：大哉，史之于世！彼子元氏变变焉，于断代残史，而为详其体，辩其例，不宁聿是，而且于句语之散，虽累千百言而不辞，岂不亦琐哉！虽然一史也，毋论其全部，毋论其分子，毋论其完，毋论其残，要必有体例，犹夫法之纲欤，犹夫衣之领欤，其详而辩之是也。吾独以为以史之大，而子元氏之言，仅如是而已；吾又以为以史之大，而又缀之以通之称其言，又仅如是而已；此所可为子元氏病者也。剑客曰：其诸独子元氏之病欤？致其病者，则中国五千年之帝、之王、之圣、之贤、之学士、之卿大夫，无不负厥咎，吾以是恕子元氏。

今夫史者，群籍之总称，凡天下之籍，不问其为政治，为宗教，为教育，莫不可隶于史，是故史者，群籍之君也。曰集，曰录，曰志，曰记，此邾娄附庸之例，修贡职于齐鲁，大邦者也。然要可以一言蔽之曰，浑而言之曰史，析而言之曰集、曰录、曰志、曰记。然此犹史之名耳。请言其实。

有宇宙即有史，是史者与宇宙共生者也。史之名立于文明开化之世，史之实建鼓于宇宙发育之朕，推史之体，大以经纬宇宙，小以纲纪一人一物一事一艺，达史之用，可以促开化，可以进文明。剑客曰：大哉，史之于世！鸿濛初凿，人天为友，智识未闢，民兽杂处，昧者不察，以为是无史之时，不知夫宇宙辟而人类兆有，人类不能无饮食起居，饮食起居即史也，第其程度，为单简而非复杂，然不能谓复杂者为史，而单简者非史。剑客曰：明乎史之名实，而始可与言史矣。

人之言曰：史学，史学。又曰：学史，学史。我谓史非学也，史无可学者也。史与人生具生，人之一起一居一饮一食无非史也。起居饮食，自呱呱坠地无不能，宁闻有学起居饮食者乎？宁为有以起居饮食为学而学之者乎？盖自有史之名，而后以史为学矣，而后学史矣。然以史为学而学史，史乃离乎饮食起居而别具其用矣。故自史为学，而后饮食起居不以为史，而史乃分产为四大部分，曰政治史，曰宗教史，曰教育史，曰学术史。剑客曰：其诸由单简而流于复杂欤，是乌可以为史病？

剑客曰：我中国其有史乎？中国非国乎？而何以无史？然中国之有史，则已离乎饮食起居而为四部分矣。虽然，中国其有政治史乎？宗教史乎？教育史乎？学术史乎？此观察中国一代文化进退者不可不一集视线也，而亦研究中国史者不可不一注心系也。我请言中国史。章氏学诚曰：六经皆史。然则推中国之史，宜以六经为最古，《尚书》欤，《诗》欤，《易》欤，《春秋》欤，《礼》欤，"官礼"欤，固皆能符于四部分之格而无不当欤？我请表而言之。

《尚书》	记唐虞夏商周秦禅让征伐及夫君臣奏对
《诗》	记朝廷社会之讴歌
《易》	记阴阳造化而推人事变迁
《春秋》	记列国之大事而寓以治法
《礼》	记朝廷郡国乡里之行政
官礼	记朝廷官制及行政

　　夫记禅让征伐、君臣奏对者，此后世纪录之滥觞，可谓近于政治史而不能谓为完全政治史者也。记朝廷社会之讴歌者，此音乐之专门而学术史之支流也。记阴阳造化而推人事变迁者，与其谓为宗教史，则吾宁谓为学术史，然亦不过学术史中之哲学史一部分耳。记列国之大事而寓以治法者，此名家专著，可以谓一氏作而不能与夫四部分之列者也。记朝廷郡国乡里之行政与夫记官制行政者，庶其政治史矣。然以今泰西文明国之政治史相比较，则《礼》与官礼犹似于完全而实多缺憾者也。由此言之，中国古代仅有不完全之政治史、学术史而无宗教史、教育史，然二者非无史也，附史于政治史耳。

　　自六经而下，有《史记》"八书""十表"，综大政而核之，庶几得政治史之精矣，而宗教，而学术，而教育，亦骎骎乎备于其中。所不能无遗憾者，则总千余年之大政治、大宗教、大学术、大教育，而简括之于百三十篇之内。郑樵氏以为雅博不足，我谓失之于简，虽然，此非迁之咎也。当是时，挟书之律始开，藏书之窟未闻，迁以淹贯之才，周历中原，其游也，必不如佻达之俦，徒逞嬉戏，意其苦心枯求，必朝夕勤斯，而所得仅七八种，即迁之意亦岂能无遗憾哉！《史记》而下，迄于随〔隋〕氏之世，中国并欲求一极残剥之政治史、宗教史、学术史、教育史而不可得。自杜佑氏兴，政治史界萌芽复出，而所可为《通典》憾者，精于礼而粗于余。《通典》而后有《通志》，有《通考》，皆能于中史式微之世，屹然张大帜，立大垒，以振厥军，而《通志》"二十略"乃中国政治、宗教、学术、教育之一大通史矣。《通考》虽详核，而病于漫无一定不移之目的。然以中国立国之古，人才之众，完全史曾不能数数觏，而能得此亦所当欢迎者也。自《通考》而后，中国能入四部分之史复邈矣。及明而黄宗羲氏著《宋元学案》《明儒学案》，实为中国学术史脱治政史羁绊而独立之一大作。黄氏谦名曰《学案》，而我直敢尊谥之曰学史。自兹而下又寂然矣。於乎！中国之所可为史者如是。

　　剑客曰：於乎！以中国史学之盛，学史之众，而史乃衰至此，岂不哀哉！虽然，我谓自兹而后，史宜以大同观言。曷谓乎？以大同观言，史则去群籍之名，而总称之曰史，是则析史而万其名，不仅守政治、宗教、教育、学术，而凡立一说、成一理者，莫不谓之史。是若，是言史，而史始返其本。盖一事理之能入于人脑筋，使之发思想，使之行事实，则此思想、此事实毋论其如何广大，如何狭小，如何精细，如何粗浅，如何高尚，如何卑鄙，总之不能外人生观念者也。不外人生观念，即皆为人生观念，即皆可史者也。若是推史，则何必二十四史而为史？何必三通六通九通而为史？更何必六经而为史？综凡四库之所有，四库之未藏，通人著述，野叟感言，上如老庄、墨翟之书，迄于《水浒》诸传奇，而皆得名之为史。于其间而万其名，则饮者饮史，食者食史，文者文史，学者学史，立一说成一理者莫非史。若是观史，虽中国之史亦夥矣，而史界始大同。

剑客曰：欧美哉！欧美哉！彼诚毋愧其文明哉！彼其于史殆亦能发大同之观念矣！故有政治史，而复析为法律史、理财史；有学术史，而复析为哲学史、科学史；美词有史，修文有史，盖骎骎乎能析史而万其名矣！此欧美之所以为欧美欤！若夫中国，殆尚震慑于史名之尊一，若史者有不可及之阶级，非大通者不能作。於乎，此中国史之所以衰也！（《政艺通报》第一卷第十五、十六号，1903年）

黄　节

黄史·总叙

太史公记首黄帝，特因于《世本》若《大戴礼·帝系·五帝德》，抑以谓后世氏族无不出于黄帝，故首而宗之（宋罗泌语）。黄史氏曰：然则中国有史，统于黄帝，其来旧矣。自《史记》而外，中国号称正史者盖二十有一（除去《旧唐书》《旧五代史》）。典午东渡，中原涂炭，国统淆乱，则若托跋、宇文、朱邪、枭㨰鸡、耶律、勿吉、却特，皆非吾冠带之伦，而窃据吾土，兰台载笔，列之正史，宜屏勿容。然则吾中国号称正史，盖十有六而不足也（除《魏书》《周书》，《五代史》之唐、晋、汉，《辽史》《金史》《元史》）。善夫彦鸾箸〔著〕《十六国春秋》，举匈奴、羯胡、鲜卑、氐羌、单于、宕渠賨、庐水胡，皆自为涠。《渔仲通志》，箸之载记，而纪传则犹羼入后魏、后周，是则可怪者尔，黄史氏受四千年中国史而读之，则喟然叹曰：久矣乎！中国之不国也，而何史之足云？北庭处月，西倾中国，亘臬掠鸡之裔，以迄乾祐季年，中原无主，凡二十有七载。涑水紫阳，编年至此，无繇绝续。悲夫，则吾国史之羞也！石晋以异族，攘燕云十六州，上之契丹，胡马南牧，迄女真遂奄中州而有之，迄蒙古遂混南北而一之，泯泯棼棼，以至明初，幽燕沦于彝狄者，四百四十有八年；中原变为彝狄者，二百四十有一年。悲夫！脱脱景濂之书，乃以绠汲宋明，兽处其宇，亦吾国史之羞也。流贼内乱，长白乞师，三桂首为祸首，据关致敌，举三五汉唐之苗裔，尽辫发毡毳，偷息视肉，以溃无穷之防。自思陵奔天，逮术桂之殉，洒血糜肉，绵延于其间者，仅三十有九年（吾别有血史一编，记甲申至癸亥间事）。尔来又二百二十有二年矣。春秋之义，不可旷年无君，然则今日修史，独可旷二百余年而无国乎？黄史氏曰：悲夫！吾国史之羞也。久矣乎！中国之不国也，而何史之足云。春秋楚人执宋公以伐宋，宋公谓公子目夷曰："子归守国矣，国子之国也。"公子目夷复曰："君虽不言国，国固臣之国也。是故对于外族则言国，对于君主则言国，吾有熊之裔，未尝一日绝于天下，谁乎得私吾土者？"《周书·殷祝》曰：天下非一家之有也，南夷与北狄交，中国不绝若线。仲尼作《春秋》，于薄之盟，不书会楚，以存中国。於戏，今日而有志乎史，吾惟法仲尼之志哉！

西方哲儒论史学之关系，有国家与人种两端。柏林史学大会宣言曰："提倡民族帝国主义，造新国民为历史家第一要义，否则外族入霸国恒亡。"黄史氏曰：悲夫！吾国种族史之亡，而社会无传记也。（亚耳诺耳特曰："历史者，社会之传记也。"）在昔许善心箸〔著〕《梁史》，传羯贼，梁武帝箸〔著〕《通史》，五胡托跋，列于夷狄传，允乎有种族之痛矣！魏收《秽史》，始志官氏，略表虏姓，志在婟挽族类而已。故复诋蔑江左，冠以岛夷，伯起何物，以巨鹿种人，为虎作伥，狗彘不食，莫此为甚也。亦越公师或崔浩之祸，兰台寡色，益无可言，惟渔仲《〔通〕志·氏族略》，稍辨宗法，其总论十三篇，有变夷、变于夷之惧。罗泌抱封建之想，痛秦无道，而怵乎宋之孤且弱，箸〔著〕《国名纪》，以详乎黄帝之宗（《国名纪》卷甲有《黄帝之宗》一篇）。黄史氏曰：吾读旧史四千年来，其心于种族之变迁，与其盛衰大概者，惟二子之书而已。悲夫！船山有言：可禅、可继、可革，而不可使异类间之。悠悠日月，今何时与逝不可追矣，若史则合社会之已往、现在、将来而孕妊之者也（西儒衣克列氏名之曰"孕妊之力"）。吾四千年史氏，有一人之传记，而无社会之历史，虽使种界常清，而群治不进，则终如甄克思之说，种将日弱尔。悲夫，吾固惧吾社会之衰落，而史氏无征也！

龚自珍曰：六经，周史之大宗也。《易》也者，卜筮之史也。《书》也者，记言之史也。《春秋》也者，记动之史也。《风》也者，史所采于民，而编之竹帛，付之司乐者也。《雅》《颂》也者，史所采于士大夫者也。《礼》也者，一代之律令，史职藏于故府，而时以召王者也。小学也者，外史达之四方，瞽史谕之宾客之所为也。诸子周史之小宗也，故夫道家者流，言偁辛甲老聃；墨家者流，言偁尹佚；辛甲、尹佚官皆史，聃实为柱下史。若道家，若农家，若杂家，若阴阳家，若兵，若术数，若方技，其言皆称神农、黄帝。神农、黄帝之书，又周史所职藏，所谓三皇五帝之书者是也。黄史氏曰：大哉史乎！吾观夫六经诸子，则吾群治之进退，有可以称述者矣。不宁惟是，史迁所创，若《河渠》《平准》，与夫《刺客》《游侠》《货殖》诸篇，其于民物之盛衰，风俗、道艺之升降，靡不悉书。至如范晔之传党锢，谢承之传风教，王隐之传寒俊，欧阳修之传义儿，是皆有见夫社会得失之故，言之成理，为群史独例。概以谓吾国四千年旧史，皆一家一姓之谱牒，斯言也，毋亦过当与！又不宁惟是而已，刘子玄《史通》标探赜疑古两义，皇古异闻，多详神话。近世西方科学发明，种界实迹，往往发见于洪积石层者，足补旧史所不逮。故如巴比伦之古碑，克比利文明西来之说，比较同异，寻其原委，以衷疑信。虽谓之吾国古史无过焉，抑吾以为西方诸国，繇历史时代，进而为哲学时代，故其人多活泼而尚进取，若其心理学、政治学、社会学、宗教学诸编，有足裨吾史料者尤多，此则见所未见，闻所未闻，盖不嫌刘氏之云云者矣。於戏，中国不亡若绝若续，我生不辰，日月告凶，痛乎，夷夏羼杂，而惧史亡则有国亡种亡之惨，乃取官书正史而读之，手之所披，目之所接，人兽错出，其为籍道而降者，又窜乱十九，风雨如晦，鸡鸣不已，时复访及野乘，驰心域外，则窃有志乎《黄史》之作，条别宗法，统于黄帝，以迄今日，以述吾种人兴替之迹。为书十表、三记、八考、纪十、列传一百八十、载记二，凡若干卷。已而叹曰：渔仲有云，博不足也，若此者，其能不隘乎！曰：吾取其有大影响于今日者而言之，其他则旧史具在，吾奚赘焉？悲夫！禽兽逼人，民生蕉萃，至于此极也。吾筮易得鼎，曰：鼎柔上而居中，五位之正以柔正也。若据位以为实，则五以金铉，而四则覆𫗧矣。易取共和，请以黄帝统。乙巳正月。（《国粹学报》第一期，1905 年 2 月）

陆绍明

论史学之变迁

溯自有文字即有史。伏羲氏作书契，而后又作甲历，甲历为史册之纲，亦可为史中之一志。黄帝命苍颉为左史，沮诵为右史。苍颉因改制六书，使天下义理必归文字，天下文字必归六书，以易于记录（左史记言，右史记动）。迨后夏有太史终，殷有太史挚，周有太史佚、太史儋、太史叔服，史之事于是乎发达矣！至春秋而史学愈备，至战国而史学乃奇，合先王之政典而成六经。六经为周史之大宗。孔子定六经，注意于教化，由史政而入于史教，是为史之第一变迁。

窃六经之糟粕而诸子争鸣，诸子为周史之小支。孟子辟诸子归宗于器识，由史才而入于史识，是为史之第二变迁（《孟子》七篇为议论之史，圣贤著作无非史体，犹于古之不离史而别有所谓著作者也）。

左氏《国语》（《国语》作自何人，说者不一，然终以汉人所传左邱明作为有征），上包周穆王，下及鲁悼公，与春秋时代不相应，与经义亦不相关，文胜于理，别树一帜。左氏《春秋》（此左氏为六国时人，作邱明者误，郑渔仲《六经奥论》言之甚详，确有见地），肆言妖鬼，光怪陆离，亦好言巫卜五行之事，与公羊好言五行相同。《战国策》长于议论，风发泉涌，《汉书·艺文志》归《战国策》与《史记》为一类，晁氏《读书志》改入子部纵横家，其实宜归史类。《国语》《左传》《国策》皆富议论，《公》《穀》《春秋》文简义精，断制谨严，亦饶议论，议论之史，推是为胜。由议论而一变至于实录，司马迁《史记》以实录称（扬子《法言》或问周官曰立事，左氏曰品藻，太史迁曰实录），其叙事寓论断。班固作《汉书》，断代为史，亦为实录之体，而远不及迁。《汉书》多因《史记》之旧，而篇章字句时有窜改。宋范晔撰《后汉书》，体亦近纂修实录。他及《三国志》《宋书》《南齐书》《梁书》《陈书》，亦皆近实录而不纯。唐李延寿撰《南史》，因四史旧文，稍为删润，补缺者少，削繁者多，较四史稍为简要。《北史》亦李延寿所撰，较《南史》用力独深，如周则补《文苑传》，齐则补《列女传》，不似《南史》之缺略，出郦道元于酷吏，附陆法和于艺术，亦不似《南史》之因仍，是虽未免掇录旧文，而别具识力，竟不囿于实录。实录之体，备于此矣！考其内为实录，观其外为传记，所谓实录者，即传记之史也！若夫《晋书》《新唐书》《新五代》，亦为纪传之史。《晋书》不重于世，取讥于骈体，但其弊不止于此。观陆机、王羲之二传，太宗制赞，不得不叹。典午一代，不乏名臣，而太宗所赞者，仅一工文之士，一工书之士，夫亦可知其略实行而奖浮华，忽正典而取小说，有由来矣！《新唐书》大旨，以事增文省，求胜《旧唐书》，而事多采掇小说，所以文多涩体，未能尽雅者也。至于诏令多用骈体长篇，亦非史之正法。《新五代》大旨以《春秋》书法为宗，褒贬有法。其他《魏书》《北齐书》《周书》皆为纪传之史，颇为残缺。又《隋书》出自众人手，驳杂不足观。《旧唐书》《旧五代史》自《新唐书》《新五代史》出，而几为世所弃。元托克托等撰《宋史》，大旨在表章道学，其余皆姑以备数，疏舛芜漫，更仆难穷，又撰《辽史》，仅据耶律俨、陈大任二家所纪，以成其书，故疏略错误。《金史》亦为其所撰，较《宋史》《辽史》为优。盖有元好问、刘祁诸人私相缀辑，纪传详赅，体例严整。明宋濂等撰《元史》，其书仓卒而成，碑志之语、案牍之文，往往不及修改。《明史》则品藻、实录两不擅长。传记之史，备于此矣！又由传记之史，一变迁而为编年之史。

　　编年之史始自《汉纪》，而古之《竹书纪年》，实为伪书，不足为训。案荀悦《汉纪》，约班固《汉书》为编年之体，词约事详，论辨多美，脍炙人口，有取之也。顾宁人独轻诋之，何欤？晋袁宏撰《后汉纪》，其体例全仿《汉纪》，其取材则以张璠书为主。今以《三国志注》《后汉书注》所引璠书，互校其异同、详略之处，惟推是书为长，知其翦裁点窜，具有史裁，非苟作者可比。王通《元经》、温大雅之《大唐创业起居》，皆为编年之史。司马光《资治通鉴》，淹通贯串，为史家绝作。光作《通鉴》所采书籍，自正史以外，杂史至三百三十二种，记录既繁，异同互出，因参校以作《通鉴考异》，又作《稽古录》，是编于《通鉴》之外，自为一书。所纪上起伏羲，下至英宗，其于治乱兴衰之故，剖析详明。《通鉴外纪》为刘恕所撰，上起伏羲，下至周威烈王二十三年，与《通鉴》相接，其目录亦全仿《通鉴》目录之例。《皇王大纪》，用《皇极经世》编年，博采经传，附以论断。《中兴小纪》，载南渡事迹，起建炎丁未，迄绍兴壬午，其为高宗一朝之史欤？《续资治通鉴长编》，宋李焘所撰，焘不敢居于续《通鉴》，故所采北宋一祖八宗事迹，编年条载，汇为是书，见誉当时，号为渊海。吕祖谦《大事记》，取司马迁年表，编年系月，以记春秋后事。《建炎以来系年要录》，宋李心传撰，其书述高宗一朝之事，与李焘《长编》相续。《九朝编年备要》，用《通鉴纲目》之例，以记北宋九朝事迹，苟非大事，略而不书。《续宋编年资治通鉴》，是书于张浚、李纲，功过直书，不使相掩，无宋末讲学家门户之见。《西汉年纪》，宋王益之撰，其书排比西汉事迹，多搜采于马班，而所附条考，洵属精密。《靖康要录》，叙事太略，载文太详，但所载一时朝政，具有端委，可补《宋史》之遗。《两朝纲目备要》，叙次简明，持论平允。《宋季三朝政要》，所载宋末轶事，多为正史所不载者，足备参考。《宋史全文》，编年排纂，叙述具有条理，所采宋人议论，尤为赅博。《通鉴前编》，宋金履祥撰，履祥以刘恕《通鉴外纪》失之好奇，作此以矫其失，援据富有，可谓有史学矣。而周昭王二十二年书释氏生之类，好奇亦不减于刘恕。《通鉴续编》，其大书分注，全如朱子《纲目》之体。《大事记续编》，续吕祖谦《大事记》而作，所以体例一仍其旧。《元史续编》，大书分注，仿《通鉴纲目》。《资治通鉴后编》，排比正史，参考诸书。编年之史，如是云尔。

　　编年分为二：有历代之编年，有一代之编年。由编年之史一变迁而为类史。《通鉴纪事本末》，分类排纂，以一事为一篇，各详其起讫，节目分明，经纬条贯。《春秋左氏传事类始末》，以《左传》所载事迹，排比年月，各以类从，纲目相承，首尾完具。《三朝北盟会编》，记宋金战和之始末，分上中下三帙，上帙二十五卷，记政和、宣和之事；中帙七十五卷，记靖康之事；下帙一百五十卷，记建炎、绍兴之事；皆采集诸书，编年条系，词有异同，不加论断，盖搜录以待考证之本也。郭允蹈《蜀鉴》，叙述蜀事，略如纪事本末之体，其述战守胜败之迹，与用兵故道，无不胪陈缕载。《炎徼纪闻》，纪平定西南苗猺之事，每篇各系以论断，多深中明季之弊。《宋史纪事本末》，明陈邦瞻撰，其书虽不能胜《通鉴纪事本末》，其难则较枢十倍。盖诸史之中，《宋史》最为芜秽，端绪难寻，而邦瞻力治棼丝，俾就条理。《元史纪事本末》，亦陈邦瞻所撰，援引未备，漏略要义，不及《宋史纪事本末》之博。《明史纪事本末》，每篇论断皆仿《晋书》之例，行以骈偶，隶事亲切，然非正裁，不足取焉！《左传纪事本末》分类集事，赡博可观。马氏《绎史》，标题集类，援引诸书，不加删改，自成一体。类史之学，亦云备矣。

呜呼！史学变迁至于类史，斯为下矣！史之变迁原于经学，重《诗》则为议论之史，重《书》则为传记之史，重《春秋》则为编年之史，重《易》则为类史，经之变迁，即史之变迁也，史之变迁，即世道人心之变迁也！（《国粹学报》第十期，1905 年 11 月）

蛤　笑

史学刍论

历史之为书，所以留人群已往之迹，以为将来之鉴者也。以广义言之，则天体之运行，地势之变迁，与夫一切动植物之类族辨种，胥属于历史之学科。以狭义言之，则观察人间社会进化之现象而已。今之学者，其一般持论，皆谓吾国纪传、编年、纪事三体，皆有集合主义，而无分析主义，可以为二十四朝君主之谱牒，不可以为二千余年民族之纪载。又其甚者，且谓吾国自古迄今，尚未有史学。呜呼，何其卑国之甚也耶！今夫读书之法，有主观焉，有客观焉。客观者，综已往之事，而考其本末，甄其异同，是皆过而不留者也，历史之筌蹄也。主观则不然，略其粗迹，而求其精义，风俗之盛衰，政教之隆污，国力之强弱，文明之进退，观其会通，测其因果，固皆永远存在，历然可接于心目者也。历史之精神也，学者苟博观而约取之，斯臭腐罔非神奇，一鳞片羽，莫非瑰宝，正无庸扬西抑中，骋域外之观，而忽于眉睫之近耳。

古之所谓史者，兼天道人道而司之，有类乎埃及之祭师，盖合宗教与学术为一事者也。是以三代以前，士无私学，家无私史，柱下一官，遂为世职。孔门删述以来，商周以上之国史，不复可窥见矣。然零珠断璧，时时见于经传诸子之书。后儒之读古书也，于荒古以来，所传神异之迹，往往不察，概归诸汉儒附会之辞，庸知皆三代以前之国史，所传之遗文哉！人神杂糅，宗教家立言之大旨，固如此耳。

周道衰而史失其职。于是私家著述，始上媲石渠金匮之藏。然其时奋笔而操上下千古之柄者，大抵博雅宏通，谙习掌故，备识治乱兴衰之故，然后荟萃而笔削之，以成一家之言。今所列于正史，颁在学官者，《史记》《汉书》尚已。即自东汉、三国而后，以迄六朝诸史，皆私家一手纂述之书。虽其学识之高下悬殊，义旨之浅深自判，要无不始终贯串，自完其说者，故条理秩然，而旨趣可寻。史之衰也，自由私而官始也。史职之由私而官，则自唐初诏修晋、隋两书始矣。集众手为纂修，学术之派别，意识之程度，既已不能一贯，而又有若干之条例忌讳，以束缚之，故成书愈易，而为书愈不足观。其后宋修《唐书》，元修《宋史》，明修《元史》，国朝修《明史》，皆沿斯例，而官书遂为世所诟病。虽然，所逊于古人者，不过文辞之高下，与考据之疏密而已。吾不云乎，斯皆史学之筌蹄耳。若夫吾民族千百年来所以屡受外界之侵凌，而究能获最终之战胜，与夫礼俗学问、美术技艺、文教武功之称雄于东亚者，非官书曷由知之？猎精华而捐糟粕，在善学者之能自得耳！

吾国之所谓史学者，约分三派：一为典制之学，如杜氏佑之《通典》，司马温公之《通鉴》，郑渔仲之《通志》，马贵与之《文献通考》，皆此派也。此非淹贯全史，而又有上下千古之识以运之，不能免于罅漏抵牾之失，故此派代仅数人。有明之王圻、邓元锡，皆有志斯学，而才识俱不能逮，故其书不为世所重。国朝硕儒辈出，远迈元明，若顾亭林、黄南雷、王船山、万充宗、徐健庵、顾景范、秦文恭、俞理初，皆其俦也，然能精而不能博，视唐宋诸儒，略逊一筹矣。一为议论之学。此学又分两派：一论史法，一论史事。论史法者，如《史通》是也。此学亦非淹贯全史不办，故治此者曾无几人。论史事者，如范尧夫之《唐鉴》、胡文忠之《论通鉴》是也。此派最为宋明儒者所喜，以其不必博征载籍，而惟以空言诋斥古人也。两代之书，汗牛充栋，所谓史学，半属此类。自征实之学兴，而此派始归消歇矣。一为考证之学。此派始于两宋，北宋之三刘，南宋之王深宁，皆其职志也，中衰于元明，至国朝而大盛，二百年之史学，以此派为大国焉。有治专门之学者，如胡东樵之《舆地》、李尚之之《天算》是也；有以史证经者，如高邮王氏之学是也；有专治金石者，如孙渊如、如武虚谷之俦是也；有专治校勘者，如嘉定钱氏之学是也。派别枝分，至十数而未已，亦可谓极乙部之大观也矣。

居今日而言史学，则以上所举三大派，皆成已陈之刍狗，而不必复措意焉。所最急者，在以新学之眼光，观察已往之事实耳！天下学问之途，皆始以怀疑，而继以征实。惟能怀疑也，故能独开异境，而不为前人成说之所牢笼；惟能征实也，故能独探真诠，而不为世俗浮说之所蒙蔽。因怀疑而征实，因征实而又怀疑，愈转愈深，引人入胜，新理之所以日出不穷也。吾国之谈史学者有两蔽焉：一则不知进化之例，而以为古胜于今也。言治道则誉尧舜为中天，谈美术则推商周为极致，既以古人为不可几及矣，则万事惟求退守，而不复更存孟晋之思，二千余年以来，神州之群治，所以每下而愈况者，生心害政之愆，岂非儒者执其咎乎？一则不知宗教、学术之别，而以中古以来之儒术横加皇古也。孔子以前，为宗教治世之时代；孔子以后，为学术治世之时代。故自成周而上，经纶草昧，开辟文明之前哲，与孔孟之所谓圣贤，无相涉也。儒者惟昧此义，故凡尧舜禹汤文武之为君，皋益伊傅周召之为臣，莫不以正心诚意、主敬穷理之说加之，重其名曰"道统"。异其经天纬地之宏功，而被之以性命文章之虚谥，古人之真，既不可见，而后世之学术教宗，亦复并为一谈。主奴附污，牢不可破。日驰聘于虚辞，而不复留心于实用。以致兵疲农惰，工窳商媮，滔滔乎有江河莫返之势。非有宋诸儒之咎，而孰咎也？世运变迁，穷则必返，固不待西儒天演进化之说输入中土，而深识之士已渐悟旧说之不可通矣。不过明而未融，非一夫之力遂能祛故蔽而畅新机耳！大名崔东壁先生，嘉道以来怀疑学派之巨子也，当宋学方昌之日，独悟其论古之失真，所著《考信录》，自上古以迄战国，记事纂言，祛非存是，其大旨所存，谓不当持后世之情状，以例古人。斯真唐宋至今所不敢发之议论矣。所未至者，则以上所言两蔽之未除，故有见之已到，而不敢尽言者，筚路蓝缕之初，未有不如是者，补苴罅漏，张皇幽眇，固不能无待于后贤矣！（《东方杂志》第二卷第六期，1905 年 6 月 25 日）

严　复

泰晤士《万国通史》序

右英国泰晤士报馆所纂《万国通史》廿四帙，又检目一帙。用大八开纸，计一万七千余版。其所记录，自先耶稣降生四千余年至于今日。中间六千年之世变，人类进化之时期，首于埃及，次而巴比伦、阿叙利亚、以色列、腓尼加、安息、波斯、印度诸古文化，欧洲开幕，希腊、罗马两族代兴，中古之巴社、天方、斯巴尼亚、蒲陀牙竞立更仆，法、德两雄并起大陆，俄罗斯以斯拉夫坐大于东陲，不列颠以图顿鸿渐于西岛。其间诸部若瑞典、哪威、荷、比、瑞士、奥匈，蜕嬗争存，终以不堕。已而美洲凿空，北为不列颠所殖民，南为斯巴尼亚之领土。他若突厥开基波兰不国，保尔干半岛之分区，阿斐利加北陲之进步。澳洲开辟最晚，自荜路而成大国，亦有可书。凡此皆西史之旧详者也。他若契丹旧壤，蒙古故藩，日本三韩，越南九郡，事有相涉，亦与疏通。震旦神洲，略图骨干，四千年代，寥寥数编，盖纂著者，阙其所不知，默于所不测之义也。猗欤祎而，可谓成体之鸿编，旷代之巨制也已。顾其纂辑非若类书然，徒取各国史籍，译而丛聚之也。乃以天演文明，为之主义，根荄主干，支叶派分。诸国载记诚所借资，而皆经专修独治之家为之详审。事必垂其可信，疑常有所折衷，各为部居，分立宗案，考订既备，而后总其成者。衡准博约，载加要删，共贯相揩，不相抵捂。犹梓人之成室，指挥众工；譬大江之经流，交汇诸水。故其为书，繁而有条，详而无颣，学者生今之世，欲识人群进化阶级，据往事推来者，舍是书盖莫属也。

尝谓泰西史学始于晚周，希腊喜洛多图、刁锡大智二家所为，后代诵习崇称，无殊吾国迁、固。顾二史之为绝作则同，而著述之旨大异。喜洛多图纪述波斯之战，中及埃及国风，审瞻包罗，蔚为鸿制。但浮夸钩奇，或畔事实。论者以谓作者意存美术，偏工文词，其脍炙人口以此，而其有遗议亦以此。至于刁锡大智纪白罗波尼战事，文辞深美固矣，然而谨严斟酌，事变常疏其因由，举动必推其效果。论者谓其书非仅历史而已，乃群理哲学之深切著明者也。自兹以降，国有实录，种有宝书，若芝诺芬、李费，则循喜洛氏之轨而有作者也。其用刁锡大智义法者，则希腊有波理表，罗马有挞实图。凡此六家，皆西文中之江河不废者矣。古者铅椠所加，中国则以汗青、缣素，西国则以贝叶、羊皮。之数者，皆非经数百年不坏之物，是以古哲著书，脱非传写甚繁，则数世之余，多就湮灭，固不必有始皇、亚利其人，以为古籍无存之归狱也。如西史喜、刁二家尚矣，顾前乎喜、刁者，数百千家。（如魏晋间希腊雅司枭撰《博闻会馔》一书，中间所引作者之名八百余人，为书二千五百种。今所失传不见者，近七百余家。如吾国《三国志》裴注所引诸籍，其无得者乃过半也。）后乎喜、刁者，亦数百千家（如隋唐间斯多标和纣及《君士但丁》诸集所引者），至今所传，十不及一。盖印刷未行，学者矻矻著述，求为藏山传人，其难如此，可胜惜哉！可胜叹哉！且其所传，多一时利俗，而与其民程度相跂及者。至有孤怀远瞩，则赏音用希，斯其为传尤不易易。左氏固相斫之书，柱下乃家人之语。至若究文明之进步，求世变之远因，察公例之流行，知社会之情状，欲学者毋忘前事，资为后师，用以迎蜕进之机，收竞存之利，则求诸古人著作，或理有不逮，或力所未皇。此十八世纪以降之史家所为远轶前修，而其学蔚成专科，最切于人事而不可废也。其间作者，若英之吉贲（著《罗马季世史》）、德之聂勃（著《罗马盛时史》）、英之休蒙（著《英国史》）、古禄（著《希腊史》）、德之满唔孙（著《罗马法典》《社会商业史》），皆博搜遐讨，厘然理顺。其他哲匠，国有其人。然以求之至精，证之详尽，故所发明于一姓，或不过一二朝；于一时，或不外一二事（玛珂里所为《英史》上下仅十七年，嘉米勒所为《德史》不过佛烈大力一世）。此所谓炳烛之明，可为细书，而不利远望者也。

　　然则通史之作，又乌可已乎？盖自达尔文、斯宾塞提证天演之说，于是言人群者，知世变之来，不独自其相承之纵者言之，必后先因果，倚伏召从，无一事之为偶也；乃自并著之横者观之，亦远近对待，感应汇成，缺一焉则其局不见。故欲言一民之质文强弱，一国之萌长盛衰，独就其民其国而言，虽详乃不可见，必繁俗殊化，合叙并观，夫而后真形以出。又况亚欧之民，自其皇始言，则皆出于西域，而后乃散分。就其今日言，则汽电大用，交通日阂，继今以往，欲为离立分治，殆无其事。当国事者为教育，为内政，为外交，思欲高视远规，造一章程，立一法典，不至枯守其旧，盲随于新，而以阶其国之大厉者，非于通史之求，将无幸尔。夫泰西通史之作旧矣。远之则有氏阿多卢，生于西锡里，而其书出于耶稣降生之前。所撰四十卷，至今传者仅十五卷而已。罗马东迁之世，有优塞卑，而明代有逻礼括德。此在其时，皆为名作，而至于今，则仅资览涉，不足致精者，世限之也。自十九世纪以还，日耳曼通史之辑，则有如斯落塞，如罗特格，如安坚，而最著者莫如韦白。而英国则赖尔的涅、拔克勒二家。顾赖则事赡乏翦裁，拔则理烦而略事变。

文明进步，群治日新，必借鉴于古先，乃可求其幸福，此泰晤士《世界通史》之所为作也。其书序者之言曰："处今之日，身为国民，人人有不可放弃之天职。求胜厥职，史学必不可无。无史学者，欲攘臂于政治之间而求其无误国者，难已。"故德哲希勒尔有言："恨不三十年读史。使我读史三十年，则吾之为吾，必大异，且大过于今我。"英伦旧立宪国也，今之少年，他日投票出占者也。今之女子，他日将辅其父、夫、兄、弟、子以有事于吾国者也。吾不敢望公等以三十年读史，如希勒尔之所云，然用其三十星期之日力可耳。使诚如是，彼一帙卒业之后，吾知其虽欲置而不能也。则国之保世滋光，庶有赖乎！其为言如此。近者泰晤士馆主以此书托商务印书馆分售于吾国学界中，是其用意至厚，而书价又甚廉。窃愿吾国学人亟购勿失。但其卷帙颇富，前所云以三十星期尽读之者，谓欧人耳；至于吾党，则请易希勒尔之所谓年者，以月庶几了之。不佞老矣，又日以译事自督顾于此业，犹将亲行，学界诸君，尚有意乎？虽然，或读或不读，异日皆当思鄙言。

　　　　　　　　宣统元年二月严复序（《严复全集》第七卷）

2. 文学"三大革命"的发生和发展

引　言

　　所谓文学"三大革命",指的是发生在 19 世纪末、20 世纪初的"诗界革命""文界革命"和"小说界革命"。这"三大革命"口号的提出者是梁启超。在中国新文学运动史上,这"三大革命"占有非常重要的地位,五四时期的文学革命就渊源而言是对这"三大革命"的继承和发展。茅盾曾指出:"我们论述'五四'新文学运动的时候,应该立专章论述清末的风气变化和一些曾起过重要间接作用的前驱者。梁任公、黄遵宪等人的新运动(新小说运动和所谓'诗界革命')已经在动摇着旧文学的阵脚,同时在一定程度上替'五四'新文学运动准备条件。"(茅盾:《中国现代文学史的另一种编写方法——致节公同志》,《社会科学战线》1980 年第 2 期)郭沫若也说过:"文学革命……的滥觞应该要追溯到满清末年资产阶级的意识觉醒的时候。这个滥觞时期的代表,我们当推数梁任公。"(郭沫若:《文学革命的回顾》)犹如五四文学革命是五四启蒙运动的重要组成部分一样,文学"三大革命"也是 19 世纪末、20 世纪初的启蒙运动的重要组成部分。除文学的"三大革命"外,20 世纪初还发生过戏曲改良运动,其目的是利用改良后的戏曲,对人们进行思想启蒙。

梁启超

夏威夷游记(存目)

(《清议报》第三十五至三十八册,1900 年 2 月至 3 月)

人境庐诗草跋

古今之诗有两大种：一曰诗人之诗，一曰非诗人之诗。之二种者，其境界有反比例，其人或相非或不相非，而要之未有能相兼者也。人境庐主人者，其诗人耶？彼其刿心鉥目燋形，以斟酌损益于古今中外之治法，以忧天下，其言用不用，而国之存亡，种之主奴，教之绝续，视此焉，吾未见古之诗人能如是也。其非诗人耶？彼其胎冥冥而息渊渊，而神味沈浓，而音节入微，友视骚、汉而奴畜唐、宋，吾未见古之非诗人能如是也。主人语余，庚、辛之交，愤天下之不可救，誓将自逃于诗忘天下。然而天卒不许主人之为诗人也。余语主人，即自逃于诗忘天下，然而子固不得为诗人。并世忧天下之士，必将有用子之诗以存吾国，主吾种，续吾教者，矧乃无可逃哉？虽然，主人固朝夕为诗不少衰，故吾卒无以名其为诗人之诗与非诗人之诗欤？丁酉腊不尽八日，启超跋。（《人境庐诗草笺注》）

《蒙学报》《演义报》合叙

人莫不由少而壮，由愚而智。壮岁者，童孺之积进也；士夫者，愚民之积进也。故远古及泰西之善为教者，教小学急于教大学，教愚民急于教士夫。嗟夫！自吾中国道术废裂，舍八股、八韵、大卷、白折之外，无所谓学问。自其就傅之始，其功课即根此以立法。驱万万之童孺，使之桎梏泅溺于味根、串珠、对偶、声病、九宫、方格之中，一书不读，一物不知，一人不见，一事不闻，闭其脑筋，瘫其手足，窒其性灵，以养成今日才尽气敝之天下。斯义也，吾昔论学校幼学一编，即已重忧之而长言之矣。抑士夫之所谓学问者，既惟是光方乌钓渡挽是讲是肆，是切是磋，此学也，农学之无救于馁，工学之无救于窳，商学之无救于困也。然天下之学，既无有出此之外者。则彼农也，工也，商也，以为学也者。固非吾人所当有事焉耳。于是乎普天下皆不学。今言变法，必自求才，始言求才，必自兴学始。然今之士大夫，号称知学者。则八股、八韵、大卷、白折之才十八九也。本根已坏，结习已久，从而教之，盖稍难矣。年既二三十，而于古今之故，中外之变，尚寡所识，妻子、仕宦、衣食，日日扰其胸，其安能教？其安能学？故吾恒言他日救天下者，其在今日十五岁以下之童子乎。西国教科之书最盛，而出以游戏小说者尤夥。故日本之变法，赖俚歌与小说之力。盖以悦童子，以导愚氓，未有善于是者也。他国且然，况我支那之民不识字者，十人而六，其仅识字而未解文法者，又四人而三乎。故教小学教愚民，实为今日救中国第一义。启超既与同志设《时务报》，哀号疾呼，以冀天下之一悟。譬犹见火宅而撞钟，睹入井而怵惕，至其所以救焚拯溺，切实下手之事，未之及也。既又思为学校报，通中西两学，按日而定功课，使成童以上之学僮诵焉。自谓得此，则于教学者殆庶几矣，而于教小学、教愚民二事，昧昧思之，未之逮也。岁九月归自鄂，而友人叶君浩吾汪君甘卿，有《蒙学报》之举，门人章生仲和及其哲兄伯初，有《演义报》之举，两日之间，先后见告。即闻之，且忭且舞，且喜不寐，呜呼！其或者天之不欲亡中国，故一败之辱，而吾国人士之扼腕攘臂，思为国民效力，为天下开化者，趾相错，自今以往，而光方乌钓渡挽之凶焰，或可以少熄，中国之人亦渐可教矣乎。斯固救焚者之突梯，拯溺者之桔槔也。他日吾学校报成，使童孺诵《蒙学报》者，既卒业而受焉。则荀卿子所谓始于为士，终于学圣，其由兹矣。岂曰小之云乎哉？（《时务报》第四十四册，1897 年 11 月 5 日，署名"新会梁启超"）

译印政治小说序

政治小说之体，自泰西人始也。凡人之情，莫不惮庄严而喜谐谑，故听古乐，则惟恐卧，听郑卫之音，则靡靡而忘倦焉。此实有生之大例，虽圣人无可如何者也。善为教者，则因人之情而利导之。故或出之以滑稽，或托之于寓言。孟子有好货好色之喻，屈平有美人芳草之辞。寓讽谏于诙谐，发忠爱于馨艳，其移人之深，视庄言危论，往往有过。殆未可以劝百讽一而轻薄之也。中土小说，虽列之于九流，然自虞初以来，佳制盖鲜，述英雄则规画《水浒》，道男女则步武《红楼》，综其大较，不出诲盗诲淫两端。陈陈相因，涂涂递附，故大方之家，每不屑道焉。虽然，人情厌庄喜谐之大例，既已如彼矣。彼夫缀学之子，黉塾之暇，其手《红楼》而口《水浒》，终不可禁。且从而禁之，孰若从而导之，善夫南海先生之言也，曰："仅识宇之人，有不读经，无有不读小说者。"故六经不能教，当以小说教之。正史不能入，当以小说入之；语录不能谕，当以小说谕之。律例不能治，当以小说治之；天下通人少而愚人多，深于文学之人少，而粗识之无之人多。六经虽美，不通其义，不识其字，则如明珠夜投，按剑而怒矣。孔子失马，子贡求之不得，圉人求之而得，岂子贡之智不若圉人哉？物各有群，人各有等，以龙伯大人与僬侥语，则不闻也。今中国识字人寡，深通文学之人尤寡。然则小说学之在中国，殆可增七略而为八，蔚四部而为五者矣。在昔欧洲各国变革之始，其魁儒硕学，仁人志士，往往以其身之所经历，及胸中所怀政治之议论，一寄之于小说，于是彼中缀学之子，黉塾之暇，手之口之，下而兵丁、而市侩、而农氓、而工匠、而车夫马卒、而妇女、而童孺，靡不手之口之。往往每一书出，而全国之议论为之一变。彼美、英、德、法、奥、意、日本各国政界之日进，则政治小说，为功最高焉。英名士某君曰：小说为国民之魂。岂不然哉？岂不然哉？今特采外国名儒所撰述，而有关切于今日中国时局者，次第译之，附于报末，爱国之士，或庶览焉。（《清议报》第一册，1898 年 12 月 23 日，署名"任公"）

论小说与群治之关系

欲新一国之民，不可不先新一国之小说。故欲新道德，必新小说；欲新宗教，必新小说；欲新政治，必新小说；欲新风俗，必新小说；欲新学艺，必新小说；乃至欲新人心，欲新人格，必新小说。何以故？小说有不可思议之力支配人道故。

吾今且发一问：人类之普通性，何以嗜他书不如其嗜小说？答者必曰：以其浅而易解故，以其乐而多趣故。是固然；虽然，未足以尽其情也。文之浅而易解者，不必小说；寻常妇孺之函札，官样之文牍，亦非有艰深难读者存也，顾谁则嗜之？不宁惟是，彼高才赡学之士，能读《坟》《典》《索》《邱》，能注虫鱼草木，彼其视渊古之文，与平易之文，应无所择，而何以独嗜小说？是第一说有所未尽也。小说之以赏心乐事为目的者固多，然此等顾不甚为世所重；其最受欢迎者，则必其可惊、可愕、可悲、可感，读之而生出无量噩梦，抹出无量眼泪者也。夫使以欲乐故而嗜此也，而何为偏取此反比例之物而自苦也？是第二说有所未尽也。吾冥思之，穷鞠之，殆有两因：凡人之性，常非能以现境界而自满足者也。而此蠢蠢躯壳，其所能触能受之境界，又顽狭短局而至有限也。故常欲于其直接以触以受之外，而间接有所触有所受，所谓身外之身，世界外之世界也。此等识想，不独利根众生有之，即钝根众生亦有焉。而导其根器使日趋于钝、日趋于利者，其力量无大于小说。小说者，常导人游于他境界，而变换其常触常受之空气者也。此其一。人之恒情，于其所怀抱之想象，所经阅之境界，往往有行之不知、习矣不察者；无论为哀、为乐、为怨、为怒、为恋、为骇、为忧、为惭，常若知其然而不知其所以然。欲摹写其情状，而心不能自喻，口不能自宣，笔不能自传。有人焉和盘托出，澈底而发露之，则拍案叫绝曰：善哉善哉，如是如是。所谓"夫子言之，于我心有戚戚焉"。感人之深，莫此为甚。此其二。此二者实文章之真谛，笔舌之能事。苟能批此窾、导此窍，则无论为何等之文，皆足以移人。而诸文之中能极其妙而神其技者，莫小说若，故曰小说为文学之最上乘也。由前之说，则理想派小说尚焉；由后之说，则写实派小说尚焉。小说种目虽多，未有能出此两派范围外者也。

抑小说之支配人道也，复有四种力：一曰熏。熏也者，如入云烟中而为其所烘，如近墨朱处而为其所染。《楞伽经》所谓"迷智为识，转识成智"者，皆恃此力。人之读一小说也，不知不觉之间，而眼识为之迷漾，而脑筋为之摇飏，而神经为之营注；今日变一二焉，明日变一二焉，刹那刹那，相断相续；久之而此小说之境界，遂入其灵台而据之，成为一特别之原质之种子。有此种子故，他日又更有所触所受者，旦旦而熏之，种子愈盛，而又以之熏他人，故此种子遂可以遍世界。一切器世间、有情世间之所以成、所以住，皆此为因缘也。而小说则巍巍焉具此威德以操纵众生者也。二曰浸。熏以空间言，故其力之大小，存其界之广狭；浸以时间言，故其力之大小，存其界之长短。浸也者，入而与之俱化者也。人之读一小说也，往往既终卷后数日或数旬而终不能释然。读《红楼》竟者必有余恋有余悲，读《水浒》竟者必有余快有余怒。何也？浸之力使然也。等是佳作也，而其卷帙愈繁事实愈多者，则其浸人也亦愈甚。如酒焉，作十日饮，则作百日醉。我佛从菩提树下起，便说偌大一部《华严》，正以此也。三曰刺。刺也者，刺激之义也。熏浸之力利用渐，刺之力利用顿：熏浸之力在使感受者不觉，刺之力在使感受者骤觉。刺也者，能使人于一刹那顷，忽起异感而不能自制者也。我本蔼然和也，乃读林冲雪天三限，武松飞云浦厄，何以忽然发指？我本愉然乐也，乃读晴雯出大观园，黛玉死潇湘馆，何以忽然泪流？我本肃然庄也，乃读实甫之《琴心》《酬简》，东塘之《眠香》《访翠》，何以忽然情动？若是者，皆所谓刺激也。大抵脑筋愈敏之人，则其受刺激力也愈速且剧，而要之必以其书所含刺激力之大小为比例。禅宗之一棒一喝，皆利用此刺激力以度人者也。此力之为用也，文字不如语言。然语言力所被不能广不能久也，于是不得不乞灵于文字。在文字中，则文言不如其俗语，庄论不如其寓言。故具此力最大者，非小说末由。四曰提。前三者之力，自外而灌之使入；提之力，自内而脱之使出，实佛法之最上乘也。凡读小说者，必常若自化其身焉，入于书中，而为其书之主人翁。读《野叟曝言》者必自拟文素臣，读《石头记》者必自拟贾宝玉，读《花月痕》者必自拟韩荷生若韦痴珠，读《梁山泊》者必自拟黑旋风若花和尚。虽读者自辩其无是心焉，吾不信也。夫既化其身以入书中矣，则当其读此书时，此身已非我有，截然去此界以入于彼界，所谓华严楼阁，帝网重重，一毛孔中万亿莲花，一弹指顷百千浩劫，文字移人，至此而极。然则吾书中主人翁而华盛顿，则读者将化身为华盛顿；主人翁而拿破仑，则读者将化身为拿破仑；主人翁而释迦、孔子，则读者将化身为释迦、孔子，有断然也。度世之不二法门，岂有过此！此四力者，可以卢牟一世，亭毒群伦，教主之所以能立教门，政治家所以能组织政党，莫不赖是。文家能得其一，则为文豪；能兼其四，则为文圣。有此四力而用之于善，则可以福亿兆人；有此四力而用之于恶，则可以毒万千载。而此四力所最易寄者惟小说。可爱哉小说！可畏哉小说！

　　小说之为体其易入人也既如彼，其为用之易感人也又如此，故人类之普通性，嗜他文终不如其嗜小说。此殆心理学自然之作用，非人力之所得而易也；此天下万国凡有血气者莫不皆然，非直吾赤县神州之民也。夫既已嗜之矣，且遍嗜之矣，则小说之在一群也，既已如空气如菽粟，欲避不得避，欲屏不得屏，而日日相与呼吸之餐嚼之矣。于此其空气而苟含有秽质也，其菽粟而苟含有毒性也，则其人之食息于此间者，必憔悴，必萎病，必惨死，必堕落，此不待蓍龟而决也。于此而不洁净其空气，不别择其菽粟，则虽日饵以参苓，日施以刀圭，而此群中人之老病死苦，终不可得救。知此义，则吾中国群治腐败之总根原，可以识矣。吾中国人状元宰相之思想何自来乎？小说也。吾中国人佳人才子之思想何自来乎？小说也。吾中国人江湖盗贼之思想何自来乎？小说也。吾中国人妖巫狐鬼之思想何自来乎？小说也。若是者，岂尝有人焉提其耳而诲之，传诸钵而授之也？而下自屠爨贩卒、妪娃童稚，上至大人先生、高才硕学，凡此诸思想必居一于是，莫或使之，若或使之，盖百数十种小说之力，直接间接以毒人，如此其甚也。（即有不好读小说者，而此等小说，既已渐渍社会，成为风气，其未出胎也，固已承此遗传焉，其既入世也，又复受此感染焉，虽有贤智，亦不能自拔，故谓之间接。）今我国民惑堪舆，惑相命，惑卜筮，惑祈禳，因风水而阻止铁路、阻止开矿，争坟墓而阖族械斗、杀人如草，因迎神赛会而岁耗百万金钱、废时生事、消耗国力者，曰惟小说之故。今我国民慕科第若膻，趋爵禄若鹜，奴颜婢膝，寡廉鲜耻，惟思以十年萤雪、暮夜苞苴，易其归娇妻妾、武断乡曲一日之快，遂至名节大防，扫地以尽者，曰惟小说之故。今我国民轻弃信义，权谋诡诈，云翻雨覆，苛刻凉薄，驯至尽人皆机心，举国皆荆棘者，曰惟小说之故。今我国民轻薄无行，沉溺声色，绻恋床第，缠绵歌泣于春花秋月，销磨其少壮活泼之气，青年子弟，自十五岁至三十岁，惟以多情多感、多愁多病为一大事业，儿女情多，风云气少，甚者为伤风败俗之行，毒遍社会，曰惟小说之故。今我国民绿林豪杰，遍地皆是，日日有桃园之拜，处处为梁山之盟，所谓"大碗酒，大块肉，分秤称金银，论套穿衣服"等思想，充塞于下等社会之脑中，遂成为哥老、大刀等会，卒至有如义和拳者起，沦陷京国，启召外戎，曰惟小说之故。呜呼！小说之陷溺人群，乃至如是！乃至如是！大圣鸿哲数万言谆诲之而不足者，华士坊贾一二书败坏之而有余。斯事既愈为大雅君子所不屑道，则愈不得不专归于华士坊贾之手。而其性质其位置，又如空气然，如菽粟然，为一社会中不可得避、不可得屏之物，于是华士坊贾，遂至握一国之主权而操纵之矣。呜呼！使长此而终古也，则吾国前途，尚可问耶，尚可问耶！故今日欲改良群治，必自小说界革命始；欲新民，必自新小说始。（《新小说》第一号，1902 年 11 月 14 日，署名"饮冰室主人"）

《新中国未来记》绪言

余欲著此书，五年于兹矣，顾卒不能成一字。况年来身兼数役，日无寸暇，更安能以余力及此？顾确信此类之书，于中国前途，大有裨助，夙夜志此不衰，既念欲俟全书卒业，始公诸世，恐更阅数年，杀青无日，不如限以报章，用自鞭策，得寸得尺，聊胜于无。《新小说》之出，其发愿专为此编也。

兹编之作，专欲发表区区政见，以就正于爱国达识之君子。编中寓言，颇费覃思，不敢草草。但此不过臆见所偶及，一人之私言耳，非信其必可行也。国家人群，皆为有机体之物，其现象日日变化，虽有管葛，亦不能以今年料明年之事，况于数十年后乎！况末学寡识如余者乎！但提出种种问题一研究之，广征海内达人意见，未始无小补。区区之意，实在于是。读者诸君如鉴微诚，望必毋吝教言，常惠驳义，则鄙人此书，不为虚作焉耳。

人之见地，随学而进，因时而移，即如鄙人自审十年来之宗旨议论，已不知变化流转几许次矣。此编月出一册，册仅数回，非亘数年，不能卒业，则前后意见矛盾者，宁知多少？况以寡才而好事之身，非能屏除百务，潜心治此。计每月为此书属稿者，不过两三日，虽复殚虑，岂能完善？故结构之必凌乱，发言之常矛盾，自知其决不能免也。故名之曰稿本，此后随时订改，兼得名流驳正，或冀体段稍完，再写定本耳。

此编今初成两三回，一覆读之，似说部非说部，似稗史非稗史，似论著非论著，不知成何种文体，自顾良自失笑。虽然，既欲发表政见，商榷国计，则其体自不能不与寻常说部稍殊。编中往往多载法律章程、演说论文等，连篇累牍，毫无趣味，知无以飨读者之望矣，愿以报中他种之有滋味者偿之。其有不喜政谈者乎，则以兹覆瓿焉可也。

编中于现在时流，绝不关涉，诚以他日救此一方民者，必当赖将来无名之英雄也，楼阁华严，毫无染着，读者幸勿比例揣测，谓此事为某人写照，此名为某人化身，致生种种党同伐异意见。

此编于广东特详者，非有所私于广东也。今日中国，方合群共保之不足，而岂容复有某乡某邑之见存？顾尔尔者，吾本粤人，知粤事较悉，言其条理，可以讹谬较少，故凡语及地方自治等事，悉偏趋此点，因此之故，故书中人物，亦不免多派以粤籍，相因之势使然也。不然，宁不知吾粤之无人哉？读者幸谅此意，毋哂其为夜郎。（《新小说》第一号，1902 年 11 月 14 日，署名"饮冰室主人"）

《新中国未来记》第四回总批

今日之中国，凡百有形无形之事物，皆不可以不革命，若诗界革命、文界革命，皆时流所日日昌言者也。而今之号称为革命诗者，或徒撷拾新学界之一二名词，苟以骇俗子耳目而已。是无异言维新者，以购兵船、练洋操、开铁路等事，为文明之极轨也，所谓有其形质无其精神也。著者不以诗名，顾常好言诗界革命，谓必取泰西文豪之意境、之风格，熔铸之以入我诗，然后可为此道开一新天地。谓取索士比亚、弥儿顿、摆伦诸杰构，以曲本体裁译之，非难也。吁！此愿伟矣。本回原拟将《端志安》十六折全行译出，嗣以太难，迫于时日，且亦嫌其冗肿，故仅译三折，遂中止。印刷时，复将第二折删去，仅存两折而已。然其惨澹经营之心力，亦可见矣。译成后，颇不自慊，以为不能尽如原意也。顾吾以为译文家言者，宜勿徒求诸字句之间，惟以不失其精神为第一义，不然，则诘屈为病，无复成其为文矣。闻六朝、唐诸古哲之译佛经，往往并其篇章而前后颠倒，参伍错综之，善译者固当如是也。质诸著者及中西之文学家，以为何如？

瓜分之惨酷，言之者多，而真忧之者少。人情蔽于所不见，燕雀处堂，自以为乐也。此篇述旅顺苦况，借作影子，为国民当头一棒。是煞有关系之文，其事迹虽不能备，然搜罗之力颇勤，读者当能鉴之。（《新小说》第三号，1903 年 1 月 13 日，署名"饮冰室主人"）

黄遵宪

《日本杂事诗》自序

余于丁丑之冬，奉使随槎。既居东二年，稍与其士大夫游，读其书，习其事，拟草《日本国志》一书，网罗旧闻，参考新政，辄取其杂事，衍为小注，串之以诗，即今所行《杂事诗》是也。时值明治维新之始，百度草创，规模尚未大定。论者或谓日本外强中干，张脉偾兴，如郑之驷；又或谓以小生巨，遂霸天下，如宋之鹏，纷纭无定论。余所交多旧学家，微言刺讥，咨嗟太息，充溢于吾耳。虽自守居国不非大夫之义，而新旧同异之见，时露于诗中。及阅历日深，闻见日拓，颇悉穷变通久之理，乃信其改从西法，革故取新，卓然能自树立，故所作《日本国志》序论，往往与诗意相乖背。久而游美洲，见欧人，其政治学术，竟与日本无大异。今年日本已开议院矣，进步之速，为古今万国所未有。时与彼国穹官硕学言及东事，辄敛手推服无异辞，使事多暇，偶翻旧编，颇悔少作，点窜增损，时有改正，共得诗数十首；其不及改者，亦姑仍之。嗟夫！中国士夫，闻见狭陋，于外事向不措意。今既闻之矣，既见之矣，犹复缘饰古义，足已自封，且疑且信；逮穷年累月，深稽博考，然后乃晓然于是非得失之宜，长短取舍之要，余滋愧矣！况于鼓掌谈瀛，虚无缥渺，望之如海上三山，可望而不可即者乎！又况于排斥谈天，诋为不经，屏诸六合之外，谓当存而不论，论而不议者乎！觇国岂易言耶！稿既编定，附识数语，以志吾过。

　　光绪十六年七月，黄遵宪自序于英伦使馆（《日本杂事诗》）

《人境庐诗草》自序

　　余年十五六，即学为诗。后以奔走四方，东西南北，驰驱少暇，几几束之高阁，然以笃好深嗜之故，亦每以余事及之，虽一行作吏，未遽废也。士生古人之后，古人之诗号专门名家者，无虑百数十家，欲弃去古人之糟粕，而不为古人所束缚，诚戛戛乎其难！虽然，仆尝以为诗之外有事，诗之中有人；今之世异于古，今之人亦何必与古人同。尝于胸中设一诗境：一曰复古人比兴之体；一曰以单行之神，运排偶之体；一曰取《离骚》乐府之神理而不袭其貌；一曰用古文家伸缩离合之法以入诗。其取材也，自群经三史，逮于周、秦诸子之书，许、郑诸家之注，凡事名物名切于今者，皆采取而假借之。其述事也，举今日之官书、会典、方言、俗谚，以及古人未有之物，未辟之境，耳目所历，皆笔而书之。其炼格也，自曹、鲍、陶、谢、李、杜、韩、苏讫于晚近小家，不名一格，不专一体，要不失乎为我之诗。诚如是，未必遽跻古人，其亦足以自立矣。然余固有志焉而未能逮也。《诗》有之曰："虽不能至，心向往之。"聊书于此，以俟他日。

光绪十七年六月在伦敦使署，公度自序（《人境庐诗草》）

刘甄庵《盆瓬诗集》序

韩退之之铭樊宗师也，曰："惟古于词必己出，降而不能乃剽窃。"其答李翊书又曰："惟陈言之务去。"以昌黎之文起八代之衰，而摄其要，乃在去陈言而不袭成语，知此可与言诗矣。自《风》《雅》变而为《楚辞》，《骚》些变而为五七言诗。上溯汉魏，下逮有明，能以诗名家者，大抵率其性之所近，纵其才力聪明之所至。创意命辞，各不相师。倡之者二三巨子，和之者群儿。大张其徽旗，以号以众，曰某体，曰某派；沿其派者，近数十年，远至数百年，千余年，而其体不易。土生古人之后，欲于古人范围之外成一家言，固甚难；即求其无剿说、无雷同者，吾见亦罕。今读刘甄庵先生《盆瓬诗集》，其殆庶乎。

先生于学，无所不窥。其于诗也，深嗜笃好，朝夕吟诵不少辍，积书稿至尺许。国朝诗人，流别至多，几至无体之可言，无派之可言。然百余年来，或矜神韵，或诩性灵，幕客游士，涉其藩而猎其华，上之供诗话之标榜，下则取于尺牍之应酬，其弊极于肤浅浮滑，人人能为诗，人人口异而声同。今先生之诗，尽弃糟粕，举近人集中所有宴集、赠答、游览、感遇一切陈陈相因之语，廓而清之，虽未知比古人何如，抑可谓卓然能自树立之士矣。

往岁，曾重伯太史序吾诗，称其善变，谓世变无穷，公度之诗变亦无穷。余奚足语此？然证之先生之诗，亦可证所见之略同也。吾梅诗老，自芷湾、绣子、香铁诸先生没，大雅不作，寂寥绝响。庄生有云："逃空虚者，闻人足音，跫然而喜。"余读先生诗，奚啻空谷之足音也乎！余未识先生，然先生之季紫岩广文，与余为文交，故久识其为人。他日者，邂逅相遇，尊酒论诗，其必有相视而笑、莫逆于心者欤！

光绪二十五年九月，小弟黄遵宪序（《盆瓬诗集》）

致丘菽园函

菽园仁兄大人左右：

二月中由甫弟由坡归，赍到集《千字文》大著三篇，惭感交集。久欲依韵奉和，而今年以来，时患寒喘，心绪恶劣，往往伸纸而又阁笔，忽忽遂半年矣。如诗竟不成，既虑执事有束之高阁之责，又恐寄书人有付之浮沉之疑，重滋罪戾，益抱不安。

迩来道体何似？时有所著述否？前由兰史征君递到《五百石洞天挥尘》，谨拜登熟读矣。拾遗续卷，想日以增加。弟之以著述自娱，亦无聊之极，思少日喜为诗，谬有别创诗界之论，然才力薄弱，终不克自践其言。譬之西半球新国，弟不过独立风雪中清教徒之一人耳。若华盛顿、哲非逊、富兰克林，不能不属望于诸君子也。诗虽小道，然欧洲诗人，出其鼓吹文明之笔，竟有左右世界之力。仆老且病，无能为役矣。执事其有意乎？

时事日亟，一部十七史，从何处说起？不言之隐，公鉴之，当益哀之矣。

张亦权茂才，弟之外甥，彦高先生之曾孙也，顷有南岛之行，因便草布数行，到日趋谒，进而教之，可以悉仆之近况也。手叩道安，不宣。

弟遵宪顿首。十一月朔。（《黄遵宪全集》上）

致严复函

别五年矣！戊戌之冬，曾奉惠书并《天演论》一卷。正当病归故庐，息交绝游之时，海内知己，均未有一字询问，益以契阔。嗣闻公在申江，因大著作而得一好姻缘，辄作诗奉怀，然未审其事之信否也。诗云："一卷生花《天演论》，因缘巧作续弦胶；绛纱坐帐谈名理，似倩麻姑背痒搔。"团拳难作，深为公隐忧。及闻公脱险南下，且欣且慰，然又未知踪迹之所在，末由致候起居，怀怅而已。

《天演论》供养案头，今三年矣。本年五月获读《原富》，近日又得读《名学》，隽永渊雅，疑出北魏人手。于古人书求其可以比拟者，略如王仲任之《论衡》，而精深博则远胜之（此书不足观，然汉以前辨学而能成家者，只此一书耳。又如陆宣公之奏议，以体貌论，全不相似，然切理餍心，则略同也），而切实尚有过之也。《新民丛报》以为文笔太高，非多读古书之人，殆难索解，公又以为不然。弟妄参末议，以谓《名学》一书，苟欲以通俗之文，阐正名之义，诚不足以发挥其蕴。其审文度义，句斟字酌，盖非以艰深文之也，势不得不然也。（观于李之藻所译之名理，索解更难，然后知译者之废尽苦心矣。）至于《原富》之篇，或者以流畅锐达之笔为之，能使人人同喻，亦未可定。此则弟居于局外中立，未敢于二说者遽分左右祖矣。公谓正名定义，非亲治其学，通彻首尾，其甘苦末由共知，此真得失心知之言也。

公又谓每译一名，当求一深浅广狭之相副者，其陈义甚高。然弟窃谓悬此格以求，实恐求之不可得也。以四千余岁以前创造之古文，所谓"六书"，又无衍声之变，孳生之法，即以书写中国中古以来之物之事之学，已不能敷用，况泰西各科学乎？华文之用，出于假借者，十之八九，无通行之文，亦无一定之义，即如郑风之忌，齐诗之止，楚词之些，此因方言而异者也。墨子之才，荀子之案，随述作人而异者也。乃至人人共读如《论语》之仁，《中庸》之诚，皆无对待字，无并行字，与他书之仁与义并，诚与伪对者，其深浅广狭，已绝不相侔，况与之比较西文乎？

今日已为二十世纪之世界矣，东西文明，两相接合，而译书一事，以通彼我之怀，阐新旧之学，实为要务。公于学界中又为第一流人物，一言而为天下法则，实众人之所归望者也。仆不自揣量，窃亦有所求于公：

第一为造新字。中国学士视此为古圣古贤专断独行之事，于武曌之撰文、孙休之命子，坐之非圣无法之罪。殊不知《仓颉》一篇，只三千余文，至《集韵》《广韵》多至四五万，其积世而增益，因事而制造者多矣。即如僧字塔字，词章家用之，如十三经内之字矣，而岂知其由沙门、桑门而作僧，由鹘图、窣堵而作塔，晋魏以前无此事也。次则假借。金人入梦，丈六化身，华文之所无也，则假"佛时仔肩"之佛而为佛。三位一体，上升天堂，华文之所无也，则假"视天如父""七日复苏"之义而为耶稣。此假借之法也。次则附会。塞之变为释，苾蒭之变为比丘，字本还音，无意义也，择其音之相近者而附会之。此附会之法也。次则谳语。单足以喻则单，单不足以喻则兼，故不得不用谳语。佛经中论德如慈悲，论学如因明，述事如唐捐，本系不相比附之字，今则沿习而用之，忘为强凑矣。次则还音。凡译意则遣词，译表则失里，又往往径用本文，如波罗密、般若之类。又次则两合。无一定洽合之音，如冒顿、墨特、阏氏、焉支，皆不合，则文与注兼举其音，俾就冒与墨、阏与焉之间两面夹出，而其音乃合。此为仆新获之义，无以名之，故名之曰两合。荀子有言："命不喻而后期，期不喻而后说，说不喻然后辨。"吾以为欲命之而喻，诚莫如造新字，其假借诸法，皆荀子所谓曲期者也。一切新撰之字、初定之名，于初见时，能包综其义，作为界说，系于小注，则人人共喻矣。

第二为变文体。一曰跳行，一曰括弧，一曰最数（一、二、三、四是也），一曰夹注，一曰倒装语，一曰自问自答，一曰附表附图。此皆公之所已知已能也。公以为文界无革命，弟以为无革命而有维新。如《四十二章经》，旧体也，自鸠摩罗什辈出，而内典别成文体，佛教益行矣。本朝之文书，元明以后之演义，皆旧体所无也，而人人遵用之而乐观。文字一道，至于人人遵用之乐观之，足矣。凡仆所言，皆公所优为，但未知公肯降心以从、降格以求之否？（《黄遵宪全集》上）

康有为

《日本杂事诗》序

古者记事之文，有详有略，有纲有目，有经有记，有大题，有小注。立干以举要，条枬而结繁。简要，欲其易诵也；繁条，欲其明备也。故《礼经》仅十七篇，至简也，而《记》则二百余篇。《书》二十八篇，而《大传》《五行传》数十篇。《易》上下篇，卦、象、彖、爻之辞尤简矣，而《易》说、卦气、纳甲、消息、升降详焉。《春秋》万九千字，简严矣，而其恉数千。若其述国政，陈风俗，圣人之意，尤托于《诗》。

尝窃疑《诗》三百篇，其文至简，其学非博；而授政不达，使不能对，孔子责之何深也？及考三家《诗》说，则诗篇虽简，《诗》说极多。一经或至百余万言，凡一章一句之所涵托，义恉无穷。以十五国言之，一国之风，

《诗》说几近十万言，于地舆、民俗、物产、国政、人才沿革得失，了如豁如，若聚米而画山，若家人子之自道其生产也，岂犹患其授政不达、专对不能哉？

后世著书记事，此体久失。自《水经注》外，惟方伎医卜歌诀，尚有见者。盖古学既兴，《诗》说尽废，不知其为圣制，备详略，合纲目，便记诵，宜考求久矣。近世《宋诗纪事》《十国宫词》《外国竹枝词》之作，有词有注，详略互备，此体乃复。

吾友嘉应黄观察公度，壮使日本，为《日本杂事诗》，似续是义，窃窕其思，娟嫭其辞，条树繁骛，华叶舒铺，文用互殊，纲目列胪，可诵可娱。如游扶桑之都，迈武门之酷烈，羡维新之昌图，嘉高、蒲之秀烈，庶王、朱之令谟。其于民俗、物产、国政、人才，了如豁如，如家人子之自道其家人生产也。黄子文而思，通以瑟，周以大地，略佐使蹈，求百国之宝书，罗午旁魄，其故至博以滋；而日本同文；而讲其沿革、政教、学俗，以成其《国志》，而耸吾国人，用意尤深，宜其达政专对绰绰也。《杂事诗》者，亦黄子威风之一羽而已。

方今日本新强，争我于东方。考东国之故者，其事至急。诵是诗也，不出户牖，不泛海槎，有若臧旻之画、张骞之凿矣。（《不忍》第七期，1913年）

《人境庐诗草》序

嵚崎磊落轮囷多节英绝之士，吾见亦寡哉！苟有其人欤，虽生于穷乡，投于仕途，必能为才臣贤吏而不能为庸宦，必能为文人通人而不能为乡人；苟有其人欤，其为政风流，与其诗文之跌宕多姿，必卓荦绝俗而有其可传者也。吾于并世贤豪多友之，我仪其人欤，则吾乡黄公度京卿其不远之耶？公度生于嘉应州之穷壤，游宦于新加坡、纽约、三藩息士高之领事官，其与故国中原文献至不接也。而公度天授英多之才，少而不羁，然好学若性，不假师友，自能博群书，工诗文，善著述，且体裁严正古雅，何其异哉！嘉应先哲多工词章者，风流所被，故诗尤妙绝。及参日使何公子峨幕，读日本维新掌故书，考于中外之政变学艺，乃著《日本国志》，所得于政治尤深浩。及久游英、美，以其自有中国之学，采欧、美人之长，荟萃熔铸而自得之，尤倜傥自负，横览举国，自以无比。而诗之精深华妙，异境日辟，如游海岛，仙山楼阁，瑶花缟鹤，无非珍奇矣。公度长身鹤立，傲倪自喜。吾游上海，开强学会，公度以道员奏派办苏州通商事，挟吴明府德潇叩门来访。公度昂首加足于膝，纵谈天下事；吴双遣淡然旁坐，如枯木垂钓。之二人也，真人也，畸人也，今世寡有是也。自是朝夕过从，无所不语。闻公度以属员见总督张之洞，亦复昂首足加膝，摇头而大语。吾言张督近于某事亦通，公度则言吾自教告之。其以才识自负而目中无权贵若此，岂惟不媚哉！公度安能作庸人！卒以此得罪张督，乃闲居京师。翁常熟览其《日本国志》，爱其才，乃放湖南长宝道。时义宁陈公宝箴抚楚，大相得，赞变法。公度乃以其平日之学发纾之，中国变法，自行省之湖南起。与吾门人梁启超共事久，交尤深。于是李公端棻奏荐之，上特拔之使日本。而党祸作，公度几被逮于上海，日故相伊藤博文救之，乃免。自是久废无所用，益肆其力于诗。上感国变，中伤种族，下哀生民，博以寰球之游历，浩渺肆恣，感激豪宕，情深而意远，益动于自然，而华严随现矣。公度岂诗人哉！而家父、凡伯、苏武、李陵及李、杜、韩、苏诸巨子，孰非以磊砢英绝之才郁积勃发而为诗人者耶！公度之诗乎，亦如磊砢千丈松，郁郁青葱，荫岩竦壑，千岁不死，上荫白云，下听流泉，而为人所瞻仰徘徊者也。康有为序于那威北冰海七十二度观日不没处，以为公度有诗，犹不没也。光绪三十四年夏至。（《人境庐诗草》）

丘逢甲

《人境庐诗草》跋

四卷以前为旧世界诗，四卷以后乃为新世界诗。茫茫诗海，手辟新洲，此诗世界之哥伦布也。变旧诗国为新诗国，惨淡经营，不酬其志不已，是为诗人中嘉富洱；合众旧诗国为一大新诗国，纵横捭阖，卒告成功，是为诗人中俾思麦。为哥伦布，伟矣！足以豪矣！而究非作者所自安。第此世界，能为嘉富洱、为俾思麦，乃竟仅使为诗世界之嘉富洱、俾思麦。世界之国，惟诗国最足以消人雄心，磨人壮志，令人自歌自哭，自狂自圣，此而需嘉富洱、俾思麦胡为者？乃竟若迫之不能不仅为嘉富洱、俾思麦于诗国，天耶人耶？既念作者，行自悼耳！

然在诗言诗，则已不妨前有古人，而我自为大宗；后有来者，而我自为初祖矣！开卷盖如入文明之国，至其境而耳目益新，抵其都市，游其宫廷，过其府舍，无一不新者。察之，则政政毕立，而创因见焉；事事毕举，而疏密见焉。即其治象，其国度之高下，可得而言也。故分体而论，则五律与四卷以前，可谓曰美。四卷后七古乃美而大；七绝大矣，而未尽化也。已大而化，其五古乎！七律乎！地球不坏，黄种不灭，诗教永存，有倡庙祀诗圣者，太牢之享，必有一席。信作者兼自信也！悬此言集中，二十世纪中人，必有圣其言者。庚子入冬后七日，逢甲跋。

海内之能于诗中开新世界者，公外，偻指可尽。忽有自海外来与公共此土者，相去只三十西里耳！后贤推论，且将以此土为东方诗国之萨摩、长门，岂非快事？然开先之功，已日星河岳于此世界矣。逢甲又识。（《人境庐诗草》）

丘菽园

诗中八友歌（并序）

（案头杂陈时贤诗稿，皆素识也。旧雨不来，秋风如诉，因成长歌，写我怀人。）

南海先生倡维新，新诗偏与古艳亲。笔端行气兼行神，中心哀乐殊胜人（康更生有为）。公度恢奇足平生，员舆九万常纵横。门户不屑前人争，独简万缘息心兵（黄公度遵宪）。林四丰神自一家，绝句高唱天半霞。诗成寄我南海涯，风纮水调铜琵琶（林鹜云鹤年）。兵间转徙唐灌阳，斐亭往迹沉螺桑。荻花满船明月光，白头吟望涕浪浪（唐薇卿景崧）。兰史香江称寓公，尽醉江头杯不空。直从元始愁鸿蒙，剑气都化美人虹（潘兰史飞声）。吾家仙根工悲歌，铁骑突出挥金戈。短衣日暮南山阿，郁勃谁当醉尉呵（丘仙根逢甲）。王郎王郎尔莫哀，手拔鲸角沧溟开。津头剑跃洪涛堆，诗中日辟新蒿菜（王晓沧恩翔）。神州侠士任公任，日对天地悲飞沉。倾四海水作潮音，举世滔滔谁知心（梁任公启超）。（《寂园诗集初编》卷一）

张鹤龄

文敝篇

文字，名学也。孔子曰："名不正，则言不顺。言不顺，则事不成。"（用郑注。）大哉言乎！文字之学，关系国政若是其较然也。盖文字者，名此事，名此事，物之理也。理在事物之间，甚深微妙。欲使附丽乎心志，惟文字为之著明焉，传递焉。理有精粗浅深，人有智愚贤不肖。而其急需乎文字之著明传递也从同。故文字之道，必极乎易知简能，而后利用广溥，而万族咸赖。吾尝窃叹乎吾国民智之难开，则以文字之繁难，界隔乎事物心志相通之途，有若严关莞〔管〕钥之启，甚非易易。试较之。

文字简易之国，如电报之与驿传，迟速迥殊，而民智之进步，其速率亦因以迥殊。综其大凡，一曰：字义难识也；二曰：律例不一也；三曰：宗派繁多也。何以言字义难识也？文字之大源有三，音形义也。有啼笑而音显，有语言而音备。音者，无人不识者也。形须目验手触。目所不能验，手所不能触，而形之道穷。形者，有识有不识者也。义由心灵，心灵寻绎，条理始显。义者，识之者少，不识者多也。古初人民，知觉短少，但识实象，不识虚理。故中国文字象形，西墨斯科、埃及古字，亦象形（文字之源出于图画。西人多宗此说）。继而知其用之穷，而不能广也，故皆相率而变。西国勇于变，而以音系字（腊丁文亦音纽）。中国怯于变，而衍成六书。六书之体，交迕错综。撮其大旨，则以义系字而已。以音系字，其道简易。是故有语言之国，即有文字，如欧美非澳及吾亚满蒙西域东洋，无不有拼音之文字也。且能语言之人，即能文字之人。故欧美各国，农夫贩竖，妇人孺子，无不识字之人也。以义系字，其道繁难。故源流繁多，部居分析。音韵有古今之异，体制有正俗之殊，训诂有雅变之别。淹博之士，沉思广览，甫克周知。占毕小儒，白首茫然，如涉烟雾。刘熙《释名》，即音求义。孙炎《反切》，考字定音。皆潜怀觉悟，思稍通音义之邮，而其道尚隘。至守温以三十六字母之说，流行中国，意欲整齐文字，考见原音。惜乎信从未广。国初古韵家祖述其说。迨后转辟守温，几于杀邓析而用其竹刑者也。顾以今日文字方音参差，欲以字母之法绳之一律，既已甚难。而声音之与形体，绝不相蒙。恐强作区分，终无条理。此卢氏戆章，蔡氏锡勇，沈氏学诸家，皆欲以省笔改制字形，纯以音系。皆持之有故者矣。

夫西人字形简便，足致富强。乃其新字捷法，所谓旭特亨时（Shorthands）者，尤为便易。飞书驰檄，渐已通行。而吾国六书文字，如峨冠博带，古物庞然。消耗思力，阻滞事机，即已谬矣。局闭哲理，聋瞽庸众，不益愚乎？何以言律例之不一也？考西人文法之书，名格拉埋（Grammar）。区分文字，凡为九等。虚实动静，联属优系，各有律例。中国三千年来，号称右文。著作林立，独无此种文字律例之书。其故有三：一由于语言与文字相离。语言为四民所同有之事，文字乃为士林所独有之事，盖其理解纷繁。苟操他业，万不能兼精文字。故文字之于民生，尊而不亲（中国有敬惜字纸之说，乃万国之所不解也）。学士文人，专精此业，研求所得，视为枕中鸿宝，俗目不许窥觇。若其致用之道，则由心志而经营文字，为一译；由文字而宣达乎语言，为再译。是两译者，皆虚糜于心神，而无裨乎实用。且文字递演而愈艰深，即语言递演而愈歧异。古与今之俗谚不同，南与北之方音迥异。言学术者，治文字之不给，何暇复治语言。是故嗣哳支离，听其自至。若闽之漳泉，粤之惠潮，浙之温处，皖之徽宁，口耳之治，难于谙悉。是以百方俗语，依声定字，足使名称乖乱，伦物混淆。此又因语言之失治，而灾及于文字。而文字之于四方，遂不可以律例施矣。一由于文字与政教不附。一代之兴，更定百度，独文字一端，未尝有博士之论议，学官之修改。任为屟杂，不复整齐。以致《玉篇》《字林》，都成残帙，《正韵》《字会》，悉属沿讹。四声托始于南朝，而义非一律（如帝王同为尊号，帝止一音，而王有二读。六艺中，礼书止一音，乐射御数，多三四读，义之广狭，亦因而不同）。韵书屡修于唐宋，而弥远初音。凡兹琐屑奇零，固属无关宏旨。至于积字成句，积句成章，乃义法之大纲，足昭垂乎利用。曾无正名考文之治，听诸析言破律之为。以迄乎今，簿录盈库，著述充庭。诡异殊文，参差错杂。积重难返，董理何施！留千秋之阙憾，成亘古之疑团。而文字之于书籍，益不容以律例定矣（又如绝域方言，名从主人。依声定字，译写互异。如辽金元三史，一地数名，一人两传。近日公私著作，讹舛尤繁。至于翻译西书，实当今之急务。苟非预定义例，贻误不可胜言。福州高凤谦曰：宜胪列罗马字母，拼合成字，注以中音，以后译之字，准此传写，不容歧异。审如是，第取中西字典，画一注音，颁给译人，俾有遵守，法至易也。顾兹事须由官定，则遵守较易耳。附识于此，亦整齐文字之一道也）。三由于文字有守旧之蔽。酢醋种种，沿用互讹，治乱扰驯，训释相反，别成族类，无所率循。乃如风人雨人，不容易以霜雪；门焉闺焉，未可代以栋梁。大抵古人所已有者，虽承讹袭谬而无妨。而古人所未有者，即字顺文从而亦黜。至于两字连狉，必搜来历；一言杜撰，便受訾謷。是以文字功能，非有遵守之规条，必待积资于诵读。虽有绝伦聪颖，亦必十年伏案。故书雅记，始得粗窥。涉笔为文，乃免贻笑。而文字之于程课，又不容以律例教矣（马氏《文统》心苦分明而未尽妥协。盖吾国文字，历数千年之羼杂，任意行用，已成榛墟，未易整齐画一也）。

何以言宗派繁多也？自唐以前，学派虽广，而涂径未纷，体制虽多，而文义一律。降及今日，目录编排，部次既穷于分析，专家踵起，殿最莫定于评论。往往一宗之中，判为多派。一派之内，又复歧趋。异同攻击，流港难穷。一有不知，通人媸点。至奏疏有立言之体，书牍以运典为工。功令文字，涂改綦严，官书文移，格式非一。若私家之著述，尤宗尚之纷歧。笺疏繁芜，语录俚浅，摹汉魏则艰深愈妙，仿唐宋则薄索相因。及夫鼎钟砖印之学，书画篆刻之工，华古之士，侈博炫奇，嗜琐之徒，标新领异。综其大致，其艰难辛苦，疲精耗神，既违乎游艺适情之义。若夫文词之美，哀乐无极，骀荡心魂，好乎此者，比诸声色之娱，溺其中者，率有性情之蔽，而顾以为学问之大端，人治之宗旨，不其慎矣！人之一生，止此精力。人事繁颐，待于稽考，百倍古初，而此文学一途，日增月益，已耗生人大半之神思。进以他端，实将不胜其瘁。此所以无用之学日盛，而有用之学日衰。此长彼消之公例也。

且夫士也者，务求政理，研求学术，上以为国家效用，下以先知先觉，启牖万民者也。今制自词章书楷外，禁之不得进身。而世所推为最上人品者，则通人雅士，亦不逾文学专长。于是士人之有志自见者，既呕心钑肝，以求于科目。又穷思极目，冀附于通才。记才悟性，尽用无遗。脑力迥薄，日数万次。比其学优通籍，出身任事，而心虚善忘，气怯不举。其人固已病且惫矣。奔走之勤能，科第不如杂途；钩稽之精密，文士不如驵侩。因循锤逶，坏于吏治，岂无由哉！又况学古之与入官，其操术乃绝不相蒙。责病惫之夫，改弦易辙，别精一业，乃其所万不堪者。而奈何勿思哉！

综而论之，文字与语言隔阂，所谓名不正则言不顺也。文字艰深，而政学人才俱受其敝，所谓言不顺则事不成也。吾闻泰西之教人也，有普通学焉。无智愚，无贤不肖，数年可以卒业也。又有专门学焉，必令医师考验形体，察其性质之所能胜，而后授之。脑筋细密者，令习名理深微之学，肌骨坚致者，令习工艺强武之学。故心力不为虚掷，而术业乃有专精，惟其始基所在，则以文字一门，最为浅显。童龀能言，读书数卷，谙知九等律例，即能纪事述言。此其学艺之所以早成，人才之所以易就也。若吾国人士，文理优长者，其人于文学之事，困沮销磨，诚欧阳永叔所谓穷而后工者，则脑筋肌骨俱已受病。若施以西医选人之法，恐皆不中格矣。又乌能习新学行新政哉！然使中文未尝卒业，而辄西其语言，西其文字，西其学业，则载之无具，达之无术，将与吾民人不相群类，不相授受，而无益于政治事功。是以日本变政之年，全国上下，通用西文西语，而后举西政，肆西学，如水之流，如风之行，涣然怡然，而有以相得。彼岂好事而出于此哉！诚以语言文字为政事学业之原，去阻决壅，非变革乎始基，而其效不捷也。斯义也，固流俗之所惊疑。然彼其效验固已彰彰，则公理之所可信者也。

夫政学犹食品也，文字犹器皿也。今文字精深，而政衰学陋，犹器皿华美，而食品无存也。智虑理解，犹电也，文字，犹传电之器也。今以最难通晓之文字，而求智理之流衍布濩，犹欲电之传，而无传电之器也。今论者谓吾国人聪明才力，必不出西人下。其说诚然。但地球之上，民与民角智，国与国角力，则必同出一途，而后短长高下，可以表列。今吾之与西，意识术业，迥然判异，未可以同列一表也。若论其难易殊科，则中学乃绝难，而西学实较易。盖文学之精能，虚悬无薄，非有体积可求。往往童而习之，老死而尚无成就。至西艺专门虽极精微，要丽迹象，积年累月，显有功程。故吾土文人，率多弱病，而彼中艺士，转益精强。若其名理之学，奥衍赜深，似尤微渺。算术难题，穷极思索，倍费研寻。然其理以达用为主，耗心力而不掷于虚。其学以专门为功，察性质而各从其利。固非欲以繁难之事，束缚斯人而俾之坐困于其中也。

　　且夫文字之道，因其难易不同，而流传之广狭，遂以不同。今之国众，心志为圣经贤传所占据者十之一二，为稗官小说所占据者，十之八九（淫盗鬼三端而已）。一难一易也。全球国众，从音系之字者十之八九，从义系之字者十之一二，亦一难一易也。今闽粤宁沪之人，稍通西文者，书函问答，率乐西文，而苦中文。避难趋易之情，已可概见，公例然也。少数受变于多数又公例然也。仓沮以来，若此其久也，旁行斜上之交迫，若此其甚也，而能无变也哉！（文字盛衰，系国民之盛衰。考《汉书》，如匈奴西域诸国，皆自有文字。后浸衰灭，文字亦亡。其事实源流，转托于中国纪载，语焉不详矣。欧洲当法兰西创霸，通行法文。今英文流传滋广矣。满蒙翻译，虽有专科而肄习绝少。文字盛衰，岂人力所能强为哉！）（《晚清文选》卷下）

王国维

文学与教育

　　生百政治家，不如生一大文学家。何则？政治家与国民以物质上之利益，而文学家与以精神上之利益。夫精神之于物质，二者孰重？且物质上之利益，一时的也；精神上之利益，永久的也。前人政治上所经营者，后人得一旦而坏之，至古今之大著述，苟其著述一日存，则其遗泽且及于千百世而未沫。故希腊之有鄂谟尔也、意大利之有唐旦也、英吉利之有狭斯丕尔也、德意志之有格代也，皆其国人人之所尸而祝之、社而稷之者，而政治家无与焉。何则？彼等诚与国民以精神上之慰藉。而国民之所恃以为生命者，若政治家之遗泽，决不能如此广且远也。

　　今之混混然输入于我中国者，非泰西物质的文明乎？政治家与教育家，坎然自知其不彼若，毅然法之。法之诚是也，然回顾我国民之精神界则奚若？试问我国之大文学家，有足以代表全国民之精神，如希腊之鄂谟尔、英之狭斯丕尔、德之格代者乎？吾人所不能答也。其所以不能答者，殆无其人欤？抑有之而吾人不能举其人以实之欤？二者必居一焉。由前之说，则我国之文学，不如泰西；由后之说，则我国之重文学，不如泰西。前说我所不知，至后说则事实，较然无可讳也。我国人对文学之趣味如此，则于何处得其精神之慰藉乎？求之于宗教欤？则我国无固有之宗教，印度之佛教亦久失其生气。求之于美术欤？美术之匮乏，亦未有如我中国者也。则夫蚩蚩之氓，除饮食男女外，非鸦片赌博之归而奚归乎！故我国人之嗜鸦片也，有心理的必然性，与西人之细腰、中人之缠足，有美学的必然性无以异。不改服制而禁缠足，与不培养国民之趣味而禁鸦片，必不可得之数也。夫吾国人对文学之趣味既如此，况西洋物质的文明又有滔滔而入中国，则其压倒文学，亦自然之势也。夫物质的文明，取诸他国，不数十年而具矣，独至精神上之趣味，非千百年之培养，与一二天才之出，不及此。而言教育者，不为之谋，此又愚所大惑不解者也。(《中国近代文学大系·文学理论集（一）》)

鲁　迅

摩罗诗力说（存目）

(《鲁迅全集》第一卷)

陶曾佑

论文学之势力及其关系

有物焉，蟠据于光荣之大陆，其有无不关于生命，其盈绌不足为富贫，听之而无声，嗅之而无气，人之视之，究不若对于名誉、思想、金钱、主义之恳切也；然而地球中之先觉者，莫不服从之，崇拜之，震慑之，欢迎之，珍为第二之灵魂，实为无形之躯壳；举凡政治也，法律也，经济也，军事也，国际也，实业也，过去之历史也，现在之大势也，未来之问题也，莫不借之以传播，以鼓吹，以淘汰，以支配，以改革，以变迁，斤斤然而希望其进化；用之而不敝，取之而不竭，贤不肖之所得，各随其才，仁智之所见，各随其分；用之于善，则足以正俗扶风，造于百年之幸福，而涵养性质，培植人格，增益智识，孕育舆论，尤其小焉者也；用之于不善，实足以灭国绝种，伏亿万里之病根，而荡佚意志，锢蔽见闻，淆混是非，销沉道德，又其微焉者也。咄！此何物？此何物！其气质之物耶？其固质之物耶？抑流质之物耶？吾同胞志之，其最高尚最尊乐最特别之名词，曰文学。彼西哲所谓形上之学者，非此文学乎？倍根曰：“文学者，以三原素而成，即道理、快乐、装饰各一分是也。”洛里斯曰：“文学者，世界进化之母也。”和图和士曰：“文学者，善良清洁之一世界也。”然则，诸哲之于此文学，志意拳拳，其故安在？盖载道明德纪政察民，胥于此文是赖；含融万汇，左右群情，而吐焉纳焉藏焉否焉生焉灭焉，惟兹文字始独有此能力。恃利喙锋牙吸咽膏髓之禽兽势力，未足与之角；挟黑铁赤血操纵生命之战斗势力，莫敢与之京；施祈祷舞蹈灌输迷信之宗教势力，具圣言令歌；独裁政体之君主势力，不克以驾驭之，而反屈服于其下。文学！文学！两之势力可不谓伟矣哉？

挽近以来，由简趋繁，贡献千枝万叶，茫茫学业，逐渐昌明，质与文分，两相对峙。而一般论者，咸谓研求质学，为自强独立之原因，务实捐虚，其捐益固显然易烛。虽然，仅功质学，亦未足为得计也。如教化之陵夷，人权之放失，公德之堕落，团体之涣离，通质学者或熟视而无所睹，且有深入其盘涡而不自觉者，此可为太息而流涕者也。然当此时期，倘思撼醒沉酣，革新积习，使教化日隆，人权日保，公德日厚，团体日坚，则除恃文学为群治之萌芽，诚未闻别有善良之方法。区区质学，讵得等为上上乘乎？同胞！同胞！其镇定心神，一俟吾进言其关系。

（甲）对于国家之关系　吾同胞试就世界历史中而一观察之：尝闻一国之盛衰，系于一国之学术；而学术之程度，恒视其著述之多少与良苦为差。

故凡有所发明，乃日阐而日精，日研而日进，日演而日繁也。在昔扶桑三岛，当明治改革之时期，举国竞趋欧化；于是三宅雄次郎、志贺垂昂、福泽谕吉、吉田松阴诸杰，乘时挺起，攘臂疾呼，倡国粹保全之学说；爰婆心苦口，发行杂志新闻，热血侠肠，编辑稗官剧本；而维新伟业，逐渐飞腾。又普鲁士之败于法也，订约求和，偿金割地；乃遗民眷怀旧壤，作种种诗歌曲谚，不忘宗国之音；而独逸联邦，卒致成立。噫！之二国者，恢特典于将销，挽狂澜于既倒；为现世收完全之效果，令前途茁发达之新芽；大好舞台，呈一幅美备庄严之景象；而文明片影，遂长留曜于历史之间。由是观之，则注重文学之足以兴国，有如此者。彼夫不列颠民族之墟印度也，必先乱其文学，始能侵其权利焉；所谓借商战以亡印者，实余末之伎俩也。斯拉夫之种之裂波澜也，亦必先裂其文学，乃克占领其版图焉；所谓借兵战以亡波者，实应施之方针也。商也，兵也，是诚非其主脑，固无庸解决者。噫！之二国者，既匪墟于商业，又匪裂于兵威，然国界虽存，国魂早逝，固有之一般原素，替沦夷于乌托之邦；虽一旦噩梦初回，神经顿悟，欲保全而莫得，思光复亦良难。嗟乎！景物依然，河山已异，悚舆图兮变色，为奴隶兮何辞；秋雨铜驼，故宫禾黍，西风玉雁，遗迹沧桑，诚有不堪纪念者矣。由是观之，则捐弃文学之足以亡国，有如此者。盖文学之关系于国家，至重大且至密切，故得之则存，舍之则亡，注意则兴，捐弃则废，猗欤魔力，绝后空前，光怪陆离，亦良可畏已。

（乙）对于社会之关系　吾同胞试又就人群躯体上而一研究之：彼耳之不听，目之不明，喉舌之不灵，手足之不仁，是之谓傀儡，是之谓残废，是之谓无知觉的动物，诚生理界之大缺点也。然此等缺点，亦有有形与无形之分焉；而无形之缺点，其害较有形为尤烈。是宜披览丰富精当之文词，以爽悦其目；静聆激昂慷慨之文词，以愉快其耳；或持稿咿唔，或仰空呼吸，以调畅其喉舌；或据案握管，或缓步构思，以运动其手足；若是，则离娄、师旷、公输、长冶自不克专美于前矣。盍观乎斯巴达之训兵也，谱出军之歌，而国民之尚武精神于以振；日耳曼之劝学也，奏进步之曲，而生徒之学科程度因以高。又如日本舆夫，亦能读普通之杂志；巴黎乞丐，竞发刊本业之新闻；而劳动中人，胥具有完全之资格。至其他各国，亦莫不孜孜于文学之林，合谋社会之改良，力促社会之进步，凭兹不聿，阐厥宗风，所由欧、美新机，其突飞未有已也。考诸吾国，自鸿荒洎夫中古，经则详于私德，略于公益，为个人主义之张；史则重于君统，轻于民权，开奴隶舞台之幕；子则鄙夷浅显，注重高深，耗学者之心思脑力；集则纪载简单，篇章骈俪，种文坛之夸大浮华。至若近世青年，竞尚西文，侈谈东籍，率多推敲韵调，剿袭皮毛，而或于祖国固有之文明，排斥不遗余力；虽两界中之翰墨，固亦各有所长，而其恶劣芜杂，不堪游目者，实占一大部分。噫！矛天戟地，森然逼人；莽莽中原，如痴如醉；灾梨耗楮，流毒无涯；半开化之支那几不能建国于地球之上，所由是炎、黄特质竟退化于无形也。盖文学之关系于社会，较他物尤为普及。吾人于晨宵燕息之余，忽获睹二三小册，数纸奇文，顿觉光风霁日；而一般方面，莫不凭意志以变迁。国度何判东西，时代不分今昔，凡高人杰构，名士佳章，硕彦忠孝之篇，大将淋漓之作，苟经注目，即深印于神经髓海之间，而幻出种种喜怒悲欢之境界。噫嘻！文学之触感移情，既灵且捷，综上等中等下等之社会，而能融冶一炉，逐渐以浸灌之，作用之宏，成功之易，舍兹文学，其谁与归耶？

俯视千春，横眺六极，无文学不足以立国，无文学不足以新民，此吾敢断言者也。大块无私，假以文明之要素；洛阳有日，博来优美之公评。翻文海之波澜，除学界之荆棘。夕治半稿，朝出全篇；压倒一时，喧腾万里；纵横笔阵，烈焰烘烘。丁夫雨后更阑，酒酣耳熟，才思泉涌，逸兴云飞；忽而雷霆怒号，忽而河山震动，忽而神出鬼没，忽而花笑鸟歌；呼骂自如，发挥尽致，庄谐咸备，千巨靡遣，一面菱花，普映大千世界。即以此观，而吾国可亲可爱可敬可畏可希望可馨香之列列文豪，亦足据以侈矜夫当世而睥睨一切者也。

文者，天下人心中固有知物也。文豪！文豪！吾愿尔之毋自轻，毋自卑，毋自弃，毋自贱，毋自欺！文豪！文豪！吾愿众生毋轻尔文豪，毋卑尔文豪，毋弃尔文豪，毋贱尔文豪，毋欺尔文豪！文豪！文豪！吾尤愿萃吾巴科民族，从尔驰骋，凭尔驱使，资尔诱掖，荷尔陶熔，挟尔作无量化生，普及吾四千余年四百余兆之可怜虫，莫不鼓荡此源泉，居文豪之尊位置！文豪！文豪！吾更愿举吾藻丽神州，著作如云，翻译如雾，报章电掣，典籍风行，家家业印刷之科，处处设图书之馆，机关满地，权势熏天，团合吾二三殖民十八行省之干净土，莫不标呈此特色，成文豪之天演场！平

地一声，昭苏万象。没字之顽石乎？野蛮之写真乎？将与黄鹤齐飞，澌灭于无何有。（《著作林》第十四期，1900年）

论小说之势力及其影响

咄！二十世纪之中心点，有一大怪物焉：不胫而走，不翼而飞，不叩而鸣；刺人脑球，惊人眼帘，畅人意界，增人智力；忽而庄，忽而谐，忽而歌，忽而哭，忽而激，忽而劝，忽而讽，忽而嘲；郁郁葱葱，兀兀矹矹，热度骤跻极点，电光万丈，魔力千钧，有无量不可思议之大势力，于文学界中放一异彩，标一特色。此何物欤？则小说是。自小说之名词出现，而膨胀东西剧烈之风潮，握揽古今利害之界线者，唯此小说；影响世界普通之好尚，变迁民族运动之方针者，亦唯此小说。小说小说，诚文学界中之占最上乘者也。其感人也易，其入人也深，其化人也神，其及人也广。是以列强进化，多赖稗官，大陆竞争，亦由说部，然则小说界之要点与趣意，可略睹一斑矣。西哲有恒言曰："小说者，实学术进步之导火线也，社会文明之发光线也，个人卫生之新空气也，国家发达之大基础也。"举凡宙合之事理，有为人群所未悉者，庄言以示之，不如微言以告之；微言以告之，不如婉言以明之；婉言以明之，不如妙譬以喻之；妙譬以喻之，不如幻境以悦之：而自来小说大家，皆具此能力者也。尽彼小说之义务，振彼小说之精神。必使芸芸之人，群胥含有一种黏液小说之大原质，乃得以膺小说界无形之幸福。于文学黑暗之时代，放一线之光明。可爱哉，孰如小说！可畏哉，孰如小说！学术固赖以进步，社会亦赖以文明，个人固赖以卫生，国家亦赖以发达。而导火线也，发光线也，新空气也，大基础也，介绍允当，诚非西哲之诬言，实环球万古莫得而移之定论也。激昂磅礴，潮流因之大扬，而嚣俄、笠顿、托尔斯泰、福禄特尔、泪香小史、爱西古罗辈，皆感此宗风，先后迭起，不惜惮其理想，耗其心血，秃其笔管，染其素笺，一跃而登此庄严美丽之舞台中，一奋而萃此醒瞆震聋之盘涡里。事分今古，界判东西，寓言演义，开智觉迷，此小说之结构，有纵有横，有次有序，且有应尽之义务也。英雄儿女，胜败兴亡，描摩意态，不惜周详，此小说之叙事，无巨无细，维妙维肖也。词清若玉，笔大如椽，奇思妙想，掌开化权，此小说之内容，重慷慨悲歌，陆离光怪也。芸窗绣阁，游子商人，潜心探索，兴味津津，此小说之引导，宜使人展阅不倦，恍如身当其境，亲晤其人，无分乎何等社会也。噫！一小说之微，而竟有如斯之法律，以圭臬于著述界之前途，亦咄咄怪事，咄咄怪事！

天下无不有小说之国家，亦无不有作小说之文士。吾不患作小说者无人，而特患读小说者之无人；吾不患读小说者无人，而特患爱小说者之无人。试调查吾支那之人群，对于小说界之观念：今人成人以上，智识幼稚，思想胚胎，丁斯时代，爱之尤笃，阅之未久；嗜之既深；或往往为野蛮官吏之所毁禁，顽固父兄之所呵责，道学先生之所指斥；然反动力愈涨，而原动力愈高，恋爱之性质，勃勃而莫能遏；于是多方百计以觅得之，潜访转恳以搜罗之，未得则耿耿于心胸，萦萦于梦寐；既得则茶之余，酒之后，不惜糜脑力、劳心神而探索之、研求之。至其价值之优劣，经济之低昂，固不计及也。此除别具特性，苦乐异人者外，常人之情，莫不皆然。其所以爱之之故，无他道焉，不外穷形尽相，引人入胜而已。他种文字，断难至是，断难至是！

吾今敢上一巩固完全之策，以贡献于我特别同胞之前曰：欲革新支那一切腐败之现象，盍开小说界之幕乎？欲扩张政法，必先扩张小说；欲提倡教育，必先提倡小说；欲振兴实业，必先振兴小说；欲组织军事，必先组织小说；欲改良风俗，必先改良小说。同胞注意注意！昌明暗线，诱掖国民，慎毋弁髦视之，尘羹弃之，鄙琐忽之。其旁征祖国之新谈，汇取亚、欧之历史，手著精绎，文俚并行。庶几卧倒之雄狮，奋跃雄飞于大陆；亦且半开之民族，自强独立于神州。吾请以是为热心爱国者告，又以是为主张开智者期，更以是为放弃责任者警！（《游戏世界》第三期，1907年）

阙 名

论中国文章首宜变革

支那今日之衰，何以致之？余曰："坐一伪之病。"国家以伪交外，故割地赔款之祸，接踵而生。官吏以伪治内，故土崩瓦解之厄，崇朝而至。民以伪事其上，故不能乐其自主之权。将以伪率其兵，故覆国奸师，名败节丧。士以伪读书，故不能效用当世，伸力国家。凡此诸端，膏盲深痼，皆发源于一伪。以故上下相蒙，君臣相欺，父子夫妇兄弟相诳，习以为常，曾无一诚贯其中。其风气滔滔，相率日下，岂偶然者。有持维新自强宗旨者，大声疾呼，论列时弊。其言非不苦，其说非不切。然详验其所言与其所行，竟如二人。彼视众人，犹衣朝衣朝冠而立涂炭之中，而不知己亦蒙臭染秽，使人掩鼻而走。耶稣所谓能视他人眼中寸尘而不能视自家眼中梁木者，维新党人之谓非耶？

余谓欲挽回支那时局，则自先攻伪疾始。苟此病而不除，则虽变其法仿泰西，练其兵拟欧美，而不能认真实行，徒与优孟衣冠、邯郸学步等耳。伪病之于支那，其染毒已兆于数千年前，盖儒教之敝至于此。譬之疮毒既入于骨，非寻常药石所能及，必也割其腑髓，洗其毒结，庶几奏效焉然矣。活人之刀，杀人之剑，我有待于大国手也。余请就其易攻者而言之。

余谓支那今日之伪，莫文字若焉。政府之荒废政事，不恤民瘼，五尺童子知之熟矣。乃朝颁一谕，夕下一旨，辄言国家深仁厚泽在民，朝廷之国计民生为急。姑无论箕敛头会，剥下奉上之官吏充盈赤县也，即使恩泽深厚，亦朝廷分内事，焉用矜张表襮为哉。彼惟有不足于中者，乃用此虚软委蛇之语，欺饰愚氓耳。至于传记墓碑，夸张失实，尤在所多有。其人薄行无取也，而言重厚寡默。其人不孝于亲，不友于弟，不信朋友也，而言天性孝友，厚于交谊。其人在官贪墨民所厌苦也，而言清廉耿介，其心如水，去任之日，部民攀辕号泣者数万人。其人赴敌怯退以自免也，而言血战奋斗，毙数百人，以众寡不敌溃围而出。其人目仅识丁也，而言文似韩、苏，诗似李、杜。若使后之人，皆以传记碑文为典要。则中国之人，其行皆夷、惠，其文皆迁、固，其智皆良、平，其忠皆杵臼、程婴，其学皆程、朱、陆、王，不几无往而不伪哉。

古文固不足言，即至于报章所述，亦不免虚构夸张。以形容庭园而言，花鸟四时，纤尘不到，几静窗明，皓月漏空；而躬践其境，则烦嚣湫隘，鼠矢狼藉，尘厚寸余，不堪蜗坐。以形容美人而言，面共桃红，眉争柳绿，娇容婀娜，落雁沉鱼；而亲接其人，则怪如嫫母，丑如鸠盘陀。以形容洋操而言，军容整肃，旗帜鲜明，开阖进退，五花八门；而躬视其状，则老赢混渚，军枪锈涩，步趋坐作，并无纪律，谛观久之，哑然失笑。凡诸此类，连编累牍，悉数难终。

夫报章本系仿行西法者，据实直叙，犹且如是，乃至奏折尺牍之类，其铺张夸大，抑又甚焉。而上不以虚饰之罪责其下，人不以虚言之咎罪其友，互容其伪，不相怪者，盖察其所由，非特有意于虚饰涂抹也。即其作文旧习，一字一句，皆重来历，蹈袭古语，飣饾比铺，依样画胡，叠墙架屋。不若是则贻笑于人，故终其身于前人樊篱，不能出一步之外。虽陈陈相因，丧失性灵，弗之或恤。而巧于文饰者，且借以掩其奸，藏其愚，以为吾足以穷文章之趣，而世莫己若焉。其虚伪之情，尚堪究诘也乎。

尝论之：文也者，表意之器也。古之人，其意朴而粗，故其文亦朴而祖。世代日下，人心日机巧而精细，故其文亦日臻于精细。文与风气相消长，万国皆然，中国何独不然乎。《尚书》《诗经》朴茂典雅，直据所见，略无虚实之迹。秦汉之文，稍趋精细，而气味浑厚，犹其时代。降至唐宋，稍入纤细巧致，非文之衰运至此，盖一代风气所趋，不得不然。至于元明以下，则徒崇尚古人，或学西京，或拟先秦，或仿韩、柳、欧、苏，追影寻响，撷红剪绿，模仿是务，铺张是事，而文体遂自是不振。驯致今日，败坏愈甚。人谓文章与气运相关，非偶然也。今之号为能文者，名愈高而行愈劣，辄以其载道传德之器，为钩利徼名之具，比比皆然，良可悼叹。夫文章一事，果出于诚，本为世道人心所系属，今若此，是特赌嫖盗窃之资也。余谓改革支那，先非改革其文章，与一代风气相并行则不可也。

今之高谈文章者，或曰左国史汉，或曰苏海韩潮。夫左国时代，有左国之文。史汉时代，有史汉之文。苏韩时代，有苏韩之文。譬之小儿生服褓襁，长服长衣，取其修短适体而已。今在二千年之后，学二千年前之文，不几大人而强服小儿之衣哉，见其不揣耳矣。夫使韩、苏出于今日，其文未必宜实用，况学之未能入其堂奥者乎？

尝观各国历史，其国家欲兴，必有大家起焉，出其心裁创草新体，为一代风气之先。德国之施儿列儿，英国之斯可度古尔斯密斯，法国之窝尔的尔，日本之福泽氏是也。其始举世非之，斥为生硬、为粗犷、为背雅、为戾古法，攻击如矢，纷纷聚讼。犹攻经之士，树新义，植别帜，不笑则骂。而彼悍然行其所是而不渝，不久而世亦向其风，推为一代高文典册，仪型后世，是亦豪杰之士哉。观中国竟无其人乎，或言梁子启超庶几者。梁子之文，为中国第一流，已有月旦在。近游东洋，其文渐出断烂而赴平淡，波澜老成，骎骎于作者之域，其巧取生硬东语以入于其文，有酿花作蜜之工；若加以修养之力，其造诣未易测；然其出语则亦不能脱支那人窠臼。余尝读其上副岛伯爵书，有言"数年以来，风气大开，各省学会、学堂、新闻、杂志，纷纷并起。年少之人，志盛气锐，爱国心切，无一毫自尊自大之习，咸自濯磨讲求专门之学，以备国家之用。计湖南、广东两省，此类之志士，其数不下三四万人，各省亦所在皆有"云云。少通此国情势者，读之谁不喷饭哉！卓如有心之士，固非有意于欺，而气习所结，自不知其作夸张之言耳。夫人饮酒，其始饮三焦〔爵〕即大醉，久之饮一斗而不醉。见刑戮于市者，血肉喷涌，心惊魄动；而刽手夷然下手，其视人命不啻草菅。盖久而习之也。文章亦然，其始运心匠而出妙语，能使读者感发兴起，而相袭既久，遂视作成语，不复枨触人心。况乎天下物类日繁，事端日滋，欲用数千年前有限之死语，写今日无数活事，安能悉中肯綮哉？

夫西文则不然，随意遣词，期达所见。除诗歌韵文外，一一据事直叙，词惟一义，不容两端。凡有一物一事，则必撰其名，不须比附援引，而其文则实严正，其变化则尤灵活，固非中文之比。且西国风俗，忌矫情饰意，其文章皆以天真烂漫之语出之，无冗漫浮靡之习。故欲迷离其词，而两端其意，以欺罔世人，不可得也。故西国之上谕，则下民读之而能体上意所在。其传记墓碑，扬其善而不忌其恶，表其瑜而不藏其瑕，一读之下，可想见其人心胸面目矣。此行文之所以妙天下而饶活气，富性灵，欲着一伪于其间，不可得也。故以之论性理，则析微阐奥，能发明天人大道。以之著章程，则明圈亮亮，坚白之辩，异同之说，无所孑入。以此修史，则百年兴亡，了然掌上，如躬在其境。以此为条约，则辞气明白，权限较然，无挟猜疑容争端之地矣。谁言西人所长，唯在器械哉？

余谓中国之伪，唯文章为尤甚。文章之权，在布衣之士。今中国变法之徒，不能变朝廷之法，则犹有辞。谓不能变文章返于其真，则复何面目以对戢舌侏儒之徒乎？夫文章且不能变，而侈谈天下大局，彼其人非迂则伪。况乎文章为一代气运之先乎？（《亚东时报》第七号，1899 年 5 月 19 日）

刘师培

论近世文学之变迁

宋代以前，"义理""考据"之名未成立，故学士大夫莫不工文。六朝之际，虽文与笔分，然士之不工修词者鲜矣。唐代之时，武夫隶卒，均以文章擅长，或文词徒工，学鲜根柢。若夫于学则优，于文则拙，唐代以前未之闻也。至宋儒立"义理"之名，然后以语录为文，而词多鄙倍。（顾亭林《日知录》曰："典谟爻象，此二帝三王之言也。《论语》《孝经》，此夫子之言也。文章在是，性与天道亦在是，故曰：'有德者必有言。'善乎！游定夫之言曰：'不能文章而欲闻性与天道，譬犹筑数仞之墙，而浮埃聚沫以为基，无是理矣！'后之君子于下学之初即谈性道，乃以文章为小技，而不必用力。然则夫子不曰'其旨远，其辞文'乎！不曰'言之无文，行之不远'乎！曾子曰：'出词气，斯远鄙倍矣！'尝见今讲学先生，从语录入门者，多不善于修词，或乃反子贡之言以饥之曰：'夫子之言性与天道，可得而闻，夫子之文章不可得而闻也。'"又引杨用修之言曰："文，道也；诗，言也。语录出，而文与道判矣；诗话出，而诗与言离矣。"又钱竹汀曰："释子之语录始于唐，儒家之语录始于宋，儒其行而释其言，非所以垂教也。君子之出词气必远鄙倍，语录行而儒家有鄙倍之词矣。有德者必有言，语录行则有德而不必有言矣。"）至近儒立"考据"之名，然后以注疏为文而文无性灵。夫以语录为文，可宣于口而不可笔之于书，以其多方言俚语也；以注疏为文，可笔于书而不可宣之于口，以其无抗堕抑扬也。综此二派，咸不可目之为文。何则？周代之时，文与语分，故言语、文学区于孔门。降及战国，士工游说，纵横家流列于九家之一，抵掌华屋，擅专对之才，泉涌风发，辩若悬河，虽矢口直陈，自成妙论，及笔之于书，复经史臣之修饰，如《国语》《国策》所载是也；在当时虽谓之语，自后世观之，则语而无异于文矣。若六朝之时禅学输入，名贤辩难，间逞机锋，超以象外，不落言诠，善得言外之旨；然此亦属于语言，而语录之文盖出于此。且所言不外日用事物，与辞旨深远者不同。其始也，讲学家口述其词，弟子欲肖其口吻之真，乃以俗语笔之书以示征实。至于明代，凡自著书者，亦以语录之体行之，而书牍序记之文，杂以俚语，观其体制，与近世演说之稿同科，岂得列之为文哉？

若考据之作，则汉魏之笺疏均附经为书，未尝与文学相混。惟两汉议礼之文，博引数说，以己意折衷，近于考据；然修词贵工，无直情径行之语。若石渠、白虎观之议，则又各自为书。唐宋以降，凡考经定史之作咸列为笔记，附于说部之中，诚以言之无文，未可侪于文学之列也。近世以来，乃崇斯体。夫胪列群言，辨析同异，参互考验，末下己意，进退众说，以判是非，所解之书，虽各不同，然篇成万千，文无异轨。观其体制，又略与案牍之文同科，盖行文之法，固不外征引及判断二端也。昔阳湖孙氏分著述与考据为二：以考订经史者为考据，抒写性灵者为著作。立说虽疏（已为焦理堂所驳），然以考据之作与抒写性灵者不同，则固不易之确论，此亦不得谓之文者也。

乃近世以来学派有二：一曰宋学，一曰汉学。治宋学者，从语录入门；治汉学者，从注疏入门。由是以语录为文，以注疏为文，及其编辑文集也，则义理考订之作均列入集部之中，目之为文。学者互相因袭，以为文能如是，是亦已足，不复措意于文词，由是学日进而文日退。古人谓文原于学，汲古既深，摘辞斯美（如杜诗"读书破万卷，下笔如有神"是），所谓读千赋者自善赋也。今则不然，学与文分，义理考证之学，迥与词章殊科，而优于学者，往往拙于为文，文苑、儒林、道学，遂一分而不可复合，此则近世异于古代者也。故近世之学人，其对于词章也，所持之说有二：一曰鄙词章为小道，视为雕虫小技，薄而不为；一曰以考证有妨于词章，为学日益则为文日损（如袁枚之箴孙星衍是）。是文学之衰，不仅衰于科举之业也，且由于实学之昌明。（证以物理之学，则各物均有不相容性。实学之明以近代为最，故文学之退亦以近代为最，此即物理家所谓不相容也。《左传》亦曰："物莫能两大。"）此文学均优之士所由不数觏也。

　　然近世之文，亦分数派。明代末年，复社、几社之英，以才华相煽，敷为藻丽之文（如陈卧子、夏考功、吴骏公之流是）。顺、康之交，易堂诸子，兢治古文，而藻丽之作，易为纵横。若商丘侯氏，大兴王氏（昆绳）、刘氏（继庄），所为之文，悉属此派，大抵驰骋其词，以空辩相矜，而言不轨则，其体出于明允、子瞻。或以为得之苏、张、史迁，非其实也。余姚黄氏，亦以文学著名，早学纵横，尤长叙事，然失之于芜，辞多枝叶，且段落区分，牵连钩贯，仍蹈明人陋习，浙东学者多则之。季野、谢山咸属良史，惟斐然成章，不知所裁，然浩瀚明鬯，亦近代所罕觏也。时江、淮以南，吴、越之间，文人学士应制科之征，大抵涉猎书史，博而不精，谙于目录词章之学，所为之文，以修洁擅长，句栉字梳，尤工小品，然限于篇幅，无奇伟之观，竹垞、次耕其最著者也；钝翁、渔洋、牧仲之文亦属此派。下迨雍、乾，董甫、太鸿犹沿此体，以文词名浙西，东南名士咸则之，流派所衍，固可按也。望溪方氏摹仿欧、曾，明于呼应顿挫之法，以空议相演，又叙事贵简，或本末不具，舍事实而就空文，桐城文士多宗之。海内人士，亦震其名，至谓天下文章，莫大乎桐城。厥后桐城古文，传于阳湖、金陵，又数传而至湘、赣、西粤。然以空疏者为之，则枯木朽荄，索然寡味，仅得其转折波澜。惟姬传之丰韵，子居之峻拔，涤生之博大雄奇，则又近今之绝作也。若治经之儒，或治古文家言，或治今文家言，及其为文，遂各成派别。东原说经，简直高古，逼近《毛传》，辞无虚设，一矫冗长之习，说理记事之作，创意造词，浸以入古，唐、宋以降，罕见其匹，后之治古学者咸宗之。虽诂经考古，远逊东原，然条理秩如，以简明为主，无复枝蔓之词，若高邮王氏、仪征阮氏是也。故朴直无文，不尚藻绘，属辞比事，自饶古拙之趣。及掇拾者为之，则剿袭成语，无条贯之可寻，侈征引之繁，昧行文之法，此其弊也。常州人士，喜治今文家言，杂采谶纬之书，用以解经，即用之入文，故新奇诡异之词足以悦目。且江南之地，词曲尤工，哀怨清道，近古乐府，故常州之文亦词藻秀出，多哀艳之音，则以由词曲入手之故也。庄氏文词，深美闳约，人所鲜知。其以文词著者，则阳湖张氏、长洲宋氏，均工绵邈之文，其音则哀而多思，其词则丽而能则，盖征材虽博，不外谶纬、词曲二端。若曲阜孔氏，亦工俪词，虽所作出宋氏之上，然旨趣略与宋氏同，则亦治今文之故也。近人谓治《公羊》者必工文，理或然欤！若夫旨乖比兴，徒尚丽词，朝华已谢，色泽空存，此其弊也（近人惟谭仲修略得张、宋之意）。数派以外，文派尤多。江都汪氏，熟于史赞，为文别立机杼，上追彦升，虽字酌句斟，间逞姿媚，然修短合度，动中自然，秀气灵襟，超轶尘埃，于六朝之文，得其神理，或以为出于《左传》《国语》，殆誉过其实，厥后荆溪周氏编辑《晋略》，效法汪氏，此一派也。邵阳魏氏、仁和龚氏，亦治今文之学。魏氏之文明畅条达，然刻意求新，故杂奇语，以骇俗流。龚氏之文自矜立异，语羞雷同，文气佶聱，不可卒读，或语求艰深，旨意转晦，此特玉川、彭原之流耳。或以为出于周秦诸子，则拟焉不伦，此又一派也。若夫简斋、稚威、仲瞿之流，以排奥自矜，虽以气远辞，千言立就，然俶乱而无序，泛滥而无归，华而不实，外强中干，或怪诞不经，近于稗官家言，文学之中，斯为伪体，不足以言文也。近代文学之派别大约若此。

然考其变迁之由，则顺、康之文，大抵以纵横文浅陋，制科诸公，博览唐、宋以下之书，故为文稍趋于实。及乾、嘉之际，通儒辈出，多不复措意于文，由是文章日趋于朴拙，不复发于性情，然文章之征实，莫盛于此时。特文以征实为最难，故枵腹之徒，多托于桐城之派，以便其空疏，其富于才藻者则又日流于奇诡。此近世文体变迁之大略也。

近岁已来，作文者多师龚、魏，则以文不中律，便于放言，然袭其貌而遗其神。其墨守桐城文派者，亦囿于义法，未能神明变化。故文学之衰，至近岁而极。文学既衰，故日本文体因之输入于中国。其始也译书撰报，据文直译，以存其真。后生小子厌故喜新，竞相效法。夫东籍之文，冗芜空衍，无文法之可言，乃时势所趋，相习成风。而前贤之文派，无复识其源流，谓非中国文学之厄欤？（《国粹学报》第二十六期，1907 年 3 月 4 日）

佚　名

《国闻报》附印说部缘起

今使执涂人而问之曰："而知曹操乎？而知刘备乎？而知阿斗乎？而知

诸葛亮乎？”必金对曰："知之。"又问之曰："而知宋江乎？而知吴用乎？
而知武松乎？武大郎乎？潘金莲乎？杨雄、石秀乎？”必金对曰："知之。"
更问之曰："而知唐明皇乎？杨贵妃乎？而知张生乎？莺莺乎？而知柳梦梅
乎？杜丽娘乎？”必又共应曰："知之。"又问以"曹操、刘备、阿斗、诸葛
亮为何如人"？则将应之曰："曹操奸臣，诸葛亮忠臣，刘备英主，阿斗昏
君。"问以"宋江、吴用、武松、武大郎、潘金莲、杨雄、石秀为何如人"？
则将应之曰："宋江大王，吴用军师，武松好汉，武大郎懦夫，潘金莲淫妇
人。杨雄、石秀、潘巧云之徒，则事等于武松、潘金莲，而又大不同。"至
问以"唐明皇、杨贵妃、张生、莺莺、柳梦梅、杜丽娘为何如人"？则又无
不以"佳人才子"对。至"佳人才子"之行事品目，则或以为是，或以为
非，尤为江湖名士与村学究所聚讼，呶呶然千载不可休者也。数千百年之
事，胡、越、秦、楚悬隔千里，而又若存若亡、杳冥不可知之人，皎皎乎
若亲至其人之庭，亲炙其为人，而更目睹其生平前后数十年之事者，盖莫
不然。昔孔子弹琴见文王之容，夜梦则见周公；隋智者亦亲见灵山一会，
俨然未散。凡此神迹，说者以为圣贤之学，时量既破，不复成古今，故古
人皆可见而恒在也。此说云云，疑信者半。异哉！何观于贩夫市贾、田夫
野老、妇人孺子之类，指天画地，演说古今，喜则涎流吻外，怒则植发如
竿，悲与怨则俯首顿足，泣浪浪下沾衣襟，其精神意态，若俱有尼山、天
台之能事也，是可怪矣！是可怪矣！闻之师曰："地球之博，八九万里；古
今之长，迎之不见其首，随之不见其尾，浑芒无本剽。自提符尼安，以放
哀卢维恩，其横目戴发，圆颅方趾称为人者，若统稽其数，则为十为百，
为千为万，为亿兆，为恒河沙，乃至算数譬喻所不能尽，莫不仰而见光，
俯而见土，生不知其所自来，去不知其何往也。"人生于世，固若是之芒
乎？及其姓氏称于人口，臧否、善恶见知于同时，而同时之人援为口实，
如此者盖百不一二。不然，则生则称，没则已焉。求其人已往，其名不湮
没，里居姓氏载在图书，博雅之士，专门之业，笃志稽古，钩沉考佚，或
时时一及之，能及此者，此其人亦远矣，如此者又百无一二。若夫声音笑
貌，性情心术，千古之后，万里之外，风靡六合，智、愚、贤、不肖罔不
习知之而熟道之，则亿兆人中之一二人矣。与此数者，必其人有过人之行，
偏胜独长之处，而使天下之人，怪叹骇汗、怨慕流连不能自止者，而后此

一人者之性情心术、声音笑貌，乃能常留于亿兆人之脑气筋中而传而益远、久而不淡也。抑又闻之，凡为人类，无论亚洲、欧洲、美洲、非洲之地，石刀、铜刀、铁刀之期，支那、蒙古、西米底、丢度尼之种，求其本原之地，莫不有一公性情焉。此公性情者，原出于天，流为种智。儒、墨、佛、耶、回之教，凭此而出兴；君主、民主、君民并主之政，由此而建立。故政与教者，并公性情之所生，而非能生失公性情也。何谓公性情？一曰"英雄"，一曰"男女"。何谓"英雄"？最古之时，人处于山林箐泽，豺虎之与游，鸥鹭之与栖，未有衣裳，未有宫室，未有城郭。更未有所谓纲常政典。凡其自毁齿至于白首，终其百年之身，所目注心营、劳苦险难，几死而后得之者，其间大事，不过与禽兽争饮食，与禽兽争居处而已。然而人无天然之利器以自卫，以言乎目，不知鸺鹠、鹰隼；以言乎耳，不如狐狸、蝙蝠；以言乎鼻，不如犬。推之爪牙之利，远逊于狮虎；皮骨之坚，不及乎犀象；回翔进止，从容如意，不如飞鸟之属；不饮不食，长生伏蛰，不如众凉血之类。凡此诸端，悉不若彼，而欲于彼中分其余沥，践其余地，草间偷活，聊息须臾，吾知其难矣。更何望其烈山焚泽，驱除攘剔，使瞳能舒敛者、爪能伸缩者、舌有倒刺者、长角如兵者、足能践雪者、能数月不食者、一举九千里者，与夫伏者，钻者，援者，奔者，诙诡之种，殊能之性，若斯之伦，初则奔走窜逸，遁匿恐后，继则俯首帖耳，扶犁服轭，任重致远，鞭棰鼎镬，莫不惟命是从，而芒芒一大行星，遂为人之私产哉？吾人于是考僵石之层，验山林之迹，视古初所传之器物，读初有文字之遗书，而知古人之所以胜庶物，而得以自存者，一在于能合群，二在于能假器。蚂蚁有群，蜜蜂有群，鸦鹊雁鹜有群，海狗有群，野豕有群，山羊有群，象有群，猴有群，凡其群之部勒、条教愈分明者，则其族愈强，而其种之传愈远。既有群，必有一群之长，一群之长，必其智慧血气之冠乎一群者也，君主之始也。而人之合群，则尤大于众物，其合群所推之长，必即其始为假器之人。请举中国之古书明之：始为网罟，以佃以渔，于是乎有包牺氏之王天下；斫木为耜，揉木为耒，始为交易，于是乎有神农氏之王天下；始为礼乐文章，垂衣而治，仍不外假器也，而器稍进繁矣，于是乎有黄帝、尧、舜之王天下。推之刳木为舟，剡木为楫，服牛乘马，引重致远，重门击柝，以待暴客，断木为杵，掘地为臼，弦木为弧，剡木为矢，作为宫室，上栋下宇，以待风雨，作为棺椁封树丧葬祭之礼，与夫丧葬祭之礼之等作为书契，铭之金石竹素，凡创一艺、成一器，为古人之所无、而后人所不能不有者，则其人皆尊为圣人，而立为天子。《六易》所载，孔子所述，凡在儒者，谅不能为之诬；其他《山海经》、《穆天子传》、墨子书、屈原赋等古术之书，印度、希腊、波斯、阿剌伯等殊方之说，证之吾说，大略相同。观圣王之迹，可以知古人之自处矣，物竞是也。比而观之，最朔之时，灌莽未辟，深昧不可测，禽蹄鸟迹，交于中国，于是乎有豪杰之士，析木以为梽，摩石以为刃，以战胜于狰狞骇跳之伦，得以食其肉而衣其皮，昔之为害者，今转而为利，而天下重赖英雄矣。及其继，林莽渐开，川原日辟，人之游踪日以远，涉大河，逾雪山，遍及旱海之外、万山之内，而人与人之从古不相见者，至此而相见。衣冠不同，言语不通，而各行其所志，则必有争，于是乎有英雄起，铸金石以为锋刃，合弦羽胶漆以为弓矢，教之击刺射御，教之坐作进止，使夫异族之民，非臣仆而为吾役，即远徙而不敢与吾争利，而天下益知重英雄矣。洎乎民智开、教化进，大地之众，彬彬相见，斯时之人，固无禽兽之足虑，即生番、黑人低种之氓，其澌灭夷迟，降为臣仆，不复齿人之数，亦数千年于此矣。惟此文明之种与文明之种，相持不下，日以心竞，而欲定存亡于上帝之前，则其局愈大，其机愈微，其心愈挚，而豪杰愈为天下家国所不可一日无。由前之说，则自洪荒之世，未有文字之先，各种之民，由中亚细亚之大平原初分支而未再合之时，其时无书也。下观石史，旁推生物，可知其时之民所为之事，并居此界。由继之说，则从中古之世起，至前二百年止，征之我国，则黄帝北逐荤粥，暨虞夏之有苗，殷周之玁狁，汉之匈奴，魏、晋之鲜卑、乌桓、氐羌，南北朝之突厥、蠕蠕，唐之吐蕃、回纥，宋之契丹、女真，蒙古元人威加亚细亚全洲，各种之民，无有敌者，而见阻日耳曼之种。考之外域，则初见于希腊与秃累之争，再见于以色列人与厄日多之争，三见于尼布甲尼撒与埃及、犹太、亚述之争，四见于波斯与巴比伦狄撒之争，五见于希利尼人与波斯之争，六见于马基顿与希腊、波斯、印度之争，七见于罗马与非尼基之争，八见于德意志种与罗马之争，九见于沙兰生人与欧洲诸种之争，十见于特穆津与中亚细亚并欧东诸国之争，十一见于撒马儿罕与突厥之争，十二见于突厥与东罗马之争。夫醉饱之怨，目怒之仇，伏尸一人，流血五步，聚一城、一邑、一国之众，历一月、一年或十年之期，此并微事不数矣。数其荦荦大者，而夥颐沉沉，多至于此，相持至数十百年，地之绵亘数千里，为此而死者其人至数兆，其甚者一种之人，建国千年，视乎一战以为存灭，机深祸惨，莫过于斯，未尝不叹人之所为若是其大而烈也。及深观万变，蔽以一辞，不过即上所云"人之游踪日以远"，此种之人与彼种之人相见各争其利，则其事必出于相灭而后可以自存耳。此则从有文字以来，至前二、三百年，其间之民，所为之事，约居此界。由后之说，则自倍根创学、欧人进化以来，于是人之为物，其聪明智虑始得显明其在万物之上，而最初所行生番、野人之性情风气，昔之视为只此一途别无他说者，至此始渐悟其非而去之。盖人于是始知有生人之乐矣，亦几几乎太平之治、文明之化，无所谓争矣，即无所用英雄矣。虽然，太平之治，文明之化，若有教门之谬论不复兴，格致之学问不中止，而又无恒星光变、慧星过界、地心火灭、养气用尽诸变以阻之。则千年之后，其庶几乎？若夫今日，格致之理虽启，而未尽明也，獉狉之族虽衰，而未尽灭也；开化之民，合五洲计之，则为数甚少也；地利之所生，人工之所造，资本之所出，若全地之人，皆欲遂其生，而又使将来之孳息，各遂其生，则此数不能给也。天下之民，风化不齐，最下之人，野蛮如虎兕，不可教训，不知话言，如此者不能不御之以锋刃；稍次之民，则昏昏如家畜之禽兽，驯良固其分，而奔蹄泛驾，或时时一见之，如此者不能不驭之以羁勒；半开化之国，稍有学问之民，习俗未尽，政体未善，往往以兼人之国、夺人之利以为得计者，既与此国并列于世，则不能不待之以海陆之军，持之以飞箭钩楗之术。如此则必有争，盖去太平之世尚远也。百余年来，大彼得、华盛顿、拿破仑夺匹夫，建大业，固以兵得天下矣；其后有若南北花旗之战、俄土之战、普法之战，器械之精，士卒之练，攻战之惨，胜负之速，皆为古之所无。然此犹白种与白种战耳。而白种之人，又于其间西驱红种而得其地，北开悉毕尔，东略亚细亚，南据阿非利加、五印度，东南踪迹遍于各岛，以及澳洲，凡夫地球所载横目之民，无不识有欧罗巴之人，而推白种为诸种之冠，虽曰文治，抑亦未尝不由师武臣力也。至于路得之改教，倍根之叛古，歌白尼之明地学，奈端之详力理，达尔文之考生物，皆开辟鸿濛，流益后世，视拿破仑、华盛顿为更进一解矣。盖血气之世界，已变为脑气之世界矣，所谓天衍自然之运也。由吾生之前数百年，至吾生之后数百年，大约并居此界。嗟乎！上帝既生人，而又使人不能无五官四体之欲，又使其所欲者必假物而后成，而物又常不给于用，遂使此无边之土、无边之时、无边之众，各领略其无边之苦。咄哉！上帝何其多事乎？往者不可作，来者茫茫无终极，但见大瀛之内，血气所同，各有其所谓英雄，所谓之事业。其人若生，小则为帝王，大则为教主，使天下之民，身心归命，不敢自私；其人已往，则金石以像之，竹素以纪之，歌舞以陈之，其身心归命、不敢自私者，犹其人之生也。英雄之为人所不能忘，既已若此，若夫男女之感，若绝无与乎英雄。然而其事实与英雄相倚以俱生；而动浪万殊，深根亡极，则更较英雄而过之。当其由火轮、风轮、金轮而有植物，植物之初，其始分身而已；至于莓苔，遂以稍繁；至有桃李梅杏，而植物之官品大成。植物传种之法，由于交媾；或则树各为雌雄，其雄树之粉，飞着于雌树，而雌树以实；或则于一花中自具雌雄，花须之粉为雄，花蒂之瓣为雌，须之黄粉落着花蒂，而树以实。再变而为兔葵、星鱼、海胆、海参、海蜇、海菌、海梳，以至诸凉血、圆节之类，而动物雌雄之界渐明，彼此相待之法亦以渐显。圆节之类，雌为最贵，雄者次之，而又有不雌不雄之一类，蜂与蚁是矣。方蜂之成窠，蚁之成穴，雌者为王，一巢只一枚，不能有二，二则必分争；雄者数稍多，均饱食无事，与雌者交而已；不雌不雄者数至多，亦至贱，为兵为工，皆其所执。凉血之类，觉识最微，尚未闻有部勒之法，故亦不知其雌雄相待之礼。热血中能飞类往往各有其偶，雌雄各一，不相携贰，其道平等，颇为文明。热血之哺乳类，则其性与人近，大率以力为尊，故雄率贵而雌率贱，有一雄而制数十雌，生杀惟所命者，哥栗、拉倭兰、乌丹是矣。洎乎衍哺乳之一种而有人。人者，哺乳类中今日之至繁者也。然而其初，则与猿狙为至近。非洲黑种之氓，美洲红色之种，澳洲马来细，与夫中国之苗、蛮、獞、黎诸族，獉狉相承，去猴未远。大都男尊女卑，男役女若役牲畜。其酋恒蓄姬妾数十人，等威之别，当夕之规，至繁且密，彼固自以为天秩、天叙也，盖未开化之人例如此矣。中古之时，基督之徒，起于西极，凡其宗旨，姑不深言，而其一男只可娶一女之条，不得不谓为人之进境。至于浮屠之说，分为四教，其大乘不复言此，小乘言此，而有天人之别。人则始于郁单越，种种差别，制各不同，要皆为千年以后之事，而非今人脑气所能思。吾党所能思者，独往事耳。间尝发陈编，考前事，见夫兴亡之迹，波谲云涌，而交柯乱叶，试讨其源，大都女子败之，英雄成之；英雄败之，女子成之；英雄副之，女子主之；英雄主之，女子副之。事莫难于取人之天下，而黄帝、颛顼、帝喾、尧、舜、禹、汤、文、武、高、光，以至列朝之令主，莫不以得内助而兴；祸莫惨于失天下于人，而桀、纣、幽、厉、哀、平以及后世乱亡之主，又莫不以眷一女子，因而不恤其国，不恤其家，其卒也不恤其身。中国之事，人知之矣，请言西史。西之学始于希腊。希腊之和美尔有书曰：海王尼利亚斯有五十女，皆美，而德梯司称最。德梯司嫁德沙利王子，名佩理亚。方其嫁时，海王会诸神，云车风马，恍惚毕集。有女神名伊栗斯，司人间反目之事，因其不吉，未为邀致。而此神遂怒，现身于座而谓众曰："吾有金苹果，惟天下之最美者受之。"有三女神最美：第一额拉，乃太岁后；第二雅典，主智慧文明；第三阿勿洛的帝，主因缘。各自负，争苹果不能决，乃相与谋曰："盍就人间之美丈夫所断之？"乃同适秃累，见其王子巴黎斯。王子方牧羊，王女仙人金谓之曰："若认我为至美，我即以我所握之福赐之。"巴黎斯之意，天下之福莫得美妇若也，即认阿勿洛的帝为最美。阿勿洛的帝遂默导以往希腊。斯巴打王美那拉斯之后希利拿者，国色也，以神之佑，见巴黎斯而悦之，与之逃归。希人恶之，倾国以伐秃累，索希利拿。其时军中，攸利时以谋著，亚气黎以勇著，与秃累血战十年，而亚气黎为巴黎斯所射死。巴黎斯既射死亚气黎之后，复为非洛特毒箭所伤。此是神箭，无人能医，惟巴黎斯前妻名婴讷尼者能医之。但巴黎斯既得希利拿之后，遂逐前妻，前妻恨之，不复与药，而巴黎斯死于伊打山，即往之牧羊处。牧人用希礼作木塔，烧巴黎斯尸，婴讷尼见之，亦自投火山，与之同死。其后以攸利时计，秃累终破，迎希利拿归，而用兵已十年矣。欧洲上下千古之局，关键于罗马；前后三雄之际，又罗马之关键也。昔埃及女王克里倭巴土拉，生于汉地节元年，为前王多禄某女，娇容修态，冠绝古今，而读书浩博，通七国语言，于斐洛素非为尤邃。甘露三年，多禄某死，克里倭与其弟亦名多禄某者同嗣位，为共和治。至黄龙元年，为其弟所逐。克里倭求纳于罗马皇恺撒，于是罗马胜埃及，杀多禄某，复与其幼弟为共和治，继复往罗马，与恺撒共居。初元五年，罗马人布鲁达杀恺撒，克里倭惧祸返埃及。而恺撒旧臣安敦尼伏尸誓众，竟报恺撒之仇，杀布鲁达。于时，罗马人不更立专王，分国政为三部，号鼎足治，而安敦尼主东方安息、条支各土事。克里倭奔之，由海道往安息，楼船千艘，所费巨万。安敦尼磊落喜功名，一见克里倭而悦之，为去其故妻阿太维亚，妻弟兴兵伐安敦尼，而安息与埃及连兵拒之，然终为妻弟所败。克里倭走埃及，安敦尼从之，中途讹传克里倭死，安敦尼自杀，克里倭闻之，亦自杀。至奥古士多兴，罗马又为帝政。其在中国也若此，其在西方也若彼，非常之原，俟其一决，安危系于千古，并千夫之命，不能为之谋；汗青之简，曚瞍之讴，千载留遗，不能为之讳；而枢机之发，常在于衽席之间，燕闲之地，无古今中外一也。而况于匹夫匹妇，不得其意，缠绵怨慕，与天无极，诚贯金石，言动鬼神，方其极愚，又岂不肖之名、杀身之患所能可阻者哉？甚哉！男女之情，盖几几乎为礼乐文章之本，岂直词赋之宗已也。观乎电气为万物之根源，而电气可见之性情，则同类相拒，异类相吸，为其公例。相拒之理，其英雄之根耶？相吸之理，其男女之根耶？此理幽深，无从定论。论其必然之势，则可以二言断之，曰：非有英雄之性，不能争存；非有男女之性，不能传种也。六合之大，万物之繁，其间境界，难以智测，其亦有勿具此二性者乎？则吾虽不敢知，然可决此物之不足以存于世，即幸而暂存，而亦不能传至今也。夫若此，此其所以斯世之物之无不具此性，岂偶然哉？明乎此理，则于斯二者之间，有人作为可骇、可愕、可泣、可歌之事，其震动于一时，而流传于后世，亦至常之理，而无足怪矣。不宁惟是，谓英雄必传于世，则古来之英雄何限；谓男女之事之艳异者必传于世，则古来缠绵悱恻之事亦何限。茫茫大宙，有人以来，二百万年，其事夥矣，其人多矣，而何以惟曹、刘、崔、张等之独传，而且传之若是其博而大也？生平孤露，早迫饥驱？尝溯长江，观六代之故都，北至长城，西度函关，观秦、汉、唐之遗迹，凭吊其兴亡；而岁时伏腊，乡邻赛社，萍踪絮迹，偶然相值，未尝不游于其市，讯其风俗，而恍然于中原教化之所以成也。何以言之？古人死矣，古之人与其不可传者俱死矣，色不接于目，声不接于耳，衣裳杖履不接于吾手足，然则何以知有古之人？古之人则未有文字之前赖语言，既有文字之后赖文字矣。举古人之事，载之文字，谓之书。书之为国教所出者，谓之"经"；书之实欲创教而其教不行者，谓之"子"；书之出于后人一偏一曲，偶有所托，不必当于道，过而存之，谓之"集"；此三者，皆言理之书，而事实则涉及焉。书之纪人事者，谓之"史"；书之纪人事而不必果有此事者，谓之"稗史"。此二者，并纪事之书，而难言之理则隐寓焉。此书之大凡也。然则古之人恃何种书而传乎？古之人莫不传，而纪事之书为甲。然而同一纪事之书，而传之易不易则各有故焉，不能强也。书中所用之语言文字，必为此种人所行用，则其书易传，其语言文字为此族人所不行者，则其书不传。此一也。即此语言文字为本种所通行矣，而今世之俗，出于口之语言与载之纸之语言，其语言大不同。若其书之所陈，与口说之语言相近者，则其书易传；若其书与口说之语言相远者，则其书不传。故书传之界之大小，即以其与口说之语言相去之远近为比例。此二也。即其书载之文字之语言，与宣之口舌之语言弥相近矣，而语言之例，又大不同：有用简法之语言，有用繁法之语言。简法之语言，以一语而括数事，故读其书者，先见其语，而此中之层累曲折，必用心力以体会之，而后能得其故。繁法之语言，则衍一事为数十语，或至百语、千语，微细纤末，罗列秩然，读其书者，一望之顷，即恍然若亲见其事者然。故读简法之语言，则目力逸而心力劳；读繁法之语言，则目力劳而心力逸。而人之畏劳其心力也，甚于畏劳其目力。何以证之？譬如有一景于此，或绘之于书，或演之于说，吾知人必乐观其画，甚于乐观其说，盖说虽曲肖详尽，犹必稍历于脑，而后得此景，不若画之一览即知为更易也。惟欲传一事，始末甚长，画断不能绘至无穷之幅，而且事之情状反复幽隐，倏忽万变，又断非画所能传乎？故说仍不能废，而繁言亦如画焉。若然，则繁法之语言易传，简法之语言难传。此三也。即用繁语观之，不劳心矣，而所言之事，有相习不相习。天下之民，其心能作无限曲折、而至极远之限者恒少，狃于目前、稍远即不解者恒多。若其所言，其界极远，其理极深，其科条又极繁，加以其中所用之器物、所习之礼仪、所言之义理、所成之风俗、所争之得失，举为平时耳目所未及而心力所未到，则必厌而去之；必其所言服物器用、威仪进止、人心风俗、成败荣辱，俱为其身所曾历，即未历而尚有可以仰测之阶者，则欣然乐矣。故言日习之事者易传，而言不习之事者不易传。此其四也。事相习矣，天下之事变万端，人心之所期与世浪之所成，恒不能相合。人有好善恶不善之心，故于忠臣、孝子、义夫、烈女、通贤、高士莫不望其身膺多福，富贵以没世；其于神奸、巨蠹、乱臣、贼子，无不望其亟膺显戮，无所逃于天地之间。而上帝之心，往往不可测；奸雄得志，贵为天子，富有四海，穷凶极丑，晏然以终；仁人志士，椎心泣血，负重吞污，图其所志，或一击而不中，或没世而无闻，死灰不燃，忍而终古。右斯之伦，古今百亿，此则为人所无可如何，而每不乐谈其事。若其事为人心所虚构，则善者必昌，不善者必亡，即稍存实事，略作依违，亦必嬉笑怒骂，托迹鬼神，天下之快，莫快于斯，人同此心，书行自远。故书之言实事者不易传；而书之言虚事者易传。此其五也。据此观之，其具五不易传之故者，国史是矣，今所称之《二十四史》俱是也；其具有五易传之故者，稗史小说是矣，所谓《三国演义》《水浒传》《长生殿》《西厢》《四梦》之类是也。曹、刘、诸葛传于罗贯中之演义，而不传于陈寿之志；宋、吴、杨、武传于施耐庵之《水浒传》，而不传于《宋史》；玄宗、杨妃传于洪昉思之《长生殿传奇》，而不传于新旧两《唐书》；推之张生、双文、梦梅、丽娘，或则依托姓名，或则附会事实，凿空而出，称心而言，更能曲合乎人心者也。夫说部之兴，其入人之深、行世之远，几几出于经史上，而天下之人心风俗，遂不免为说部之所持。《三国演义》者，志兵谋也，而世之言兵者取焉；《水浒传》者，志盗也，而萑蒲狐父之豪，往往标之以为宗旨；《西厢记》《临川四梦》，言情也，则更为专一之士、怀春之女所涵咏寻绎。夫古人之为小说，或各有精微之旨，寄于言外，而深隐难求，浅学之人，沦胥若此，盖天下不胜其说部之毒，而其益难言矣。本馆同志，知其若此，且闻欧、美、东瀛，其开化之时，往往得小说之助，是以不惮辛勤，广为采辑，附纸分送，或译诸大瀛之外，或扶其孤本之微。文章事实，万有不同，不能预拟，而本原之地，宗旨所存，则在乎使民开化。自以为亦愚公之一畚，精卫之一石也。抑又闻之，有人身所作之史，有人心所构之史，而今日人心之营构，即为他日人身之所作，则小说者又为正史之根矣。若因其虚而薄之，则古之号为经史者，岂尽实哉？岂尽实哉？（天津《国闻报》1897 年 10 月 16 日至 11 月 18 日）

别 士

小说原理

人之处事，有有所为而为之事，有无所为而为之事。有所为而为之事，非其所乐为也，特非此不足以致其乐为者，不得不勉强而为之；无所为而为之事，则本之于天性，不待告教而为者也。故有明知某事之当为而因循不果，明知某事之不可为而陷溺不返者多矣。读书为万事中之一，亦有有所为而读者，有无所为而读者。有所为而读者，如宗教、道德、科学诸书，是其书读之不足以自娱，其所以读之者，为其于生平之品行、智慧、名誉、利养大有关系，有志之士乃不得不为此嚼蜡集蓼之事（注：亦有成嗜好者，殆习惯使然，非天性也）。无所为而读者，如一切章回、散段、院本、传奇、诸小说，是其书往往为长吏之所毁禁，父兄之所呵责，道学先生之所指斥，读之绝无可图，而适可以得谤，而千方百计以觅得之，山程水驿，茶余饭罢，亦几几非此不足以自遣。浸假而毁禁呵责斥人之长吏父兄道学先生，亦无不对人则斥之，独处则玩之。是真于饮食男女声色狗马之外，一可嗜好之物也。然而此习无人不然，其理由则无人能解，今为条析其理，未能尽也，以为解人嗜小说之故之发轫云尔。

人生既具灵明，其心中常有意念，展转相生，如画如话，自痼彻寐，未曾暂止，内材如此，而又常乐有外境焉以雠对之。其雠对之法，粗者为游，精者为谈，较游与谈更精者为读。

今将陈于纸上之物，为人所乐玩者，第其可乐之甲乙。

看画最乐。

看小说其次。

读史又次。

读科学书更次。

读古奥之经文最苦，此除别具特性，苦乐异人者外，常情莫不皆然。试观其所以不同之故，即可知人心之公理。盖人心之所乐者有二：

甲曰：不费心思。

乙曰：时刻变换。

　　人所乐者，肉身之实事，而非乐此缥渺之空谈也。惟有时不得实事，使听其空谈而如见实事焉，人亦乐于就之。惟人生所历之境，至实亦至琐。如举一书房言之，有种种玩好、种种书籍、种种文具，以及几案毯罽等等，其琐甚矣。若一厨房，则琐更甚。故举似者，必与之相副，而后能使闻者如在目前。如在目前之事，以画为最，去亲历一等耳，其次莫如小说。且世间有不能画之事，而无不能言之事，故小说虽稍晦于画，而其广过之。史亦与小说同体，所以觉其不若小说可爱者，因实有之事常平谈，诳设之事常秾艳，人心去平淡而即秾艳，亦其公理，此史之处于不能不负者也。且史文简素，万难详尽，必读者设身处地，以意历之，始得其状，尤费心思。如《水浒》武大郎一传，叙西门庆、潘金莲等事，初非有奇事新理，不过就寻常日用琐屑叙来，与人人胸中之情理相印合，故自来言文章者推为绝作。若以武大入《唐书》《宋史》列传中叙之，只有"妻潘通于西门庆，同谋杀大"二句耳，观者之孰乐孰不乐可知也。科学书与经典更无此事，所以为下。总而言之，除画为不思而得外，小说者，以详尽之笔，写已知之理者也（如说某人插翅上天，其翅也、天也、飞也皆其已知者也；而相缀连者，则新事也），故最逸。史者，以简略之笔，写已知之理者也，故次之。科学书者，以详尽之笔，写未知之理者也，故难焉。经文者，以简略之笔，写未知之理者也，故最难。而读书之劳逸厘然矣。（解甲款。）

　　人使终日常为一事，则无论如何可乐之事，亦生厌苦，故必求刻刻转换之境以娱之。然人自幼至老，生平所历，亦何非刻刻转换之境哉？徒以其境之转换也，常有切身之大利害，事前事后，常有无限之恐惧忧患以随之，其乐遂为其苦所掩也。故不得不求不切于身之刻刻转换之境以娱之，打牌、观剧、谈天、游山皆是矣。然此四者，必身与境适相凑合，始能有之。若外境不副，则事中止焉。于是乎小说遂为独一无二可娱之具。一榻之上，一灯之下，茶具前陈，杯酒未罄，而天地间之君子、小人、鬼神、花鸟，杂遝而过吾之目，真可谓取之不费，用之不匮者矣。故画，有所穷者也；史，平直者也；科学，颇新奇而非尽人所解者也；经文皆忧患之言，谋乐更无取焉者也。而小说之为人所乐，遂可与饮食、男女鼎足而三。（解乙款。）

　　人所以乐观小说之故既明，作小说当如何下笔亦可识，盖作小说有五难：

一、写小人易，写君子难。人之用意，必就己所住之本位以为推，人多中材，仰而测之，以度君子，未必即得君子之品性；俯而察之，以烛小人，未有不见小人之肺腑也。试观《三国志演义》，竭力写一关羽，乃适成一骄矜灭裂之人。又欲竭力写一诸葛亮，乃适成一刻薄轻狡之人。《儒林外史》竭力写一虞博士，乃适成一迂阔枯寂之人。而各书之写小人无不栩栩欲活。此君子难写，小人易写之征也。是以作《金瓶梅》《红楼梦》与《海上花》之前三十回者，皆立意不写君子。若必欲写，则写野蛮之君子尚易，如《水浒》之写武松、鲁达是，而文明之君子则无写法矣。

二、写小事易，写大事难。小事如吃酒、旅行、奸盗之类，大事如废立、打仗之类。大抵吾人于小事之经历多，而于大事之经历少。《金瓶梅》《红楼梦》均不写大事，《水浒》后半部写之，惟三打祝家庄事，能使数十百人一时并见于纸上，几非《左传》《史记》所能及，余无足观。《三国演义》《列国演义》专写大事，遂令人不可向迩矣。

三、写贫贱易，写富贵难。此因发愤著书者，以贫士为多，非过来人不能道也。观《石头记》自明。

四、写实事易，写假事难。金圣叹云：最难写打虎、偷汉。今观《水浒》写潘金莲、潘巧云之偷汉，均极工；而武松、李逵之打虎，均不甚工。李逵打虎，只是持刀蛮杀，固无足论；武松打虎，以一手按虎之头于地，一手握拳击杀之。夫虎为食肉类动物，腰长而软，若人力按其头，彼之四爪均可上攫，与牛不同也。若不信，可以一猫为虎之代表，以武松打虎之方法打之，则其事之能不能自见矣。盖虎本无可打之理，故无论如何写之，皆不工也。打虎如此，鬼神可知。（注：《水浒》写宋江遇玄女事，实是宋江说谎，均极工。）

五、叙实事易，叙议论难。以大段议论羼入叙事之中最为讨厌，读正史纪传者无不知之矣。若以此习加之小说，尤为不宜。有时不得不作，则必设法将议论之痕迹灭去始可。如《水浒》吴用说三阮撞筹，《海上花》黄二姐说罗子富，均有大段议论者。然三阮传中，必时时插入吃酒、烹鱼、撑船等事；黄二姐传中，必时时插入点烟灯、吃水烟、叫管家等事。其法是将实景点入，则议论均成画意矣。不然，刺刺不休，竟成一《经世文编》面目，岂不令人喷饭？

作小说者，不可不知此五难而先避之。吾谓今日欲作小说，莫如将此生数十年所亲见、亲闻之实事，略加点化，即可成一绝妙小说。然可以牟利，而不可以导世。若欲为社会起见则甚难，盖不能不写一第一流之君子，是犯第一忌；此君子必与国家之大事有关系，是犯第二忌；谋大事者必牵涉富贵人，是犯第三忌；其事必为虚构，是犯第四忌；又不能无议论，是犯第五忌；五忌俱犯，而欲求其工，是犹航断港绝潢、而至于海也。

曲本、弹词之类，亦摄于小说之中，其实与小说之渊源甚异。小说始见于《汉书·艺文志》，书虽散佚，以魏晋间之小说例之，想亦收拾遗文，隐喻托讽，不指一人一事言之，皆子史之支流也。唐人《霍小玉传》《刘无双传》《步非烟传》等篇，始就一人一事，纤徐委备，详其始末，然未有章回也。章回始见于《宣和遗事》，由《宣和遗事》而衍出者，为《水浒传》（注：元人曲有《水浒记》二卷未知与传孰先）。由《水浒传》而衍出者，为《金瓶梅》，由《金瓶梅》而衍出者为《石头记》，于是六艺附庸，蔚为大国，小说遂为国文之一大支矣。弹词原于乐章，由乐章而有词曲，由词曲而有元、明人诸杂剧，如元人百种曲，汲古阁所刊《六十种曲》之类，此种专为演剧而设，然犹病其文理太深，不能普及。至本朝，乃有一种虽用生、旦、净、丑之号而曲无牌名，仅求顺口，如《珍珠塔》《双珠凤》之类，此等专为唱书而设。再后则略去生、旦、净、丑之名，而其唱专用七字为句，如《玉钏缘》《再生缘》之类。此种因脱去演剧、唱书之范围，可以逍遥不制，故常有数十万言之作，而其用则专以备闺人之潜玩。乐章至此，遂与小说合流，所分者，一有韵，一无韵而已。

此种小说，流布深远，无乎不至，其力殆出六艺九流上。而其为书，则尽蹈前所云小说五弊：所写主书之生旦，必为至好之人，是写君子也；必有平番、救主等事，是写大事也；必中状元、拜相封王，是写富贵也；必有骊山老母、太白金星，是写虚无也。惟议论可无耳。犯此诸病，而仍能如此之普及，非上文所设之例，有时不信也。因此辈文理不深，阅历甚浅，若观佳制，往往难喻，费心则厌，此读书之公例，故遂弃彼而就此。作此等书之人，既欲适神经最简者之目，而又须多其转换，则书中升沉离合之迹，皆成无因之果，不造骊山老母、太白金星以关键之不能，此皆事之不得不然者也。使以粗浅之笔，写真实之理，渐渐引人入胜，彼妇人与下等人，必更爱于平日所读诞妄之书矣。

综而观之，中国人之思想嗜好，本为二派，一则学士大夫，一则妇女与粗人。故中国之小说亦分二派，一以应学士大夫之用，一以应妇女与粗人之用，体裁各异，而原理则同。今值学界展宽（注：西学流入），士夫正日不暇给之时，不必再以小说耗其目力，惟妇女与粗人，无书可读，欲求输入文化，除小说更无他途。其穷乡僻壤之酬神演剧，北方之打鼓书，江南之唱文书，均与小说同科者。先使小说改良，而后此诸物一例均改，必使深闺之戏谑，劳侣之耶禺，均与作者之心，入而俱化，而后有妇人以为男子之后劲，有苦力者以助士君子之实力，而不拨乱世致太平者，无是理也。至于小说与社会之关系，诸贤言之详矣，不著于篇。（《绣像小说》第三期，1903 年）

楚　卿

论文学上小说之位置

吾昔见东西各国之论文学家者，必以小说家居第一，吾骇焉。吾昔见日人有著《世界百杰传》者，以施耐庵与释迦、孔子、华盛顿、拿破仑并列，吾骇焉。吾昔见日本诸学校之文学科，有所谓《水浒传》讲义、《西厢记》讲义者，吾骇焉。继而思之，何骇之与有？小说者，实文学之最上乘也。世界而无文学则已耳，国民而无文学思想则已耳，苟其有之，则小说家之位置，顾可等闲视哉！

小说为文学之最上乘，亦有说乎？曰：彼具二种德、四种力，足以支配人道左右群治者，时贤既言之矣，至以文学之眼观察之，则其妙谛犹不止此。凡文章，常有两种对待之性质，苟得其一而善用之，则皆可以成佳文。何谓对待之性质？一曰：简与繁对待；二曰：古与今对待；三曰：蓄与泄对待；四曰：雅与俗对待；五曰：实与虚对待。而两者往往不可得兼。于前五端，既用其一，则不可兼用其余四，于后五端亦然。而所谓良小说者，即禀后五端之菁英以鸣于文坛者也。故取天下古今种种文体而中分之，小说占其位置之一半，自余诸种仅合占其位置之一半，伟哉小说！

请言繁简：寻常文字，以十语可了者，自能文者为之，则或括而短之至一语焉，或引而长之至千百语焉，二者皆妙文，而一以应于所适为能事。昔欧阳庐陵尝偕数友行市中，见有马驰掷于路，冲突行人，至有死者，全市鼎沸。庐陵与友归，相约同记其事。诸友记者，或累数十言，或累数百言，视庐陵所记，则仅有"逸马杀人于道"六字。此括十语为一语之说也。佛经说法，每一陈设，每一结集，动辄瑰玮连犿，绵亘数卷，言大必极之须弥铁围五大部洲三千小千中千大千世界，言小必极之芥子牛尘羊尘兔尘微尘，言数必极之恒河沙数阿僧祇无量数不可思议不可识不可极，既畅以正文，复申以颂偈，此衍十语为千百语之说也。二者皆文章之极轨也。然在传世之文，则与其繁也，毋宁其简；在觉世之文，则与其简也，毋宁其繁；同一义也，而纵说之，推波而助澜之，穷其形焉，尽其神焉，则有令读者目骇神夺，魂醉魄迷，历历然，沉沉然，与之相引，与之相移者矣。是则小说之能事也。

请言古今：凡人情每乐其所近。读二十四史者，好《史》《汉》不如其好《明史》也；读泰西史者，好希腊、罗马史，不如其好十九世纪史也；近使然也。时有三界，曰：过去，曰：现在，曰：未来。人之能游魂想于未来界者，必其脑力至敏者也；能游魂想于过去界者，亦必其脑力甚强者也。故有第一等悟性，乃乐未来，有第一等记性，乃乐过去。若夫寻常人，则皆住现在、受现在、感现在、识现在、想现在、行现在、乐现在者也。故以过去、未来导人，不如以现在导人。佛之所以现种种身说法，为此而已。小说者，专取目前人人共解之理，人人习闻之事，而挑剔之，指点之者也。惟其为习闻之事也，故易记；惟其为共解之理也，故易悟。故读他书如战，读小说如游；读他书如算，读小说如语；读他书如书，读小说如画；读他书如作客，读小说如家居；读他书如访新知，读小说如逢故人。人之好战、好算、好书、好作客、好新知者，固有之矣，然总不如彼更端者之为甚也。故好战、算、书、作客、新知之人，未有不兼好游、语、画、家居、故人者；而好游、好语、好画、好家居、好故人之人，容有不好战、不好算、不好书、不好作客、不好新知者？古文之不如今文，亦以其普及之性质，一有限一无限而已。

请言蓄泄：观陂塘与观瀑布孰乐？ 观冬树与观春花孰乐？ 观入定之僧衲与观歌舞之美人孰乐？彼其中虽亦或有甚美者存，而会心固已在远矣。何也？淋漓则尽致，局促则寡惊，常人之情也。文学之中，诗词等韵文，最以蓄为贵者也。然真能解诗词之趣味者能有几人？小说则与诗词正成反比例者也。抑蓄泄与繁简每相待，然繁简以客观言，蓄泄以主观言，故有叙述累千万言而仍含蓄不尽者，亦有点逗仅一二语而已发泄无遗者。泄之为用，如扁鹊所谓见垣一方人，洞悉五脏症结，如温渚然犀，魑魅魍魉无复遁形，而此术惟小说家最优占之。小说者，社会之 X 光线也。

请言雅俗：饮冰室主人常语余，俗语文体之流行，实文学进步之最大关键也。各国皆尔，吾中国亦应有然。近今欧美各国学校，倡议废希腊、罗马文者日盛。即如日本，近今著述，亦以言文一致体为能事。诚以文之作用，非以为玩器，以为菽粟也。昔有金石家宴客，出其商彝、夏鼎、周敦、汉爵以盛酒食，卒乃主客皆患河鱼疾者浃旬。美则美也，如不适何？故俗语文体之嬗进，实淘汰、优胜之势所不能避也。中国文字衍形不衍声，故言文分离，此俗语文体进步之一障碍，而即社会进步之一障碍也。为今之计，能造出最适之新字，使言文一致者上也；即未能，亦必言文参半焉。此类之文，舍小说外无有也。且中国今日各省方言不同，于民族统一之精神亦一阻力，而因其势以利导之，尤不能不用各省之方言，以开各省之民智。如今者《海上花》之用吴语，《粤讴》之用粤语，特惜其内容之劝百讽一耳。苟能反其术而用之，则其助社会改良者，功岂浅鲜也？十年以来，前此所谓古文、骈文家数者，既已屏息于文界矣，若能百尺竿头，更进一步，剥去铅华，专以俗语提倡一世，则后此祖国思想言论之突飞，殆未可量。而此大业，必自小说家成之。

请言虚实：文之至实者，莫如小说；文之至虚者，亦莫如小说。而小说之能事即于是乎在。夫人之恒情，常不以现历有限之境界自满足，而欲游于他界，此公例也。欲游他界，其自动者有二：曰想，曰梦。其他动者有四：曰听讲、曰观剧、曰看画、曰读书。然想也者，非尽人而能者也；梦者也，无自主之权者也；听讲与观剧，又必有所待于人，可以乐群，不可以娱独也。其可以自随者，莫如书画。然径尺之影，一览无余，画之缺点一；但有形式，而无精神，画之缺点二。故能有书焉，导人于他境界，以其至虚，行其至实，则感人之深，岂有过此？小说者，实举想也、梦也、讲也、剧也、画也，合炉而冶之者也。

由此观之，文学上小说之位置可以见矣。吾以为今日中国之文界，得百司马子长、班孟坚，不如得一施耐庵、金圣叹，得百李太白、杜少陵，不如得一汤临川、孔云亭。吾言虽过，吾愿无尽。（《新小说》第七号，1903年9月6日）

金松岑

论写情小说于新社会之关系

伟哉！小说之有不可思议之力支配人道也。吾读今之新小说而喜。虽然，吾对今之新社会而惧。

吾欲吾同胞速出所厌恶之旧社会，而入所歆羡之新社会也。吾之心较诸译小说者而尤热，故吾读《十五小豪杰》而崇拜焉；吾安得国民人人如俄敦武安之少年老成，冒险独立，建新共和制于南极也。吾读《少年军》而崇拜焉；吾安得国民人人如南美、意大利、法兰西童子之热心爱国，牺牲生命，百战以退虎狼之强敌也。吾读《秘密使者》而崇拜焉，吾安得国民人人如苏朗笏、那贞之勇往进取，夏理夫、傅良温之从容活泼，以探西伯利亚之军事也。吾读《八十日环游记》而崇拜焉；吾安得国民人人如福格之强忍卓绝，以二万金镑博一千九百二十点钟行程之名誉也。吾读《海底旅行》《铁世界》而亦崇拜焉；使吾国民而皆有李梦之科学，忍毗之艺术，中国国民之伟大力可想也。吾读《东欧女豪杰》《无名之英雄》而更崇拜焉；使吾国民而皆如苏菲亚、亚晏德之奔走党事，次安、绛灵之运动革命，汉族之光复，其在拉丁、斯拉夫族之上也。吾又读《黑奴吁天录》而悲焉；谓吾国民未来之小影，恐不为哲尔治、意里赛而为汤姆也。吾又读《风洞山》（吾友吴癯庵著稿，已写定，尚未出版）、《新罗马传奇》而泣且笑焉；谓吾国民将为第二之亡国，抑为第二之兴国，皆在不可知之数也。其他政治、外交（去年《外交报》译英文多佳者）、法律、侦探、社会诸小说，皆必有大影响潜势力于将来之社会无可疑焉。是故吾读今之新小说而喜。虽然，吾读今之写情小说而惧。

人之生而具情之根苗者，东西洋民族之所同，即情之出而占位置于文学界者，亦东西洋民族之所一致也。以两社会之隔绝反对，而乃取小说之力，与夫情之一脉沟而通之，则文学家不能辞其责矣。吾非必谓情之一字吾人不当置齿颊，彼福格、苏朗笏之艳伴，苏菲亚、绛灵之情人，固亦儿女英雄之好模范也。若乃逞一时笔墨之雄，取无数高领、窄袖、花冠、长裙之新人物，相与歌泣于情天泪海之世界，此其价值，必为青年社会所欢迎，而其效果则不忍言矣。天下有至聪明之人，而受至强之迷信者，文明国之道德与法律是也。非独文明国然，彼观《游山》《烤火》《御碑亭》之剧本，与夫《聊斋志异》《聂小倩》《秋容》《小谢》之鬼史，或尝以见色不乱，反躬而自律焉。南山有鸟，北山张罗，使君有妇，罗敷有夫，凛然高义之言，其视宓妃、神女之赋，劝百而讽一者，固殊矣。故吾所崇拜夫文明之小说者，正乐取夫《西厢》《红楼》《淞隐漫录》旖旎妖艳之文章，摧陷廓清，以新吾国民之脑界，而岂复可变本而加之厉也？夫新旧社会之蜕化，犹青虫之化蝶也，蝶则美矣，而青虫之蠋则甚丑。今吾国民当蜕化之际，其无以彼青虫之丑而为社会之标本乎？曩者，少年学生，粗识自由平等之名词，横流滔滔，已至今日，乃复为下多少文明之确证，使男子而狎妓，则曰：我亚猛着彭也，而父命可以或梗矣（《茶花女遗事》今人谓之外国《红楼梦》）。女子而怀春，则曰：我迦因赫斯德也，而贞操可以立破矣（《迦因》小说吾友包公毅译，迦因人格向为吾所深爱，谓此半面妆文字胜于足本。今读林译，即此下半卷，内知尚有怀孕一节。西人临文不讳，然为中国社会计，正宜从包君节去为是。此次万千感情，正读此书而起）。精灵狡狯，惑媚男子，则曰：我厄尔符利打也，而在此为闺女者，在彼即变名而为荡妇矣（《双线记》一名《浅红金钢钻》）。欧化风行，如醒如寐，吾恐不数十年后，握手接吻之风，必公然施于中国之社会，而跳舞之俗且盛行，群弃职业学问而习此矣（西俗斗牌，颇通行男女社会，此亦吾民俗所欢迎也）。吾东洋民族国粹，有大胜西人者数事：祖先之教盛行一也，降将不齿于军事二也。至男女交际之遏抑，虽非公道，今当开化之会，亦宜稍留余地，使道德法律得恃其强弩之末以绳人，又安可设淫词而助之攻也？不然，而吾宁主张夫女娲之石，千年后之世界，以为打破情天、毒杀情种之助。谓须眉皆恶物，粉黛尽骷髅，不如一尘不染，六根清净之为愈也。又不然，而吾宁更遵颛顼（颛顼之教，妇人不避男子于路者，拂之于四达之衢）、祖龙（始皇励行男女之大防，详见会稽石刻）之遗教，励行专制，起重黎而使绝地天之通也。呜呼！岂得已哉！（《新小说》第十七号，1905 年 6 月 14 日）

天僇生

中国历代小说史论

　　天僇生既堕尘球，历寒暑二十有奇，榜其门曰"痛心之斋"，铭其室曰"忧患之府"，极人世所欢欣慕思之境，举不之好，而独嗜读书。举四千年之书史，发其扃读之，则亦有好有不好，而独大凑其心思智慧以读小说。既编为史，复从而论之曰：王者之迹熄而《诗》亡，《诗》亡而后《春秋》作。仲尼因百二十国宝书而作《春秋》，其恉隐，其词微，其大要归于惩恶而劝善。仲尼殁而微言绝，《春秋》之恉，不襮白于天下，才士恫焉忧之，而小说出。盖小说者，所以济《诗》与《春秋》之穷者也。荐绅先生，视小说若洪水猛兽，屏子弟不使观。至近世新学家，又不知前哲用心之所在，日以移译异邦小说为事，其志非不善，而收效寡者，风俗时势有不同也。吾以为欲振兴吾国小说，不可不先知吾国小说之历史。自黄帝藏书小酉之山，是为小说之起点。此后数千年，作者代兴，其体亦屡变。晰而言之，则记事之体盛于唐，记事体者，为史家之支流，其源出于《穆天子传》《汉武帝内传》《张皇后外传》等书，至唐而后大盛。杂记之体兴于宋。宋人所著杂纪小说，予生也晚，所及见者，已不下二百余种，其言皆错杂无伦序，其源出于《青史子》。于古有作者，则有若《十洲记》《拾遗记》《洞冥记》及晋之《搜神记》，皆宋人之滥觞也。戏剧之体昌于元。诗之宫谱失而后有词，词不能尽作者之意而后有曲。元人以戏曲名者，若马致远、若贾仲明、若王实甫、若高则诚，皆江湖不得志之士，恫心于种族之祸，既无所发抒，乃不得不托浮靡之文以自见。后世诵其言，未尝不悲其志也。章回弹词之体，行于明清。章回体以施耐庵之《水浒传》为先声，弹词体以杨升庵之《廿一史弹词》为最古。数百年来，厥体大盛，以《红楼梦》《天雨花》二书为代表。其余作者，无虑数百家，亦颇有名著云。

呜呼！观吾以上所言，则中国数千年来小说界之沿革，略尽于是矣。吾谓吾国之作小说者，皆贤人君子，穷而在下，有所不能言、不敢言、而又不忍不言者，则姑婉笃诡谲以言之。即其言以求其意之所在，然后知古先哲人之所以作小说者，盖有三因：

一曰：愤政治之压制。吾国政治，出于在上，一夫为刚，万夫为柔，务以酷烈之手段，以震荡摧锄天下之士气。士之不得志于时而能文章者，乃著小说，以抒其愤。其大要分为二：一则述已往之成迹，若《隋唐演义》、若《列国志》诸书，言民怒之不可犯，溯国家兴亡盛衰之故，使人君知所惧。一则设为悲歌慷慨之士，穷而为寇为盗，有侠烈之行，忘一身之危，而急人之急，以愧在上位而虐下民者，若《七侠五义》《水浒传》皆其伦也。

二曰：痛社会之混浊。吾国数千年来，风俗颓败，中于人心，是非混淆，黑白易位。富且贵者，不必贤也，而若无事不可为；贫且贱者，不必不贤也，而若无事可为。举亿兆人之材力，咸戢戢于一范围之下，如羊豕然。有跅弛不羁之士，其思想或稍出社会水平线以外者，方且为天下所非笑，而不得一伸其志以死。既无可自白，不得不假俳谐之文，以寄其愤。或设为仙佛导引诸术，以鸿冥蝉蜕于尘壒之外；见浊世之不可一日居，而马致远之《岳阳楼》、汤临川之《邯郸记》出焉，其源出于屈子之《远游》。或描写社会之污秽、浊乱、贪酷、淫媟诸现状，而以刻毒之笔出之，如《金瓶梅》之写淫、《红楼梦》之写侈、《儒林外史》《梼杌闲评》之写卑劣。读诸书者，或且訾古人以淫冶轻薄导世，不知其人作此书时，皆深极哀痛，血透纸背而成者也。其源出于太史公诸传。

三曰：哀婚姻之不自由。夫男生而有室，女生而有家，人之情也。然凭一父母之命，媒妁之言，执路人而强之合，冯敬通之所悲，刘孝标之所痛。因是之故，而后帷薄间，其流弊乃不可胜言。识者忧之，于是构为小说，言男女私相慕悦，或因才而生情，或缘色而起慕，一言之诚，之死不二，片夕之契，终身靡他。其成者则享富贵，长子孙；其不成者，则并命相殉，无所于悔。吾国小说，以此类为最夥。老师宿儒，或以越礼呵之，然其心无非欲维风俗而归诸正，使内无怨女，外无旷夫焉已耳。

由是以言，而后吾国小说界之价值，与夫小说家之苦心，乃大白于天下。吾尝谓，吾国小说，虽至鄙陋不足道，皆有深意存其间，特材力有不齐耳。近世翻译欧美之书甚行，然著书与市稿者，大抵实行拜金主义，苟焉为之，事势既殊，体裁亦异，执他人之乐方，以治己之病，其合焉者寡矣。今试问萃新小说数十种，能有一焉如《水浒传》《三国演义》影响之大者乎？曰：无有也。萃西洋小说数十种，问有一焉能如《金瓶梅》《红楼梦》册数之众者乎？曰：无有也。且西人小说所言者，举一人一事，而吾国小说所言者，率数人数事，此吾国小说界之足以自豪者也。

呜呼！吾国有翟铿士、托而斯太其人出现，欲以新小说为国民倡者乎？不可不自撰小说，不可不择事实之能适合于社会之情状者为之，不可不择体裁之能适宜于国民之脑性者为之。天僇生生平无他长，惟少知文学，苟幸而一日不死者，必殚精极思著为小说，借手以救国民为小说界中马前卒。世有知我者，其或恕我狂也。（《月月小说》第一卷第十一期，1907年）

论小说与改良社会之关系

友人某君，昨以《月月小说》报数册见饷，天僇生取而读之。既卒业，乃作而言曰：呜呼！小说之为道也难矣！昔欧洲十五、六世纪，英帝后雅好文艺，至伊利沙白时，更筑文学之馆，凡当时之能文章者，咸不远千里致之，令诸人撰为小说戏曲，择其有益心理者，为之刊行，读者靡弗感动，而英国势遂崛起，为全球冠。夷考十五、六世纪，适为吾国元明之交，宇宙供扰靡宁宇，礼乐沦为邱墟。暨乎有明，其压制亦与元等。贤人君子，沦而在下，既无所表白，不得不托小说以寄其意。当时所著名者，若施耐庵、若王实甫、若关汉卿、若康武功诸人，先后出世，以传奇小说为当世宗。东西同时，遥相辉映，而结果则各殊者。吾尝谓《水浒传》则社会主义之小说也；《金瓶梅》则极端厌世观之小说也；《红楼梦》则社会小说也，种族小说也，哀情小说也。著诸书者，其人皆深极哀苦，有不可告人之隐，乃以委曲譬喻出之。读者不知古人用心之所在，而以诲淫与盗目诸书，此不善读小说之过也。近年以来，忧时之士，以为欲救中国，当以改良社会为起点，欲改良社会，当以新著小说为前驱。此风一开，而新小说之出现者，几于汗牛充栋，而效果仍莫可一睹，此不善作小说之过也。有此二因，而吾国小说界遂无丝毫之价值。虽然，以是咎小说，是因噎废食之道也。夫小说者，不特为改良社会，演进群治之基础，抑亦辅德育之所不逮者也。吾国民所最缺乏者，公德心耳，惟小说则能使极无公德之人，而有爱国心，有合群心，有保种心，有严师令保所不能为力，而观一弹词，读一演义，则感激流涕者。虽然，是非所望今之小说家也。今之为小说者，不惟不能补助道德，其影响所及，方且有破坏道德之惧。彼其著一书也，不曰：吾若何而后警醒国民？若何而后裨益社会？而曰：吾若何可以投时好？若何可以得重赀？存心如是，其有效益与否弗问矣。其既发行也，广登报章，张皇告白，施施然号于人曰：内容若何完备，材料若何丰腴，文笔若何雅赡，不惜欺千人之目，以逞一己之私。为个人囊橐计，而误人岁月，费人金钱不顾矣。夫以若斯之人格，而以小说重任畀之，亦安冀有良效果哉？吾以为吾侪今日，不欲救国也则已，今日诚欲救国，不可不自小说始，不可不自改良小说始。乌在其可以改良也？曰：是有道焉。宜确定宗旨，宜划一程度，宜厘定体裁，宜选择事实之于国事有关者而译之、著之；凡一切淫冶佻巧之言黜弗庸，一切支离怪诞之言黜弗庸，一切徒耗目力无关宏恉之言黜弗庸；知是数者，然后可以作小说。虽然，知是数者，徒为小说，无益也，不可不作小说报。是何也？夫萃种种小说而栉比之，其门类多，其取材富，其收值廉，近日所出单行本，浩如烟海，其中非无佳构，然阅者因限于赀，而顾此失彼者有之，阅不数册不愿更阅者有之，名目烦多，无人别择，不知何所适从者又有之。惟创为丛报，则以上诸弊免。且月购一册，所费甚鲜，又可随阅者性之所近，而择一以研究之，是不啻以一册而得书数十种也。吾闻海上诸君子，发大愿，合大力，既赓续此报，复求所以改良者，吾未尝不为之距跃三百，喜而不寐也。抑吾又闻今当四国协约之后，人人有亡国之惧，以图存救亡为心者，颇不一其人。夫欲救亡图存，非仅恃一二才士所能为也，必使爱国思想，普及于最大多数之国民而后可。求其能普及而收速效者，莫小说若？而该报适于是时改良，于是时出现，吾故发呓语曰：此报出现之日，即国民更生之期，吾故更为颂词曰：《月月小说》报万岁！读《月月小说》报，著《月月小说》报者万岁！中国万岁！（《月月小说》第一卷第九期，1907 年）

觉　我

余之小说观

昔德意志哲学家康德氏论时势之推移也，譬之厚褥高枕，安睡于黑憩之乡，而不知外界之变动，内容之代谢，仍有一息之未尝间断者，一经有心人之警告，始不禁恍然悟而瞿然惊矣。今者亚东进化之潮流，所谓科学的、实业的、艺术的、咸骎骎乎若揭鼓而求亡子，岌岌乎若褰裳而步后尘，以希共进于文明之域，即趋于美的一方面之音乐、图画、戏剧，亦且改良之声，喧腾耳鼓，亦步亦趋，不后于所谓实业科学也。然而此中绝尘而驶者，则当以新小说为第一。

小说曷言乎新？以旧时流行之籍，其风俗习惯，不适于今社会，则新之；其记事陈义，不合于今理想，则新之；其机械变诈，钩稽报复，足以启智慧而昭惩戒焉，则新之。所以译著杂出，年以百计，与他种科学教科各书相比例，有过之而无不及。则小说者，诚有可以研究之价值，而于今日，要不容其冥冥进行，若康德氏所言之长夜漫漫，不知何时达旦者也。余不敏，尝约举数事，以为攻错，贡一得之愚，陈诸左右。

一、小说与人生

小说者，文学中之以娱乐的，促社会之发展，深性情之刺戟者也。昔冬烘头脑，恒以鸩毒霉菌视小说，而不许读书子弟，一尝其新，是不免失之过严。今近译籍稗贩，所谓风俗改良，国民进化，咸惟小说是赖，又不免誉之失当。余为平心论之，则小说固不足生社会，而惟有社会始成小说者也。社会之前途无他，一为势力之发展，一为欲望之膨胀。小说者，适用此二者之目的，以人生之起居动作，离合悲欢，铺张其形式，而其精神湛结处，决不能越乎此二者之范。故谓小说与人生，不能沟而分之，即谓小说与人生，不能阙其偏端，以致仅有事迹，而失其记载，为人类之大缺憾，亦无不可。

二、著作小说与翻译小说

之二者之得失，今世未定问题，而亦未曾研究之问题也。综上年所印行者计之，则著作者十不得一二，翻译者十常居八九。是必今之社会，向以塞聪蔽明，不知中国外所有之人种，所有之风俗，所有之饮食男女，所有之仪节交际，曾以犬羊鄙之，或以神圣奉之者，今得于译籍中，若亲见其美貌，若亲居于庄岳也。且得与今社会成一比例，不觉大快。而于摹写今日家庭之状态，社会之现象，以为此固吾人耳熟能详者，奚事赘陈耶？此著作与翻译之观念有等差，遂至影响于销行有等差，而使执笔者亦不得不搜索诸东西籍以迎合风尚，此为原因之一。抑或译书，呈功易，卷帙简，卖价廉，与著书之经营久，笔墨繁，成本重，适成一反比例。因之舍彼取此，乐是不疲与，亦为原因之一。由后之说，是借不律以为米盐日用计者耳。此间不乏植一帜于文学界者，吾愿诸君之一雪其耻也。

三、小说之形式

大别之有三。其一综合各种，而以第几集第几种名之者，其一以小说之内容，而以侦探、历史、科学、言情等等名之者。其一漫画花卉人物于书面，而于本书事迹，有合有不合者。余谓第一法，本我国刊刻丛书旧例，强绝不相侔者汇而置之一帙，已属无谓，况旧刻之丛书，搜辑遗简，合成一集，其大小长短，装潢文饰，无一不相同，其出版焉，亦无有今日出此，明日出彼者，今则反是，则第一法之不可通也。若第二法，则侦探言情等种种标目，似无不妥，然小说之所以耐人寻索，而助人兴味者，端在其事之变幻，其情之离奇，其人之复杂。大都一书中，有生者、有死者、有男子、有妇人、有种种色目人。其事有常者、有变者。举一端以概之，恒有失之疏略者。余于是见有以言情、侦探、冒险名其一小说者矣，有以历史、科学、军事、地理名其一小说者矣，及观其内容，窃恐此数者，尚不足以概之也。是则第二法之更不可通也。至第三法，以花卉人物饰其书面，是因小说者，本重于美的一方面，而精细之画图，鲜明之刷色，增读书者之兴趣，是为东西各国所公认，无待赘论。然余谓其用意未尝不佳，惟不可无良工以继其后。今者图画之学尚未精造，印刷不尽改良，往往所绘者不堪入目。即绘事工矣，而设色之劣，红绿黑白，滥用杂施，遂使印出之品，不及儿童所玩之花纸，不能鼓兴趣，适以增厌恶也。是则第三法本可通，而不可不力求改良者也。余谓不能尚文，何如务实，书名为某则亦某之而已，又何事效颦刻鹄为哉？

四、小说之题名

不嫌其奇突而谲诡也，东西所出者岁以千数，有短至一二字者、有多至成句者、有以人名者、有以地名者、有以一物名者、有以一事名者、有以所处之境地名者，种种方面，总以动人之注意为宗旨。今者竞尚译本，各不相侔，以致一册数译，彼此互见，如《狡狯童子》之即《黄钻石》、《寒牡丹》之即《彼得警长》、《白云塔》之即《银山女王》、《情网》之即《情海劫》、《神枢鬼藏录》之即《马丁休脱》，在译者售者，均因不及检点，以致有此骈拇枝指。而购者则蒙其欺矣。此固无善法以处之，而能免此弊病者。余谓不得已，只能改良书面、改良告白之一法耳。譬如一西译书，而于其面书明原著者谁氏，原名为何，出版何处，皆印出原文；今名为何，译者何人，其于日报所登告白亦如之，使人一见而知，谓某书者即原本为某某氏之著也。至每岁之底，更联合各家，刊一书目提要，不特译书者有所稽考，即购稿者亦不至无把握，而于营业上之道德，营业上之信用，又大有裨益也。

五、小说之趋向

亦人心趋向之南针也。日本蕞尔三岛，其国民咸以武侠自命，英雄自期，故博文馆发行之押川春浪各书，若《海底军舰》则二十二版，若《武侠之日本》则十九版，若《新造军舰》《武侠舰队》（即本报所译之《新舞台》三）《新日本岛》等，一书之出，争先快睹，不匝年而重版十余次矣。以少于我十倍之民族，其销书之数，千百倍于我如是，我国民之程度，文野之别，不容讳言矣。而默观年来更有痛心者，则小说销数之类别是也。他肆我不知，即小说林之书计之，记侦探者最佳，约十之七八；记艳情者次之，约十之五六；记社会态度，记滑稽事实者又次之，约十之三四；而专写军事、冒险、科学、立志诸书为最下，十仅得一二也。夫侦探诸书，恒于法律有密切关系，我国民公民之资格未完备，法律之思想未普及，其乐于观侦探各书也，巧诈机械，浸淫心目间，余知其欲得善果，是必不能。艳情诸书，又于道德相维系，不执于正，则挟斜结契，有借自由为借口者矣。荡检逾闲，丧廉失耻，穷其弊，非至婚姻礼废，夫妇道苦不止。而尽国民之天职，穷水陆之险要，阐学术之精蕴，有裨于立身处世诸小说，而反忽焉，是观于此，不得不为社会之前途危矣。

六、文言小说与白话小说

之二者，就今日实际上观之，则文言小说之销行，较之白话小说为优。果国民国文程度之日高乎？吾知其言之不确也。吾国文字，号称难通，深明文理者百不得一，语言风俗，百里小异，千里大异，文言白话，交受其困。若以臆说断之，似白话小说当超过文言小说之流行，其言语则晓畅，无艰涩之联字，其意义则明白，无幽奥之隐语，宜乎不胫而走矣。而社会之现象，转出于意料外者，何哉？余约计今之购小说者，其百分之九十出于旧学界而输入新学说者，其百分之九出于普通之人物，其真受学校教育而有思想、有才力、欢迎新小说者，未知满百分之一否也？所以林琴南先生，今世小说界之泰斗也，问何以崇拜之者众？则以遣词缀句，胎息史汉，其笔墨古朴顽艳，足占文学界一席而无愧色。然试问此等知音，可责诸高等小学卒业诸君乎？遑论初等？可责诸章句帖括冬烘头脑乎？遑论新学？（余非谓研究新学诸君概不若冬烘头脑也，若斟酌字义、考订篇法，往往今不逮昔。即有文字彪炳者，试问果自学校中得来者否？）宜乎以中国疆土之广袤，衣冠之跄济，而所推为杰作者，其印数亦不足万，较之他国庸碌之作家，亦瞠乎后也。夫文言小说，所谓通行者既如彼，而白话小说其不甚通行者又若是，此发行者与著译者，所均宜注意者也。

七、小说之定价

说者咸谓定价太昂，取利太厚，以致阅者裹足，吾亦非不谓然。但版权工价之贵，印刷品物之费，食用房价一切开支之巨，编译、印刷、装订、发行，经历岁月之久，其利果厚乎否耶？果厚也，何以上海为中国第一之商埠，而业书者不论新旧，去年中曾未闻有得赢巨款者？且年中各家所刊行者，亦曾稍稍领悟矣，丁未定价与丙午定价相比，大约若五与四之比，而其销行速率，乃若二与三之比，销数总核，又若三与四之比，现象若是，欲其发达，不綦难乎？窃谓定价之多寡，与销售之迟速，最有密切关系。吾愿业此者，大贬其价值，以诱起社会之欲望。姑一试之，法果效也，则遵而行之，洵坦途哉。即不然，而积货之去，转货新者，亦未始无益也。此有资本以营商业者所宜忖度者也。

八、小说今后之改良

其道有五：一、形式；二、体裁；三、文字；四、旨趣；五、价值。举要言之，务合于社会之心理而已。然头绪千万，更仆难悉，吾姑即社会人类而研究之。

一学生社会。今之学生，鲜有能看小说者（指高等小学以下言），而所出小说，实亦无一足供学生之观览。余谓今后著译家，所当留意，宜专出一种小说，足备学生之观摩。其形式，则华而近朴，冠以木刻套印之花面，面积较寻常者稍小。其体裁，则若笔记或短篇小说。或记一事，或兼数事。其文字，则用浅近之官话，倘有难字，则加音释，偶有艰语，则加意释。全体不逾万字，辅之以木刻之图画。其旨趣，则取积极的，毋取消极的，以足鼓舞儿童之兴趣，启发儿童之智识，培养儿童之德性为主。其价值，则极廉，数不逾角。如是则足辅教育之不及，而学校中购之，平时可为讲谈用，大考可为奖赏用。想明于教育原理，而执学校之教鞭者，必乐有此小说，而赞成其此举。试合数省学校折半计之，销行之数必将倍于今也。

一军人社会。军人平日，非有物以刺戟激励其心志，必将坚忍、勇往、耐苦、守法诸美德，日即沦丧，而遇事张皇，临机畏葸，贻国家忧者。余谓今后著译家所当留意，专出军人观览之小说。其形式、体裁、文字、价值，当与学生所需者同一改良，而其旨趣，则积极、消极兼取。死敌之可荣，降敌之可耻；勇往之可贵，退缩之可鄙；机警者之生存，顽钝者之亡灭，足供军人前车之鉴，后事之师者，一一写之。如是则不啻为军队教育之补助品，而为军界之所欢迎矣。

一实业社会。我国农工蠢蠢，识文字者百不得一，小商贩负，奔走终日，无论矣。吾见髫年伙伴，日坐肆中，除应酬购物者外，未尝不手一卷，《三国》《水浒》《说唐》《岳传》，下及秽亵放荡诸书，以供消磨光阴之用，而新小说无与焉。盖译编，则人名地名诘屈聱牙，不终篇而辍业；近著，则满纸新字，改良特别，欲索解而无由；转不若旧小说之合其心理。余谓今后著译家，所当留意，专出商人观览之小说。其形式，则概用薄纸，不拘石印铅印，而以中国装订；其体裁，用章回；其文字，用通俗白话。先后以四五万字为率，加入回首之绣像。其旨趣，则兼取积极与消极，略示以世界商业之关系、之趋势、之竞争、之信用诸端之不可忽。其价值廉取，数册不逾圆。如是则渐通行于伙计朝奉间，使新拓心计，如对良朋，咸得于无意中收其效益也。

一女子社会。其负箧入塾，隶学生籍者，吾姑勿论。即普通闺阁，茶余饭罢，酒后灯前，若《天花藏才子书》，若《天雨花》《安邦》《定国》诸志，若《玉娇梨》《双珠凤》《珍珠塔》《三笑》诸书，举其名不下数百，何一非供女界之观览者？其内容则皆才子佳人，游园赠物，卒至状元宰相，拜将封侯，以遂其富贵寿考之目的，隳志丧品，莫此为甚！然核其售数，月计有余，而小说改良后，曾无一册合普通女子之心理，使一新耳目，足涤其旧染之污，以渐赴于文明之域者，则操觚者殊当自愧矣。余谓今后著作家，所当留意，专出女子观览之小说，其形式、体裁、文字、价值，与商人观览者略同。而加入弹词一类，诗歌、灯谜、酒令、图画、音乐，趋重于美的诸事，其旨趣，则教之以治家琐务、处事大纲，巨如政治伦常，细至饮食服用，上而孝养奉亲，下若义方教子，示以陈迹，动其兴感，如是则流行于阃以内，香口诵吟，檀心倾倒，必有买丝罗以绣者矣。

是为小说之进步，而使普通社会，亦敦促而进步，则小说者，诚足占文学界之上乘，其影响之及于同胞者，将见潜蓄之势力，益益发展，将来之欲望，益益膨胀，而有毅力以赴之，耐性以守之，深情以感触之，效用日大，斯不至为正士所鄙夷，大义所排斥矣，其诸君子有意于是乎？（《小说林》第九、十期，1908 年）

佚　名

编印《绣像小说》缘起

欧美化民，多由小说，榑桑崛起，推波助澜。其从事于此者，率皆名公巨卿，魁儒硕彦，察天下之大势，洞人类之颐理，潜推往古，豫揣将来，然后抒一己之见，著而为书，以醒齐民之耳目。或对人群之积弊而下砭，或为国家之危险而立鉴，揆其立意，无一非裨国利民。支那建国最古，作者如林，然非怪谬荒诞之言，即记污秽邪淫之事，求其稍裨于国、稍利于民者，几几乎百不获一。夫今乐忘倦，人情皆同，说书唱歌，感化尤易。

本馆有鉴于此，于是纠合同志，首缉此编，达摭泰西之良规，近挹海东之余韵，或手著、或译本，随时甄录，月出两期。借思开化夫下愚，遑计贻讥于大雅。呜呼！庚子一役，近事堪稽，爱国君子，倘或引为同调、畅此宗风，则请以此篇为之嚆矢，著者虽为执鞭，亦忻慕焉！（《绣像小说》第一期，1903 年）

陆绍明

《月月小说》发刊词

皇古之时，刻木纪事，史之意义，具于此焉。迨后结绳（燧人氏结绳）、造字（伏羲造字。谓字作于仓颉者，误。伏羲所画八卦，即为天地风雷等字），仓沮为史（仓颉沮诵改良字体以便纪事，非造创也），事近芜杂，言不雅驯，有小说野史之体。文字发达，六艺继兴，《书》《易》《礼》《乐》成于官学，《春秋》成于师学，《诗》为辀轩所采，成于私学。歌人怨女，吟于草野，则《诗》有小说野史之义；《周易》《春秋》，好言灾异，则《周易》《春秋》亦有小说野史之旨。考《汉书·艺文志》小说家载《青史子》五十七篇，贾谊《新书》《保傅篇》中，有引《青史子》之言，此为古有小说之明征。往古小说之发达，分五时代（见《画墁琐记》）：一曰口耳小说之时代。虚饰之言，人各相传；二曰竹简小说之时代。各执异说，刻于竹简；三曰布帛小说之时代。书于绅带，以资悦目；四曰誊写小说之时代，奇异新语，誊写相传；五曰梨枣小说之时代。付梓问世，博价沽誉。今也说部车载斗量，汗牛充栋，似于博价沽誉时代，实为小说改良社会、开通民智之时代也。本社集语怪之家，文写花管；怀奇之客，语穿明珠，亦注意于改良社会开通民智而已矣。此则本志发刊之旨也。本志小说之大体有二：一曰译，二曰撰。他山之玉，可以攻错，则译之不可缓者也；古人著作，义深体备，发我思想，继其绪余，则撰之有可观者也。夫往古小说，以文言为宗，考其体例，学原诸子。谓予不信，请申言之：有所谓儒家之小说、道家之小说、法家之小说、名家之小说、阴阳家之小说、杂家之小说、农家之小说、纵横家之小说、墨家之小说、兵家之小说、五音家之小说，伟哉小说，天下人何可轻视夫小说！唐代小说不一而足，李德裕之《次柳氏旧闻》，少涉神怪，且资劝戒。郑处诲之《明皇杂录》，其言卢怀慎好俭、家无珠玉锦绣之饰，津津不厌。张固之《幽闲鼓吹》，篇帙寥寥，而所言多开法戒，非造作虚辞，无裨考证者。比下至于宋，则有钱易之《南部新书》，所记皆唐时故实，兼及五代，多采轶闻琐语，而朝章国典之因革损益，杂载其间。田况之《儒林公议》，所记建隆以迄庆历朝廷政令，士夫言行，无不详载，亦间及五代十国时事，持论平允，不以恩怨亲疏为是非，公议之名，卓然不忝。司马光之《涑水纪闻》，杂记宋代旧事，起于太祖，迄于神宗，虽亦偶涉琐事，而国家大政为多。欧阳修之《归田录》，朝廷旧事，士夫谐谑，多所记载，自序谓以李肇《国史补》为法，而小异于肇者，不书人之过恶也。范镇之《东斋记事》，当时新法方行，而所述多祖宗美政，有鱼藻之意。刘延世之《孙公谈圃》，皆记闻于孙升之语，升虽列元祐党籍，而观其所论，既不满王安石，又不满苏轼，又不满程子，盖于洛、蜀二党之外，自行其意，无所偏附，则是书当为公议矣。赵令畤之《侯鲭录》，所记前辈遗事及诗话文评，皆斐然可观。高晦叟之《珍席放谈》，于朝廷制度沿革，士夫言行得失，言之颇详。彭乘之《墨客挥犀》皆记宋代轶事及诗话文评。王谠之《唐语林》，所记故实，嘉言懿行，多与正史相发明。曾慥之《高斋漫录》，所述朝廷典制及士夫言行，往往可资法戒，其品诗文供谐戏者，亦皆有理致可观。施得操之《北窗炙輠录》，所记皆前辈盛德，可为世法者。陈长方之《步里客谈》，所记多嘉祐以来名臣言行，于熙宁、元丰之间，邪正是非，尤三致意焉。其论元祐党人，不皆君子，其见迥在宋人以上，其评论文章亦多可采。叶绍翁之《四朝闻见录》，记高、孝、光、宁四朝事迹，绍翁之学，一以朱子为宗。至于元代，此类小说亦为不乏。蒋子正之《山房随笔》，所记多宋末元初事，而叙贾似道误国始末尤详，杨瑀之《山居新语》，所记多有关政典，有裨劝戒。郑元祐之《遂昌杂录》，多记宋代轶闻，亦多忧时感事之言。逮至明代，耿定向之《先进遗风》，所录皆明代名臣言行，严操守，砺品行，端正者在所不遗，又多居家行己之事，而朝政不及焉，其意似为当时士夫讽也。由唐之明，小说近于此种者，相继相承：此为儒家之小说也。东方朔之《神异经》，文采缛丽，又其所著《海内十洲记》，好言神仙，字字脉望。道家之小说，曼倩为圭臬，而庄周为嚆矢。《南华》寄寓，实为野史之宗；东方诙谐，足辟裨官之学。一则感言身世，梦中胡蝶频来；一则隐讽奢淫，天上蟠桃可采。于是环奇之客，继其绪余；语怪之家，效其体例。郭宪之《汉武洞冥记》，其言荒诞不可诘，其词华艳丽，亦迥异东京；秦王嘉之《拾遗记》，词条艳发，摛华挖藻；晋干宝之《搜神记》，多引古书；陶潜之《搜神后记》，文词古雅，体例严整；宋刘敬叔之《异苑》，所记皆神怪事，遣词简古，意态俱足；梁吴均之《续齐谐记》，所记异闻，恒为唐人所引用。任昉之《述异记》，好言神怪。唐薛用弱之《集异记》，涉于灵异，序述颇有文采。段成式之《酉阳杂俎》，为神怪小说之翘楚。宋徐铉之《稽神录》，所记皆唐末五代异闻。马纯之《陶朱新录》，所载皆宋时琐事，语怪者十之七八，洪迈之《夷坚支志》，所记皆神怪之说：此为道家之小说也。有近于道家而实非道家，道家言神仙奇异，若言鬼物而又涉于因果者，则为墨家之小说（墨子《明鬼》又言法律专主因果之说）。隋颜之推之《还冤志》，精信因果。唐谷神子之《博异记》，所记皆鬼神灵迹，叙述雅瞻，宋郭彖之《睽车志》，所记皆奇异之事，取《易》《睽卦》上爻载鬼一车之义为名，其书可以知矣：此墨家之小说也。唐郑紫之《三尺喙》，好言法律，往往讥古人妄行法者。宋僧文莹之《纠刑曼录》，言纣之虐政甚详，为他书所不见：此为法家之小说也。法家小说以外，又有所谓名家之小说。名与法相似，名家辨物定名，其又辨名定法，唐李肇所著《国史补》，自序谓言报应、叙鬼神、征梦卜、近帷薄则去之，纪事实、探物理、辨疑惑、示劝戒、采风俗则书之，此为名家之小说也。唐李涪之《浑仪管窥》，谈天好辨，放言阴阳。五代邱光庭之《日月球戏》，所言虚渺，非夷所思：此为阴阳家之小说也。汉刘歆之《西京杂记》、唐郑处海之《明皇杂录》、宋王巩之《甲申杂记》《随手杂录》、元郑元祐之《遂昌杂录》，皆博引杂采、搜罗宏富。若《太平广记》五百卷，分门古今类事二十卷，则为杂记小说之巨观者也。《太平广记》分五十五部，所采书三百四十五种，古来奇文秘笈，搜采无遗，分门古今类事，书分十二门，亦为采掇渊博：此为杂家之小说也。宋陶谷之《耕稼笑柄》，侈谈神农时耕稼之事，此为农家之小说也。宋彭乘所著《汉武凿空》，文采伟丽，此为兵家之小说也。宋高叟之《珍席放谈》、陈师道之《后山谈丛》、刘延世之《孙公谈圃》、孔平仲之《孔氏谈苑》、蔡绦之《铁围山丛谈》、王君玉之《国老谈苑》、王晫之《道山清话》，皆雄辩高谈，洵有可观：此为纵横家之小说也。唐崔令钦之《教坊记》，所言之丝竹歌唱之事，此为音乐家之小说也。由是观之，小说非无谓也。迨后由文言而流为白话小说，则不足观者多矣。非白话小说之体为不足观，中国白话小说内容足观者盖绝无仅有也。写艳情则微言相入，花艳丹唇；美态入神，云鬟绿鬓；雕帘绣轴，挑锦停功；宝树琼轩，浣纱见影；丹莺紫蝶，雄雌同梦；东鲽西鹣，山海同盟；花笺五幅，眷天涯之美人；琼树一枝，狎兰房之伎女。写哀情则织回文之锦，目断意迷；首步摇之冠，形单影只；白石沉海，钗断琴焚，古井无波，泪干肠折。写小说千篇一律，此写情小说之弊也。写侠勇则红线飞来，碧鬑闪去；座中壮士，嚼指断臂；帐下健儿，砍山射石；铁枪铜鼓，宝马雕弓；写一时之威，一战之勇，猿鹤虫沙，风声鹤唳；写一时之变，一日之穷，侠勇之说，亦陈陈相因，此写侠勇小说之弊也，中国白话小说，不外乎情勇，如历史小说，亦注意于勇，诲淫小说，亦注意于情，而小说之材料往往相沿相袭，此中国白话小说之所以不发达也。又有奇者，袭其名又袭其实，自为翻陈出新之作。如邱氏著《西游记》，而后人又著《后西游记》；元人著《西厢记》，而后人又著《西厢记》；曹氏著《红楼梦》，而后人又著《红楼梦》，画虎类狗，刻鹄成鹜，不足观也。中国小说分两大时代：一为文言小说之时代，一为白话小说之时代。文言小说原于诸子之学，白话小说亦有诸家之学。白话小说分数家：说近考据，则为考据家之小说；言涉虚空，则为理想家之小说；好用诗词，则为词章家之小说；言近道德，则为理学家之小说；好言典故，则为文献家之小说；好言险要，则为地理家之小说；点缀写情，则为美术家之小说；白话小说亦有可观者。呜呼！为白话小说者，往往蚁视小说，而率尔为之，此白话小说之所以不足观也。本社鉴于此，不揣固陋，刊发报章，月出一册。光诐说部，镜花水月，未免离奇；海市蜃楼，固当夸饰；记雕金饰壁之管，抒谈天雕龙之辩；知者见知，仁者见仁，知言君子，倘有取乎？

　　例胜班猪，义仿马龙，裨官之要，野史之宗。万言数代，一册千年，当时事业，满纸云烟。作历史小说第一。

　　天有飞鸢，渊有跃鱼，倏忽如矢，环转如车。事悟于脑，理见于心，味道研几，探赜钩深。作哲学小说第二。

　　人有敏悟，事有慧觉，非夷所思，钩心斗角。想入非非，觊不数数，有胜百智，无失千虑。作理想小说第三。

　　政由于习，理由于性，事有准的，人有百行。或尚于智，或崇于德，或贵于学，或尊于力。作社会小说第四。

　　莫著于隐，莫显于微，秘密之事，不翼而飞。幻之又幻，奇之又奇，画皮术工，用兵阵疑。作侦探小说第五。

　　红线之流，粉白剑青，刀光耀夜，剑气射星。儿女心肠，英雄肝胆，劳瘁不辞，经营惨淡。作侠情小说第六。

　　为国猿鹤，为民牺牲，福不若祸，死贤于生。头颅换金，肝脑涂地，三军夺帅，匹夫持志。作国民小说第七。

　　金粉销夜，莺花饯春，恨中之事，梦中之身。珠钗成云，胭脂生花，藏姬在屋，有女同车。作写情小说第八。

　　东方诙谐，笑骂百方，容心指摘，信口雌黄。由明为晦，由无生有，金鉴在心，词锋脱口。作滑稽小说第九。

　　宝马雕弓，鼓声剑光，旗欤阵欤，正正堂堂。铜鼓卧野，铁锁沉江，枪林弹雨，威猛绝双。作军事小说第十。

　　黄沙白草，石碣断碑，英雄豪杰，表扬为宜。独运神斧，以成心匠，抒我丽辞，言其真相。作传奇小说第十二。

　　墨金笔玉，组织丛说，他若传记，札记、短篇、杂录，则时选登载，寸锦鳞文，亦属凤毛麟角也。

　　丙午九月，陆绍明撰。（《月月小说》第三期，1906 年）

东海觉我

《小说林》缘起

　　《小说林》之成立，既二年有五月，同志议于春正，发行《小说林月刊社报》。编译排比既竟，并嘱以言弁其首。觉我曰：伟哉！近年译籍东流，学术西化，其最歆动吾新旧社会，而无有文野智愚，咸欢迎之者，非近年所行之新小说哉？夫我国之于小说，向所视为鸩毒，悬为厉禁，不许青年子弟稍一涉猎者也。乃一反其积习，而至于是，果有沟而通之，以圆其说者耶？抑小说之道，今昔不同，前之果足以害人，后之实无愧益世耶？岂人心之嗜好，因时因地而迁耶？抑于吾人之理性（Venunft），果有鼓舞与感觉之价值者耶？是今日之小说界所宜研究之一问题也。余不敏，尝以臆见论断之，则所谓小说者，殆合理想美学、感情美学而居其最上乘者乎？试以美学最发达之德意志征之。黑猗尔氏（Hegel，1770—1831）于美学，持绝对观念论者也，其言曰：艺术之圆满者，其第一义为醇化于自然。简言之，即满足吾人之美的欲望，而使无遗憾也。曲本中之团圆《白兔记》《荆钗记》《封诰》《杀狗记》《荣归》《千金记》《巧合》《紫箫记》等目，触处皆是，若演义中之《野叟曝言》，其卷末之踌躇满志者，且不下数万言，要之，不外使圆满而合于理性之自然也。其征一。又曰：事物现个性者，愈愈丰富，理想之发现亦愈愈圆满。故美之究竟在具象理想，不在于抽象理想。西国小说，多述一人一事；中国小说，多述数人数事；论者谓为文野之别，余独谓不然。事迹繁、格局变，人物则忠奸贤愚并列，事迹则巧绌奇正杂陈，其首尾联络，映带起伏，非有大手笔大结构，雄于文者不能为此，盖深明乎具象理想之道，能使人一读再读，即十读百读亦不厌也；而西籍中富此兴味者实鲜，孰优孰绌，不言可解。然所谓美之究竟，与小说固适合也。其征二。邱希孟氏（Kirchmann，1802—1884），感情美学之代表者也，其言美的快感，谓对于实体之形象而起。试睹吴用之智《水浒》、铁丐之真《野叟曝言》，数奇若韦痴珠《花月痕》、弄权若曹阿瞒《三国志》、冤狱若风波亭《岳传》，神通游戏如孙行者《西游记》、济颠僧《济公传》，阐事烛理若福尔摩斯、马丁休脱《侦探案》，足令人快乐，令人轻蔑，令人苦痛尊敬，种种感情，莫不对于小说而得之。其征三。又曰：美的概念之要素，其三为形象性。形象性者，实体之模仿也。当未开化之社会，一切天神仙佛鬼怪恶魔，莫不为社会所欢迎而受其迷惑。阿剌伯之《夜谈》、希腊之神话、《西游》《封神》之荒诞、《聊斋》《谐铎》之鬼狐，世乐道之，酒后茶余，闻者色变；及文化日进，而观长生术、海屋筹之兴味，不若《茶花女》《迦因小传》之秾郁而亲切矣。一非具形象性，一具形象性而感情因以不同也。其征四。又曰：美之第四特性，为理想化。理想化者，由感兴的实体，于艺术上除去无用分子，发挥其本性之谓也。小说之于日用琐事亘数年者，未曾按日而书之，即所谓无用之分子则去之，而月球之环游、世界之末日、地心海底之旅行，日新不已，皆本科学之理想超越自然而促其进化者也。其征五。凡此种种，为新旧社会所公认，而非余一己之私言，则其能鼓舞吾人之理性，感觉吾人之理性，夫复何疑！《小说林》之于新小说，既已译著并刊，二十余月，成书者四五十册，购者纷至，重印至四五版，而又必择尤甄录，定期刊行此月报者，殆欲神其薰浸刺提（说详《新小说》一号）之用，而毋徒费时间，使嗜小说癖者之终不满意云尔。（《小说林》第一期，1907 年）

黄摩西

《小说林》发刊辞

今之时代，文明交通之时代也，抑亦小说交通之时代乎？国民自治，方在豫备期间；教育改良，未臻普及地位；科学如罗骨董，真赝杂陈；实业若披醉人，仆立无定；独此所谓小说者，其兴也勃焉。海内文豪，既各变其索缣乞米之方针，运其高髻多脂之方略。或墨驱凥马，贡殊域之环闻；或笔代然犀，影拓都之现状。集葩藻春，并亢乐晓，稿墨犹滋，囊金竞贸。新闻纸报告拦中，异军特起者，小说也。四方辈致，掷作金石声；五都标悬，烁若云霞色者，小说也。竹罄南山，金高北斗；聚珍摄影，钞腕欲脱；操奇计赢，舞袖益长者，小说也。蚩发学僮，蛾眉居士，上自建牙张翼之尊严，下迄雕面糊容之琐贱，眠沫一卷，而不忍遽置者，小说也。小说之风行于社会者如是。狭斜抛心缔约，辄神游于亚猛亨利之间；屠沽察睫竞才，常锐身以福尔马丁为任；摹仿文明形式，花圈雪服，贺自由之结婚；崇拜虚无党员，炸弹快枪，惊暗杀之手段，小说之影响于社会者又如是。则虽谓吾国今日之文明为小说之文明，可也；则虽谓吾国异日政界、学界、教育界、实业界之文明即今日小说界之文明，亦无不可也。虽然，有一蔽焉，则以昔之视小说也太轻，而今之视小说又太重也。昔之于小说也，博弈视之，俳优视之，甚且鸩毒视之，妖孽视之，言不齿于缙绅，名不列于四部（古之所谓"小说家"者与今大异）；私衷酷好，而阅必背人，下笔误征，则群加嗤鄙；虽如《水浒传》《石头记》之创社会主义，阐色情哲学，托草泽以下民贼奴隶之砭（龚自珍之尊隐是耐庵注脚），假兰苕以塞黍离荆棘之悲者（《石头记》成于先朝遗老之手，非曹作），亦科以诲淫诲盗之罪，谓作者已伏冥诛，绳诸戒色戒斗之年，谓阅者断非佳士；即或赏其奇瑰，强作斡旋，辨忠义之真伪，区情欲之贞淫，亦不脱俗情，无当本旨（《水浒》本不讳盗，《石头》亦不讳淫，李贽、金喟强作解事，所谓买匮还珠者；《石头》诸评，更等诸剑下矣），余可知矣。今也反是，出一小说，必自尸国民进化之功，评一小说，必大倡谣俗改良之恉；吷声四应，学步载涂，以音乐舞踏，抒感甄挑卓之隐衷，以磁电声光，饰牛鬼蛇神之假面；虽稗贩短章，苇苴恶札，靡不上之佳谥，弇以呓词，一若国家之法典，宗教之圣经，学校之科本，家庭社会之标准方式，无一不偈于小说者，其然，岂其然乎？夫文家所忌，莫如故为关系，心理之僻，尤在昧厥本来；然吾不问小说之效力，果足改顽固脑机而灵之，祛腐败空气而新之否也；亦不问作小说者之本心，果专为大群致公益，而非为小己谋私利，其小说之内容，果一一与标置者相仇否也；更不问评小说读小说者，果公认此小说为换骨丹、为益智粽、为金牛之宪章、为所罗门之符咒否也。请一考小说之实质。小说者，文学之倾于美的方面之一种也。宝钗罗带，非高蹈之口吻；碧云黄花，岂后乐之襟期？微论小说，文学之有高格可循者，一属于审美之情操，尚不暇求真际而择法语也。然不佞之意，亦非敢谓作小说者，但当极藻绘之工，尽缠绵之致，一任事理之乖僻，风教之灭裂也。玉颜珠颔，补史氏之旧闻；气液日精，据良工所创获，未始非即物物理之助也。不然，则有哲学科学专书在。《吁天》诉虐，金山之同病堪怜；《渡海》寻仇，火窟之孝思不匮，固足收振耻立懦之效也。不然，则有法律经训原文在。且彼求诚止善者，未闻以玩华绣帨之不逮，而变诚与善之目的以迁就之，则从事小说者，亦何必椎髻饰劳，黟容示节，而唐捐其本质乎？嫱、施天下之美也，鸥夷一舸，讵非明哲？青冢一坯，不失幽芬。借令没其倾吴宫、照汉殿之丰容，而强与孟虎齐称，娥台合传，不将疑其狂易乎？一小说也，而号于人曰，吾不屑屑为美，一秉立诚明善之宗旨，则不过一无价值之讲义，不规则之格言而已，恐阅者不免如听古乐，即作者亦未能歌舞共笔墨也。名相推崇，而实取厌薄。是吾国文明仅于小说界稍有影响，而中道为之安障也。此不佞所以甘冒不韪而不能已于一言也。

《小说林》者，沪上黄车掌录之职志也。成立伊始，不佞曾滥充骏骨，既而兰筋狎至，花样日新；馔箸满家，倾倒全国。忽忽寒暑四易，踵《小说林》而小说者，不知几何，蟉绝鞭折，卒莫之逮，尚惧夫季观之莫继，而任腴之未遍也。因缀腋集鲭，用杂志体例，月出一册，以餍四方之求，即标曰《小说林》，盖谓《小说林》之所以为小说林，亦犹小说之为小说耳。若夫立诚止善，则吾宏文馆之事，而非吾《小说林》之事矣，此其所见不与时贤大异哉。（《小说林》第一期，1907 年）

佚　名

《新世界小说社报》发刊辞

呜呼！中国教育之不普及，其所由来者渐矣。《汉志》九家，除小说家外，其余皆非妇孺所能与知之事，班氏谓其流盖出于古之稗官（如淳注引《九章》"细米为稗"，"王者欲知里巷风俗故立稗官，使称说之"），而且与八家鼎峙，则小说之重可知，小说视为官书，则通行于朝野可知。观于师箴蒙诵，为后世盲词之滥觞，其实古之经筵，即今之盲词也。虽以君相之所讲求，亦不外妇孺所能与知之事。故君心易以启沃，而小说之为用广也。后世若《太平御览》，若《宣和遗事》，犹存稗官之意。元重词曲，至以之取士，则其宫廷之间，小说当不尽废。自明世经筵，专讲经史，于是陈义过高，获益转鲜。自此以后，小说流行之区域，盛于民间，士大夫拘文牵义，禁子弟阅看小说，陆桴亭至目为动火导欲之物，盖上不以是为重，则事不归官，而无知妄作之徒，畅所欲言，靡所顾忌，讽劝之意少，而蛊惑之意多，荒唐谬悠之词，连篇累牍，不一而足，无宗旨、无根据，而小说乃毫无价值之可言。虽然，以今日而言小说，乃绝有价值之可言。

何以言之？文化日进，思潮日高，群知小说之效果，捷于演说报章，不视为遣情之具，而视为开通民智之津梁，涵养民德之要素，故政治也、科学也、实业也、写情也、侦探也，分门别派，实为新小说之创例，此其所以绝有价值也。况言论自由，为东西文明之通例，仁者见仁，智者见智，亦在夏先哲之名言，苟知此例，则愿作小说者，不论作何种小说，愿阅小说者，亦不论阅何种小说，无不可也。同人有见于此，于是有《新世界小说》之作。盖庄言正论，不足以动人，号为读书之士，尚至束阁经史，往往有圣贤千言万语所不能入者，引一俗谚相譬解，而其人即能恍然于言下，口耳流传，经无数自然之删削，乃有此美玉精金之片词只语与经史而并存，世界不毁，此一说也。有释奴小说之作，而后美洲大陆创开一新天地；有革命小说之作，而后欧洲政治特辟一新纪元；而以视吾国北人之敢死喜乱，不啻活演一《水浒传》；南人之醉生梦死，不啻实做一《石头记》。小说势力之伟大，几几乎能造成世界矣。此一说也。官场之现形，奇奇怪怪；学堂之风潮，滔滔汩汩。新党之革命排满也，而继即升官发财矣；新乡愿之炫道学、倡公理也，而继即占官地、遂私计矣。人心险于山川，世路尽为荆棘，则其余之实行奸盗邪淫，与夫诈伪撞骗者，更不足论矣。耳所闻、目所见，举世皆小说之资料也。此又一说也。要而言之，小道可观，其蕴蓄于内者，有小说与世界心理之关系，哲家之所谓内籀也，其表见于外者，有小说与世界历史风俗之关系，哲家之所谓外籀也，请再进而备言之。

小说与世界心理之关系

夫为中国数千年之恶俗，而又最牢不可破者，则为鬼神，而鬼神之中，则又有神仙鬼狐道佛妖魅之分，小说家于此，描写鬼神之情状，不啻描写吾民心理之情状，说者谓其惑根之不可拔，几几乎原于胎教；盖以吾国之迷信鬼神者，以妇女为最多，因而及于大多数之国民，近日识时君子，恒以吾国民无母教为忧，讵知其脑筋中自然而受之母教，鬼神实占其大部分，此皆言鬼神之小说为之也。顾昔日以小说而愈坚其鬼神之信，今宜即以小说而力破其鬼神之迷。不见夫通常社会中所行为，实鬼事多而人事少乎？此固无可为讳者也。故欲贯输以文明之幸福，非先夺其脑筋中大部分之所据，而痛加以棒喝，以收夫廓清摧陷之功，不可得也。

其次则为男女。其为不正之男女，则必有果报；其为虽不正而可以附会今日自由结婚之男女，则必有团圆。最奇者，尚有非男非女，而亦居然有男女之事，盖以男女为其因，而万事皆从此一因而起，夸说功名，则平蛮封王，而为驸马也；艳称富贵，则考试及第，而为裔婿也。其先则无不贫困之极，其后则无不豪华之极。由是骄奢淫佚，而为纨袴、为劣绅、为势恶土豪，为败家子，皆从此派而生。使观其书者，如天花之乱坠，而目为之迷，神为之炫，此小说中普通之体例，然实即代表民俗普通之心理也。

小说与世界历史风俗之关系

观小说者，无端歌哭，无限低徊，而感情最浓者，其在兴亡之际乎？借渔樵之话，挥沧桑之泪，痛定思痛，句中有句，忌讳既多，湮没遂易，其有大书特书者，出之虽后，则至可宝贵矣。中国数千年来，有君史，无民史，其关系于此种之小说，可作民史读也。夫有兴亡之事，则有一切扰乱战争之事，然其时之罹于锋镝，与其后之重见天日，必有一番尧、桀之渲染，虽其说半不足据，而当时朝廷之对待民间，为仁为暴，犹可为万一之揣测。况专制时代，凡事莫不以君主为重心，由小说而播于演剧，而演剧更足为重心所在之证者，则俗语所谓十出九皇帝是也。皇帝为独一无二富贵无比之称号，其狂妄不轨之徒，窃以自娱者无论矣，即至童乳戏言，亦往往以此号为口头禅，以自拟而聊快其无意识之歆羡，而不知扰乱之种子，即隐含于此，故兴亡俨如转烛，平添无数小说之材料，剧演则为其试验场也，平话则为其演说场也（平话俗谓之说书），而世界遂随而涌现于此时矣。（《新世界小说社报》第一期，1906 年）

竹泉生

竞立社刊行《小说月报》宗旨说

竞立社何以名？名以志也。小而立身，大而立国，卑而立言，高而立德，是则本社之求为自立而立人者也。而所以竞立之道则有三：

（甲）地球各邦，开化之早，莫如中国。而圣贤之辈出，道德之发明，亦惟我中国为最盛。数千年来，一以道德为立国之本，则道德为吾国独占优胜之国粹，固彰彰矣。苟放弃其国粹，即转瞬而不国。而考之欧美诸邦，亦未有不以道德为之基者。故本社之宗旨，首以保存国粹为第一级竞立之手段。

（乙）我中国虽曰以道德立国，而道德之衰微实已久矣，道德之不明亦已甚矣。是故二千年来宗教无尺寸之柄，佛老诸子，星相邪说，蒸蒸焉日发见于社会，而莫为之防障。圣人之道，为迂儒鄙夫所蔽塞，而莫能疏而通之，修而行之。于是乎江河日下，恶习日深，成为现在卑陋腐败、朽弱不振之老大帝国。自非痛加湔濯，相与更始，不足以言存立也。故本社之宗旨，又以革除陋习为第二级竞立之手段。

（丙）我中国之版图，亦可以谓广大矣，我中国之人民，亦可以谓众多矣。以一二人之心思材力，督治极广大之土地，化裁极众多之士庶，此实尧、舜之所难，而周、孔之所不敢任者也。况夫国家之亡，匹夫亦与有责。孰非天民？即各有天赋之主权。国之阽危，皆吾辈所当竭力肩任挽救者。虽云材力绵薄，未卜胜任与否，而要不敢以天赋之主权，委诸他人之手也。故本社之宗旨，卒以扩张民权为第三级竞立之手段。

抑本社之刊行月报也，乃立言之例也，则所以竞于立言者，又贵出言有则而可以为法，言之有文而可以行远。

或以为区区说部，何足以当立言之任？不知危言庄论，断难家喻而户晓，传布不广，乌能收时雨普及之效哉？则本社且将恃此说部而为立德之始基，为立功之向导焉矣，而于立言乎何有？

虽然，如上所言，本社所以竞立之范围，所以竞立之手段，与夫所以竞立之希望，甚远且大，而其目的之果能达到与否，则有不可得而必者。然则社员将废然而馁，而不敢遽以所以竞立之道闻诸社外矣乎？

竹泉生曰：不然，是在立志。志壹则神聚，神聚则气充，气充则有毅力，则可以任重而道远，杀身守死而不变，而吾所以竞立之希望、手段、范围，且将塞乎两间而无弗达焉。而凡社外之士，得闻吾言者，皆宜有吾之宗旨、手段、能力，而各求所以立之之道。则本社之范围之大，天下莫能载，而用馁乎？而用馁乎？（《竞立社小说月报》第一期，1907 年）

报　癖

《扬子江小说报》发刊辞

　　粤自三千稗乘，佐晋麈之清潭；九百虞初，继董狐之直笔。南华仙蝶，栩栩频飞；西岛蟠桃，累累可采。庄言莫能推广，小说因以萌芽。至若干宝搜神，齐谐志怪，李肇补史，邹衍谈天，输美丽之潮流，含劝惩之目的，维持社会，鼓吹文明，猗欤盛矣！洎乎近世，才人辈出，斯业愈昌。著述如云，翻译如雾，科学更加之侦探，事迹翻新；章回而副以传奇，体裁益富；莫不豪情泉涌，异想天开，力扶大雅之轮，价贵洛阳之纸者也。是以《新小说报》倡始于横滨，《绣像小说》发生于沪渎，创为杂志，聊作机关，追踪曼倩淳于、媲美嚣俄、笠顿，每值一编披露，即邀四海欢迎，吐此荣光，应无憾事。畴料才华遭忌，遂令先后销声，难寿名山，莫偿宏愿。况复《新新小说》发行未满全年，《小说月报》出版仅终贰号，《新世界小说报》为词穷而匿影，《小说世界日报》因易主而停刊，《七日小说》久息蝉鸣，《小说世界》徒留鸿印，率似秋风落叶，浑如西峡残阳，盛举难恢，元音绝响，文风不竞，吾道堪悲；虽《月月小说》重张旗鼓于前秋，《小说林报》独写牢骚于此日，而势力究莫能澎涨，愚顽难遍下针砭。是知欲奋雄图，务必旁求臂助。嗟乎！欧风凛冽，汉水不波，美雨纵横，亚云似墨，怜三家之学究，未谙时势变迁；笑一孔之儒林，难解《典》《坟》作用。以致神州莽莽，夥醉生梦死之徒；政界昏昏，尽走肉行尸之辈。本社胡君石庵睹兹现状，时切杞忧，爰集同人，共襄伟业；挽狂澜于稗海，树新帜于汉皋，半月成编，一月出版。词清若玉，抒哭麟歌凤之怀；笔大如椽，施活虎生龙之术。悲欢并妙，巨细靡遗；统地球之是是非非，毕呈真相；据公理而褒褒贬贬，隐具婆心。吐满纸之云烟，构太空之楼阁，事分今古，界判东西。冶著译于一炉，截长补短，综庄谐于小册，取琛搜珠。在宣统开幕之年、为杂志悬弧之日。记者不敏，窃愿附同人骥尾，学步效颦；挥入木之狸尖，呕心沥血。他山有石，何妨攻错于小言；敝帚自珍，讵计贻讥于大雅？乔木为铎，聊当洪钟。庶几酒后茶余，供诸君之快睹，从此风清月白，竭不佞之苦思。遂渐改良，殷勤从事，谨志斯时纪念，罗寰宇之鸿文；伫看异日突飞，执稗官之牛耳。敢揭其门栏于左：

引伸旨趣，阐发宗风，笔飞墨舞，稗益无穷。述论说第一。

文兼雅俗，推陈出新，借齐东语，醒亚东民。述小说第二。

解决是非，评量真妄，词简意赅，理直气壮。述世界批评第三。

《风》《骚》百变，国粹一斑，随时采录，大好消闲。述文苑第四。

点睛蔽月，意在笔先，惟妙惟肖，兴味盎然。述图画第五。

善恶之师，兴亡之影，谱出新声，发人深省。述戏曲改良第六。

只谈风月，偶咏莺花，争传韵事，务屏狎邪。述花鸟录第七。

文人著述，商界行为，附诸末幅，谁曰不宜。述告白第八。

（《扬子江小说报》第一期，1909 年）

林文骢

《新小说丛》祝词

吾家紫虬文学，与其友数君，合组《新小说丛》一书，予尚未寓目及之也，而知其必有以餍饫海内之人望者矣，因泚笔为之祝曰：某闻来离登得，篡齐、鲁之方言；象寄译鞮，备职方之外纪。自兹以降，虞初周说，黄车综其旧闻；汉武遗事，彤管甄其别录。莫不伟色揣称，抽秘逞妍。小山丛桂之谈，夙推《淮南鸿烈》；中郎蘁臼之喻，实为枕中秘宝。固己家握灵蛇，人吐白凤，未有识通古今，学贯中西，网罗遍于五大洲，撰述极乎九万里，语其托兴，是寄奴益智之粽；讽以微词，作仲任《潜夫》之论，如诸君所组《新小说丛》之善者也。自昔说部之流传，半属文人之好事，则有《拾遗》作记，《外传》成书，元微之《会真》含情，陆鲁望《小名》摘艳，红绡金合，田郎之跋扈依然；紫玉燕钗，李益之妒情斯在。南部烟花之录，午夜香温；北里狭斜之游，丁年梦熟。《桃花扇》里，岂有意于兴亡；《长生殿》中，拾坠欢于佳丽。甚或柯古征异，干宝搜神，支诺皋炫其怪闻，王清本恣其诞说。灵均逐客，东皇无续命之丝；长春幻人，《西游》岂金丹之术？留仙丽藻，多说鬼与说狐；晓岚辩才，姑妄言而妄听。下至《列国》《三国》

之演义，哲理无存；《隋唐》《残唐》之赘编，秽鄙特甚，大雅之士，蹙焉悯之。凡斯下里之讴，等之自桧而已。或谓郢书善附，燕说无征，祸枣灾梨，汗牛充栋，大都螳安槐国，虮诵阿房，纵享帚以自珍，只胡卢之依样。盖无进化开明之识，则夏虫固不足语冰；非有专科通译之才，则井蛙亦难测海。矧在今日，万国骈罗，列强虎视，而犹蹈常袭谬，荡志海淫，将何以照法炬于昏衢，轰暴雷于聋俗乎？夫抟抟大地，苍苍彼天，扰扰吾生，漫漫长夜，黄耏碧眼，隐取缔于瓜分，黑水白山，等浮踪于萍散。《霓裳》曲罢，旧内春销，《玉树》歌终，吟边句冷。皇舆败绩，痛南渡之君臣；行役劬劳，悯东周之禾黍。苍鹅出地，衅本兆于翟泉；白马清流，祸且成乎钩党。遂使国士流涕，心伤豫让之桥；酒人悲歌，目断庆乡之里。此何时哉？嘻其酷矣！而况元瑜书记，仲宣流离，岭陟愁思，滩过惶恐。并命有独摇之树，索笑无称意之花，穷愁著书，不可说也。然而自公退食，谋国是者何人；皆醉独醒，实钟情于我辈。诸君自伤身世，甘作舌人，以瑰奇屺特之资，肩起发硙顽之职，广译善本，启迪群蒙，亮符鄙颂，然某以为小说之作，体兼雅俗，义统正变，意存规戒，笔有褒贬，所以变国俗，开民智，莫善于此，非可苟焉已也。窃不自揣，辄有所贡，幸垂察焉。慨自阁龙探险，恣舰队之东来；卢骚著书，倡《民约》于西隩。自是潜吹虺毒，伏厉豺牙，甚蹂躏于晋庭，受岁币于宋室。夫传檄而擒颉利，奋刀以斩郅支，在彼古人，实操胜算。今则大开海禁，渐失藩篱，苟有人焉，斗我心兵，敌彼毛瑟，孙武之智，九天而九地；孟获之服，七纵而七擒；足使生亮却步，说岳惭颜；拿波伦遂戢其野心，惠灵吞亦失其战略，斯曰御侮，其善一也。往者甲午之役，丧败实多，既利益之均沾，又缔盟而协约。夫贞德女杰，尚发愤以救亡，罗兰夫人，亦慷慨而致命。今既民权渐苗，女学将兴，岂无娘子之军，足佐壮夫之绩。况杯葛主义，实行于拒约，炸药暗杀，激厉于舆情。将使黄衫豪客，不独成匕首之勋；红拂丽姬，并堪作同仇之侣。则又未尝不可潜消祸水，共上强台，斯曰振武，其善一也。若夫测象元模，探奇大块，刚柔轻重，既殊其习，阴阳燥湿，复异其宜。于是露纷而谒祆神，焦顶而亲梵呗，摩西十诫，呼阿拉以称尊；基督一神，抱救世之宏愿。类皆膺华效卑之美誉，则宗教自居，闻婴匪毒之谇声，则惨颜不怿。然而独雄众雌之俗，不徒三女为奸；蹶颐羯首之蛮，大抵肝人若脯。茵陈趑捷，唯畋猎以遂生；蹢躅游居，去牛羊而弗乐。此外如冰天雪海，死谷炎荒，固难与桑港良岛、巴黎名都，较短量长，相提并论，然则跨麦哲伦之舰，不足罄其形容；乘张博望之槎，更莫窥其万一。斯曰采风，其善一也。至如理想高尚，艺术朋兴，奈端探赜于天文，哈敦研精于地质，斯宾塞阐理于人群，达尔文纵心于物竞，极之钒验精医，方维工算，磺强合化，蟓蝶效形。以至两冷相和，或成涫热，二清忽杂，乃呈浊泥，罔不思入混茫，妙参造化。是以锥刀必竞，富逾犁鞑之琛；药弹横飞，雄长屠耆之族。盖其钩深索钥，通幽诣微。罗万有于寸心，镜二仪于尺素。奚止女娲炼石，志幻于补天；鲁阳挥戈，谈空于返日。斯曰浚智，其善一也。至于身毒吉贝，墨加胡椒，薯蓣种于英伦，葡萄产于希腊，与夫忒斯玛之猗狒，澳大利之袋鼠，使犬驯鹿，交说于穷边；海豹白熊，栖息于寒带，是虽名物之纷如，亦必研求之有自。而徐松龛《瀛环志略》，疏漏居多；魏默深《海国见闻》，搜罗未悉。今欲穷形象物，妙手写生，倘备指挥，亦供点缀。衣披氍毹，轻描绿毯之妆；杯号留犁，沉醉白兰之酒。是则灯前遇侠，月下传娇，流目送波，添毫欲活，又况狮子虎势极猛厉，轵首莺能作歌谣，固腾于《尔雅》之笺虫鱼，稽含之状草木，斯曰博物，其善一也。抑又闻之，钟仪君子，惟操土音；桓氏参军，乃工蛮语。然未免驶舌难知，钩唇鲜效。加以佉卢左行之字，撒逊连狙之书，以版克为公司，以毗勒为盾剂，葛必达为丁口之赋，狼跋氏是典库之名，喝特尔斯，实廛丁之释义，萨白锡帝，问佽助以谁知。又况优底公尼，印度标其树布，拓都么匿，欧西言其多寡。则虽读空四部，富有五库，亦恐路入迷阳，灯昏漆室。自非熟习希伯来文字，何以翻犹太教经？深谙拉体诺名词，未必通罗马掌故。斯曰绩学，其善一也。近者遁叟记述，为西学之先河；又陵博闻，登文坛而夺席。望扶桑之灵宿，荟萃英华；得琴兰之嗣音，藻绘绚烂。斯已沾溉艺林，别开境界。而诸君翩翩绝世，榘㮚大才，吹嘘芳馨，综采繁缛，日月合璧，昭云汉以为章，笙磬同音，融律吕以凑矩。士得知己，庶无憾焉。所可悼者，欧美腾踔，风潮激荡，楚歌非取乐之方，胡笳是销魂之曲。嗟乎！河山半壁，岂仙人劫外之棋；金粉六朝，裂王者宅中之地。健儿之躯号七尺，宁帖伏若粥雌；金石之寿不百年，忍摩挲此铜狄。固知挥毫写恨，对酒当歌，金铁皆鸣，声泪俱下，伊郁善感，非得已已。若徒摹拟闺情，掇拾里谚，既落窠臼，殊少别裁，揆厥下忱，绝非所望。呜呼！虬髯客扶余一去，谁能兴海外之龙；丁令威华表重来，我将化辽左之鹤。光绪丁未十月之望，新会林文骢撰。（《新小说丛》第一期，1907 年）

佚　名

《小说七日报》发刊词

值物竞之剧烈，虑炎裔之就衰，民智未开，斯文有责。明通之士，于是或著或译，作为小说，以收启迪愚氓之效，非谓嬉笑怒骂，信口雌黄，借以拾牙余之慧，求垄断之利已也。是以泰东西说部之作，虽亦不鲜，而其所以辅教育之不及，佐兴观之感觉者，意既深而法亦易，词虽浅而用则宏。若夫累牍连篇，妨人视力，影响殊少，蛇足殊多者，盖吾未之闻。今者流览书肆，光怪陆离，名不胜数，其内容或数十页一卷，其措词或三五字成行，繁圈密点，观者亦为之目眯而神夺。改良社会乎？输灌文明乎？诸君子若各负有重大之责任也者。不才如蒙等，亦何敢搔首弄姿，效鼙越女，则此小说之发刊胡为者？况乎外物输入，内资输出，日用消费，朘削已多，学海望洋，能逢原而瀹委焉，则亦已矣。牖启之道，当在彼而不在此。作为无益害有益，更相寻于无已，则此《小说七日报》之发刊，又胡为者？然而人生积日而月，积月而年，以最多数之时间，用之于真挚，以最少数之时间，用之于不真挚，夫奚足怪？凡可以开进德智，鼓舞兴趣者，以之贡献我新少年，以之活泼其新知识，又奚不可？休沐之暇，与其溺志于嬉游，曷若萦情于楮墨？与其驰骛于情想，曷若绍介以见闻？高文鸿诣，虽非可率尔操觚；绮语俳词，亦岂敢自招笔谴？取资既廉，在作者非贪泉之爽酌，在购者亦不越赍酒之杖钱。杞人忧天，愚公移山，其或有效乎，非所敢期。若责以弋名钓利，雕虫非壮夫所为，则坊间新著诸册子，方汗牛而充栋焉，为本编之解铃矣。（《小说七日报》第一期，1906 年）

忧患余生

《官场现形记》叙

昔孔子作《春秋》而乱臣贼子惧，孔子曰："知我者其惟《春秋》乎？罪我者其惟《春秋》乎？"大圣人以教世为心，固不避宵小辈大奸慝之仇之也。而一意孤行，为若辈绘影绘声，定一不磨之铁案，不但今日读之，奉为千秋公论，即若辈当日读之，亦色然神惊，而私心沮丧也。呜呼！文字之感人也深矣，而今日继起者果谁乎？老友南亭亭长乃近有《官场现形记》之著，如颊上之添毫，纤悉毕露，如地狱之变相，丑态百出，每出一纸，见者拍案叫绝。熟于世故者，皆曰，是非过来人不能道其只字；而长于钻营者，则曰，是皆吾辈之先导师。知者见知，仁者见仁，入鲍鱼之肆，而不自知其臭，其斯之谓乎？夫今日者，人心已死，公道久绝，廉耻之亡于中国官场者，不知几何岁月，而一举一动，皆丧其羞恶之心，几视天下卑污苟贱之事，为分所应为。宠禄过当，邪所自来，竟以之兴废立篡窃之祸矣。戊戌、庚子之间，天地晦黑，觉罗不亡，殆如一线。而吾辈不畏强御，不避斧钺，笔伐口诛，大声疾呼，卒伸大义于天下，使若辈凛乎不敢犯清议，虽谓《春秋》之力至今存可也。而谁谓草茅之士，不可以救天下哉？《官场现形记》一书者，新学家所谓若辈之内容，而论世者所谓若辈之实据也。仆尝出入卑鄙龌龊之场，往来奔竞贪缘之地，耳之所触，目之所炫，五花八门，光怪万状。觉世间变幻之态，无有过于中国官场者，而口讷讷不能道，笔蕾蕾若钝椎，胸际秽恶，腕底牢骚，尝苦一部廿四史，不知从何处说起。今日读南亭之《官场现形记》，不觉喜曰：是不啻吾意中所出。吾一生欢乐愉快事，无有过于此时者，盖吾辈嫉恶之性，有同然者也。嗟嗟！神禹铸鼎，魑魅夜哭；温峤燃犀，魍魉避影。中国官场久为全球各国不齿于人类，而若辈穷奇浑沌，跳舞拍张，方且谓行莫予泥，令莫予违，一若睥睨自得也者。而不意有一救世佛焉，为之放大千之光，摄世界之影，使一般之嚅嚅而动，蠢蠢以争者，咸毕现于菩提镜中，此若辈意料所不到者也。然而存之万世之下，安知不作今日之《春秋》观，而今日之知我罪我，则我又何所计及乎？是为叙。(《晚清文学丛钞·小说戏曲研究卷》)

吴趼人

《近十年之怪现状》自叙

吾人幼而读书，长而入世，而所读之书，终不能达于用，不得已，乃思立言以自表，抑亦大可哀已。况乎所谓言者，于理学则无关于性命，于实学则无补于经济，技仅雕虫，谈恣扪虱，俯仰人前，不自颜汗。呜呼！是岂吾读书识字之初心也哉。虽然，落拓极而牢骚起，抑郁发而叱咤生，穷愁著书，宁自我始？夫呵风云，撼山岳，夺魂魄，泣鬼神，此雄夫之文也，吾病不能。至若态虫鱼，评月露，写幽恨，寄缠绵，此儿女之文也，吾又不屑。然而愤世嫉俗之念，积而愈深，即砭愚订顽之心，久而弥切，始学为嬉笑怒骂之文，窃自侪于谲谏之列。犹幸文章知己，海内有人，一纸既出，则传钞传诵者，虽经年累月，犹不以陈腐割爱，于是乎始信文字之有神也。爱我者谓零金碎玉，散置可惜，断简残编，掇拾匪易，盍为连缀之文，使见者知所宝贵，得者便于收藏，亦可借是而多作一日之遗留乎？于是始学为章回小说。计自癸卯始业，以迄于今，垂七年矣，已脱稿者，如借译稿以衍义之《电术奇谈》（见横滨《新小说》，已有单行本），如《恨海》（单行本），如《劫余灰》（见《月月小说》），皆写情小说也。如《九命奇冤》（见横滨《新小说》，已有单行本），如《发财秘诀》，如《上海游骖录》（均见《月月小说》），如《胡宝玉》（单行本），皆社会小说也。兼理想、科学、社会、政治而有之者，则为《新石头记》（前见《南方报》近刻单行本）。其未脱稿者不与焉，短篇零拾亦不与焉。嗟夫！以二千五百余日之精神岁月，置于此詹詹小言之中，自视亦大愚矣。窃幸出版以来，咸为阅者所首肯，颇不寂寞。然如是种种，皆一时兴到之作，初无容心于其间。惟《二十年目睹之怪现状》一书，部分百回，都凡五十万言，借一人为总机挺，写社会种种怪状，皆二十年前所亲见亲闻者，惨淡经营，历七年而犹未尽杀青，盖虽陆续付印，已达八十回，余二十回稿虽脱而尚待讨论也。春日初长，雨窗偶暇，检阅稿末，不结之结。二十年之事迹已终，念后乎此二十年之怪状，其甚于前二十年者，何可胜记？既有前作，胡勿赓续？此念才起，即觉魑魅魍魉，布满目前，牛鬼蛇神，纷扰脑际，入诸记载，当成大观。于是略采近十年见闻之怪剧，支配先后，分别弃取，变易笔法（前书系自记体，此易为传体），厘定显晦，日课如千字，以与喜读吾书者，再结一翰墨因缘。（《晚清文学丛钞·小说戏曲研究卷》）

刘 鹗

《老残游记》初集自叙

婴儿堕地，其泣也呱呱；及其老死，家人环绕，其哭也号啕。然则哭泣也者，固人之所以成始成终也。其间人品之高下，以其哭泣之多寡为衡，盖哭泣者，灵性之现象也。有一分灵性，即有一分哭泣，而际遇之顺逆不与焉。马与牛，终岁勤苦，食不过刍秣，与鞭策相终始，可谓辛苦矣，然不知哭泣，灵性缺也。猿猴之为物，跳掷于深林，厌饱乎梨栗，至逸乐也，而善啼，啼者，猿猴之哭泣也。故博物家云：猿猴，动物中性最近人者，以其有灵性也。古诗云"巴东三峡巫峡长，猿啼三声断人肠"，其感情为何如矣。灵性生感情，感情生哭泣。哭泣计有两类，一为有力类，一为无力类。痴儿呆女，失果即啼，遗簪亦泣，此为无力类之哭泣。城崩杞妇之哭，竹染湘妃之泪，此为有力类之哭泣也。有力类之哭泣又分两种，以哭泣为哭泣者，其力尚弱；不以哭泣为哭泣者，其力甚劲，其行乃弥远也。《离骚》为屈大夫之哭泣，《庄子》为蒙叟之哭泣；《史记》为太史公之哭泣，《草堂诗集》为杜工部之哭泣；李后主以词哭，八大山人以画哭，王实甫寄哭泣于《西厢》，曹雪芹寄哭泣于《红楼梦》。王之言曰："别恨离愁满肺腑，难陶泄，除纸笔，代喉舌，我千种想思向谁说？"曹之言曰："满纸荒唐言，一把辛酸泪，都云作者痴，谁解其中意。"名其茶曰"千芳一窟"，名其酒曰"万艳同杯"者，千芳一哭，万艳同悲也。吾人生今之时，有身世之感情，有家国之感情，有社会之感情，有种教之感情。其感情愈深者，其哭泣愈痛。此鸿都百炼生所以有《老残游记》之作也。棋局已残，吾人将老，欲不哭泣也得乎？吾知海内千芳，人间万艳，必有与吾同哭同悲者焉。（《晚清文学丛钞·小说戏曲研究卷》）

《老残游记》二集自叙

　　人生如梦耳。人生果如梦乎？抑或蒙叟之寓言乎？吾不能知。趋而质诸蜉蝣子，蜉蝣子不能决。趋而质诸灵椿子，灵椿子亦不能决。还而叩之昭明，昭明曰："昨日之我如是，今日之我复如是。观我之室，一榻、一几、一席、一灯、一砚、一笔、一纸。昨日之榻几席灯砚笔纸若是。今日之榻几席灯砚笔纸仍若是。固明明有我，并有此一榻、一几、一席、一灯、一砚、一笔、一纸也。非若梦为鸟而历乎天，觉则鸟与天俱失也。非若梦为鱼而没于渊，觉则鱼与渊俱无也。更何所谓历与没哉？顾我之为我，实有其物，非若梦之为梦，实无其事也。然则人生如梦，固蒙叟之寓言也。"夫吾不敢决，又以质诸杳冥。杳冥曰："子昨日何为者？"对曰："晨起洒扫，午餐而夕寐，弹琴读书，晤对良朋，如是而已。"杳冥曰："前月此日，子何为者？"吾略举以对。又问去年此月此日子何为者，强忆其略，遗忘过半矣。十年前之此月此日子何为者则茫茫然矣。推之二十年前，三十年前，四五十年前，此月此日，子何为者，缄口结舌无以应也。杳冥曰："前此五十年之子，固已随风驰云卷，雷奔电激以去，可知后此五十年间之子，亦必应随风驰云卷、雷奔电激以去。然则与前日之梦、昨日之梦、其人其物、其事之同归于无者，又何以别乎？前此五十年间之日月，既已渺不知其何之。今日之子，固俨然其犹存也。以俨然犹存之子，尚不能保前此五十年间之日月，使之暂留，则后此五十年后之子，必且与物俱化，更不能保其日月之暂留，断断然矣。谓之如梦，蒙叟岂欺我哉？"夫梦之情境，虽已为幻为虚，不可复得，而叙述梦中情境之我，固俨然其犹在也。若百年后之我，且不知其归于何所，虽有此如梦之百年之情境，更无叙述此情境之我而叙述之矣。是以人生百年，比之于梦，犹觉百年更虚于梦也。呜呼！以此更虚于梦之百年，而必欲孜孜然，斤斤然，骎骎然，猎猎然，何为也哉？虽然前此五十年间之日月，固无法使之暂留，而其五十年间，可惊、可喜、可歌、可泣之事业，固历劫而不可以忘者也。夫此如梦五十年间可惊、可喜、可歌、可泣之事，既不能忘，而此五十年间之梦，亦未尝不有可惊、可喜、可歌、可泣之事，亦同此而不忘也。同此而不忘，世间于是乎有《老残游记二集》。鸿都百炼生自叙。（《晚清文学丛钞·小说戏曲研究卷》）

啸　庐

《中外三百年之大舞台》序

　　呜呼！我中国以廿二行省之广，四百兆人民之多，益以土壤之美，物产之富，甲于五洲，诚有如英将威士勒云：中国人有蹂躏全球之资格。惜乎负此资格而不能奋发有为，与列强相见于竞争之战场，徒使外人笑我同胞，辱之胯下，按之泥涂，举左右手挞之，都不以为意，但思起身时拾地下黄金以去。又若日本，区区岛国也，亦谓中国国辱兵败而不知耻，叩头求活于他人之宇下，唾面自干而毫无奋发之情，后生大事惟黄金是贮，甚至比我于噱言八百、贪贿赂、破约束、亡国之印度。呜呼！以震旦文明而受此五千年来历史未有污点，能不痛心欤？吾不知大陆睡狮其梦竟何日觉，举世病夫厥竟何日瘳也？吾于是借楮墨为舞台，演瀛寰之活剧。又私念文言之不如质言之，因取官私诸书十数种，采辑通商始末，而成是书，俾人易晓易于愧勉。盖中国不能人人读《左》《国》，而无一人不读《列国演义》，不能人人读历史，而无一人不读《三国演义》，此二书固说部之巨观，而亦说部中最完善者。其他有一战争，即有一传记，惟驳而不纯，儒者弗道。然自文人学士，只知奉高头讲章乡会程墨，为弋科名地，遂有老死而不知其书之名。其甚者并三皇五帝亦不知为何年何代人物，反让贩夫走卒酒后茶余口讲而指画，博览而详说，于历代兴亡大略，往往犹能言之历历，甚矣说部之有益于人之易读易晓固如是哉！虽然，其有功于世，使人易于愧勉，尤彰彰也。而《三国》为甚，故有武夫闻而踔厉发扬，勇气百倍，一跃上马杀贼者；有叛逆闻而回心革面，勉为忠良，欲窃比武侯者。呜呼！岂非以其事、情真、真语真、意真，又是非之心、好恶之良、人所同具，因而观感易、激发易，较父诏兄勉，尤得力乎？不但此也，上自搢绅先生，下至草莽齐民，于诸子百家之书，或不能悉备，备亦不能悉读，而独至稗官野史则必搜罗殆遍，读亦殆遍。至《列国》《三国》，则尤家置一编，虽妇人女子，略识之无者，且时时偷针黹余闲，团坐老幼，以曼声演说之，为消遣计。仆本不文，窃取兹义，用成是书。以中国人记中国事，当非僭妄。又事征诸实，情出乎公，非有褒贬私意于其间，意者无所谓投鼠忌器乎？虽然，无论工拙，我不暇计，即知我罪我，我亦不暇计，但使人读是书，人知自励，变因循之积习，振爱国之精神，其知我者，我固为我同胞幸；其罪我者，我亦得与共白此心之无他也。是为叙。光绪三十二年，太岁在丙午，十一月，啸庐识于海上之蛰庵。（《晚清文学丛钞·小说戏曲研究卷》）

林 纾

《黑奴吁天录》序

考美利坚史佛及尼之奴黑人，在于一千六百十九年，嗬囒人以兵舰载阿非利加黑人二十，至雅姆斯庄卖之，此为白人奴待黑人之始，时美洲尚未立国也。华盛顿以大公之心官其国，不为私产，而仍不能弛奴禁，必待林肯，奴籍始幸脱。迄又浸迁其处黑奴者，以处黄人矣。夫蝮之不竟伸其毒，必别啮草木以舒愤，后人来触死茎亦靡不死。吾黄人殆触其死茎乎？国蓄地产而不发，民生贫薄不可自聊，始以工食于美洲，岁致羡其家。彼中精计学者，患泄其银币，乃酷待华工以绝其来，因之黄人受虐，或加甚于黑人。而国力既弱，为使者复馁慑，不敢与争。又无通人纪载其事，余无从知之。而可据为前谶者，独《黑奴吁天录》耳。录本名《黑奴受逼记》，又名《汤姆家事》，为美女士斯土活著。余恶其名不典，易以今名。其中累述黑奴惨状，非巧于叙悲，亦就其原书所著录者，触黄种之将亡，因而愈生其悲怀耳。方今嚚讼者已胶固不可喻譬，而倾心彼族者又误信西人宽待其藩属，跃跃然欲趋而附之。则吾书之足以儆醒之者，宁云少哉？是书假诸求是书院，仁和魏君聪叔易口述其事，余沺笔记之，凡六十有六日毕。光绪辛丑重阳节，闽县林纾琴南序于湖上望瀛楼。（《晚清文学丛钞·小说戏曲研究卷》）

《黑奴吁天录》跋

斯土活，美洲女士也。卷首署名不以女士加其顶者，以西俗男女并重，且彼原书亦不自列为女士，唯跋尾见之，故仍而不改。斯氏自云：是书多出诸一身之闻见，本事七八，演者二三耳。卷中士女名多假托，实则具有其人。余与魏君同译是书，非巧于叙悲以博阅者无端之眼泪，特为奴之势逼及吾种，不能不为大众一号。近年美洲厉禁华工，水步设为木栅，聚数百远来之华人，栅而钥之，一礼拜始释，其一二人或逾越两礼拜仍弗释者，此即吾书中所指之奴栅也。向来文明之国，无私发人函，今彼人于华人之函，无不遍发。有书及"美国"二字，如犯国讳，捕逐驱斥，不遗余力。则谓吾华有国度耶？无国度耶？观哲而治与友书，意谓无国之人，虽文明者亦施我以野蛮之礼，则异日吾华为奴张本，不即基于此乎？若夫日本，亦同一黄种耳，美人以检疫故，辱及其国之命妇，日人大忿，争之美廷，又自立会与抗。勇哉日人也！若吾华有司，又乌知有自己国民无罪，为人囚辱而瘐死耶？上下之情，判若楚越，国威之削，又何待言？今当变政之始，而吾书适成，人人既蠲弃故纸，勤求新学，则吾书虽俚浅，亦足为振作志气，爱国保种之一助。海内有识君子，或不斥为过当之言乎？辛丑九月，林纾识于湖上望瀛楼。(《晚清文学丛钞·小说戏曲研究卷》)

包天笑

《身毒叛乱记》序

乌乎！今日平等自繇之谭嚣国中矣，倾心彼族者，方以为白种之民德高越地球，足为世界文明之导线，噫唏！孰知于事实大相刺谬，其惨毒酷厉全无心肝，所谓公理者，仅为荧人视听之具耶！彼人恒言亡国之奴，即文明者亦施以野蛮之礼，狡为是言，用济其恶。甚者且谓不国之民，不当以人类相待。嗟乎！我国民者其奈何弗省欤？向者庚子之役，拳乱初起，各国报章，交喙争诼，等我于野蛮最下等之国。夫我民野蛮固也，曾亦思联军据京、津时，凡兹种种，果自居于文明地位否乎？顾借我震旦言，虽国权堕落，民气雕伤，于表面上犹不失为自主之虚称。若彼波兰、埃及、身毒者，宁非地球上奴隶之标本耶？前译《西印度怀旧记》方辍笔，我友磻溪子以麦克度《身毒叛乱记》相示。书中叙述印人愤白种之惨虐，以暴力相抗，卒不能脱盎格鲁撒逊人种之羁轭。原书又名《白人之掌握》，出自彼族手笔，允宜然矣。虽然，身毒古文明国也，今乃渐然为人奴矣，彼自诩神明之胄者，曷足恃乎？既又念雪国耻，伸民气，舍夫人人励学问，养实力外，奚有他道？迨至国墟人奴，则虽欲求一日昂首伸眉，宁可得耶？磻溪子口译是编，授天笑记之，书成，凡十万言。嗟夫！瓜分惨祸，悬在眉睫，大好亚陆，将成奴界。今者，美禁华工，至惨酷无人理，同胞为奴之朕兆，不已见乎？每一念及，血为之冷！我不知读我书者，其感情又当如何也？噫！乙巳长夏，天笑叙于雪门山下之古矮松园。（《晚清文学丛钞·小说戏曲研究卷》）

林兆翰等

天津学务总董林兆翰卞禹昌华泽沅等禀提学司改良戏剧文

为改良戏剧借资开化事：

窃维戏曲之道，协乎律，应乎文，称乎事实，阐历史之幽微，描社会之情状。苟善用其术，则足以激扬人心，转移风化，甚可尚已。夫人之情，不能郁而无所泄也，于是发之为声，假物而鸣，以如怨如慕之状，写可歌可泣之忱，此在恒情皆然。故荒古之民，百化未兴，歌谣聿起，或以发扬武德，或以颂美神功。庆也有祝，哀也有唁，男歌款款，妇和鸣鸣。其作始也，不过各遣所怀，鸣野人得意之常态。浸淫成俗，遂演为公众之剧观，相聚以为乐。文化渐启，音律肇修，制曲之风倡，而和歌之词浸作。然视为典要，举行不常，往往循宗教上之观感，用以侑神。及王政昌明，和声所播，形为诗歌，被之管弦。于是朝觐燕飨之间，歌舞之仪大备。世日变，制日繁，俗骛于奢侈，好行僭越，遂有以向日燕飨祭祀之典，施于私家之宴会。此虽世风递变之渐，要亦运会之所必趋，人情之所不能禁。自歌舞普行于民间，而制曲谱词，各徇其俗之所好，务为时调以娱听。由是北里之舞、郑卫之声，得以风行一世。盖古乐之节奏，意既深远，词又清高，非妇孺之所晓，流俗人之所好，是以猥亵鄙俚之调，得攘正乐之席而代之。而文人词士，又不屑为浅易之曲，以化导风俗。至降为俳优，不齿上流，为人心世道之隐忧。造端于秦汉，浸甚于元明。文言歧而戏曲之谐俗难，乐学微而戏曲之古意变，有自来已。

窃闻欧西戏曲，属诸文学，与诗歌并重。其制曲大家往往登场开演，为时所敬。文学与戏曲合而为一，故能以乐府之余韵，风人之微旨，鼓吹国民。希腊之热心宗教，罗马之荡败贵绅，论者归于演剧之感召，非偶然也。吾国演戏之风，积习相仍，微特不能顺势利导，反致亵词俚调中入人心，为风俗害，可羞孰甚。夫图教育之普及，必无其害风俗坏人心者，而后善良之教育施行，而无所阻。然事有禁之愈甚，而其毒弥滋。天下最弊之习，无过娼妓。昔墺女皇禁妇女卖淫，而私娼之风数倍往日，卒以废令。吾国虽娼优并名，然天子赐宴，士夫庆贺，公然召梨园子弟演剧，律令不以为禁，耆儒不以为非，盖相习非一日矣。与其禁之，而阳奉阴违，何如即事改良，无流氓失业之虑，而有隐彰风化之益。此黎维斯所以身登剧场，福地樱痴所以托迹优伶，虽杂伍下流而不为羞。卒之作拉丁人民自由之活气，助日本明治维新之盛业。令闻垂于当代，流风被于奕世，何其伟也。是以近世教育家言，以改良戏曲为国家革新时普及教育之一方。

盖学校之设，只可造中年以下，与国学有素之人才。若夫村竖野叟，亥豕弗辨，囿于遗传之习惯，不识国事为何物。欲稍以新学之事理，激刺其脑部，而变换其知识，厥途有三：曰白话报，曰宣讲，曰戏曲。宣讲与白话报，皆近世创见之事。宣讲之例，旧虽有之，其事不恒见，抑非众所乐闻。事之不经创见者，每足以惊世而骇俗，虽主事者，极其苦口婆心，而不易为世俗所亮察。然二者之倡行，今且收其效矣。况于以人人目中之所乐观，耳中之所欢听，苟利用其术而导之，其收效当何如耶？惟虑夫文人不识调，伶工不晓事，两者之间，隔阂太甚。日本维新之初，士商自海外归来者，以日本演剧不及泰西，盛唱改革。于是有所谓演艺矫风会起，其宗旨在以新制脚本，登场开演，以高尚其事。然不久遂废。其后演艺协会继起，亦无所成。推其原因，皆由文学家与剧部难于调和，故依田学海所制诸出，为当时最著名之作，亦只二三落魄俳优为之试演。虽福地樱痴亲为梨园教师，其改削旧本尚来未甚适切之讥。脚本与舞台之投合，固若斯之难也。

　　尝冥思其故，凡事之起，无论造意之善否，苟当乎社会之心理，必能历久而弗敝。晚近之戏曲，虽鄙俚不足道，然以切近时宜，暨足动习俗之观听。彼文人挟其词章之技，以写讥时愤俗之怀，其调不易谱，其意不易识，故演者为难，而听者生倦。今欲改良戏曲，势必按社会之心理，求俗乐与时相投之旨，依之以制曲。窃本此意求之，而得其要旨有三：曰神仙，曰儿女，曰英雄。二者之中，以儿女、神仙之戏，感人最切，而其害风俗、坏人心也亦最巨。正惟其可害风俗而利用之，则足以振风俗。正惟其可坏人心而利用之，则足以救人心。盖蚩蚩之氓，知识未备，宗教之迷信深，情欲之观念重，非顺机以入之，则不能有所观感。但使准相当之心理，演高尚之事实。情衷诸正，则玛尼他之侑觞，意人不以为秽德；意有所托，则桃太郎之出征，日人不以为诞言。旧所尚者去其太甚。新所制者，不为高论。神仙而不涉于妖妄，儿女而不失之淫亵，英雄而不流为盗贼。扮演各存其真，浅近勿伤夫雅。以此而谱为歌舞，其于国民之道德，与庸俗之耳目，两相融洽也，必矣。

　　然如今日之俳优，类皆失业游民，或无赖之养子，鬻技以求活者。无中人之行，而欲寄以国民之事，势必不行。共或慕黎维斯、福地樱痴之为人，欲亲身试演，无如品格卑下，知礼之士，羞与为伍。固世所戏弄，娼妓蓄之，流俗之所轻也。人虽欲不苟与俗同，岂能损丧人格，以自绝于贤者。是欲强学士大夫假演剧以改良社会，于名义似有未安。然观于剧乐之起原，与欧洲各国之所尚，固无虑此。虽曰国俗异宜，积习难返。试问文人之鄙夷武事，数年前之现象，固何如也。今则有以俊秀之士，耻求入营而不得矣。以此类推，上有倡者，下必甚焉。诚使聘文人，募伶工，相与研究乐曲，召集学生而肄习之。及其既成，登台试演。始而新旧杂作，继而陈言屏去。循序而进，则不为庚俗。宇舍务为其华，陈设必求其精，气象一新，则观者必众。虑民情之难与图始也。申其旨于新闻，广其意于宣讲。虑效力之未能推行也，能制新曲者奖励之，能演新曲者尊敬之。虑邪之妨正也，各州县之淫戏必通饬禁止，各戏园之脚本，必呈警局审视。官吏提倡于上，绅耆劝导于下。士以遣怀而鼓其进取之气，民以求乐而收其观摩之益。将不数年而风气变，不十年而郑声绝。一举两得，岂非燕民之幸！各行省闻风兴起，感化直及于全国，共裨助于革新时代之普及教育，无善于

此。所有拟请改良戏剧，借资开化缘由。相应合词呈乞转详，以备采择，实纫公益。(《北洋公牍类纂》卷六吏治四)

陈去病

论戏剧之有益

曩游东国，交接其士庶，见其习尚风俗，无一非我皇汉二百六十年前所固有之习尚风俗也。出而过于市，则吴服商店，鳞次栉比于康庄之佐；长裾缝腋，广幅垂襟，又无一非我皇汉二百六十年前所固有之端衣法服也。退而读其书，则唐巾、唐襦之称，且参错杂出而不一。乃挹其人而进之，问："所服安乎？"则对曰："安且吉也。"问："与西洋孰优乎？"则对曰："西洋不若也。"窃心焉感之。其人乃反叩吾以所服，辄渐耻嗫嚅而不能对。甚者或群聚玩弄之以为笑，咸相怪曰"此支那装""此今日之支那装"，若有不胜轻薄者。其老诚者，心知其故，乃问："如我服者，今日支那其犹有存焉否乎？"则答之曰："无有矣！"彼辄惊叹。若曰："今僧道犹有存者焉，今演剧益备存焉，今士夫黎庶之婚嫁老死且恒服焉。"彼时闻之，则一若有大慰者。余见之，乃益羞耻，益感伤，尽裂其冠，毁其服而不之顾。

西还归乎？吾祖国人民则犹是其屈伏也，风俗则犹是其委靡也，匪种之政府且犹是其盘居而施厥专制也。我伯叔、我昆弟、我亲戚故旧，固犹是冠胡冠而服胡服，以苟安其奴隶也。不宁惟是，乃且尤我，乃且罪我，谓我之不奴隶也。我不得已冠胡冠、服胡服，以见我伯叔兄弟，接我亲戚朋友，而后我伯叔、我昆弟、我亲戚朋友，乃始欢然释然而怡然慰焉。呜呼！生无益于宗邦，徒蒙缨笠；死莫期于旦夕，难正冠裳。而南都金粉之场，流风未沫，酣歌恒舞，粉饰方新，檀板金樽，豪情如昨，贵池、阳羡、梁园、宣城之伦竭来，马龙车水，徜徉驰骋于春江花月之宵，相率以继赓踯步于《燕子笺》《桃花扇》之后尘者，固仍仿佛乎其弘光故事也。"万事不如杯在手，人生几见月当头。"我青年之同胞，赤手掣鲸，空拳射虎，事终不成，而热血徒冷，则曷不如一决藩篱，遁而隶诸梨园菊部之籍，得日与优孟、秦青、韩娥、绵驹之俦为伍。上之则为王郎之悲歌斫地，次之则继柳敬亭之评话惊人，要反足以发舒其民族主义，而一吐胸中之块垒。此其奏效之捷，必有过于劳心焦思，孜孜矻矻以作《革命军》《驳康书》《黄帝魂》《落花梦》《自由血》者，殆千万倍。彼也囚首而丧面，此则慷慨而激昂；彼也间接于通人，此则普及于社会；对同族而发表宗旨，登舞台而亲演悲欢；大声疾呼，垂涕以道，此其情状，其气概，脱较诸合众国民，在米利坚费城府中独立厅上，高撞自由之钟，而宣告独立之檄文，夫复何所逊让？道故事以写今忧，借旁人而呼肤痛，灿青莲之妙舌，触黄胤之感情，吾知轩羲有灵，其亦必将虬旌羽葆乘云下降，以证斯盟也。宁直此汉种同胞，拍掌叫绝，表示同情而已哉！

或曰：吾辈青年，希望甚大，咄尔俳优，奚屑污我？且子纵善之，顾宁独不闻夫韩愈之言乎？愈以六朝人文格淫靡，动以优俳目之，鄙不屑道。今中国夷祸日亟，百废待举，培养公德，保恃国粹，研究科学，扩张知识，规其行而矩其步，骎骎乎冀以造成第一完全人格，一朝突侪于伟大军国民之列，崭然露头角焉。宁有先务不急，乃坠乃落？腐败不足，乃沦地狱？悲夫嘻哉！吾中国青年之志气，应不至若斯之丧失也。

予乃鞿然笑应之曰：洵如君言，吾中国万岁，吾中国国民万岁，吾中国国民前途万万岁。虽然，吾试问吾中国今日之人群，有无愧此国民之芳誉乎？则无有也。抑吾又试问吾中国前途之事业，有可以仅仅希望为目的得达之极点乎？亦未可也。夫博博大地，既无美人香草之踪；而莽莽中原，又绝一线生机之望；然则吾一般社会青年，既不仕虏廷，效杨坚、郭威之烈，又不隐山泽，逐黔布、彭越之钟，徒日扰扰奔走于通商之场，高言运动，无补当时，断发胡服，依然域外之民，痛饮清歌，终化泥中之絮。如鬼如祟，如梦如呓，首鼠射工，精乎其技，盖造福不足而败事有余，较其人格为优几何？则吾转不如牺牲一身，昌言坠落，明目张胆而去为歌伶。"朝从屠沽游，夕拉驵卒饮"，逍遥跌宕，聊以自娱，亦宁非于今新学界上灿灿烂烂突然别起一生力军，临风飐飐而高树一独立自由之帜乎？

抑子宁薄俳优而笑之耶？则吾且与子道古。仲尼曰："移风易俗，莫善乎乐。"孟轲氏曰："今之乐，犹古之乐也。"彼戏剧虽略殊，顾亦未可谓非古乐之余也（观《左传》观优鱼里之事，《乐记》有优侏儒之语，则其所从来者远矣）。盖自雅颂之声衰，而后风诗以兴；风诗兴而郑卫靡靡之音作，靡靡之音作而音乐之势力乃且浸淫普及于一般社会之中，而变古以为今，浸假而歌舞焉，浸假而俳优侏儒焉，而戏剧之端肇于兹矣。是故知礼如魏文侯，而不能对古乐免于思卧；好贤若渴如楚庄王，且必待优孟而始动于其心。则今乐之移人，洵速且捷哉！何况《云门》《咸池》《韶濩》《大武》之音，以享郊庙，则雍容安雅而咸宜，以化里巷，则不敌其一儿童之笑啼。盖宋玉有言，"曲高和寡"，固自然之理也。

抑吾闻诸师：当洪杨时，梁溪有奇人余治者，独心知其意，尝谱新剧数十出，皆皮簧俗调，集优伶演之，一时社会颇欢迎焉，即今所传《庶几堂今乐》是也。惜其所交皆迂腐曲谨不阔达之流，不复屑赞助，故其班不久解散，而余治死矣。吾尝求其书读之，觉其所谱演，揆之今日，虽不甚相浃，然其以感发兴起为宗旨，则要足多焉。治之言曰："古乐衰而后梨园教习之典兴，原以传忠孝节义之奇，使人观感激发于不自觉，善以劝，恶以惩，殆与诗之美刺、春秋之笔削无以异，故君子有取焉。贤士大夫主持风教，固宜默握其权，时与厘定，以为警瞆觉聋之助，初非徒娟心适志已也。"又曰："天下之祸亟矣。师儒之化导既不见为功，乡约之奉行又历久生厌，惟兹新戏，最洽人情，易俗移风，于是焉在。庶几哉！一唱百和，大声疾呼，其于治也，殆庶几乎？"呜呼！吾一读其语，吾未尝不佩其议之坚，识之卓，而惜其不复见于兹日也。

且夫今者外祸之来，以较洪杨当日，亦愈亟矣。欧美之学术，既优胜以来前，而北虏之淫威，复侪然以相逼。凡衿缨冠带之伦，苟其稍具普通知识，固罔不知戴异族之为非，而吾黄种同胞，沉沉黑狱，殆二十祀，蠢蠢黔黎，逾四百兆。彼其见解，其理想，以为吾自祖宗以来，知有珠甲，生世以降，即蒙辫发；明社虽屋，吾仍有君，黄帝其谁，何关血统？凡此鸩毒，深印脑筋，非极惨睹，不能转变。矧乎薮无才盗，巷无才侠，卑卑票布，徒以收拾亡命，不足鼓动平民。一朝举事，又只劫掠为务，罕有大志。以故累起累蹶，而卒鲜成功。太平天国已矣，惠州之风云，亦罕受其影响。然则茫茫前途，吾巴科民族，殆永无脱离苦海，还我净土之日乎？惟兹梨园子弟，犹存汉官威仪，而其间所谱演之节目、之事迹，又无一非吾民族千数百年前之确实历史，而又往往及于夷狄外患，以描写其征讨之苦，侵凌之暴，与夫家国覆亡之惨，人民流离之悲。其词俚，其情真，其晓譬而讽喻焉，亦滑稽流走而无有所凝滞，举凡士庶工商，下逮妇孺不识字之众，苟一窥睹乎其情状，接触乎其笑啼、哀乐，离合悲欢，则鲜不情为之动，心为之移，悠然油然，以发其感慨悲愤之思，而不自知。以故口不读信史，而是非了然于心；目未睹传记，而贤奸判然自别。通古今之事变，明夷夏之大防；睹故国之冠裳，触种族之观念。则捷矣哉！同化力之入之易而出之神也（闻当清人入关时，北方贩夫走卒，类多有投河而死者，未始非由戏剧感人之故）。犹煊染然，其色立变，可不异夫！

综而论之：专制国中，其民党往往有两大计划：一曰：暴动，一曰：秘密，二者相为表里，而事皆鲜成。独兹戏剧性质，颇含两大计划于其中。苟有大侠，独能慨然舍其身为社会用，不惜垢污以善为组织名班，或编《明季稗史》而演《汉族灭亡记》，或采欧美近事而演《维新活历史》，随俗嗜好，徐为转移，而潜以尚武精神、民族主义，一一振起而发挥之，以表厥目的。夫如是而谓民情不感动，士气不奋发者，吾不信也。矧夫运掉既灵，将他日功效之神妙，有不只激厉此区区汉族者而已，则渐离之筑，唐庄宗之事，夫何不可再见诸今日哉！嗟嗟！变法胡服，武灵乃计灭中山；杀身成仁，孔子直许为志士。凡我黄胤，果有血气，将万死其又奚辞？而况乎是固欧西学校所注意也。其事微，其功多，此吾国青年所由习之于海外乎（见纪事栏内中华学堂一节）？非然者，持棋莫下，全局将翻，伶伦弗甘，奴隶重苦。安见今日之祇辱于肃慎者，不且再辱于凡为肃慎之邦？今日之犹留夫遗制者，或并取其遗制绝之。则炎黄之血祀斩，汉唐之声威灭矣，不其悲欤？

予草此文后，即连续登诸《警钟报》，月来颇见其效，故重为删定，录诸卷首。自记。（《二十世纪大舞台》第一期，1904 年，署名"陈佩忍"）

柳亚子

《二十世纪大舞台》发刊词

风尘澒洞，天地邱墟，莽莽神州，虏骑如织。男儿不能提三尺剑，报九世仇，建义旗以号召宇内，长驱北伐，直捣黄龙，诛虏酋以报民族；复不能投身游侠之林，抗志虚无之党，炸丸匕首，购我自由，左手把民贼之袂，右手揕其胸，伏尸数十，流血五步，国魂为之昭苏，同胞享其幸福；而徒唏嘘感泣，赤手空拳，抱攘夷恢复之雄心，朝视天，暮画地，末由一逞，寤而梦之，寐而言之，执途人而聒之，大声疾呼以震之，缠绵忠爱以感之。然而明珠投暗，遭按剑之叱，陈钟鼓于鲁庭，爰居弗享也。泪枯三字，才尽万言，日暮途穷，人间何世？盖仰天长恸而不能已。

"朝从屠沽游。夕拉驺卒饮。此意不可道，有若茹大鲠。"跼天蹐地，郁郁无聊，已耳已耳，吾其披发入山，不复问人间事乎？然而情有难堪矣，张目四顾，山河如死，匪种之盘踞如故，国民之堕落如故，公德不修，团体无望，实力未充，空言何补？若大中原，无好消息，牢落文人，中年万恨，而南都乐部，独于黑暗世界，灼然放一线之光明，翠羽明珰，唤醒钧天之梦，清歌妙舞，招还祖国之魂，美洲三色之旌旗，其飘飘出现于梨园革命军乎，基础既立，机关斯备，组织杂志，以谋普及之方，则前途一线之希望或者在此矣。一缕情丝，春蚕未死，十年磨剑，髀肉复生，吾乃挥秃笔，贡卮言，以供此二十世纪大舞台开幕之祝典。

研究群理，昌言民族，仰屋梁而著书，鲰生拘曲，见而唾之，以示屠夫牧子，则以为岣嵝之神碑也。登大演说台，陈平生之志愿，舌敝唇焦，听者充耳，此仁人志士所由伤心饮恨者矣。顾我国民，非无优美之思想，与激刺之神经也。万族疮痍，国亡胡虏，而六朝金粉，春满江山，覆巢倾卵之中，笺传《燕子》；焚屋沉舟之际，唱出《春灯》；世固有一事不问，一书不读，而鞭丝帽影，日夕驰逐于歌衫舞袖之场，以为祖国之俱乐部者。事虽民族之污点乎？而利用之机，抑未始不在此。又见夫豆棚柘社间矣。春秋报赛，演剧媚神，此本不可以为善良之风俗，然而父老杂坐，乡里剧谈，某也贤，某也不肖，一一如数家珍，秋风五丈，悲蜀相之陨星；十二金牌，痛岳王之流血，其感化何一不受之于优伶社会哉？世有持运动社会鼓吹风潮之大方针者乎？盍一留意于是？

蟪蛄不知春秋，朝菌不知晦朔，其生命短而思虑浅也。麟经三世，有所见世，有所闻世，有所传闻世。大抵钝根众生，往往泥于现在，不知有未来，抑并不知有过去，此二百六十一年之事，国民脑镜所由不存其旧影欤？忘上国之衣冠，而奉豚尾为国粹，建州遗孽，本炎黄世胄之公仇，反嵩高以为共主。以如此之智识，而强聒不舍，以驱除光复之名词，宜其河汉也。今以《霓裳羽衣》之曲，演玉树铜驼之史，凡扬州十日之屠，嘉定万家之惨，以及虏酋丑类之恫淫，烈士遗民之忠尽，皆绘声写影，倾筐倒箧而出之，华夷之辨既明，报复之谋斯起，其影响捷矣。欧、亚交通，几五十年，而国人犹茫昧于外情，吾侪崇拜共和，欢迎改革，往往倾心于卢梭、孟德斯鸠、华盛顿、玛志尼之徒，欲使我同胞效之，而彼方以吾为邹衍谈天，张骞凿空，又安能有济？今当捉碧眼紫髯儿，被以优孟衣冠，而谱其历史，则法兰西之革命，美利坚之独立，意大利、希腊恢复之光荣，印度、波兰灭亡之惨酷，尽印于国民之脑膜，必有欢然兴者。此皆戏剧改良所有事，而为此《二十世纪大舞台》发起之精神。

波尔克谓报馆为第四种族。拿破仑曰："有一反对之报章，胜于十万毛瑟枪。"此皆言论家所援以自豪之语也。虽然，热心之士，无所凭借，而徒以高文典册，讽诏世俗，则权不我操，而阳春白雪，曲高和寡，崇论闳议，终淹没而未行者有之矣。今兹《二十世纪大舞台》，乃为优伶社会之机关，而实行改良之政策，非徒以空言自见，此则报界之特色，而足以优胜者欤？嗟嗟！西风残照，汉家之陵阙已非；东海扬尘，唐代之冠裳莫问。黄帝子孙，受建虏之荼毒久矣。中原士庶，愤愤于腥膻异种者，何地蔑有？徒以民族大义，不能普及，亡国之仇，迁延未复。今所组织，实于全国社会思想之根据地，崛起异军，拔赵帜而树汉帜。他日民智大开，河山还我，建独立之阁，撞自由之钟，以演光复旧物推倒虏朝之壮剧、快剧，则中国万岁，《二十世纪大舞台》万岁。（《二十世纪大舞台》第一期，1904 年）

刘师培

原戏

戏为小道，然发源则甚古。遐稽史籍，歌舞并言（如《商书》言"有恒舞于宫，酣歌于室"，为歌舞并文之证。又如"前歌后舞"，"歌舞升平"，皆其证也）。歌以传声，舞以象容。歌舞本于诗，故歌诗以节舞（黄氏以周《礼书通故》云："《诗》序《维清》奏，古人作诗象舞。"谓歌此诗以节其舞也）。以歌传声（如《风》《雅》是），复以舞象容（如三《颂》是）。孔子删诗，列《周颂》《鲁颂》《商颂》于篇末。颂列于诗，犹戏曲列于诗词中也。

颂，即形容之"容"（《诗谱》云："颂之言，容也。"《释名》云："颂，容也。"《汉书·儒林传序》云："徐生以颂为礼官大夫。"注云："颂，读为容。"阮芸台云："颂，正字。容，借字。"），籀文作"頟"，而《说文》训"儿"（《说文》："颂，容儿也。从页，公声。"籀文作"頟"。"儿"字下亦云："颂也。"）。仪征阮氏谓：《诗》有三《颂》，颂与样同。"《诗大序》云："颂者，美盛德之形容，以其成功告于神明者也。"盖上古之时，最崇祀祖之典（即祖先教也）。欲尊祖敬宗，不得不追溯往迹。故《周颂》三十一篇所载之诗，上自郊社明堂，下至籍田祈谷，旁及岳渎星辰之祀（即《列文》《有客》诸篇，亦因诸侯助祭而作。《闵予小子》，则朝庙之诗也），悉与祭礼相同（即《鲁颂·闷宫》篇，亦为追祀先公而作；《商颂·发长》诸诗，则皆祭祀之诗矣）。是为颂也者，祭礼之乐章也，非惟用之乐歌，亦且用之乐舞。

古代惟飨用舞，《大司乐》言舞《云门》以祀天神，舞《咸池》以祭地祇，舞《大磬》以祀四望，舞《大夏》以祭山川，舞《大濩》以享先妣，舞《大武》以享先祖。又言冬日至圜丘，奏乐六变，用《云门》之舞；夏日至方丘，奏乐六变，用《咸池》之舞；宗庙奏乐九变，用《九磬》之舞。在古为夏，在周为颂（商亦有之）。"夏""颂"字并从"页"，有首之象（"夏"字从"夂"，并象手足）。夏乐有九（即《周礼》所谓《王夏》《肆夏》《昭夏》《纳夏》《章夏》《齐夏》《族夏》《颂夏》《骜夏》也），至周犹存，宗礼、宾礼皆用之。杜子春《周礼注》云："王出入，奏《王夏》；尸出入，奏《肆夏》；牲出入，奏《昭夏》；四方宾客来，奏《纳夏》；臣有功，奏《章夏》；夫人祭，奏《齐夏》；族人侍，奏《族夏》；客醉而出，奏《颂夏》；公出入，奏《骜夏》。以金奏为之节。"《周礼·钟》云："以钟鼓为之节。"盖以歌节舞，复以舞节音（《左传》云："夫舞，所以节八音，以行八风。"），犹之今日戏曲，以乐器与歌者、舞者相应也（阮氏曰："古人非后舞不称奏。"）。后世变夏为颂。《周礼》郑注云："夏，颂之族类也。"而颂之作用，并主形容。《维清》者，象舞也（《墨子》云："武王因先王之乐而自作乐，名曰

'象'。"）。《酌》《桓》《赉》《般》（《小序》云："酌，告成大武也。"《内则》：十三，舞勺。勺为武舞，故随武子以勺武并言。"勺""酌"古字通），为大武之舞也（又《祭统》云："舞莫重于武宿夜。"熊氏谓："武宿夜是大武乐章之名。"皇氏谓："武王伐纣，至于商郊，士卒皆欢乐，歌以待旦，因名焉。"即武王伐纣之事）。周代之时，以夏乐与大武并重，颂之诸侯（如诸侯舞大磬是也），并以之教民。

象、武为武舞，器用干戚。夏、籥为文舞，器用羽籥。（《礼记·内则》云：十三，舞勺。成童，舞象。二十，舞大夏。注云：先学勺，后学舞，文武之次。大夏，乐之文武备者也。《文王世子》云："春夏教干戈，秋冬教羽籥，皆于东序。"注："干戈，万舞，象武也。羽籥，文舞，象文也。"《公羊传》云："万者何？干舞也。籥者何？籥舞也。"是舞分文武之证。）此皆因诗而呈为舞容者也。象武，陈武王伐纣之功。（《礼记·文王世子》："下管象，舞大武。"注云："象，周武王伐纣之乐也。以管播其声，又为之舞。"《明堂位》云："下管象。"《祭统》云："下而管象。"《诗·维清》笺云："象舞，象用兵时刺伐之舞。武王制焉。"《武》篇笺云："大武，周公作乐所为舞也。"）犹之后人戏曲，侈陈古人战迹耳。《仲尼燕居》篇云："下而管象，示事也。"示事者，有容可象之谓也。此即古代戏曲之始。观《乐记》之言大武也，谓先鼓警戒，三步见方，再始着往，复乱以饰归，奋疾而不拔，极幽不隐。至推之君子以好善，小人以取过。《乐记》又云："执其干戚，习其俯仰屈伸，容貌得庄焉。行其缀兆，要其节奏，行列得正焉，进退得齐焉。"非即戏曲持器操械之始乎？（《记》言："朱干玉戚，冕而舞大武，皮弁素积，裼而舞大夏。"又《乐记》载孔子告宾牟贾云："夫乐者，象成者也。总干山立，武王之事也。发扬蹈厉，太公之志也。武乱皆坐，周召之治也。"又考之《尚书大传》，则古制乐歌，皆假设宾主。（《尚书大传》云：惟五祀奏钟石，论人声招乐，兴于大麓之野，溿然乃作大唐之歌。招为宾客，雍为主人。始奏《肆夏》，纳以考成。亦舜为宾客，而禹为主人。）而武王克殷，亦杂演夏廷故事（《佚书》："周武王克商，告庙万献，明明三终，籥人奏崇禹生开。"三终，即演夏代故事也），非即戏曲妆扮人物之始乎？

是则戏曲者，导源于古代乐舞者也，古代之诗，雅颂可入乐舞，此"颂"字所由训为"貌"也。乐舞之制，始于古初（《吕氏春秋》云："葛天氏之乐，三人摇牛尾，投足以歌八阕。”而《书经》“箫韶九成”，亦指舞言。是乐舞甚古），至春秋之际，其制犹存（《左传》襄公二十九年：季札请观国乐，见舞《象箾》《南籥》，见舞《大武》，见舞《韶夏》，见舞《大夏》，见舞《韶箾》。皆乐舞存于周末之证）。由帝王祭礼，以推行于民庶，惟行缀俗列，数以位差（如天子八佾、诸侯六、大夫四、士二是也），形以时异（如《春秋繁露》云：“法商而王，舞溢员；法夏而王，舞溢方；法质而王，舞溢椭；法文而王，舞溢衡。”）。然以歌节舞，以舞节音，则固与后世戏曲相近者也。况考之《周礼》，乐师以旄礼（毛为牦牛尾，余姚章氏谓即葛天氏之制），舞师教皇舞（前篇云：“皇舞者，以羽冒覆头上，衣饰翡翠之羽，四方以皇。”）。而宋以《桑林》享晋侯，题以旌夏，惧而发疾（余姚章氏云：“谓舞者即以旌夏戴头也。”）。盖舞者殊形诡象（与方相氏熊皮金目类），致睹者生恐怖之心，犹之后世伶官面施朱墨也。在国则有舞容，在乡则有傩礼（傩虽古礼，然近于戏）。后世乡曲偏隅，每当岁暮，亦必赛会酬神，其遗制也。盖乐舞之制，其利实蕃：大之可以振尚武之风（如武舞是）；小之可以为养生之助（如升降疾徐，可以劳筋骨，宣血气是）；而征引往迹，杂陈古事，则又抒怀旧之蓄念，发思古之幽情，为劝戒人民之一助，其用顾不大哉！故用之偏隅，则有昧任侏僚之乐（《周礼》言：“祭祀则舞四夷之乐。”）。传之后世，犹有鱼龙舍利之名（后汉以此戏示四夷）。此皆古籍之彰彰可考者也。故推原其终始，而论之如此。（《警钟日报》1904 年 10 月30 日）

蒋观云（蒋智由）

中国之演剧界

拿破仑好观剧，每于政治余暇，身临剧场，而其最所喜观者为悲剧。拿破仑之言曰：“悲剧者，君主及人民高等之学校也，其功果盖在历史以上。”又曰：“悲剧者，能鼓励人之精神，高尚人之性质，而能使人学为伟大之人物者也，故为君主者不可不奖励悲剧而扩张之。夫能成法兰西赫赫之事功者，则坤讷由（Corneille）所作之悲剧感化之力为多。使坤氏而今尚在，予将荣授之以公爵。"拿破仑之言如是，吾不知拿破仑一生，际法国之变乱，挺身而救时艰，其志事之奇伟，功名之赫濯，资感发于演剧者若何？第观其所言，则所以陶成盖世之英雄者，无论多少，于演剧场必可分其功之一也。剧场亦荣矣哉！虽然，使剧界而果有陶成英雄之力，则必在悲剧。吾见日本报中屡诋诮中国之演剧界，以为极幼稚蠢俗，不足齿于大雅之数。其所论多系剧界专门之语，余愧非卢骚不能解《度畹德兰犹》也（卢骚精音律，著一书名曰《度畹德兰犹》，痛论法国音乐之弊，大为伶人间所不容）。然亦有道及普通之理，为余所能知者。如云："中国剧界演战争也，尚用旧日古法，以一人与一人，刀枪对战，其战争犹若儿戏，不能养成人民近世战争之观念。"（按义和团之起，不知兵法，纯学戏场之格式，致酿庚子伏尸百万，一败涂地之祸。演战争之不变新法，其贻祸之昭昭已若此。）又曰："中国之演剧也，有喜剧，无悲剧。每有男女相慕悦一出，其博人之喝采多在此，是尤可谓卑陋恶俗者也。"凡所嘲骂甚多，兹但举其二种言之，然固深中我国剧界之弊者也。夫今之戏剧，于古亦当属于乐之中，虽古之乐以沦亡既久，无可考证，经数千年变更以来，决不得以今之戏剧，谓正与古书之所谓乐相当，然今之演剧，要由古之所谓乐之一系统而出，则虽谓今无乐，演剧即可谓为一种社会之乐，亦不得议其言为过当，夫乐，古人盖甚重之。孔子之门，乐与礼并称，而告为邦，则曰："乐则《韶》舞。"在齐闻《韶》，三月忘味。其余论乐之言尤多，盖孔子与墨子异，墨子持非乐主义，而孔子持礼乐全能主义，故推尊乐若是其至也。而古之乐官，若太师挚、师旷等，亦皆属当世人材之选，昭昭然著声望于一时，而其人咸有关系于国家兴亡之故。夫果以今之演剧当古时乐之一种，则古之乐官，以今语言之，即戏子也。呜呼！我中国万事皆今不如古，古之乐变而为今之戏，古之乐官变而为今之戏子，其间数千年间，升降消长，退化之感，曷禁其枨触于怀抱也！抑我古乐之盛，事属既往，姑不必言。方今各国之剧界，皆日益进步，务造其极而尽其神。而我国之剧，乃独后人而为他国之所笑，事稍小，亦可耻也。且夫我国之剧界中，其最大之缺憾，诚如訾者所谓无悲剧。曾见有一剧焉，能委曲百折，慷慨悱恻，写贞臣孝子仁人志士，困顿流离，泣风雨动鬼神之精诚者乎？无有也。而惟是桑间濮上之剧为一时王，是所以不能启发人广远之理想，奥深之性灵，而反以舞洋洋，笙锵锵，荡人魂魄而助其淫思也。其功过之影响于社会间者，岂其微哉！昔在佛教，马鸣大士，行华氏国，作赖咤和罗之乐，使闻者皆生厌世之想，城中五百王子，同时出家。是虽欲人悟观空无我之理，为弘通佛教之方便法，然其乐固当属悲剧之列也。今欧洲各国，最重沙翁之曲，至称之为惟神能造人心，惟沙翁能道人心。而沙翁著名之曲，皆悲剧也。要之，剧界佳作，皆为悲剧，无喜剧者。夫剧界多悲剧，故能为社会造福，社会所以有庆剧也；剧界多喜剧，故能为社会种孽，社会所以有惨剧也。其效之差殊如是矣。嗟呼！使演剧而果无益于人心，则某窃欲从墨子非乐之议。不然，而欲保存剧界，必以有益人心为主，而欲有益人心，必以有悲剧为主。国剧刷新，非今日剧界所当从事哉！（曩时识汪笑侬于上海，其所编《党人碑》固切合时势一悲剧也。余曾撰联语以赠之，顾其所编情节，多可议者。望其能知此而改良耳。）（《新民丛报》第十七号，1902年10月2日，署名"观云"）

陈独秀

论戏曲

戏曲者，普天下人类所最乐睹、最乐闻者也，易入人之脑蒂，易触人之感情。故不入戏园则已耳，苟其入之，则人之思想权未有不握于演戏曲者之手矣。使人观之，不能自主，忽而乐，忽而哀，忽而喜，忽而悲，忽而手舞足蹈，忽而涕泗滂沱，虽些少之时间，而其思想之千变万化，有不可思议者也。故观《长板坡》《恶虎村》，即生英雄之气概；观《烧骨计》《红梅阁》，即动哀怨之心肠；观《文昭关》《武十回》，即起报仇之观念；观《卖胭脂》《荡湖船》，即长淫欲之邪思；其他神仙鬼怪，富贵荣华之剧，皆足以移人之性情。由是观之，戏园者，实普天下人之大学堂也；优伶者，实普天下人之大教师也。

虽然，若以迂腐之儒士观之，则必曰：世界上有用之学多矣，何必独取俚俗淫靡游荡无益之戏曲耶？况娼优吏卒，朝廷功令，不许其过考为官，即常人亦莫不以无用待之，今尔赞优伶，诚谬论矣。虽然，此乃知二五而不知一十之言也。人类之贵贱，系品行善恶之别，而不在于执业之高低。我中国以演戏为贱业，不许与常人平等，泰西各国则反是，以优伶与文人学士同等，盖以为演戏事，与一国之风俗教化极有关系，决非可以等闲而轻视优伶也。即考我国戏曲之起点，亦非贱业。古代圣贤均习音律，如《云门》《咸池》《韶护》《大武》等之各种音乐，上自郊庙，下至里巷，皆奉为圭臬。及周朝遂为雅颂，刘汉以后，变为乐府，唐宋变为词曲，元又变为昆曲。迄至近二百年来，始变为戏曲。故戏曲原与古乐相通者也。戏曲之类，分梆子、二簧、西皮三种曲调，南北通行，已非一日，若声色俱佳，则更易感人矣。孔子曰："移风易俗，莫善乎乐。"孟子曰："今之乐，犹古之乐也。"戏曲，即今乐也。若必云戏曲不善，而墨守尊重古乐，是犹使今人不用楷书，而代以篆体，能乎不能，不待智者而后知也。抑音乐者，亦由时而更易；今古不同，以今之人，闻古之乐，固知其莫谙，即知今之昆曲者亦寥寥也。昔时魏文侯耳古乐之声即欲卧，而楚庄王睹优孟之状即动心，何也？盖亦由开古乐中之风俗言语，均与当时差异，闻之不知不识而使人生厌也。故今奏以古乐，言语曲调与今异，亦必使人生厌心，而现之西皮、二簧均甩官话，人皆能知之，故遂易感人矣。若云俚俗，此即使俚俗人知之也。若云游荡无益，则戏曲无非演古劝今之虚设事。不但此也，且有三长所焉。吾侪平日不能见，而于演戏始能见之，一即古代之衣冠，一即绿林之豪客（如《花蝴蝶》《一枝桃》《闹嘉兴》等类），一即儿女之英雄（如《穆桂英》《樊梨花》《韩夫人》等类）。欲知三者之情态，则始知戏曲之有益，知戏曲之有益，则始知迂儒之语诚臆谭矣。

演戏虽为有益，然现演者之中，亦有不善处，以致授人口实，谓戏曲为无益，亦不足怪也。故不能持尽善尽美之说，以袒护今日之俳优，不善者宜改弦而更张之，若因微劣而遂以无益视之，亦非通论矣。今条述其优劣于左：

（一）宜多新编有益风化之戏。以吾侪中国昔时荆轲、聂政、张良、南霁云、岳飞、文天祥、陆秀夫、方孝孺、王阳明、史可法、袁崇焕、黄道周、李定国、瞿式耜等大英雄之事迹，排成新戏，做得忠孝义烈，唱得激昂慷慨，于世道人心极有益。旧戏中之《吃人肉》《长板坡》《九更天》《换子》《替死》《刺梁》《鱼藏剑》等类，亦可以发生人之忠义之心。

（二）采用西法。戏中有演说，最可长人之见识，或演光学、电学各种戏法，则又可练习格致之学。

（三）不可演神仙鬼怪之戏。鬼神一语，原属渺茫，煽惑愚民，为害不浅。庚子之义和拳，即是学戏中天兵、天将。例如《泗州城》《五雷阵》《南天门》之类，荒唐可笑已极。其尤可恶者，《武松杀嫂》，元为报仇主义之善戏，而又施以鬼神。武松才艺过人，本非西门庆所能敌，又何必使鬼助而始免于败？则武二之神威一文不值。此等鬼怪事，大不合情理，宜急改良。

（四）不可演淫戏。如《月华缘》《荡湖船》《小上坟》《双摇会》《海潮珠》《打樱桃》《下情书》《送银灯》《翠屏山》《乌龙院》《缝褡褳》《庙会》《拾玉镯》《珍珠衫》等戏，伤风败俗，莫此为盛。有谓戏曲为淫靡，优俳为贱业，职是之故，青年妇女观男优演淫戏，已不能堪，何况女优亦现身说法，演其丑态，不知羞耻，而易人入其脑，使其情欲不能自禁，故是等戏决宜禁止。

（五）除富贵功名之俗套。吾侪国人，自生至死，只知己之富贵功名，至于国家之治乱，有用之科学，皆勿知之。此所以人才缺乏，而国家衰弱。若改去《封龙图》《回龙阁》《红鸾禧》《天开榜》《双官诰》等戏曲，必有益于风俗。

我国戏曲，若能依上五项改良，则演戏决非为游荡无益事也。现今国势危急，内地风气不开，慨时之士，遂创学校。然教人少而功缓。编小说，开报馆，然不能开通不识字人，益亦罕矣。惟戏曲改良，则可感动全社会，虽聋得见，虽盲可闻，诚改良社会之不二法门也。（《新小说》第十四号，1905 得 3 月 14，署名"三爱"）

箸 夫

论开智普及之法首以改良戏本为先

方今环球，一绝大之话剧哉！波诡云谲，龙争虎斗，急管弦愈演愈烈，吁，异哉！乃世之人往往游忽于当前，而系恋于已往，茫昧于现象，而致慨于陈迹。彼其感情之敏速，可于观剧时见之。当夫桥既鸣，幕既撤，满园阒寂，万籁无声，群注目于场上，每遇奸雄构陷之可恨也，则发为之指；

豪杰被难之可悯也，则神为之伤；忠孝侠烈之可敬也，则容为之肃；才子佳人之可羡也，则情为之移。及演者形容尽致、淋漓跌宕之时，观者亦眉飞色舞，鼓掌称快。是以上而王公，下而妇孺，无不以观剧为乐事。是剧也者，于普通社会之良否，人心风俗之纯漓，其影响为甚大也。中国成周优孟衣冠，为剧之滥觞。及李唐时，梨园菊部，一时称盛。厥后愈传愈讹，久而渐失其真，其所扮演者，多取材于说部神〔稗〕史，综其大要，不外寇盗、神怪、男女数端，如《水浒》《七侠五义》，非横行剽劫，犯礼越禁一派耶？《西游》《封神记》，非牛鬼蛇神，支离荒诞一派耶？《西厢》《金瓶梅》，非幽期密约，亵淫秽稽之事耶？在深识明达者流，固知当日作者，不过假托附会，因事寓言，借他人酒杯，浇自己垒块，亦视为逢场作戏，过眼云烟已耳。而闾阎市侩，乡曲愚氓，目不知书，先入为主，所见所闻，只有此数。每于酒阑灯灺之候，豆棚瓜架之旁，津津乐道，据为典要，且以一知半解，夸耀同侪。呜呼！锢蔽智慧，阻遏进化，非此阶之厉乎？况中国文字繁难，学界不兴，下流社会，能识字阅报者，千不获一，故欲风气之广开，教育之普及，非改良戏本不可。善乎粤东程子仪之新撰曲本以改良乎！其法议招青年子弟数十人，每日于教戏之外，间读浅近诸书，且灌以普通知识，激以爱国热诚，务使人格不以优伶自贱。复于暇日炼以兵式体操，将来学成，赴各村演剧，初到时操衣革履，高唱爱国之歌，和以军乐，列队而行，绕村一周，然后登台。先用科诨，将是日所演戏本宗旨、事实，演说大势，使观者了然于胸。而曲中所发挥之理论，可借此展转流传，以唤起国民之精神。已撰成者，如《黄帝伐蚩尤》《大禹治水》诸出，不胜枚举。中国旧日喜阅之寇盗、神怪、男女数端，淘汰而改正之。复取西国近今可惊、可愕、可歌、可泣之事，如波兰分裂之惨状、犹太遗民之流离、美国独立之慷慨、法国改革之剧烈，以及大彼得之微行、梅特涅之压制、意大利之三杰、毕士麦之联邦，一一详其历史，摹其神情，务使须眉活现，千载如生。彼观者激刺日久，有不鼓舞奋迅，而起尚武合群之观念，抱爱国保种之思想者乎？ 日本维新之初，程效之捷，亦编译小说之力居多。吾国而诚欲独立，角逐于二十世纪大舞台也，舍取东西洋开智普及之法，其孰与于斯？（《芝罘报》第七期，1905 年）

洪棟园

《警黄钟》自序

　　《警黄钟》者何？警黄种之钟也。黄种何警乎尔？以白种强而黄种弱也。黄种何以弱？以吾四百兆人，日醉生梦死于名缰利锁之中而不自知，为燕雀之处堂、醯鸡之舞瓮，不自知其弱，遂终不能强。吁！可怜已！怜之故思设法以警之。警之奈何？《记》有之："钟声铿，铿以立号，号以立横，横以立武。君子听钟声则思武臣。"孟子有言："金，声也者。"声之为言，宣也。古人觉世，必取物之善鸣者，假之使鸣。如遒人之木铎，即此意也。《风》《骚》而后，最善鸣者莫如诗；宋、元以来，则以词曲鸣，皆文人之善鸣者也。词曲者，诗之余，其佳者能激发人心，动人以忠爱之念。词曲虽小道，或可为警世之用，非钟而亦钟，故作者效之而假此以鸣者也。其体则院本传奇；其事则子虚乌有；其义则风人托兴之旨，"言者无罪，闻者足戒"，某尝窃取之矣。他日者，梨园子弟弦管登场，使观者恍然于黄种之受制白种，殆如黄蜂之受困胡蜂，而急思有以挽回之、振作之，则忠君爱国之念油然而生。彼蜂群尚如此，而况人群？女子尚如此，而况男子？《传》曰："蜂虿有毒，而况国乎？"此言虽小，可以喻大；一杵蒲牢，发人深省，故名之曰"警钟"。"警钟"之编，为黄种而作也，故名之曰《警黄钟》。（《晚清文学丛钞·传奇杂剧卷》）

渊 实

中国诗乐之变迁与戏剧发展之关系（存目）

　　（《新民丛报》第七十七号，1906 年 3 月 25 日，"渊实"为廖仲恺笔名，跋为梁启超所作）

王钟麒

剧场之教育

　　天僇生曰：国之兴亡，政之理乱，由风俗生也。风俗之良窳，由匹夫匹妇一二人之心起也。此一二人之心，由外物之所濡，耳目之所触，习而成焉者也。是一二人者，习于贞则贞，习于淫则淫，习于非则非，习于是则是。其始也起点于一二人，其终也被于全国。造因至微，而取效甚巨。此义也，孔子知之，司马迁知之。孔子曰："声音之道，与政通矣。"司马迁曰："《雅》《颂》之音理而民正，噍噭之音兴而人夺，郑卫之音动而心淫。"是以古之圣王，设官以世守之。本之性情，稽之度数，而制为五音，以化成天下。春秋之世，王失其纲，圣人不作，雅乐丧缺；谲谏之士，渐有扮古衣冠，登场笑谑，以讽时政者。盖乐歌仅有声，而演剧则兼有色，其大旨要不外惩恶而劝善。历数千载，暨于隋氏，戏剧乃大兴于时。隋谓之"康衢戏"，唐谓之"梨园乐"，宋谓之"华林戏"，元谓之"升平乐"。元之撰剧演者，皆鸿儒硕士，穷其心力以为之。赵子昂谓良家子弟所扮者，谓之行家生活；倡家所扮者，谓之戾家把戏。关汉卿亦言扮演戏剧，须士夫自为之。盖古人之重视演剧也如此。明承元后，作者代起，如王汉陂、康对山、梁少白、陈所闻诸人，凡所撰新剧，皆自行登场，无有敢从而非议之，呼之贱行薄伎，如今世之所为者。诚以其所关大也。至本朝雍乾中，以演剧为大戒，士夫不得自畜声伎。自此以降，而后移风易俗之权，乃操之于里妪村优之手。其所演者，则淫亵也、劫杀也、神仙鬼怪也。求其词曲驯雅者，十无一二焉；求其与人心世道有关者，百无一二焉。吾闻元人杂剧，向有十二科，忠臣烈士、孝义廉耻、叱奸骂谗、逐臣孤子，居其四，而以神头鬼面、烟花粉黛为最下下乘。可知戏剧之所重，固在此而不在彼也。又元人分配脚色，咸有深意存其中。曰正末，当场男子，能指事者也；曰副末，昔谓之苍鹘，鹘者，能击贼者也；曰狙，狙，狐属，好淫，后讹为旦；曰狐，妆官者也，后讹为孤；曰靓，傅粉墨，供笑诙之义，后讹为净；曰猱，妓之通称也，猱亦狐属，能食虎脑，以喻少年爱色者，如虎之爱猱，非杀其身不止也。由是以观，是古人之于戏剧，非仅借以怡耳而怿目也，将以资劝惩、动观感。迁流既久，愈变而愈失其真。昔之所谓杂剧，寝假而为京调矣，寝假而为西皮、二簧矣，寝假而为弋阳、梆子矣。于古人名作，其下者读而不之解，其上者则以是为娱悦之具，无敢公然张大之者。于是而戏剧一途，乃为雅士所不道也。而世之观剧者，不得不以妇人、孺子及细民占其多数。是三种类者，其脑海中皆空洞无物，而忽焉以淫亵、劫杀、神仙、鬼怪之说中之，施者既不及知，而受者亦不自觉，先入为主，习与性成。观夫此，则吾国风俗之敝，其关系于戏剧者，为故非浅鲜矣。

　　昔者法之败于德也，法人设剧场于巴黎，演德兵入都时之惨状，观者感泣，而法以复兴。美之与英战也，摄英人暴状于影戏，随到传观，而美以独立。演剧之效如此。是以西人于演剧者则敬之重之，于撰剧者更敬之重之。自十五六世纪以来，若英之蒿来庵、法之莫礼蔼、那锡来诸人，其所著曲本，上而王公，下而妇孺，无不人手一编。而诸人者，亦往往现身说法，自行登场，一出未终，声流全国。夫西人之重视戏剧也如此，而吾国则如彼，即此一端，可以睹强弱之由矣。吾以为今日欲救吾国，当以输入国家思想为第一义。欲输入国家思想，当以广兴教育为第一义。然教育兴矣，其效力之所及者，仅在于中上社会，而下等社会无闻焉。欲无老无幼，无上无下，人人能有国家思想，而受其感化力者，舍戏剧末由。盖戏剧者，学校之补助品也。今上海诸梨园，亦稍稍知改良戏曲矣。然仅在上海之一部分，而所演新剧，又为诸剧中之一部分，即此一部分中，去其词曲鄙劣者十之三，去其宗旨乖谬者十之三，去其所引证事实与时局无涉者十之三，则夫异日所获之实亦仅矣。吾闻华严入法界品，有所谓婆须密多者，吾愿吾国戏剧家咸知此义，以其一身化亿万身，以救此众生。吾尤愿吾内地十八行省，省省得志士，设剧场，收廉值，以灌输文明思想。吾更愿吾海上诸名伶，取旧日剧本而更订之，凡有害风化、窒思想者，举黜弗庸，以为我民造无量幸福。仆也不才，夕夕而祝之，旦旦而祈之。（《月月小说》第二卷第一期，1908 年）

李伯元

《庚子国变弹词》叙

　　读《长生殿》传奇矣，至李龟年说开天遗事，激昂慷慨，酣畅淋漓。又读《桃花扇》传奇矣，至柳敬亭、苏昆生说扬州兵变，凄楚入骨，悲愤填胸。由其大书深刻，笔舌互用，故能遥吟俯唱，声泪相随。夫唐与明迄今数百年，区区故简陈编，后人犹触无穷，低徊不置。何况神州万里，忽告陆沉，咸阳三月，同归灰烬，愁形惨状，荟萃一编，有不伤志士之心，而王国民之气者，无是理也。庚子之役，海内沸腾，万乘之尊，仓皇出走。凡目之所见，耳之所闻，缄札之所胪陈，诗歌之所备载，斑斑可考，历历如新。和议既成，群情顿异，骄侈淫佚之习，复中于人心，敷衍塞责之风，仍被于天下，几几乎时移世异，境过情迁矣，著者于是有《国变弹词》之作。删繁就简，由博返精，自谓于忠奸贤佞之途，功罪是非之列，尚不随人俯仰，与物周旋。书成汇付梓人，以质知者。亦曰，此杞人忧天之语，托于俳优相戏之词云耳。时壬寅十月既望，著者自叙于酒醒香销之室。（《晚清文学丛钞·小说戏曲研究卷》）

历劫不磨生

《庚子国变弹词》叙

　　今夫芳草斜阳，前村中郎之唱；后庭玉树，隔江商女之歌。属在词章，播诸弦管，亦既汗牛充栋，又皆土饭尘羹。若乃蒿目方艰，杞忧未已，别开生面，特创新声。坠珥遗簪，白头宫中之语；金戈铁马，赤眉关内之兵。不同过耳秋风，可作当头喝棒，如此编是矣。回忆芙蓉阙下，析木津头，削梃挝坚，揭竿为乱。黄巾张角，患起腹心；碧眼贾胡，命悬砧釜。以至六军摐甲，万骑投鞭，胡马遥来，真龙已出。俳优相戏，愁闻二圣之环；我公不归，泪洒三年之雨。似此前尘往事，都付豪竹哀丝。辞不嫌芜，语无妨絮。大似台城杨柳，重翻白雁之歌；何当棚底豆花，对话红羊之劫。时在光绪壬寅孟冬之月，历劫不磨生书于海上寓庐。(《晚清文学丛钞·小说戏曲研究卷》)

3. 文字改革与白话文运动

引　言

19 世纪末 20 世纪初，中国出现了影响深远的文字改革运动，即后人所谓的"切音字运动"。切音字运动的主张可以归结为三句话：一、字画简易；二、字话一律；三、语言统一。"字画简易"，是要求文字读写简单便捷，这一主张带来了各种切音字方案，并为后来的注音字母、汉语拼音方案和汉字简化做了理论和实践的铺垫；"字话一律"，主要指书面语和口语要一致，写和说统一起来，这成了同时期以及后来的白话文运动的先声；"语言统一"，要求统一全国语言，这为后来的国语运动和延续至今的推广普通话做了思想和理论上的准备。1958 年文字改革出版社曾将有关资料搜集整理后以《清末文字改革文集》出版。白话文运动的最初源头要追溯到维新变法时期。当时维新思想家们出于"开民智"以及传播西方思想文化的启蒙目的，而积极提倡白话文，从而在中国大地上第一次发出了要求推广白话文、改革或废除文言文的呼声。而最早发出这种呼声的是梁启超。1896 年他撰写《变法通议》一文，从开民智的角度论述了推广白话、俗语的重要意义。梁启超虽然主张推广白话文，但他并没有明确使用"白话文"这一概念，第一次使用"白话文"概念的是江苏无锡举人裘廷梁。1898 年春，裘廷梁在上海《苏报》上发表了《论白话为维新之本》的文章，明确提出了"崇白话而废文言"的主张，认为西方、日本之所以"人才之盛，横绝地球"，就在于"白话之效"；中国之所以民智未开，国家贫弱，亦在于"文言之为害"，所以要开民智、强国家，就必须"崇白话，废文言"，这是维新之本。因为与文言比较，白话有八点优长：一是"省日力"，二是"除骄气"，三是"免枉读"，四是"保圣教"，五是"便幼学"，六是"炼心力"，七是"少弃才"，八是"便贫民"。到了 20 世纪初，随着思想启蒙的深入，白话报犹如雨后春笋般地涌现。20 世纪初兴起的白话文运动，是五四白话文运动的前驱与先导。这是 20 世纪初兴起的白话文运动的影响和意义。

卢戆章

《中国第一快切音新字》原序

余自九岁读书，十八岁应试，廿一岁往叻（新加坡），专攻英文，廿五岁回厦，遂即蒙英教士马君约翰聘请帮译《英华字典》。闲隙之时，欲自著华英十五音，然恐漳泉刻本之十五音字母不全，于是苦心考究，至悟其源源本本，则以汉字话音字与英话横列对排。然页地有限，恒嫌话音字以数字母合切为一字，长短参差，甚占篇幅。忽一日偶触心机，字母与韵脚（即十五音）两字合切即成音。自此之后，尽弃外务，朝夕于斯，昼夜于斯，十多年于兹矣。无非考究作字之法，因将天下三百左右腔字母之至简易平稳者，又参以己见，选此五十余记号画为"中国第一快切音字"之字母。

中国字或者是当今普天之下之字之至难者，溯自黄帝时仓颉以象形、指事、会意、转注、形声、假借，造成为字以来，至今已有四千五百余年之遥。字体代变，古时用云书鸟迹，降而用蝌蚪象形，又降而用篆隶八分，至汉改为八法，宋改为宋体字，皆趋易避难也。明以上无一定之字母，汉许氏《说文》用五百一十四字为字部，隋用五百四十二，宋用五百四十四，至明《六书本义》用三百六十；明下百余年，《字汇》一书始删至二百一十四之字旁字为字母，圣祖仁皇帝仍之，成为《康熙字典》之四万零九百一十九个之记号字，然常用者不过四五千字而已。四书有二千三百二十八不同字者，五经有二千四百二十七不在四书内者，十三经共总有六千五百四十四字之不同者，其中除《尔雅》九百二十八甚罕用之字，平常诗赋文章所用者不过五千余字而已，欲识此数千字，至聪明者非十余载之苦工不可，故切音字当焉。

窃谓国之富强，基于格致；格致之兴，基于男妇老幼皆好学识理。其所以能好学识理者，基于切音为字，则字母与切法习完，凡字无师能自读；基于字话一律，则读于口遂即达于心；又基于字画简易，则易于习认，亦即易于捉笔，省费十余载之光阴。将此光阴专攻于算学、格致、化学，以及种种之实学，何患国不富强也哉？

当今普天之下，除中国而外，其余大概皆用二三十个字母为切音字，英美二十六，德法荷二十五，西鲁面甸三十六，以大利及亚西亚之西六七国皆二十二，故欧美文明之国，虽穷乡僻壤之男女，十岁以上，无不读书。据《客岁西报》云，德全国每百人中，不读书者一人而已，瑞士二人，施哥兰七人，美八人，荷兰十人，英十三，比利时十五，爱尔兰二十一，澳大利亚三十。何为其然也？以其以切音为字，字话一律，字画简易故也。日本向亦用中国字，近有特识之士，以四十七个简易之画为切音字之字母，故其文教大兴。据去年日本之文教部清单，现国中已设有一万零八百六十二学塾，教授之师计有六万二千三百七十二人，已在学受业者有二百八十万人左右，又光绪十年男学生有三百一十九万余名，女学生有二百九十六万名。外国男女皆读书，此切音字之效也。

中国亦有切音，止以韵脚与字母合切为一音，此又万国切音之至简易者也。其法即在一三八二时梁朝间，西僧沈约与神珙以印度之切音法传入中原，唐以二百零六字为字母，宋以一百六十，又以三十六字为韵脚。《康熙字典》依其法以切音，如字典首之见溪群疑等之三十六字是也，即以两汉文合切而成音，为注明某字当读何音之用，非以简易字母合切为切音字也。若以切音字与汉字并列，各依其土腔乡谈，通行于十九省各府州县城镇乡村之男女，编甲课实，不但能识切音字，亦可无师自识汉文，兼可以快字书信往来，登记数项，著书立说，以及译出圣贤经传，中外书籍，腔音字义，不数月通国家家户户，男女老少，无不识字，成为自古以来一大文明之国矣。切音字乌可不举行以自异于万国也哉！又当以一腔为主脑。十九省之中，除广福台而外，其余十六省，大概属官话，而官话之最通行者莫如南腔。若以南京话为通行之正字，为各省之正音，则十九省语言文字既从一律，文话皆相通，中国虽大，犹如一家，非如向者之各守疆界，各操土音之对面无言也。而凡新报、告示、文件，以及著述书籍，一经发出，各省人等无不知悉；而官府吏民，亦可互相通晓，免费传供之枝节也。余不过尽一片之愚忠，聊献刍荛而已。

光绪十八年壬辰孟夏既望，闽泉同古庄卢氏戆章自序于鹭江鼓浪屿旅次。（《清末文字改革文集》）

蔡锡勇

《传音快字》自序

余昔随陈荔秋副宪出使美日秘三国，驻华盛顿四年，翻译之暇时，考察其政教风俗。尝观其议政事，判词讼，大廷广众，各持一说，反复辩论，杂遝纷纭，事毕各散，而众论异同，业皆传播，记录稠叠，稿常盈寸，揣其必有捷法。继询彼都人士，始知有快字一种，行之已久，作者不一家，师承各异，然皆能笔随口述，不假思索，手不停挥，率每分时能作二百余字。泰西文字本简，此则简而又简矣。尝念中国文字最为美备，亦最繁难，仓史以降，孳乳日多，字典所收，四万余字，士人读书，毕生不能尽识。小学家多用《说文》字体，或仿金石古文，词赋家或专搜奇字，寻常应用，三千足矣。四书不同者二千三百余字，五经十三经递加二千余字，童子束发入塾，欲竟其业，慧者亦须历十余年。如止读数年，改操他业，识字有限，类不能文，在妇女更无论矣。缘文字与语言各别，读书识字，兼习其文，记诵之功，多稽时日也。泰西承用罗马字母，虽各国音读互殊，要皆以切音为主。寻常语言，加以配合贯串之法，即为文字。自上至下，由男及女，无事不有学，无人不有学，其一丁不识者，不数觏也。加以快字，一人可兼数人之力，一日可并数日之功，其为用不益宏哉！余久欲仿其法，合以官音，著为一书，以谂知者，捧檄从公，匆匆鲜暇，因循十有余年，尚未脱稿。偶与友人谈及，以为足资世用，亟促其成，爰检旧稿，为厘订其法，本于美国近人凌士礼氏而参以己意，变通增减，以适于用。以八方面弧及斜正轻重笔分为二十四声，以小弧小画小点分为三十二韵，合声韵以切一音，即合两笔以成一字，变而通之，更有以一笔为一字者，以授儿辈，数日悉能通晓。即以此法传信往来，幼子八龄，亦能以言自达，以此推之，欲习此者，不过旬月之功，贯通之后，得以其余力暇日，习诸要务。推之古人之谟训，当代之典章，异邦之制作，皆可以切音演为常语，而理可兼通。若夫触类引申，一笔连书，可代数字，则神而明之，存乎其人矣。友人敦迫付梓，以公诸世，爰识其缘起于简端。

光绪丙申孟秋，龙溪蔡锡勇识于武昌寓斋。（《清末文字改革文集》）

汤金铭

《传音快字》书后

《传音快字》一卷，龙溪蔡毅若观察所著也。观察幼肄业"同文馆"，熟谙西国语言文字，弱冠后随陈荔秋副宪出使美洲数年，考求益博。西文本简，更有简法，取曲直斜正，粗细点画，纪音代字，记录甚捷。乃增减分并，取合官音，列二十四声，三十二韵，合声韵以切音，以两笔代一字，又以距格线远近判四声，两笔离合别上下平，条理甚密；如遇本字，即以一笔代之，更推广代其同组之字，变化靡穷，为中国向所未有，傥施诸世，为用极广，诚不可少之书也。谐声为六书之一，而字居大半，后代递增之字，此类为多，非取其易识耶？古未有反切之前，常语每与相合，人名物号多取双声叠韵，已启其机。魏孙叔然创以代音，较汉儒臂况诸读为确。梵策入华，始有字母，其理不殊，惟古今音不同，后儒讥古书反语之疏，或更音和之字，皆以今绳古，在当时原不误也。反切本诸天籁，缓读两字，急呼成一字，上字为发语者，下字为语余音，或有音无字，著书者不得不取相近者以代之；上必双声，论阴阳不论平仄，下必叠韵，论平仄不论阴阳，法最简易，数言可了。而儒生有皓首不知其解者，缘见、溪、郡、疑诸字母，以土音官音读之皆不合，故疑不能明耳。语人以反切或不知，语以发语余之音则易知，语以谐声无不知矣。此书以切音为主，蕲合今音，不拘古韵，于音之发收弇侈，辨折甚微，非亦推广谐声之义乎？自古及今，文字屡变，由古文籀篆八分以至隶楷行草，皆有由繁趋简之机。西国文字亦然，由巴比伦而犹太，而希腊，而拉丁，至今法文，欧美二洲皆用之，而音读各殊，惟美与英略同，其余互异，然要以切音为本，语言串合，即为文字。且各国音多同组或同韵类仍相近，惟与中国相去甚远。即以英二十六字母言之，同韵者九，两字同韵者二，同组者亦九，而无东、冬、江、阳、真、文、庚、青诸韵，切出之音，得其彷〔仿〕佛，每切一字，常用数音，或多至六七，用双声而不用叠韵，此异于中国者也。惟其施诸本国，四境皆同，兼习他国语言文字，悉以切音对译，未尝有扞格之虞也。此书各韵次弟，本法国字母之音，取其与官音相近也。近世民事日繁，恒苦限于时地，西人精思立法以通之，如火轮舟车电报及诸机器皆是，快字亦其一也。制弥简而用弥宏矣，宋邓肃言："外国之巧，在文书简，故速；中国之患，在文书繁，故迟。"古今一概，若用此法，易繁为简，妇孺可知，慧者数日即通，钝者不过数月，即未尝读书者皆可以通情意、述事理，而无不达之辞，更推史迁以训代经之法，凡所应读之书皆可以语言代文字而得其要领，则化难为易，无书不可读矣。西音既与中国不同，各省以土音相近者代之，其字互异，若以切音对译，庶得其真。电报以点画纪数，以数编字，尚须检阅之烦，若以纪此声韵，则得音即知其字，尤为捷矣。迩来当道力求振兴，多仿西法，西人创此学者已膺懋赏，获颁行，此书一出，知必有乐为表章者。近报纪厦门卢君言文字为振兴之本，思以音制字，俾人共习，著论近万言而未见其书，此书一出，更必有先睹为快者。昔北朝孟威、孙搴、祖珽、刘世清等，皆以能通外国语言见重时主，观察生逢圣代，游历外邦，既善翻译，尤深洋务，且能变通撰著以资世用，其遇合不可预卜哉。向尝因四元法以天地人物代诸数，判方位以为识别，推其意以弧角弦矢诸线纪音代字，图以资记，歌以便诵，体例各异而用意略同，援汉学兼存之义，或亦可附骥而行乎。检校既竣，因缀述其梗概。

光绪二十二年立秋节日，花县汤金铭谨跋。（《清末文字改革文集》）

梁启超

《沈氏音书》序

国恶乎强？民智，斯国强矣。民恶乎智？尽天下人而读书，而识字，斯民智矣。德、美二国，其民百人中识字者，殆九十六七人，欧西诸国称是。日本百人中识字者，亦八十余人。中国以文明号于五洲，而百人中识字者，不及二十人，虽曰学校未昌，亦何遽悬绝如是乎？吾乡黄君公度之言曰："语言与文字离，则通文者少。语言与文字合，则通文者多。"中国文字多，有一字而兼数音，则审音也难；有一音而具数字，则择字也难；有一字而数十撇划，则识字也又难（《日本国志》三十三）。呜呼！华民识字之

希，毋亦以此乎。梁启超曰：天下之事理二，一曰质，二曰文。文者，美
观而不适用。质者，适用而不美观。中国文字畸于形，宜于通人博士，笺
注词章，文家言也。外国文字畸于声，宜于妇人孺子，日用饮食，质家言
也。二端对待，不能相非，不能相胜，天之道也。抑今之文字，沿自数千
年以前，未尝一变（篆、文、楷、草，写法小异，不得谓文字之变）；而今
之语言，则自数千年以来，不啻万百千变，而不可以数计，以多变者与不
变者相遇，此文言相离之所由起也。古者妇女谣咏，编为诗章，士夫问答，
著为辞令，后人皆以为极文字之美，而不知皆当时之语言也。乌在其相离
也？孔子在楚，翻十二经（见《庄子·徐无鬼》篇），《诗》《春秋》《论语》
《孝经》，齐儒、鲁儒各以其音读之，亦如英、法、俄、德，各以其土音翻
切西经，又乌在其相离也？后之人弃今言不屑用，一宗于古，故文章尔雅，
训词深厚，为五洲之冠。然颛门之士，或乃穷老尽气，不能通小学；而山
海僻壤，百室之族，知书者，往往而绝也。是以中国文字，能达于上不能
逮于下。盖文言相离之为害，起于秦汉以后。去古愈久，相离愈远，学文
愈难，非自古而即然也。西人既有希腊、拉丁之字，可以稽古，以待上才，
复有英、法、德各国方音，可以通今，以逮下学。使徒用希拉古字，而不
济以今之方音，则西人文言之相离，必与吾同，而识字读书者之多，亦未
必有以加于中国也。稽古今之所由变，识离合之所由兴，审中外之异，知
强弱之原，于是通人志士，汲汲焉以谐声增文为世界一大事。吾所闻者，
有刘继庄氏，有龚自珍氏，颇有所述造，然世无传焉。吾师南海康长素先
生，以小儿初学语之声为天下所同取其十六音以为母，自发凡例，属其女
公子编纂之。启超未获闻也，而朋辈之中，湘乡曾君重伯，钱塘汪君穰卿，
皆有志于是业，咸未成。去岁，从《万国公报》中，获见厦门卢戆章所自
述，凡数千言，又从达县吴君铁樵，见蔡毅若之快字，凡四十六母，二十
六韵，一母一韵，相属成字，声分方向，划别粗细，盖西国报馆，用以记
听议院之言者，即此物也。启超于万国文字，一无所识，音韵之学，未尝
问途。瞢然无以测诸君之所长也。然窃窃私喜，此后吾中土文字，于文质
两统，可不偏废。文与言合，而读书识字之智民，可以日多矣。沈学，吴
人也，无字，邃于西文，究于名理，年十九而著书，五年而书成，名曰《盛
世元音》，其自言也。曰以十八字母可切天下音，欲学其技，半日可通，其

简易在五大部洲一切文字之上。谓卢君之法泥于古，不如己也。余告以蔡君法，则谓划分粗细，不适于用，法未密，亦不如己也。余于卢君书未得见，蔡沈二家，则其法略同，盖皆出于西人。或沈君更神而明之，有所独得欤？然吾之寡学，终无以测诸君之短长也，沈君以年少，覃心绝艺，思以所学易天下，常以西人安息日，在海上之一林春茶楼，挟技以待来者而授焉。其亦有古人强聒不舍之风乎？沈君属以书入报中，其书文笔，未尽雅驯，质家之言固如是，不能备求也。至其言论，多有透辟锐达，为前人所未言者。呜呼！不可谓非才士也已。先以原序登，其书与法俟诸别简，世之君子，或愿闻诸。（《时务报》第四册，1896 年 9 月 7 日，署名"新会梁启超撰"）

变法通议·论幼学（存目）

（《时务报》第十六、十七、十八、十九册，1897 年 2 月 22 日至 3 月 3 日，署名"新会梁启超撰"）

沈　学

《盛世元音》自序

今之议时事者，非周礼复古，即西学更新，所说如异，所志则一，莫不以变通为怀，如官方、兵法、农政、商务、制造、开矿、学校，余则以变通文字为最先。

文字者智器也，载古今言语心思者也。文字之易难，智愚强弱之所由分也。上古结绳之世，文风未启，黄帝垂裳，制形象数器物以便民生，仓颉制六书以代结绳，文物渐昌明矣。籀文篆隶，字体代变，历数千年，几尽失制字精英，大都删繁就简，畏难趋便，然亦人性使然，事理必至。

大清列圣御世，风气大开，萃万国之冠裳，通五洲之轮舰，极从古未有之世界，启从古未有之变局。中外相形，中国不啻羲皇上人，最拙者文字一学，泰西切音，中国象形故也。自苍颉造字，至今四千五百余年，分字部之法三，一事类，一音韵，一笔画，字部多至五百四十四，至少亦二百一十四，共计字体四万零九百余字，士人常用者惟四五千字，非诚读十三经不得聪明，非十余年功夫不可。人生可用者有几次十年？因是读书者少，融洽今古、横览中外者更少。既文事凌夷，外患蜂动，当此痛巨创深之际，莫不欲自强为计，窃谓自强陈迹有三：

（1）欧洲列国之强，罗马失道，欧洲散为列国，列国所以强，有罗马之切音字也。人易于读书，则易于明理，理明则利弊分晰，上下同心，以讲求富强。

（2）美洲之强，其所以强，由欧洲人迁居其地，大都读书种子，今格致富强，与欧洲并驾齐驱者，亦切音字为之，切音字易达彼此衷曲，上下无隔膜。

（3）俄国日本之强，俄皇彼得幼肄习欧洲一切富强事，铭之心，笔之书，身登大宝，新政隆焉，今天下畏之；日本通商二十载，奋焉兴者，勇于师也，上下莫不以吕方美兴为志，今天下敬之。二国之自强，其势由上，借本国切音字，翻译泰西富强书，令民诵读者也。

三者莫不以切音为富强之源。中国人民居天下三分之一，人民既众，宜识字之法更便，不然则多多者皆蠢蠢之辈，虽具耳目，如无见闻。统计华人三四百兆，每年生死相比，百人多一人，一年增三四百万，十年增三四千万，即多两省之人，不速为计，何以教养？变通文字则学校易广，人才崛起。

有曰：切音易于写读者理也，独象形目治，切音耳治，目治无耳治之广远，耳治无目治之长久，利害相抵也。余曰：象形恒久，岂以其象耶？字形代变，意会者多，欲真恒久，非图画不可。字非图画，字各有音。汉文以边傍为训诂者若干部，与格致大相刺谬，不足为义。考字义之源只三（详《文学》《性理》篇），既字义三源，安知不可用法成之（详《书法》篇）？字音有六千二百八十不同单音（详《反切》篇），是更要于字义，何止千倍？西字不作字义，只以字音连句读通行天下，足证字音胜字义，字义难载字音（汉文音随地而变，义不少变），字音尽载字义（观西字汇可证），是切音字不独广远，兼能恒久。

或曰：然则假彼国之切音字切中国之音，可否？余考中国之方音最多最乱。欧洲方音不大远殊，尚不能合切，各成字母，英文不切法音，法文不切俄、德、丹音，其字母亦不能相通。欧人每议合数国音，使之同文，卒至今日无成。其笔画亦并不省捷，数十字母有并两三字为一母者，三仄四声茫然，声音不及，笔画又梗，转不如用象形字，虽写读较难，而意义尚易判别也。中国音同义异之字颇多，用其切音字，理所不可。

或谓为富强计，不在另创新字，一切效法泰西，用洋文者洋文、汉文者汉文可也。余谓欲通格致，力求富强，非兼通汉文洋文不可。尽驱国人学洋文，势所不能，必赖出洋之徒，译其书，翻其语，注以汉文，授之子弟。然汉文不能注西字音者甚多，且快慢脱节，轻重失序，在在皆是。汉文一字，各随方音而异，欲其惠于后学，得乎？是生为华人，欲兼数国之文，须白尚在塾中，欲其精一艺，得乎？余恐中国风气一变，劳逸之心生，利弊之见明，以洋文较汉文，写读之易，利用之大，不百年而读汉文者无矣。国中一有变更，将弃之如敝屣，如此则富强未得，而中国之方音灭矣，中国之文字废矣。上以埃及、巴西为鉴，下以印度、日本为鉴，千古之精英尽矣，良可叹也。

然则汉文处今日，有不得不变之势，又有不能遽变之情，为之奈何？天下无不可考之理，无不能为之事。余阐详体用，得《盛世元音》十八笔字母，可公天下，能切天下音，兼分文理音同义异之字，以译汉文洋文书籍，音义不爽累黍，以十八笔为阶，以八下钟可以尽学，写读之疾省，制作之美备，古今未曾有也。一载通国皆能诵读有用之书，三年遍地尽属有用之人，得文字之捷径，为自强之源头，同文之盛，殆将见之矣。(《清末文字改革文集》)

王炳耀

《拼音字谱》自序

夫人有音，本于天性也，有音即有言语，有言语然后有文字。言语之用达心意，而文字之用代言语耳。自圣人出，制字立义，以字义作口声，使言由目入，远可闻千古之语，近可听四方之言，百官以察，万民以治，治道之隆，岂不赖乎文字哉！顾言资乎耳，字资乎目，而文字之妙能代言语，易其路以入心，圣人创之，初非苦人所难以博虚名也。惜今人鄙俗言，弄文字，玩月吟风，胸无实际。何如于文字之外复加拼音之字，拼切方言，使男女易习，立强国无形之实基？日本重我国之文，并用本国方言之字，广习西学，人民智而国强，已有足征者。泰西之文，初或起于象形，终则归于拼音。三千数百年前，有名摩士者，腓尼基国人也，首创拼音新法，以二十六字为母，拼切相生，始传于希利尼，继而罗马，今遍行欧洲，读书简易，男女有学，其兴有由矣。今欲兴中国，而专求欧美二洲之铁路、机器、技艺、矿务、商务、银行、邮政、军械、战舰，不务去伪之道、诱善之方、智民之术，兴强无基，而羸弱反日深，前车之鉴岂远哉！夫泰西之强，先本于上下诚、男女学也，舍此不求，徒效外美，何异于截花插瓶，目前香艳？若卓识之臣，憬然悟之，思设学堂以求西法，立报馆以启民心，可云务本之道。然化俗无方，虚伪如故矣，方言无字，民昧如故矣。仆抱杞人之忧，设精卫之想，妄拟新字，拼切方言，字母比之泰西，书法依乎本国，拙者习之，旬日卒业，简莫如也。是书拼音成字，书出口之音，运之入心，不由耳而由目，使目见者即明，犹以口宣言，使耳闻者即达，声入心通，别无难义也。各字读法，先声母，后韵母，由左至右，自上而下，或先大后小，按音拼成。有识之士，虚心推行，始于家，继而乡，渐而国，合国为家，天下莫强焉。

光绪二十二年仲秋，王炳耀煜初序。（《清末文字改革文集》）

王炳堃

《拼音字谱》序

天下各国，惟中国与埃及，开文运为最早。夏商之世，亚欧二洲尚属草昧，而中国与埃及，大启文明，以二国之字相近也。二国字体，起于象形。今至埃及考其金石，见其古字，与中国钟鼎籀文相仿，说者谓二国之字同出一祖，恐亦附会之辞，事有不谋而合矣。今斐洲部落，尚有獉狉之族，披发文身，茹毛饮血，因无字学，流之为野；中国字学繁琐，失之为史，皆非中道。夫中国之所以得成为中国者，在于文字，而中国之所以仅成为中国者，亦在于文字。文网之密，字学之繁，实为致弱之基。埃及不振久矣，中国亦近为外国凭陵，其故何哉？国朝功令以文字取士，乡会二场取以文，殿试朝考取以字，有因一点之误、半画之讹，竟遭勒帛，以字学之难也。士人穷一生之力，在于文字，何暇及于他学也。尝见乡陬老生，帖括之外，叩以时事，茫然不知，英美不知在何部洲，中外不知有何和约，人才如此，何能兴国？泰西诸国蒸蒸日上，不知者以为在财之富、兵之强，其实在于字学之简易。其法以二十六字母相生，至于无穷，中人之才读书数年，便可诵读挥写，故通国男女鲜不学之人，学校隆则人才盛，人才盛则国运强，其势然也。家兄煜初，因中败于日，有见于是，参用中西二法而变通之，劳心历月，拟成新字，名为《拼音字谱》。其法简便，文人学士无借于此，而平人习之，数句可通，随意诵读挥写，无搁笔之虞，不第可便字学，亦可正语言，幸勿以小技忽之。

光绪二十二年季秋，胞弟炳堃敬序。（《清末文字改革文集》）

温 灏

《拼音字谱》序

中国之文字，由来尚矣。自结绳易为书契，而文运隆，然而唐虞三代之时，文字尚简，故治亦极盛。洎乎秦汉以后，经生家务为考据，于是字学诸书，浩如渊海，士至有皓首穷经而未能尽明其字义者。至唐宋以诗赋抡才，有明以八股取士，文愈繁则治亦愈衰。

本朝科举之法，悉沿明制，文则曰"清真雅正"，字则曰"光方通乌"，聚天下聪明豪杰之人，终其身沉沦墨海。幸而通籍，则所学非所用，一切军国大事，皆假手于幕友吏胥，而舞文之弊，遂致伤国脉而丧元气，固不待中日之战，已知其致败有由矣。余世读诗书，幼攻举业，四战棘闱，始离席帽，南宫三上，又遇罡风，其于文字之甘苦，既已亲尝。及今旷观世变，遍览西书，始悔三十年以前之精神皆消磨于无用之地，而不谓当世士大夫依然大梦未觉，一若地可割，款可赔，而文字终不可变，坐视神州陆沉，圣裔种灭，此诚忠臣义士太息痛哭而莫可如何者也。今王君煜初，苦心孤诣，汇合各省方言，创为拼音字谱，俾童蒙皆能解识，有合于圣人"辞达而已"之义。是书若风行海内，使学者得免文字之束缚，殚其力以讲求经济，未始非富强之初基，讵得以小道目之哉。

光绪二十三年孟夏谷旦，嘉应温灏谨序。（《清末文字改革文集》）

赖鸿逵

《拼音字谱》再版序

上古之世，燧人氏结绳以记事，伏羲始代以书契。逮黄帝史官苍颉，仰观奎星圆曲之势，俯察龟文鸟迹之象，方制文字，是为古文。伏羲作龙书，黄帝作云书，少昊作鸾凤书，高阳作蝌蚪书，高辛作人书，尧作龟书，禹作钟鼎书，务光作倒薤书，文王作鸟书，史佚作虎书，武王作鱼书，古人各因物成字，形体虽别，无非以字作记事珠耳。然字学之义，难易各殊。三代以降，贤哲之士挺生，间有于古人字学疏解诂义，或别辟恒溪，未尝不有功于世，如许氏《说文》所论象形、象声、象物之类是也。又如六书始于《周礼》，所言象形之字如"日""月"之类，象日月形体为之；指事之字如"上""下"之类，以人在一画之上为上，在下为下；会意之字如"信""武"之类，以人言为信，止戈为武；谐声之字如"江""河"之类，以"氵"（水）为旁，以"工""可"为声；转注之字如"考""老"之类，文意相受，左右相注；假借之字如"令""长"之类，一字两用。六书之中，以象形指事为一偶，会意偕声为一偶，转注假借为一偶。六书之法，始作象形，形不可象则属诸事，事不可指则属诸意，意不可会则属诸声，四者犹不可以尽字义，则转注生焉，又于五书之外有假借之法，以通五书之用于无穷，由是字学照然，通行于世矣。逮及后世，字体变更，踵事增华，以炫人目。如周宣王太史史籀取苍颉字形意，损益古文，同异相间，转相配合，号为大篆十五篇，谓之"籀书"。李斯增损大篆，异同籀文，谓之"小篆"，亦曰"秦篆"，世谓之"玉箸篆文"，又谓之"八分小篆"。又秦程邈作隶书——初学大篆，及系狱，颖思十年，始将篆文删繁就简，为隶书，上秦始皇，善之，命为隶人佐书，故曰"隶书"，程邈以后，号为"秦隶"。草书乃西汉元帝时史游所作，史游为《急就章》一篇，解廎元威之散隶体，简略书之，谓之"草书"。楷书始于汉章时，王次仲作八分书，是为楷书之始。行书乃后汉颖川刘德昇所作，与正书相间流行，故谓之"行真"。飞白书系后汉左郎蔡邕所作。蒙古字始于元世祖，以谐声为宗。今王君煜初所著新字，亦以谐声为宗，无音不赅，国人推行，将必有无穷利赖矣。(《清末文字改革文集》)

林辂存

上都察院书

为字学繁难，敬陈管见，请用切音字以便学问，呈请代奏事。窃闻一画开天，龙马启苞符之瑞，二仪成众，岣嵝传夏禹之碑。自古由篆而隶，而楷而草，字已屡易。我朝龙兴辽沈，兼用清书，钦定《康熙字典》，且用切音之法。盖字者，要重之器也，器惟求适于用，故书法代有变更，字类代有增广。迄今重译纷至，因知我国之字，最为繁重艰深，以故为学綦难，民智无从启发。泰西人才之众，实由字学浅易，考其法，则以字母拼合，切成字音，故传习无难，而浅学自速。今欲步武泰西，当察其本原所在，师其意而效之，则用力少而成功多。现在朝野设立大小学堂及编译局，所以培养人才之意，至为深厚，然字学仍旧，非用功六七年，莫能稍通文理。而福建厦门，近时用卢戆章切音新法，只须半载，便能持笔抒写其所欲言，难易之间，判若天壤。倘以卢戆章所创闽音字学新书，正以京师官音，颁行海内，则皇灵所及之地，无论蒙古、西藏、青海、伊黎，以及南洋数十岛，凡华民散居处所，不数年间书可同文，言可同音，而且妇孺皆能知书，文学因而大启。是即合四外为一心，联万方为一气也，岂不懿哉！查创新法切音者，福建卢戆章之外，更有福建举人力捷三，江苏上海沈学，广东香港王炳耀，已故前署海关道蔡锡勇，各有简明字学，刊行于世。其法均遵钦定《康熙字典》切音，参以西法，而善其变通，或以字形胜，或以音义胜，或以拼合胜。大旨以音求字，字即成文，文即为言，无烦讲解，人人皆能。而尤以卢戆章苦心孤诣，研究二十余年，且其生长外洋，壮年回籍，故其所为切音新字捷诀，深得中西音义之正，而旅闽西人，亦多传其学，称为简易。某为举国文学所关，不揣冒昧，敢请我皇上饬下各该省督抚学政，传令卢戆章等，并其所著字书，咨送来京，由管学大臣选派精于字学者数员，及编译局，询问而考验之，校其短长，定为切音新字，进呈御览，察夺颁行。庶几极难之学业，变为极易，而四百余兆人民，无不知学，则我国富强，未始不从此致也。中国字学，原取象形，最为繁难，今之字典，三万余字，仍留为典要，能者从之，不必以此责令举国之人从事讲求，以疲其精力，则幸甚矣。某访闻英、美、德、法各国，知文识理，十人得其八九，我国十不一二，而况民贫财竭，诵读为难，更以艰深繁重之字，责其为学，将何以启中西文明之会耶？以故冒昧上言，是否有当，伏乞代奏皇上圣鉴，谨呈。

是年七月二十八日军机大臣片交，面奉上谕："都察院奏林辂存呈称，字学繁难，请用切音，据情代奏等因，着总理各国事务衙门调取卢戆章等所著之书，详加考验具奏，钦此。"（《清末文字改革文集》）

王 照

《官话合声字母》原序（一）

今夫朝野一体，未易言也，国家与社会之关系，国家与个人之关系，社会与个人之关系，公德与私利之关系，以及人生必需之知识，其理非奥而其绪至繁，主治者欲使人人明其大略，非有自幼渐渍之术不易收尺寸之效。

世界各国之文字，皆本国人人通晓，因其文言一致，拼音简便，虽极钝之童，解语之年，即为能读文之年。以故凡有生之日，皆专于其文字所载之事理，日求精进。即文有浅深，亦随其所研究之事理渐进于深焉耳。无论智愚贫富老幼男女，皆能执编寻绎；车夫贩竖，甫定喘息，即于路旁购报纸而读之。根基如此，故能政教画一，气类相通，日进无已，其朝野自然一体。而吾国则通晓文义之人，百中无一，专有文人一格，高高在上，占毕十年或数十年，问其所学何事，曰：学文章耳。此真世界中至可笑之一大怪事。且鲁钝之人，或读书半生而不能作一书柬，惟其难也，故望而不前者十之八九，稍习即辍者又十之八九，文人与众人如两世界。举凡个人对于社会，对于国家，对于世界，与夫一已〔己〕生活必不可少之知识，无由传习，政治家所云教民，皆属空谈。请为之清夜详思，与东西各国对镜，应知其进化难易之大相悬，绝有由然也。且吾国古人造字，以便民用，所命之音，必与当时语言无异，此一定之理也。而语言代有变迁，文亦随之。孔子所谓述而不作，系指礼教之实而言，非指文字而言。故以孔子之文，较夏殷之文，则改变句法，增添新字，显然大异，可知系就当时俗言肖声而出，著之于简，欲妇孺闻而即晓。凡也已焉乎等助词为夏殷之书所无者，实不啻今之白话文增入呀么哪咧等字，孔子不避其鄙俚，因圣人之心，专以便民为务，无文之见存也。后世文人，欲借文以饰智惊愚，于是以摩古为高，文字不随语言，二者日趋日远，文字既不足当语言之符契，其口音即迁流愈速，百里或岁不相通，千里或世不相通，异者不可复同。而同国渐如异域，妨害多端，误尽苍生，无人觉悟矣。今欧美各国，教育大盛，政艺日兴，以及日本号令之一，改变之速，固各有由，而初等教育言文为一，容易普及，实其至要之原。余今奉告当道者，富强治理，在各精其业，各扩其识，各知其分之齐氓，不在少数之英隽也，朝廷所应注意而急图者，宜在此也。茫茫九州，芸芸亿兆，呼之不省，唤之不应，劝道禁令，毫无把握；而乃舞文弄墨，袭空论以饰高名，心目中不见细民，妄冀强富之效，出于策略之转移焉，苟不当其任不至其时，不知其术之穷也。此可为之者道，难为文人言也。戊戌秋，有福建林舍人辂存，奏请用新字，诏下所司核行，未果。其时未有拼话之新字，但就福建蔡氏所作速记之字而言，于拼话实未适用也。余今者偷息津门，空耗岁月，故自课以创制官话字母，闭户掩卷，逐字审听，口呼手画，积数十日，考得一切字音转变，皆在喉中。喉音为总，不可与唇舌齿腭并列，凡反切之下一字，皆必用喉音。反切旧法，牵合支离，类例繁多，半真半假，徒乱人意。即西文东文各字母，亦皆喉音未备，不便采用，于是创为喉音及音母字共若干，皆假借旧字减笔为遍〔偏〕旁形，概用两拼，使愚稚易习。一日，余方凝坐执笔审音，严范孙先生来，持书一函示余曰："闻君创作拼音字，深恐获罪，盍借此御定音韵阐微为根据，以保险乎？"余受而读之，欣抃不能自已，叹曰："有是哉，今而后有所禀承，不虑人攻击也已。"是书世宗御制序，称圣祖以国书合声之法，命李光地等作此书，又绎其旨曰：缓读之则为二字，急读之则成一音，出于人声之自然，无所勉强。其凡例曰：反切上一字皆用支微鱼虞歌麻诸韵之字。又曰：天下之声，皆出于喉，而收于喉，反切下一字必用喉音。睿虑精详，指授所及，先获我心。惟是书告成之日，圣祖上宾已久，纂修诸臣，无由随时禀承，故拘于韵书，拘于见溪等三十六字母。凡前人韵书所无之音，不敢设法增补，以致各部中注合声者，不及十之二三，而今用协用等名目十之八九。且表明影喻二母中无其字，故旁借近似者用之，不能悉如合声之法，云云，是以圣祖之旨意为不可行而显然背之也。夫国书合声之法，本为中国古人所不知，圣祖既明明训以一如国书合声之法，是为创造便民文字之一大机会，乃必囿于六朝以来文人所命不完之音。失此良机，惜哉！今余私制此字母，纯为多数愚稚便利之计，非敢用之于读书临文，乃不期而与圣祖旨意暗合，庶几于朝野一体之治化不无小补焉，当不至因此重干罪戾也已。然士林诟谇，仍知不免，吾侪小人，但顾实用而已，敢登大雅之堂哉？庚子季冬芦中穷士自叙于天津城东寓所。（《清末文字改革文集》）

《官话合声字母》原序（二）

中国文字，创制最先，自我观之，先入为主，阐精泄秘，似远胜于各国。然各国文字虽浅而同国人人通晓，无论智愚贵贱，老幼男女，暇辄执编寻绎，车夫贩竖，甫定喘息，即于路旁购报纸而读之，用能政教画一，气类相通，日进无已。而吾国通晓文义之人，百中无一，官府诏令，无论若何痛切，百姓茫然莫知。凡政治大意，地理大略，水陆交通，货物灌输之大概，无从晓譬，是以远近隔阂，上下跂戾，不可救药。试就劝学理财练兵诸端，兴东西各国对镜，而知其难易之数，大相悬绝也。盖各国皆语言文字合而为一，字母简便，虽极钝之童，能言之年即为通文之年，故凡为学之日，皆专于其文字所载之事理，日求精进。而吾国则占毕十年，问何学，曰：学通文字也。其钝者或读书半生而不能作一书柬，惟其难也，故望而不前者，十之八九，稍习即辍者又十之八九。其能通者则自视为难能可贵之事，表异于众而不能强喻诸众，且精力久疲，长于此而绌于彼，尚欲以影响闪灼之词，矞括事理，扬扬得意，不自知其贻误已久也。且吾国古人，造字以便民用，所命音读，必与当时语言无二，此一定之理也。语言代有变迁，文亦随之。故以孔子之文，较夏殷则变易句法，增添新字，显然大异，可知亦就当时俗言，肖声而出，著之于简，欲妇孺闻而即晓，无文之见存也。后世文人欲借此以饰智惊愚，于是以摩古为高，文字不随语言而变，二者日趋日远。而因无文字为语言之符契也，百里岁不相通，千里世不相通，其口音迁流愈速，一离而不可复合，同国如异域矣。今各国教育大盛，政艺日兴，以及日本号令之一，改变之速，亦各有由，而言文合一，字母简便，实其至要之原。夫富强治理在各精其业，各扩其识，各知其分之齐氓，不在秀特英隽而已也，朝廷所注意而详求者，宜在此也。茫茫九州，芸芸亿兆，呼之不省，唤之不应，劝导禁令，均无把握；而奸人造言摇惑，其术易售，破解甚难。今之法治家乃抗议纷纭，袭至高之论，希上哲之名，目若不睹细民，动谓富强之业，一转移间焉，苟不当其任，不至其时，不知其术之穷也。此可为实心者道，难为文人言也。戊戌夏，圣主发愤图强，殚心教育，则有福建林君奏请用其乡人某君等所造字母颁之小学，以期教育之速。诏下译署核行，译署阁之，未几变起，余以不获见其字母为憾。今者偷息津城，无可消遣，偶欲创制北方俗话字母以便乡愚之用。考证旧书，皆不适用，于是闭户掩卷，逐字审听，口呼手画数十日，考得一切字音转变皆在喉中。喉音为总，不可与唇齿舌腭并列，凡反切之下一字皆宜用喉音。反切旧法，牵合支离，类例繁多，徒乱人意。五方元音所载天龙等韵母，略得端绪，而不取喉音，不能自然吻合，若西文东文各字母，亦皆喉音未备，于是创为喉音之字十余。至反切之上一字，必分为五十母，皆取支微鱼虞等部中之字，以之合喉音，而以四声转变之，则凡一切字音，自然皆备。前人见溪等三十六字母，亦不适用。凡此字母与喉音字共若干，皆假借旧字减笔为偏旁，以便拼合。一日，余方凝坐执笔审音，有友来，持一书示之曰："尔以为冥想独得，尚未读此《御定音韵阐微》乎？"余亟盥拜读之，欣抃舞蹈，不能自已，叹曰："有是哉，今而后有所禀承，不虑人訾为杜撰也。"已是书世宗御制序称，圣祖以国书合声之法，命李光地等作此书，又绎其旨曰：缓读之则为二字，急读之则成一音，在和之中，尤极其和，出于人声之自然，无所勉强。其凡例曰：反切上一字皆用支微鱼虞歌麻诸韵之字，又曰天下之声，皆出于喉，而收于喉，反切下一字必用喉音。睿虑精详，指授所及，确当不易。惟是书告成之岁，圣祖上宾已久，纂修诸臣，无由随时禀承，故拘于韵书，拘于见溪等字母，凡前人韵书所无之音，不敢增补，以致各部中所注合声者，十不及二三，而今用协用等名目十之八九。且自表明影喻二母中无其字，故旁借近似者用之，不能悉如合声之法云云，是与世宗所序圣祖旨意显然相背，惜哉！夫国书合声之法，为前人所莫及，亦为前人所不知。圣训明明命以一如国书之法，又何必悉取于六朝以来文人所命之音，致负圣意哉？余今私制此字母并喉音字，但为吾北方不识字之人，便于俗用，非敢用之于读书临文，而于我圣祖启迪愚蒙之心，不无万一之赞。至开罪士林，知所不免。夫三代口音，齐梁人未闻也，毫管楮墨之用，草行楷之体已如是已，况口音哉？且市井所传纪数之苏州马，不知始自何年，几乎比户用之，士林亦不屑罪之。吾侪小人，窃比于此而已，敢登大雅之堂哉？

大清光绪二十六年季冬，芦中穷士自叙于天津城东寓所。（《清末文字改革文集》）

田廷俊

《数目代字诀》自序

文字之繁难，中国冠天下矣。童蒙就传三四年，不过照写依样之字画，难通训诂之意旨，试令其操觚作札，终日曳白，未知所措。统计吾华四万万众，识文字者，百人中仅得数人，通文义者，千人中未见百人，无怪乎愚而且贫。试观欧墨诸邦，无论妇孺，皆能识字明理，其故何欤？良由文字简易，书中之语，即口出之言，所以文明富强远远胜于我。方今我朝厥始维新，以造就人才为急务，势必欲人人识文字通文义也。无如禀赋不齐，而家计各异，倘仍不变通，敏者能识字，愚着［者］仍不能识字，富者能识字，贫者仍不能识字，若欲愚者贫者识字明理，非另变一种简易新法不可。曾见沈氏新字书叙云，学彼新字，不终朝即可领悟，窃以未睹其法为憾。辗转之余，因悟算学之有代数术，而字讵无术以代之乎？且古人作字，原有假借一法。遂籍韵学字音，凡清平声，自生浊平与上去入四声，删繁就简，检得字母三十有三，每韵母子一十有五，无论是何字画，是何字义，均假号码以代之，但一熟记"反"（谓以子呼母，以母呼子也）、"切"（谓一韵之字，相摩以成声），不仅能代写各种异义同音之字，且能代出一种无字有声之音，较欧墨文字，尤觉简易。俾黄童幼女，与夫农工商贾，营勇兵弁，目不识丁者，学习月余，即可了悟，而转相授受，有雷电风行之捷。虽不识字画，以此达意通情，无异对人面语。若进而推之，以此代音《康熙字典》所载每字之音，兼编每字之要义，并编一切经世之书，汇成一集，俾人人得而读之，一目了然，开通智慧。其日进文明富强之境，或可并驾于欧墨诸邦焉。此不惟于无力读书识字者有裨，其于维新之政，亦不无小补云。

光绪二十七年九月二十八日荆州江陵田廷俊抡元氏叙。（《清末文字改革文集》）

吴汝纶

东游丛录（节选）

一、土屋弘来书

弘白吴君挚甫阁下，前月来视察敝邦普通教育制度，称其进步，且怪仅仅三十余年，达今日之域。乌乎！见吾君之所怪，足以知吾君平生用意于教育之笃也。弟亦尝从事于普通教育，略知其梗概，请试言之。盖工业之所以速成，一在用器之便利，教育以文字为利器，文字之简易利便者，莫若五十音图。敝邦普通教育，以五十音图为先。五十音之为用，宇宙百般之事，无不可写者，而其为字仅五十，虽幼童可辄记之，以此施于初级教育，其进步之速，曾何足怪。至教育中等以上人，则汉文欧语，固不可不并用之。然是率皆中流以上之事，而人之位，中流以上者居百中之一。以教育百中之一之方，施之于九十九之众人，其教育之难速成，不亦宜乎？故以简易之器，导九十九之众人，令邑里闾巷无不学之子弟，则众中未必无杰出之才，所谓凡民之俊秀者也，此辈进而服高等之学科，愈磨愈厉，他年成立必有可观者矣。是今日普通教育所以为急务而初级教育之所以不可不用简要器具也。今足下若欲速奏其效，宜先采用敝邦五十音图，况此本取于汉字，盖速用此至简至便之物，若夫所课中等以上，汉文则高雅典实，用之金石，垂之不朽，其美固可以冠世界万国矣。弟常云人有长幼，有贫富，故文字亦当从长幼贫富课之，以达其用，乃在幼童及贫人，则主用五十音，至中流以上，则用象形文字，是自然之势，无足怪者。敝邦普通教育之所以才就绪者，无他，惟由于善用此器，调和适其度而已。君卓识超众，必有味于弟言。土屋弼。

二、答土屋弼书（八月二十二日）

惠书论贵国以五十音施之初级教育，其进步之速，以此欲令敝国采用此简便之物，以达教育速奏之效，至中流以上，居百中之一，不可以教育百中之一之方，施之九十九人之众，可谓片言居要。某近颇筹思普通施教不宜过高。敝国人王照曾为省笔字，大意取法贵国五十音，改为四十九字，别以十五喉音配之，可以赅尽敝国之音，学之数日可明。拟以此法传之敝国，以为初级教育，庶几所谓九十九人者，皆得识字知书，渐开智慧，是亦与来教之恉暗合者。谬承注爱，敬以奉闻。吴汝纶。

三、与伊泽修二谈话

伊泽氏又曰：欲养成国民爱国心，须有以统一之。统一维何？语言是也。语言之不一，公同之不便，团体之多碍，种种为害，不可悉数。察贵国今日之时势，统一语言尤其亟亟者。

答：统一语言，诚哉其急，然学堂中科目已嫌其多，复增一科，其如之何？

伊泽氏曰：宁弃他科而增国语。前世纪人犹不知国语之为重，知其为重者，犹今世纪之新发明，为其足以助团体之凝结，增长爱国心也。就欧罗巴各国而论，今日爱国心之最强者，莫若德意志。若然德意志本分多少小国，语言自不相同，斯时也，彼自彼，我自我，团体之不结，国势之零落，历史中犹历历如绘也。既而德王维廉起，知欲振国势，非统一联邦则不足以跻于盛壮，欲统一联邦非先一语言则不足以鼓其同气。方针既定，语言一致，国势亦日臻强盛。欧罗巴各国中爱国心之薄弱殆莫如墺大利匈牙利之共同国，全国国种不一，自然语言不齐，莫知改良之方，政治风俗，在在见参互错综之状，甚至陆军不受政府之驾驭，骚乱之举，曷其有极！傍观者时切杞忧，谓墺匈之恐不国也。此皆语言不统一之国，一则由不统一以致统一，其强盛有如德国；一则本不统一而不知改为统一，其紊乱有如墺匈，合国成绩攸分，似足为贵邦前车之鉴矣。

答：语言之急宜统一，诚深切著明矣。敝国知之者少，尚视为不急之务，尤恐习之者大费时日也。

伊泽氏曰：苟使朝廷剀切诰诫，以示语言统一之急，著为法令，谁不遵从？尊意大费时日一节，正不必虑。即如仆信州人，此阿多者（时席上有此人），萨摩人，卅年前对面不能通姓名，殆如贵国福建广东人之见北京人也，然今日仆与阿多君语言已无少差异。敝国语言之最相悬殊者推萨摩，初建师范学校时，募萨摩人入学，俾其归而改良语言。今年春，仆曾游萨摩，见学生之设立普通语研究会者，到处皆是，所谓普通语者，即东京语也，故现在萨摩人殆无不晓东京语者。以本国人而学本国语，究不十分为难，况乎今日学理之发明，哑者尚能教之以操语言，况非哑者乎。惟不试行之为患耳，苟其行之假以岁月，其效显著于齐鲁闽粤之间，可操券决也。

游东京府第一中学校，校长胜浦靮雄留饭，为言教育，以中国字多难记为言，吾告以近有人作省笔字，胜浦大奇之，以为中国若果行此，普通教育进化必速也。东京府中学校长胜浦靮雄第一次来书云曰：蒙贵谕新制省笔字四十九母，十五喉音，用诸小学，则贵国必需之文字四五千字者，自入中学者始教习之乎？果然，则一学年三十五周中以每周七时即二百四十五时充教习国语之时可也。

四、与东京府中学校长胜浦靮雄书（九月初六日）

承询新制省笔字外，中国文须四五千者，自入中学始与否，查新制之省笔字非下走所制，乃敝国王照字小航所为，今政府尚以为罪人，未必遽用其所制字。仆决将来必须用此，教育乃能普及。至中国字四五千者，小学校六年其后二年宜可渐习之，由省笔字移换认汉字，似不甚难，请代裁定。吴汝纶。（《清末文字改革文集》）

上张管学书

中国书文渊懿，幼童不能通晓，不似外国言文一致。若小学尽教国人，似宜为求捷速涂径。近天津有省笔字书，自编修严范孙家传出。其法用支微鱼虞等字为母，益以喉音字十五，字母四十九，皆损笔写之略，如日本之假名字，妇孺学之，兼旬即能自拼字画，彼此通书。此音尽是京城声口，尤可使天下语音一律。今教育名家，率谓一国之民，不可使语言参差不通，此为国民团体最要之义。日本学校，必有国语读本，吾若效之，则省笔字不可不仿办矣。（《清末文字改革文集》）

王　璞

呈学部大臣张百熙为推广官话字母文

宛平县生员王璞谨呈，为请用俗话字母广传圣谕广训，家喻户晓，以固根本事。窃维三代之时，置兔为腹心，小戎知大义，自治术迁流失教已久。至今户口虽繁，读书识字之人，百中无一，明理之人，千中无一。迩来内忧外患，屡经震荡，四民愚蠢，茫无依据，志益摇摇，前则以恣睢为可恃，后则以廉耻为可无。试入闾阎而听舆论，支离怪谬，种种不同，此存亡之原，非细故也。生虽愚贱，匹夫之责，杞人之忧，何能恝然？伏维大人独任其难，广兴学校，育德育智，程课周详，已得救时之本，十年之后，非特专科学成，足供驱策，凡在学生之列，皆可胜于往时。惟深观目前种种情形，推其究竟，学校必不能多设，则仅就每邑一二校，以次选升，为培植官材之地，其数略如往时生童，尚不及丁口千分之一，欲民之耳目不惑，遂生裕后，尽职奉公，焉有把握？夫内忧外患，无时不有，有国者非其惑吾民之足患，特吾民可惑之足患，妄因愚生，乃确然情势。今当事者，因有人好倡民权自由之空说，遂疑开民智正民心为相反之端，一切一敢，放手调停，瞻顾自添，无限阻滞。殊不知庸众善恶之生，多分于识之明暗，朝廷于国民二百六十年之抚育，原有同利同患固结莫解之故，其绪綮繁理皆显著，特患民之聋瞽，昧于远图，则易入歧趋耳。生识力浅薄，于专科教育未能赞画，于蒙小学堂实业学堂之宜多设，亦知之而未得其策，惟于民之宜人人能看书，人人能看报，人人能读诏书示谕，知其切要急思便捷之法。且深念我圣祖世宗祖述百王贯通中外圣谕广训一书，集周孔之大成，出以浅显，切于民生日用，今虽颁入学堂，而地方朔望之读，久为具文，必欲广行颁布，家喻户晓，非令人人识字不可。苦心焦思，惟有生之受业师某老先生所作官话字母，拼合自然，无音不备，至为简当。若以之译圣谕广训，饬州县遣生贡之无事者，布之民间，虽目不识丁之人，教字母十余日，自能读解，自必鼓舞欣颂扬德意，由此而得作书信记簿之能，且有他日读书读示谕等类之益，则转相传授，增添之速，不可思议。惟于驳天主教一段，从权不译。伏乞赐以面询，审其当否，然后奏准试行，畿辅生不胜悚惕之至，谨呈。

右壬寅十一月王润山文学呈管学大臣张。（《清末文字改革文集》）

长白老民

推广京话至为公义论

世界各强国无不以全国语言一致为内冶之要端，故近年吾国洞达治体者，亦无不深明此理，南省仁人亦多以推广京话为言。今用字母拼京话以助文字所不逮，则惟显宦及名士往往力为反对，非其心之不仁也，盖其见之不明有数端焉。其在北人，则因二百余年常隐然畏南人斥吾之陋，故务作高雅之论，不敢言推广京话以取南人讥笑。实则文野之分，自在知识行能，岂在咬文嚼字之皮毛哉？其在南人则狃于千数百年自居文明之故见，以为惟江南为正音，又因其乡人习北语甚难，若用京话字母拼译中西各书，使南人读之，较之读解文章，不见有倍蓰之易。故以为多一周折不如任各省语言各异，专用文章通译，或专用外国文通译，钝则均钝，利则均利。呜呼！彼未知语言不一，暗中损碍之大、收拾之难、后祸之烈何如耳！且未知千人中有九百九十九贫人及妇女，其通文之难何如耳！且未知淮汝以北，黑龙江以南，苟用京话字母之书，则以十数日之功，可当十年，其便捷为何如耳！且未知根本之地，呼吸灵通于全国，裨益为何如耳！且南人用官话虽微觉其难，而用字母拼官话较之习外国文究能倍易。若谓憝使一律迟钝，不使北人偏加速利，则未为情理之公也。今夫长江直下川楚一带数千里，资以便捷，而自滇黔人计之，则与攀岭入越而达东海，迟速相等。若与滇黔人言，开浚长江为国之便利，则彼心以为徒费周折，万万非计，或且阻挠之，曾不为川楚左右关系全局之百余兆人一思之也。今我八旗奉直齐豫亦不下百兆人，用京话字母甚为便利，何敢遽望南人为我一思，而南人已早有因全国语言宜归一致之公理，拟议及此并切切言之者。所望显宦名流勿终胶执故见，为滇黔人之欲塞长江也。至浮嚣之辈，动云尽用东文，尽用英文，是犹滇黔人听法人唆使，劝川楚燕齐尽废海口而用越南海口，彼不自知其癫耳，吾不与辨。（《清末文字改革文集》）

王用舟

上直隶总督袁世凯书

（光绪二十九年十一月十一日上袁宫保禀）。直隶大学堂学生王用舟何凤华刘奇峰张官云世英祥懋等谨禀为恳祈宫保大人奏明颁行官话字母设普通国语学科以开民智而救大局事。窃思国之强不强，视民之智不智，民之智不智，视教育之广不广。今我国劝立学堂，诚为教育之本，然未足言教育之全量也何，则今世界之教育，为多数之人，合群策群力以捍卫国家而设，非为求译才而已也。夫我国不欲自强，不欲开民智则已，如欲开民智以自强，非使人人能读书，人人能识字，人人能阅报章，人人能解诏书示谕不可。虽然，时至今日，谈何容易，非有文言合一字母简便之法不可。彼欧美诸邦，所以致强之源，固非一端，而其文言合一，字母简便，实其本也。今中国语言一事，文字一事，已一离而不可复合矣，更兼汉字四万余，无字母以统之，学之甚难，非家计富厚天资聪颖之人无从问津，此亿万众妇女与贫苦下等之人所由屏于教育之外，而国步亦所由愈趋愈下也。夫以中国人学外国文，则难若转，而学中国文，则必不难，若更降而以语言代文字，则知人人无不能者矣。我中国自文言分离以来，口音日杂一日，而读书识字之人愈日少一日，此今日所万不容不补救者矣。各省府州县大中小各学堂纵能遍立，学生之数不能占户口千分之一，则以上等之人服上等之科，虽抡才有资，而于亿万众下等之人风马牛不相及也。质而言之，无高深之教育无以待贤豪，无浅显之教育无以化庸众，二者缺一不可。方今名儒硕彦，坐论于朝，不患无上等教少数人之教育，所患者，无教多数人之教育耳。何谓教少数人之教育？汉文西文是也；何谓教多数人之教育？以语言代文字、以字母记语言是也。惟是中国近年虽有字母之作，率皆囿于方音，不可通用。近见自严太史修家所传出之官话合声字母，系仿国书合声之法，制为字母五十，喉音十二，转换拼合，凡口中所能言之音，无不能达，且专以京音为主，便利通用，莫逾于此。诚能推行，则亿万众愚夫愚妇，能言者即能文，无用者亦有用矣。今将其《官话合声字母》原书敬呈钧览，如能奏请施行，则其利益有五，办法亦有五，请为我宫保大人陈之。

一、统一语言以结团体也。吾国南北各省，口音互异，甚有隔省之人不能通姓名之弊。夫国人所赖以相通相结者，语言也，言不类则心易疑，此涣散之本也。彼泰西各国，类皆文言合一，故团体最固；至于日本，尤以东京语为普通教育，诚握要之图也。我国无事不规仿泰西，步武日本，独于此漠然置之，可惜孰甚。今诚用此字母，则上等之人彼自有高深之学问，即庸众妇女，亦能以言语自达矣。以字母定口音，则南北一致，以语言传文字，则上下相通，其利益一也。

一、画一名词以省脑力也。今日中国不能不读西书以启文明，然若皆学西文然后始读西书，则能读西书者有几？势不能不取径于译本明矣。惟是译本之弊，有最易误人者，即外国人名地名之名词是也。考近日之译本，其名词至为芜杂，即如一书，其由英文转译者，其名词必用英音，由法文转译者，其名词必用法音，其他亦然。职此初读译本者，偶遇外国人名地名两书同异之处，往往有不辨其是一是二者。若用汉字，则同译一国之名词而南人北人所用之字又自不同，此今日中国译界中之极大缺陷也。夫中国学夫士子必不屑读译本则已，必读译本而听其五色迷目，误人心解，耗人脑力如此其极可乎？不可，曩者日本初译西书，亦尝患此，乃于明治三十五年十一月由其文部者颁其假名拼成一定之音，不许移易，至今遂收较为画一之效。今中国宜师其成法，令所有新译诸书名词务须画一，不可移易，乃为有益。若仍以汉字为准，则南人北人读法互异，难免参差之弊。今诚用此官话字母，口授甚捷，字形既统一，字音必无二致，其利益二也。

一、讲女学以强种族也。夫国于今日，固以兵力争胜负，实以民智卜存亡，今我国非但专注意于少数人之教育不足恃，即四万万男女人人皆学尚恐与列强程度不敌，况二万万妇女徒为赘疣乎！事当因时而制宜，学贵去难而就易，今中国不欲妇女有智有用则已，欲其有智有用则非先使其能读书阅报不可。今诚用此字母，则妇女虽愚，不两阅月无不能读书阅报者，且不必遍立学堂也。字母简便，人人易学，自人人乐学，果使一乡村市镇中有人先导，则父传其子，兄传其弟，夫传其妻，姊妹妯娌互相传演，不数十日，无论妇女若何冥顽，断无不能拼合之理。既能拼合字母，令其读白话书，阅白话报，必可鼓其精神，发其智慧，是无所劳费而骤增二万万有智有用之人，其利益三也。

一、训军士以明武略也。国无兵不立，兵有智乃强。人皆知德国陆军号称第一，以为万难几及，不知彼当兵之人，皆能读书识字，故有今日之盛也。今我国兵勇不识字者十有八九，怯懦愚妄，虽有智信仁勇之将，何以感发其爱国敌忾之心？今诚用此字母教之，则一二月间字母成诵，渐令其读字母所拼出之白话兵学报等，以开其心思；再绘中外简明扼要地图与之注释，更加以教练之精，号令之一，则有勇者且兼有智，必能万众一心，上下用命，其利益四也。

一、辅学堂而先收效也。今日司农仰屋之时，欲以国帑兴起全国各小学堂，其事断非三五年内所敢望，势不得不赖各处自立蒙学矣。今若用此字母为始基，则此三五年内，小而乡村，大而城镇，皆利其便也，则蒙学必广。启蒙不厌浅，入学贵得门，蒙学堂中诚以此与汉字相辅而行，于童蒙尤省脑力。蒙学既多，则将来设小学堂时及格者亦必多，此一定之途也。且每一小学堂多寡牵算计，不过五六十人，何能普及？若有此无数蒙学堂，则在小学堂未兴之先，既具有村村有学之规；且小学堂兴办之时，万无招之不来，诱之不至之虑矣。其利益五也。

一、设师范院也。各省语言不一，隐约互视为异族，今诚欲统一语言，以结团体，则字母师范院之设不可缓也。创办之初，当先在北京设师范院一区，招口音纯正言语便捷者若干人，分班演习字母，以北京官话为准。毕业后分布各省学堂作官话教习，并令暇时随地传衍，使各省人民皆能通晓官话，然后上而官商，下而行旅，自无隔阂。至若直隶口音，大致相同，推行尤为易易，应请于本省师范学堂内添此字母学科，俟该学生卒业后，为小学蒙养各学堂教习时，随地推广。至于乡村市镇，应由地方官于该处各传一二生意，赴本州县学堂内就近附学，一月即可毕业，每月招一班；毕业后即派为本地教习，随即饬令该村镇设字母义塾，不拘时刻，不拘资格，专教本处未曾读书之人，务期人人皆会为止。其办法一也。

一、立演说会也。前阅北洋官报，内载扬道查看各府直隶州中学堂情形，并折陈整顿事宜八条。第七条内称，宜广播演说以开风气，拟请照善堂宣讲圣谕之法，招选有口辩敏悟机变者多则千人，少亦数百，开设学会，并饬官报局以白话浅说之法，将中外时局以及强弱愚智农工商务之相悬，用俗语浅近之言以教之，一两月内令其熟悉，分遣赴各属城镇演说，风气未尝不可早开等语。学生等伏思，开通风气，诚非演说不为功，然必有善后之方，乃能收演说之效。今日民间目不识丁者百中九十九，即白话书报，亦不能读也。彼既不能读白话书报，则虽百方演说，而言者谆谆，听者藐藐，一日曝之，十日寒之，亦具文而已矣，乌见其能开风气乎？今若将此官话字母先授之各属，再由官报局编印字母白话书报若干张发给各属，届时演说之人，持此以说，听演说之人，持此以听，习惯之余，必有声入心通之效。且听者既有所凭借，又兼能自读书报，则演说者虽一时，即不啻时时演说矣；听演说者虽一人，即不啻人人听演说矣。且演说既贵广播，则必穷乡僻壤，遍处皆有，以本地人劝本地人之法，乃无顾此失彼之虑；以本地人劝本地人，尤无猜忌轻视之弊，财力省而收效普。其办法二也。

一、出白话报也。民情顽固，国家一切政治皆无从措手，朝野上下，划然两截，宜乎？政治风俗，尔为尔，我为我也，今欲开通风气，宜如何而后民始难惑，如何而后民始易晓，是非使人人阅白话报不为功。白话报者，以一人之演说能达之千万人，行之千万里之利器也，不必强人人必阅，要必使人人能阅。夫至人人能阅，虽禁之不阅，不可得矣。今外交报，北洋官报，不曾添派各属乎，其如目不识丁之民何？于此欲开风气难矣。今诚用此字母，编辑白话报，读之既易，销售必广，此必然之势也。如更欲使不识汉文之人，略识汉字，以备目前之用，可于报端按日酌登三五汉字，即于该字之旁用字母注出一定音义，以极浅显之白话讲解之。大约寻常所用之三四千字，不三五年，虽愚夫愚妇，亦渐次能用矣。其办法三也。

一、编白话书也。夫感动愚人之心，启发愚人之智，文字常不如语言，深言又不如白话者，人人所共知也。今编书专主此义，以字母拼合白话，书分普通专门两类：普通者，如论述中外大势、国家强弱、民之智愚等类是也；专门者，如兵学、农学、工学、商学、女学、家政学等类是也。既出白话报以日新其耳目，复出白话书以陶镕其志气，开通风气，此为要图矣。书期人人能读，话期人人易晓，推行愈广，成人愈多。其办法四也。

一、劝民就学也。中国教育，向无捷便之途，又兼时势日下，公私俱困于财力，故虽有教育普及之心，常苦无教育普及之法。今既有此捷径，若仍听民自便，徘徊观望之际，恐惧时几，故非由国家立一强民就学之法不可。考太西各国之例，子弟及年不入学，则罪其父母，今中国子弟不学本乎世袭者，比比皆是，罪之曷可胜罪？应自颁行字母以后，无论男女贫富，苟非太老太幼者，俱不得不识字母，否则，认真酌罚，如是则中国文明之进步必有不思议者矣。夫学之不难，则孰不乐学，况不学有罚乎？且未学之先，有人演说之，有人教导之；既学之后，又月有书，日有报以济之，劝惩齐施，宽严并济，如是则家喻而户晓矣。其办法五也。

以上所陈，绝不敢言过其实，如我宫保大人以为关系重大，现无成效可睹，未便率行入奏，则学生等敢请在于保定各军营暨蒙养半日各学堂内渐为试办。如有不便施行通用之处，学生等愿受冒昧渎请之咎。所有禀陈推行官话字母缘由，可否奏明以及先行试办之处，谨披沥上陈，伏候宫保大人钧示，谨此上禀。

◎附：袁世凯批语

（十一月十七日督宪袁批）钦差大臣，太子少保，参预政务大臣，督办商务大臣，电政大臣，钦路大臣，兵部尚书，都察院右都御史，办理北洋通商事宜直隶总督部堂袁批。

据禀已悉，国民普及教育，必由语文一致，而成为东西各国之通例。该学生等所呈《官话合声字母》以及切合音之法，包括一切语文，与吾国古时文字单简假借同音之例，初不相背。果能通行无阻，诚如日本伊泽氏所谓简要器具者。惟人情可与乐成，难与虑始。高明者狃于典雅之文而訾为无用，愚蠢者本无普通之识而骇为创闻，必先引其端倪而后可收成效，姑候行学校司体察情形如何试办妥酌具复饬遵缴。

按是年腊月经学校司复后，督批饬保定蒙养半日各学堂并驻保定各军营试办，至三十年七月，迄未奉行，是以王金绶禀有勿任延宕语。（《清末文字改革文集》）

陈　虬

新字瓯文学堂开学演说

今天是利济医院新字瓯文学堂开学的日子，吾且把院中造出新字的缘由，说给大众们听听。这医院新建在浙江温州府城内，原有两个，老的却在瑞安，造起来差不多有二十个年头。那主讲先生别名皋牢子，他读书无成，去兴医道。听说古人有上医医国的话，要把那四个字着实做到，表明医家本等应办的事件，这么唤做国医。因为人有人的病，国有国的病，现今我们大清国的病呢，是坐在贫弱两个字哪！只有富强是个对证的方儿，因此造出新字，当那富强药方的本草。这且慢表。且说吾们现在所立的地面呢，本来椭圆如球，故此唤做地球哪。地球上面有五个大洲，吾们所居的地方呢，是亚细亚洲。那五洲中，又分五种人类，那五种呢？黄白黑红棕，吾们到算是黄种。黄种初代的祖宗哪，唤做轩辕黄帝，这文字就是那老祖宗的史官仓颉、沮诵，两个圣人造出来的。当初的字形，头粗尾细，同那虾蟆子一样，便唤做蝌蚪文。后来到了周朝，宣王的时候，史籀变为大篆。到那秦始皇的时候，丞相李斯又变为小篆，同时程邈又以篆字笔画忒多，另外造起一种隶书。秦朝一过哪，便是两汉，史游又造草书，刚是西汉元帝的时候。后来到了东汉章帝的时哪，王次仲才造正楷，就是现在吾们所写的字了。变而又变，那仓圣所造的古文，早已影迹全无。若说寻常的道理，古人费了许多心思，造出文字，应该万代遵守呢，后人灭了古人的迹，岂不是个大大的罪过么？不知文字如衣冠车船一般呢，原取便民适用合时为主，现今吾们穿的戴的坐的驶的，那一件还是三代秦汉的老样子呢？何况文字？考之前朝，大约远者千多年来，近者数百年，文字就没有不变的，只有东汉至今差不多有二千年，依旧守着这篆隶正草四体哪，并没有造出新字。吾们中国在地球上面呢，当初也产过多少大圣贤大豪杰，原算是头等富强的国度呢，只因吃了文字守旧的亏，遂不觉走到贫弱一路上来，这是什么道理呢？吾且慢慢说出来把你们听。外洋如英美德法日本，男女八岁，一定要他到学堂里读书，有不依他律例哪，就拿他的父兄治罪，因此到处都是学堂，通国算起来，一百人中，那识字的竟有九十多人呢。中国除城镇大地方以外，能晓粗浅文理的，十个人中哪，还挑不出一个，这就差得多了。他那里识字的人多，故人人多会自己读书看报，无论做官的念书的造机器的，应该用着文字呢，即那种田的农夫，以及泥水木匠哪，亦多能自己刊报著书。所以他们造出来这许多东西，制造一天好一天，销场一年阔一年，利源就兴旺起来了，国富没有不强，此是一定的道理。吾们中国那里觳得上呢？地方既没有这许多学堂，字又着实难识得狠。每字既有许多音哪，每音又有许多字呢；而且笔画忒多，通扯起来每字总有八九笔，多者四五十笔不等；字共四万有余，紧要的也有四五千呢；还有许多音，统没有字。就是在学堂十年出来哪，旧字个个认得解得，唤他们写几句口头的言语，开一批手面的帐单，竟没有一个能一直写下去的。那人这么肯费了多少功夫，花了多少银钱，去学这没有用场的文字？识字人少，自然读书明理的不多，所以西洋从前尚称吾们为半教的国家，近来竟呼吾为野蛮呢！因此甲午年以后，中国有志的通人，多晓得开通大家的聪明，总要造出新字才好呢。现在刊行的，已有吴人沈学、闽泉卢戆章、龙溪蔡锡勇三家，不过他们书，字形字母哪，多是仿洋文的法子，而且母韵不全，故取音仍然不准，中国有些音，依旧是没有字的。他们书多在那里，大家看过，多是这么说。吾们造出来的新字，是纯主中法，略参西文，将来中外通行起来，也好替中国争点文明的面子。字只有九十八个，每字一笔，西字拼成一字，有音即有字。每日费了一点钟呢，一个把月，就会自己写信记帐，略略加些功夫，并能阅读书报，真乃是文字场中的轮船铁路，比之从前，十分里头，总快便的九分，好不好？这部书原名《福利音》，后来又改为《都利音》，本来造字传音，用场在音，故名字就音一边取的。这么说用场在音呢？因为天地间音声的作很多，现在统没有人替他发达起来，如那光学汽学电学一般，只好先用他来治国治病。这话说起来，似乎有些稀奇，不知道古人听见乐声，就晓得那朝那国的治乱兴衰，这宗道理，是有人听过的。说那音可治病，未免有些不信，那晓得上古祝由遗编禁咒，都载在黄帝造的医书《内经》里头呢！还有一件，古人药字从草从乐，岂不是一个绝妙佐证么？如今寓音于字，因此改名《瓯文七音铎》。这么唤做七音？宫商角徵羽五音，再加那变徵变宫两音就是。那铎字是这么说呢？上古本有小小执事官儿，唤做遒人，国中凡有紧要的事，他就把那木铎在路上摇起来，告诉大众们。这么唤做瓯文呢？是说此文出在东瓯，犹之英文出在大英、和文出在日本哪。这部书的名字就取这宗意思。但是现在的人多贱今贵古，还祈明公理发热心有大力量的人，帮衬吾们推广推广，无论文的武的、老的少的、男的女的，劝他们学起一个，去教一家。数年之内，吾们黄种四百兆同胞，没有一个不识字，国家自然没有不富强的，将来好在地球上仍做了第一等文明的国度，好不好？到那时候不独本医院沾得幸福，即吾们老祖同那当初造字二位神圣，亦当欢喜无量呢。请大众们仔细看看罢。(《清末文字改革文集》)

严以盛

上直隶总督袁世凯书

大名县严以盛禀请通饬各属设立官话拼音学堂禀稿。

敬禀者，窃维地方教育普及之法，先贵人人识字，卑邑士民，有力读书能通文义者，十人中不过一二，农工商贾中人，识字绝少。今欲强素未读书之人教以识字，势必畏难而退。卑职购阅官话拼音书报，喜其教法简易，口授旬日即能读拼音之书。适有候选县丞李乃庚，谙习拼音，兼通笔算，愿尽义务授教于人。卑职遂就阅报公所内设立官话拼音学堂，兼教浅近笔算，业于十月二十五日开学。因来学者流品不同，分班演教，蒙学堂，为头班，巡警为二班。第一期共三十五人，十一月初十日毕业。第二期报名人数较多，风气渐开。卑职今又寄购拼音书报多本，由李教员散给来学之人，冀令转相传习，愚浅妇儒，皆可通晓，是亦推广教育，开通民智之一助也。卑职愚见，拼音学堂之设，经费无多，开化最易，北京、保定、天津等处均已盛行，可否通饬各属，一律照办？所有卑县设立拼音学堂缘由，理合缮呈章程告示，清折禀请宫保大人、大人察核，俯赐批示，祗遵肃禀，恭叩勋安，伏乞垂鉴。

◎附一：学务处批

禀悉，官话拼音学堂之设，意在使目不识丁之人，咸能读书观报，此实普及教育之基础。该学堂分班教授，已有卒业之人，即令彼等传播乡里，庶几人人通晓。该县丞克充义务讲员，洵堪嘉许，仰即随时督查，以期逐渐推广。至通饬各属照办之处，仍候督宪批示。此缴，两折存。

臬宪批据禀该县设立拼音学堂，兼教浅近笔算，使未读书识字之人，便于学习，足见推广教育开通民智之热心，仰即督率，认真教授，以广学界，仍候督宪并藩司批示。缴折存。

◎附二：直隶学务处通饬各属札文

总理会办直隶学务处为札饬事。光绪三十一年十二月十四日奉宫保批，据大名县禀报，设立官话拼音学堂，开折呈请查核由，奉批：禀折均悉，仰学务处查照饬遵，并核明通饬各属，一体照办缴等因，奉此。查此案前据该县禀报到处，当经批示在案，奉批前因，除札饬外，札到即便遵照办理，此札。（《清末文字改革文集》）

杨　琼

《形声通》自序

天壤间噫气流水戛石，皆能作籁，彼其动而乘乎？万有不同之窍，故吹万不同也。唯人之声亦然。人声出呼喉中，而乘乎牙舌唇齿相摩不同之窍，故亦有万形万声焉。近世声光之学，日以发明，而于人之声也，独不能举而纲纪之，以通乎环球。管子曰，五方之民，其声之清浊高下，各象其山川泉壤，浅深广狭而生，故于五音，必有偏得。繇此言之，则即一国一乡之近，且不能相通，矧云环球哉？虽然天窍而任其自呈，天籁而听其自鸣，不得其中声而推测之。是故颉诵佉卢，国各殊语，哈喇啥唎，格而难通，虽圣人创物固亦不能免于偏阂之病也。我中国之六书善矣，顾其以象形为主，而谐声为辅，故《说文》九千余文，形复而声大半阙，又其义颇闳奥，而形则繁缛。义闳奥，故学之为难，士大夫求通六艺之文，往往穷世累年而未能悉解，形繁缛，故作书不能疾速，日仅可数千言。此在古世，事物简单，自应尔尔。若至今世，事物复杂，竞争又复剧烈，而欲执此以求新学问，普教育，是犹策蹇驴以蹑飙景。其何能及事？然则何如而可？曰是必别作简易之文，若秦汉之世，于篆书之外，更有殳书署书诸别体，古固有之，今亦宜然。务使耕夫贩妇，朝而诵之，暮而能解之，而下焉以之通谚语，上焉以之通文言，外焉以之通西音，庶乎新学可求、教育能普，则亦何所禁忌而不为之？若夫汉文为我国之国粹，此必设为专科，俾由楷书而上研篆籀，以彰古义，而文言著述，皆当取材于是。孔子曰：言之无文，行而不远。其何可废置哉！余与李子南彬，同学于苍洱间，读书之暇，喜从事于形声之书，每有所疑，相与辨难。盖忽忽三十余年矣。去年秋，同来日本留学，自恨年老舌强，学语未能寄耳舌，人方于喑聋无如何也，乃与南彬共为此编。以声为主，而形以象之，南彬为其声，余则为其形，用父母音生子音之法，为父形二十有四，母形二十，经纬之，合二形为一，而声即从而生。凡得声四百八十，以四物乘之，得一千九百二十，又以四准乘之，得七千六百八十，声盖备矣。而汉音之阙者偏出于洋音，洋音之阙者偏出于汉音，此可知中声之无所不含也。书既成明之曰《形声通》，以自为学以语之标识，而门人辈乃阿好之，固请以付印。因念新学之出其先皆必有一二人瞽说之，然后识者从而订正之，以底于精当是是固当就正有道，以芟其谬戾，而安敢自讳哉？光绪乙巳秋八月，滇西杨琼自序于日本东京巢鸭校舍，时年六十。（《清末文字改革文集》）

李文治

《形声通》自序

今宇内忧时之士，悯中土之颠危，慨人心之蔽塞，发愤著书，辄以开通民智为第一义。嗟乎！通岂易言哉。瀛海之隔绝也，不能不通之以汽船；大陆之阻修也，不能不通之以铁轨，学问之事何独不然？文字者，学问之舟车也，语言隔无以通文字，声音隔无以通语言。声音之道显之在有形，精之及无朕，故大自雷霆，细之蚊虻，凡穹壤间所有之物，其声之洪纤大小，以加倍减半法半求之，为巧历所不能算。惟人之身分万物之原质吐纳空气，其发于声音也，以口为之阖辟，以鼻为之升降，以咽为之张翕，以脐为之输转，而牙以戛之齿以切之，舌居中以运掉之，唇居外以舒卷之，清浊高下，音状繁殊，以类万有之情，而纪百物之数。造物精巧神奇，莫过于此。近世欧洲科学大兴，测天步地，无奥不搜，即音乐一门，其抗坠抑扬之节，实能阐发精蕴。独是人口之发而为声也，耳可得而闻，目不可得而睹，神可得而会，而手不可得而揣。然而有声必有象，有象必有形，由形以得象，由象以得声，而法生乎其间矣。故开口齐口合口撮口者，口之总形也，形四而口一，其象方是径一围四之象叠韵之源泉也，矩象也。口张舌缩口中舌抵口聚者，口之分形也，口一而形五，其象圆是径一围三之象双声之根柢也，五者三之推也，规象也。然而矩之中，其音之有长有短，有舒有促者，是自叠韵而之双声者也，直象也，故度以矩者不可以无绳；圆之中其音之或升或沉或上或去者，是自双声而之叠韵者也，平象也，故度以规者不可以无准。是故以几何术测口体，而口无遁形，以绘画之术写口状，而口无遁象，以体操之术操口轮之机关，而口无遁音。是宜为理科名家精神智虑之所及，将有组织成一科学，以便世用者，而余尚未之见焉。夫仓颉制字原本羲画，六书精理尽在谐声，声音本原根于象数，自一之万，绝非苟然。迨至孳乳愈繁，声类渐广，而自流溯源，犹可测识。三代以还，部居不乱，秦汉而后，渐失其真。梁沈约别以四声，其道愈晦，及婆罗门法入中国，以十四字贯一切音。儒者述之，争为韵谱，然而谱之作也，法以臆造，非出自然，剖析虽微，通行则滞。至于方言里谚，不但无字可求，亦并无声可改，若夫四声五声之辨，清音浊音之殊，平声入声之疑，南音北音之乖，村塾俗师，谬说相传，有怀疑终身而不能决者。先儒病音学之乖方也，竞改古音。代有通人，然往往执字论声，渺茫臆度以为据，未或就人口发声自然之法象，推究之以合于声音之本原者，则亦以此道之难明，但期兢兢守古而未暇以格致之学求之也。夫圆胪方趾，萃处环瀛全体细胞，罔或岐异，况在于口；天然钟律，声音机轴，岂容悬绝。何以教育之方，体育德育，皆切身心，而文字语言智育门户，独资外铄？靡所据依，不但此也。著书之家，偶以汉字注彼西音，辄成乖谬，推原其故，总由中土音学，未经发明，囿于一偏，不给于用。故我之所略者，反为他国之所详，他国所备者，反为中邦之所阙。试观欧洲各国字母，其牙齿唇舌之分，虽不外西域等子九音之术，而其中开合齐撮、长短舒促、张抵中缩、聚升沉上去等象状，罔不备具；虽不若中土唐韵二百六部之严，而于内外八转音纽之理，无不隐括。故其教儿童也，微茫之辨，不差累黍，是以举国同声，若出一致，声化之远，蔓衍全球，儒者慕其便利，不探其原，而欲以苟且之法，希教育之普及，是如伏榛莽以览渊海，临溪谷以望泰华也，是岂可得之数哉？余与杨君绹楼，二十年前，以学相切劘，慨形声之不明，即导蒙之无术，分业而治，庶得指归。杨君山居日久，于六艺多所殚究，而许氏之书，幽探冥索，直窥古人精意。余则自惭固滞，兼以四方奔走，未暇他为。然于音韵一道，笃嗜成癖，口之所调，神与之遇，心目之间，若有法象，自谓所得殆有条理，其中甘苦，不敢告人。忽忽已三十余年矣，乙巳同游日本，暑假中，商量旧学，杨君慨然曰："吾人平日为学，至近衰之年，而无所裨益于人与不能取证于人，自负孰甚焉，子曷出子所心得以公诸世？"余曰："仆之念此久矣。虽然，余之所为，与当世之所希者，恒龃龉而不合，然苟以子平日六书之旨，别制形体，俾吾所得之音韵，有所依托以为识别，当此新学大兴，学界中致多高明特识之士，必有能纠正吾说而采用之者。然则欲裨益于人与取证于人，皆子之责也。"杨君亦以为然，乃共商体例，合而为之。书成，已历星期有七，质之同人，或谓君等之书，于形声务究本原，以此利用，毋乃却行以求前乎？余曰：汉字之所以繁难者，后世不究声音之原，苟趋便利之心为之也。我等所为，不求人人能解，而求人人能通，故狃于流则求通反滞，寻其原则不能立通而可以渐通。且天下事，其始人人能通者，其势反不能通，必握乎通之原，俾世之不能通者，皆特此以求通，然后一通而可以不复塞。方今环球之大，必有人焉以任其责者，我等方翘首望焉。兹之所为，谓其不足以为通则然矣，若忧其不能使人通，则亦未免过虑也已。时光绪三十年秋八月，滇南李文治自序。（《清末文字改革文集》）

李文源

《形声通》跋

源读《形声通》稿，始而疑，继而骇，终而欣幸，窃券我国文明发展之机，其将在此，其将上企日本以颉颃欧西不难。吾国第一要件积数千年欲改良而未得者，今一旦发见于竞争剧烈之世，而影响所及，岂直重力声光热电而已哉？盖二十世纪之舞台，一切新制度、新理想、新器械之发达，无不借语言文字为媒介，故各国历史所载，于语言文字之沿革綦详，亦以其兴衰治乱之原因皆系乎此。中国自苍颉作字后，许氏说文，沈约定声，已阅数千余年于兹矣，顾形意复杂，荐绅先生犹难之。是以四万万众，目不识丁者殆三分之二，虽由教育未普及，抑亦汉文之困难，方言之庞杂致之也。今观日本国中，虽仆役妇孺，亦能读报章，晓时事，由其言文一致，故发达如此之速。中国志士谋进步者，亦倡文字改良之说，然非积数十年沉思默考之力，以贯彻古今中外音学之根源，不足以语此。南彬胞兄与回楼师素有志于形声之学，去年秋，来游日本，因著是编，以自为学语之标识。源受而读之，因思同人取阅，不能遍及，固请以付印。盖此书特色，于形声一道，能破数千年疑团，而形由声定，天然生成，不能移易。其传之迟速，虽不可知，而影响之所及，吾敢券其为我国发机也。诚得热心人采而推广之，俾中国人民，无不识字，于是进而日本，进而欧西，驯至言文一致，骎骎达于文明之极点，则是书之价值乃定。（《清末文字改革文集》）

劳乃宣

《增订合声简字谱》序

言文一致为教育普及之大原，此寰宇之通理也。宁河王氏于前数年撰《官话合声字母》，设塾于都城，直省并出书报，陆续推广于各州县，今已有数十处，识此字者已数万人。明效大验，彰彰可据，吾南省不可不急起直追，以期企及也。顾其书专用京音，南方有不尽相同之处，然所差无几，略加增改，即能相通。不揣固陋，与二三同志考订商榷，于其原定五十音母加六字为五十六母，于其原定十二喉音加三字为十五韵，于其点发四声，加一入声之号，则宁属各府州县及皖属各处语音相近之处，皆可通行。若再加七母三韵一浊音之号，则苏属及浙省等处皆可通行矣。今经两江学务处陈诸督师令于宁省开设学堂，因先将宁属等处通行之母韵列为此谱，以备学堂之用。异日当续编苏浙通用之谱，以冀推广于苏属及吾浙也。光绪三十一年岁次乙巳秋八月桐乡劳乃宣玉初甫序于金陵寓斋。（《清末文字改革文集》）

《重订合声简字谱》序

中国文字，渊懿浩博，其义蕴之精深，功用之闳远，为环球所莫及。顾学之甚难，非浅尝所能捷获，故但能教秀民而不能教凡民，天下秀民少而凡民多，此教育之所以不易普及也。泰西以二十六字母，东瀛以五十假名括一切音，文与言一致，能言者即能文，故人人能识字，实为教凡民之利器。我中国数百兆凡民，欲令普受教育，非学步之不可。宁河王氏，于前数年创拼音官话字母，定为母五十、韵十二，四声之号四，音师语音，皆能该括，设学堂及书报社于京师、保定、天津等处，推广于山左右东三省，风行极广而极速。独南省尚未之及，缘其谱以京音为主，轻齿轻唇不全，且无入声，无浊音，于南音尚略有未备也。不揣谫陋，与二三同志考订商榷，增六母三韵一入声之号，而江宁及宁属各郡县并皖省语言相近诸处，皆能通行；又增七母三韵一浊音之号，而苏州及苏属各郡县并浙省语言相近诸处皆能通行。近陈诸江督建德尚书，开简字学堂于宁省，已将所增宁音母韵录为《增订合声简字谱》，以为学堂之用矣。今复将所增苏音母韵录为是编，名之曰《重订合声简字谱》，以备苏属及浙省之用，他日如能推广及之，则苏属及吾浙亿兆凡民之幸也。光绪三十一年乙巳九月桐乡劳乃宣玉初甫序于金陵寓斋。（《清末文字改革文集》）

江宁简字半日学堂师范班开学演说文

沈先生之言，广大精微，无以再加矣，余但就简字之义言之可乎。周玉帅欲农夫牧竖、妇人女子皆能看报章阅书信，故特开是堂，是堂名简字，简字何始乎？始于宁河王礼部。本古时字母，审今人方音，成五十字母；又以古韵太多，如东冬江阳鱼虞之类皆可并归一韵，定为十二韵。顾其书专用京音，南方不尽相同，吾特就南音加以六母，如基欺希与鯋妻西，居祛虚与咀趋须；北同而南异之类，又增一韵，如关与官，艰与坚，北音相同南省之江北等处分为二音之类，至入声北无而南有，故亦增之。今日师范开学，诸生中如有平日知反切之学者，则三五日可以领悟，即平素不知反切，若能潜心研究，亦不难明其理，诸生当自知之，无待赘言也。虽然，外间不知简字之妙用者，有二说焉，亦不可以不办。一说以为增添六母一韵，南北语言从此隔阂。习简字本欲语言划一，今反两不相谋，岂非求简反繁耶？不知文字简易与语言画一本应作两级阶城，本应为两次办法，日本亦先有平假名片假名，而后有国语科。先圣有云，齐一变至于鲁，鲁一变至于道，言变更之不可躐等也。今未讲文字简易，即欲语言画一，是欲一变至道，岂非躐等乎？躐等之学，万不能成。如谓两级办法之迂缓，不如一级办法之直截，其言乍闻之，似近有理，而实未深晓音学之甘苦也。

何也？中国之用旧字数千年，用方言亦数千年，今欲数千年之方言一旦变为官音，闻者咸苦其难，望而却步。教育之道，莫妙于诱，莫不善于骇，开学校本欲诱之使来，何可骇之使退耶！今世学东西之语言者至众矣，然东西之语言，学成可以为名，高人岂有舍学东西语言之日力移而学此耶？故莫若即其本音而迁就之，俾人人知简字之易学，知简字之诚可代语言，然后人人皆有变迁语言之思想，有变迁语言之思想，然后率而导之于国语之途，则从之如流水，趋之如大道矣。此所以教育之道在于诱也，此可躐等而进耶！今夫土可种禾，禾可生谷，谷可为饭，此人人所知者也，若舍其中层累之数而悍然曰：汝以土种禾，以禾生谷，以谷为饭之太迂缓，不若余之径以土种饭之为直截痛快。言非不壮，试问土可种饭耶？彼外间之不求文字简易而骤欲语言画一者，何以异于是？况乎学南音非但不与北音相反，而且相成，何也？南方语言既可以简字拼之，由是而览北方之书报，不觉恍然大悟曰，此一字吾读某音，今北方则读某音，此一音吾所有，今北音则无之。仅须一转移之功，而北音全解，北音全解而国语全通矣。所谓相反而适相成也，此前一说之当知者也。其一说则又以为简字一兴，但有声而无形义，六书之学皆废，说文之书无人诵读，古学必就湮矣。此其论乃世界之有心人务保国粹，见非不卓，然此不必虑者也。简字者，特三十六母之并省，反切之便易者耳。三十六母少于新母而实繁，五十六母多于旧母而实简。旧母虽名为三十六，加以开口、齐齿、合口、撮口则为一百四十四，今虽五十六母，其实止十九母。此其易者一也。反切非深通其例不能晓，简字则一望而可知，一呼而即出，合于音韵阐微合声之例，如前人切德红为东，不如都翁音准之类。此其易者二也。今世学者以《说文》为专家之学，通都之中，习者仅数人焉，其故皆由阻于艰奥，故习之者少，若通简字后，再习《说文》，则易易矣。何也？《说文》多从音训，戴、段皆由此入，不知声音之理，徒执形象以求，未有能悟者也。若夫学者未能人人通反切，亦坐反切之无捷法耳，简字即反切之捷法也。不通反切即无由读《说文》。盖今所行宋本《说文》，每字下必注云某某切，不知者读至此，即瞢昧耳。今今通简字后，则凡有反切之书，皆迎刃而解，然则简字者，非惟不足湮古学，而且可以羽翼古学，光辉古学，昌明古学，尚何虑哉？诸生至斯习师范，亦惟坚持宗旨，以达于畔岸而已矣。（《清末文字改

革文集》)

《简字全谱》自序

易曰：上古结绳而治，后世圣人易之以书契，百官以治，万民以察。古之人先有语言后有文字，文字者所以为记语言之表识也。古籀而小篆，篆而隶，隶而真行，人事降而愈繁，此文字趋而愈简，自然之势也。今之字比之古籀篆隶，固为简矣，而比之东西各国犹繁。何也？彼主声此主形也。主形则字多，字多则识之难；主声则字少，字少则识之易。彼之字易识，故识字之人多；我之字难识，故识字之人少。识字者多则民智，智则强；识字者少则民愚，愚则弱，强弱之攸分，非以文字之难易为之本哉？然则今日而图自强，非简易其文字不为功矣。简字之兴，萌芽于京师，渐传于北洋，而南洋始登奏案，今江皖苏浙稍稍广播矣。顾吾国幅员辽廓，欲遍及之犹不易也。而吾于北音外增订宁音吴音两谱，犹未能及闽广，则全国之音犹为未备。闲与二三知己私相讨论，咸谓必合五音母韵，统为全谱，使中国同文之域，诸方之音，举括于内，乃足为推行全国之权舆。不揣固陋，以向所考定等韵为本，订为《简字全谱》一编，以质于世，于教育普及之方，语言统一之道，或不无小补云尔。光绪三十三年丁未冬十一月，桐乡劳乃宣序。(《清末文字改革文集》)

进呈《简字谱录》折

奏为遵旨，进呈《简字谱录》，伏候钦定颁行以广教育恭折仰祈圣鉴事。窃臣于本年四月二十四日蒙恩召见、面奏简字之用，请将所编谱录进呈，以备钦定颁行，仰蒙慈谕，允令呈进，钦感莫名。伏惟方今时局，诚可谓危急存亡之秋矣。有识之士，咸思所以救之。以言乎弱，则宜尚武事，然无兵学，无以练兵也；以言乎贫，则宜讲实业，然无农工商学，无以兴利也；以言乎人心偷薄，则宜重道德，然无义理之学，无以兴民行也，是则兴学尚矣。然而幅员万里，人民数百兆，欲教育之普及，戛戛乎其难之。中国文字奥博，字多至于数万，通儒不能遍识，即目前日用所需，亦非数千字不足应用，学童入塾，至少必五七年，始能粗通文理，贫民子弟，安得有此日力？故欲人人识字，人人能受教育，必不得之数也。立宪之国，必识字者乃得为公民。中国乡民，有阖村无一人识字者，或有一二识字之人，适为其村败类，而良民转不识字，将比里连乡无一人能及公民资格，何以为立宪之始基乎？欧美以二十六字母，日本以五十假名，括一切文字，识此数十字，明其拼音之法，即可执笔自达其口所欲言，即可读书阅报，通知义理，晓达时事。英国百人中有九十余人识字，是以民智开通，雄视宇内；日本浡兴，识者皆知其本乎学校，亦由有假名以为之阶也。是故今日欲救中国，非教育普及不可，欲教育普及，非有易识之字不可，欲为易识之字，非用拼音之法不可。前数年，京师拼音官话书报社，定有官话字母，以五十母十二韵四声辗转相拼，得二千余音，包括京师语言。其取音用合声之法，与国书字头相表里，而字体则取汉字笔画相合而成，与汉字相表里。一时风行，易识易解，性敏者数日而可通，即极钝之资，至迟数月无不解者。光绪三十一年，前署两江总督周馥设简字学堂于江宁省城，即以京师原谱为本，而增加母韵，订为宁音吴音各谱，期合南音，以便习学，俟南音学成，再学京音，以归统一，奏明奉旨饬部立案。两年以来，毕业多次，给凭者数百人，毕业者又转相授受，推行于江浙各属，通晓者甚夥。素不识字之妇女村氓，一旦能阅书报，能作函札，如盲者之忽尔能视，其欣快几无可名状。明效大验，彰彰可睹。并闻前直隶总督袁世凯暨前盛京将军赵尔巽皆已推行于直隶奉天等省，外人觇国者，亦谓由此入手，普通教育，进化必速。然犹未能各省遍及，其提倡之方，强迫之力，犹未能一律实施，故尚未能普著成效于天下。窃谓当请钦定通国统一全谱，并以此字编定各种浅近教科书，请旨颁行天下。于初等小学五年学期以前，增加一年两学期，专以此简字教授，先各习本地方音，以期易解，次通习京音，以期统一，再以各种简字教科书教以普通道德，寻常知识，一年毕业。毕业后次年，乃为初等小学第一年，照章以汉文教授。既有此易识之字，即可实行强迫之令，应令全国人民，凡及岁者皆入此简字之学一年。不学者，罪其家长。再别定极简极易之法，缩短功课为半年一学期毕业，以待极贫不能入学一年之民，庶贫家子弟，胥能就学，乃可冀全国人民无不识字，无不得受普通教育。复广设简字报馆，俾无人不获阅报之益。并预颁定制，将来实行立宪之时，除本识汉字者外，其不识汉字而能识此简字者，一体准作公民。又勒定五年之后，官府出告示批呈词，皆参用此字，俾人人能晓。如此则不待相强，争愿学习矣。此字传习极易，至多不过数月而可成，以一人授五十人计之，一传而五十人，再传而二千五百人，三传而十二万五千人，四传而六百二十五万人，五传而三万一千二百五十万人。中国四万万人，五六传而可遍。果以国家全力行之，数年之内，可以通国无不识字之人，将见山陬海澨，田夫野老，妇人孺子，人人能观书，人人能阅报。凡人生当明之道义，当知之世务，皆能通晓；彼此意所欲言，皆能以笔札相往复；官府之命令，皆能下达而无所舛误；人民之意见，皆能上陈而无所壅蔽，明白洞达，薄海大同。以此育民德，何德不厚？以此浚民智，何智不开？太平之基，富强之本，胥于是乎在？所操者至约，而所及者至广。似迂阔而实切至，似浅近而实闳远，谓非救时之要道哉？或虑此字盛行，人人争趋简易，将习汉字者渐少，于中国古学，恐有妨损。不知中国六书之旨，广大精微，万古不能磨灭，简字仅足为粗浅之用，其精深之义，仍非用汉文不可。简字之于汉文，但能并行不悖，断不能稍有所妨。日本蒙学先习假名，文理渐进，渐增汉字，其高深之学，则全用汉字，不杂假名，是其明证。且中国古学，以小学为根柢，而小学则以音韵为机缄，诗赋既废，知音韵者渐少，深惧小学因以废坠，如简字普行，则人人能明音韵之条理，于讲求小学，益得有所凭借。是非特无损于古学，且愈足以葆存而昌明之也。臣窃不自量，竭其一得之愚，本等韵之理，考诸方之音，上宗钦定音韵阐微、钦定同文韵统合声定切之法，广征古今南北声韵迁流之故，订为《简字全谱》一编，中国各处方言，皆能包括于内，而仍以京音为主。此外复辑有《京音简字述略》《增订合声简字谱》《重订合声简字谱》《简字丛录》等编，共为《简字谱录五种》。敬谨缮写成帙，恭呈御览，仰乞饬下学部，延揽深明古今韵学之儒，通晓各省方言之士，详加考核，勒为定本进呈。恭候钦定，颁行天下，一体传习施行，实为海内生民之幸。臣冒昧上陈，不胜战慄陨越之至，谨恭折具奏，伏乞皇太后皇上圣鉴训示，谨奏。光绪三十四年七月十四日具奏。（《清末文字改革文集》）

上学部呈

为自请赴部听候咨询并续呈书籍事。窃乃宣于本月十四日具奏，进呈《简字谱录》，伏候钦定颁行一折，奉旨学部议奏。钦此。自应静候大部核议复奏。何敢忘渎？惟简字以声音为主，其中曲折，必须口陈，非笔墨所能尽达。乃宣前蒙召对，虽经面奏，而天威咫尺，不能尽辞，奏牍所陈，谱录所载，亦皆纸上之言，非口讲指画之比。诚恐大部于审定之际，偶有所疑，将何以定其是非，考其长短？用是不揣冒昧，拟请大部于集议时许叨陪末座，以备咨询。则非一得之愚，得以面陈清听，即其中疵类，亦可亲承指示，自悟其非。想大部必不惜阶前盈尺之地，使得倾吐所怀，借效壤流之助也。再，简字之法，根于等韵，等韵为小学家精诣义蕴，颇为宏深，简字各谱，义取易解，故于精微皆置不论，而欲究其本源，非上溯等韵不可，是以谱内声明，别有等韵一得一编，言此甚详。欲明此学者，可于彼书求之等语。等韵一得一书，未经进呈，兹特附呈一部，伏乞察收，以备考核。所有自请赴部听候咨询并续呈书籍缘由，理合取具同乡官印结，呈请大部察核，批示遵行。（《清末文字改革文集》）

奏请于简易识字学塾内附设简字一科并变通地方自治选民资格折

奏请为简易识字学塾内附设简字一科，并变通地方自治选民资格，以开民智而裨宪政，恭折仰祈圣鉴事。本年十月十三日奉上谕：前奉先朝谕旨，谆谆以筹备立宪为要图，业经严定年限，各专责成，期于计日程功，届时颁布，不啻三令五申。朕临御以来，又复叠降明谕，或于批折内诰诫再三，其于宪政前途，实事求是之心，早为天下人民所共见。现据各部院堂官暨各直省督抚奏陈，一二届筹备事宜均尚妥协，果能实心实力，次第兴办，何难日起有功？所虑积习相沿，难保无但以一奏塞责者。须知此项要政，上禀前谟，下慰民望，关系至为重大，自兹以往，益当振刷精神，认真整顿，无取乎虚文粉饰，徒事铺张。若揆诸现在情形办理，或有窒碍，亦准其剀切胪陈，并妥筹善法，仍一面持以毅力，务底于成，断不可遇事畏难，互相诿过。方今时事多艰，朝廷宵旰忧劳，无时或息，尔内外诸臣，受国厚恩，理宜殚竭血力，诚担负责任。倘稍涉虚假，将来宪政不克依限实行，试问能当此重咎否耶等因。钦此。仰见朝廷于筹备立宪要图，期望臣工至为深切，而于办理或有窒碍，复准其剀切胪陈，妥筹善法，责成无贷，而又曲成不遗，天下臣民，同声感颂。窃维筹备立宪之责任，固在官吏，而实行立宪之根本，端在人民。立宪之义，在合天下人民之智识以共图治理，若民智不开，不能自治，虽有良法美意，谁与共之？此普及教育、地方自治，所以为筹备立宪中至要之端也。而上年奉颁宪政，逐年筹备事宜清单中，普及教育、地方自治诸条，尚有见诸施行，不免窒碍，不可不妥筹善法，变通补救之处，请为我皇上剀切陈之。查清单内开第二年颁布简易识字课本，创设厅州县简易识字学塾，颁布国民必读课本，第四年创设乡镇简易识字学塾，第七年人民识字义者须得一百分之一，第八年须得五十分之一，第九年须得二十分之一。又第二年筹办城镇乡地方自治，第六年一律成立，第三年筹办厅州县地方自治，第七年一律成立。又学部奏陈编辑简易识字课本折，内称拟编为三种。第一种识字课本，凡道德知能之要，象数名物之繁，详征约取，备著于篇，约三千二百字，期以三年毕业。第二种识字课本，则于第一种课本中去其理解稍高深，事物非习见者，约减为二千四百字，期以二年毕业。第三种识字课本，但取日用寻常之字，目前通行之文，约之再三，定为一千六百字，实属无可再减，期以一年毕业。令小民自为忖度，择其力所能至者肄习者。一俟编辑成书，先在京师地方教授数月，如果易简理得，士林称便，再奏明请旨颁行。又宪政编查馆核定，民政部奏拟城镇乡地方自治章程选民资格条内"男子年满二十五岁者，得为选民，不识文字者，不得为选民"各等语。夫我中国文字，博大精深，儒者童而习之，皓首而不能穷其蕴，今学部力求简要，至少之数约为一千六百字，已属苦心计划，无可再减，而犹须一年方能毕业。乡曲小民，食力为生，虽幼童不能无事坐食，欲其虚耗一年日力，以求识字，非稍足自给之户不能，极贫之家，断难普及。且人生记性，惟在幼年，若年长从未识字之人，欲使其能识一千余字，且明其字义，惟异常颖悟之资，千百人中或有一二，若寻常不学愚民，万万无此智慧。故即使极力提倡，亦仅能教幼童，不能教成人。天下幼童约居成人五分之一，今第七年人民识字义者须得一百分之一，即须二十幼童中有一人能识字义；第八年须得五十分之一，即须十幼童中有一人能识字义；第九年须得二十分之一，即须四幼童中有一人能识字义，窃恐此等成效，难于必期。即使果有成效，亦仅百人之中，有五人能识字义，不识者尚有九十五人，教育未能云普及也。又城镇乡及厅州县地方自治，一律成立在第六年、第七年，而创设厅州县及乡镇简易识字学塾，在第二年、第四年，二者相距近者方两年，远者乃五年。地方自治成立之年，为选民者必须二十五岁以上能识文字之人，而目下各省乡民识字者甚少，往往阖村无一识字之人，即阖村无一人合选民资格，自治从何办起？故欲办自治，必先教乡民识字。而教识字之年，距为选民之年仅有两年或五年，若教幼童，届时不能及岁者，若欲届时及岁，必须教二十岁以上之人。而二十岁以上素不识字之人，欲教之使其能识文字，已为绝无仅有之难事，且一村仅教一二人，犹不足用，必须多数年长之人，皆教其通文识字。又况地方办事必以父老主持，仅教二十余岁之人，亦尚不适于用，必须多数年老之人，皆教其通文识字，则更在必不可得之数矣。是则地方自治，必将因此不能实行。地方自治为宪政之基，若因识字人少而自治不克依限实行，即宪政之行，无所凭借，亦将因而生阻。凡此窒碍，若不设法变通，早为补救之计，一旦筹备届期而事无成效，何以仰副朝廷实行立宪之盛心？补救之计奈何？一在变通简易识字办法，一在变通地方自治选民资格。欧美之字，以二十六字母拼合而成，习此二十六母，明其拼法，即可识字，字少易识，故识字者十人而九。日本文化本出于我，与我同文，用我汉字，而汉字之外，别有五十假名，拼音达意，以为补助，士君子高深之学，必用汉字，而愚贱之人，但识假名，即能达口中之语言，明目前之事理，是以村农野老，贩夫走卒，皆能观书作字，地方自治不劳而举。我国自古以来，专用汉字，别无此项易识之字，以为补助，故惟上等之人，乃能识字，国民教育，难于普及愚氓。近年中国各处有志教育之士，有鉴于此，创造易识之字者不一而足，而以京师拼音官话书报社所定官话字母为最善。其法以五十母十二韵四声辗转相拼，得二千余音，京师语言，皆能包括。识此数十字，明其拼法，无须通晓文义，即能以白话达意，阅书报，作函札，无乎不可；无论老幼，性敏者数日而可通，即极钝之资，至迟两三月，无不解者。京师、直隶、奉天等处推行甚广。光绪三十一年，前署两江总督周馥设简字学堂于江宁省城，即以此谱为本，而酌增母韵，期合方言，定其名曰简字，奏明立案，奉旨允准，行之数年，毕业多人，流播于江浙各属，通晓者甚夥，成效昭著。臣复博考古今声韵之源流，参合南北方音之同异，订为《简字全谱》一编，包括中国各处语音，而仍以京音为主，又别辑各等谱录，共为五种，于上年七月奏呈御览，请旨饬下学部考核，进呈恭候钦定颁行，一体传习，奉旨学部议奏，钦此。该部因审慎再三，一时未能定议，故尚未经复奏。窃谓此项简字，易识易解，允堪为汉文之补助，教育之阶梯，若于简易识字学塾内附此一科，并令能识此简字者一体准为地方自治选民，实足为变通补救之道。拟请敕下民政部学部会同核议，比照简易识字课本，先在京师地方教授数月，办法将臣前奏所呈《简字谱录》亦先在京师地方试行教授数月。如果易识易解，确有成效，即由学部复加考核，勒为定本，进呈恭候钦定，颁行天下，令各省凡设立简易识字学塾之处，皆附设简字一科。除能识汉字者仍以学部所编三种课本分别教授汉字外，其极贫无力入塾一年之幼童，及年已老大，从未识字，记性不足认记千余汉字之人，皆令识此简字，并将国民必读课本翻成白话简字，令其讲习，远者三五月，近者一两月，即可毕业。其能识汉字之人，亦令兼识简字，每星期酌加简字功课一二小时，一年毕业已绰然有余。仍由民政部通行各省，将地方自治选民资格略加变通，凡不识汉字而能识简字之人，准与识汉字者一体得为选民。此字传习极易，毕业之后，即可转授于人，以一人授五十人计之，一传而五十人，再传而二千五百人，三传而十二万五千人，四传而六百二十五万人。一邑人口，至多不过百万，不待四传即可遍及。若每一州县学塾内附入一班，毕业之后，即令分赴各乡镇转相传授，以强迫之力行之，不待两年，可使天下各州县阖境之人，无不识字，而人生当明之伦理，应用之知识，亦皆无不通晓。其时地方自治选民资格到处皆易于得人，全国自治自可依限成立，不虑愆期，而民智之开，日有进步。九年期届，宪政实行，亿兆同心，共图治道，有不蒸蒸日上与东西立宪诸邦齐驱并驾者哉！顾或者虑新字盛行，有妨古学，不知我国文字肇自圣神，有形，有声，有义，传心载道，万古常新，断无磨灭之理。简字有声无义，仅足以代口语，义理之精微，经史之渊雅，仍非汉字不可，简字万不足以夺之。日本之有假名已千余年，而汉字至今盛行，毫无所损，是其明证。今请于简易识字学塾内附设此科，本塾正课仍以用学部课本教授汉字为主，简字仅为附属之科，专为不能识汉字者而设，与汉字正课并行不悖，两不相妨。盖资质不足以识千余汉字之人，本无识字之望，今令识此数十简字，以代识字之用，乃增于能识汉字者之外，非分于能识汉字者之中也。汉字正课，极其功效，能令百人中五人识字，而此附属之课，能令不识汉字之九十五人，皆识简字，则百人皆识字矣，不尤足为教育普及之助乎？若专学简字之人，能兼识汉字数百数十，则更为有用，亦可量其资质，酌加教授。且汉字以形为主，故多而难识，简字以音为主，故少而易识，既识简字，即可以简字注汉字之音，则汉字亦易识矣。是简字非特无妨汉字，且可补助汉字，为识汉字之门径也。臣前于本月初四十一等日进呈讲义，曾将文字简易为立宪要图敷陈梗概，复思现在情形，简易识字办法与自治选民资格办理尚有窒碍，辄敢不揣冒昧，遵照准其剀切胪陈妥筹善法之旨，酌拟就事变通。因时补救之法，勉摅芹曝之忠，借效刍荛之献，仰祈圣明垂察，俯赐敕下民政部学部会议复奏，请旨施行，国民幸甚！宪政幸甚！为此恭折具陈，伏乞皇上圣鉴，训示。谨奏。

宣统元年十一月十六日军机大臣钦奉谕旨，候补四品京堂劳乃宣奏请于简易识字学塾内附设简字一科一折，着学部议奏。钦此。（《清末文字改革文集》）

上学部书

闻之中流失船，一壶千金，以拯危捍患所操，不在大也。今有人焉，同舟遇风而独操一壶，足以济全舟之厄以语同舟，顾同舟不之信，已亦将胥溺焉，有不垂涕泣而道之者哉。中国今日之危，人人知之，人人思有以救之矣。救之之道，果安在乎？夫我中国兵力财力，百不如人，独人民之众，为环球诸国所莫能及。以恒理论之，国以人为本，人多之国，必当胜于人少之国。而今不然者，中国之民，智识未开，明者一二，昧者千百，昧者虽有如无，故我之众，不如人之寡也。使昧者皆能导之使明，则我数百兆明达之民，必无敌于天下，可无疑也，故普及教育为今日救亡第一要义。然他国教育易普，而中国教育不易普及，何也？以他国之字易识，中国之字难识也。故别设易识之字，又为今日普及教育第一要义，亦即救亡第一要义也。乃宣上年奉召入都奏对之初，即面陈简字之用，旋以所订简字谱录具疏进呈。人多谓其迂远而琐细，不知似迂远而其用至切，似琐细而其效实宏也。当奉谕旨，交大部议奏，乃宣复思简字以声音为主，其中曲折，必须口述，非笔墨所能尽达。奏牍所陈，谱录所载，皆纸上之言，非口讲指画之比。诚恐大部于审定之际，偶有所疑，无从诘问。将何以定其是非，考其长短？是以又取具同乡官印结，呈请大部，于集议之时许叨陪末座，以备咨询。乃当时未蒙批示，而交议之件，迄亦未经复奏，闻大部于集议之时，言人人殊，莫衷一是，是以审慎迟徊，至今未能定议。乃宣前具奏时，犹未奉颁宪政筹备清单也。及八月初一日奉旨颁发清单，于是创设简易识字学塾，筹备地方自治诸端皆定有年限矣。然以事实推之，其中实多窒碍。本年十月十三日复奉责成筹备立宪之旨，而于揆诸现在情形，办理或有窒碍，特许剀切胪陈，妥筹善法。乃宣乃复有请于简易识字学塾内附设简字一科，并变通地方自治选民资格，以开民智。而裨宪政之奏，仍奉旨交大部议奏，不知日来已否开议。窃惟此字创前古所来有，非常之原，例多疑阻，有如有妨古学、分裂语言种种论端，必将蜂起。若不切实讨论，灼见其真是真非，议驳固偏于武断，议允亦近乎盲从。揆诸大部实事求是之心，当不出此。以寻常士民言事之例，官府有于呈中之语疑不能明，必传原呈之人面加诘问。程子谓惟堂上人乃能断堂下人曲直，然不令堂下得尽其辞，堂上亦无从定断也。乃宣愚昧之见，拟恳大部允如乃宣前呈所请，于集议时许陪末座，以备咨询。如天之福，壤流之细，得以上补高深，固属至幸。即不然，其中疵谬，得蒙指示，亦足破除愚妄。下服此心，特是乃宣所呈谱录，原不敢自谓必可行用，而今日救亡之道，舍求人民易于识字，俾教育得以普及，别无他策，则实为天下之公论。此字而可用，自当议行，此字而不可用，亦当别筹所以补救之计，未可仅以百人中五人识字为已足，而其九十五人皆弃之如遗，听其晦盲否塞沦胥以铺也。乃宣衰朽之质，弃官有年，伏处养疴，久已忘情簪绂，此奉特征，不敢不出，而自信初无富贵利达之见，萦于胸次。今以兹事呈身自献，强聒不休，实迫于救时之公心，绝未尝有纤毫私意，想诸公必能垂谅苦心，不致疑其有借之干进，因以沽名之想，而深闳因拒，屏弃不屑与言也。区区愚戆，敢布腹心。（《清

末文字改革文集》)

"简字研究会"启并章程

敬启者，今天下一竞争之世也，以兵竞，以商竞，且以学竞，优者胜，劣者败，有历历不爽之征焉。我中国兵不如人也，商不如人也，学亦不如人也，将何所恃而自立于天壤乎？顾有独胜于人之一端，为万国所不能及，则人民之众，甲于全球是也。国者人之积也，以常理论之，人多之国，必胜于人少之国，在今不然者，中国人民，智识未开，明者一二，昧者千百。昧者虽有而如无，是以虽众而如寡，此我之众所以不敌人之寡也。诚使昧者皆能导之使明，即令其明未至而合数人亦足以抵一人。我有数百兆之民，合其智力，天下何国能敌哉？是则普及教育以开民智，为今日救亡第一要义也。然他国之教育普及易，中国之教育普及难，何也？以他国之字易识，中国之字难识也，然则别设易识之字，又为今日普及教育第一要义，亦即救亡第一要义，彰彰明矣。乃宣前以京师官话字母为本，加以扩充，订为《简字全谱》，包括中国各处方音，而仍以京音为主。上年具疏进呈，请钦定颁行以为普及教育之用。今年因简易识字办法与自治选民资格尚有窒碍，又奏请于简易识字学塾内附设简字一科。两次均奉旨交学部议奏，而学部迄未议上，允行与否，尚不可知。夫天下存亡，匹夫有责，我国亿兆京垓晦盲否塞之民，今欲治暗瞽，启其瞢昧以救危亡，非我辈之任而谁之任乎？救之之道，舍以易识之字教之，无他策也。然将以教人，必先自习，则我辈不可不先自讲求矣。简字之法，以母韵声为体，以反切为用，读书之人，本明等韵者，一目了然，未谙等韵而能知反切者，数刻而解，未习反切而能辨四声者，极迟数日无不晓者。捐俄顷之心力，即足为拯全国蚩蚩之用，吾知必为贤士大夫负先知先觉之任者所乐为也。今设简字研究会以饷同志，愿入会者，请即惠临，以收切磋之益。幸而学部议行，则二十二省需用教员甚多，必先开师范，我辈出其所学，以为师范之导师，则教泽所流，可以覃敷。海内不幸，而学部竟不议行，则归而施诸家庭，饷诸友朋，播诸乡里，辗转流传，犹足挽十一于千百，终胜于坐视蚩氓永沉锢于无耳目、无口舌、无心意之域，束手以待沦亡也。诸君子其有意乎？所有本会章程，开列于左。

简字研究会章程

一、本会以讲习简字理法，为教不能识汉字之人使得达口中之音，明目前之理，以开民智为宗旨。

一、愿入会者应开具名号籍贯住址，托与发起人相识之人介绍。本会皆认为会友。

一、会中备有简字各种谱录书报，以备会友讲求研究。有不知者，本会无不竭诚相告。

一、此字包括中国诸方之音，现订之谱，未敢自信必皆尽善，如有未当，请会友各陈所见，以期改良。

一、会所暂设于前门内化石桥东石桥别业。如日后入会人多，有路远不便者，当再酌量分设。

一、每星期日午后三点钟至五点钟为会期。

一、会中茶水煤炭伺候人等一切用度，皆由本会备办，不取会友分文。

一、本会开会以宣统二年二月第一星期之日为始。

一、如有未尽事宜，此章随时酌量改定。

宣统元年十二月

发起人汪荣宝、赵炳麟、劳乃宣同启（《清末文字改革文集》）

致唐尚书函

日前趋贺，未获晤教，旋蒙见顾，又失倒屣，歉怅之至。我公以硕德巨儒，简掌邦教，莅事未久，精勤综核，已群论翕服，海内学风，行将丕变，庆幸奚如。窃闻教育之道，其用有二，一在造人才，一在开民智。造人才者教秀民，开民智者教凡民，天下秀民少而凡民多，秀民有教而凡民无教，是有教之民少，无教之民多也。积亿兆无教之民于天下，欲世之治也难矣。且今天下大势，方以智竞而不以力竞，以合群在下之众庶竞，而不以出群在上之俊杰竞。一二人之奇才，不能敌千万人之常识，此凡民之教，所以尤重于秀民之教，而宪政筹备事宜所以有简易识字学塾之设，人民识字成数之限也。然人民识字，限至二十人之一，而极其不识者，犹有十九人，与英民百人中有九十余人识字，适成反此例者，则以我国文字难识，极其成效，仅能及此。其十九人者，不能不弃之如遗，莫可如何也。今使有人焉，取其见弃之十九人，别以一法教之，使其常识亦得企及识字之一人与向者，所以教一人之道，有相助而无相乖，当亦君子之所乐许也。夫我中国文字，有形、有声、有义，孳乳相生，文成数万，闳括万有，贯通天人，为环球所莫及。然其精博在此，其繁难亦在此，故优于教秀民而绌于教凡民。外国文字，专以声音为主，字母多者不过数十，识此数十字母，明其联合之法。而能事已毕，以教凡民，轻而易举。昔吴挚甫奉使东瀛，日本学士土屋弘宏致书与论初级教育用五十音图之利，谓汉文为教育中等以上之人之用，人之位中流以上者居百中之一，以教育百中之一之方，施之于九十九之众人，宜教育之难于速成，故不可不用简要器具。其言至为明切。第五十音图，乃彼国语音，施之中国，尚不适用，故中国宜别设主音简易之字，与汉字相辅而行，已为今日海内谈教育者之公论，近年创造者不一而足。弟频年留意此事，所见者不下七八家，有用罗马字母者，有用速写法者，有用汉字省笔者。罗马字母利在各国可通，而内地乡民传写为难；速写法利在写记便捷，而鲁钝愚氓辨识不易。汉字省笔则无此诸弊，而诸家中有切音之法未尽善者，有囿于一隅之土音者，独京师官话字母，完美便用，为诸家之最。弟于乙巳岁在金陵得此谱，深赏之，但惜其专用京音，于各省方音尚未包括，因以其谱为本，而增益母韵声为宁音一谱、吴音一谱，请诸江督周公，设简字学堂于江宁省城，以方音为阶梯，以官音为归宿。奏明立案，行之数年，毕业多人，成效颇著，其足为教凡民之利器，确有明征。当时即有以有妨汉字、分裂语言等说相诘难者，同人颇多辨论之文，因有《增订合声简字谱》《京音简字述略》《简字丛录》诸刻。友人又谓闽广音尚未包括，未得为全璧，因又有《简字全谱》之作，与前诸作合刻为《简字谱录五种》。前岁奉召入都，食芹而美，负曝而暄，不敢自秘，于入对时面奏请将所著谱录进呈御览，敕部核议，钦定颁行。奉慈谕俞允，钦遵具疏缮进，七月十四日奉旨学部议奏。弟以声音之道，必须面论，复具呈学部，请于集议时赴部预议，以备询问，又以此字虽浅，实上通韵学之理，将所刻等韵一得一书一并呈部备阅。而部中既不议奏，亦不批答，静候年余，杳无消息。上年十一月十六日复具疏续请，仍奉旨学部议奏，又上公函于学部三堂，重申赴部预议备问之请而不议不答如故。弟乃与赵竺园侍御，汪衮甫参议，发起简字研究会，冀京师士大夫明者渐多，以开风气，自前月开会月余以来，入会者数十人，莫不相悦以解，人人知其易学、易教、易知、易能，实足为今日救时之用。学部曹司入会者亦有数人，皆翕然无异辞，独不解部中主者何以深闭固拒至于如此，闻所持异议，仍不外有妨汉字、分裂语言诸常谈。其实进呈谱录中已载有辨论之说多处，早经剖析无遗蕴，使议者果曾浏览及之，必不以此等陈言诩为新义。惜乎其束书不观，向壁虚造也。夫文化之演而弥进也，其几既动则不可遏，今天下纷纷造作，其几之动已久矣。他日中国于汉字之外，别用一种主音简易之字以为辅助，可信其必有此事。特风气之开，提倡自上者，其效速，传衍自下者，其效缓，而其成功则一也。弟叠请于朝，屡聒于部，冀借在上之力以期速效耳，今既不获如愿矣，而抱此愚公精卫之诚，自信必有山移海填之一日，固浩浩乎无纤芥觊求之意存诸内也。前者闻我公来掌学部，怦然于中，颇思请我公调阅部存进呈之本，鉴定其是非。意公夙以好学称，此区区数卷书，必能首尾全阅，不致厌其烦难，凭空武断；又夙以实事求是称，真是真非，必有独见，不致人云亦云，随声附和。既而思之，恃故旧之情以公事相干渎，于义不可，因而中止。日来小病，在家养疴，闲中偶思公事固不可干渎，学问则不妨就正，谨将经进之谱录各种，送部之等韵一得，及两次奏稿，两次上学部呈稿、函稿，简字研究会公启、章程，检呈鉴核。伏乞于公余之暇，垂览及之，能通体周览一过最善，否则择其要者注意阅之，已于书中将应注意之处逐条签出，以备择阅。敢祈阅毕之后，俯赐裁酌，于此谱之是否有裨于世用，有无流弊，有无疵类，疏中所呈诸端，是否可采办，析诸家驳难之义，持论是否允当，此外尚有何可议之处，研究会章是否妥善，尚有何策可使益易于广播，就卓识所见，一一指示，以匡不逮。如有疑义，必待面析，俟采薪告痊，趋前候教。弟于此事之必可行，且不可不行，自信甚笃，而所撰之谱，则不敢自信其果尽美善，必博求通人加以是正，乃足以信今而传后。我公为当代斯文宗匠，是以不能不质诸左右，以求定论，此专以朋友讲习之谊，私相讨论，与公事无涉。其部中奉旨交议之案，复奏与否，议允与否，悉听秉公主持，弟毫不干求，亦毫不过问，即示复时亦望不必涉及幸甚。（《清末文字改革文集》）

沈凤楼

江宁简字半日学堂师范班开学演说文

今日奉明诏广设学堂，建德尚书尤呕呕以兴学为务，农工商兵亦既各建校舍而犹垂注于教育之普及，于是有简字半日学堂之设，盖此堂之设否，关系民智之通塞，宜尚书之郑重详审，乐观厥成也。夫中国之办学堂，经费亦非易易矣，东观日本，西览欧洲，凡蒙童六岁以外，皆当读书识字，有不学者罪其父母，谓之强迫教育，其学堂林立，初不悉由国家筹款，故经费甚易，中国风气初开，民间贫乏者众，其无力兴办者势也。既无力兴办，学堂必不广，学堂不广，识字必不多，识字不多而觊国家之富且强也，得乎？国家富强之源，不在一二上流社会之人才，而在多数下流社会之识字。一百人中，下流社会居九十九，今也识字占其一，不识字占其九十九，此而欲民智之开，得乎？中国积习，每好为高论，凡造就下流社会之利器，皆鄙为无足道，试思国家将坐视下流社会之芜秽盲塞而徒恃一二上流社会遂足以富强乎？然中国文字极烦，学亦甚艰。自束发受书，非十稔不能握管撰文，此而欲田夫野老妇人女子人人识字，无论资性不近，即人人聪哲，人人慧悟，亦无此十年之时间也。是以建德尚书之设简字半日学堂，一以使人易知，一以省时间。何谓易知？中国旧字，一字数音，一字数义，繁赜精奥，虽宿儒不能悉了。今以二音合成一字，最为简明，亦如古之反切，以德红二字切成东字之类。但习六十九字即可拼成三千余字，虽极鲁至愚之人，亦不难于学成，其易知也何如？何谓省时间？田夫野老、妇人女子非不欲识字，实无暇识字，农工有农工之职业，妇女有妇女之职业。今欲舍职业而入学堂，多则五年，少则二三年，然则兆民将不食不衣，枵腹裸身以从事于学乎？欲学则饥寒，不学则民智不开，无两全之道，此非省其时间以半日学、以半日仍营职业不可。况贫窭之子弟，类多经营极微之生计，贩卖饧饧果品之属以糊其口，以致幼而不学，长而浮荡，流为盗贼，其祸害弥亟。惟有以半日令其来学，仍可以半日营生计，省时间也何如？既易知又不耗时，学成之后，并翻成新字书报，广布民间。车夫舆卒，皆可阅报看书，时事借以通晓，民智借以开通，凡朋友文札，妇女家书，皆可人自为之，何至为瞀昧无知之人？况普通知识即可借以发明，如修身、舆地、历史各科学，皆有益于身心。学修身则圣教可明，不至惑于外教。外教家祀佛奉天，出于虚无。圣教则齐家治国，皆归实践，如《论语》千乘弟子道之以政，各章已明言之。学舆地则山川形胜，疆域沿革，都会口岸，民情物产，五方风气皆可尽稔。学历史则国家之治乱兴衰，君相贤愚，忠佞节义诸大端皆有实迹可考，非空疏者比。兹者新字习成，凡普通学科皆可灌注于新字之中。君子之道，譬如行远必自迩，譬如登高必自卑，勿谓简字至浅，勿谓简字至俗。由浅而推之深，由俗而推之雅，因至捷之事也，故识字斯能读书，读书斯能明理，明理则无事不可治，无业不可就，皆学之力也。今日为简字半日学堂开学第一日，诸生来习师范者，皆国文已达之人，简字之理，自不难于领悟。兹经理此堂及教授此堂者，皆实事求是深通韵学之士，诸生务当锐志向学，不负所期。今日学成师范，来日教育学生，由近及远，由国及郊，广为劝导，庶乎云从风应，不必效西人强迫之法，孩稚六岁以外，无不入学，下至田氓野老、车夫舆卒、妇人女子，无不识字，以斯追步欧美人人识字之盛也不难矣。今日为开学第一日，吾犹望诸生立志学成之后，各尽义务，不可为无用之人，致与草木同腐，夫草木之腐，犹可为薪为樵。人之腐则归于乌有，是草木之不如也，诸生勉旃。（《清末文字改革文集》）

袁世凯

直隶总督袁世凯札饬提学司文

为札饬事，照得教育普及，必先统一语言，而文字与语言相为表里，故开通多人智识，但求简易，无取艰深。前据大学堂学生何凤华等禀请试办官话字母，业经饬令保定蒙养及半日学堂试行在案，查奏定学堂章程学务纲要第二十四条内开。各国言语全国皆归一致，故通国之人，其情易洽，实由小学堂教字母拼音始。兹拟以官音统一天下之语言，故自师范以及高等小学，均于中国文一科内附入官话一门等语。查此项字母取首善京音为准，实为统一语言之利器，上年两江督部堂在江宁省城设立简字半日学堂，教授官话字母。天津近畿巨埠，易于学习京音，亟宜仿照设立简字学堂，俾辗转传习，即不通文字之人，亦得通信记事之益，与奏定统一语言之宗旨相辅而行。应由提学司转饬学务总董林绅兆翰、卞绅禹昌妥议筹办，其师范暨各小学堂应如何附入课程，一律学习，由该司通饬遵行，合行札饬，札到该司，即便遵照办理。（《清末文字改革文集》）

朱文熊

《江苏新字母》自序

我国言与文相离，故教育不能普及，而国不能强盛；泰西各国，言文相合，故其文化之发达也易；日本以假名书俗语于书籍报章，故教育亦普及。而近更注意言文一致，甚而有创废汉字及假名而用罗马拼音之议者，举国学者，如醉如狂，以研究语言文字之改良，不遗余力。余受此激刺，不觉将数年来国文改良之思想，复萌于今日矣。呜呼！余读上海沈君之切音新字，直隶王君之官话字母，未尝不叹美而称羡之也。顾切音新字，形式离奇，难于识别；官话字母，取法假名，符号实多。余以为与其造世界未有之新字，不如采用世界所通行之字母，用是采取欧文，或仍其旧音，或变其读法，又添造六字以补其不足，凡字母三十二字，变音二字，双声十一字，熟音九字，变音以点为符，双声合两元音而成一音，熟音合两仆音而成一音，上考等韵，下据反切，旁用罗马及英文拼法，以成一种新文字，将以供我国通俗文字之用。而先试之于江苏，命曰江苏新字母，而所注国字，暂以苏音为准。曰江苏新字母者，乃就其一端而言之。其实各省音及北京音均能拼切，但略加其音调高低缓急之号可矣。余学普通话（各省通行之话），虽不甚悉，然余学此时所发之音，及余所闻各省人之发音，此字母均能拼之，无不肖者。即就我江苏论之，人口千四百万中能读国文者几人乎？虽无确实之调查，而吾知其为少数也审矣。今余于课余研究此字，已五阅月，规则略备，以供国民之用。非欲尽弃国文也，使不能读国文者，读此文字，则亦可写信记帐，而涨知识，又读此文字而后再读国文，则亦易为力矣。凡学此者，如已读过西文之人，则五分钟可悉，一点钟可竟，一日可娴熟，二日可应用；已通国文而知苏音者，一点钟可悉，一星期可应用；不识字者，必有人教之而后知，虽为愚者，经一月之练习，无不能书其言语思想于纸矣。

光绪丙午三十二年五月既望中国朱文熊书于日本东京小石川林町冰川馆。（《清末文字改革文集》）

田廷俊

《拼音代字诀》自序

环球各国文字，皆以字母相切而成，独我国不然，虽每字有反切，字为字，切为切，人多畏难而不学，即学亦难概也，况近来于音韵一门，每置之不问。即问有学音韵者，求其能于每字之反切得音而无舛错者，十不得一，何则？以切音二字不能如他国文字随口而出，必反切至再而始得音也。俊前已编数目代字诀，兹取其每韵母子圆第三音为母音，共计三十二字，半为独母音，半为迭母音，以格刻等十九字为父音，惟独母音与父音皆省笔画，以便于写。仅此三十五省笔字样，轮转拼切，无论何等字音，均能代写无遗。若教者以此教授，学者不必月余，已能用此拼音字代各字音随笔达意，取不尽而用不竭。如仍欲习文字，仿日本初学书于文字旁，注此拼音字，凡已学此拼音字者，无不一见即知。将来全国男女，安知不借此捷径而皆识字欤？丙午年江陵田廷俊自叙。（《清末文字改革文集》）

魏业镇

《拼音代字诀》序

江陵田秀才廷俊，既组织拼音代字之学而授业镇，读之既卒，业乃作而言曰：溯自苍史创鸟迹以制文字，而书契始兴，举凡庖牺景龙，神农嘉穗，轩辕垂露，太皞鸾凤，放勋灵龟，夏后钟鼎，文王赤乌，武王白鱼，率皆各因所见而制字体焉。洎乎秦汉以前，多事篆隶，魏晋而后，日工正草，变不一变，其体益多，于是有金石之学。六书之名，起于周礼，而象形、指事、会意、谐声、转注、假借隶焉。迨至六籍燔于秦火，字体日迁，则六书几绝，转今苍史之旧迹吻暗其不彰。班固《艺文志》所载小学，类皆训诂文字之书，后代史氏，率仍其旧，故《说文解字》，汉许叔重肇其端，郑司农绍其学。历唐宋迄元明，蔺然不振，流衍至国朝戴东原、段懋堂、洪稚存、孙渊如、庄虚庵、桂未谷诸家而广其传，于是有训诂之学。沈约创四声，天竺继以七音，然中外之风气攸殊，而古今之语言亦异。杨子云作《方言》，识者宗之。其他如《唐韵》《广韵》《集韵》《吴棫韵补》《洪武正韵》诸书，上以启六经之莞钥，下以开百世之规模，逮我朝《康熙字典》《佩文韵府》，以及顾亭林之《音学五书》、江慎修之《古韵标准》《音学辨微》《四声切韵表》、戴东原之《声韵考声类表》、洪初堂之《四声韵和表》《示儿切语》、钱献之《诗音表》诸书出，古学钩沉，度越前代，而集音韵之大成，于是有音韵之学。三者皆文字之枢纽，学问之阶梯也，夫尽天下之美盛而后可以淑民情，萃万古之人文而后可以开民智。盖开民智，莫先于淑民情；淑民情莫大于切音韵；音韵不切，不能明训诂；训诂不明，不能辨金石。故金石者经生寿世之鸿文也，而今遽欲求之妇孺，训诂者通儒解字之绝学也，而今专以责之童蒙，殆戛戛乎其难之。是欲以学明天下，而学转晦，惟音韵之学，自齐梁创为声病，而用韵遂有古今之判。盖韵生于音，音本于气，气之清浊高下，协于五音，切于四声，其从容而中节者纯乎天籁，固非人力之所强而致也，而必借字以传之，然则字与韵固二而一者也。顾音韵之学，不独孳乳于《毛诗》，而其端肇于《虞书》，其用广于《易》《礼》，楚骚易林而外无讥焉。人为之申其义曰：天地之至韵，吾为之进一解曰：宇宙之大文。且夫文从字出者也，韩子有言：为文须先多识字，字不识，则义不明，文安从生耶？亦字从音得者也。业镇有言，识字须先多切音，音不切则韵不生，字安从正耶？近者环球各国，竞智争雄，器数之学日新月异，而文字皆以字母相切而成，故其举国之大，上而士夫，下而妇孺，无字弗识，无人弗学。噫嘻！何声明文物之盛耶？独我中国聪明之裔沦为聋盲之俗，圣神之教反深废坠之忧。秀才为中国大教育家，而以天下苍生为己任者也。盖然伤之，退而发箧以成是编。昔苍史氏创为五百四十字，天雨粟而鬼夜哭，盖以文字之变递出而不穷者也，其所以穷天地之化而夺鬼神之灵者，功于是乎在。今秀才烛幽阐微，与时推移，以御厥变，特分合选独父母音，约为三十五字母，事半功倍，则天下被其休。是犹英文之二十六字母，和文之四十八字母，拼字缀文其所补益，殆不鲜矣。至其代字若何省笔若何？分选独音若何？轮转拼切若何？自序、凡例、图表均详言之，不待业镇之赘述也。窃愿此编一出，则举天下之大，人民之众，无论少壮，无论妇孺，皆可能之，又不劳精力，不费岁月，进而求之，可与言音韵学，可与言训诂学，可与言金石学，充其用而习今文以此，习古文以此，习满蒙文以此，习日本文以此，习泰西各国文以此，其效可立睹也。茫茫大陆，捷径宏开，保吾二千年美备之教宗，卫吾四万万神明之种类，其裨益后学之功又不在苍史下矣。秀才其热心教育乎哉！秀才其关怀时局乎哉！吾为时局贺，为教育贺，更为祖国国民贺。秀才闻而起敛衽而谢曰：廷俊不敏，于音学未涉藩篱，迫论堂奥。既无师友丽泽之助，复异下帷闭户之勤，靡暇钻研，粗陈梗概，一知半解，削札为之，非敢云问世也。聊志心得而已。适如子言，何以克当？敢请序以增重，秀才退，遂拉杂书而叙之于简端。

丙午同知荆州府事金沙魏业镇拜撰。（《清末文字改革文集》）

段春晖

《拼音代字诀》序

有一代之气运即有一代之人材，人材者，随气运而转移者也。我国维新以来，学堂林立，哲人辈出，著作教科书者，指不胜数，究之所著所作，非译之于外洋，则本之于中史，求其开中国未有之奇，驾全球哲学之上，独出心裁，而成一大有益于学校，大有功于国家者，未之有也。江陵田子廷俊著《拼音代字》一书，不本乎反切之摄取，不同乎辣丁之撮配，而拼音之字，有较之反切而易、辣丁而简者。此诚全球之哲学所不能，中国之硕儒所未及也。夫梁有《玉篇》，唐有《广韵》，宋有《集韵》，金有《五音集韵》，元有《会韵》，明有《洪武正韵》，皆流通当世，衣被后学，而田子不囿于此，其音韵出自天然，不必矫揉唇舌，顺口即成。何神奇如是耶？客有执代字诀而议之曰：南北异音，不能强同，此代字诀能行于南，未必能行于北。余闻之而疑。然余豫人也，于吴越燕皖各省，成肄业或从戎，或宦游，多历年所矣。其各处语言，均能略悉，于是即各处之母音，拼各处之子音，盖一如田子所著无不相符，乃知母音异者，子音亦异。田子果何颖悟而得此拼音也。噫嘻！田子真可谓一代人材之奇，应运而生，田子不出，如天下何？天下有欲转移气运者，请读田子之《代字诀》。

　　光绪丙午年暮春古息苍江冷宧段春晖识于荆南曲江楼外拙退轩。（《清末文字改革文集》）

孙金铭

《拼音代字诀》序

　　田生廷俊从予游，约十易寒暑，天资明敏。寝馈于音韵之学，又复秉性谦冲，不以一衿自喜，颇有范文正以天下为己任之志。预料科举必停，遂究心时务，凡笔算、格致、方言诸科，靡不潜心详求。因见欧西各国，鲜不识字之人，独我中国不然，遂窃有憾焉。夫欧西各国无不识字者，因其各有简易文字，原本辣丁另行变通而成，俾妇孺易学易记而然。中国之不能尽识字者，由文字繁多，一字一音，一音一义，不能相通。求其平常适用者，视掌故家亦仅属有限。又加之文义深邃，彼农工妇孺，又焉能殚精竭智而卒学哉？且中国各方俗语，有音无字者恒多。以邃学之士，欲著一俗语以示浅学之人，使之易解，可通信息，每苦于窒碍难行，良可慨也。田生因著有数目代字诀，嗣又仿各国文用三十五省笔为字母拼音。然每字分四声记点，足赅中国一种字音，并使有音无字者均能写出，此即欧西各国本腊丁而另成国文者同一法也。予暇日用此训幼小子女，未弥月而即成速效，因勉其付诸剞劂以公于世，未始不可作济世之宝筏，为强国之一助云。

光绪丙午年仲春月上弦古郿孙金铭叙。（《清末文字改革文集》）

潘籍郛

推行简字非废汉文说

凡民识汉文难而行简字易，军学商政诸界与民皆有关系而议推行简字，所以冀民智之开通，教育之普及，毋使上下贵贱之情或有闭塞而隔阂也。夫军学商政诸界中人，不过于汉文外增识简字一类，如读碑碣，如摹钟鼎，如考订切韵谐声，与其已识之汉文无损焉。凡民目不识丁，即无简字彼之不识汉文自若也。北洋简字已出报年余，凡诏论暨天文、舆地、人伦、历史、姓名寻常有用之字，莫不旁注汉文，其意欲使人由简字以略识汉文也。然则吾议推行简字，亦谓识汉文识简字可以各行其是，可以并行不悖，可以使简字与汉文相因相成而不相剌谬，非谓人人学简字直可以废汉文也。夫人有习篆隶者矣，有习东西文者矣，习篆隶东西文者，有因之而废汉文者乎？人之谓习篆隶东西文者，有谓其废汉文者乎？然犹可诿曰：此文人之好古与识时务者之通今耳。不见夫闽人之闽腔切音，取先字之一笔，凡与先音同者，皆以代之。闽之人皆习之，闽之人于汉文亦仍皆习而识之，不闻因有切音遂废汉文也，亦不闻有疑切音之足以废汉文者也。然犹可诿曰：此方音之离奇，故特制此字以便俗耳。又不见夫以一直二直三直等码代数之一至九乎？代数之码通行已久，而汉文之一至九未或废也，即汉文之壹至玖亦未或废也。是故学习简字，上之为习篆隶东西文，次之为习闽腔切音，下之为习一直二直三直等码，亦在人视之为何如耳。今夫重闺复阃，衣必文绣，食必膏粱，富贵之人则然，其在陋巷之子，短褐不完，日得藜藿以供一饱，固已甘之如饴，处之泰然，使富贵之人责其因陋以就简，且鳃鳃然虑其相习成风，将尽废其宫室衣服饮食也，有是理乎？兹字名简，固因陋就简之谓也，汉文犹富贵之人也，疑推行简字之废汉文，犹富贵之人虑贫乏者之废其宫室衣服饮食也，其是非尚待辨哉！余既作推行

简字学说，有谓异日将并汉文而废之者，故复作是说焉。(《清末文字改革文集》)

端　方

江宁简字学堂高等小学开学演说文

今日为简字学堂江宁高等小学开学之期，本部堂见来学者之盛，甚为嘉慰。夫各国人民文野程度，以识字多寡为比例。吾国文字艰深，曩者吴京卿挚甫东游时，日本教育家尝以为言，坐是之故，以致识字少者，风气锢闭，朝有良法而不易推行，官有文告而不能晓谕，师儒有教育而不能遍及。自简字出而人人无不识之字，无不可达之语言，而文言所不能传者，简字得而传之。其有一音而字涵数义者，稍以汉字为辅，其中意义乃自无不周匝。异日吾国人人识字，教育普及之基础，庶将于是乎在。本部堂去岁札饬所属小学及高等小学添习简字，盖将为简字传播地，非为简字实行地。良以今日来学简字诸生，与高等小学诸生，其人类能通汉文，以能通汉文之人习简字，必能以汉译简，而专习简字者，乃得有书可读，有报可观，上下之邮既通，而简字实行之日即将不远。吾国士夫东游还者，见其车夫下女皆能看书报也，尝啧啧羡之。其实彼国义务教育名为五年，近或欲改为六年。而其穷苦下贱之人固非无入学一年二年即辍者，而其小学第一年功课每日又不过四钟，四钟之内，且有只课半钟者。以至短之时，至简之课，而其人乃无不能识书能写字，其道何在？亦在有五十字母以赅众音而已矣。吾国简字苟至实行之时，凡贫民教育，第须先识简字字母，后识汉字数百，其人即能看书报，凡一切教育，皆可以施，而其功则在今日学成传播之人也。本部堂以此简字学堂与高等小学同设一地，故乐合言之如此。(《清末文字改革文集》)

刘孟扬

《中国音标字书》弁言

或问于予曰：子撰音标字，将欲废固有之文字而不用乎？曰：否，固有之字，何可废也？曰：然则果何为乎？曰：将以济文字之穷也。曰：自仓颉造字以来，凡数千年，由籀而篆，由篆而隶，由隶而楷，文字至此美矣备矣。经史诗书，公文私牍，记古今之事，达彼此之情，深文奥义于是乎在。一通而无不通，讵有穷乎？曰：吾所谓穷，非穷于义，盖穷于音也。考文字有象形、指事、会意、谐声、转注、假借之分，其用意类皆微妙难明，且说文部首五百四十四，字典部首二百十四，为字四万有余，我中国人能尽识其字者，有之乎？无有也。所以不能尽识者，以其非音标字耳，中国人读书之难，进化之迟，盖由于此。西国文字简而易明，其字母只二十余，无论何字，皆由此二十余母拼合而成，能熟习其用法即不难贯通一切之文，故泰西各国人皆少于中国而识字者反较中国为多。即妇女亦多能识字为文，西人智慧者多，职是之故。盖其文与言相合，由音生义，音辨而义自明。中国言自为言，文自为文，而且一字或兼数音，一音或兼数义，绝不能专以音求，故难易判然矣。曰：西文易华文难是已。子所撰之音标字将何以济其穷乎？曰：所以济其穷者有三。约略言之，文字原用反切法以定其音，然尝有某字注某某切而仍不知其读为何字者，且各地口音不同，所读之字亦往往各异。如用此音标字注成京音，一则易于识字，一则各地读法亦可划一，并可为统一全国语言之导线，其足以济文字之穷者一也。方今新学大兴，译书日出，然所译各国书籍，其人名地名多失其实，盖华字音与洋字迥异也。日本译西书，其人名地名皆以该国通用之假名记之，故其音易定。我中国译书如用此音标字以记各国之人名地名，其音万不致错误，其足以济文字之穷者二也。中国妇女之识字者寥落如晨星，即男子之中，下等社会识字之人亦不多得，故鲜能读书阅报以增长见识者。若勉令习字，即二百十四之部首已难竟学，欲望其通文理未免更难。如能熟记此音标字之二十六字母及其各用法，则变化无穷，其收效与全识文字者等，更既速而且易。待其熟习用法之后，将书报中切紧要事件用此字演成俗话，令其阅看，必能一览而知，获益当必不浅，其足以济文字之穷者三也。他如妇孺鄙俚之土语，为文字所不能传，此字足以传之。各省各国之方言，为文字所不能达，此字足以达之，其所以济文字之穷者，不其然乎？曰：此音标字可以济文字之穷，敬闻命矣。然尝见有王小航君所撰官话字母，是亦为音标新字，其字体皆取诸我国固有之字而省减其笔画，仍合于我国人之习惯，甚便于读记，子何为舍我固有之字体而不取，独取英文之字体乎？曰：英文为全球通用之字，凡有人迹所到之地，即为英字普及之地，故我国音标字亦以取用英文字体为利便。且欧美各国，其字皆横书左起，较之我国之直书右起者为便实多，故此音标字亦利用横书左起，并非舍近求远以立异也。如谓我国之字，不宜效仿人国以贻忘本之讥，岂知字也者，记号也，取其适用而已，无所谓人己之别。试观英美法等国，其字均同，英美文法且同，然仍英自英，美自美，法自法也，岂我国之音标字取用英文字体遂谓我非中国乎？曰：音标字取用英文字体之利便亦闻命矣，然近见江亢甫君创造一种通字，其字母即纯用英字而拼法读法稍加变通，子之所撰得毋与江君所造为歧出乎？曰：予用英字编音标字，昉于庚子之秋，因编撰未成，易而为形似日本字母之新字，与王小航君所撰亦迥不相同，题其名曰天籁痕，刊印将半矣。近见江君用英字造成通字，又触动旧兴，以为人既能造，讵我独否？故又取原编未成之旧稿，重加研究，卒成是编。其拼法读法有与江君默合者，有与江君相左者，间有采取于江君所造者，但期取用利便，既不敢立异，亦不肯苟同。世有知音者，当能择而用之，非敢谓予之是编为定本也，或闻之，乃唯唯而退，予遂笔而志之，以弁诸编首云。

光绪三十四年岁次戊申六月

伯年刘孟扬自识（《清末文字改革文集》）

马体乾

谈文字

人借文字表真理，无异丹青家之借五色以彰显其美心田也。若所用之色料非普通人所能辨，无惑乎其不为普通人之所乐观矣。

　　人借文字以显真理，如假光明以显万象，如假空气以闻美音，若文字有难习之弊，音韵有难读之苦，则难免一般人永居幽暗之乡而失其目之明，永处静秘之所而失其耳之聪云。

　　文字之导人入高上理想，一如涂术之引人入五都市也。文字有难行之弊者，足使其群终古不出草陋俗。

　　六书虽古传，但已失古形，且名虽古垂已无古物，用之者既不能由名求实，又不能以形见义，且其本音又多非今人之所能通，徒欲强今人长古人之舌信，彰今日之事理以求这于今人之耳目。若此能领悟者所以寥寥也。

　　阐事理而纯同古文，无异居中而专操洋语，以华人而学欧语已难，以时人而行古文尤难。我国之大，病在不通，智愚不通，贫富不通，朝野不通，北南不通，古今不通，各省不通，究其极，概以文字不通，语言不通二者为诸不通之源。今为串字母特为通此诸不通者欤。

　　吾国之大，病在不通。上下不通，贫富不通，邑野不通，智愚不通，南北不通，各省不通，究其极，概以文字不通，语言不通二者为诸不通之源。今为串音字，特为通此诸不通之通弊也。

　　国音务求其简，闽音不厌其繁，国音乃统一全国之音者，闽音乃会通各省之音者。推行国音，属于强制的行为，故必假诸功令；习练闽音，乃自修之行为，故必勖以褒奖。诚使国音丛脞而但功令以强之使行，则天下将仇视国音矣。鄙意以为应择全国公有之音定为国音，各地特有之音定为方音，所谓国音者即与向之官音相类，而方音即今之所谓闽音。

　　串音字之作，意在使吾民识字如解语之易，以促进教育之普及，增高国民之程度。语言文字出于相因，故其行于本群也属于自然，从可知有是人民而后有是语言，有是语言而后有是文字，有是文字而后有是名声，有是名声而后有是音读符号以标显之，致其表发心思、交通情感之利用有难易便否之不齐者，尽在其群之自为之也。

　　我国人主张用西母拼华语，亦如购洋呢以制华服，然其不适于用之处甚多。注音字母非串书，犹之复屋者不用陶瓦而用砖块，砖块非不可复屋，其笨重何耶？

　　国民乃楷柱邦家之榱栋，教育系长养国民之雨露，文字乃阐发教育之器械，音标实通行文字之轮毂，可知国民者邦家之本也。教育者国民之天也，文字者教育之具也。音标者文字之舆也。又可见邦家成于国民，国民出于教育，教育着于文字，文字□于音标，音标之为用不綦重哉！

国音音素字母，我侪于此既有特别之研究，而所研得者必皆特别之发明。于是乎亦应有特别之名称以表显之，此等名称平顺浅易者固属大佳。而确切雅驯尤为主要，是非立清晰详密之界辞出不可，否则言不顺，事不成，而欲求得良好之结果难矣。

我国教育不能普及，人多归狱于办学者之不力，而走独闵夫办学诸公之无其器焉。盖驾飞艇者险阻为之坦，挽滑车者千钧为之轻，孔子曰：工欲善其事，必先利其器。斯言不吾欺也。

文字之于语言，犹影响之于形声，可丽而不可离，世称笔成口舌者此也。

文字之为用于理想，犹轮毂之于百昌，然贵乎通，不贵乎障。语曰：文以载道。孔子曰：有德者必有言。道者何？口所道也。德者何？心所得也。可知言为心声，词如言表，但取达意，无取奇古。

文字之为益于社会，一如神经之作用于躯干，然宜遍而不宜偏。六书文字，部首綦繁，识别匪易，音义不显，记忆殊艰，非学习之久，讲授之精，难期得其利用。今谋教育普及，必自减少学者之困难，节省教者之日力始。串音字原母二十，一望而知，其一旦行于社会，将必不胫而走矣。

文字之为器于国民，犹爷〔斧〕斤之于工师，贵易举，不贵繁重。其为不可少于人类，犹宫室、衣服、菽粟、水火，恶其缺陋而不厌其简朴。今六书文字，难于辨，难于记，难于解，难于用；辞难通，音难同，书难音，字难工，特较标音文字之易习易用者，真不可同日语矣。况吾族伊古以来，重本贱末，立国以农，小民终岁勤劬，惟恐不赡。有力之家，仅中习字，入学数载，莫辨鲁鱼。文字益难学，教育益寡效，致吾国最多数人民，对于世界之进化，如聋如瞽，如痴如睡，神识卑污，心灵溷浊，无普通之知识，无进步之思想，无考证之能力，以致□于五洲大势与东西历史之遗迹，一旦外交有率，莫能今民□之，全体定一致之政策以抵御之。无非因文字繁重求之甚难为之俑也。乃一般□亡之民，方是其所非，以重国病，走具心肝，窃深痛之，未审公等以为何如也。

六书文字有如是之积弊，桎梏理想，锢闭文明。若不及早采用字母以辅之畅流而广行之蒙，恐土崩沙散之势已成，则教育普及之说，徒随大块而陆沉，东亚同文之美，将与狂澜而俱倒，则拙著□鸣固当循汨罗而逐东流矣。尚何有受排受挤之地步耶？串音字之作，意在补□六书，普及教育，极其用，只求与旧有文字相辅而行。俾群中善学者识其深者，不善学者识其浅者，凡属中华国民，莫不有读书识字笔代喉舌之能力而已矣。故其价法体裁串书声韵拼合施之于学堂课本及白话报章，则便于排印，形之于笔墨篇简文语书牍，则便于缮写。正语音，省字画，易学易知，易习易行，其特色之卓著者在此，而教育之所急者亦在此。

今之主张用西字者，辄称西字横书法较中文直写为优，不知彼所以为独优者，乃根于心理上之种习惯。其实纵横二制，本无优劣比较之可言，否则将谓华语言方向曰东南、东北、西南、西北，亦远胜英所称 NE、NW、SE、SW 云云者，□其然岂其然乎？

西国字母横行，中文字句直列，设一旦采用西母或遇行文有双提并举彼此转注之处，其于印刷事业独不惧丛生滞碍耶！且操觚削简之人，恒于书法不肯轻率，即使强为迁就，每于援古人成语之际，仍不免投钢笔用毛锥，易墨汁用砚台，每有所易，其必辽缓徘徊延仁容与，则尤属废时失事之道。

说者或曰：欧西字母果□用，则毛笔石砚当立废，又□废易文具之为音。噫！诚若是也，不惟不必，且大不可，何云乎？试思笔砚废则其他文具之随与俱废者，将不可胜数，设旧用之文俱全废，则六书亦难图存，盖天下固未有无其器而仍能成其事者也。

或一旦六书销亡，始无论民业之由此废止者必多。即黄帝子孙数百千年以来之文物声明，亦自此同归于尽矣。使吾族不幸而乎此，则群中仅有之文明器术，将惟此不牛不马之西洋中华文一宗，及是时程度高者，必勉操西语，程度低者，必但晓拼音，而大多数不求程度之众同胞，其不沦于无知无识之野蛮民族必不止。夫变通文字，原为去学者之障碍，求教育之扩充，开通民智，□大文明。今以采用西母之故，穷其弊足使群治退行，文化断丧，如是无究心群□蒿目时难可以废然知所返矣。（《清末文字改革文集》）

江　谦

质问学部分年筹办国语教育说帖

本员谨按国语教育一事，为普及教育之利器，即为统一国语之机关，东西各国，一趋同轨。大率先习国语，后习国文，故教育易于普及，而国语斠若一致。我国跂望宪治，追步东西，目的既与之同，方法不能独异。又查宣统元年闰二月二十八日，学部奏报分年筹备事宜清单，所列国语教育事项如左：宣统二年，编订官话课本，编辑各种辞典，行各省学司所有省城师范学堂及中小学堂兼学官话。宣统三年，颁布官话课本，京师设立官话传习所，行各省设立官话传习所。宣统四年，行各省推广官话传习所。宣统五年，行各省学司所有府直隶州厅初级师范学堂及中小学堂兼学官话。宣统八年，行各省学司所有厅州县中小学堂兼学官话，是年检定教员章程内，加入考问官话一条，初级师范学堂、中学堂、高等小学堂各项考试，均加官话一科，以上开列各项，具见学部谨遵筹备谕旨，注重国语教育之至意，钦盼莫名，惟本年为编订此项课本之期，明岁即须颁布传习，次第推广，而编订之法，未闻详细宣布，本员不能无疑，敢以质问。

一、文字之用，主音者简易，主形者繁难，形摄万有，造字数万，犹有未尽之形，音出口舌，造母数十，已尽发音之蕴。且课本既为语体，则与文殊，用音字拼合，则唇吻毕肖，若仍用形字，则各省读之仍为方音，虽有齐傅，不敌众咻，方法既乖，效力全失。不知学部编订此项课本时，是否主用合声字拼合国语，以收统一之效？或用形字，而旁注合声字，以为范音之助？抑全不用音字，但抄袭近时白话报体例，效力有无，置之不顾。

一、东西各国方音之殊，无异中国。自用标准语为教育，而全国语言一致，英之小学读本用伦敦语，法之小学读本用巴黎语，日之小学读本用东京语。中国官话既有南派北派之分，而南北之中，又相差异，学部既谋国语之统一，编订此项课本时，是否标准京音？

一、各国国语，皆有语法，所以完全发表意思之机能，语法之生，虽原于习惯，而条理次序之规定，则在读本。学部编订此项课本，是否兼为规定语法？

一、各国国语，必有辞典，以便检查，所以防易混之音，别各殊之异义，而识未习之词。若车之有轮，瞽之依相。学部筹备清单，宣统二年编辑各种辞典，此项国语辞典是否亦为应编之一？

一、筹备清单，各省府厅州县初级师范及中小学堂，于官话一科，一律兼习。用意至善，立法尤完，惟此项师范中学与小学，程度既异，心理各殊，此项国语课本编订体载，是否亦有师范中学与初高两等小学之别？

一、本年十月初三日钦奉谕旨，国会期限，缩短三年。一切宪政，均须提前赶办，此项国语教育，开扩民智，需用尤殷。一切编订颁布传习推广之期，是否亦须提前赶办，本年为原定编订之期，是否已经从事编订，已有成书？

一、国语编辑。作始维艰，调查须悉。日本有国语调查委员会，附属文部，所以期编订组织之密，谋文语渐接之阶，而防传习推广以讹传讹之误。学部注意国语教育，是否已仿日本成法，设国语编查委员会，以为专任编订及补助研究之机关？抑未设而即须筹办？

一、凡百创作，正名为先。官话之称，名义无当。话属之官，则农工商兵，非所宜习，非所以示普及之意。正统一之名，将来奏请颁布此项课本时，是否须改为国语读本以定名称？所有原定筹备清单，宣统二年至宣统八年国语教育事宜，已办成者，成绩如何？未办者如何筹办？本员念此关系至巨，普及教育与统一国语通滞之机，争此一着，迁延则废时，冒昧则败事，毋使人谓学部空言普及教育，统一国语，区区国语教育之消息而不之知，而俨然握全国最高教育机关也。（《清末文字改革文集》）

庆福等

陈请资政院颁行官话简字说帖

窃维官话简字，旧名官声字母，本国书合声之制，取首善京音为准，发现于天津，实验于各处。拼音不过两母，故较东西各国拼法为易学易记，四等不分于韵母，故较中国韵学旧法为直捷了当。妇人孺子，每日习一小时，兼旬即能自读书报，抒写意见。其足为教育普及之利器，已为遐迩所公认，今陈请者甚多，不待福等赘言。福等所欲申论者，惟其选音精当，用之京语，则无音不备，用之他语，则有缺有多。是画一语言之作用尤为政治家所当注意，诚以语言一致者，立国之要素也。德国致力令各联邦皆习普鲁土语，日本致力令各府县皆习东京语，其致力之端，则小学教科书是。缘世界各国文字，无一非拼音国语，故教科书能有此效，我国独反乎此。今日本禁高丽谚文，勒令改用日本国语拼音矣。夫语言必须一致，理由至多，如各省常备军，临有战事时，抽调编制，审判员各省人互用及组织议院等事，必须语言一致，犹其小焉者也。关系最重者，其在感情乎不洽，何有团体？即如山东山西，其与畿辅邻近相等也。而山东人与畿辅人联合营业，农工商贾，无微不入，居处言笑，若无省界；山西人与畿辅人，除多财之大贾与达官来往外，则彼忌此骄，视同异类，推求其故，惟言语一小异一大异为之也。苏常淮徐同省也，而淮徐人对北省人情意较对苏常人反似加亲，亦言语为之也。而各省胥视乎此矣。善哉，江益园之言曰，岂有合言语不通、情意不达之部落而得为同胞者，夫言语一致之重要如此。强国之设谋又如彼，今不致力，尚待何时？而一致非取京音不可。前有某议员著论，谓不能以偏隅之语为官话，此大谬也。夫言语出于人，非出于地也，地有偏隅，人无偏隅。凡京师所在，人皆趋之，千百年会萃摩练，在成此一种京话，斯即中央非偏隅也。且原与京语大略相同者，已有直隶、奉天、吉林、黑龙江、山东、河南、甘肃、云南、贵州、四川、陕西十一省及安徽江苏之两半省矣，此外各语无两省相同者，为高因陵，为下因泽。岂有舍京语而别事矫揉之理哉？京语非北京人私有之语，乃全国人共有之语，故福等昌言推广京语，纯为大公无我之心，无庸嗫嚅吞吐者也。昨见直隶保定官话拼音教育会陈请章程十八条，大致已颇美善。兹谨拟增添六条如左，伏乞并案议奏颁行，须至陈请者。

计开酌拟推行官话简字章程

一，各省此项学堂皆应标名官话简字学堂，勿得专名简字学堂，致奉行不实者，或成不同语兼不同文之大病。

一，每年由京师特派总师范生往各省，每省一人，巡行各州县，抽查所教语音，且访有假托学生不肯学但教土音简字即为毕事者，报知州县，将董事、教员一律记过，责令照章改正。州县不理，始报知督抚，责成州县，速饬改良。

一，此所派之人，但许呈报各官长，有招摇于外者，罪之。

一，此所派之人，川薪但求足用，不必加优。京中旗人愿借此，稍尽义务，联合感情，无所希图。

一，该地有愿延此特派员为编书总教等员者，听之，但须预报京中，换人接替调查之任。

一，各远省暂增之土音，本为习官音之阶梯，因其耳中向无官话，故先以拼土语引之，是亦推行者之苦心。若各地习官话简字者已占十之二，其余未习官话简字者，耳中亦已先有官话之影响，应如江议员《小学改良刍议》附记所云，将土音字废而不用。

陈请人：掌山东道监察御史前拼音官话书社编译员庆福（以下名单略）（《清末文字改革文集》）

韩印符等

陈请资政院颁行官话简字说帖

窃惟普及教育，世界第一义也，东西列邦之强，由于民智之开，由于通文字之人多，其不开，由于通文字之人少。通文字之多，由于字少易识，白话易解，通文字之少，由于字多难识，转文难解。然则处今日而图强，非用主音之字、国语之文不可也。中国六书，精微广大，贯彻天人。童而习之，白首而不能穷其蕴，宜于博通之儒者，不宜于愚陋之蚩氓。自有书契以来，以至于今，天下识字之人，恒居少数，江议员谦所云数千年实地试验不能普及之物，良不诬也。故欲教育之普及，必别设主音简易之字，已为天下之公论。官话字母者，主音简易之字，初行于北洋，推及于南洋。光绪三十一年，两江总督周馥设简字学堂于江宁省城，定名为简字，奏明奉旨饬部立案。数年以来，京津保定江南北等处通晓者甚多，传习极易，推行极广，明效大验，确有可睹。光绪三十四年候补四品京堂劳乃宣奏进简字合谱，请钦定颁行，奉旨学部议奏，学部久未议复。宣统元年，劳乃宣又复奏请，仍奉旨学部议奏，而学部置之不议，延阁至今，不知何故。或谓汉文为中国国粹，此字盛行，恐汉文因而渐废，非所以葆存古义，是以学部审慎，迟徊不敢轻议。不知汉字有形有声有义，至精至博，亘古常新，万无磨灭之理。日本之有假名，已千余年，至今汉字盛行，毫无妨损，其明证也。印符等伏思教育所以救亡，而简易乃可普及，学部亦明此义，故于初等小学五年完全科外，复设三年简易科及简易识字学塾，苦心经营，不遗余力，而必不能收普及之效者。汉字难识，非数年不能粗通文理，贫民子弟，无力入学数年，故无识字之望也。若编定官话简字课本，于初等小学及简易识字学塾内皆增设此科，幼童入学，先以简字官话教授，俟通晓后再授汉字功课，其无力毕业汉字之幼童，令其专习官话简字，则人人识字，足为终身看书发论之用矣。又民政部地方自治章程，不识文字者不得为选民，中国各处乡民，识字者甚少，往往阖村无一识字之人，即无一合选民资格，自治从何办起？若令年长不识文字之人，习用官话简字，数月即可通晓。通晓后再令辗转传授，则年长乡民，亦可人人识字矣，如此则不出数年，可使全国无不识字之人，而人生当明之伦理、应用之知识，人人可以晓解，地方自治选民资格，到处皆易于得人。民智之开，日有进步，有不转弱为强，与东西各国媲美者哉？不揣冒昧，酌拟推行简字章程八条，录呈贵院察核，伏乞付股审查，提为议案，表决具奏，请旨饬行，亿兆生民之幸也。所有酌拟章程，开列于后。

计开酌拟推行官话简字章程

一，推行官话简字，以普及教育，全国人人识字为宗旨。

一，官话简字谱应请钦定颁行。

一，以简字官话编定各种浅近教科书，以普通道德寻常知识为重。

一，初等小学第一年均专以官话简字教授，第二年乃授汉字。

一，简易识字学塾第一学期半年先以官话简字教授，第二学期乃授汉文。其极贫无力入塾一年之幼童，及年已长大从未识字、记性不能认记汉字之人，皆令专习官话简字。

一，各等师范学堂皆增官话简字一门。

一，地方自治选民资格，向以识字为限，今略加变通，凡不识汉字而能识官话简字者，准与识汉字者一体为选民。

一，一年以后，官府出告示，批呈词，皆参用官话简字，民人不识汉字者，递呈准用官话简字。

陈请人：候选道度支部郎中韩印符（以下名单略）（《清末文字改革文集》）

程先甲等

陈请资政院提议变通学部筹备清单官话传习所办法用简字教授官话说帖

自帆桨易而汽船，轮轴易而汽车，梓板易而铅印，凡以言其捷也。中国文字一途，尚无至捷之方以应世变，此所以雅步而屡蹶也。欧美文字主声，故易习易晓，日本崛兴，亦以五十音图为教育之利器。吾国日言宪政，而不由文字简易入手，殆未见其可也。何也？公民之资格，必以识字为标准，不识字则不得投票。今各省办议员选举，凡农夫野老，皆须投票。其人类皆向不识字之人，欲举一人，其姓名三字绝不识，而又不能书，于是在屋内逐日摹写，及至选举场内，握笔手战，至一小时而始成三字。此皆先甲等管理选举时所亲见，汉字之难识如此，不识字之妨害宪政如此，可不惧哉？又当调查户口之日，尝亲至乡间，见小民皆讹言四起，或谓造册乃为抽富家税者，又谓抽丁当兵者，甚至谓取生魂以建洋桥者。于是扬州、通州、江宁相继酿成毁学殴官之案，推究其故，则皆由于不识字之故。何以不识字？则皆由于汉字难识之故。夫选举调查两端，为宪政入手之方，而文字繁难，其祸已见，至于会场速记之艰，议员土音之杂，官府告示之不能读，各种报纸之不能阅，尤人所共知者矣。诚使推行简字，性敏者数日即可通，资钝者数月无不解，俾田夫野老皆不以识字为苦，则宪政推行，毫无阻力矣。盖汉字之所以繁难者，不特识之之难，而且用之之难，以吾国语言与文字截然两事，识字之后，仍须学联字缀文，而后字乃有用。故田夫野老间有识数十百字，而不能联字缀文，则仍归无用。简字之妙，在合文字语言为一事，言之于口者，无不可书之于手，能识字即能用字。凡白话书信，均可写此。其便利孰有过于是者乎？惟有此便利之器，故可以责天下以人人识字，否则日日言强迫教育，日日言筹备宪政，亦何益哉？而且简字之用，系以京音为主，教授国语，舍此别无捷法。各国莫不重国语学，故团体易坚，中国向无国语学，故性情扞格，此则急宜昌明以救危亡者也。宁省自丙午岁由前江督周奏设简字学堂，先教师范，其时来学者皆举贡生监及县倅各官，智慧既优，学问又美，故三月业毕，简字皆已成熟，而于中国六书反切音韵之学，亦皆知门径，效验昭然。师范毕业后，遂专收学生，改为四月毕业。先后毕业共十三次，给凭者数百人，其颖异者，口操京音，与京城人无异。写简字之文，动辄千言，毕业者又递相传授，推行于江浙各省，速于置邮。又由前江督端饬宁垣初等四十所附设简字一科，其毕业期已酌量展宽，以期渐渍餍饫。江宁人士妇孺，互相授受，街衢墙壁，均书简字，寻常通信，均用简字，其效已著。惟简字学堂原定章程，本应编辑简字书报，嗣因库款奇绌，未便请款，是以简字书报尚未编辑，又以学部尚未通行各省遍设，故传布犹未周广。伏查奏定学部筹备立宪清单，宣统元年，各省即应筹设官话传习所一所，并由学部编发官话课本。其课本未颁之先，即用圣谕广训直解教授，其注重国语如此，特各省均未照办，而且但习国语而仍用汉字，则犹不合。盖国语者，声音也；简字者，国语之留声机器也。无简字则国语之音无所寄，有简字而后国语之音有所凭。今莫若本筹备清单官话传习所之意而略变通之，改名简字官话课本悉用简字，至原定圣谕广训直解仍可参用。如此则与奏定筹备清单符合，而各行省语言可以画一，天下文字亦归于简易，其用至宏，而效至捷。至其详细办法，则饬各省于宣统三年，先于省城设简字官话传习所一所，无论官绅商学，均令肄习，半年毕业。既毕业后，令各府州县城乡及各镇各营各埠工厂各衙署均各设简字官话传习所，均聘用省城毕业生为教员，无论老幼贫富，均令习此。毕业者始认为公民，否则夺去公民资格，征兵时不识简字者不得充当兵士。并于传习所内附编简字官话书报，散布各处，俟传习既广，告示及白话报均用此字。至简字官话课本，仍由学部于宣统二年延聘精于是学者编成颁布。如此三年，而中国犹不能人人识字媲美欧日者，吾不信也。以上所陈各节，敬请钧院提议奏请施行，宪政幸甚！国民幸甚！

江宁程先甲等四十五人（《清末文字改革文集》）

刘照藜等

陈请资政院推行官话简字说帖

窃思语言者为人之心声，文字者记事之符号，故语言与文字合则进化易，语言与文字分则进化难。查日本维新以来，即有言文合一之说，因东文简而易学，妇孺皆能写信折，车夫亦能阅报章，以致国富民强，有一道同风之盛。乃中国地方辽阔，言语各殊，文字繁难，通晓匪易。今值预备立宪时代，在上者如京都资政院、各省諮议局，议员文理，固属高深，而口音不同，言语不无扞格；在下如农工商贾，大都各操土音，文字半多不识，自爱者尚安本分，遵守王章。近有一等素不识字之人，往往听人愚弄，胁为匪类，扰害地方，官长示谕而不知，父兄告戒而不听，被获到案，正以典形，不教而诛，实深太息。似此情形，殊于宪政前途，动生阻力，今欲统一语言，普及教育，非推行官话简字不可。官话系仿各国通例，以京话为官话。故奉颁学堂章程学务纲要第二十四条，载有各学堂教习授课均以官话讲解，并筹备宪政清单亦有按年推行之条。简字系前四品京堂王照所作，字母五十、喉音十二，互相拼合，天籁自成，不惟包括中西文字，亦且定准京音。使不识字之人，习学一月，即能识字写信。学成之人，以一传十，以十传百，由此类推，未可限量，实为统一语言普及教育之良法。光绪三十二年，曾经前两江总督周馥、前江苏巡抚陈夔龙、前安徽巡抚恩铭奏准，开办此项学堂在案，藜等肄业。旋川首在成都省城设立简字师范学堂，禀蒙前四川提学司方旭批准立案。嗣承前四川川东道陈遹声聘，充重庆简字官话学堂教务长，毕业数班，开通数十属。于光绪三十四年，因公到鄂，承湖北候补道黄秉湘留办此项学堂。去岁承署夏口同知冯篯留充汉口官话简字师范学堂堂长，响学者廪贡已占多数，去腊毕业一班，由夏口同知冯篯考试印发凭照在案。是故推行川鄂两省，从学者多卓著成效。

间有一二迂儒，以为简字一行，恐于汉字有碍，不知中国文字，自仓颉创造以来，由鸟兽蝌蚪变而为篆隶草楷，揆其大旨，不越乎象形、会意、指事、谐声、假借、转注六书之意，改革至今，文字数万，似称完备。然而尚有有音无字之缺点，何如简字简便易学，不但有音者即有字，且每一字尽系官音，足为不识字之人别开捷径。如英法德美日俄等国文字，流传中国，与汉字毫不相碍。兹特具陈说帖，尚祈提入议案，通饬各省或立此项学堂，或于简易识字学塾内添列此科，力行推广，俾先开通年长失学贫寒子弟多数人之知识，从此士农工商均可学习，父教其子，兄教其弟，夫传其妻，姊妹妯娌互相传习。不数年间人人皆能识字，个个口操官音，由家庭而社会，由社会而朝廷，上下通行，文明日进，又何患言语之不统一，教育之不普及哉？

陈请人刘照藜、陶楙（《清末文字改革文集》）

严　复

资政院特任股员会股员长严复审查采用音标试办国语教育案报告书

为审查报告事，本股员会于十一月二十六日开会。审查直隶官话拼音教育会江宁程先甲等、四川刘照藜等、天津韩德铭等，及度支部郎中韩印符等，掌山东道监察御史庆福等，陈请推行官话简字书共六件，理由办法，约略相同。大旨谓我国难治之原因有二，教育不普及也，国语不统一也，而皆以不用官话拼音文字之故。夫汉文食品之珍馐，而国语拼音则菽粟也。珍馐固为精美，而非人人能用，今保珍馐而弃菽粟，此富室之所能，而齐民之不幸。譬如赤地千里，饿殍载途，奔走馈粮，犹恐不及，而犹执八珍调鼎之法，一献百拜之规，以极力阻止他日必有欲为而不可得者。又言官话拼音字，各地私相传习，用以阅书阅报，抒写意义，莫不欢欣鼓舞，深信其为普及教育之利器。至其陈请办法，大率有四。一，官话简字，以京音为标准，应请钦定颁行。二，先就京师设师范传习所，选送京师人为师范，以次派往各省府州县推广传习。三，凡一教习如前后教成一千五百人者，给予奖励。四，此项教科书，应由公家设局编印，民间自行编印者听之，本股员会审查得官话简字，即一种简笔之拼音字。拼音简字，与我国魏晋以来相传反切之法，作用则一，而繁简不同。反切繁难，故通者较少；简字便捷，故妇孺易知。反切足以补六书之缺，千余年来，相沿不废；则简字足以补汉字之缺，为范正音读拼合国语之用，亦复无疑。且今日筹备立宪，方谋普及教育，统一国语，则不得不亟图国语教育。谋国语教育则不得不添造音标文字，惟凡事创始维艰，进化必期以渐。本股员等于此事开会两次，审慎再三，要以有补助教育之利，而无妨碍汉文之弊为宗旨。本此宗旨，谨就陈请原案，酌加修正数事如左。

　　一曰正名。简字当改名音标，盖称简字，则似对繁体之形字而言之。称推行简字，则令人疑形字六书之废而不用，且性质既属之拼音，而名义不足以表见。今改名音标，一以示为形字补助正音之用，一以示拼音性质，与六书形字之殊。二曰试办。将欲推行，必先试办，试办果无流弊，推行必易风靡。查学部奏定筹备清单，宣统三年，京师及各省城设官话传习所，传习官话，必采用音标，应请即以宣统三年为此项音标字试办之时期。三曰审择标准。查拼音字民间造者已有数种，不无互有优劣，标准不定，流弊易滋，应由学部审择修订一种，奏请钦定颁行，庶体不歧趋，而用归一致。四曰规定用法。用法有二，一范正汉文读音，二拼合国语。汉文读音，各方互异，范正之法，于初等小学课本每课生字旁注音标。儿童已习音标，自娴正读，但令全国儿童读音渐趋一致，而统一之效可期。至于国语教育，所以济文字之穷，盖欲晓喻文人，则文胜于语，指挥佣作，则语胜于文，实其惯例。且筹普及教育，当合全国为谋。中国之民四万万，而中流以下三万九千万之数，于文字无闻，民智何自而开？中国方里三千万，而蒙、藏、准、回等二千万里之地，语言全别，感情何由而合？学部筹备清单，自宣统二年至宣统八年，皆有推广国语教育之事，用意至深。诚以语言济文字之穷，又得音标为统一之助，其于中流以下之人民，需求最切，而于蒙、藏、准、回等之教育效用尤宏。以上各节，本股员会一再讨论，意见相同，应请议长诺院议决，会同学部具奏，请旨饬下迅速筹备施行，实为有利无弊，特此报告。（《清末文字改革文集》）

郑东湖

《切音字》之说明书（存目）

（《清末文字改革文集》）

《切音字教科书》例言

一、此种字名为切音字，是专供写一切白话之用，无论若何语气均可达之，全无隔阂之患。

一、此种字专为一般之儿童及贫民利便起见而设，并可为读书时之补助品（如作音解之用）。

一、此种字专用切音之法，凡八九龄之儿童习之，约一月便可毕业。若年长者以次递减。

一、此种字音训合一，其理最显浅，其法极简易，并无烦难之弊。

一、此种字共有三十六母音，二十父音。

一、此种字无论何省均可通用，若关外诸地，则不在此例（此节待考）。

一、此种字其子音只就文字所有者录之，共一千四百余字。若为文字所无者，不可枚举，学者可自拼之，恕不全录。

一、此种字其父母音与调音法务须熟习，方可学习切音法，而切音法之子音亦以熟习为佳。

一、此种字其父音之发音及母音之六声，均要熟诵，方免临时构思之苦。

一、此种字其子音是取父母音各一以拼成之，如母音有同音者亦可通用。

一、此种字是取汉字之傍为之，笔画最简，便于书写。

一、此种字其父母音与调音法既习熟，必须认字，而子音之字可不必认。盖切音重明其法，其法既了了，则举凡一切之音之字皆可顺口说出，无不能认之者，若亦使之认字，不过温习切音法耳。

一、凡所认之字，须以硬方纸书其一字于上面为最佳，如无时则取圆白铁片（即火水罐之白铁片）帖白纸而书之亦可。

一、凡认字后必须温字，而温字之法须将已认之字全行温之。盖父母音与调音法之字为数无多，若全行温习，亦转瞬间事耳。

一、凡习调音法时，必须默写，否则徒事讽诵，必泥而不化，只知卑腰是标，而不知标即卑腰，是只知二五而不知一十矣。

一、此种字其父音与母音调音与切音均已习熟，然后教之练习单字，次联字，次单句，次联句，以叙事为终点。然练习所用之件，教者可自行辑之，盖各地之土谈，间有异点，故不能预为编纂矣。

一、此书是在草创时代，难免砂砾蓁错之弊，尚望世之君子绳而正之。（《清末文字改革文集》）

学部中央教育会议议决统一国语办法案

一、调查。先由学部在京师设立国语调查总会，次由各省提学使设立调查分会，办理调查一切事宜。该会调查之件，分语词、语法、音韵三项，其余关涉语言之事项，亦一律调查。惟须由总会订定语词语法程式，及假定音标，令各分会按照调查，其有为定式及假定音标所未赅备者，亦一律添补录送总会。该总会分会一切组织办法，统由学部妥定章程，颁布施行。

一、选择及编纂。各省分会调查后，录送总会，由总会编制部逐加检阅，其雅正通行之语词语法音韵，分别采择，作为标准，据以编纂国语课本，及语典方言对照表等。其俚俗讹误，不能作为标准者，亦附入方言对照表，以备查对之用。

一、审定音声话之标准。各方发音至歧，宜以京音为主。京语四声中之入声，未能明确，亟应订正，宜以不废入声为主。话须正当雅驯，合乎名学，宜以官话为主。

一、定音标。音标之要则有五：一，音韵须准须备；二，拼音法须合公例；三，字画须简；四，形式须美；五，书写须便。无论造新征旧，必以兼合此要则者，方能使用。又须兼备行楷两种。该音标订定后，先在各省府厅州县酌定期限，试行传授，遇有滞碍，随时具报总会修正。修正确当后，再行颁布，作为定本。

一、传习。先由学部设立国语传习所，令各省选派博通本省方言者到京传习，毕业后遣回原省。再由各省会设立国语传习所，即以前项毕业生充当教员，以次推及府厅州县。凡各学堂之职教员不能官话者，应一律轮替入所学习，以毕业为限。各学堂学生，除酌添专授国语时刻外，其余各科，亦须逐渐改用官话讲授。（《清末文字改革文集》）

白话道人（林獬）

《中国白话报》发刊词（节选）

天气冷啊！你看西北风乌乌的响，挟着一大片黑云在那天空上飞来飞去，把太阳都遮住了。上了年纪的，这时候皮袍子都上身了。躺在家里，把两扇窗门，紧紧关住，喝喝酒，叉叉麻将，吃吃大烟，倒也十分自在。唉！倘使你们列位，都看见这几天的《中外日报》《新闻报》中间所载的什么"东省警闻""俄事要电"，知道奉天已经失守，旅顺口一带兵船几十只往来不断，日本、俄罗斯一旦开了仗，我们中国这么危险，想到此地，只怕你远年花雕也喝不上口，清一色双台和也忘记碰下来，就是那清陈宿膏广州烟也吃得没有味道哩！

我们中国人，向来是很有良心，很爱国家的，为什么到了这时候，动也不动，响都不响呢？这个原因，都是为着大家不识字罢了！不识字便不会看报，不会看报便不晓得外头的事情，就是大家都有爱国心，也无从发泄出来了。我的话刚刚说到这里，有一人驳我道："现在各种的日报也出得很多了，就是那种月报、旬报，岂不是刮刮叫的读书人办的吗？看这报的人也很多，为什么风气还是不开？明白的人还是这样少？中国还是不能够自强呢？"我白话道人索性把这个道理说给列位听听罢。我们中国最不中用的是读书人。那般读书人，不要说他没有宗旨，没有才干，没有学问，就是宗旨、才干、学问件件都好，也不过嘴里头说一两句空话，笔底下写一两篇空文，除了这两件，还能够干什么大事呢？如今这种月报、日报，全是给读书人看的，任你说得怎样痛哭流涕，总是"对牛弹琴"，一点益处没有的。读书人既然无用，我们这几位种田的、做手艺的、做买卖的以及那当兵的兄弟们，又因为着从少苦得很，没有本钱读书，一天到晚在外跑，干的各种实实在在正正当当的事业，所以见了那种之乎也者、诗云子曰，也不大喜欢去看他。到后来要想看时，却又为着那种奇离古怪的文章，奇离古怪的字眼，不要说各位兄弟们不懂，就是我们，却也觉得麻麻胡胡哩！

　　他们外国人把文字分做两种：一种是古文，就是希腊拉丁的文；一种是国文，就是他本国的文字了。本国文字没有一人不通的，因他那种文字和说话一样，懂了说话，便懂文法，所以随便各种的书报，无论什么人，都会看了。那种古文，不一定个个要学他，所以平常的人就是不懂古文也不要紧。我们中国既没有什么古文、国文的分别，也没有字母拼音。乱七八糟的文字，本来不大好懂的，更兼言语文字分做两途，又要学说话，又要学文法，怪不得列位兄弟们那里有许多工夫去学他呢！还有笑话哩，就是那说话也没有一定的，湖南人说的是湖南话，湖北人说的是湖北话。倘使在上海开一个顶大的演说厅，请了十八省男男女女都来听演说，我白话道人跑上去说起福建话来，恐怕你们都听不懂哩。唉！深的文法，列位们又看不懂，就是说把你听，列位们又是听不来的。而且我在上海说话，那能够叫十八省的人都听得着，我又没有加响的喉咙。我为着这事，足足和朋友们商量了十几天，大家都道没有别的法子，只好做白话报罢，内中用那刮刮叫的官话，一句一句说出来，明明白白，要好玩些，又要叫人容易懂些。倘使这报馆一直开下去，不上三年包管各位种田的、做手艺的、做买卖的、当兵的，以及孩子们、妇女们，个个明白，个个增进学问，增进识见，那中国自强就着实有望了。呀！这话真正说得不错哩。当时有个最热心的朋友听了这话十分有理，就不慌不忙独自一人拿出几千块洋钱来开办这报馆，又吩咐我白话道人替他做做几篇白话，每月印出两期，给列位看看，我这白话是顶通行的，包管你看一句懂一句。

　　哎呀！现在中国的读书人，没有什么可望的了！可望的都在我们几位种田的、做手艺的、做买卖的、当兵的，以及那十几岁小孩子阿哥、姑娘们。我们这一辈子的人，不知便罢，倘然知道了天下的大势，看透了中国的时局，见得到便做得到，断断不象那般读书人口是心非，光会说大话做大文章，还要天天骂人哩。你看汉高祖、明太祖是不是读书人做的？关老爷、张飞是不是书呆子做的？可见我们不读书的这辈英雄，倘然一天明白起来，着实利害可怕得很。我并不是说读书人没有用帐，但是现在的读书人比不得从前罢了。我也不是说不读书的都是英雄。书虽然来不及去读，报却是天天要看的，倘然书也不读，报也不看，就是很有良心，很爱国家，做了义和团瞎闹一泡子，到底有什么用呢？

我从前在杭州的时候，也同着朋友们办一种《杭州白话报》。那时候我做的白话也很多，都登在枕〔杭〕州白话报里面，所以不上一年，那报居然一期卖了好千几份；如今还是我几个好朋友在里面办哩。近来在住在上海也常常替人家做几篇白话的论说，大家都道我的说话还中听的。我白话道人被人家恭维得高兴起来，所以越发喜欢说话了。现在白话报也出了好几种，除了《杭州白话报》是个老牌子，其余的还有《绍兴白话报》《宁波白话报》，我不曾看见，也不好去恭维他，我只管我的赈〔账〕罢。你们列位请看，我后头分的门类，便晓得我这《中国白话报》，是个呱呱叫的东西哩。(《中国白话报》第一期，1902 年 12 月 19 日)

陈独秀

开办《安徽俗话报》的缘故

唉！人生在世，糊里糊涂的过去，一项学问也不懂得，一样事体也不知道，岂不可耻吗？就是有钱的，天天躺在家里，陪着娇妻美妾，吃的珍香百味，好不快活。但是不通时事，若遇有兵荒扰乱的时候，那里可以避乱，那里可以谋生，那里是荒年多盗，那里是太平无事，这都要打听的一些真实的消息，才好保得身家性命哩。若说起穷人来，越发要懂得点学问，通达些时事，出外去见人谋事，包管人家也看得起些。却是因为想学点学问、通些时事，个个人都是要上学攻书，这岂不是一桩难事么？但是有一样巧妙的法子，就是买几种报来家看看，也可以学点学问，通些时事，这就算事半功倍了。但是现在各种日报旬报，虽然出得不少，却都是深文奥意，满纸的之乎也者矣焉哉字眼，没有多读书的人，那里能够看得懂呢？这样说起来，只有用最浅近最好懂的俗话，写在纸上，做成一种俗话报，才算是顶好的法子。所以各省做好事的人，可怜他们同乡不能够多多识字读书的，难以学点学问，通些时事，就做出俗话报，给他们的同乡亲戚朋友看看。现在已经出了好几种，上海有《中国白话报》，杭州有《杭州白话报》，绍兴有《绍兴白话报》，宁波有《宁波白话报》，潮州有《潮州白话报》，苏州有《苏州白话报》，我都看见过。我就想起我们安徽省，地面着实很大，念书的人也不见多，还是没有这种俗话报。皖南皖北老山里头，离上海又远，各种报都看不着，别说是做生意的，做手艺的，就是顶刮刮读书的秀才，也是一年三百六十天，坐在家里，没有报看，好像睡在鼓里一般，他乡外府出了倒下天来的事体，也是不能够知道的。譬如庚子年，各国的兵，都已经占了北京城，我们安徽省徽州、颍州的人，还在传说义和团大得胜战。那时候若是有了这种俗话报看，也可以得点实在的信息，何至于说这样梦话呢？我因为这个缘故，就约了几位顶相好的朋友，大家拿出钱来，在我们安徽省，来开办这种俗语报。我这种俗话报的主义，是很浅近的，很和平的，大家别要疑心我有什么奇怪吓人的议论。我开办这报，是有两个主义，索性老老实实的说出来，好叫大家放心。第一是要把各处的事体，说给我们安徽人听听，免得大家躲在鼓里，外边事体一件都不知道。况且现在东三省的事，一天紧似一天，若有什么好歹的消息，就可以登在这报上，告诉大家，大家也好有个防备。我们做报的人，就算是大家打听信息的人，这话不好吗？第二是要把各项浅近的学问，用通行的俗话演出来，好教我们安徽人无钱多读书的，看了这俗话报，也可以长点见识。我这两种主义，想大家都是喜欢的，大家只管放心来买看看。不是我自己夸口的话，这报的好处，一是门类分得多，各项人看着都有益处；二是做报的都是安徽人，所说的话，大家可以懂得；三是价钱便宜，穷人也可以买得起。还有多少好处，一时也说不尽。读书的人看了，可以长多少见识，而且本省外省、本国外国的事体，没有一样不知道，这真算得秀才不出门能知天下事了。教书的人看了，也可以学些教书的巧妙法子。种田的看了，也可以知道各处年成好歹。做手艺的看了，也可以学些新鲜手艺。做生意的看了，也可以晓得各处的行情，做官的看了，也可以明白各地的利弊。当兵的看了，也可以知道各处的虚实。女人孩子们看了，也可以多认些字，学点文法，还看些有趣的小说，学些好听的歌儿。就是有钱的人，一件事都不想做，躺在鸦片烟灯上，拿一本这俗话报，看看里边的小说、戏曲和各样笑话儿，也着实可以消遣。做小生意的人，为了衣食儿女，白天里东奔西走，忙了一天，晚上闲空的时候，买一本这俗话报看看，倒也开心，比到那庙里听书，烟馆里吃烟，要好得多了。我说的这些好处，大家如若不相信，再请看看后头的章程，便可知道详细了。

◎附：**《安徽俗话报》的章程**

一，这报的主义，是要用顶浅俗的话说，告诉我们安徽人，教大家好通达学问，明白时事，并不是说些无味的俗话，大家别要当作怪物，也别要当作儿戏，才不负做报的苦心。

一，报里面的文章共分十三门：

第一门论说。是就着眼面前的事体和道理讲给大家听听。

第二门要紧的新闻。无论是本国的外国的，凡是有了要紧的信息，都要照实登出。

第三门本省的新闻。凡是安徽地方的治乱、工艺的盛衰、年成的好歹、学堂的光景以及各种奇怪的案情，都打听得清清楚楚告诉大家。

第四门历史。是把从古到今的国政民情、圣贤豪杰细细说来，给大家做个榜样，比那《三国演义》《说唐》《说宋》还要有趣。

第五门地理。凡是本省的外省的、本国的外国的山川、城镇、风俗、物产都要样样写出，但不是什么看坟山、谋风水的地理，大家别要认错了。

第六门教育。这门又分为二类，一是读书的法子，好教穷寒人家妇女孩子们，不要花钱从先生，也能够读书识字通点文法；一是教书的法子，好教做先生的用些巧妙的法子，不至误人子弟。

第七门实业。无论农工商贾，凡有新鲜巧妙的法子，学会了就可发财的，都要明明白白告诉大家。

第八门小说。无非说些人情世故、佳人才子、英雄好汉。大家请看，包管比《水浒》《红楼》《西厢》《封神》《七侠五义》《再生缘》《天雨花》还要有趣些哩。

第九门诗词。找些有趣的诗歌词曲，大家看得高兴起来，拿着琵琶弦子唱唱，倒比十杯酒、麻城歌、鲜花调、梳妆台好听多了。

第十门闲谈。无论古时的现在的、本国的外国的，凡是奇怪的事、好笑的事，随便写出几条，大家闲来无事看看到也开心哩。

第十一门行情。我们徽班的生意，在长江一带要算顶大了。现在我要将本省外省、本国外国各种的行情打听清楚告诉大家。全望主徽班的格外大发其财，我才欢喜哩。

第十二门要件。凡是各种的紧要章程、条约、奏折、告示、书信、游记都要用俗话写出。

第十三门来文。若是列位看报的做了俗话的文章送来，本报也可以选些好的登出。

一，这报每月出两本，到了初一、十五就可出报，风雨无阻。

一，每本二十页，若是列位看报的说我俗话做得好，日后再加几页或每月多出一本也可以的。

一，每本定价，零卖每本大钱五十文，全年二十四本大钱一千文，半年五百文。本省邮费在内，外省全年另加邮费洋二角。

一，如有人愿作代派处的，至十份以外，概提二成酬劳，但要先付报费，然后寄报。

一，本报的本钱全靠各处同乡捐助，如有关心乡谊的官绅捐钱帮助本报，凡捐数过洋五元的，敬送本报一年，并将捐助诸公姓氏写在报后作为收据。

一，各项绅商的告白，都可以代登，收价格外便宜，临时面议。

一，时势逼迫，急于出报，所以章程门类都订得不很完全，以后还望各位同乡常常指教。（《安徽俗话报》第一期，1904 年 3 月 31 日）

国语教育

现在各国的蒙小学堂里，顶要紧的功课，就是"国语教育"一科。什么是国语教育呢？就是教本国的话。我说出这话来，列位必定好笑，以为只有人学外国话，那里有人本国话还不会说，也要到学堂里去学的道理呢？殊不知列位这样说，便说错了。所以必定要重国语教育，有两层道理。一是小孩子不懂得深文奥义，只有把古今事体，和些人情物理，用本国通用的俗话，编成课本，给他们读，等他们知识渐渐的开了，再读有文理的书。一是全国地方大得很，若一处人说一处的话，本国人见面不懂本国人的话，便和见了外国人一样，那里还有同国亲爱的意思呢？所以必定要有国语教育，全国人才能够说一样的话。照这两层道理看起来，国语教育，一定是要紧的功课了。你看我们中国小孩子读的书，都是很深的文法，连举人、秀才，也不能都懂得，漫说是小孩子了。这是第一层道理。再说起中国话来，十八省的人，十八样话，一省里各府州县的说〔话〕，又是各不相同。若是再不重国语教育，还成个什么国度呢？就说我们安徽省，安庆、庐州、凤阳、颍州、池州、太平这六府的话，虽说不同，还差不到十二分。惟有徽州、宁国二府的话，别处人一个字也听不懂。就是这二府十二县，这一县又不懂得那一县的话。要是别处开个学堂，请这两府的人去当教习，还要请个通事，学生才能够懂得。不然先生只顾讲书，学生只好张了大嘴看着，那里懂得他讲些什么？你看可笑不可笑呢？所以我劝徽、宁二府的人，要是新开学堂，总要加国语教育一科。即使做不到外国那样完全的国语读本，也要请一位懂得官话的先生，每天教一点钟的官话。本国话究竟比外国话易学些，若是学习三年，大约就可以够用了。免得官话一句不懂，日后走到外省外府，就像到了外国一般，实在是不方便哩。若是采择小孩子所懂得的古今史事、中外地理、人情物理、嘉言善行，用各处通行的官话，编成课本，行销各处，这更是顶好的法子了。（《安徽俗话报》第三期 1904 年 5 月月 15 日，署名"三爱"）

刘师培

中国文字流弊论

《汉书·艺文志》以六书为象形、象事、象意、象声、转注、假借，而古今之言六书者悉莫能外。其说殆即《周礼·保氏》所谓教以"六书"与《尔雅》之释。字义也，以义为主，故《释诂》《释言》《释训》三篇，大抵不外乎转注，所谓互训也。然《释训》一篇，颇有合主词所谓词缀、系词而成句者。如凡曲者为罶，鬼之为言归也，是《释宫》以下用此法者尤多。大抵《释诂》以下皆用归纳法，所谓数字一义也。《释宫》以下皆用缀系法，所谓一物一名也。由前之法观之，所谓有涵之名词也；由后之法观之，所谓立名词以为物之徽识也。《尔雅》之例盖如此。

若夫《说文》之例则异是。许君之立说也，推古人造字之由，先有字义，继有字声，乃造字形，故其说字义也，必与形声相比附。诚以字之有形声义也，犹人之有形影神也。形神相离不能为人形，声义相离不能成字。然以《说文》之分部观之，似专以字形为主。盖以义有歧训，声无定音，惟字形则今古不易耳，此许君不得已之计也。郑渔仲《通志》之言曰：独体为文，合体为字。故文统象形、指事二体；字者孳乳而浸多也，合数字而成一字者皆是，即会意、形声二体也；四者为经，造字之本也。转注、假借为纬，用字之法也。是说也，果足以该中国之文字耶？曰东西各国之文字，独体者为声，即字母也。中文之独体者为象形、指事，则亦中国之字母也。以象形、指事为中文之字母，以会意、形声为中文之孳乳，其识殆非许君所及矣。虽然中国之文字，岂能历久无弊哉，吾试即其最著者言之。

一、字形递变而旧意不可考也。如日字之篆文作日，所以象日之形也，至易为日字，则象形之义失矣。月字之篆文作月，所以象月之形也，至易为月字，则象形之义又失矣。考殷代红崖石刻之文字，皆象物形，与埃及之古碑同，而后世之字形，则无有得其仿佛者。又如由山字变为山字，则无以象其洞穴之形；由水字变为水字，则无以象其长流之形。古人造字主于象形，字形递更而所象之形不改，其弊一也。

二、一字数义而丐词生也。中国之文字，有虚实之用不同而其字形则同者，同一好字而或读为好恶之好，或读为美好之好。同一知字而或读为知识之知，或读为知愚之知。同一恶字而或读为好恶之恶，或读为美恶之恶；上意属他动词，下意属形容词中之静词，在西文早分为二字，而中文则以一字兼之，所谓一字数义也。然此仍以读音之不同别之也。若夫《大学》"在明明德"，两明字之形声无一区别，而义有虚用实用之分，则非通字学者不能解矣。然此犹曰仅虚实之用不同耳。若夫称物之轻重者为权，而较事之轻重者亦为权；量物之长短者为度，而法之有定者亦曰度，此则不可解矣。又如同一翦字，而《尔雅》一训为勤，一训为伐，浅学者将何从分别乎？且风者，大块噫气也，因其速而朝廷之化亦称为风化，复由风化之化引伸之而诗亦称为风诗矣，字则犹是而义之相去已远矣，此非丐词之失乎？其弊二也。

三、假借多而本意失也。如初字本训为始裁衣，假借而训为始，用之既久，裁衣之义尽失，而初字之从衣仍如故。又如《说文》一书以形为主，苟恒见之解与字形不合者，反以罕见之意解之。如焉字用为助词，自周已然，而《说文》仍释为鸟，非所谓以罕见之义解字者乎？然造字之古义已久失传，必欲举而著之，此许君泥古之失。其弊三也。

四、由数字一义也。西人之释文字者，皆用界说。界说者，所以限一字所涵之义也。凡公名玄名皆有涵者也，专名察名多无涵者也。而界说之中有数字归一类者，是为归纳法。有一类演为数字者，是为演绎法。若中国之造字也，以意为主者多用归纳法，如《尔雅》"释诂"三篇是也；以形为主者多用演绎法，如《说文》之立部首是也。然数字一义之弊，皆生于转注之多，一则义易淆，难于辨别，二则造字益众，重复愈多。其弊四也。

五、由点画之繁也。日本之片假名，每字未有逾四画者，若中文为部首之字，如马如鸟，有多至十余画者，则记忆也难，而识字作字者皆鲜矣。其弊五也。

有此五弊，此中国文字所以难通也。盖言语与文字合则识字者多，言语与文字离则识字者少。西人之文字有古文及本国文之分，古者希腊、拉丁文也，修古学者始习之，而本国文则无人不习，此识字者所由多也。若中国所习之文，以典雅为主，而世俗之语，直以浅陋斥之，此中国文字致弊之第一原因也。今欲革此弊，厥有二策：

一曰宜用俗语也。西儒培达尼耶氏之言曰：修古文学者至十五六年而毫无实用，及归其古乡，只夸其善拉丁、希腊语而已。以此语而论中国之文士，则孰非蹈此弊者乎？致弊之原因，由于崇拜古人。凡古人之事，无不以为胜于今人，即言语文字亦然。而评文者每以行文之雅俗定文词之工拙，此固中国数千年积习使然而不可骤革者也。欲救此弊，宜仿《杭州白话报》之例，词取达意而止，使文体平易近人，智愚悉解。其策一也。

二曰造新字也。自武后刘儼造新字以来，久为世儒所诟病，不知此无足病也。古人之造字，仅就古人所见之物为之，若古人所未见之物，而今人见之，其不能不别创新名也明矣。中国则不然，物日增而字不增，故所名之物无一确者。今者中外大通，泰西之物，多吾中国所本无，而中国乃以本有之字借名之，丐词之生从此始矣。此侯官严氏所以谓中国名新物无一不误也。今欲矫此弊，莫若于中国文字之外，别创新字以名之，循名责实，使丐词之弊不生。其策二也。

此二策者，固吾中国学者所大倡反对者也。然新理日明，中国必有行此二策之一日，此吾之所敢豫言者也。此二策行，庶中国文字可改良矣，非筹教育普及之第一策哉！（《刘申叔先生遗书》第六十四册）

国文杂记

凡儿童识字时先名词后动词，后形容词，后代词、副词、助动词，而以介词、连词、助词终焉。凡授字时以反复讲解为主，故授名词时当以儿童所已知之物书字授之，则事半功倍，如牙之于齿，眼之于目，其义虽一而字有雅俗之分。然授字之初，遽授以目齿诸字，儿童不知其义也，不知其字之义即不能知其字之形，知其不知而授之，非诬而何？故授字之法莫若先授以牙字眼字诸俗字，使之即字义而知字形，然后举齿字目字授之，且告以即所授牙字眼字之义，则儿童未有不解者矣。故授字之初有三戒：一曰不经用之字宜戒，二曰过深之字宜戒，三曰点画繁之字宜戒；一言以蔽之曰：授字有秩序而已。凡国文一科可寓于各科之中，故地舆、历史、伦理诸科皆可以寓国文，如讲地球、韵言、普通新历史时，可将某字属某类，某句属某文法详示生徒，或令生徒复讲以验其知国文与否；即初作文时亦以演话为主，凡伦理、地舆、历史诸课本，或令其演一句为二句，或令其合二句为一句，或令其先后移置，或令其随文解释，既可以通文法之阶梯，且可以助伦理诸科之记忆力，非一举而两得乎？

中国旧无文典，《康熙字典》于不经见之字十居四五，其不适用于教课甚明。儿童初识字时可先举蒙学课本授之，虽不合于用者甚多，然尚有一定之规则。中国人之于文法也，知其所当然，不知其所以然，于字类之分析、文辞之缀系，有白首不能得其要领者，无他，无课本之故也。中国人动言中国文词非他国所及，然岂知西人之于文字也，皆有一定之规则，不可稍违，而中国之所谓文法者，仅曰效周秦诸子效八家已耳，即儿童之初学作文也，亦仅授以唐宋文数十篇使之诵习，便以为文法可通，此诚孔子所谓贼夫人之子者矣。故欲授国文，先自罢诵古文始，而《东莱博议》《古文观止》诸书尤宜深戒。

中国人之言及编国文课本者，不曰浅陋则曰迂拘。其目为浅陋者，大抵谓中国自有韩柳欧苏之文在，何用另编文典。其目为迂拘者，大抵谓韩柳欧苏诸名家曷尝受此教法，何以文亦能工。不知此皆谬说也。教授之法无不由浅而深，何独于国文而不然？且中国国文之弊正坐雅俗之分太严，今之编国文课本也，正所以革其弊耳。如目为拘，则中国之文向无一定之法，其通也非由于师之教也，直由看书多而能会意耳。自作文有一定法程之后，则教者受者全无枉费之工夫，以视无法作文者果孰迂而孰非迂耶？持此论者，殆侯官严氏所谓年长者难与商进化者欤？

儿童于作文，入手之时可先习作句法，而作句之法有三：一拼字，二填字，三排句。所谓拼字者，如出一物字人字而令儿童加一字于其上，如植物、动物、贤人、愚人是也，积时既久可以知名词与动词、形容词联络法，此作句之第一法也。何谓填字？填字者如出人物二字而令儿童于二字之中填一字，如人与物，人非物是也。又如出花开二字，而令儿童于二字之中填一字，如花未开、花还开、花已开是也，积时既久，可以知助动词、介词、副词之用，此作句之第二法也。所谓排字者，如将可字、读字、书字分写而令儿童将三字合一句，如曰可读书、书可读是也，以为通文法之张本，此作句之第三法也。行此三策而犹患儿童不能作句者，未之有也。

中国旧时之教法，其教儿童也，先使之属对，继使之作时文破题，亦所以使儿童明作句之法耳。惟无秩序，无课本，无条理，则虽有文法犹之无也，故今欲改良教法，一为解字之法，一为作句之法，而讲明文理全基于此。

儿童解作句之法后当使明作文缀系法，缀系法有二：一为造句，一为演事。造句法者，如出一地字令儿童作一句，如地为圆体，地球绕日诸句是也。出一人字，令儿童作为长句，如人为万物之灵，人为动物之一诸句是也。逐渐加多，可以一字演为三四句则文法渐通矣。演事法者，如今日讲历史秦始皇事，即令儿童将此事演成数句，而演事之词又以用白话为最便，如演秦始皇焚书事，则云秦始皇听李斯的话，说书是无用的，遂将世上的书烧去了，如是云云，在生徒既易于领悟，在教者亦易于引掖，由俗语翻成文理直易易事耳。盖学者之作文与其文理不通而托为艰深，何如文理既通而出之浅易，而世人每以浅易为作文之大戒，此诚大惑不解者矣。吾愿世之有课徒之责者以造句演事二法授儿童，正《学记》所谓师逸功倍者也，其益可胜言哉！依此法行，生徒当十四五岁时当无有不能作小论者也。至作论之法，务使文理明通，不必侈言高古。西人之议中国文字者谓每因字句声调致令事实倒转，诚切中中国文字之弊矣。儿童初学作文时宜急除此弊，即师之改生徒文字也，于已所删者当告以何故而删，所增者当告以何故而增，使之去词句牵强之弊而悉以明顺通达出之，则国文可以大成矣。

中国于国文最有妨碍者以背书之弊为最甚。背书之法至于有音无字，故世有背诵如流之幼童而一句不能默写者，其妨碍国文不亦甚乎！夫授书之法不重讲解而重记忆，愚矣；因重记忆而令其背诵，愚之又愚者矣。以至愚之法而欲其广开民智，不亦难哉！故背书之法者，学校之地狱也，不至误尽青年不止，此吾所以革除背诵为通国文之第一法也。

编国文课本当参酌东西文之法以为之，西文无副词、助动词，而分静词与状词为二；东文有副词、助动词而以形容词括静状二词，复纳介词于助词之中。今中国国文介词与助词其用有别，而副词、助动词亦为中文不可不立之类，惟静状二词无大区别，不妨统名为形容词耳。

中国国文所以无规则者，由于不明论理学故也，论理学之用始于正名，终于推定，盖于字类之分析，文辞之缀系，非此不能明也。吾中国之儒但有兴论理学之思想，未有用论理学之实际，观孔子言必也正名，又言名不正则言不顺，盖知论理学之益矣。而董仲舒亦曰名生于真，非其真弗以为名，则亦知正名为要务矣。而《荀子·正名篇》则又能解明论理学之用及用论理学之规则，然中国上古之著其能用论理学之规则者有几人哉！若夫我国古时之名家在公孙龙、尹文之流亦多合于论理，然近于希腊诡辩学派，非穆勒氏所谓求诚之学也，而儒家又多屏弃之，此论理学所以消亡也。今欲正中国国文，宜先修中国固有之论理学而以西国之论理学参益之，亦循名责实之一道也。

中国论文法之书无一佳者，其稍有可观者其《文谱》乎。其中于隐显奇偶诸法析之甚详，然此仅可供修古文者之取法耳，至于为学国文者之阶梯则殊不然。今中国之人动曰文法文法，夫以字句未清之人则虽托名班、马、韩、苏犹无用也，于此而犹曰高古典雅，将谁欺乎？

虽然中国国文之最宜讲明者在于字与字相配成句之义，此法不明必不可先使之作文，而中国腐儒动言神而明之存乎其人，又曰不可以言传，斯言也，非误尽天下青年不止。《孟子》："离娄之明，公输子之巧，不以规矩不能成方圆；师旷之聪，不以六律不能正五音。"则规矩果可废与？不言规矩而言神韵，此皆浅儒借此言以藏其拙者也。中国于万事万物皆知其所当然不知其所以然，以为古人之文如此，吾之文亦可如此，而于古人之文所以如此者茫然不解也。呜呼！中国人之知国文也非真知也，直觉性已耳，故谓中国无一人知国文亦无不可。

然中国当上古之时，于国文一科未尝无一定之程式也，《学记》谓比年入学，中年考校，一年视离经辨志。《通考》引为辨句。盖离经者即分析经理也，辨句者即辨别句读也，此皆古人小学校之法，可知国文一科为古人小学之入手。故《易》曰言有序，《诗》曰出言有章，非古人重视国文之征乎？惜后人不能师古人之意耳。

作文以明句法为主，固矣，然所谓句者字相配而辞意已完之谓也，有起词有语词有止词。起词者，言所谓之事物者也。语词者，言起词所有之动静者也。止词者，后乎起词而毕达词意者也。如《论语》"吾从众"，吾字为起词，从字为语词，众字即为止词。又如《论语》"尔爱其羊，我爱其礼"，尔我二字起词也，爱语词也，其羊其礼止词也。又如有起词语词而无止词者，如《论语》"佛肸召，子欲往"，佛肸为起词，召为语词，子为起词，欲往为语词，其无止词者，则以言"佛肸召"三字，犹之言"佛肸召孔子"也，"子欲往"三字犹言"子欲往佛肸处"也，故虽无止词已有止词之意在言外矣。夫作句之时有不用语词止词而用表词者，则表词即语词，所以承上字之起词也。如《论语》言"柴也愚，参也鲁，师也辟，由也喭"，愚、鲁、辟、喭四字所以表诸贤之质也，故为表词，余可类推。《文心雕龙》云，"置言有位，位言曰句"。所谓位言者即缀字有次序之谓也，故起词、语词、止词、表词之用明，则一切句法皆可不言而喻矣。名代诸词之位于句读者有孰先孰后之序，是名曰次，凡名代诸字为句读之起词者，其所处位曰主次；凡名代诸字为止词者，其所处位曰宾次；其曰主次宾次者取对待之义，亦犹起词止词之义耳。主次宾次之外又有所谓正次偏次者，凡数名连用而意有偏正者，则正意位后谓之正次，偏者居先谓之偏次，如《论语》"道千乘之国"，正意在国而国字位后，则谓之正次矣，千乘二字系乎国者而千乘二字居先，则谓之偏次矣，余可类推。达意之词以起词语词为最要，止词者不过续语词者也，起词下系表词者，则静字其常而名代中亦可用，至句读中之介字，所以足起词语词之意者也。凡起词语词不备者不得谓之句，故句法之成至少须以两字，《文心雕龙》云位言为句，岂不然哉？

　　中国分析字类之书，以确山刘南泉《助字辨略》为最古，嘉兴钱泰吉称为引据该洽，为小学创例。然其书所列者仅助字一门，于连词介词副词悉以助字该之，至有以助动词而入助词者，且征引该博以之存古训则有余，以之启后学则不足。王氏《经传释词》较《助字辨略》尤为精确，其所举者亦以虚字为主，但所举之字有以助动词为助字者，甚有以代词为虚字者，此则中国字类无界说使然，非可尽责王氏也，且王氏创始之功亦岂能没哉？

　　中国无文典，此中文之一大缺点也。今欲教育普及，当以编文典为第一义。予尝谓文典与法典并重，无法典之国必为无政治之国，无文典之国即为无教育之国，中国并此二者而无之，此其所以上无政下无学也。如以编文典为别例，则日本之初亦曷尝有文典哉？是在随时变通耳。（《刘申叔先生遗书》第五十三册）

论白话报与中国前途之关系

　　近岁以来，中国之热心教育者，渐知言文不合一之弊，乃创为白话报之体，以启发愚蒙。自吾观之，白话报者，文明普及之本也。白话报推行既广，则中国文明之进步固可推矣；中国文明愈进步，则白话报前途之发达，又可推矣。试伸论之：

　　上古之初，有语言而无文字，未造字形，先有字声（凡字义皆起于声不起于形，旧作《小学释例》言之最详）。然方土不同，各取其声之相近，故有同一义而所言不同者，复有所言同而音之出于喉舌间不同者（如《释名》之《释天》及《俞理》《初释》《朱耶》数篇皆知此义）。及社会进化以来，乃各本方言造文字，故一字数义一物数名者，其类甚蕃。然字形虽殊，而细审其音，则皆不甚差异（故凡两字音近而义亦同者，在未有文字前皆为一字，见旧作《小学发微》）。降及周代，又有雅言及方言之分。雅言者，犹今官话也（此阮云台说，谓雅与夏通，夏为中国人之称，故雅言即为中国人之言者）；《尔雅》者，方言之近于官话者也（亦阮氏说）；方言者，犹今俗语也。《说文·序》谓："秦代以前，诸侯各邦，文各异形，言各异声。"是三代以前，各邦之中，皆有特别之文字矣。故《公羊》多齐言，《离骚》多楚语（些字之类）；而六经之言，亦有出于方言者（见（《六经奥论》，而诸子之书，亦各以本国语言入文字）；秦汉书籍，俗语犹存（如《陈涉传》之夥涉是）；郑君注经，方音未革（见《三礼注》）；即子云之著《方言》也，于一物数名者，亦各系以本土之称，则方言俗语，非不可以入文字矣，特后儒以浅俗斥之耳。

又观于文字进化之理矣。昔罗马文学之发达也，盖韵文完备而后有散文，史诗工善而后有戏曲（见涩江保《罗马文学史》）。及按之中国之文学，亦与罗马相同。上古之初，学术之受授，多凭口耳之流传，故古人之著书也，必杂以俪语韵文，以便记忆（见阮云台《文言说》）；降及东周，文字渐繁，至六朝而文与笔分（有韵及骈俪者为文，散文为笔。见阮氏《文笔考》），至唐宋而诗与词分（诗由四言而有五言，由五言而有七言，由七言而有长短句，皆文字进化之公理也）；宋代以下，文词益浅，而儒家之语录以兴；元代以来，复盛行词典，此皆语言文字合一之渐也。故小说之体即由是而兴，今观于《水浒传》《三国演义》诸书，非即白话报历史传记之先导欤？陋儒不察，以此为文字之日下也，然事物之理，莫不由简而趋繁，何独于文字而不然？故世之讨论古今文字者，以为有文质深浅之殊，而岂知此正进化之公理哉？（斯宾塞言世界愈进化则文字愈退化，所谓退化者，乃由文而质，由深而浅耳。）故就文字进化之公理言，则中国自近代以还，必经白话盛行之一阶级，此又可预测者也。

欧洲当十六世纪以前，学校之教科，仅诵古人之书籍，而本国之言卒未见用于文学，自达泰氏以本国语著书，而国民精神因之畅达（见《泰西教育史》），此固西人言文合一之证也。盖语言与文字合，则识字者多；语言与文字分，则识字者少。中国自古代以来，言文不能合一，与欧洲十六世纪以前同，欲救其弊非用白话未由，故白话报之创兴，乃中国言文合一之渐也。吾非谓中国古文之可废，特以西人之教科，国文、古文，区分为二种，而中国通行之文字，则偏重古文，此识字者所由日少也。吾试即白话报之善言之：

一曰救文字之穷也。中国自近岁以来，所创之报日增，而阅报之人，仅占国民之一小部分，岂国民之不嗜报欤？则以中国发行之报，皆用文言，仅适于学士大夫之目，而不适于农工隶卒之目也。且中国之民，号四百兆，而农工隶卒之数，倍于学士大夫。今聚四百兆之民，而受报界之影响者，仅及于上流社会，何其与文明普及之旨相背欤？吾观乡里愚民，无不嗜阅小说，而白话报体，适与小说相符，则其受国民之欢迎，又可知矣。昔李定国阅《三国演义》而爱国思想油然而生，此则俗语感人之效也，何独于白话报而不然？其善一。

二曰救演说之穷也。昔释迦传经，首崇说法。而中国当三代之时，有所谓纵横家者，亦以言词代文字；降及宋代，语录一门，已开演说之渐，此固讲学家所恃以传道者也。中国自近世以来，演说之风，虽渐发达，然各省方言参差不一，方隅既隔，解语实难。且演说之设，仅可收效于一乡，难以推行于极远，是演说之用，有时而穷。若白话报之设，虽与演说差殊，然收效则一。以通俗之文，助觉民之用，上至卿士下至齐民，凡世之稍识字者皆可以家置一编，而觉世之力愈广矣。昔周史有声音之谕（见《周礼》），楚臣有土风之操，以古方今，足证俗话之非陋矣。其善二。

就此二者观之，可以知白话报之效矣，然而说者犹有二疑：

一曰方言不应也。白话诸报多用官音通于省会，而窒于僻县，故论者疑其不足为普及教育之利器。然全国语言杂糅，本于国民相互之爱力大有障碍，各省官话虽亦不无小异，而大致相同，合各省通用之官话，以与各省岐出之方言相较，亦可谓占大多数矣。欲统一全国语言，不能不对各省方言岐出之人，而悉进以官话。欲悉进以官话，不可无教科书，今即以白话报为教科书，而以省会之人为教师，求材甚易，责效不难，因以统一一省之语言，而后又进而去其各省会微异之音，以驯致全国语言之统一，岂非大得其益而不足为病者欤？此不必疑者一。

　　二曰用字太繁也。凡文言一句，演为白话，必在三句以上，故论者每病其词繁而旨俭。然此非白话之咎，而论者锢于文言之过也。今之文言，本袭古体，天演之例由简而繁。古书竹帛，篇卷繁重，不能不力求简质，故有浑浑噩噩之状。今印术发明，日出万纸，复何所吝，而必则古昔。且持文言之书而讲解之，必补入无数语言，始易了解，事同翻译，故非尽人可能演为白话，则识字者皆能之矣。曲之于词，小说之于古文，孰为适用，可推而知也。此不必疑者二。

　　取二善，去二疑，则白话报之有益于文化可知矣。溯白话报之出现，始于常州，未久而辍，及《杭州白话报》出，大受欢迎，而继出者遂多。若安徽、若绍兴，皆有所谓白话报。而江西有《新白话报》，上海有《中国白话报》，又若天津之《大公报》，香港之《中国日报》，亦时参用白话。此皆白话之势力与中国文化相随而发达之证也。然我国二万万方里，以此数种白话报所流行之区域比例之，殆尚不及万分之一。吾愿白话报之势力，日渐膨胀，以渐输灌文化于各区域，而卒达教育普及之目的。吾是以为此论。（《警钟日报》1904 年 4 月 25、26 日）

丁国珍

替各家白话报请命

　　中国地广人多，反来弄到这步田地。比我小十倍的国，竟会那样强胜。强者不但存，还能开辟土地；弱的不但受气，还怕有灭亡的大祸呢。强弱的原由，不在人民多寡，可就在乎人民有用无用了。民智则有用，民愚则无用。所以有多数智民，国就能强；多数愚民，国就必弱。就以一家对一家说吧，张姓同族智，明白的人多，挣钱的人多，健壮的人多，这张姓一定是日见发达的了。李姓同族愚，糊涂的人多，差不多都是半憨子，好吃懒做的人多，软弱的人多，自然是日见衰败的了。讲文来，张姓有财力；讲武呢，居然敢说打打。天演淘汰，还有李姓存留的公理吗？

　　国对国，也是这个样子，中国要打算富强，必须广开民智。开民智的利器，就是报纸喽。自从庚子变乱后，北省出了多少种报，大半华商居多。南洋报纸，守外人范围的占多数，看看不听我华官的训导了。官民因之互相心离。在极强的国，都禁不住官民隔膜，这极危险的中国，焉能禁得住官民互相仇视呢？华商报纸，不倚赖外人保护，谨守我华政府的范围，大声疾呼，唤醒四万万国民，上进自强，保守中国疆土，共知尊君、博爱、合群、保种。这岂不是转弱为强的一个大指望吗？

我们作报的人，时时盼着快定报律。无论报律定的多么严，我们算是朝廷认可的一种商业喽。报律定的虽严，搁不住不犯报律。倘有误犯，也是咎有应得。查报律第四条，凡每月发行四回以上者，交保押费银五百元。其专载学术医事章程图表，及物价报告等项之汇报，免缴保押费。其宣讲及白话等报，确系开通民智，由官鉴定，认为无庸预缴者亦同，就是也不交保押费。这是宪政编查馆议复的报律，足见诸大宪注重开通民智，体恤民情了。

查文话报与白话报，大有分别。文话报敢说监督政府，小小白话报纸，也就是开通民智喽。有的说文话报开通官智，白话报确系开通民智。这话未免强辞夺理。然看文话报的人，必是智者。白话报虽说是什么人都可以看，然不智者必须看白话报喽。总而言之吧，已智者看文话报，未智者看白话报。未智者由看白话报而智，白话报是开通民智的，更无疑喽。这样说来，在诸大宪的钧意，就是不教白话报交保押费呦。

前天警厅传知各报馆，说报律实行在即，教大家会商办法。于是街谈巷议，以讹传讹，说警厅有向白话报馆要保押费之说。并说报馆果能具上件件开通民智的甘结，免交保押费。果有其事，真是近于苛求。白话报登载记事，自不能件件开通民智。然而往根子上一说，确系件件开通民智。如两宫还海、圣驾游湖、堂官到任、大员来京，种种官场记事，使中国百姓知道中国官场的事，何尝不是开通民智呢？若说琐闻细事，更是开通民智喽。婆媳打架呢，我们劝他和睦。弟兄纷争呢，我们劝他宽忍。孩童走失呢，我们劝人民留神。学徒被骗呢，我们劝铺商小心。诸如此类，不堪枚举。报纸能补官力之不足，引人为善，确有无形的效验。报纸能办到的，巡警办不到，家庭细故，谁家里净跑巡警来着呢？

以上所说，全是开通民智，其国事要闻，更是民人应知道的了。今天这篇演说，并非专为本馆请命，实为各家白话报请命。可否白话报一律免交保押费，共权操自官府。若说白话报也要保押费呢，马上就得有几家停版的，这是有形的害。其无形之害，恐将来没人肯办报，盖志有余而力不足也。洋商资本充足，还不遍地是洋报吗。果真开恩免去保押费，不但北京报馆多开，即各省各州县多开报馆，中国民智才能大开呢。况且白话报最利于警察，我们也不用细说了。

　　查报律内有由官鉴定，认为毋庸预缴者免交。今谨窃拟办法，由各白话报馆，呈递说帖，将报之内容宗旨，详细声明，由官长俯察鉴定。若蒙认为免交保押费，民智不愁大开，实系中国前途幸福。若是教我们一律交保押费呢，没有什么说的，我们当裤子卖袄，对付着弄钱去就是了。（《正宗爱国报》第五一五期，1908 年 5 月 4 日）